AF640400

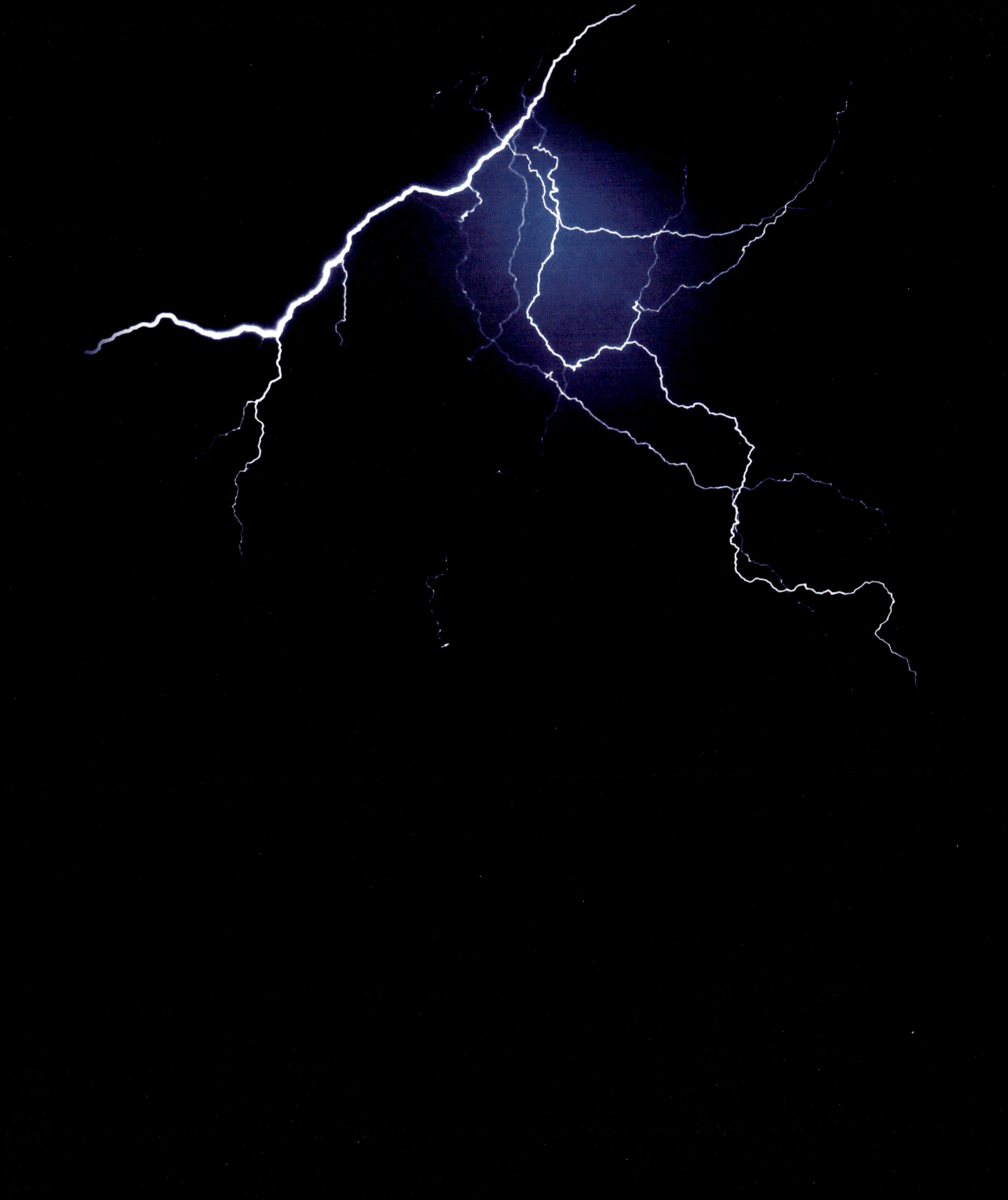

HEAVY METAL

Von Hard Rock zu Extreme Metal

WHITE STAR VERLAG

Metal ist eine Institution!

Als vor vielen Jahren nach einer unserer Shows eine Frau zu mir kam und sagte: „Slayer ist eine Religion und ihr seid meine Kirche. Ich bin heute auf kein Konzert, sondern in die Kirche gegangen", dachte ich, dass das das coolste Kompliment war, das ich je bekommen hatte. Eine Kirche ist ein Ort, an dem Menschen zusammenkommen, um etwas zu feiern, an das sie gemeinsam glauben. Sei es nun real oder nicht. Ein ziemlich eindrucksvoller Vergleich.

Ich kann diese Frau sehr gut verstehen, denn hätte mein Leben mich nicht zu „Slayer" geführt und wäre ich nicht Teil dieser oder einer anderen Band geworden, wäre ich wohl bis heute ein Kind aus der Gosse geblieben.

Heavy Metal heißt Kameradschaft und Gemeinsamkeit, die in den meisten anderen Musikgenres nicht existieren. Heavy-Metal-Fans stellen sich so tief greifende Fragen, wie die, ob sie für das, was sie lieben, bereit wären zu sterben. Mehr als einmal habe ich von unseren Fans gehört, dass sie dank unserer Musik die entscheidenden Lebenshilfen fanden, um ihre Probleme zu lösen. Ich glaube nicht, dass Musiker anderer Musikgenres so etwas von ihren Fans gehört haben.

Ich erinnere mich lebhaft an den Tag, als ich mich vom Hardrocker hin zum Heavy-Metal-Musiker wandelte. Ich wusste immer, dass ich „Man on the Silver Mountain" von Rainbow mochte, weil ich schon seit jeher ein großer Fan von Ronnie James Dio gewesen war. Seine aggressive und brutale Stimme beeindruckte mich. Aber endgültig zu einem Heavy-Metal-Fan wurde ich, als ich eines Tages im Radio „Living after Midnight" und „Breaking the Law" von Judas Priest hörte. Zwei Gitarren und ein starker Sänger! Genau das wollte ich auch tun. Somit war der erste Grundstein von vielen gelegt, die mich letztlich zu Slayer führten.

Sobald ich begriff, dass es diese Art von Musik da draußen gab, ging ich in jeden „Tante-Emma-Plattenladen" (denn dort fand ich die Importware) und kaufte Platten, nur weil mir das Albumcover gefiel. Bald hatte ich die ersten Alben von Mercyful Fate und Venom.

Die Tatsache, dass alle Bandmitglieder von Slayer auch echte Heavy-Metal-Fans sind, ist vermutlich der Grund, warum unsere Anhänger so treu sind. Wir versuchen gar nicht erst, etwas zu sein, was wir nicht sind. Egal ob auf oder hinter der Bühne, im Restaurant oder Backstage. Wir verstellen uns nicht und sind genau wie unsere Fans.

Diese Authentizität teilen wir mit ihnen. Heute kann man Väter oder ältere Geschwister sehen, die ihre Kinder zu unseren Konzerten mitbringen. Zu jedem meiner Promo-Auftritte in Musikshops kommt ein Vater, der als treuer Slayer-Fan immer auch sein 12-jähriges Kind mitbringt, das, genau wie er, komplett auf Slayer abfährt. Das ist ziemlich cool, weil Kids in dem Alter nicht unbedingt mit ihren Eltern abhängen und denselben Musikgeschmack teilen. Hier geht es nicht um „Ich gegen dich" sondern um „hey, wir sind zusammen, lass uns gemeinsam losziehen".

Und genau deshalb hat die Popularität von Heavy Metal immer weiter zugenommen. In den 1990er-Jahren hat Heavy Metal vielleicht eine Zeit lang die zweite Geige gespielt und Grunge, später dann Nu Metal den Platz an der Sonne überlassen. Aber nach einer gewissen Zeit wurden die Musikfans der vorübergehenden Modeerscheinungen überdrüssig und fanden den Weg zurück zur echten Institution. Sie kehrten immer zur Kirche von Slayer zurück, der Welt des Heavy Metal! Weil diese Welt echt ist, und genau deshalb wird Heavy Metal immer eine Rolle in unserem Leben spielen.

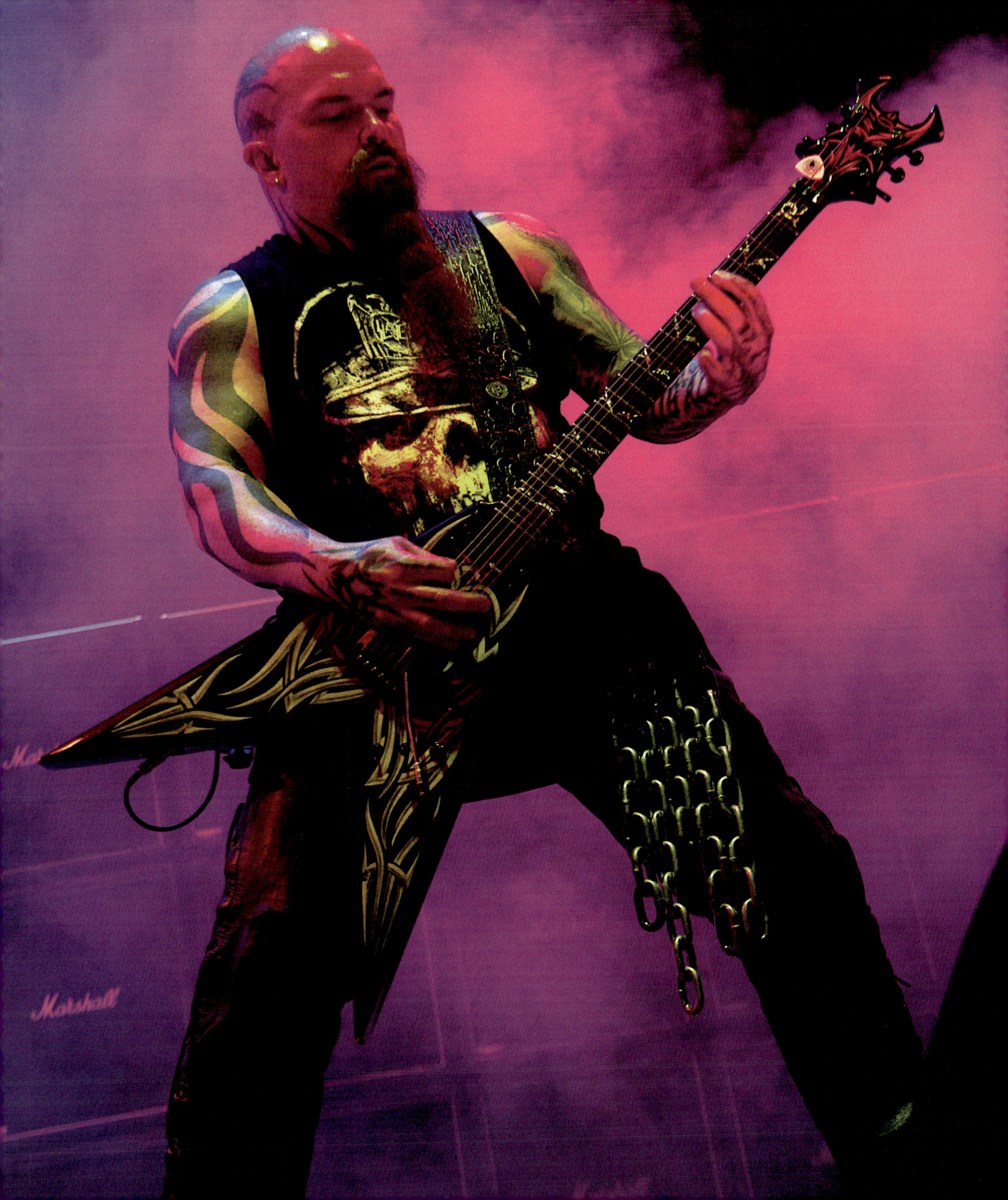
Marshall

INHALT

TEXT:
KORY GROW

VORWORT:
KERRY KING VON SLAYER

Redaktionelle Leitung
Marco De Fabianis Manferto
Redaktionelle Koordination
Valeria Manferto De Fabianis
Grafische Gestaltung
Marinella Debernardi
Redaktion
Giada Francia and Giorgia Raineri
Redaktionelle Beratung
Michele Brusa and Andrea Sarasso
Deutsche Übersetzung und Redaktion
Hendrik de Rijke

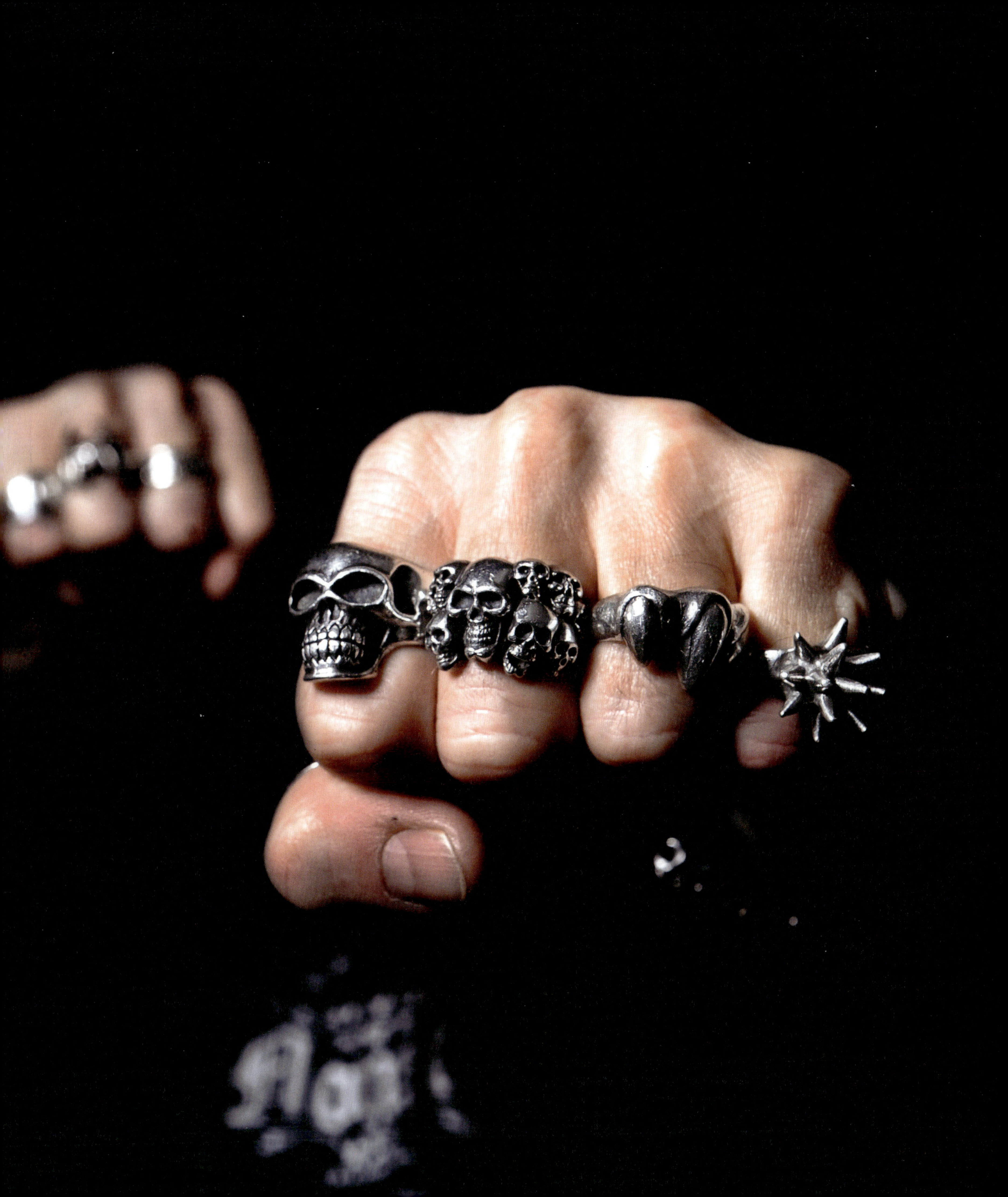

Es gibt keinen Mittelweg, wenn es um Heavy Metal geht. Seine kraftvollen Gitarrenriffs und den brüllenden Gesang liebt man entweder oder man hasst diese Musik. Alles an diesem lautesten und aggressivsten Musikstil ist umstritten. Und obwohl verschiedene Arten des Heavy Metal unterschiedliche Arten des Macho-Verhaltens zeigen, vom Grunzen und Knurren des Death Metal über das schmachtende Wehklagen des Glamour bis zu den bluesigen Gitarrensoli des Heavy-Metal-Cousins Hardrock, bleiben einige Dinge konstant. Die Texte sind alles andere als unterwürfig, die Musik hat die Subtilität einer Herde von Elefanten und die Künstler machen Schlagzeilen aufgrund ihrer unrühmlichen Eskapaden, die ihre Mütter dazu bringen würden, sie zu verleugnen. Die Musiker sind trotzige Individuen, die vom Status quo die Nase voll haben und sich absolut sicher sind, dass jeder in Hörweite ihre Originalität bezeugt, dass ihre Fans sie für ihre Individualität verehren, während ihre Kritiker sie für ihr Rebellieren verurteilen. Aber eines ist sicher: ob man die Musik nun mag oder nicht, Heavy Metal lässt uns etwas fühlen, das von anderen Kunstformen nicht immer ausgedrückt werden kann. Und, weil Heavy-Metal-Musik so kraftvoll, befreiend und heilend ist, hat sie in den letzten vier Jahrzehnten eine eng verbundene Kultur kreiert und inspiriert, die ihre Fans verbindet, die alle eine gemeinsame Erfahrung teilen. Deshalb spielen Heavy Metal und Hardrock eine wichtige Rolle.

Wenn es eine Sache gibt, die die Kultur des Heavy Metal definiert, dann die Einstellung, dass Mittelmäßigkeit inakzeptabel ist. Es gibt immer etwas Größeres, Besseres, Lauteres und Inspirierenderes als das, was der Mainstream für sicher hält. Hardrock- und Heavy-Metal-Musiker suchen stets danach. Dies hat die ersten Hardrock-Bands wie The Who und The Yardbirds dazu gebracht, Elemente des elektrischen Blues zu übernehmen und auf den Grundlagen des Rock 'n' Roll aufzubauen. Dies hat Black Sabbath zu der Schlussfolgerung inspiriert, dass, wenn die Leute es lieben, in Horrorfilmen Angst zu haben, Musikfans vielleicht gerne eine ähnliche Erfahrung mit einigen niederschmetternden Power-Akkorden und Ozzy Osbournes heulendem Gesang machen würden. Dies hat Judas Priest dazu bewogen, die eigenständige Natur und Ledermode der Biker-Kultur mit den treibenden Riffs des aufkommenden Heavy Metal zu verbinden. Dies ist der Grund, warum Metallica schneller spielte und so zur Erfindung des Thrash und den grunzenden Vocals und verzerrten Riffs des Death Metal beitrug, als Background für die Männlichkeitserklärungen des Power Metal und für die eklatanten, nicht zu entschuldigenden Darstellungen der Tolkien-Anbetung. Und so weiter und so weiter.

Musik entwickelte sich aus der Kultur und Kultur hält die Musik am Leben. Es ist das Bedürfnis der Fans, etwas Größeres als die Pop-Mainstream-Angebote zu erleben, die den Musikern weiterhin eine kommerzielle Plattform für Heavy-Metal-Innovationen bietet. Das Erlebnis von Gemeinsamkeit durch Heavy Metal macht diese Musik so großartig.

Die Fans des Heavy Metal loben die Aufrichtigkeit viel mehr als die Pose und sind, mehr noch als Journalisten und Radio-DJs, zu den lautesten und einfühlsamsten Kritikern des Genres geworden. Ihre Kraft kommt von einer Art Gruppenbewusstsein, das alle Lebensbereiche repräsentiert. Fans sind überall.

Trotz der Tatsache, dass Heavy-Metal-Fans einst als weiße Männer aus der Arbeiterklasse verallgemeinert wurden, ist die Heavy-Metal-Fangemeinde zu einem globalen Phänomen geworden, das sich von den Vororten Detroits bis zu Großstädten wie Tokio und den Favelas von Rio erstreckt. Eine Musik, die alle Geschlechter und Ethnien umfasst. Obwohl Headbanger in Filmen wie „This Is Spinal Tap" als dumm und kurzsichtig verspottet wurden, sind Heavy-Metal-Fans in Wirklichkeit Präsidenten (Serzh Sargsyan aus Armenien), Filmregisseure (David Lynch) und Filmstars (Jim Carrey). Sie sind Sportikonen (Baseball-Legende Randy Johnson) und sogar Popstars (Lady Gaga). Passenderweise wurden Hardrock- und Heavy-Metal-Stars selbst zu Finanzkommentatoren (Duff McKagan von Guns N' Roses und Velvet Revolver), Filmregisseuren (Rob Zombie und Bathorys Jonas Åkerlund) und Oscar-Preisträgern (Trent Reznor von Nine Inch Nails). Metalheads sind überall und zu allem fähig, aber es hat fast vier Jahrzehnte gedauert, in denen sie am Rande der Mainstream-Kultur gelebt haben, um dies zu demonstrieren.

Hardrock und Heavy Metal sind aus der Jugend-Gegenkultur-Bewegung der 1960er-Jahre hervorgegangen, wobei die ersten Vertreter dieses neuen Stils tatsächlich nur ein wenig härter waren als ihre pazifistischen Gegenstücke. Etwa zur gleichen Zeit sagten die Beatles „All you need is love", die Rolling Stones flehten ihre weiblichen Fans mit

„Let's spend the night together" an und Jimi Hendrix war im „Purple Haze" verloren. Ein paar Jahre später gab Alice Cooper eine verrückte psychedelische Show und zog sich Damenkleidung an, während sich Led Zeppelin durch gute und schlechte Zeiten, Groupies und (der Legende nach) Dornhaie wühlten. Was einst Flower Power und der Frieden, die Liebe und das Verständnis der Woodstock-Generation waren, hatte sich für viele zu einem musikalisch schlechten Acid-Trip entwickelt, da diese Bands über Depressionen, freien Sex (nicht kosmische Liebe) und das Aussperren der Außenwelt nur sangen, anstatt sie zu verändern.

Der Begriff „Heavy Metal" wurde Ende der 1960er-Jahre mit der Zeile „Heavy Metal Thunder" in Steppenwolfs „Born to Be Wild" (einem Hinweis auf die Motorrad-Subkultur) in die Umgangssprache der Musik aufgenommen und schließlich 1970 von Mike Saunders in einer Rezension von Humble Pies Album „As Safe As Yesterday Is" für das Rolling Stone Magazin als abwertende Bezeichnung für eine Musik-Subkultur verwendet. („Hier waren Humble Pie eine lärmende, unmelodische, Heavy-Metal-beladene Shit-Rock-Band, mit zweifelsfrei lauten und lärmenden Songteilen"). Obwohl die meisten Leute es als Heavy Rock oder Hardrock bezeichneten, geriet Heavy Metal in der ersten Hälfte der 1970er-Jahre stärker in den Fokus und zeigte immer mehr, wozu es im folgenden Jahrzehnt fähig sein würde.

Beginnend mit den 1970er-Veröffentlichungen von Black Sabbaths gleichnamigem Debütalbum und dessen Nachfolger „Paranoid" erwarb Heavy Metal die meisten Attribute, die die Leute immer noch verwenden, um es zu definieren. Ihre Alben enthielten Texte über den Satanismus, Warnungen vor den Auswirkungen des Glaubensverlusts und Songs mit Titeln, die Wörter wie „Untergang" und „Beerdigung" enthielten. Ihre Musik war dissonant, roh und impulsiv, aufgebaut auf klobigen Power-Akkorden, dichtem, strukturiertem Schlagzeug- und Bassspiel und absichtlich böse klingenden Akkordfolgen wie der verminderten Quinte im Eröffnungsriff von „Black Sabbath". (Black Sabbath hatte das Glück, sich Ende der 1960er-Jahre gegründet zu haben, denn die Verwendung der verminderten Quinte - in musiktheoretischen Texten als „Diabolus in Musica" bezeichnet - hätte ihnen in früheren Zeiten ernsthafte Probleme bereitet. Es wird gemunkelt, dass einige klassische Komponisten wegen des bloßen Vorschlags, sie zu benutzen, exkommuniziert wurden.) Die Idee der Band, Fans zu erschrecken, hat wirklich funktioniert und, mal abgesehen von frühen Shock-Rockern wie Arthur Brown und Screamin' Jay Hawkins, waren sie die erste beängstigend klingende Band, die die Spitze der britischen Charts erreichte und es in die US-Top-10 schaffte. Das Timing für eine etwas düsterer klingende Musik hätte nicht besser sein können.

Als Reaktion auf die Ernüchterung über den anhaltenden Vietnamkrieg, die populären Bewegungen, die sich für die Bürgerrechte von Frauen und Afroamerikanern einsetzten, und die grausamen Morde, die von Charles Manson inszeniert wurden, war Heavy Metal mit seiner Spannung und seiner pessimistischen Einstellung ein passender Soundtrack. Als direktes Ergebnis dessen, was der Romanautor Tom Wolfe das „Jahrzehnt des Ichs" nannte, förderten frühe Heavy-Metal-Bands den Individualismus, spiegelten die sich ändernde Klassenstruktur der 1970er-Jahre wider und stellten die Macht der Hauptreligionen infrage. Die Tatsache, dass diese Bands ihre Musik mit Wagner'schem Sturm und Drang präsentierten, machte sie nur noch dramatischer. Irgendetwas daran stieß bei jungen Erwachsenen auf große Resonanz und als diese Bands die Charts hochkletterten, übertrug sich diese Popularität auf weitere Bands.

Deep Purples Heavy-Metal-Güterzugangriff, die übergroßen Heavy-Pop-Hits von Kiss, Queens Opernkompositionen und AC/DCs verschwitzte, anstößige Bodenstampfer trugen zusätzlich dazu bei, dass sich Hardrock und Heavy Metal zu einheitlichen Genres entwickelten. Sie gaben diesem Stil viele seiner signifikanten (und jetzt stereotypen) Themen wie z.B. „tun, was ich will", „für den Moment leben" und „nie eine Sekunde des Lebens für selbstverständlich halten". Sie priesen die Tugenden des Sex ohne Liebe, Brüderlichkeit und gleichzeitige Individualität, auch im Ausdruck egal was andere denken mögen. Diese Bands sowie Black Sabbath, Led Zeppelin und Alice Cooper verkauften in den 1970er-Jahren weiterhin Millionen von Alben und öffneten den Geist auf der ganzen Welt für härtere Sounds.

Aber insbesondere eine Band würde den Bleifuß-Heavy-Ansatz von Black Sabbath, die aufladenden Riffs von Deep Purple und das melodische Gespür von Cream übernehmen und das alles mit dem Look und Ethos ergänzen, die unzählige

Heavy-Metal-Bands in späteren Jahren kopieren sollten: Judas Priest. Obwohl sie Mitte der 1970er-Jahre in farbenfrohen, seidenen Hemden, Schlaghosen und (Oh Gott!) weißen Schuhen ins Licht der Öffentlichkeit traten (ähnlich wie Black Sabbath, Led Zeppelin und Deep Purple während des gesamten Jahrzehnts), schrieben sie kraftvolle Erklärungen der Männlichkeit, die sich gleichermaßen aus der Harmonie der klassischen Musik und dem schroffen Starrsinn des Blues ergaben. In den späten 1970er-Jahren hatten sie einen von Bikern beeinflussten Lederlook angenommen, der durch mit Dornen versehene Armbänder, reichlich Metallnieten und dunkle Sonnenbrillen akzentuiert wurde, eine Art bedrohlichere Version des Stils von Motörhead. In den 1980er-Jahren ließen sich Bands aller Subgenres von den akustischen und visuellen Angriffen von Judas Priest inspirieren: Slayer trug Dornen besetzte Handschuhe und spielte hyperschnelle Thrash-Lobgesänge auf die Judas-Priest-Majestät, Pop-Metal-Bands wie Mötley Crüe übernahmen Judas Priests Lederlook und auf dem europäischen Festland spielten Mercyful Fate noch kreischendere Musik als Judas Priest und ergänzten deren Hang zu Leder mit ihrem Sänger King Diamond, der Make-up in der Art von Kiss verwendete. Mit diesem letzten Puzzleteil war Heavy Metal in den 1980er-Jahren bereit, eine einzigartige Fan-Kultur zu werden.

Ende der 1970er-Jahre gründeten sich immer mehr Hardrock- und Heavy-Metal-Bands, insbesondere in England, wo eine vom Punk beeinflusste Bewegung namens „New Wave of British Heavy Metal" bekannt wurde, und mit mehr Bands kamen mehr Fans. Einige gründeten Fanclubs, andere gründeten Fan-Magazine, da Heavy Metal von der Mainstream-Presse weitgehend ignoriert wurde (und immer noch wird) und so auch viele weitere eigene Plattenlabels. Sie waren Außenseiter, die eine gemeinsame Erfahrung geteilt hatten, eine Verwandtschaft mit anderen Außenseitern, die die gleichen befreienden Gefühle entdeckt hatten, die Heavy Metal zu bieten hatte, und die sich gegenseitig erreichten. Zusammen halfen sie dabei, Heavy Metal als wichtige musikalische Kraft zu etablieren, und 1983 war der „Metal-Tag" beim riesigen US-Festival in Kalifornien der erste berühmte Höhepunkt.

Metalheads teilten eine gemeinsame Basis und begannen mit ein wenig Hilfe ihrer Lieblingsbands, ihre eigene kulturelle Identität zu etablieren. Zu Beginn der 1980er-Jahre hatten einige Hardrock- und Heavy-Metal-Bands ihren lyrischen Fokus von Songs über Satanismus, Tolkien-Märchen und Motorräder verloren und begannen, Lifestyle-Botschaften in ihre Songs aufzunehmen. Genauso wie Bluesmusiker über den Genuss beim Sex sangen, taten dies die frühen Rock 'n' Roller über das Tanzen und Loslassen und die ersten Hardrocker über Sex. Kiss sangen über das Trinken, Rauchen und Konzerte in „Detroit Rock City". Judas Priest, die erneut ihren Einfluss geltend machten, sangen „United" und „Living after Midnight". Und AC/DC erklärten mit „For Those About to Rock (We Salute You)", ihrem pseudo-militärischen Manifest: „We're just livin' for today". Twisted Sister hat die Arroganz des Hardrock in dem Song und Video für „I Wanna Rock" festgehalten, in dem Frontmann Dee Snider über Hardrock singt: „There's a feeling that I get from nothin' else and there ain't nothin' in the world that makes me go!"

Zu dieser Zeit schrieben Metallica im Untergrund „Whiplash" über das Tragen von „Leder und Nieten", „wackelnden" Köpfen und Fans, die sich bei Konzerten unkontrolliert ihrem Adrenalinüberschuss hingeben. (Ex-Metallica-Gitarrist Dave Mustaine schrieb nach seiner Gründung von Megadeth einen ergänzenden Song, „Rattlehead", der Leder und Nieten herunterspielte, um lieber ein „durchschnittlicher Typ" zu sein, und fügte im Song hinzu: „Don't want no woman beside him", was zu dieser Zeit bei Heavy-Metal-Shows ziemlich selbstverständlich war). Und Motörhead fasste die unbekümmerte Haltung des Hardrock und Heavy Metal zusammen, als Frontmann Lemmy Kilmister sein Verlangen nach dem Spiel des Lebens im Song „Ace of Spades" erklärte, indem er sagte: „I don't want to live forever!".

Dies waren keine Primetime-Familienwerte. Es waren Gefühle, die Millionen erreichten, die die Alben dieser Bands kauften und ihre Konzerte besuchten. Im Gegenzug hatten die Bands, die als traditioneller Heavy Metal bekannt wurden (Ozzy Osbourne, Judas Priest, Iron Maiden usw.), 1982 eines ihrer größten kommerziellen Jahre. Der Trend setzte sich auch in den restlichen 1980er-Jahren fort, bis das als „Hair Metal" bekannte Subgenre an Zugkraft gewann. Mit diesen Songs, die durch die Hardrock- und Heavy-Metal-Welt hallten, entwickelte sich unter den Fans eine Art Haltung oder Ethos. Diese Haltung wurde jedoch von Außenstehenden oft falsch interpretiert.

Obwohl die Medien im Laufe der Jahre mehr als nur ein paar Versuche unternommen haben, das „Heavy-Metal-Erlebnis" festzuhalten, war es größtenteils unmöglich, dies in einem kurzen prägnanten Zitat zusammenzufassen. Wie bei jeder Gruppierung liebten es die Leute, Stereotypen zu etablieren, und die pseudo-satanischen Bilder des Heavy Metal sowie das Talent seiner Repräsentanten, Schlagzeilen zu machen, indem sie z.B. kleinen Tieren die Köpfe abbissen, führten anfänglich zu sehr negativer Stereotypisierung. Mediendarstellungen von Heavy-Metal-Fans haben im Laufe der Jahre diesen Verallgemeinerungen größtenteils entsprochen und sie in einem weniger positiven Licht gezeigt.

In den frühen 1980er-Jahren wurden Heavy-Metal-Bands als dumm, egoistisch und anfällig für Übertreibungen charakterisiert, wie in der Pseudo-Dokumentation „This is Spinal Tap" von 1984. Die fiktive Band im Film, Spinal Tap, entwirft versehentlich ein Stonehenge-Bühnenbild, das kaum bis zu den Knien der Bandmitglieder reicht. Sie verirren sich beim Versuch, die Bühne ihres Veranstaltungsortes zu finden, werden gezwungen, ein Album mit einem gänzlich schwarzen Cover zu veröffentlichen, nachdem sie etwas sexuell zu Grafisches vorgeschlagen haben und behaupten, Gitarrenverstärker zu benutzen, deren Lautstärkeregler bis 11 regelbar ist! (Einige dieser Ereignisse spiegelten die Realität wider, beispielsweise als Black Sabbath auf ihrer „Born Again"-Tour ihren eigenen Stonehenge-Fehler machten. Einige Bands ahmten den Film nach, als z.B. Metallica absichtlich ihr selbstbetiteltes Album mit einem fast vollständig schwarzen Cover herausbrachten). Obwohl der Film eine fiktive Band darstellte und wirklich lustig war, gab er den Ton an, wie Heavy-Metal-Bands in den kommenden Jahren allgemein wahrgenommen wurden.

Aber die Gräueltaten von Spinal Tap verblassen im Vergleich zu der Art und Weise, wie echte Heavy-Metal-Fans zu dieser Zeit agierten, wie im 17-minütigen Kurzfilm „Heavy Metal Parking Lot" dargestellt. Er wurde 1986 von einigen Quasi-Dokumentarfilmern gedreht und dokumentierte eine Parkplatzparty vor einem Konzert von Judas Priest und Dokken in Maryland. Jeder Headbanger, den das Kamerateam traf, erwies sich als ein vorlauter, durchgeknallter Trottel, angefangen von dem Mädchen, das sagte, sie würde Judas Priest-Frontmann Rob Halford anspringen, wenn sie ihn sähe, bis zu dem Mann, der versuchte, auf einem weiblichen Fan Luftgitarre zu spielen. Viele waren bereits von Bacardi und Jack Daniels betrunken, bevor sich die Türen zum Veranstaltungsort öffneten. Einige gaben sogar zu, minderjährig zu sein. Der Film wurde erst fast zwei Jahrzehnte später kommerziell veröffentlicht, um dann jedoch zu einem Kulthit à la „Reefer Madness" in der Video-Tauschszene zu werden, und war angeblich in den frühen Tagen ein Favorit in Nirvanas Tourbus, was die versteckte Feindseligkeit dieser Band gegenüber Heavy-Metal-Bands erklärt, nachdem sie berühmt wurden.

1988 war Heavy Metal zu einem der meistverkauften Musikgenres geworden, und die Filmemacherin Penelope Spheeris, die später „Wayne's World" inszenierte, hielt die Exzesse der Bands und Fans der L.A.-Glam-Szene in „The Decline of Western Civilization Part II: The Metal Years" fest (die erste Folge berichtet von der aufstrebenden Hardcore-Szene in Los Angeles 1981). Sie zeigt die Ausschweifungen von W.A.S.P.-Gitarrist Chris Holmes, der sich in seinem Swimming Pool besäuft, während seine Mutter zuschaut. Der Frontmann von Aerosmith, Steven Tyler, behauptet, er habe Millionen für Drogen ausgegeben und „ganz Peru geschnupft", und Ozzy Osbourne, gekleidet in einer Robe mit Leopardenmuster, während er Frühstück macht, sinniert über die Drogenprobleme von Black Sabbath in den 1970er-Jahren. Doch wenn auch die „Heldentaten" der Rocker faszinieren, sind es eigentlich die Fans, die in dieser Dokumentation auffallen. Das liegt daran, dass Spheeris im Gegensatz zu „Heavy Metal Parking Lot" die Hintergründe der Headbanger erkundete und Fans präsentierte, die das Gefühl hatten, einen Beitrag zur Gesellschaft geleistet zu haben, und auch solche, die dies nicht taten. Sie sprach mit ihnen über ihre Vorliebe für Rebellion, warum Männer zu dieser Zeit Make-up trugen und über die Gefühle von Macht und Katharsis, die Heavy Metal ihnen gab. Sie sprachen über die Handgeste der „Teufelshörner", die Armhandschuh-Mode und die Tatsache, dass sie von dunklen Geschichten angezogen wurden und dass dies sie nicht notwendigerweise zu Satanisten machte. Und obwohl der Film die Heavy-Metal-Kultur nicht als hohe Kunst darstellte, war es nicht der totale Ansturm auf die Albernheit wie seine Vorgänger. Ungefähr zu dieser Zeit startete MTVs „Headbangers Ball", der bis 1995 in den USA lief, Metalheads in einem realen, positiven Licht zeigte und dort weitermachte, wo der Film aufgehört hatte.

Ende der Achtzigerjahre wurden fiktive Headbanger als liebenswerte Dummköpfe dargestellt, die in kleinen Gruppen herumhingen und nach Robin Hood-ähnlichen Gesetzen des moralischen Verhaltens lebten. Ob es Bill und Ted in ihrer „Verrückten Reise durch die Zeit" waren, Wayne und Garth in „Waynes World" oder die Lone Rangers in „Airheads", Metalheads wurden als Durchschnittstypen gezeigt, die nur rocken wollten, aber zu großartigen Dingen fähig waren, wenn sie sich ganz ihrer Musik widmeten, was ein erstaunlicher Fortschritt war, bezogen auf die Art und Weise, wie sie noch vor wenigen Jahren beschrieben worden waren. Lediglich „Beavis and Butt-Head" zeigten Heavy-Metal-Fans als (irrsinnig komisch) destruktiv.

Trotz dieser grundsätzlich positiveren Darstellungen wurden Headbanger im Alltagsleben danach beurteilt, wie sie sich anzogen und welche Musik sie hörten. Der Dokumentarfilm „Das verlorene Paradies" aus dem Jahr 1996 zeichnete die Geschichte von drei Teenagern in West Memphis, Arkansas, auf, denen 1993 vorgeworfen wurde, drei Kinder rituell missbraucht und getötet zu haben. Nach einer Hexenjagd brachte die weitgehend konservative und religiöse Gemeinschaft die Teenager, die Fans extremer Musik waren, vor Gericht. Im folgenden Prozess, der auf Indizien beruhte, wurden sie schließlich verurteilt und ins Gefängnis gebracht. Ein Richter verurteilte sogar einen von ihnen zum Tode. Trotz DNA-Beweisen, die auf ihre Unschuld hindeuteten, saßen die drei im Gefängnis (ihre Geschichte wurde in zwei weiteren Paradise-Lost-Filmen behandelt), während Stars wie Heavy-Metal-Musiker Marilyn Manson oder Schauspieler Johnny Depp auf ihren Fall aufmerksam machten. Schließlich wurden sie 2011 unter ungewöhnlichen Bedingungen freigelassen: sie wurden für unschuldig erklärt, mussten jedoch die Verbrechen gestehen. Obwohl ihre Freilassung bittersüße Gefühle zurückließ, zeigte sie, dass es Hoffnung für Heavy-Metal-Fans gab, die immer noch nur nach ihrem Musikgeschmack und ihrer Kleidungsauswahl beurteilt wurden.

Zu Beginn der 2000er-Jahre zeichnete sich eine positive Tendenz in der Art und Weise ab, wie die Medien Metalheads darstellten. Der Film „Rock Star" mit Mark Wahlberg und Jennifer Aniston erzählte eine fiktive Geschichte über den Sänger einer Coverband, Tim „Ripper" Owens, der die Nachfolge von Rob Halford bei Judas Priest antrat. In der Dokumentarfilmwelt war „Metal: A Headbanger's Journey", der 2006 veröffentlicht wurde, der erste Film, der sich ernsthaft mit der Geschichte des Genres befasste und Künstler, Brancheninsider und Fans gleichermaßen interviewte. Der Film „Full Metal Village" aus dem Jahr 2007 zeigte sowohl die guten als auch die schlechten Auswirkungen des größten Heavy-Metal-Festivals von Wacken auf diese kleine Bauerngemeinde in Deutschland, wo dieses Festival jedes Jahr stattfindet. Und „Heavy Metal in Bagdad", veröffentlicht im Jahr 2008, dokumentierte, wie eine Gruppe irakischer Metalheads aus ihrem Land floh, um nur noch die Musik zu spielen, die sie liebten. Obwohl es fast zwei Jahrzehnte gedauert hat, ist die Darstellung des Heavy-Metal-Lebensstils in den Medien tatsächlich positiver geworden.

Als sich die Geschichte des Heavy Metal entwickelte und Subgenres wie Thrash, Industrial und Nu Metal in den 1990er- und 2000er-Jahren kommerziellen Erfolg hatten, wurde die Heavy-Metal-Kultur stärker fragmentiert. Während Bands wie Korn Adidas-Trainingsanzüge trugen, hielten Gruppen wie Metallica am Jeans-T-Shirt-Look fest und schufen eine Spaltung zwischen den Subgenres. Und weil MTV den Headbangers Ball eingestellt hatte, nachdem Grunge und Hip-Hop Mitte der 1990er-Jahre stark zugenommen hatten, mussten Heavy-Metal-Anhänger ihre Lieblingsbands im Untergrund suchen. Während viele Fans auf diese Zeit als eine der dunkelsten in der Geschichte von Hardrock und Heavy Metal zurückblicken, ein Punkt, an dem fast alles wegzubrechen schien, war es eigentlich eine Zeit, in der Heavy Metal zu allem fähig war. Ohne die Mainstream-Unterstützung für das Genre blieben nur echte Freaks auf Kurs, während sich Musikfans im Allgemeinen anderen Dingen zuwendeten.

Das, was den Herzschlag des Heavy Metal über die Jahrzehnte hinweg am Laufen hielt, war die Mentalität „Einmal Fan, immer Fan". Während Fans anderer Genres wie Hip-Hop und Country das Gleiche behaupten konnten, war das Außergewöhnliche an Heavy-Metal-Fans, dass sie an der Vergangenheit festhalten konnten, während sie ihr Musikbewusstsein mit der wachsenden Bekanntheit ihrer Lieblingsbands erweiterten. Metalheads haben es stets ertragen, dass ihre Lieblingsbands den Sound zum Besseren (der schonungslos direkte Sound von Slayers „Reign in Blood") und zum Schlechteren (das bizarre Spielen im Nu Metal der Groove-Metal-Band Machine Head) verändert haben. Heavy-Metal-Fans ehren die Geschichte des Genres und unterstützen Bands wie Judas Priest, die auf ihrer vielerorts ausverkauften Abschieds-„Epitaph"-Tour neue Sounds präsentierten, die sie von neueren Bands (wie z. B. Black-Metal-Bands) übernahmen, die wiederum von den frühen Judas-Priest-Sounds inspiriert wurden. Metalheads sind Menschen mit Überzeugung, die sich gegen die Zensur ihrer Lieblingsmusik stellen. Sie lieben Hardrock und Heavy Metal und sie geben sich alle Mühe, die Welt darüber zu informieren. Ihr Temperament ist der wahre Grund, warum das Genre so langlebig ist. Ohne die Kultur des Heavy Metal und die Traditionen, die von den frühen Fans von Black Sabbath an die neuesten Fans von Slipknot weitergegeben wurden, hätte das Genre möglicherweise seine Schlaghosen-Periode nie überlebt.

Dieses Buch ist ein Beweis für die Kultur und den Lebensstil, die Fans von Hardrock und Heavy Metal etabliert haben. Ohne diese Fans hätten die in diesem Buch gezeigten Bands weder den Erfolg und die musikalische Karriere gehabt, noch wären sie mit den vielen schlimmen Dingen davongekommen, die sich abseits der Bühne abgespielt haben. Dieses Buch ist eine Hommage an die verführerische Kraft der E-Gitarre, gepaart mit kraftvollem Satzgesang und einem außergewöhnlichen Sänger, der den lautesten und extremsten Sound erzeugen will, den man jemals gehört hat. Es ist ein Fest der Individualität und des Lebens in der Gegenwart.

Wenn man eines aus den Backgroundgeschichten der Hardrock- und Heavy-Metal-Bands auf diesen Seiten und aus den Erzählungen über die einzelnen Genres lernen kann, dann, dass alles möglich ist, wenn man den Antrieb und die Hingabe hat, es zu verfolgen. Denn so sehr Heavy-Metal-Musiker von Iron Maiden über Manowar bis Pantera in ihren Songs das Machtgebahren besungen haben, war es doch ihre Beharrlichkeit, die am wichtigsten war. Und vielleicht sind es die trotz aller Widrigkeiten unerschütterlichen Einstellungen dieser Bands und ihrer Fans und die Tatsache, dass sie Risiken eingehen, egal welche Auswirkungen dies haben mag, weil sie glauben, dass das, was sie tun, richtig ist, was sie einzigartig macht. Denn wenn Hardrock- und Heavy-Metal-Bands und ihre Fans in ihrer über vier Jahrzehnte langen Geschichte etwas bewiesen haben, dann, dass nichts ihren Fortschritt aufhalten kann ... ob man sie mag oder nicht.

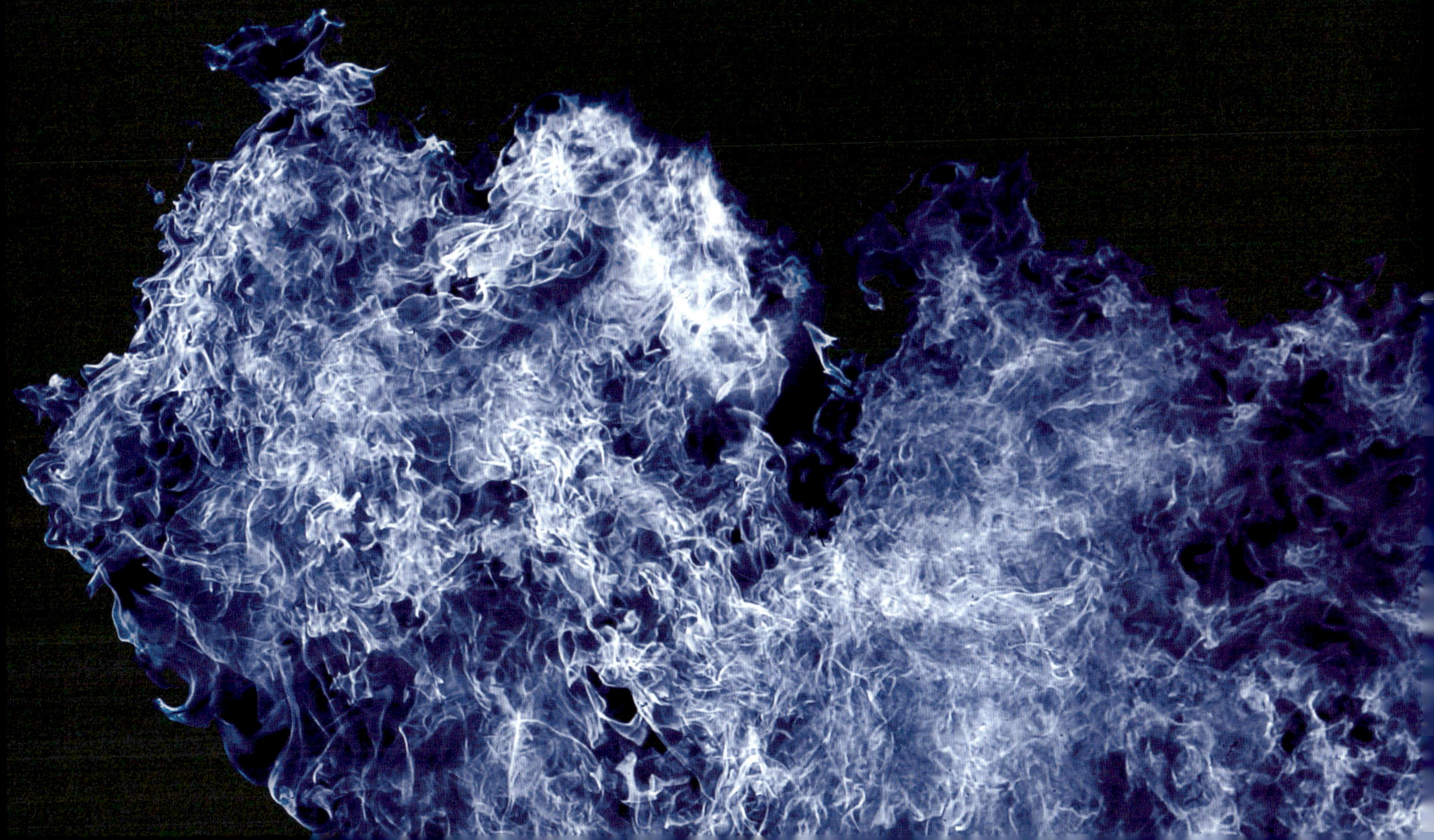

HARDROCK

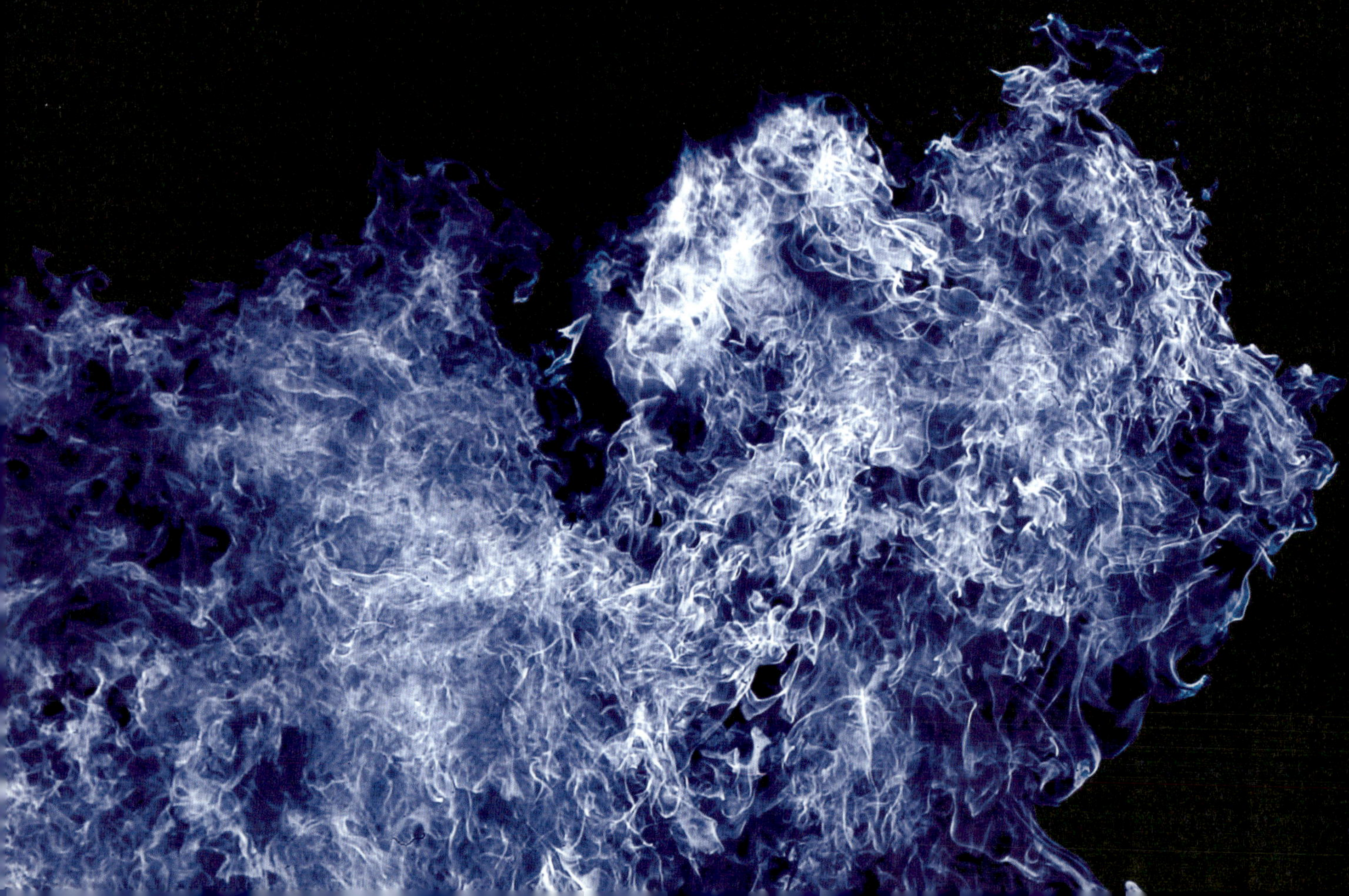

Die Geschichte des Hardrock und Heavy Metal sowie Rock 'n' Roll im Allgemeinen ist mit der Vorstellung verbunden, dass nach den Worten von David Lee Roth „ein bisschen nicht genug ist“. Es ist die Idee, dass Rockmusik intensiver sein sollte als Mainstream-Musik. In den 1940er-Jahren spielten „Früh-Rocker“ wie Louis Jordan und Wynonie Harris Musik, die mehr Spaß machte („Ain't Nobody Here But Us Chickens“ von Jordan) und aufregende war („Good Rocking Tonight“ von Harris) als der auf Nummer sicher gehende Big-Band-Swing und die frühen Sinatra Hits jener Zeit. Anfangs war es eine afroamerikanische Bewegung aus dem Untergrund, die Elemente des Blues aufnahm und sie tanzbarer machte, aber schon bald wurde diese Musik immer beliebter.

In den 1950er-Jahren entstand dann Rockmusik, die aufregender war (Elvis Presley, der „Good Rocking Tonight“ mit seinem berühmten Hüftschwung erhitzte), einen höheren Spaßfaktor garantierte (Little Richard, Chuck Berry Buddy Holly) und alles andere war als die bisherige Populärmusik (Jerry Lee Lewis, Johnny Cash). Die frühesten Rocker schöpften aus dem freien Geist der Bluesmusik und des Rhythm and Blues und besangen die guten Zeiten.

Die Eltern in den 1950er-Jahren, besorgt über die sexuellen und religiösen Abweichungen, die diese Musik propagierte, protestierten gegen diese Musik, was die Musiker für junge Fans nur umso angesagter werden ließ. (Diese Befürchtungen öffneten auch die Türen für die frühesten Inkarnationen von leichtem Rock, wie Pat Boones Minimierung von Little Richards „Tutti Frutti“ im Jahr 1956.) Die Empörung darüber hat die aufkommende Popularitä des Rock nicht eingeschränkt, der sich nun auch in den Radiocharts etablierte. Der Niedergang einiger Künstler war letztendlich deren eigene Schuld.

Bis Ende der 1950er-Jahre verschwanden viele Rock-Größen von der Bildfläche. Holly war bei einem Flugzeugabsturz ums Leben gekommen, Lewis geriet durch die Heirat mit seiner 13-jährigen Cousine in Ungnade, Presley war zwe Jahre lang beim Militärdienst und Berry hatte einige Zeit im Gefängnis verbracht, nachdem er einen Minderjährigen aus angeblich „unmoralischen Gründen“ über die Staatsgrenze transportiert hatte. Infolgedessen schien die Popularität des Rock zu Beginn der 1960er-Jahre nachgelassen zu haben, und reine Popsongs wie „Will You Still Love Me Tomorrow?“ wurden zu Hits. Dann kam die „British Invasion“ und damit die ersten Hardrock-Bands. Nur, damals nannte man es noch nicht so.

Der Begriff „Hardrock“ wurde erstmals in den frühen 1960er-Jahren verwendet, als DJs ihn von folkloristischem „Softrock“ unterscheiden wollten. In den meisten Fällen wird Hardrock mehr dadurch definiert, was er nicht ist, als durch das, was er ist. Rockmusik heißt vor allem treibende Rhythmen, hartnäckige Gitarrenriffs und geschriener Gesang vom Aufschrei der Arbeiterklasse bis hin zu Problemen im Liebesleben. Rock ist nicht so aggressiv wie Metal, abe auch nicht so seicht wie Folk. Hardrock war von Anfang an ein nicht eindeutiger Musikstil, der immer neue Extreme suchte. Die bessere Definition dafür wäre vielleicht, dass es die härteste Musik war, die man im Radio zu hören bekam

Die Beatles führten in den 1960er-Jahren die Rock-Welle sowie die British Invasion mit massiver Radiounterstützung an, natürlich noch zahm genug, um von besorgten Müttern gebilligt zu werden, und spielten radiotaugliche Rock-Hits wie „I Want to Hold Your Hand“ und „She Loves You“. Aber es waren die Bands, die ihnen folgten, die schließlich die Türen für den Hardrock öffneten. Jedoch verdienen die Beatles Anerkennung für die frühe Entwicklung von Hardrock und Metal, weil sie ihren verzerrten Rock spielten, bis die Finger bluteten, wie bei „Helter Skelter“, und mit „I Wan You (She's So Heavy)“ bereits Doom Metal vorhersagten, sowie Myriaden anderer Dinge, von denen sich seither so gut wie jede Band in jedem Genre bedient hat.

Die ursprünglichen „Drei Könige“ des Hardrock waren The Rolling Stones, The Kinks und The Who. Die Stones haben den amerikanischen Elektro-Blues populärer gemacht als all ihre Zeitgenossen. Sie nahmen die Single-Note-Riffs und das Jammern und Wehklagen eines Howlin' Wolf und Willie Dixon und bauten sie in Songs wie „(I Can't Get No) Satisfaction“ „Street Fighting Man“ und „Paint It Black“ ein. Die simplen, bluesigen Riffs und grellen, ungeschminkten Texte der Haupt Songwriter Keith Richards und Mick Jagger beeinflussten spätere Bands wie AC/DC und The Black Crowes. Neben der Musik der Stones fanden ihre Eskapaden jenseits der Bühne in Bands wie Aerosmith und Guns N' Roses ihren Widerhall

Auch andere Bands der British Invasion haben den Hardrock auf einzigartige Weise beeinflusst. The Kinks, angeführt von den Brüdern Ray und Dave Davies, traten 1964 mit ihrem von Gitarren bestimmten Hit „You Really Got Me" ins Rampenlicht. Dieses treibende Riff war ein Vorbote des Hardrock, Garage Rock und Punk Rock. Led Zeppelin verwendeten ähnliche Riffs in ihren Songs „Whole Lotta Love" und „Heartbreaker". Nachdem Eddie Van Halen diesen Stil mit Synkopen bereicherte, kam er Ende der 1970er-Jahre selbst ganz groß raus. Ohne „Heartbreaker" und „All Day and All of the Night" von The Kinks wäre Hardrock sicherlich nie so direkt geworden. The Kinks versuchten sich im Pop, schrieben aber in den folgenden Jahrzehnten weiterhin große Rock-Hits wie „Father Christmas" 1977 und „Destroyer" 1981.

In der Zwischenzeit setzte The Who neue Maßstäbe der Selbstdarstellung. Neben den Windmühlen-Bühnenbewegungen des Gitarristen und Hauptsongwriters Pete Townshend und der Vorliebe, seine Gitarre am Ende der Sets zu zerschlagen, spielte Schlagzeuger Keith Moon seine Drums in krampfartigen Verrenkungen und zerschmetterte sie am Ende in völligem Chaos. Er war berüchtigt für seine Showtricks und zündete einmal sogar während der Show Feuerwerkskörper in seinem Schlagzeug. Schon früh haben The Who viel von Rhythm and Blues übernommen und geradlinige, riffgetriebene Songs wie „My Generation", „Substitute" und „I Can See for Miles" geschrieben. Ihr Einfluss ist weitreichend deutlich hörbar, wie z. B. in Bands wie den Punkrockern The Ramones, den Heavy-Metal-Ikonen Scorpions und den Grunge-Hitzköpfen Pearl Jam. The Who waren ebenso Vorreiter des Progressive Rock, dank langer Rockopern mit Fantasy-Handlungssträngen, die am besten auf ihren Alben „Tommy" und „Quadrophenia" zu hören sind. Damit beeinflussten sie Bands wie Rush und Queen, als diese ihre künstlerische Reise in den 1970er-Jahren begannen.

Dank dieser Bands hatten Plattenläden auf beiden Seiten des Atlantiks immer mehr Blues-Alben auf Lager. Der damals beliebte Elektro-Blues zeigte das Genre in seiner aggressivsten Form und seine schweren Riffs und Texte nahmen die kommenden Jahrzehnte des Hardrock vorweg. Mit reichlich neuem Material, um junge Musiker zu beeinflussen, wurde die nächste Generation Hardrocker Mitte bis Ende der 1960er-Jahre bekannt. The Yardbirds, zu deren Besetzung im Laufe der Jahre die Gitarrenhelden Eric Clapton, Jeff Beck und Jimmy Page gehörten, arbeiteten sich durch eine Vielzahl von Blueslegenden wie Howlin' Wolf, John Lee Hooker und Slim Harpo. Sie versuchten sich auch an Popmusik und erzielten sogar einige Hits wie „For Your Love" und „Heart Full of Soul", bevor sie sich auflösten.

Clapton gründete später die Supergruppe Cream, die Hardrock und frühem Heavy Metal ihre typischen klobigen Powerakkord-Riffs bei Songs wie „White Room", „Crossroads" und „Sunshine of Your Love" aufdrückte. Ihre Experimente mit dem psychedelischen Surrealismus verliehen dem Hardrock in den 1960er- und 1970er-Jahren eine neue Farbpalette, die die Tendenzen des Hardrock zu langen, dramatischen Jamsessions beeinflusste.

Im Jahr 1967 veröffentlichte The Jimi Hendrix Experience (die ihre ersten großen Erfolge in Großbritannien hatten, obwohl sie Amerikaner waren) „Are You Experienced?". Das Album verfügte über ein Gitarrenvokabular, das bis heute Gitarristen auf der ganzen Welt inspiriert und beeinflusst. Songs wie das explosive „Purple Haze", das nachdenkliche „Hey Joe" und das von Rückkopplungen durchtränkte „Foxy Lady" prägten den Hardrock der 1970er-Jahre.

Zu diesem Zeitpunkt hatte sich weltweit eine vollwertige Hardrock-Bewegung entwickelt. 1967 spielte die überaus psychedelische Band Vanilla Fudge aus Long Island, New York, ein hartes, grobes Cover des Motown-Hits „You Keep Me Hangin' On" von The Supremes. Im selben und darauffolgenden Jahr veröffentlichte The Velvet Underground in New York City ihre laute, von Rückkopplungen übersäte Vorstellung von Art Rock, die das Donnern von Hardrock und Metal vorhersagten. Die kanadischen Hardrocker Steppenwolf landeten im folgenden Jahr mit „Magic Carpet Ride" und „Born to Be Wild" harte Hits, wobei in Letzterem der Begriff „Heavy Metal" erstmalig in einem Song enthalten ist. Die in San Francisco ansässigen Blue Cheer hatten 1968 einen ähnlichen Erfolg mit ihrer rückkopplungsreichen Version des 1950er-Hits „Summertime Blues" von Frührocker Eddie Cochran. Im selben Jahr schöpften die aus Kalifornien stammenden Iron Butterfly aus den psychedelischen Sounds von Cream, Hendrix' Single-Note-Riffs und ihren eigenen pseudogotischen Einflüssen, um eine 17-minütige Hardrock-Jam-Session mit dem Titel „In-a-Gadda-Da-Vida" zu inszenieren. Und 1969 spielte eine Gruppe von Detroiter Radikalen namens The MC5 eine explosive Hardrock-Version, die sowohl Heavy Metal mit ihren mächtigen Riffs als auch Punk mit ihren politischen Tiraden vorwegnahm, was am besten in ihrem Song „Kick Out the Jams" zu hören war.

In England hatte Jimmy Page eine neue Band zusammengestellt, die er als The New Yardbirds vorstellte. Aber Keith Moon und John Entwistle von The Who regten ihn durch eine abfällige Bemerkung dazu an, die Band in Led Zeppelin umzubenennen. Im Januar 1969 veröffentlichten sie ihr gleichnamiges Debütalbum. Ein in jeder Hinsicht perfektes Album, das Songs enthält, die den bluesigen Gitarrensound von Cream in prägnante Songs wie die treibenden „Good Times Bad Times" und „Communication Breakdown", das psychedelische „Dazed and Confused" und die erschütternde Ballade „Babe I'm Gonna Leave You" verwandeln. Neben dem Nachfolger „Led Zeppelin II" aus dem Jahr 1969 ist das Debüt eines der prägendsten Alben des puren Hardrock. In den 1970er-Jahren veröffentlichte die Band ein klassisches Hardrock-Album nach dem anderen.

Mit der Veröffentlichung von Black Sabbaths gleichnamigem Debütalbum im Februar 1970 wurde die Idee, dass Hardrock mehr durch das definiert wurde, was er nicht war, als durch das, was er war (sicherlich nicht Softrock), klarer in den Fokus gerückt. Hardrock war nicht Black Sabbath. Beginnend mit einem Gewitter, drei vernichtenden Akkorden und Frontmann Ozzy Osbournes schreiendem Gesang: „What is this that stands before me?", zeigte Black Sabbath eine weitaus härtere Vision von Rock als bei Veröffentlichungen ihrer Zeitgenossen zu hören war. Obwohl sich die Band mit dem Schreiben von Hardrock-Hits, wie dem Titeltrack ihres nächsten Albums, „Paranoid", versuchte, folgte sie oft einem viel dunkleren Weg (schwerfällige, heruntergestimmte Riffs, heulende satanische Texte, Kastagnetten), als es die meisten Hardrock-Bands der 1970er-Jahre gewagt hätten. Erst am Ende des Jahrzehnts zogen sie sich ein wenig zurück, um einen gängigeren Hardrock-Ansatz zu verfolgen, wie z.B. bei zugänglicheren Singles wie „A Hard Road" und „Never Say Die". Nachdem Osbourne durch Ronnie James Dio ersetzt wurde, überzeugte die Band bei Songs wie „The Mob Rules" und „Neon Knights" mit elektrisierenden Hardrock-Riffs. Doch selbst dann war ihr Sound viel härter als das, was man ansonsten im Radio zu hören bekam.

Ungefähr zu der Zeit, als Sabbath ihr erstes Album herausbrachten, begannen auch andere Bands, härtere Sounds anzunehmen. Deep Purple waren eine psychedelisch geprägte Hardrock-Band im Stil von Vanilla Fudge, als sie 1968 ihr erstes Album veröffentlichten, „Shades of Deep Purple". Mit der Coverversion von Billy Joe Royals „Hush" hatten sie bereits einen frühen Erfolg, aber zu ihrem ureigenen Sound fanden sie erst, als Sänger Ian Gillan 1969 zur Band stieß. Dank Gillans einmaligem Gesang, der klassisch angehauchten Orgel von Jon Lord und der Riffs des Gitarristen Ritchie Blackmore gab Deep Purple dem Hardrock mit Songs wie „Speed King" und „Fireball" den dringend benötigten Adrenalinschub. Als sie 1972 ihren großen Durchbruch mit dem Album „Machine Head" hatten, waren sie auf Heavy Metal gestoßen, aber die große Virtuosität war nach wie vor das herausstechende Merkmal der Band.

In den USA brachte Alice Cooper Shock Rock mit Make-up und grausamen Bühnenbildern auf die Bühne. Sein 1970er-Hit „Eighteen" enthielt alles, was einen guten Hardrock-Song ausmacht: melodische Gitarren, Texte über das Gefühl der Desillusionierung und einen Gesang, der klang, als würde Cooper buchstäblich den Verstand verlieren. Er schrieb seine ureigene Art von Musik. Obwohl der Einfluss des Blues im Gitarrenspiel von Michael Bruce und Glen Buxton deutlich zu hören war, hatte die Band ihren Sound zu diesem Zeitpunkt ein wenig glatt geschliffen, ohne jedoch ihr Markenzeichen zu beeinträchtigen. Die 1970er-Jahre-Singles der Band wie „Under My Wheels", „School's Out" und „No More Mr. Nice Guy", die durch Alice Coopers harsche Stimme geprägt sind, könnten allesamt als exakte Definitionen des Hardrock dienen.

Mit dem Erfolg von Alice Cooper begann man in Nordamerika im „Ich-Jahrzehnt", eine Hardrock-Band nach der anderen zu produzieren. Aerosmith spielte Rolling-Stones-artigen Hardrock, der durch ihre Herkunft aus Boston gekennzeichnet war. ZZ Top machten den rauchigen bluesbasierten Texas-Hardrock-Stil populär. Lynyrd Skynyrd und The Allman Brothers Band haben Hardrock im Stil der Südstaaten perfektioniert, voll von ausgedehnten Grateful

Dead ähnlichen Jams und Texten über die Arbeiterklasse. Kiss aus New York konzentrierten sich auf Radio-Hits und feierten große Erfolge, während ihre Nachbarn Blue Öyster Cult Klassiker wie „(Don't Fear) The Reaper" und „Godzilla" herausbrachten.

Grand Funk Railroad schrieben die Nationalhymne des amerikanischen Hardrock mit ihrem Hit „We're an American Band". Heart aus Seattle hat die Tschakka-Tschakka-Gitarre erfunden, die auf Songs wie „Barracuda" zu hören ist. Und „Motor City Madman" Ted Nugent schlug sich mit Hits wie „Cat Scratch Fever" in die Charts. Jenseits der Grenzen in Kanada jonglierten Rush auf einem schmalen Grat zwischen Heavy Metal und Progressive Rock, bis sie sich in den 1980er-Jahren fest auf der Seite des Letzterem wiederfanden und einige Radio-Hits landeten.

In Großbritannien beschäftigte sich Queen mit komplizierten, strukturierten Popsongs wie „Killer Queen" und geradlinigen Hardrock-Nummern wie „We Will Rock You" und „Tie Your Mother Down". Bad Company veröffentlichten in ihrem gleichnamigen Debüt ein erfolgreiches Hardrock-Album, dank radiofreundlicher Singles wie „Can't Get Enough" und natürlich „Bad Company" und der schroffen Stimme von Paul Rodgers. Thin Lizzy aus Irland machten sich mit harmonischen Riffs ihrer beiden Gitarristen und Hits wie „Whiskey in the Jar" und „The Boys Are Back in Town" einen Namen. The Rolling Stones erfuhren eine Hardrock-Wiederbelebung mit Alben wie „Sticky Fingers" von 1971 und „Exile on Main St".

AC/DC begannen Mitte der 1970er-Jahre, aus den Klängen der Rolling Stones und Led Zeppelin zu schöpfen und spielten schon bald in Australien ihre eigenen Hymnen. Leadsänger Bon Scott sang wie besessen in Songs wie „TNT", während Gitarrist Angus Young völlig durchgedreht aussah, als er in einer Schuluniform im Stil eines Chuck Berry über die Bühne rockte. Nach Scotts Tod veröffentlichte die Band 1980 das Album „Back in Black", das nicht nur das bis dahin größte Hardrock-Album, sondern auch die am zweitbesten verkaufte Platte der Welt wurde.

Aber wie es bei jedem Musikgenre zu beobachten ist, wenn der Erfolg einsetzt, machten sich einige Bands schließlich daran, ihren Stil zu verwässern, um noch profitabler zu werden. Hardrock war da keine Ausnahme. Ende der 1970er-Jahre produzierten eine Reihe von Bands, darunter Styx, Journey, Foreigner, Kansas, Angel und REO Speedwagon, um nur einige zu nennen, Hardrock mit saftigen Rockballaden und rau klingenden Popsongs. Trotz des Erfolges schienen Kreativität und Eindringlichkeit aus dem Hardrock verschwunden zu sein. Zum Glück wartete das nächste Wiederaufleben gleich um die Ecke.

In den späten 1970er-Jahren waren zwei Retter am Start: Punkrock und Van Halen. Genauso wie in England protestierten die Punks nicht nur gegen das politische, sondern auch gegen das musikalische Klima. Mit dem oben erwähnten langweiligen kommerziellen Hardrock und dem Aufkommen des Progressive Rock wirkte Rockmusik nur noch aufgebläht, klischeehaft und unattraktiv. Bands wie The Sex Pistols, The Clash, The Ramones und The Damned erinnerten daran, dass das Genre gefährlich sein und Spaß machen sollte. Van Halen hingegen benutzten Gefälliges als Spielerei und verwandelten es irgendwie in Musik, die partytauglich war. Zwischen dem überbreiten Lächeln des Gitarristen Eddie Van Halen, während er ein umwerfendes Solo nach dem anderen zauberte, und der sagenhaften Bühnenpräsenz des smarten Sängers David Lee Roth, gelang es der Band, Hardrock auf eine Weise aufzufrischen, wie es Foreigner nicht vermochte.

Dank dieses musikalischen Neustarts und der Veröffentlichung erfolgreicher Metal-Alben wie Ozzy Osbournes Debüt-Soloalbum „Blizzard of Ozz" wurden Hardrock und leichteres Heavy Metal immer populärer. Ab 1981 konnte man auf MTV regelmäßig Hardrock-Videos sehen. Infolgedessen erlebten Metal-Bands wie Twisted Sister und Mötley Crüe, die auch vor Hardrock-Publikum erfolgreich waren, während des gesamten Jahrzehnts große Erfolge. Def Leppard destillierten ihren frühen New-Wave-of-British-Heavy-Metal-Sound in ein schmackhafteres Pop-Single-Format und wurden dank Hits wie „Photograph" und „Pour Some Sugar on Me" zu einer der meistverkauften Bands des Jahrzehnts. Ihre Songs hatten großartige Refrains, die wie ein tausendstimmiger Unisono-Chor klangen. Bon Jovi nahm ebenfalls einen ähnlichen Stil an und erzielte im Laufe des Jahrzehnts große Hits und Plattenverkäufe mit Diamant-Status. Skid Row schrieben härtere Songs wie „18 and Life" und „Youth Gone Wild" und produzierten einige mit Singles. Van Halen wechselten Mitte des Jahrzehnts den Sänger und ersetzen Roth durch den Ex-Montrose-Sänger Sammy Hagar. In den Neunzigern verkauften sie mit jeder Veröffentlichung durchweg Millionen von Alben.

Im Laufe des Jahrzehnts schien immer mehr Metal den Weg in den Mainstream zu finden. Am Ende des Jahrzehnts waren Bands wie Warrant, Winger und Extreme auf MTV allgegenwärtig, dem Sender, der zu diesem Zeitpunkt zur größten Popularitätsplattform des Hardrock geworden war. Bands wie Aerosmith und Whitesnake erlebten dank einiger schicker Videos einen zweiten Frühling und machten große Umsätze. Und es half Bands wie Faith No More, die keinem Hardrock-Genre entsprachen, ihren Fankreis zu multiplizieren. Dieses freundlichere Umfeld für härtere Musik ermöglichte es auch einigen weniger am Mainstream orientierten Bands, Erfolg zu haben.

1987 veröffentlichten Guns N' Roses „Appetite for Destruction", mit dem sie sowohl 1988 als auch 1989 die Charts anführten. Obwohl die Bandmitglieder ihre Haare wie die damals erfolgreichen Glam-Metal-Bands toupierten, endeten damit auch schon die Vergleiche. Der Gesang von Frontmann Axl Rose war schrill und durchdringend, während die Gitarristen Slash und Izzy Stradlin Rock-Riffs im Stil von The Rolling Stones und Aerosmith mit mehr Biss aufladen konnten. Songs wie „Welcome to the Jungle" und „Nightrain" besaßen eine rohe Eindringlichkeit, die nur wenige Bands seit der Punk- oder British-Invasion-Ära hervorgebracht hatten. „Sweet Child O' Mine" war eine Ballade mit rührseligem Text, der selbst die hartherzigsten Headbanger weich werden ließ, und „Paradise City" hat genau die Art von großartigem Refrain, der den Hardrock der 1980er-Jahre definierte. Das Album war in jeder Hinsicht kommerziell ausgerichtet, öffnete aber auch die Türen für rauere Klänge.

Etwa mit Beginn der 1990er-Jahre erreichte Heavy Metal seinen höchsten Bekanntheitsgrad mit guten (Metallica) und weniger guten (Warrant) Folgen. Ähnlich wie in den 1970er-Jahren hatte die Flut von Hair-Metal-Bands dem Sound eine Formel aufgedrückt und Musikfans waren jetzt bereit für etwas Neues. Eine Menge Bands, die ursprünglichen Hardrock spielten, füllten diese Lücke.

Als Nirvana aus Washington ihr Durchbruchalbum „Nevermind" und Pearl Jam aus Seattle 1991 ihr Debütalbum „Ten" herausbrachten, setzten sie im Hardrock neue Maßstäbe. Sie verschmolzen das Genre mit simplem punkartigem Songwriting und brachten Hardrock zu seinen grundlegendsten Elementen zurück: treibende Gitarren, lautes Schlagzeug und kraftvoller Gesang. Kritiker nannten diesen Stil „Grunge". Der Hauptunterschied zum Hardrock bestand darin, dass der Leadsänger im Gegensatz zu oberflächlichen, machtverrückten Hymnen typischerweise bekennende Texte über persönliche Themen sang. Nach dem Erfolg von Nirvanas „Smells Like Teen Spirit" wurden andere Bands wie Soundgarden, Alice in Chains, Smashing Pumpkins und Stone Temple Pilots bekannt, weil sie ebenfalls abgespeckten Hardrock spielten. Eine Reihe von Bands bildeten sich im Fahrwasser von Grunge und der Zyklus wiederholte sich. Bands wie Silverchair und Bush passten das Genre dem Massengeschmack an, bis schließlich Nu-Metal-Bands wie Korn kamen und mit Grunge das machten, was zuvor Grunge mit Metal gemacht hatte.

Als Nu Metal aufkam, erlangte eine Art übergreifender Post-Grunge Bekanntheit. Bands wie Nickelback und Creed hatten in den 1990er- und frühen 2000er-Jahren große Hits, aber ihnen fehlte die blutrünstige Motivation, die die besten Hardrock-Bands zu dem gemacht hatte, was sie waren. In den 2000er-Jahren gab es eine Reihe von Künstlern wie Andrew W.K. und Bands wie The Darkness und Buckcherry, die frühere Hardrock-Sounds mit mäßigem Erfolg aufbereiteten, aber letztendlich schien ihr Erfolg Mitte des Jahrzehnts nachzulassen. Zu diesem Zeitpunkt hatte MTV auch aufgehört, Musikvideos zu zeigen, und die Massenmedien, um an Popularität zu gewinnen, schränkten Hardrocker mehr und mehr ein. Eine Reihe von Bands wie Crossfade und Breaking Benjamin, ganz zu schweigen von Halestorm und den Foo Fighters, angeführt vom ehemaligen Nirvana-Schlagzeuger Dave Grohl, erlebten bis in die 2010er-Jahre Radio- und Interneterfolge, aber kreativ gesehen schienen die Dinge zu Beginn dieses Jahrzehnts auf wackeligem Boden zu stehen.

Wenn irgendetwas auf Hardrock zutrifft, dann, dass die Zukunft nie klar vorhersehbar ist, wie David Lee Roth schon gesagt hat: „A little ain't enough". Die Zeit wird zeigen, wer die neuen Rolling Stones, Led Zeppelin, Sex Pistols, Van Halen, Guns N' Roses oder Nirvana sein werden. Und die Zeit wird zeigen, wie lange ihre Popularität anhalten wird.

BLACK SABBATH

Mit dem Donnerschlag und den drei dissonanten Akkorden, die ihren gleichnamigen Song eröffnen, erfand Black Sabbath den Heavy Metal. Hinzu kam, dass Frontmann Ozzy Osbourne beim Singen der Eröffnungszeile wirklich verängstigt klang („What is this that stands before me?") und die Hippie-Bewegung der späten 1960er-Jahre im Wesentlichen tot zu sein schien. Nicht dass der Niedergang der Woodstock-Generation das Ziel von Black Sabbath gewesen wäre, es war lediglich eine Nebenwirkung.

Black Sabbath gründeten sich nach dem Summer of Love in der Arbeiterstadt Birmingham in England und wurden ursprünglich vom damals beliebten Heavy-Blues inspiriert, der auch von Bands wie Cream, The Yardbirds und Led Zeppelin gespielt wurde. Black-Sabbath-Gitarrist Tony Iommi nahm sich 1968 eine Auszeit von der Band, um für einen kurzen Zeitraum mit den zukünftigen Heavy-Metal-Grammy-Gewinnern Jethro Tull zu spielen. Aber mit seinen Sabbath-Bandkollegen (Osbourne, Bassist Geezer Butler und Schlagzeuger Bill Ward) erlebte er seinen härtesten Blues.

Inspiriert davon, dass die Leute Geld dafür bezahlten, um sich in Horrorfilmen zu fürchten, schrieben Osbourne und Butler die Texte zu „Black Sabbath" und besiegelten so ihr Schicksal. In Kombination mit Iommis geradlinigem Gitarrenstil, teilweise das Ergebnis eines Arbeitsunfalls, bei dem er die Spitzen des Mittel- und des Ringfingers seiner Hand verlor, war die Band auf einen einzigartigen Sound gestoßen.

Ihre ersten Alben, darunter „Black Sabbath" und „Paranoid" 1970, „Master of Reality" 1971 und „Black Sabbath Vol. 4" 1972, sind wahrscheinlich die einflussreichsten Alben in der gesamten Heavy-Musik, da sie zahllose Bands inspiriert haben, die vom Mainstream wie Metallica und Guns N' Roses bis zum Underground wie Converge und Black Flag reichen. Und obwohl sie in ihrer ersten Phase nur mit ihren Songs „Iron Man" und „Paranoid" wirkliche Chart-Erfolge hatten, produzierte Black Sabbath eine ganze Reihe Songs wie „War Pigs", „Children of the Grave", „Snowblind", „Sabbath Bloody Sabbath" und „Hole in the Sky", die von vielen Bands gecovert wurden und selbst zu Klassikern geworden sind. Als sie als Songwriter reiften, wurden ihre Songs kunstvoller und profitierten immer von Butlers funky Bassspiel und Wards Jazz-Drumming.

Das Einzige, was die Band jemals ausbremste, war der Drogen- und Alkoholmissbrauch ihrer Mitglieder, der schließlich 1979 zur Entlassung von Osbourne führte (ironischerweise nachdem sie gerade ihre Tour zur Unterstützung des „Never Say Die!"-Albums des Vorjahres beendet hatten). Sharon Arden, die Tochter des Bandmanagers (später Mrs. Osbourne), schlug vor, den ehemaligen Rainbow-Sänger Ronnie James Dio anzuwerben. Mit Dio schrieben sie treibende Songs mit fantastischem, opernartigem Gesang und Texten über Drachen und Könige, die mehr dem Hardrock zu verdanken hatten als dem schwerfälligen Metal, den sie mit Osbourne kreiert hatten. Songs wie „Neon Knights", „Heaven and Hell" und „The Mob Rules" fanden Resonanz bei einer jüngeren Hörerschaft, was sich wie eine Verjüngungskur auf Sabbats Fangemeinde auswirkte. Außerdem startete Osbourne seine eigene revolutionäre Solokarriere und eröffnete der Band einen gesunden Wettbewerb, der sie in den frühen 1980er-Jahren antrieb.

Leider führten Persönlichkeitskonflikte in diesem Jahrzehnt und in den 1990er-Jahren zu einer Reihe von Besetzungswechseln (Deep-Purple-Frontmann Ian Gillan und Kiss-Schlagzeuger Eric Singer kamen und gingen) bis zu dem Punkt, an dem Iommi als einziges ursprüngliches Mitglied verblieb. Die Band verlor an Schwung. Aber sie fassten 1997 wieder Fuß, als Osbourne eine Wiedervereinigung für sein Ozzfest initiierte. 2006 wurde die Band in die Rock and Roll Hall of Fame aufgenommen und nahm kurz darauf ihre Arbeit mit Dio unter dem Namen Heaven & Hell bis zu seinem Tod im Jahr 2010 wieder auf.

Alles schien vorbei zu sein, auch wegen Rechtsstreitigkeiten zwischen Iommi und Ozzy über den Namen Black Sabbath (Iommi erklärte: „Ich bin der Einzige, der seit einundvierzig Jahren in der Band ist!"). Aber am 11. November 2011 kam die Ankündigung, auf die alle Fans gewartet hatten: Black Sabbath würde ein Album aufnehmen und auf Tour gehen (mit Tommy Clufetos am Schlagzeug). „13" erschien 2013 und erreichte sowohl in Großbritannien als auch in den USA Platz 1 in den Charts und die Single „God Is Dead?" gewann einen Grammy. Ozzy, der Prinz der Dunkelheit selbst, führte das Comeback von Black Sabbath zu einem glorreichen Finale. Die „The End"-Welttournee begann am 20. Januar 2016 in Omaha, USA, und endete dort, wo alles begann, in Birmingham am 2. und 4. Februar 2017 mit dem Riff aus dem Song Paranoid als Zugabe für ein begeistertes Publikum. Die Geschichte einer Band, die die Heavy-Musikszene für immer geprägt hat.

21 ✠ Die Mitglieder von Black Sabbath. Im Uhrzeigersinn von oben: Gitarrist Tony Iommi, Bassist Geezer Butler, Sänger Ozzy Osbourne und Schlagzeuger Bill Ward

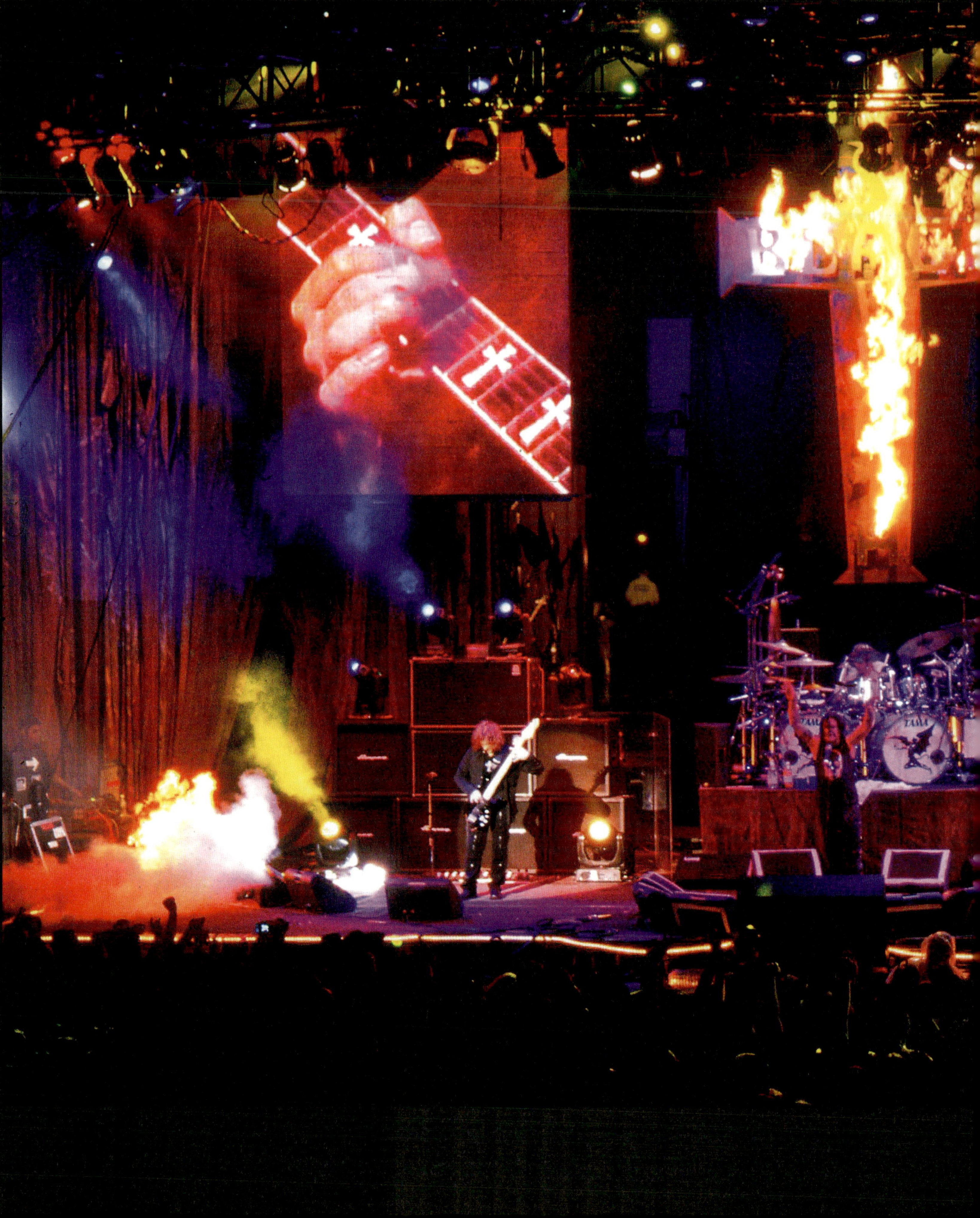

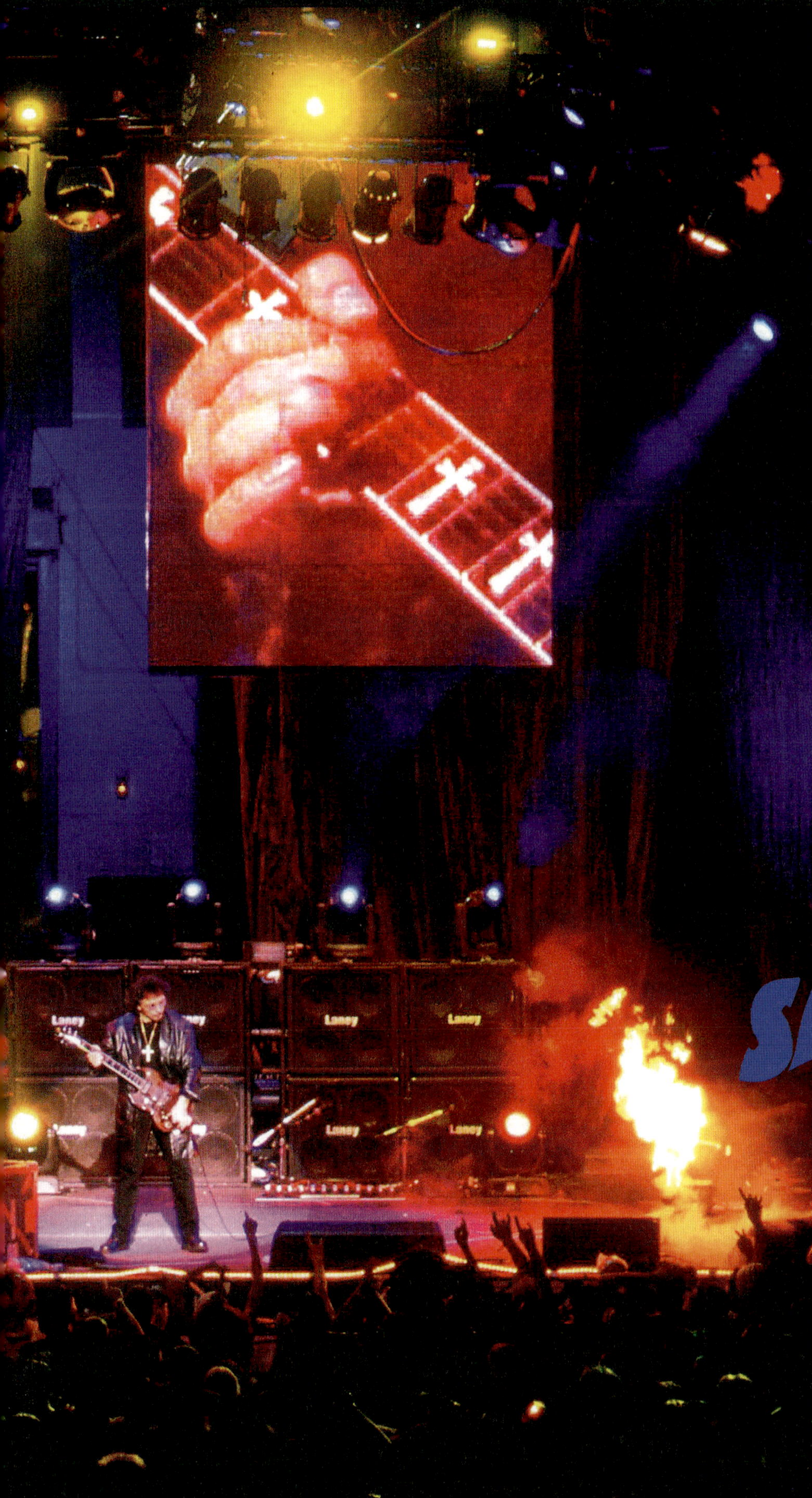

BLACK SABBATH

22-23 ✠ Mit Feuer und Flamme kamen Black Sabbath Ende der 1990er-Jahre wieder zusammen. Beachten Sie Tony Iommis christliches Griffbrett.

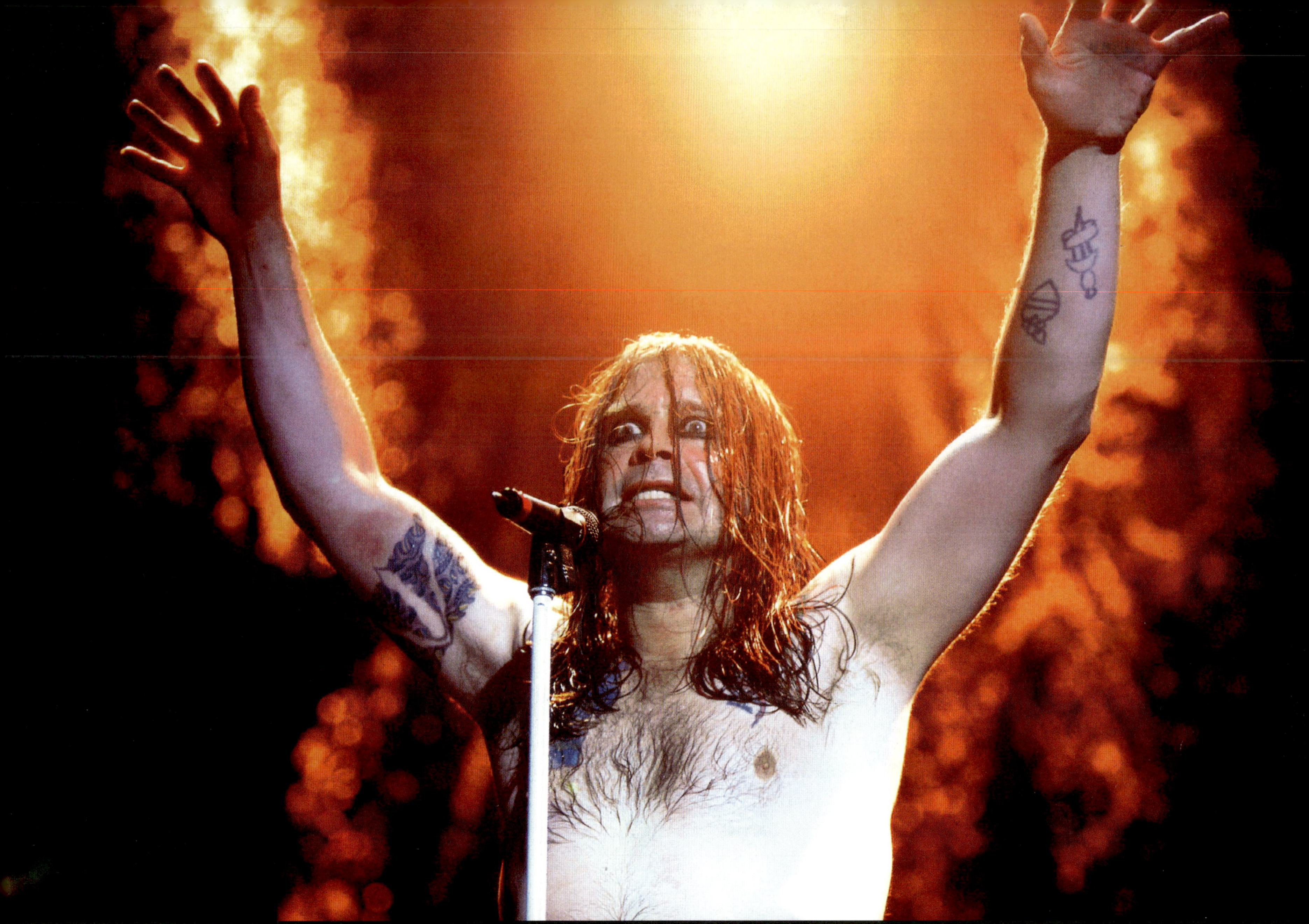

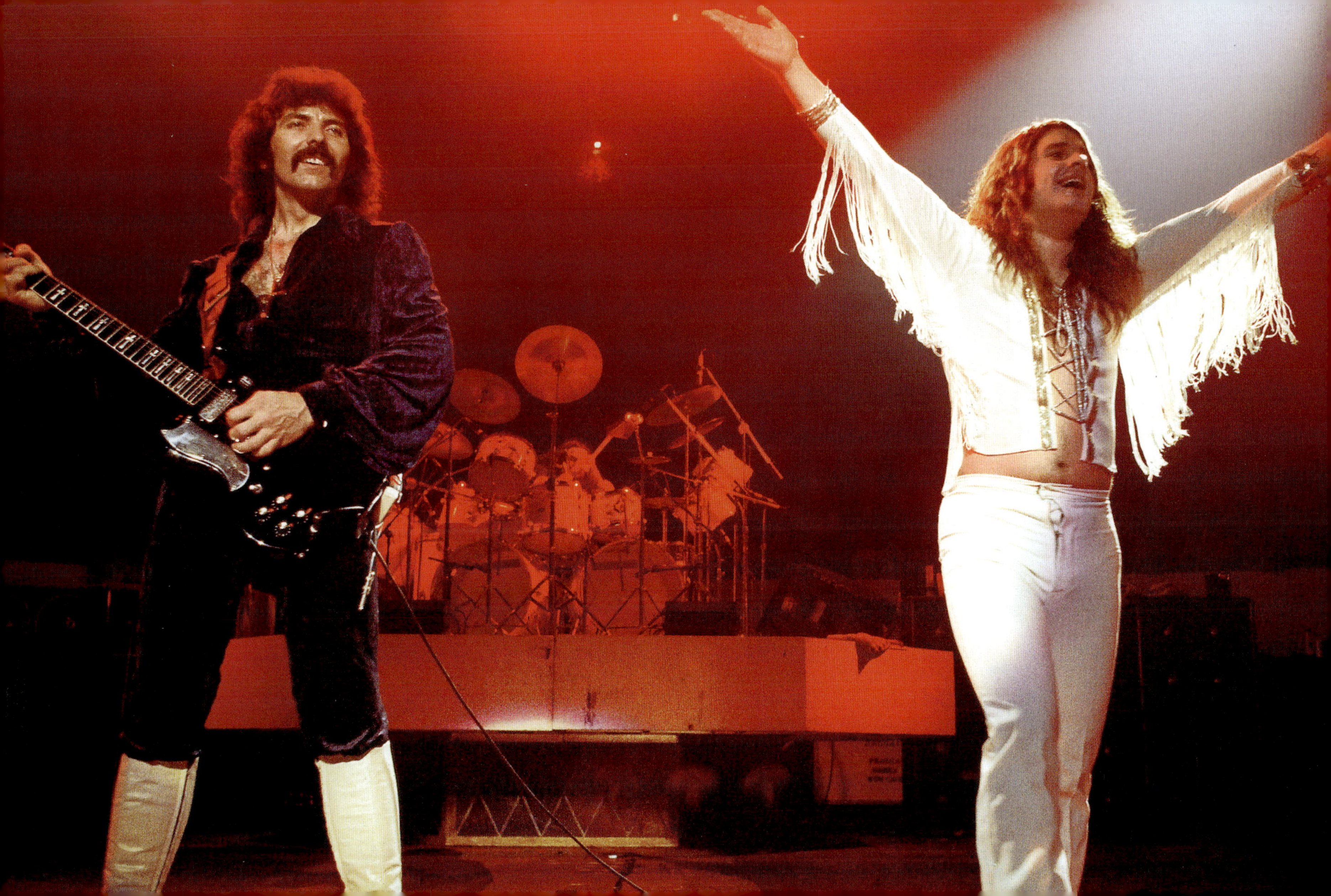

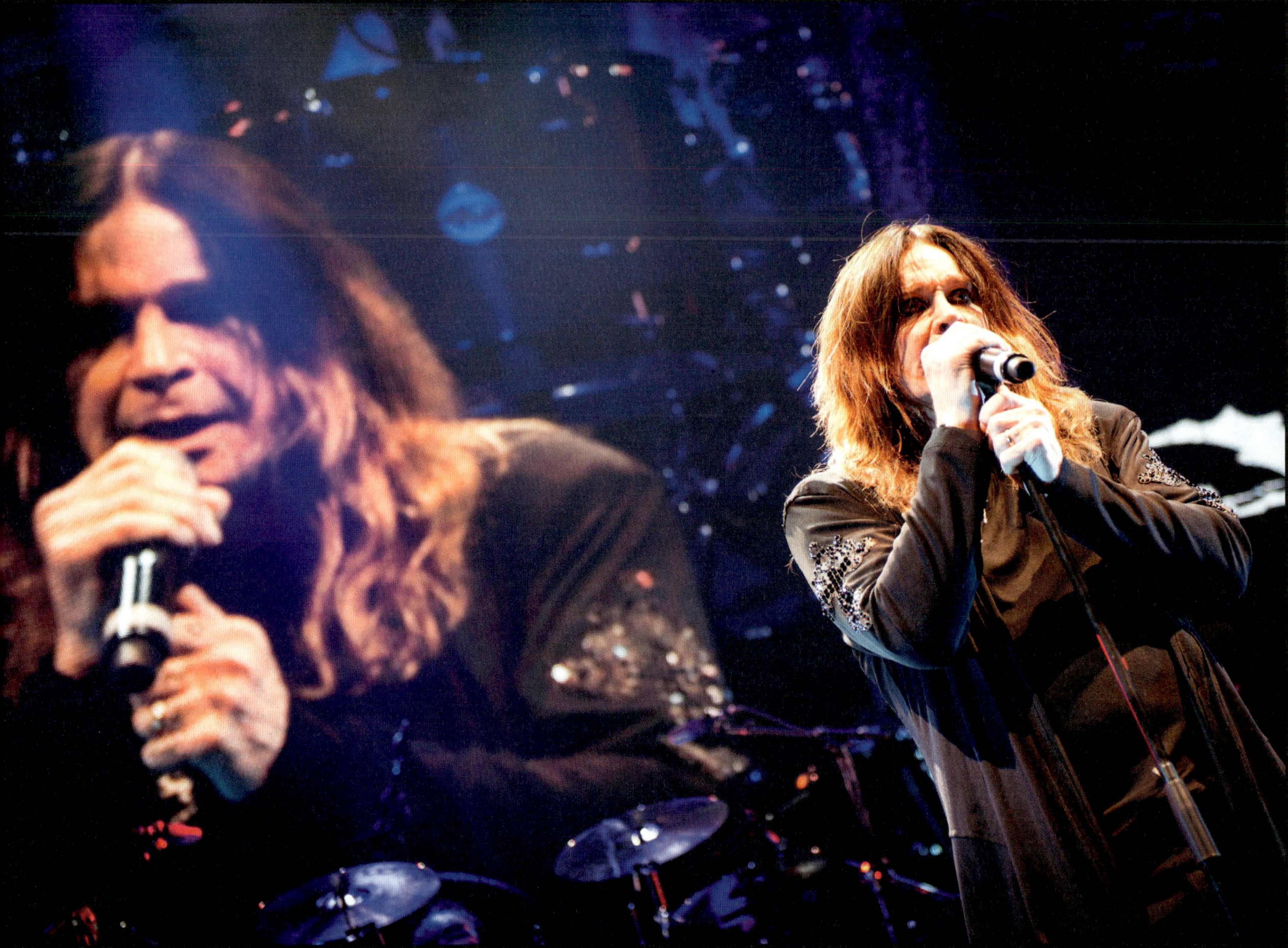

26 ✠ Am 4. Februar 2017 verabschiedet sich Ozzy Osbourne in der Genting Arena von Birmingham von Black Sabbaths Publikum. Laut Ozzy wollte er eine Abschiedsrede halten, aber seine letzten Worte waren: „Danke, gute Nacht. Vielen Dank."

27 ✠ Tommy Clufetos ersetzte Bill Ward für die 81 Auftritte der „The End"-Welttournee. Ward verließ die Band, die er 1968 gegründet hatte, weil er mit Ozzy Osbourne nicht mehr auskam. Auf diesem Foto zeigt Clufetos stattdessen, was er immer beteuert hat: „Ich hatte nie irgendwelche Probleme mit Ozzy."

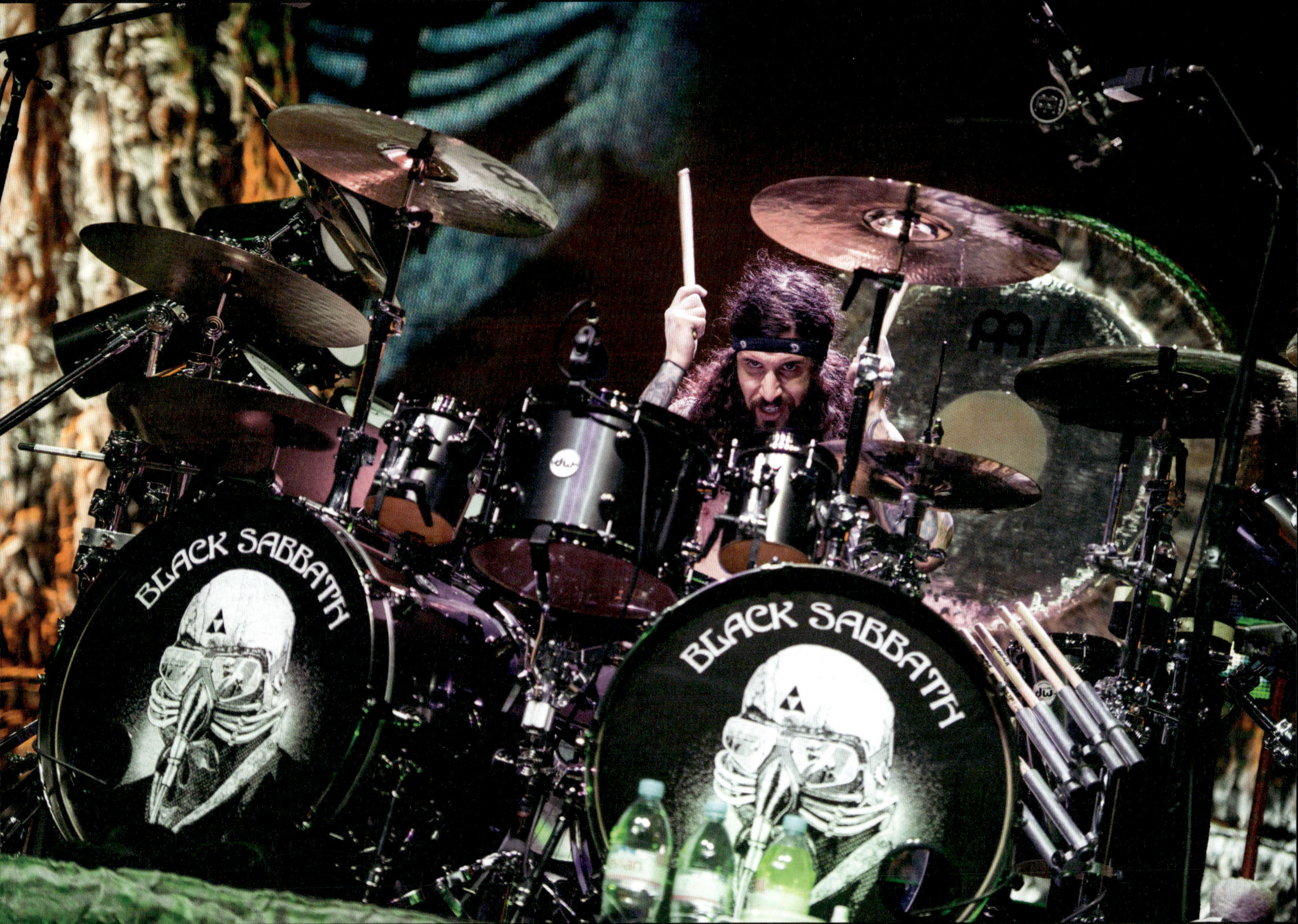
BLACK SABBATH
BLACK SABBATH

DEEP PURPLE

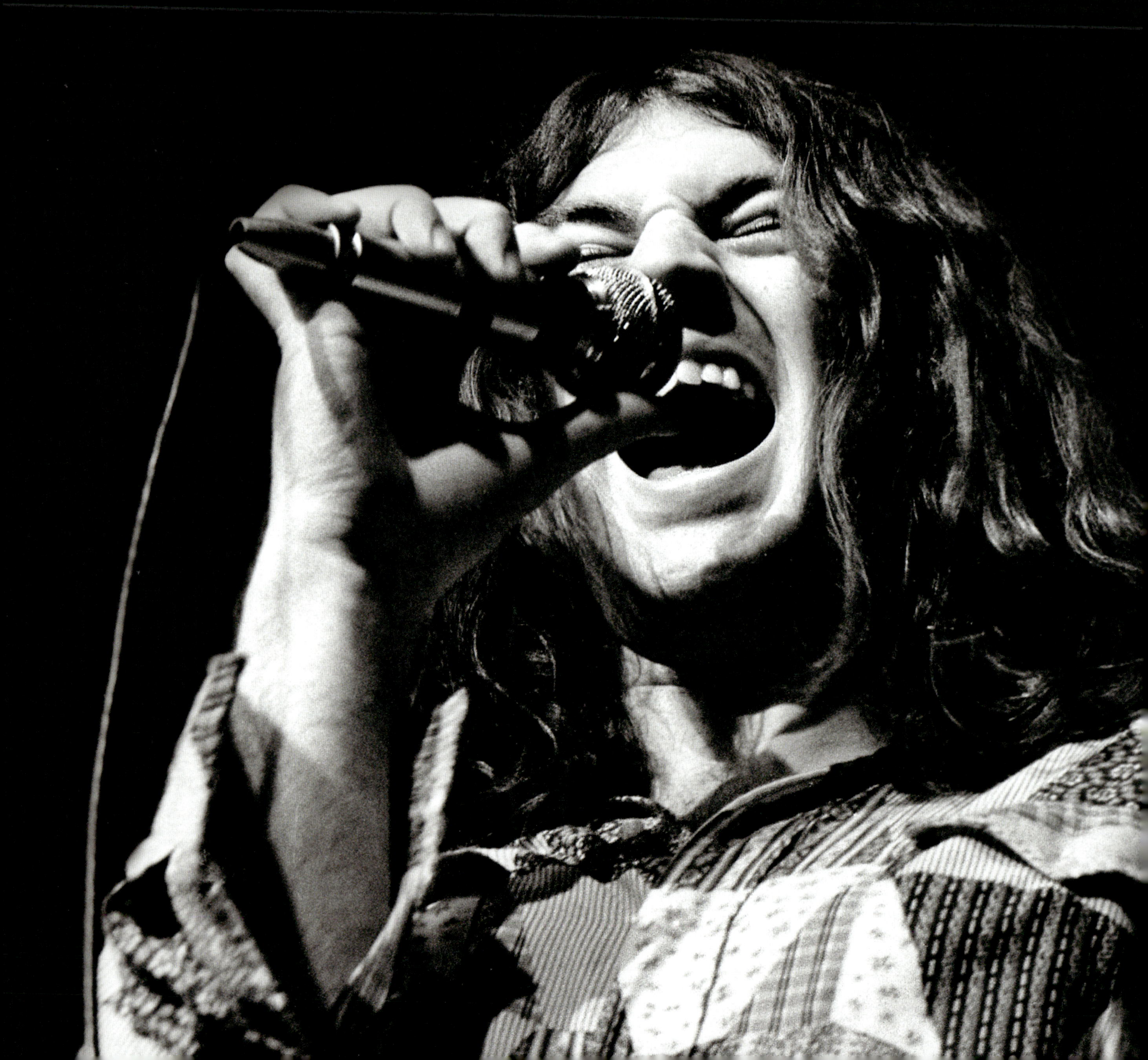

Im Jahr 1972 war das ultimative Gitarrenriff geboren, mit dem Deep Purple die Welt des Heavy Metal entfesselte. Einfacher zu spielen als „Iron Man", „Paranoid" und „Whole Lotta Love", ist Purples „Smoke on the Water" Heavy Metal pur mit wenigen Akkorden. Gitarrengott Ritchie Blackmore kreierte das Riff mit nur vier Noten und einer leichten Synkopierung (Funkrhythmen würden später das Ende von Deep Purple signalisieren). Es war die Verkörperung des Heavy Metal der 1970er-Jahre und so hörte man es in jedem Musikladen auf diesem Planeten. Dieses Riff hat Gitarristen auf der ganzen Welt so sehr beeindruckt, dass sogar ein Guinness-Weltrekord für die meisten Gitarristen aufgestellt wurde, die das Riff gleichzeitig spielten (zuletzt 2009 in Polen mit 6.345 unisono spielenden Gitarristen).

Natürlich beruht das Gesamterbe von Deep Purple nicht nur auf „Smoke on the Water", aber alles andere wird wohl daran gemessen. Die Band wurde 1968 gegründet und hatte in diesem Jahr einen ersten großen Erfolg mit einer Coverversion von Billy Joe Royals „Hush", dem sie Hardrock-Coverversionen von Neil Diamonds „Kentucky Woman" und Ike & Tina Turners „River Deep - Mountain High" folgen ließen. Blackmore und seine Bandkollegen wollten härter werden und ersetzten den frühen Sänger Rod Evans durch Ian Gillan, mit dem sie den Sound fanden, der sie zur unsterblichen Kultband werden ließ.

Das erste Album mit der Gillan-Besetzung, „Deep Purple in Rock" aus den 1970er-Jahren (das Cover zeigt die Purple-Version des Mount Rushmore), ist eine Ansammlung spröder Heavy-Blues-Rock-Songs und bildet einen Großteil der Grundlage für viele epische Heavy-Metal-Gitarrenexzesse, die in den 1980er-Jahren zur Selbstverständlichkeit wurden. Blackmore und Organist Jon Lord sind die wahren Stars der Band, aber von Anfang an beweist Gillan seinen Wert, schreit, kreischt und heult extrem männlich, frei von sexueller Spannung oder dämonischer Aura, im Gegensatz zu seinen Kollegen Robert Plant und Ozzy Osbourne. Das unschlagbare Dreigespann Blackmore, Lord und Gillan zeigt ihre Genialität in dem 10-minütigen Epos „Child in Time", vom zurückhaltenden und einfachen Anfang bis hin zum exzentrischen Schreien am Ende des Songs.

Ihre nächste Veröffentlichung „Fireball" 1971, war eine verfeinerte Version von „Deep Purple In Rock" und ein exzellentes Hardrock-Album, aber es war „Machine Head", das Deep Purple 1972 in die Top-Ränge der Hardrock-Stratosphäre katapultierte. Beginnend mit „Highway Star", einem ihrer besten Songs, in dem es natürlich um Autos, Frauen und Gillans Kopf geht und der eines der besten Tandem-Soli von Lord und Blackmore enthält, vereint das Album das Beste aus Deep Purples Post-Cream-Bluesphase wie den Kult-Hit „Smoke on the Water" und das starke „Space Truckin'".

Deep Purple versuchten, die Dynamik von „Machine Head" mit ihrem nächsten Album, „Who Do We Think We Are" von 1973, aufrechtzuerhalten, aber trotz Gillans asiatischer Fetisch-Erklärung „Woman From Tokyo" wurde dieser Titel zu einer sich selbst erfüllenden Prophezeiung. Gillan verließ die Band, die ihn durch den späteren Whitesnake-Frontmann David Coverdale ersetzte. Deep Purple hat es geschafft, Goldstatus zu erlangen, aber ihre Musik war zu eintönig und schließlich änderten sie ihren Stil in eine gefühlvollere Richtung. Unzufrieden verließ Blackmore 1975 die Band, um Rainbow zu gründen. Schließlich fiel die Band im nächsten Jahr auseinander, nachdem Blackmores Nachfolger Tommy Bolin verstorben war. Die „Machine Head"-Besetzung wurde 1984 wiedervereinigt und Deep Purple existieren seitdem in verschiedenen Zusammensetzungen, haben aber keinen prägnanten Song wie „Smoke on the Water" mehr geschrieben.

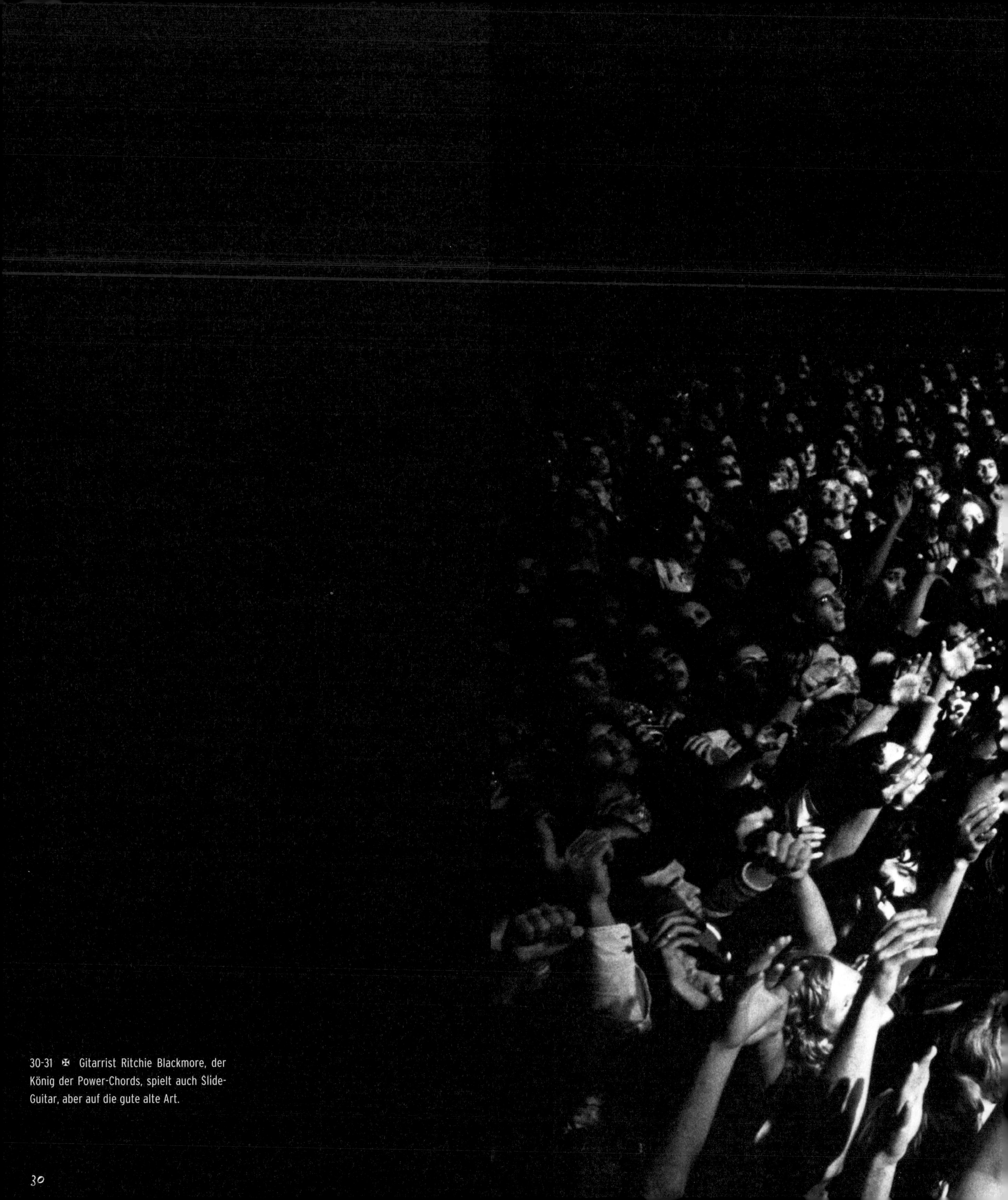

30-31 ✠ Gitarrist Ritchie Blackmore, der König der Power-Chords, spielt auch Slide-Guitar, aber auf die gute alte Art.

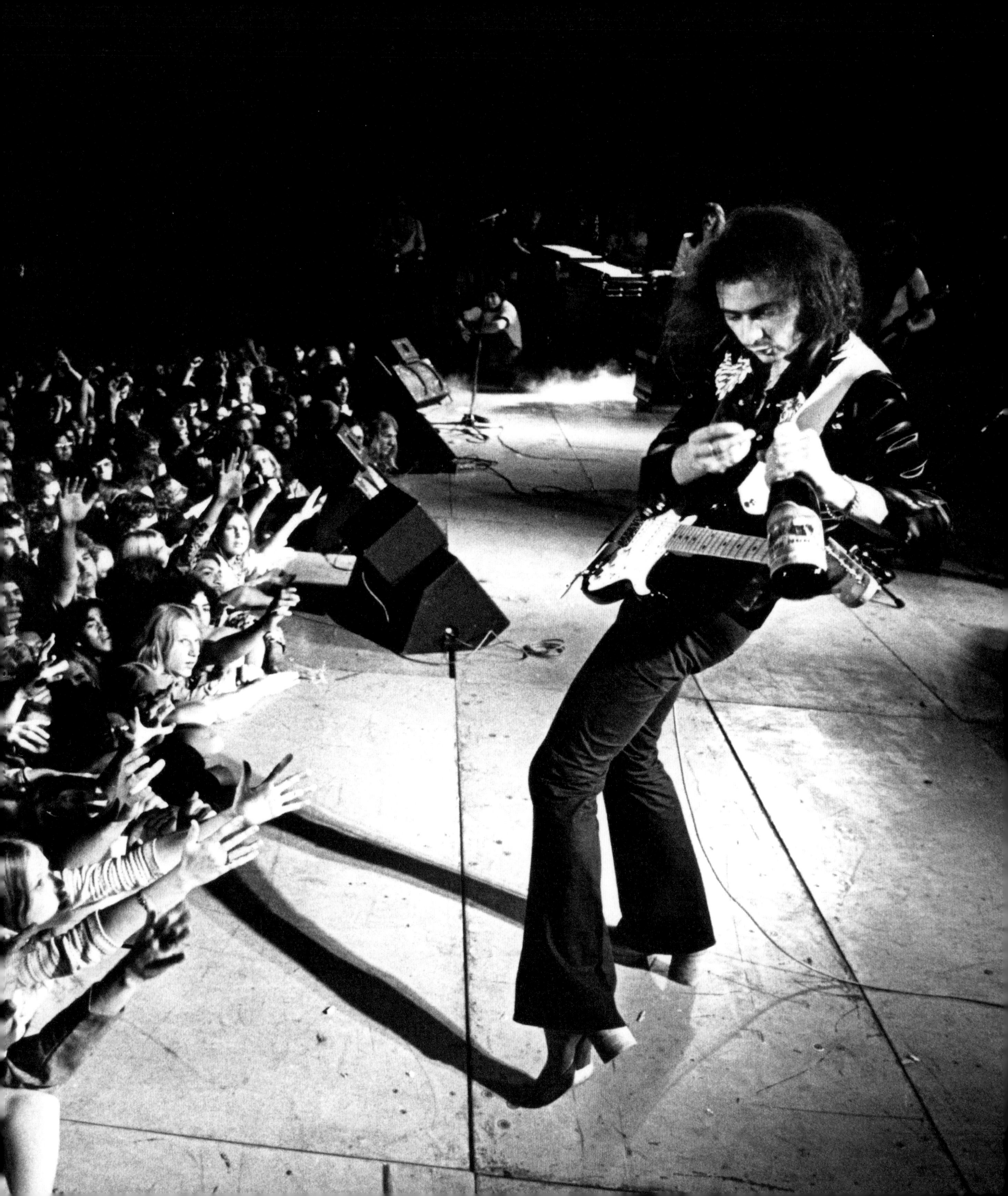

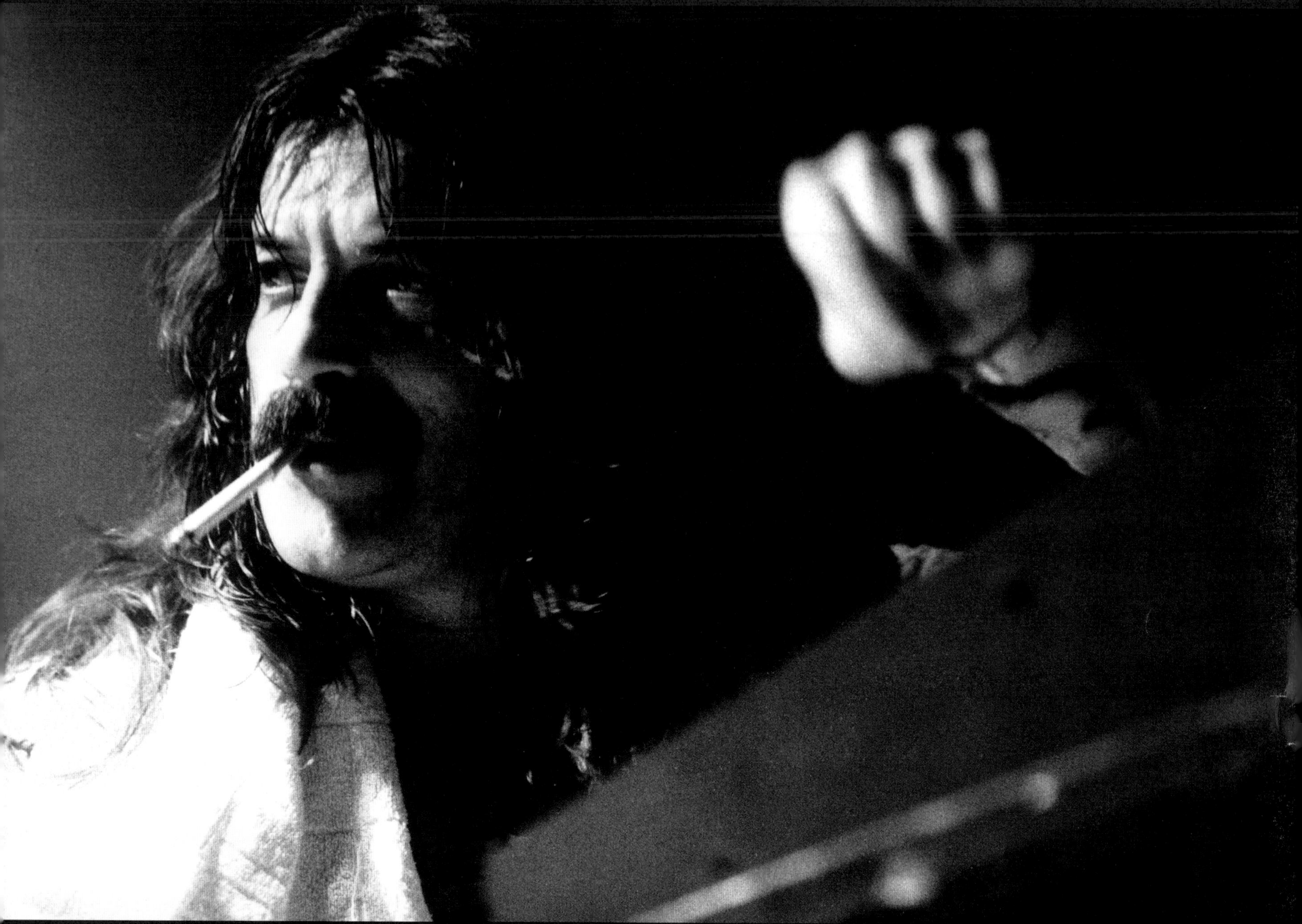

32 ✠ Keyboarder Jon Lord hat in Songs wie „Highway Star" die Kunst des Hammond-Orgel-Spielens auf ein neues Niveau gehoben.

33 ✠ Bassist Roger Glover folgte Ritchie Blackmore 1979 zu Rainbow, kehrte aber bei der Wiedervereinigung 1984 zu Deep Purple zurück.

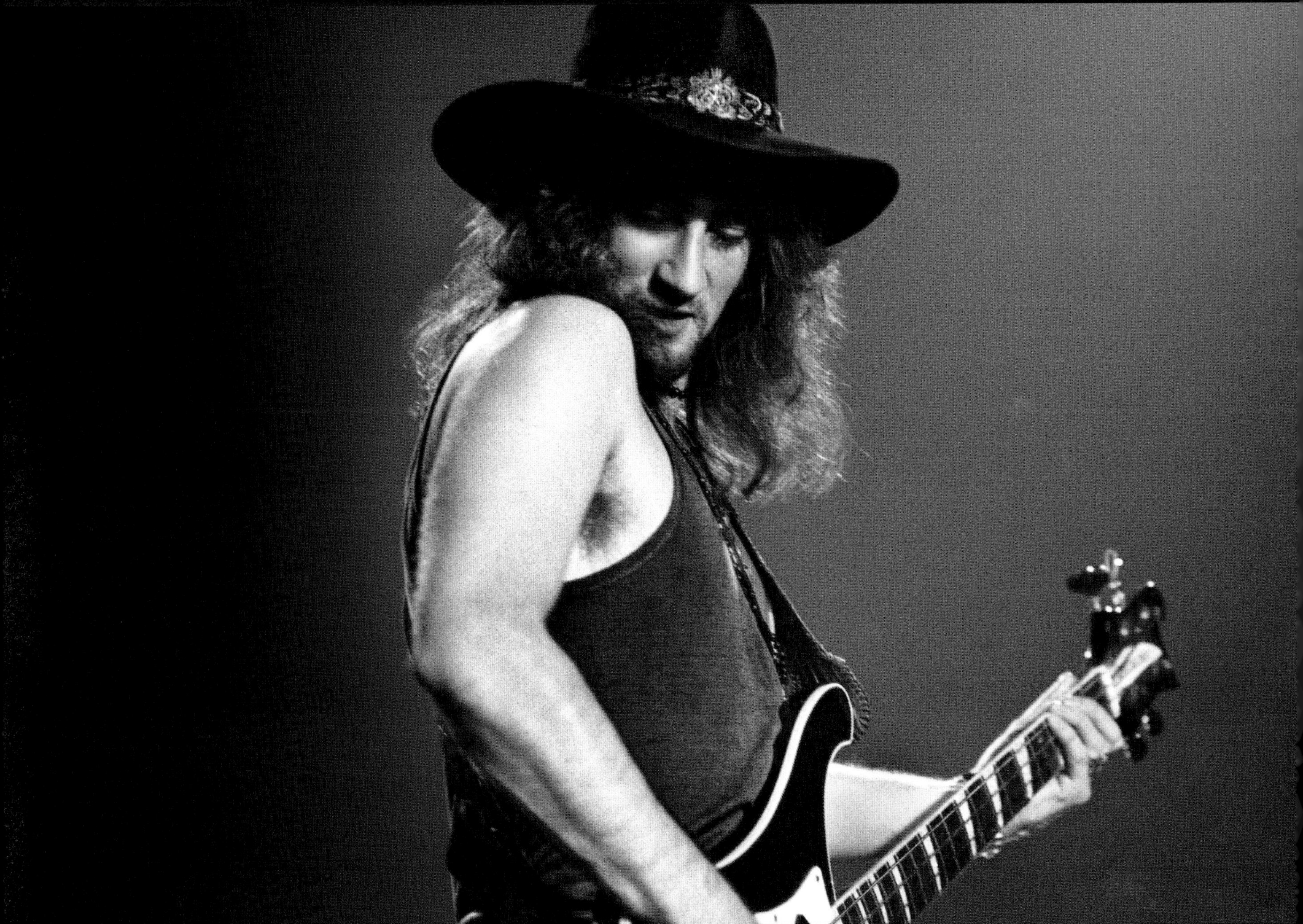

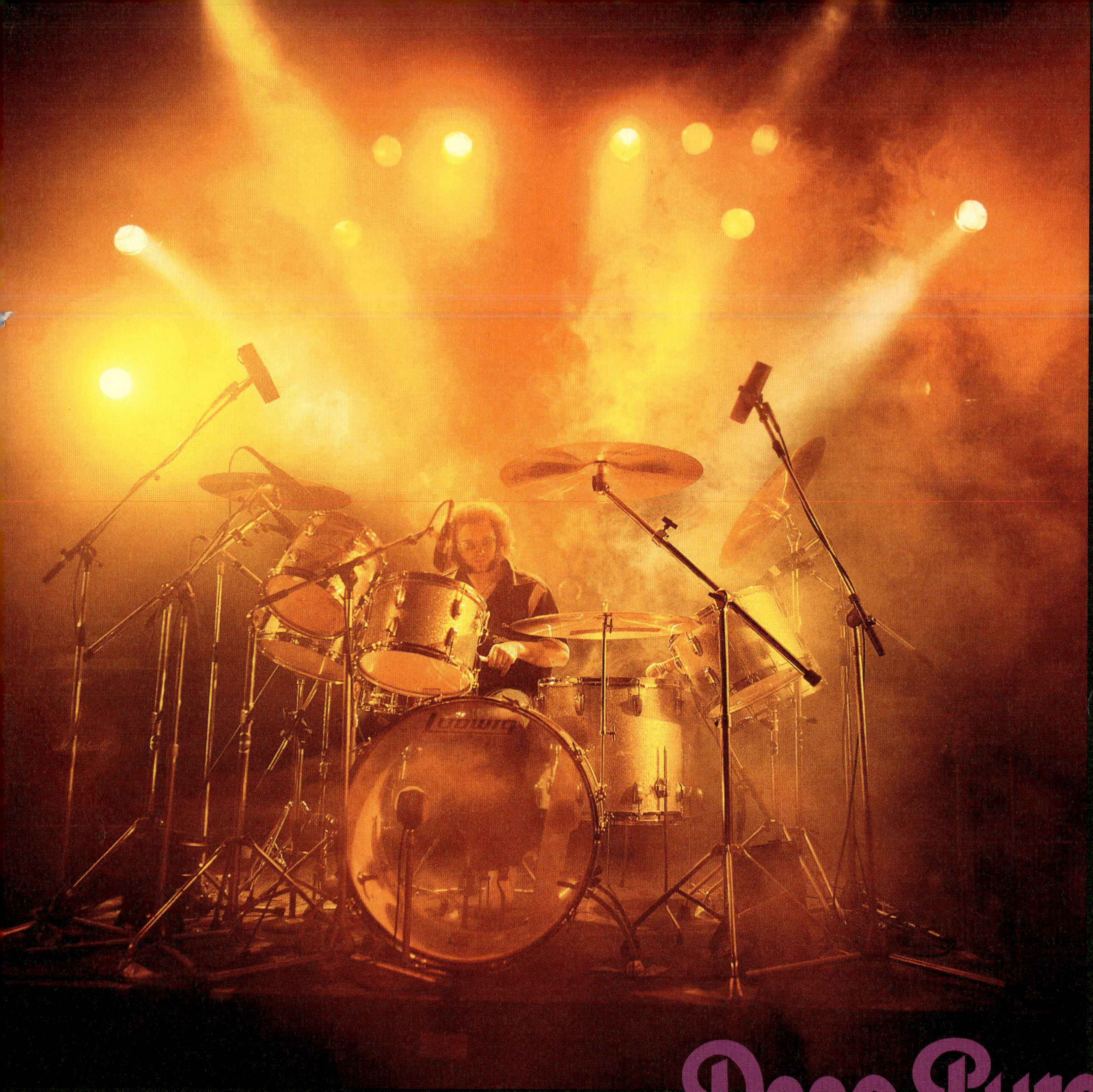

Deep Purple

34 ✠ Schlagzeuger Ian Paice ist eines der ursprünglichen Mitglieder von Deep Purple und es sind seine dampfenden Schnellzugrhythmen, die die Band seit 1968 am Laufen halten.

35 ✠ Ian Gillans leidenschaftlicher Gesang belebte Deep Purples Musik in den frühen 1970er-Jahren. Seine schroffe Stimme unterschied sich von denen anderer Heavy-Metal-Sänger zu jener Zeit.

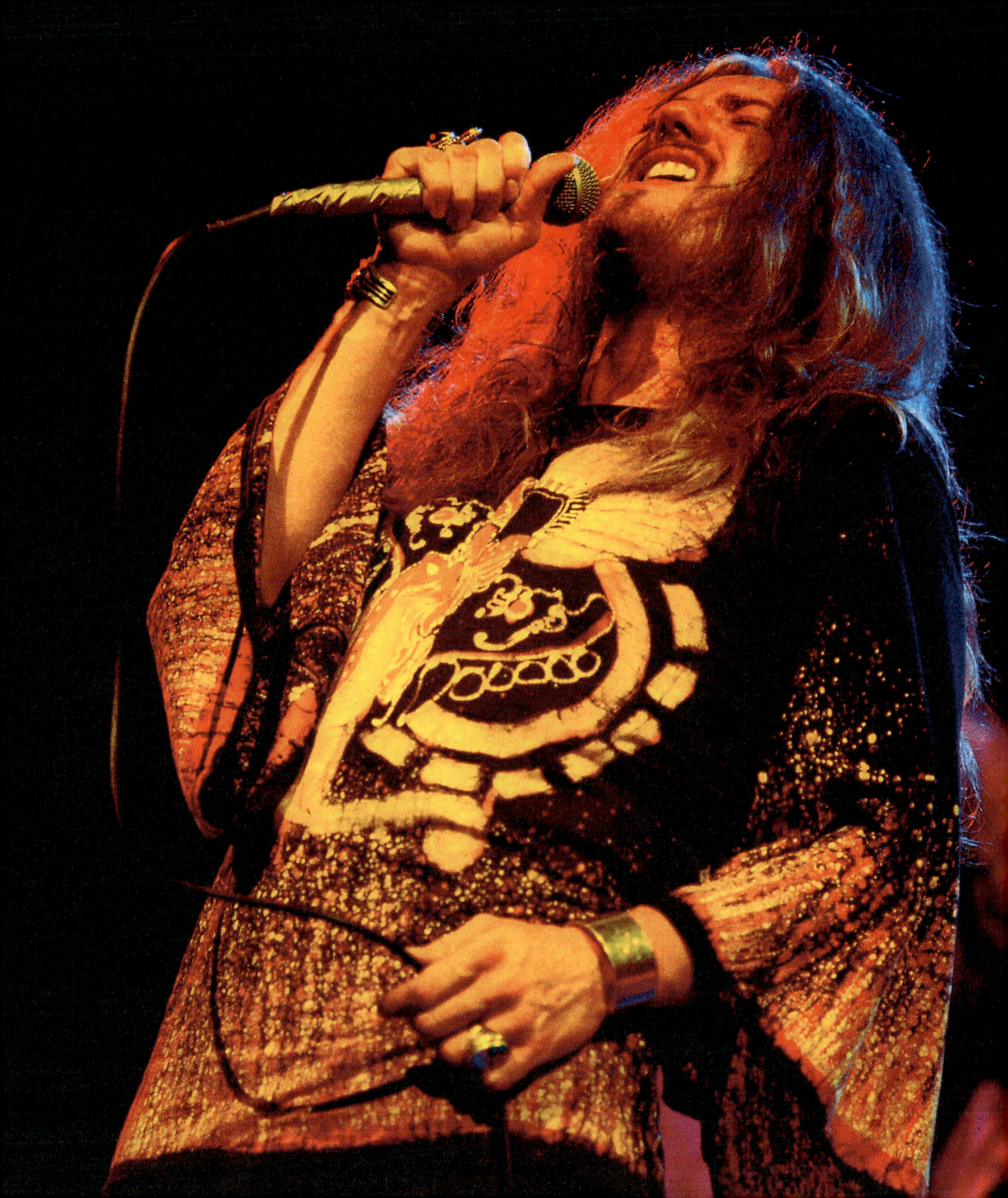

LED ZEPPELIN

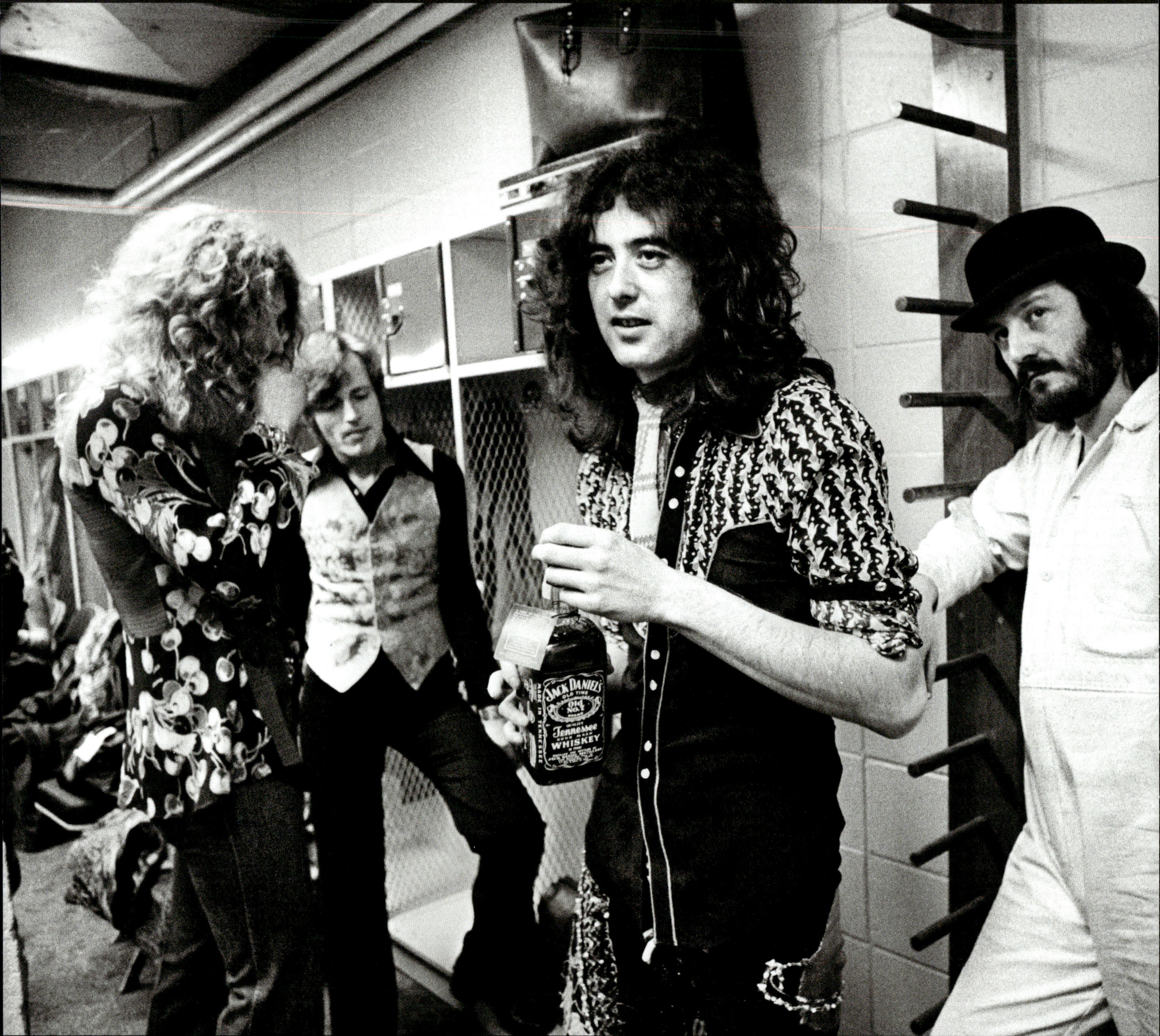

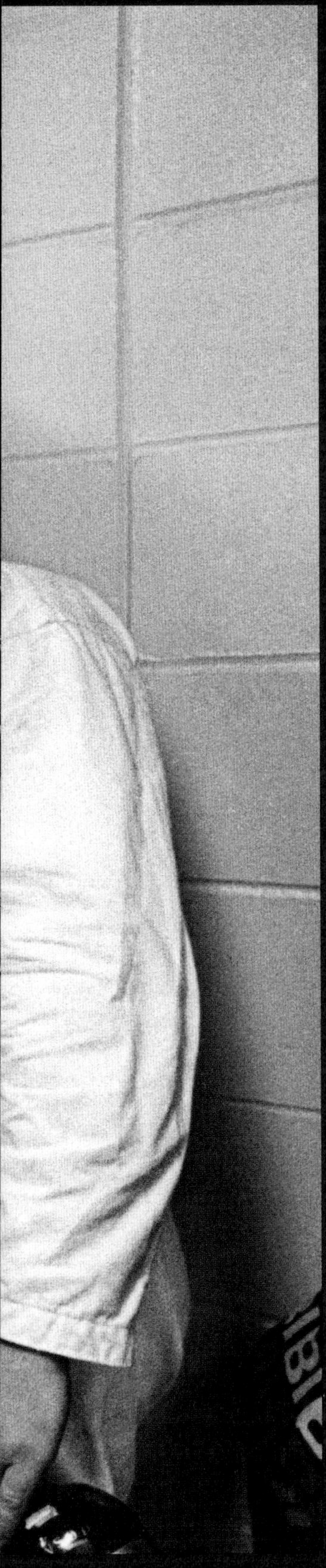

Obwohl sich die Mitglieder von Led Zeppelin von denselben Bluesmusikern inspirieren ließen, wie The Rolling Stones und Jimi Hendrix, unterschieden sie sich dennoch von ihren Kollegen, da sie ihre pentatonischen Riffs mit der Anmut eines Steinschlags spielten. Diese Symptomatik definierte die Band von Anfang an, noch bevor sie sich in ihrer Erfolgsbesetzung aus Frontmann Robert Plant, Gitarrist Jimmy Page, Bassist John Paul Jones und Schlagzeuger John Bonham zusammenfanden. Angeblich erhielt das Quartett seinen Namen von John Entwistle und Keith Moon von The Who, die bei einer Session mit Page und ihrem Freund Jeff Beck von The Yardbirds scherzhaft sagten, eine solche Band würde wie ein „Lead Ballon" untergehen. Page änderte das erste Wort, aus einem Ballon wurde ein Zeppelin und schon hatte er einen Namen für seine neue Band, nachdem sein vorheriges Projekt, The New Yardbirds, auseinandergefallen war. Trotzdem ist der Name der Band ein perfekter Indikator für das, was ihre Musik so großartig machte: harte Gitarre und Schlagzeug, die gerade lange genug nachhallen, damit Songs wie „Immigrant Song" und „Black Dog" in hochfliegende Melodien übergehen können.

Die Kombination aus Hardrock-Phrasen und Heavy-Metal-Bombast, die während Led Zeppelins kurzer Karriere von 1968 bis 1980 entstanden ist, diente als Blaupause für unzählige Bands in allen Rockgenres, von Queen bis The White Stripes und von Nirvana bis Tool.

Niemand hätte jedoch damals vorhersagen können, welch großen Einfluss die Band einmal haben würde, als sie auf dem Höhepunkt der Hippie-Bewegung von London aus die Welt eroberte. Als Led Zeppelin 1969 ihr gleichnamiges Debüt veröffentlichten, erhielten sie zunächst gemischte Kritiken, wobei das Rolling Stone Magazin das Album in einer besonders harschen Rezension als „einfallslos" bezeichnete. Dank Hymnen, die heute als Klassiker gelten, wie „Good Times Bad Times", „Dazed and Confused" und „Communication Breakdown", wurden sie 1970 in einer Leserumfrage der Zeitschrift NME zur drittbesten neuen Band gewählt.

Die Band wurde schnell erwachsen und experimentierte mit Folk-Musik auf „Led Zeppelin III". Ihr Meisterwerk wurde zweifelsohne ihr viertes Album, das keinen Titel trägt. Mit Songs wie dem Boogie-Woogie-Crasher „Rock and Roll" und der zeitlosen Power-Ballade „Stairway to Heaven" wurde es zu einem perfekten Album und festigte Led Zeppelins Platz in der Rockgeschichte. In den nächsten Alben experimentierte die Band mit Reggae („D'yer Mak'er"), indischer Musik („Kashmir") und Synth-Pop („All My Love"), aber sie entfernten sich nie zu weit von Heavy Blues, der sie anfangs inspirierte.

Tragischerweise löste sich die Band auf, nachdem Bonham 1980 gestorben war, als er nach einem Alkoholrausch an seinem Erbrochenen erstickte. Die anderen Bandmitglieder haben seitdem an Soloprojekten gearbeitet und sich in den letzten drei Jahrzehnten nur wenige Male für gelegentliche Wohltätigkeitsauftritte wiedervereinigt. Vielleicht haben Led Zeppelin, indem sie ihre Musik für sich selbst sprechen lassen, ihren Einfluss auf Hardrock und Metal noch mehr gefestigt.

LED-ZEPPELIN

38 ✠ John Bonham, der Mann, der das harte Drumming einführte, gab das Tempo für Hardrock und Heavy Metal bis zu seinem Tod 1980 vor.

38-39 ✠ Robert Plant zeigt in Pose, warum man ihn „Golden God" nennt.

40-41 ✠ Jimmy Page und Robert Plant sind eines der berühmtesten Songwriting-Duos des Hardrock. Sie haben Power-Songs wie „Living Loving Maid (She's Just a Woman)" und Hymnen wie „Stairway to Heaven" geschrieben.

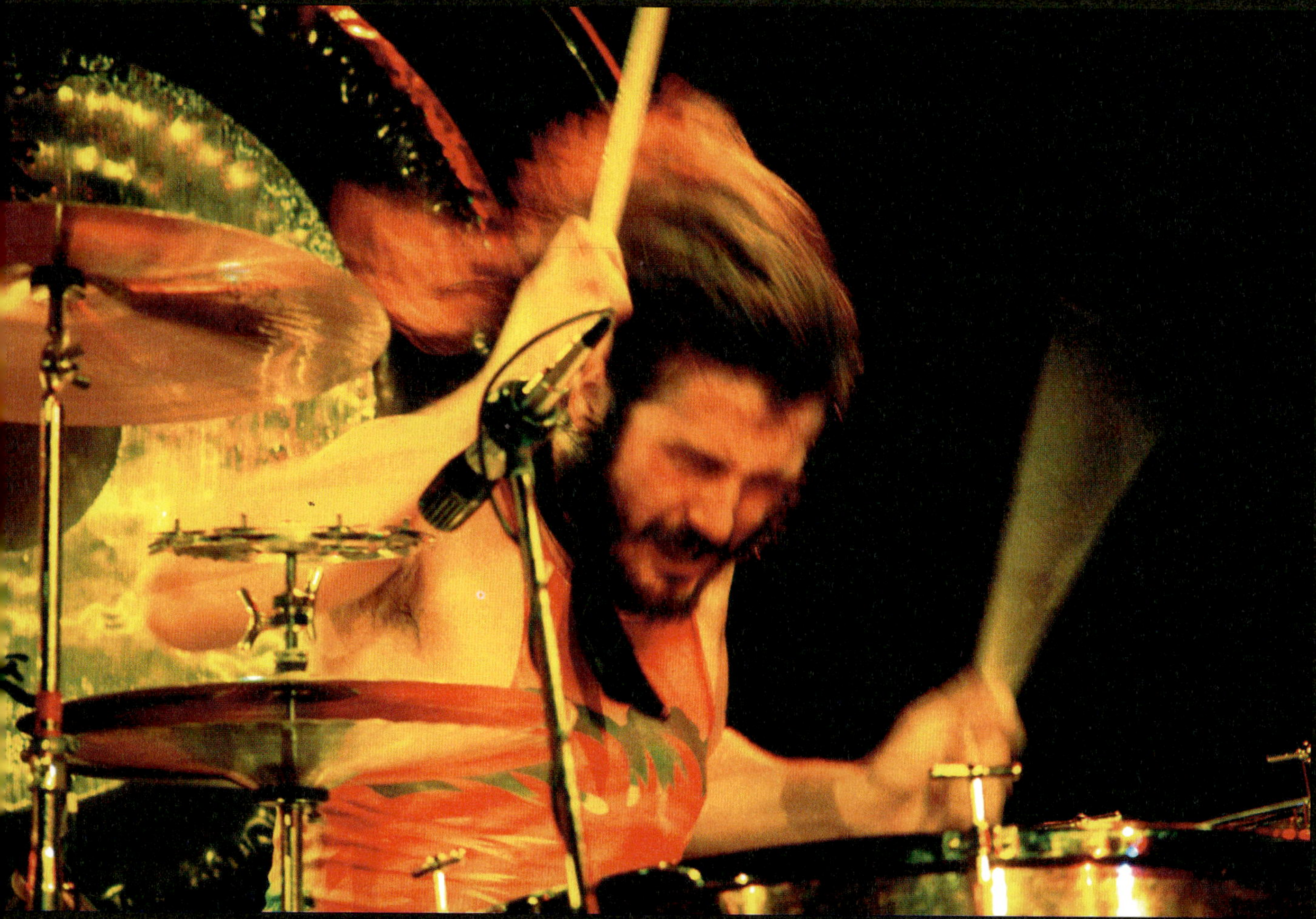

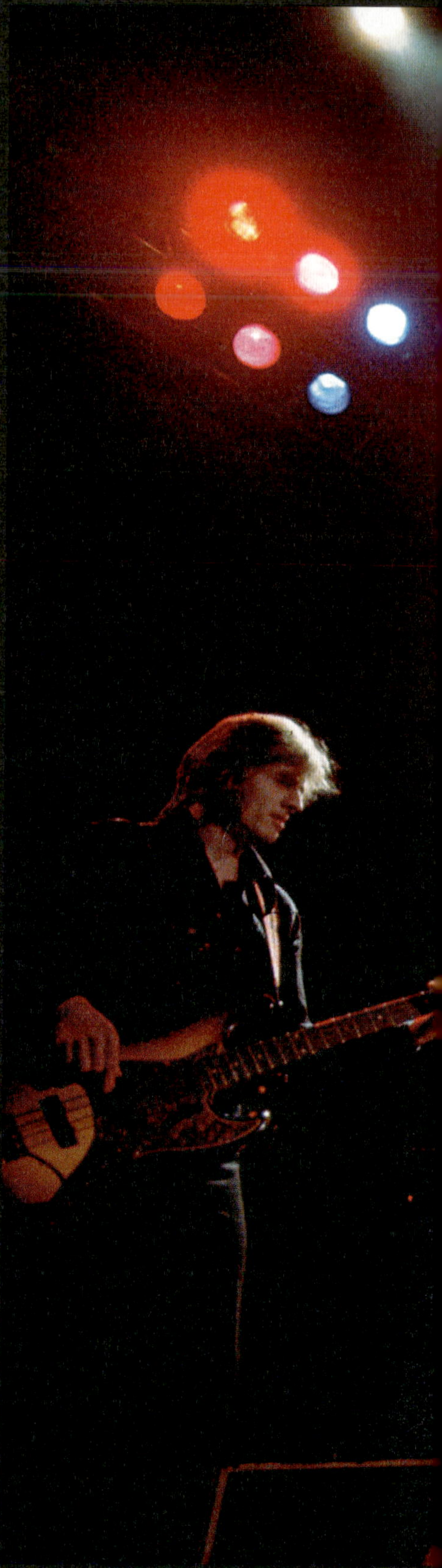

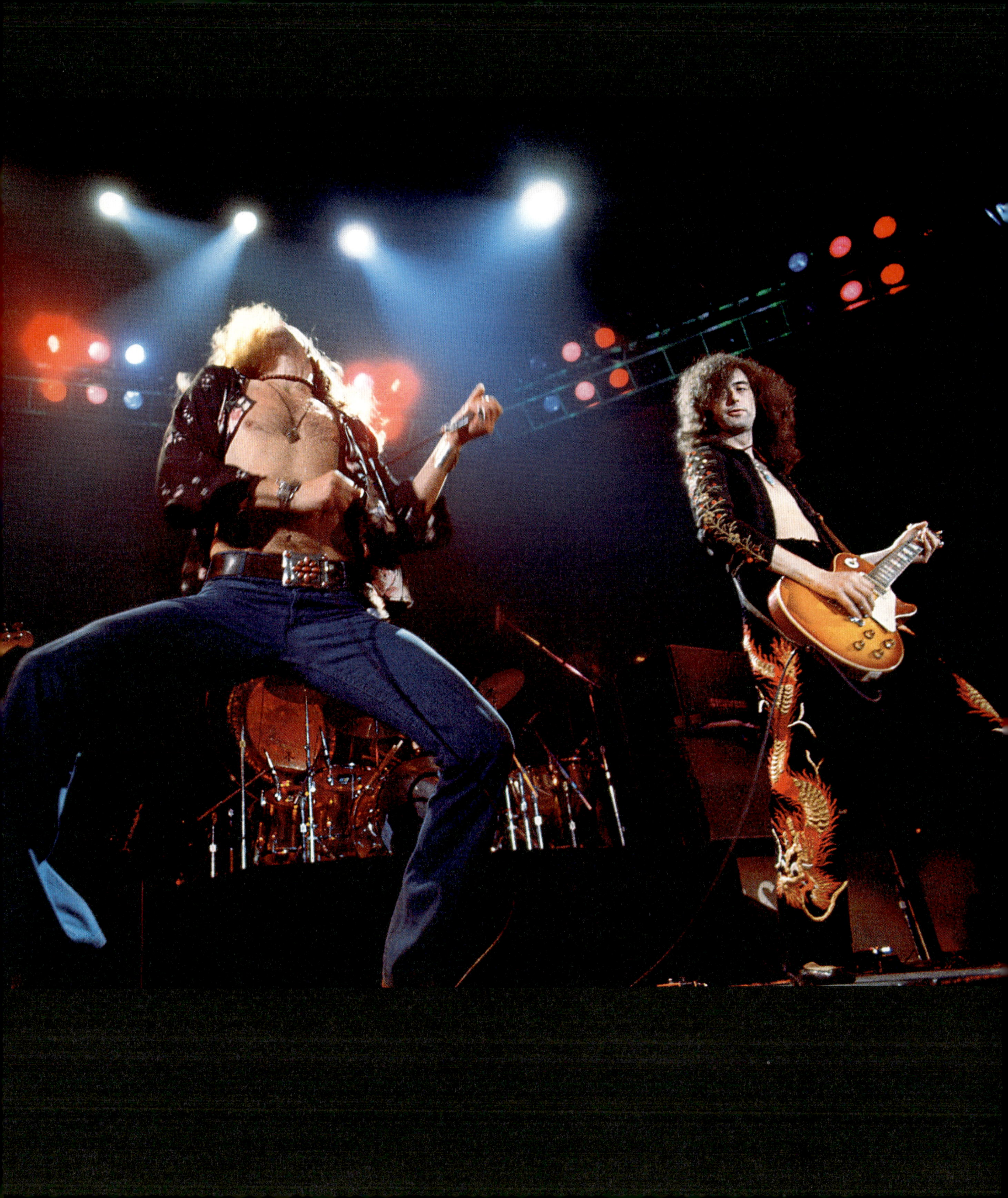

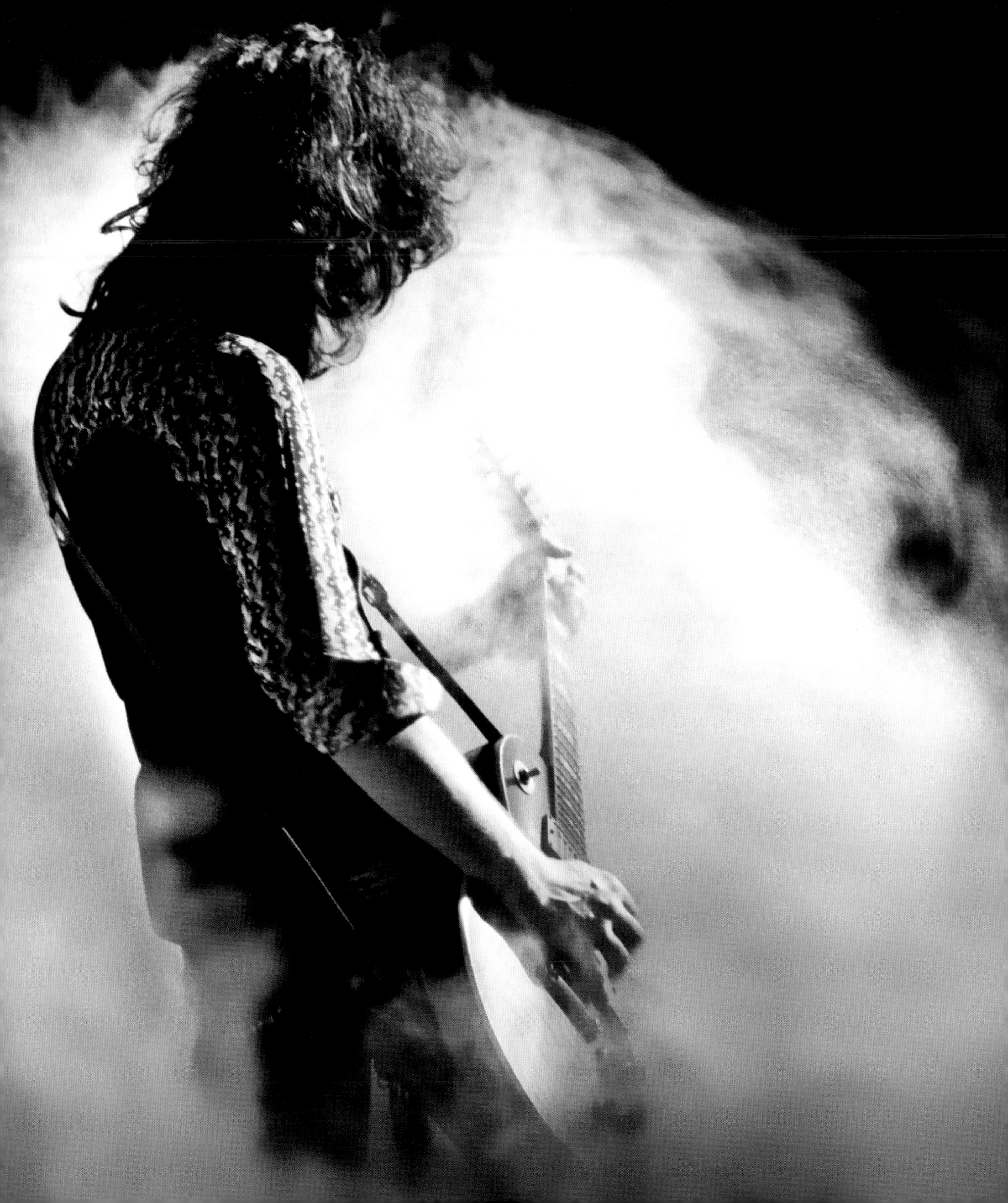

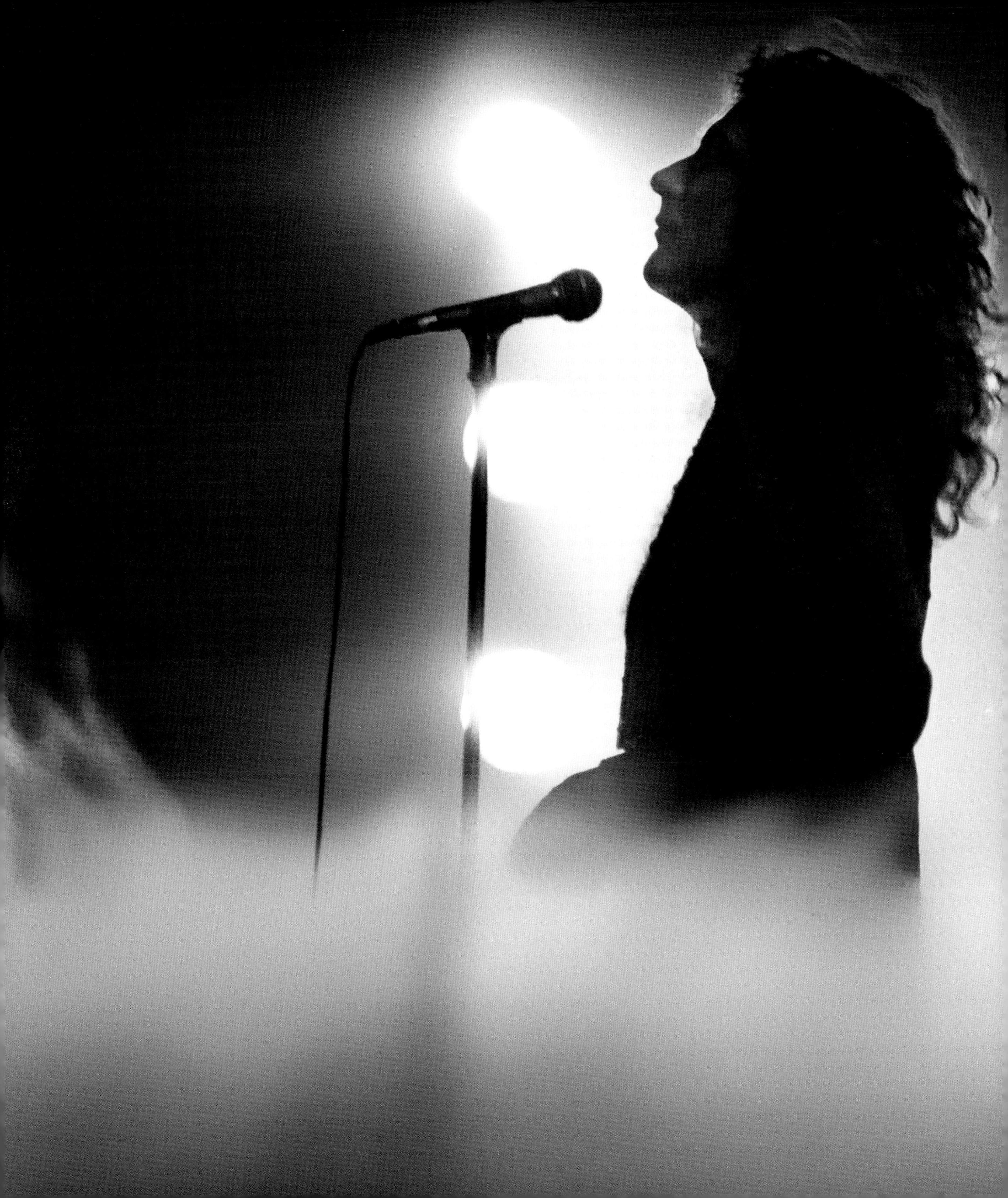

42 ✠ Led Zeppelins John Bonham war bekannt für sein Schlagzeug-Solo bei „Moby Dick“.

42-43 ✠ Robert Plant performt mit Led Zeppelin live im Madison Square Garden 1988.

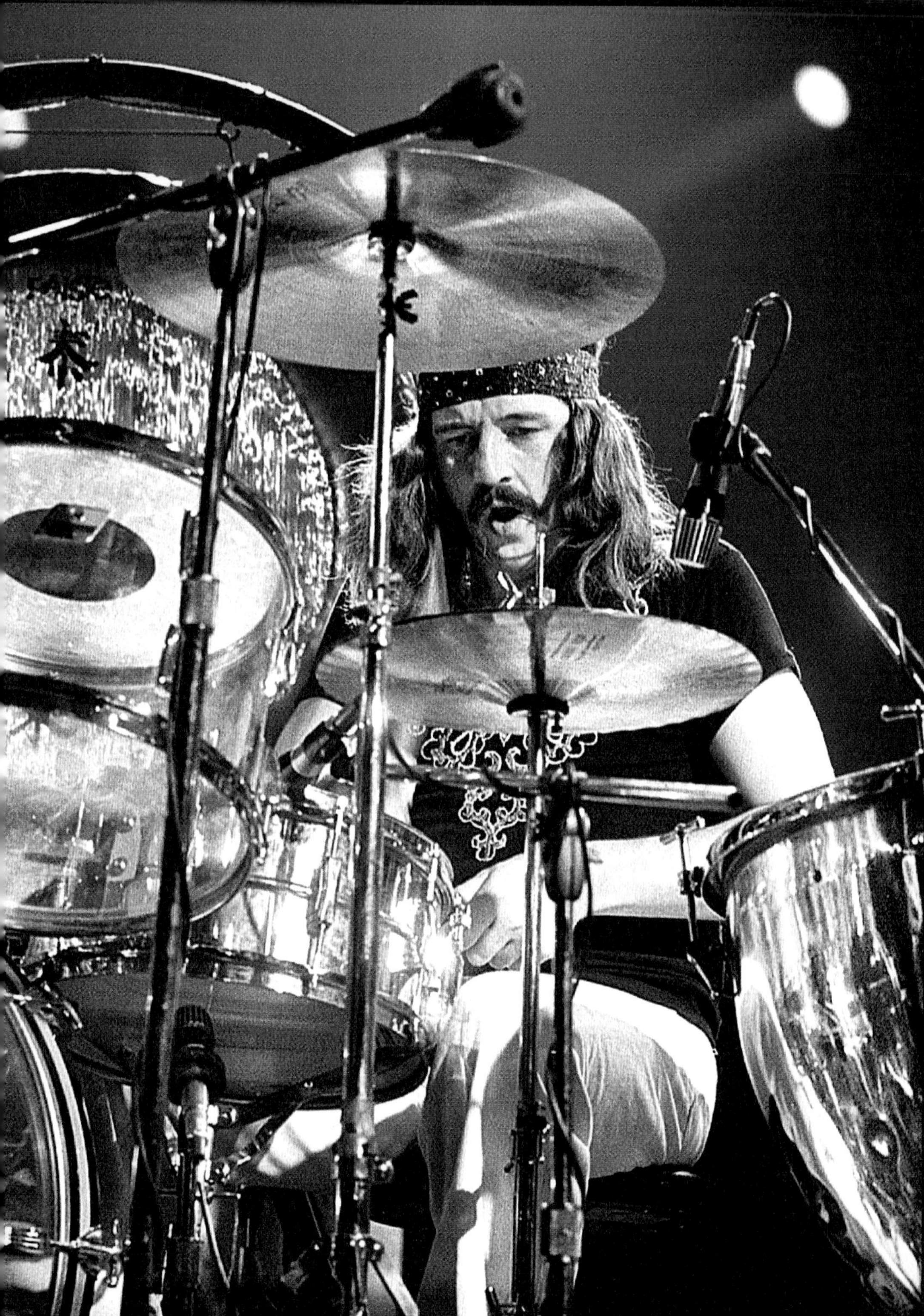

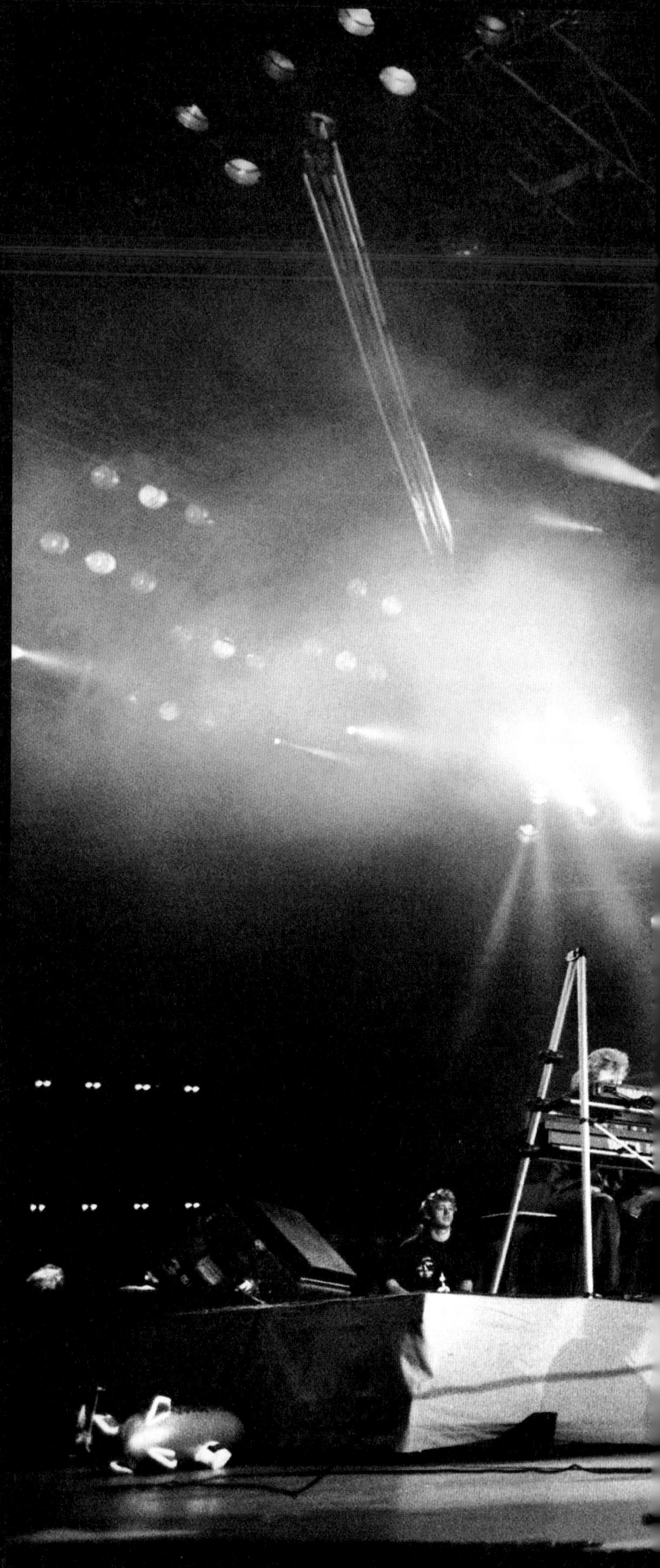

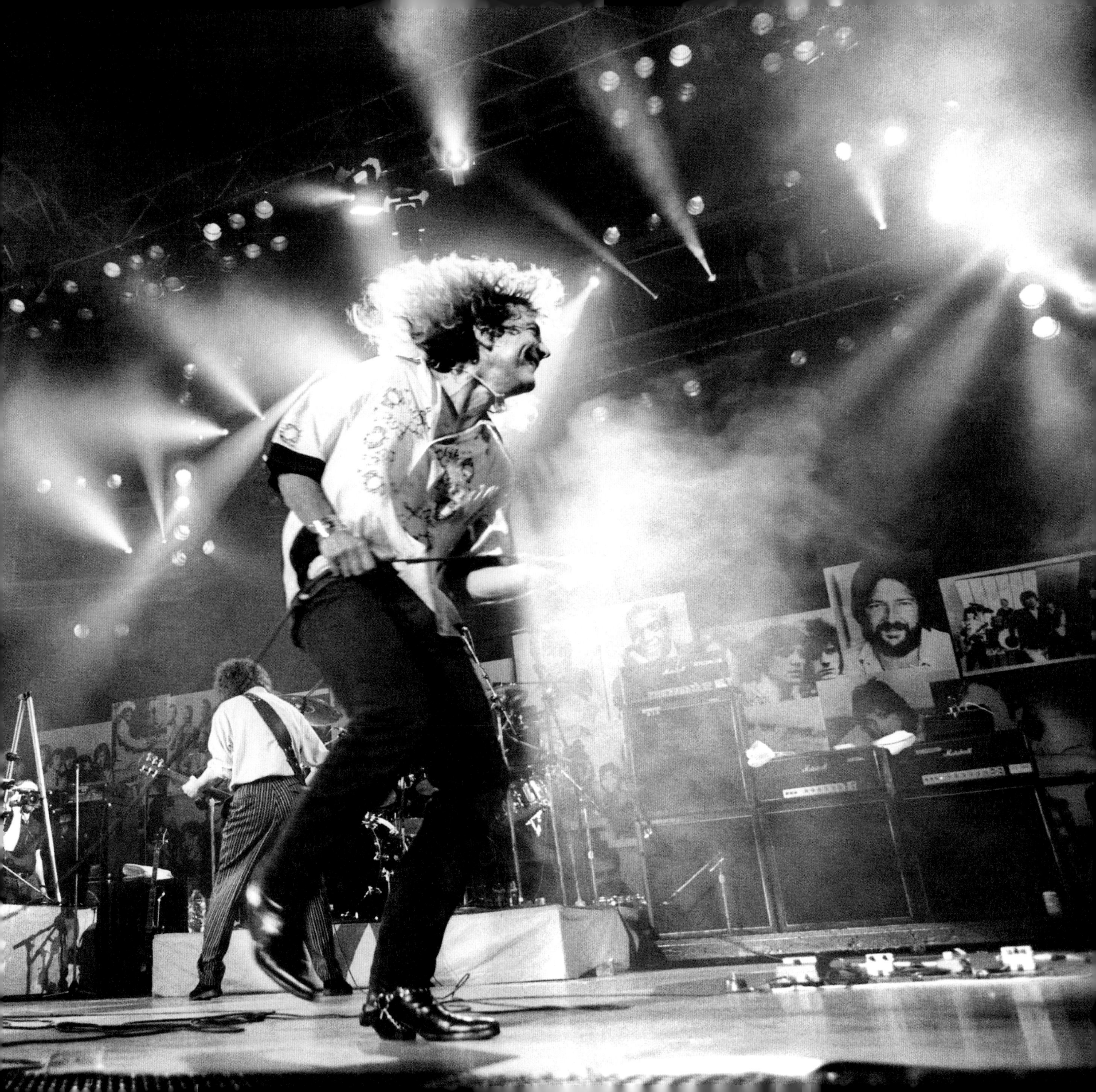

SCORPIONS

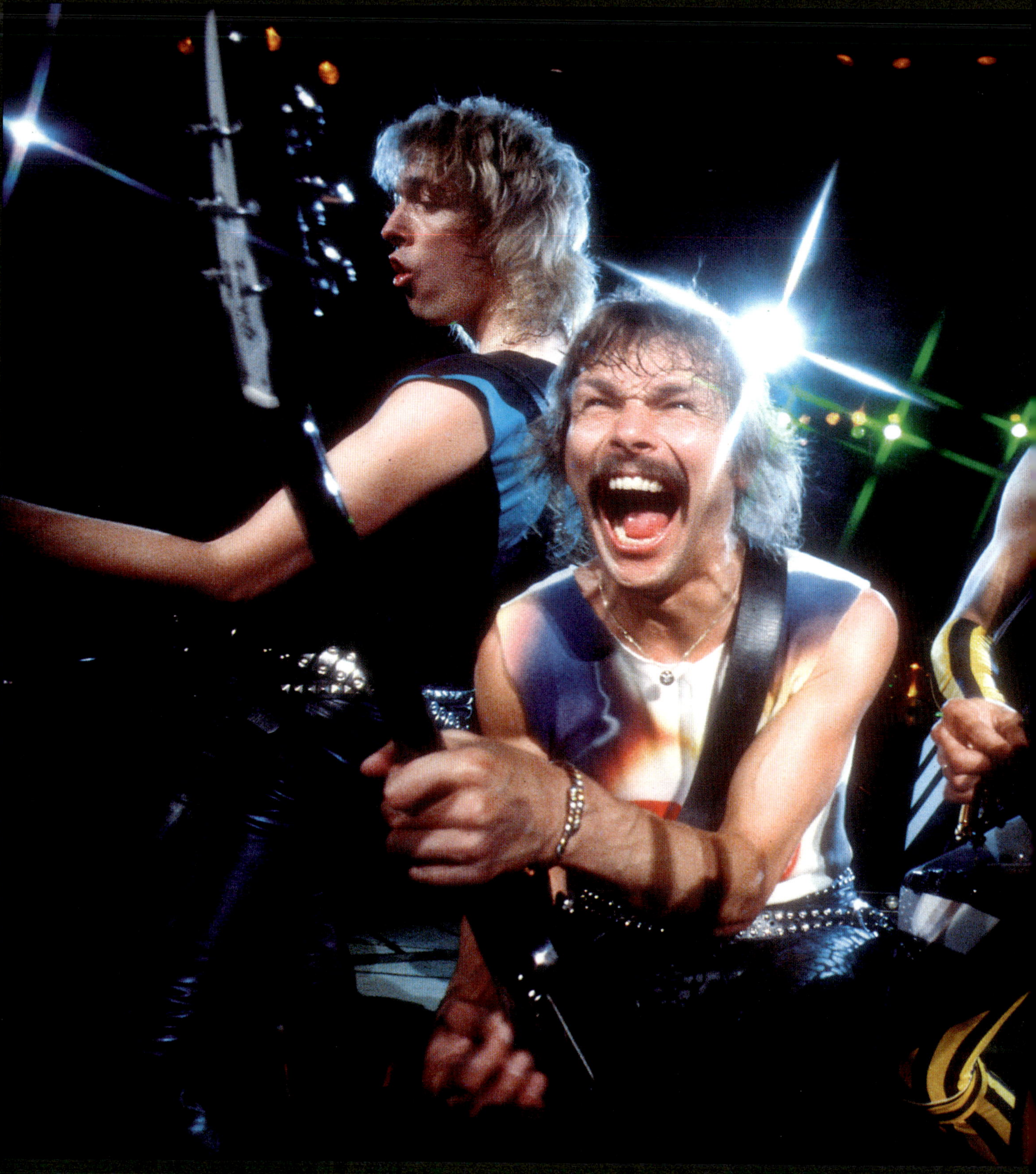

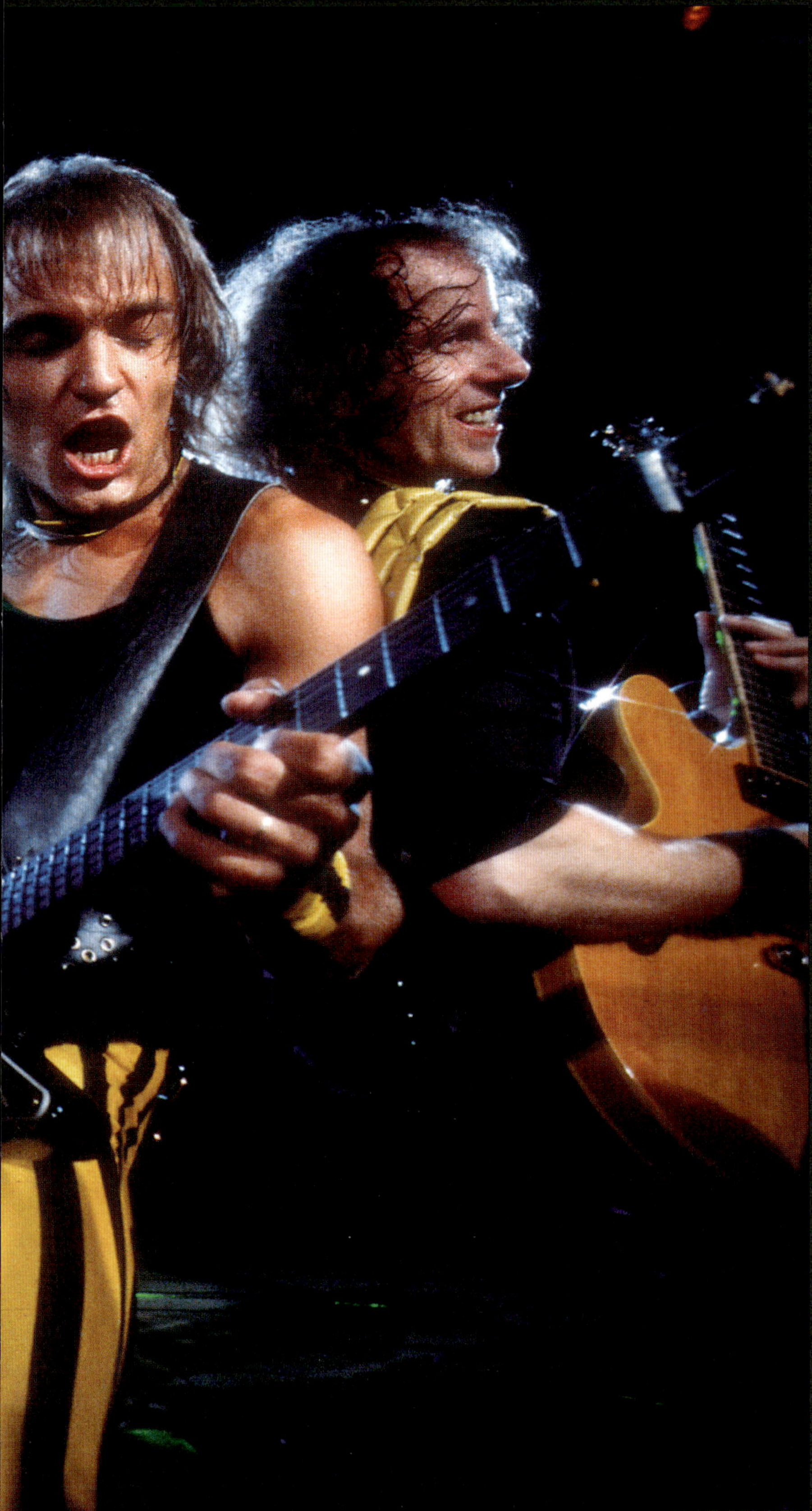

Lange bevor die Scorpions ihre Fans „wie ein Hurrikan" rockten, spielten sie ein mittelmäßiges Durcheinander von Spät-Psychedelika und rauen Leadgitarren-Endlossoli. Als sie später erkannten, dass weniger oftmals mehr ist, und Deutschland verließen, wurden sie zu einer Metal-Sensation und einer der erfolgreichsten Hardrock-Bands Kontinentaleuropas.

Obwohl die von Reggae geprägte Ballade „Is There Anybody There?" und der rasende Titeltrack von „Lovedrive" aus dem Jahr 1979 ihre ersten Singles waren, die im Radio häufiger gespielt wurden, reichte die Geschichte der Scorpions bereits bis ins Jahr 1965 zurück, als Gitarrist Rudolf Schenker eine erste Besetzung der Band zusammenstellte, die 1972 ein Album mit Hippie-Jams herausbrachte: „Lonesome Crow". Im Laufe jenes Jahrzehnts änderte sich die Bandbesetzung mehrmals und einige Gitarrenikonen wie Uli Jon Roth waren mit an Bord. Am bemerkenswertesten war Schenkers jüngerer Bruder Michael, der klassisch beeinflusste Gitarrensoli spielte und schließlich die Band verließ, um sich den einflussreichen britischen Hardrockern UFO anzuschließen. Mit Ausnahme von „Lovedrive" hatte keines der Alben, die er mit der Band aufgenommen hatte, kommerziellen Erfolg, aber sein exzellentes Spiel beeinflusste eine Vielzahl von Gitarristen, die von Megadeths Dave Mustaine bis zu GnRs Slash reicht.

Mit dem Album „Animal Magnetism" brachen die Scorpions endgültig aus ihrem Kultstatus aus. Die Single „The Zoo" reichte von Proto-Thrash-Riffing bis zu langsamen, bluesigen Melodien, in denen Sänger Klaus Meine über einen langweiligen Arbeitstag jammert, den er mit einem Partyabend zu einem guten Ende bringen möchte, eines der Hauptthemen des Rock 'n' Roll. Was diesen Song von seinen Vorgänger-Singles unterschied, war ein mächtiger, einprägsamer, einfacher Refrain. Dieser abgespeckte Stil definierte die Band bei ihren nachfolgenden Hits wie „No One Like You", dem allgegenwärtigen „Rock You Like a Hurricane", „Big City Nights" und „Rhythm of Love". Zudem kultivierte die Band auch eine andere Seite und spielte Balladen mit komplizierter, neoklassischer Akustikgitarre und überaus einfachen Strophen und Refrains wie „Holiday", „Still Loving You" und „Send Me an Angel". Wenn man diese Songs hintereinander anhört, entsprechen sie einer fast starren Formel, und die Scorpions holten bis in die frühen 1990er-Jahre alles aus sich heraus.

Ihren größten Erfolg erzielten sie 1991 mit ihrer Kult-Ballade zur Wende, „Wind of Change" von ihrem „Crazy World"-Album. Als Kommentar zum postkommunistischen Russland hallte der Song wie ein Schuss nach, der auf der ganzen Welt zu hören war. Die Band nahm Versionen in Russisch und Spanisch auf und die Single verkaufte sich 14 Millionen Mal.

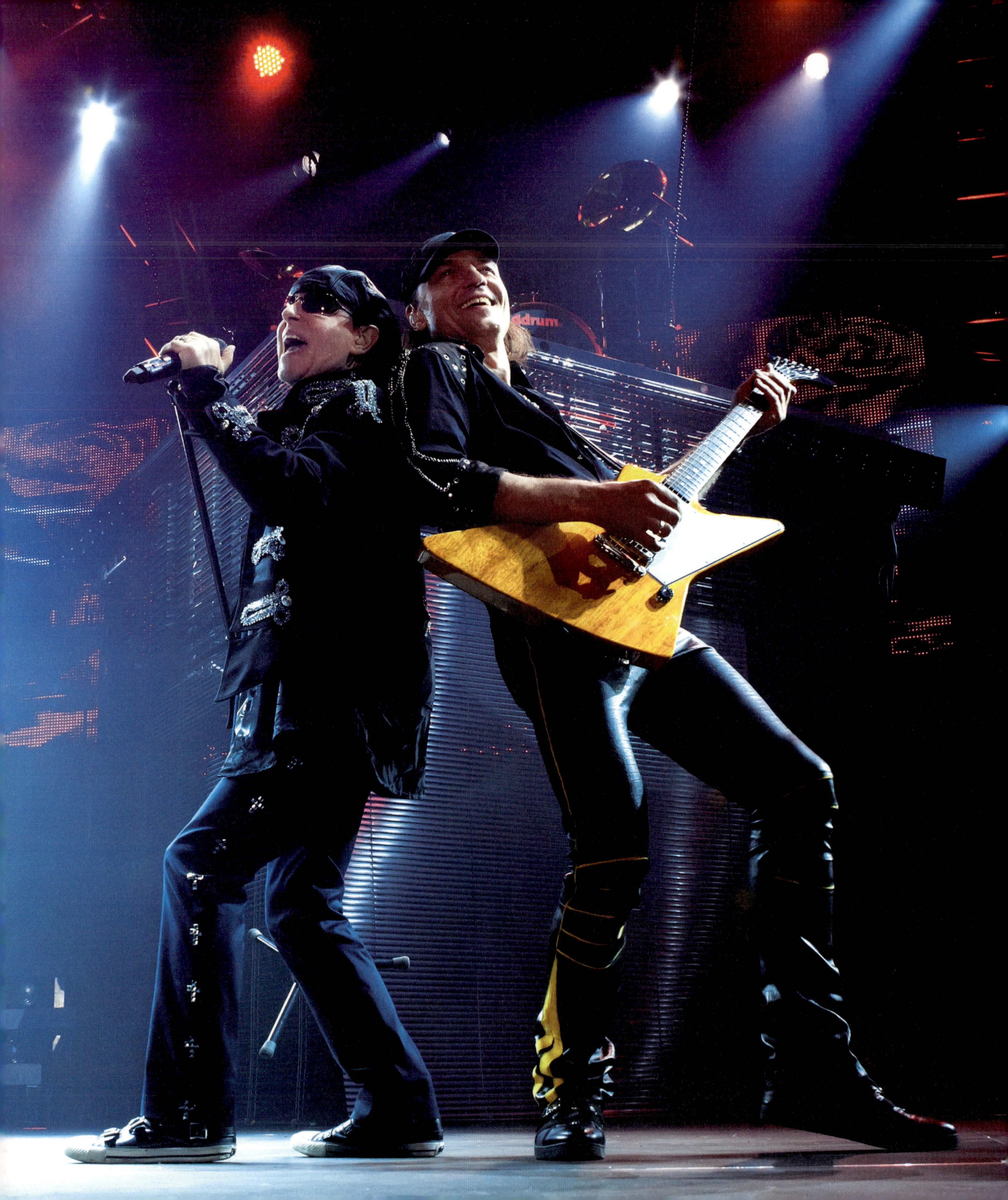
ddrum

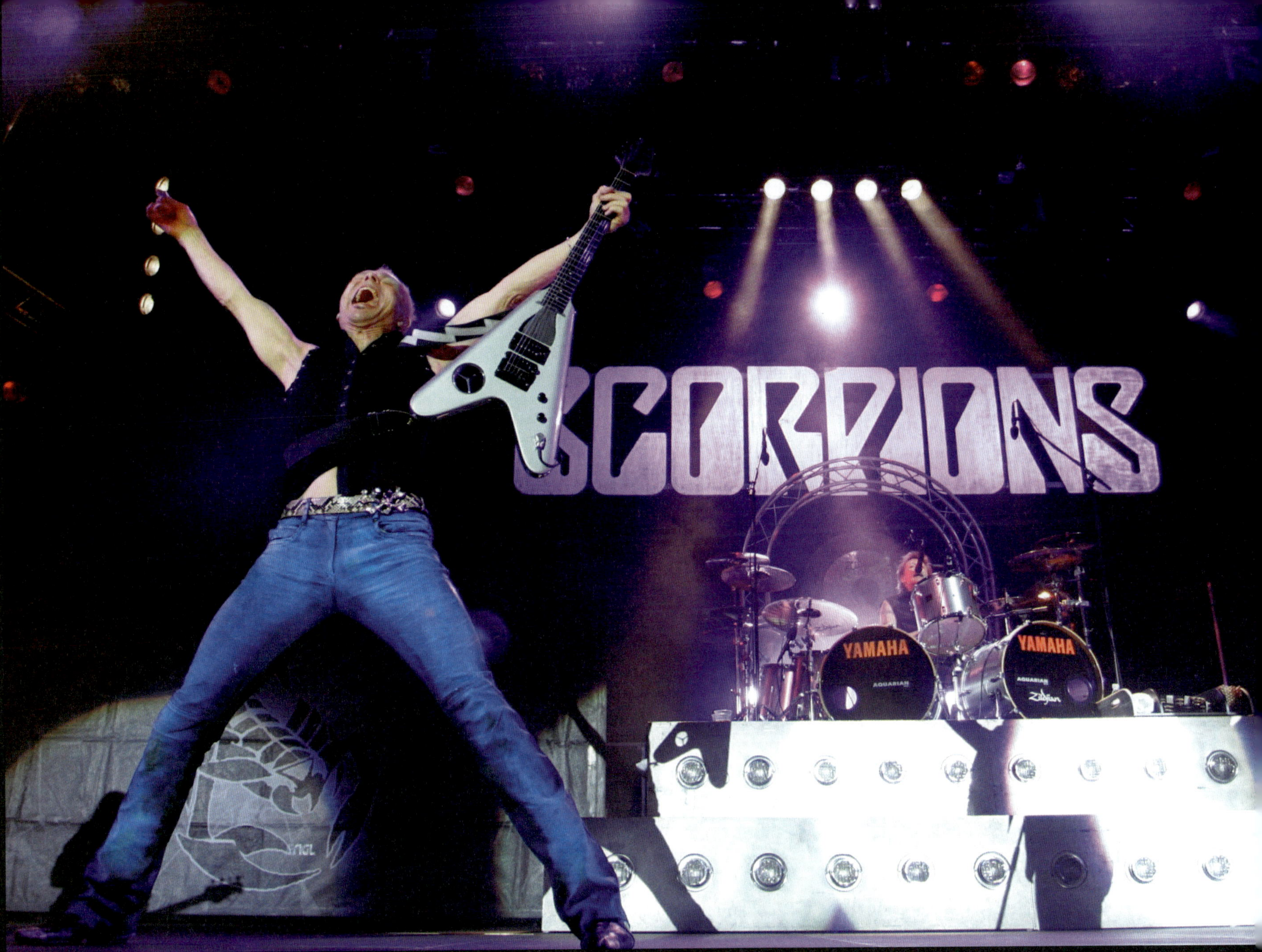

46 ✠ Klaus Meine and Matthias Jabs performen einen besonderen Live-Moment.

47 ✠ Rudolf Schenker ist verantwortlich für einige der unvergesslichsten Riffs des Hardrock, unter anderem „Rock You Like a Hurricane".

Mit dem Aufkommen von Grunge und dem sich ändernden Musikgeschmack erzielten die Scorpions trotz der stetigen Veröffentlichung von Alben bis zu „Sting in the Tail" 2010 nie wieder den gleichen Erfolg.

2015 feierten sie ihr 50-jähriges Bandjubiläum (und 110 Millionen verkaufte Alben im Laufe ihrer Karriere) mit dem Album „Return to Forever", einer Welttournee und der Ankündigung, dass Motörheads Mikkey Dee der Band am Schlagzeug beitreten würde. Während die Fans auf das neunzehnte Album der Scorpions warten, lebt ihre Philosophie der Einfachheit in Rockradios weiter. 2017 wurden sie für ihre klassischen Zwei-Gitarren-Riffs in die Hall of Heavy Metal History aufgenommen.

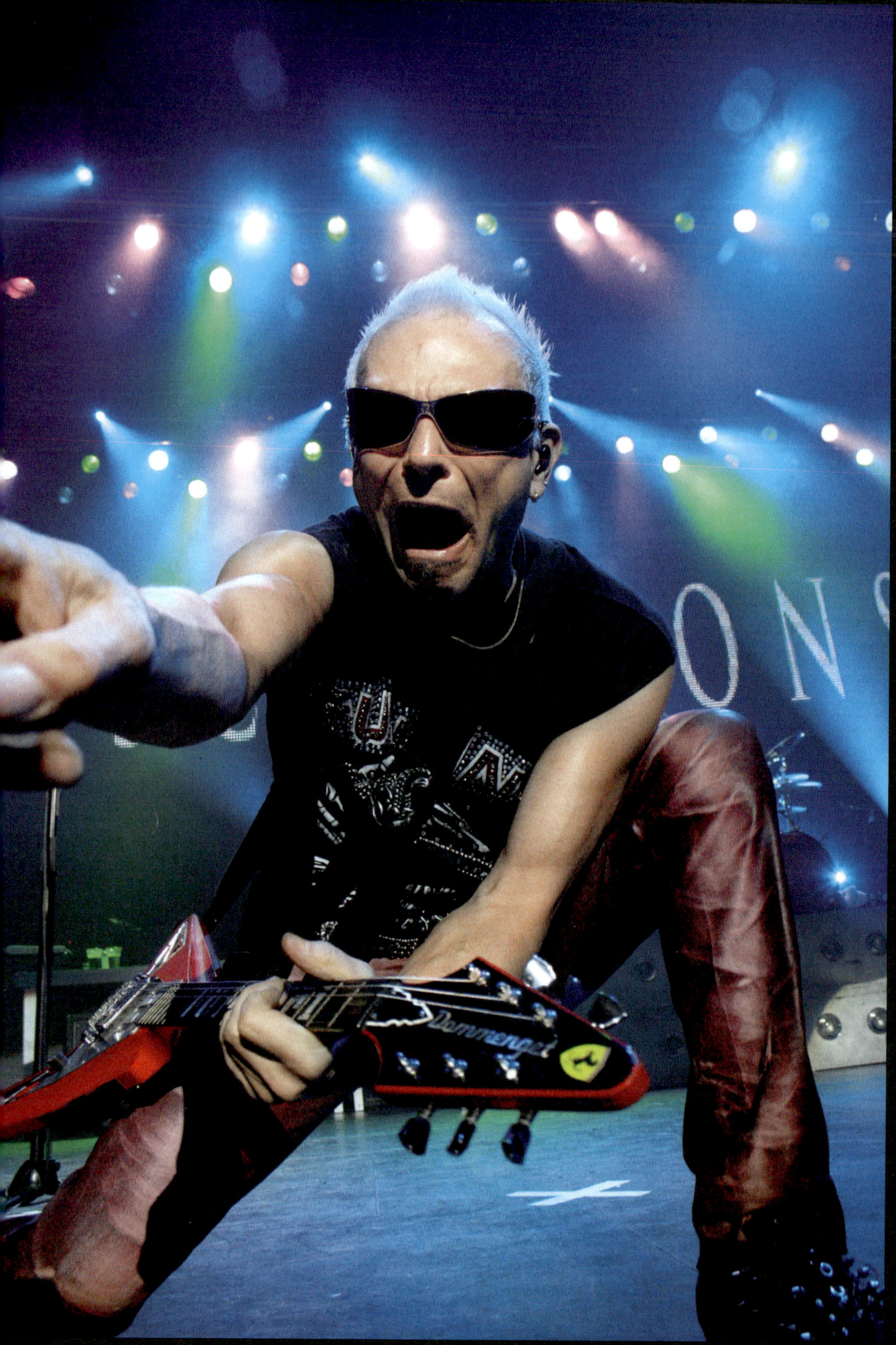

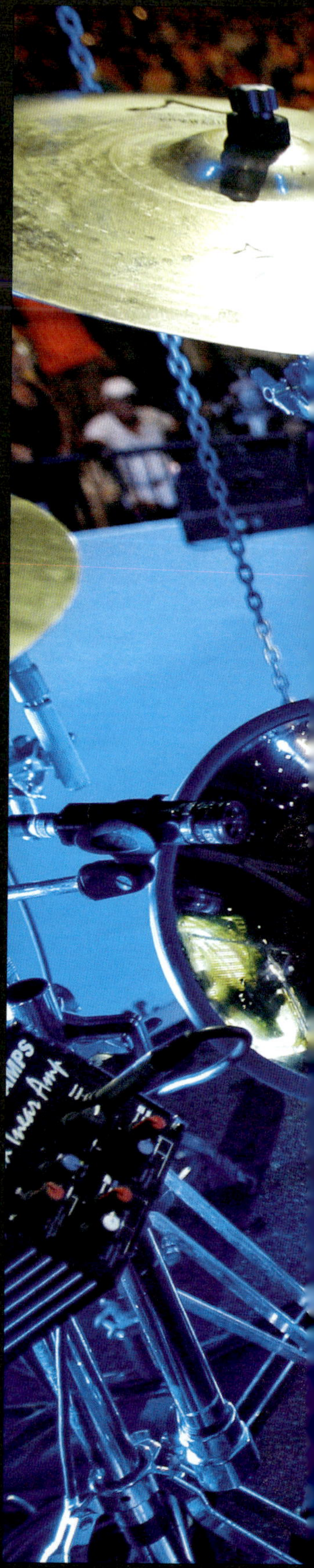

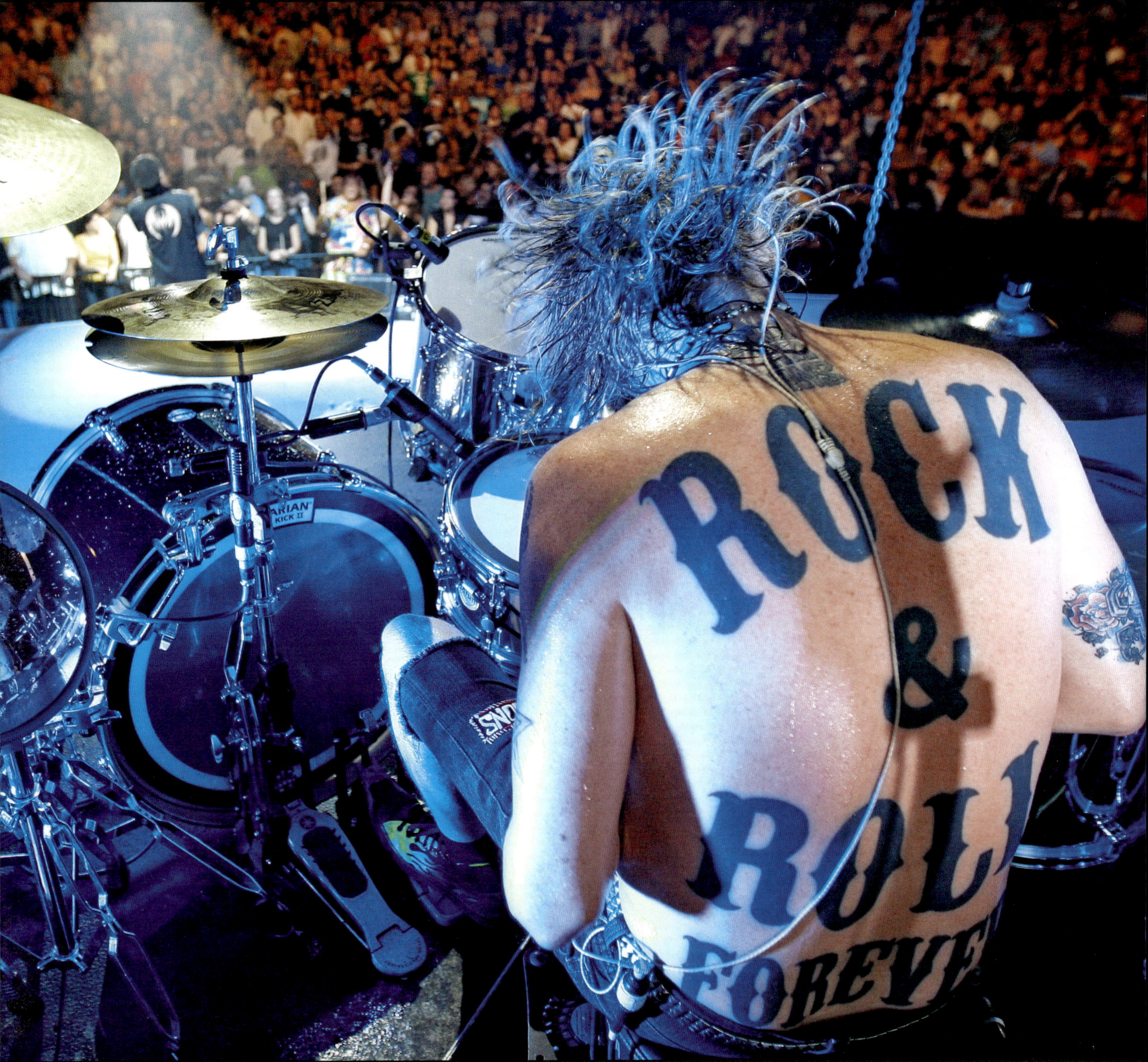

48 ✠ Rudolf Schenker feuert das Publikum an.

48-49 ✠ Das Rückentattoo von Schlagzeuger James Kottak spricht für sich selbst, während Klaus Meine mit dem Publikum spricht.

50 und 51 ✠ Gitarrist Alex Lifeson und Sänger-Bassist Geddy Lee perfektionierten Mitte der 1970er-Jahre den Heavy Prog Metal und gaben dem Schlagzeuger Neil Peart (rechts) die Plattform, einer der berühmtesten Schlagzeuger des Genres zu werden.

RUSH

Die Arbeiter des Hardrock, Rush, definierten neu, was ein Power-Trio in den 1970er- und frühen 1980er-Jahren schaffen konnte, indem sie sich auf dem schmalen Grat zwischen AOR-Radio-Rock und Space-Cadet-Prog-Metal bewegten. Noch beeindruckender war jedoch, dass sie trotz des nasalgeschrienen Gesangs des Sängers und Bassisten Geddy Lee erfolgreich waren.

Rush begannen als Standardausgabe einer Hardrock-Band und ihre frühen Hits waren eher auf megatonnenschwere Riffs und elektrisierende Blues-Solomomente des Gitarristen Alex Lifeson als auf Lees Quietschen und Kreischen zurückzuführen. „Working Man" aus ihrem gleichnamigen Debütalbum von 1974 hätte sich als Black-Sabbath- oder Led-Zeppelin-Song doppelt so gut verkaufen können, aber er wurde erst dann gebührend anerkannt, als Rush gegen Ende des Jahrzehnts zu einer festen Größe in den Rock-Radiostationen wurde. Die Band entwickelte sich jedoch weiter und mit dem Schlagzeuger Neal Peart begann das Power-Trio, Standard-Hardrock mit progressiven Verzierungen in Songs wie „Fly by Night" zu schreiben.

Mit ihrem 1976er-Album „2112", das in ihrer Heimat Kanada auf Platz 1 landete, fand die Band erstmals ihren charakteristischen Sound. Auf dem 20-minütigen Titeltrack jagte ein Gitarrensolo das nächste und Lee sang über futuristische Föderationen und Geheimbünde. In einer Zeit, in der die führende Prog-Rock-Band Emerson, Lake & Palmer mit ihrer Interpretation des klassischen Stücks „Pictures at an Exhibition" des russischen Komponisten Mussorgsky ein Top-10-Album gelandet hatten, war Rushs etwas schwerere als übliche Interpretation von Progressive Rock keine Überraschung. Das Album sollte das zweiterfolgreichste der Band werden.

In den nächsten Jahren, als Punk drohte, die Vorherrschaft des Hardrock zu untergraben, blieben Rush sich selbst treu und schrieben weitere Science-Fiction-Prog-Epen („Cygnus X-1", eine Suite, die sich über zwei Alben erstreckt) und einige Radio-Hits („Closer to the Heart" und „Freewill"). Bis 1981 hatten Rush jedoch die richtige Balance zwischen ihren überlangen Prog-Rock-Ausschweifungen und den Hooklines gefunden, die eine Hit-Single ausmachen.

Das 1981 veröffentlichte „Moving Pictures" war das erfolgreichste Album der Band und enthielt Hit-Singles wie das lebhafte, synthesizerlastige „Tom Sawyer" und das Led Zeppelin ähnliche „Limelight", wodurch Rush endgültig das Hardrock-Pantheon erreicht hatten. Das instrumentale „YYZ" zeigte eindrucksvoll die technischen Fähigkeiten des Trios, wenn Peart, als einer der größten Schlagzeuger angesehen, seine Bandkollegen durch synkopierte Stopp-Start-Melodien führt und Lee und Lifeson zwingt, sich gegenseitig mit ihrem Spiel anzufeuern. Es war Rushs Balance zwischen Hemmungslosigkeit und dem Schreiben von pulsierenden Rock-Hymnen, die ihr Publikum begeisterte.

In den nächsten drei Jahrzehnten veröffentlichte die Band Hits, die den Status quo des Hardrock infrage stellten. „New World Man", ein Mainstream-Nr. 1-Rock-Hit von 1982, war ein von Reggae durchdrungenes Prog-Exempel, während das dissonante „Stick It Out" von 1993 wie ein Aufschrei in die Tiefen des Heavy Metal wirkte. Rushs letztes Album, „Clockwork Angels", wurde 2013 veröffentlicht. 2015, am Ende ihrer „R40"-Tour, gab Neil Peart seinen Rücktritt bekannt. Am 7. Januar 2020 starb er im Alter von 67 Jahren an einem Gehirntumor. Dave Grohl, der gebeten wurde, ihn auf Live-Konzerten zu ersetzen, erklärte: „Ich bin musikalisch und körperlich nicht in der Lage, wie Neil zu spielen. Es gibt einen Grund, warum er ‚The Professor' genannt wurde: Wir haben alle von ihm gelernt."

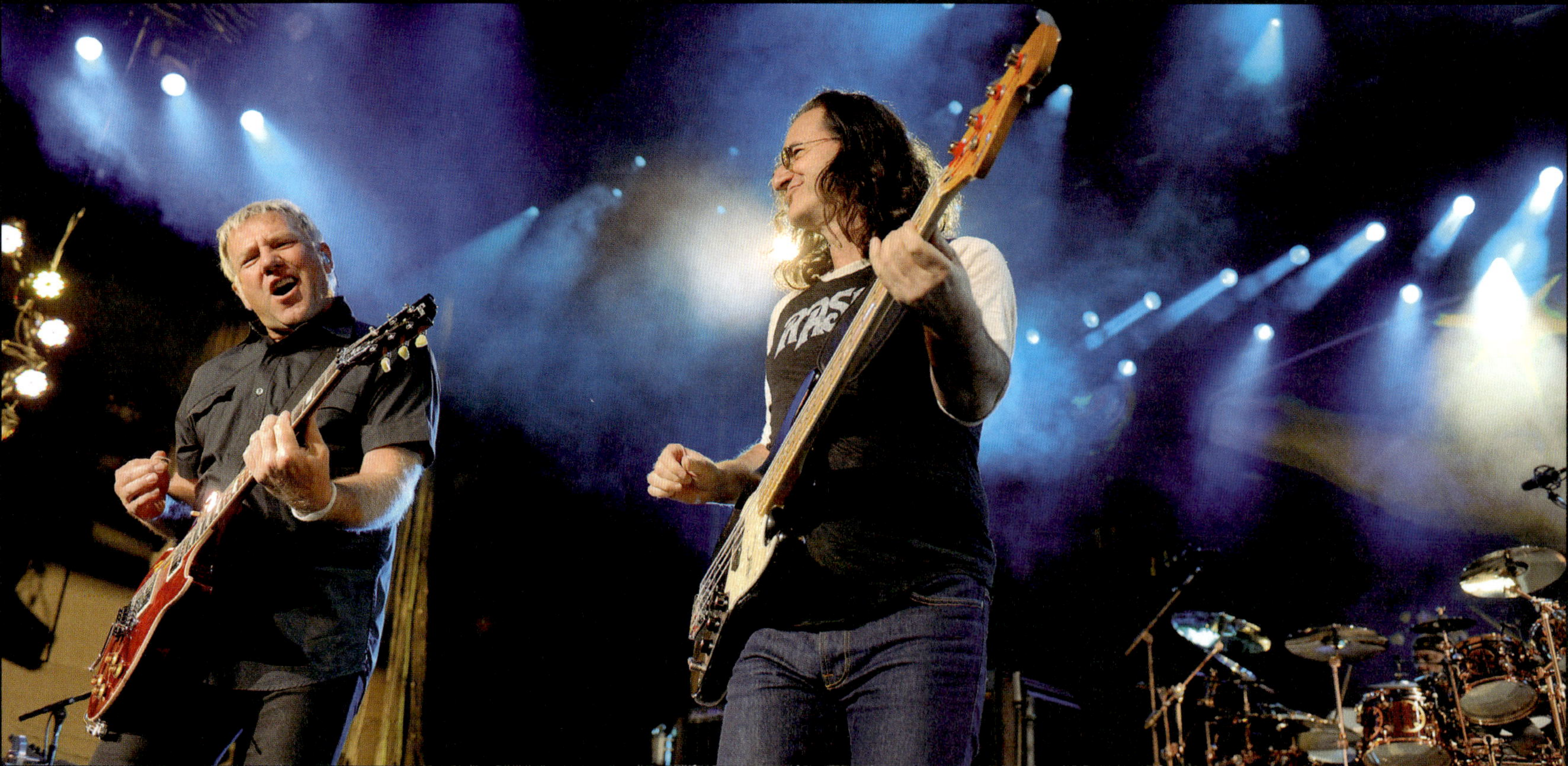

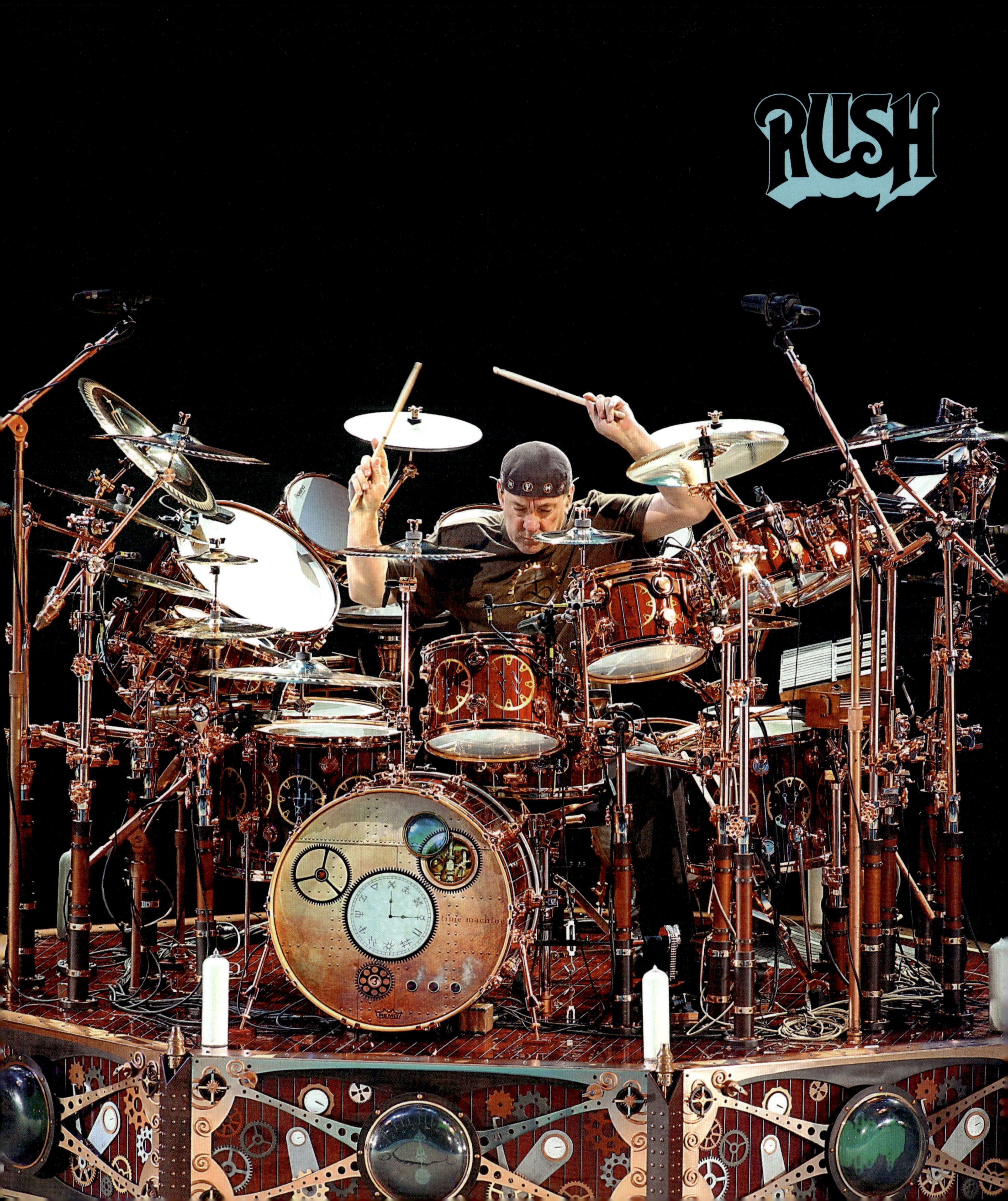
RUSH
time machine

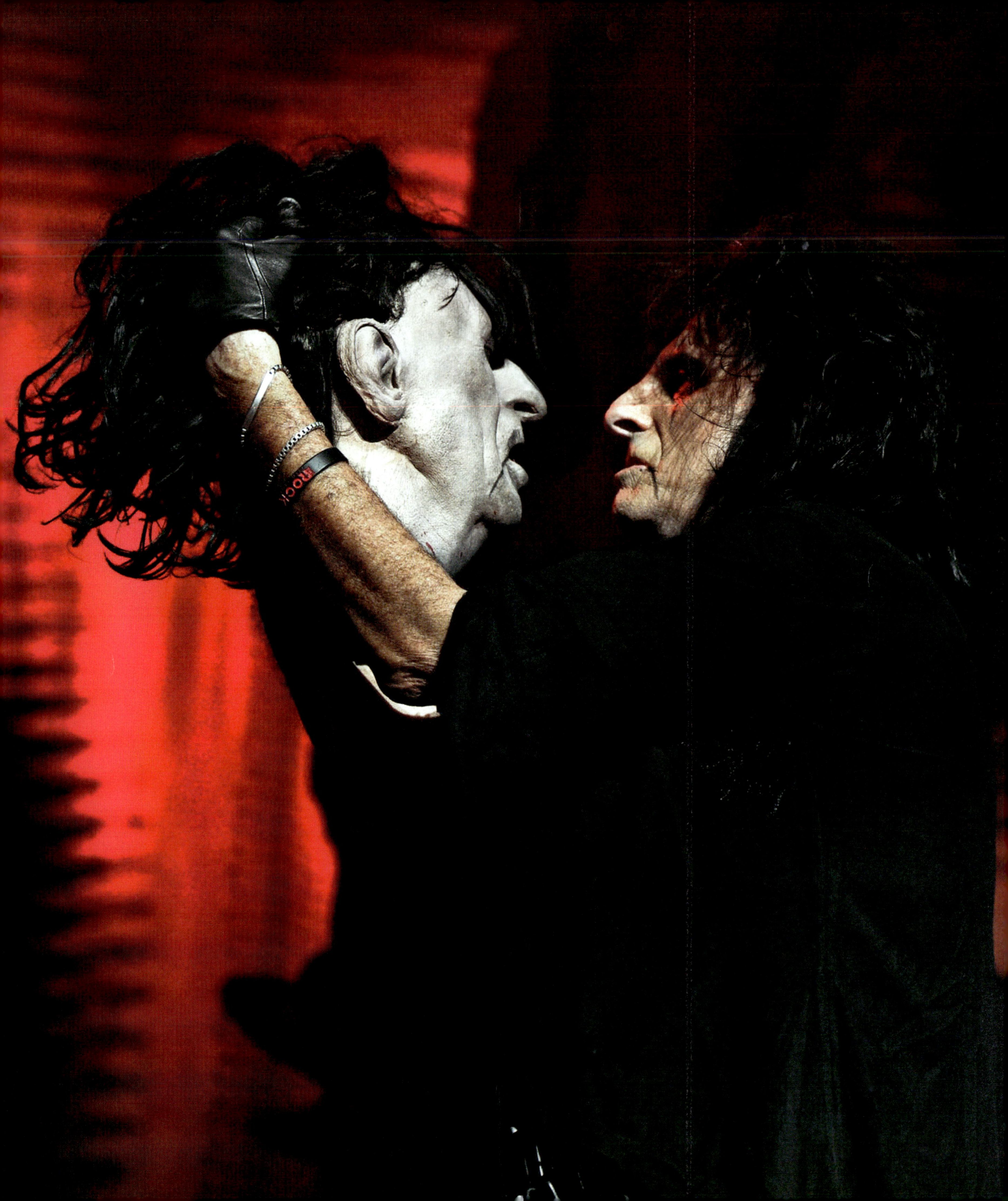

ALICE COOPER

In der Metalhead-Parodie „Wayne's World" von 1992 fallen die beiden Haupt-Headbanger des Films vor Alice Cooper auf die Knie und beteuern: „Wir sind unwürdig! Wir sind unwürdig! Wir sind Staub! Wir sind Asche!" Während es im Film ein Augenzwinkern sein mag, ist dies genau die Wirkung, die der stark geschminkte Hardrocker hervorruft, der einst den Namen Vincent Furnier trug. Von dem Zeitpunkt der Gründung seiner ursprünglichen Alice-Cooper-Band 1964 während seiner Schulzeit schien er dazu bestimmt zu sein, Hardrock auf den Kopf zu stellen, und das fast im wörtlichen Sinne.

Die Band nahm mit ihrem dritten Album, „Love It to Death" von 1971, den Mainstream ins Visier und wurde zum Albtraum aller besorgten Mütter. Sie trugen Frauenkleider, sangen über jugendliche Rebellionen und spielten raue, destruktive Konzerte. Und als wäre das nicht genug, um sich einen schlechten Ruf zu verdienen, gab es zahlreiche falsche Gerüchte, z.B. dass die Band vor einem Konzert in Toronto 1969 ihre Fans dazu aufrief, ein Huhn zu töten. Die Bandmitglieder wirkten wie Verrückte und aus den gleichen Gründen, weshalb sie Mütter verärgerten, zogen sie eine fanatische Fangemeinde an.

Das Image der Band war jedoch nur der Aufhänger. Der eigentliche Grund für die unglaubliche Loyalität ihrer Fans war, dass ihre Songs stets hart, eingängig und dennoch ausgefallen waren. Obwohl „Eighteen" eine Pop-Single mit harten Riffs war, zeigte der Rest ihres Debüt-Albums, dass die Gitarristen Michael Bruce und Glen Buxton, Bassist Dennis Dunaway und Schlagzeuger Neal Smith zusammen mit Cooper in der Lage waren, komplizierte Mini-Hardrock-Opern zu schreiben. So ist z. B. „Ballad of Dwight Fry" eine Hommage an den Schauspieler, der im Horrorklassiker „Dracula" von 1932 einen Wahnsinnigen spielte. Im Folgenden schrieben sie bis Mitte der 1970er-Jahre weiterhin eine Kombination aus Radiohits wie „School's Out", „Elected" und „No More Mr. Nice Guy" und komplizierten, morbiden Albumtiteln wie „Halo of Flies", „Dead Babies" und „I Love the Dead". Ihre Musik hatte so großen Einfluss, dass sogar der außergewöhnliche Songwriter Bob Dylan ihre Musik im Rolling Stone Magazin lobte.

Etwa zur gleichen Zeit erhielt die Bühnenshow der Band genauso viel Aufmerksamkeit wie ihre Musik, vielleicht sogar mehr. Jedes Konzert war ein Theaterereignis, bei dem Cooper jeden Abend gehängt oder guillotiniert wurde und in den letzten Jahren manchmal sogar beides. Er durchbohrte und zerstückelte Babypuppen auf der Bühne und zog im Verlauf seiner Auftritte Peitschen, Beile und sogar eine Schlange (!) heraus. Es war keine Überraschung, dass Alice Cooper zu einem der größten Konzertmagneten der frühen 1970er-Jahre wurde.

Nach dem Abschluss ihrer 1973er-Tour des leider unterschätzten Albums „Muscle of Love" war die ursprüngliche Band zu erschöpft, um weiter zu touren. Cooper, der Frontmann, beschloss jedoch, als Solokünstler weiterzumachen und das größtmögliche Spektakel zu schaffen, indem er mit Produzent Bob Ezrin und neuen Musikern das Konzeptalbum „Welcome to My Nightmare" schuf. Seine Bühnenshow umfasste steppende Skelette, eine Riesenspinne und einen drei Meter langen Zyklopen und war eine der größten Tourneen des Jahres. Ohne seine ursprünglichen Bandkollegen verlor Cooper jedoch viel von dem ungeschminkten Orchester-Songwriting, das seinen frühen Erfolg definierte, und seine Alben waren nie so durchgängig gut wie jene, die er vor „Welcome" produzierte.

In den nächsten Jahren veröffentlichte Cooper, der inzwischen stark alkoholabhängig geworden war, Alben in einer Reihe von Genres mit unterschiedlichem Erfolg („Flush the Fashion" aus den 1980er-Jahren ist eines der Besseren). Nach erfolgreicher Entziehungskur feierte er ein eindrucksvolles Comeback mit dem mit Gaststars beladenen „Trash" von 1989, das auch den Hit „Poison" enthielt. Zu diesem Zeitpunkt war er bereits zehnmal so groß wie der Megastar, den Wayne und Garth in „Wayne's World" verehrt hatten, und würde in den folgenden Jahren weiterhin grundlegende Metal-Alben wie „The Last Temptation" und „Brutal Planet" veröffentlichen.

Sein Einfluss auf die Rock-Mythologie ist enorm: 2011 wurde er mit seiner Band von einem seiner Fans, Rob Zombie, in die Rock and Roll Hall of Fame aufgenommen. 2012 spielte er einen Cameo-Auftritt in Tim Burtons Film „Dark Shadows" und 2014 brachte sein Dokumentarfilm „Super Duper Alice Cooper" seine Marke „Shock Rock" einer neuen Generation nahe. Er spielte die Rolle des Herodes im Musical Jesus Christ Superstar und bekam exzellente Kritiken. Er tourte mit den Hollywood Vampires zusammen mit Johnny Depp und Joe Perry um die Welt und als er 2017 sein Album „Paranormal" aufnahm, war es für Larry Mullen von U2, Billy Gibbons von ZZ Top und Roger Glover von Deep Purple eine Ehre, darauf mitzuspielen. Coopers neuestes Album, „Detroit Stories", wird 2021 veröffentlicht und ist eine Hommage an seine Heimatstadt: „Der einzige Ort, der den Sound von Hardrock und unsere verrückten Shows zu schätzen wusste." Schließlich startete Alice Cooper (wie alle vier Jahre seit 1972, als die Single „Elected" veröffentlicht wurde) im Jahr 2020 seine eigene provokative Kandidatur für die Präsidentschaft der USA. Es ist wirklich wahr, wir sind einfach nicht würdig.

52 ✠ Alice Cooper begrüßt sich in seinem eigenen Albtraum. Nur wenige andere Künstler spielen so konsequent und so lange Hard Rock oder Heavy Metal wie Alice Cooper, der seit 1968 in seiner gleichnamigen Band aktiv ist.

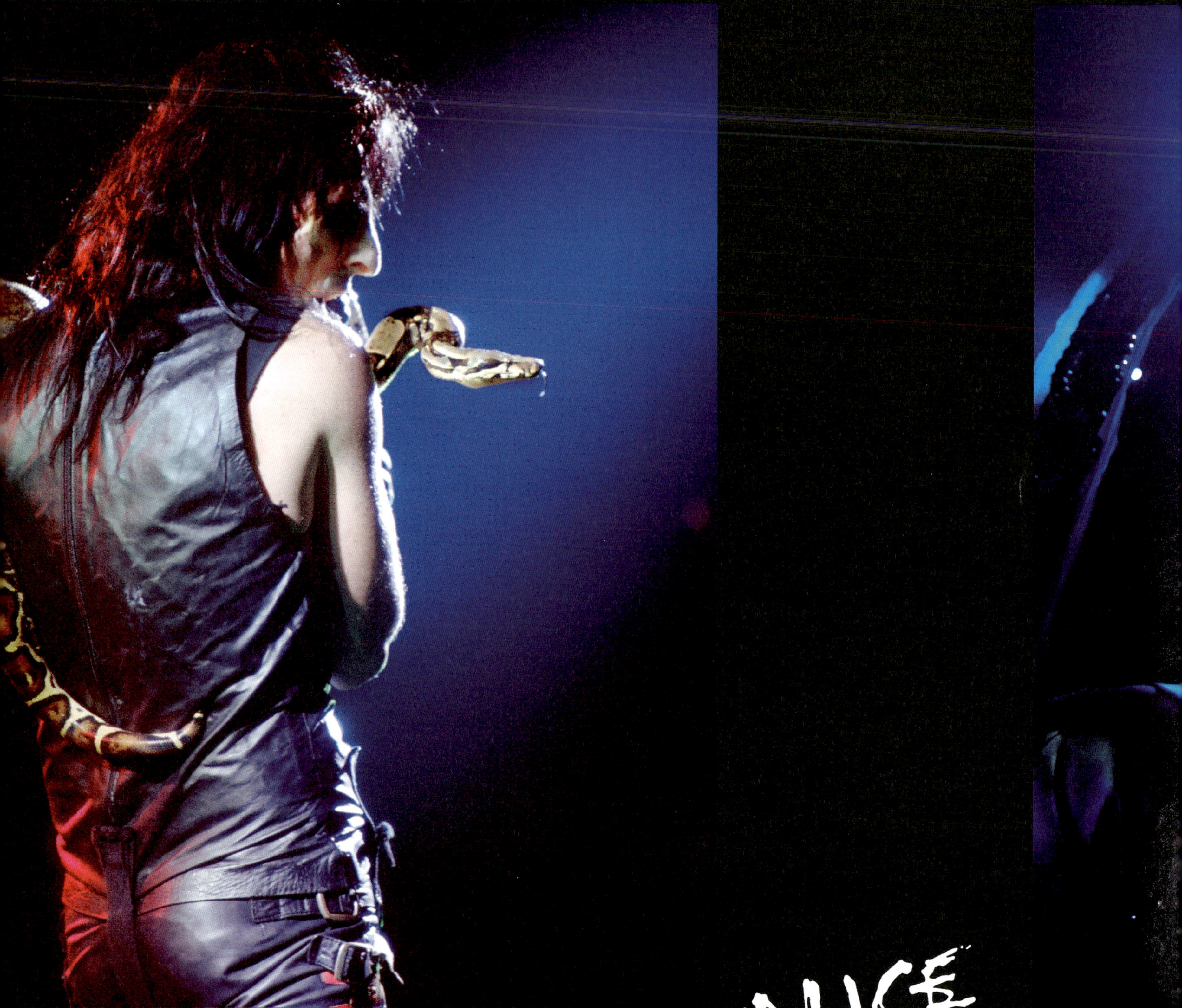

ALICE COOPER

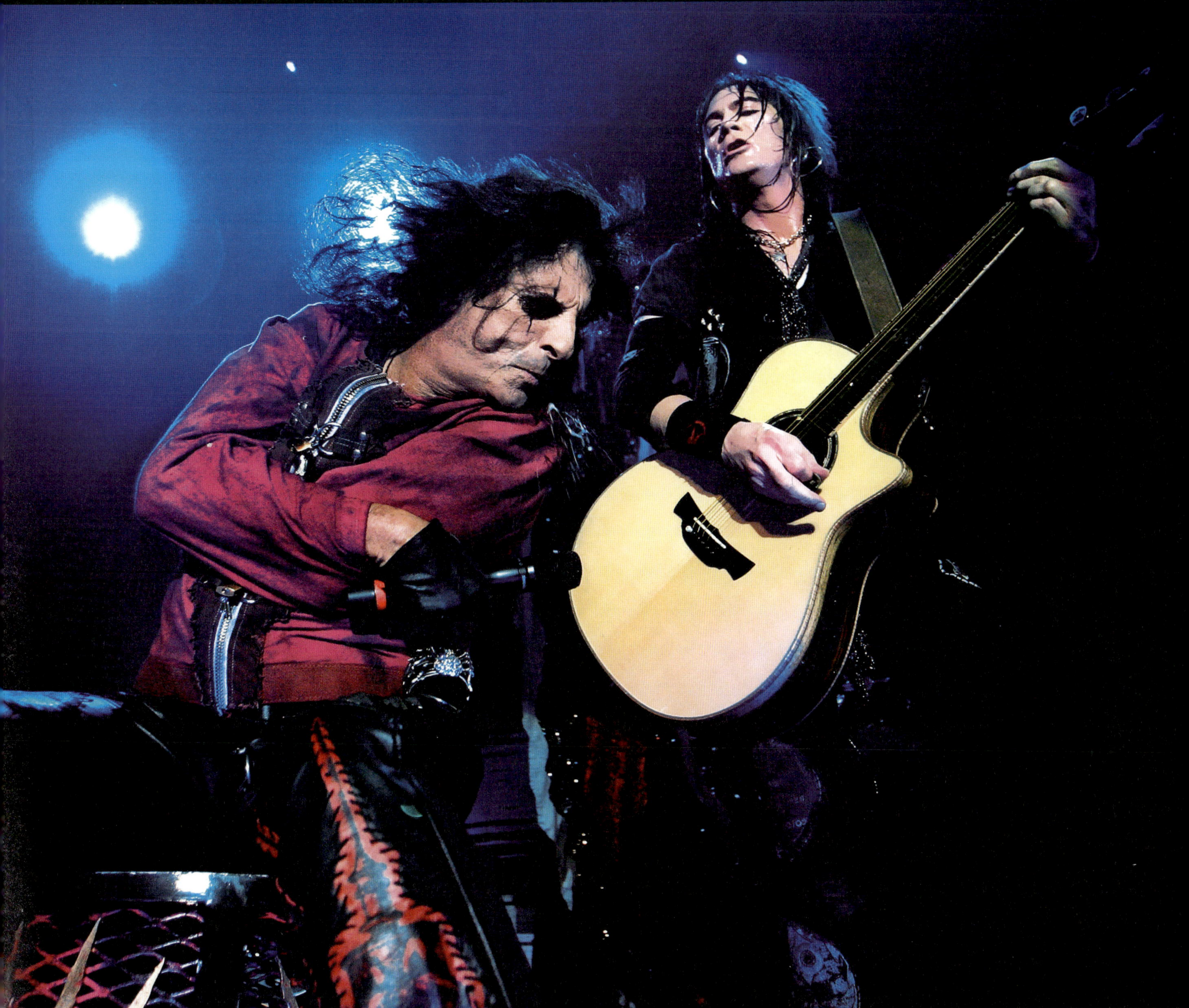

54 ✠ Alice Cooper mit einer der vielen Schlangen, die er während seiner vier Jahrzehnte dauernden Karriere mit auf Tour genommen hat.

54-55 ✠ Alice Cooper zeigt 2009 neben dem Gitarristen Keri Kelli seine schicke Zwangsjacke.

56-57 und 57 ✠ Alice Coopers Konzerte sind bekannt für ihre grausamen Theaterszenen und er wird oft auf der Bühne durch die Guillotine, den Galgen oder ein anderes Gerät „hingerichtet".

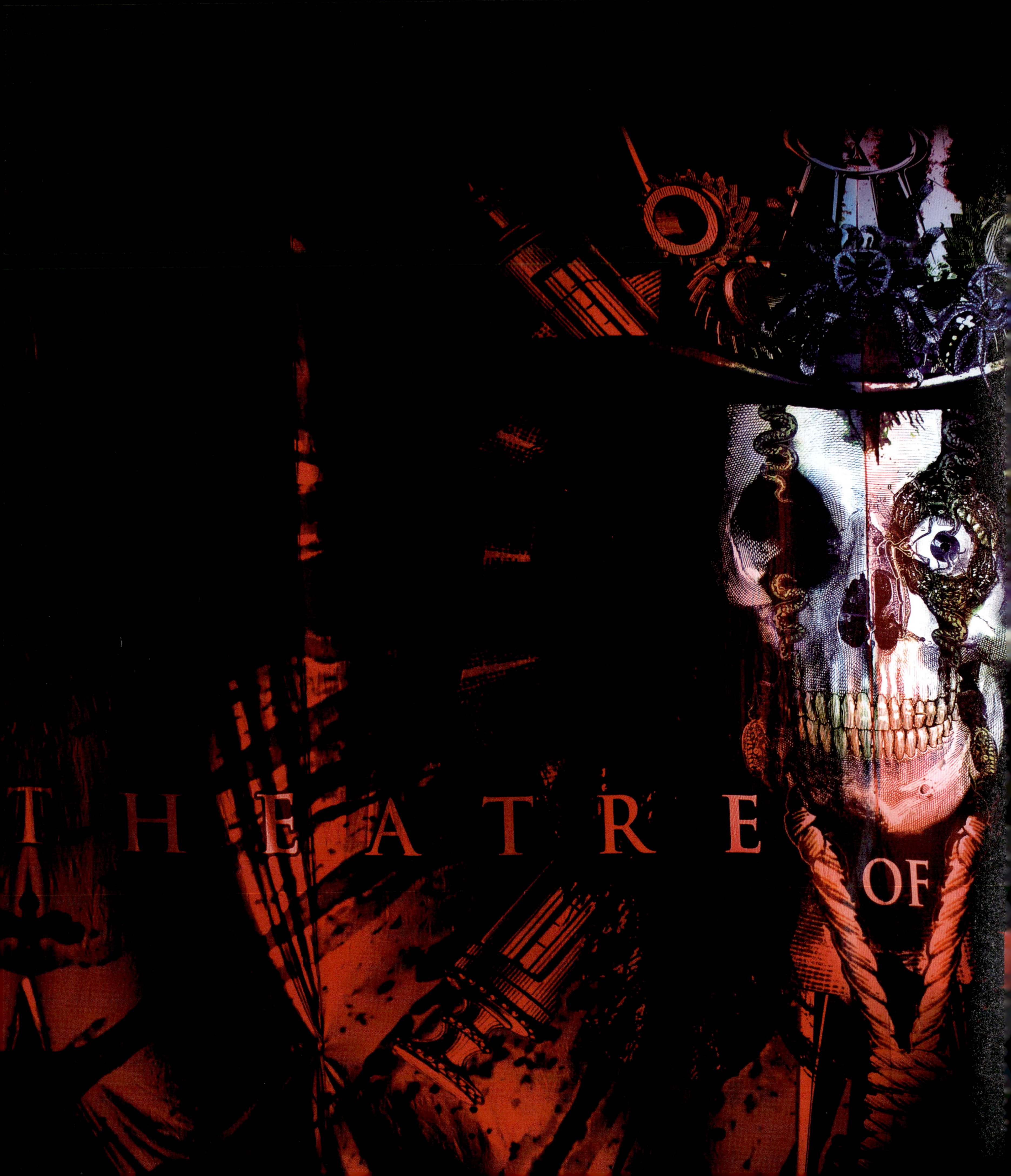
THEATRE
OF

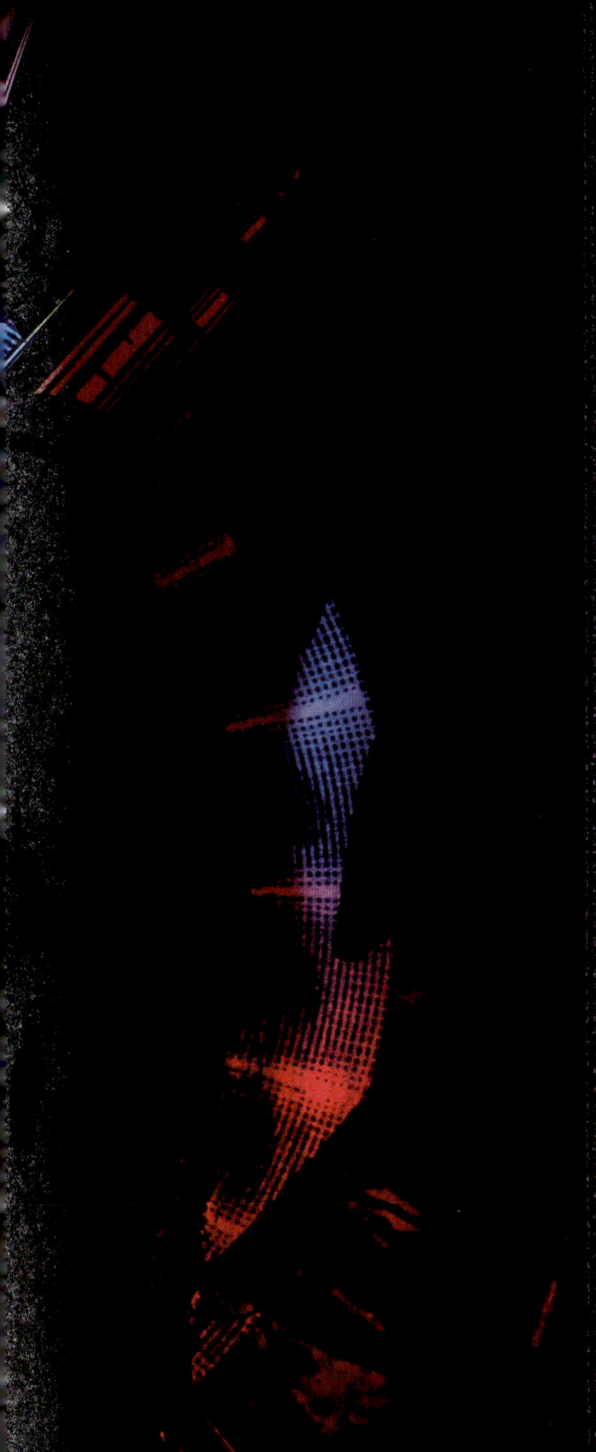

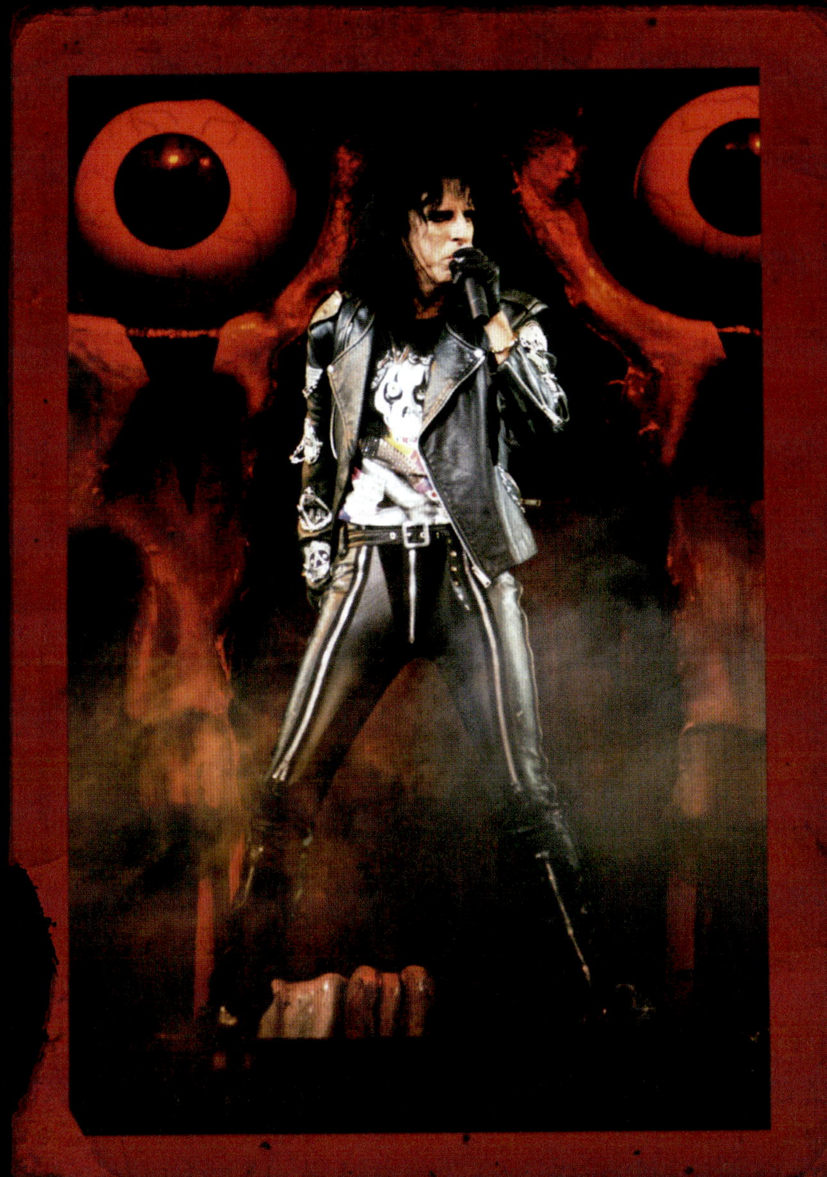

E A T H

AEROSMITH

Mit Texten über das Gefühl, alt, zurückgelassen und erschöpft zu sein, war „Dream On" 1973 ein ironischer erster Hit von Aerosmith, die damals Mitte 20 waren, sie hatten ja noch keine Ahnung von ihrer Zukunft. Vielleicht haben sie nur vorausgedacht, aber zumindest waren sie auf diese Weise gut vorbereitet.

Mit ihrem ersten Top-Seller im Gepäck begannen Aerosmith eine der besten Hardrock-Geschichten über Triumphe und Prüfungen. In den nächsten vier Jahrzehnten erlebte die Band mit zwei Superstars (Frontmann Steven Tyler und Leadgitarrist Joe Perry) musikalische Höhen und Drogenexzesse, was letztendlich zu ihrem kreativen Zusammenbruch führte. Doch zunächst feierte die in Boston ansässige Band große Erfolge mit ihren ersten vier Alben, die bluesige Hardrock-Meilensteine waren, auf dem gröbsten Hardrock der Rolling Stones und dem elektrischen Blues aufbauten, der Led Zeppelin inspirierte. Das gleichnamige Debüt der Band von 1973 war ein Paradebeispiel für Blue-Collar-Hardrock. Höhepunkte waren das funkige „Mama Kin", das Guns N' Roses später covern würden, der mächtige Album-Opener „Make It" und natürlich „Dream On". Als sie 1974 „Get Your Wings" produzierten, hatten sie ihre Fähigkeiten als Songwriter weiterentwickelt, um Bluesrock mit radiofreundlichem Sound zu vereinen.

Die nächsten beiden Veröffentlichungen der Band waren ihre besten. „Toys in the Attic", veröffentlicht im Jahr 1975, enthielt eine Vielzahl von treibenden Rock-Hits (der Titeltrack), Radio-Pop-Songs („Sweet Emotion" und „Walk This Way") und Coverversionen von obskuren, doppeldeutigen Blues-Songs („Big Ten Inch Record"). Die Band hatte sich zu diesem Zeitpunkt zum großen Headliner entwickelt, was ihre Drogenprobleme um einiges verschlimmerte. Tyler und Perry erhielten bald den Spitznamen „Toxic Twins", da sie so gut wie alles zu sich nahmen, was illegal war. Zu diesem Zeitpunkt beeinträchtigte dies jedoch ihre Arbeit noch nicht.

Ihr nächstes Album, „Rocks" von 1976, kann man als ihr Meisterwerk bezeichnen, vom galoppierenden „Back in the Saddle" über das funkige „Last Child", das düstere „Rats in the Cellar", das epische „Nobody's Fault" bis zum herrlich weinerlichen „Home Tonight". Damit hatten sie ihre Messlatte sehr hoch angesetzt und es zeigte sich, dass sie sie trotz späterer kommerzieller Erfolge nie wieder erreichen sollten.

Mit der Veröffentlichung von „Draw the Line" im Jahr 1977 wurde deutlich, dass der Drogenmissbrauch der „Toxic Twins" ihre Fähigkeit beeinträchtigte, miteinander auszukommen. Obwohl das Album einige bemerkenswerte Hits enthielt (z. B. „Kings and Queens"), war der zukünftige Niedergang bereits hier hörbar. Perry verließ die Band 1979 während der Aufnahme ihres nächsten Albums, „Night in the Ruts". Sein Gitarrenpartner Brad Whitford verließ das Team ebenfalls und hinterließ die Band ohne ihr charakteristisches Sechs-Saiter-Duo für ihr nächstes Album, „Rock in a Hard Place" 1982.

Perry und Whitford kehrten zwar 1984 zurück, aber es dauerte weitere zwei Jahre, bis die Band wieder „clean" war. Durch die brillante Zusammenarbeit mit Rapper Run-D.M.C. bekam Aerosmith mit „Walk This Way" eine zweite Chance. Die Band ging danach in die Reha und tauchte 1987 als MTV-freundliches Ensemble mit „Permanent Vacation" wieder aus der Versenkung auf. Jetzt spielten sie raffinierte Versionen jenes Blues-Rock, den sie populär gemacht hatten („Rag Doll") und unverfrorenen Pop wie z. B. „Dude (Looks Like a Lady)". Das 1989 veröffentlichte „Pump" wurde dank der polierten Hit-Singles „Love in a Elevator" und „Janie's Got a Gun" zum Meisterwerk der zweiten Phase dieser Band.

Aerosmiths nächste Veröffentlichung, „Get a Grip" aus dem Jahr 1993, war ihr bisher größter Erfolg und erreichte Platz 1 in den Charts, mithilfe einer Reihe von Videos mit jungen Stars wie Alicia Silverstone („Cryin"), Terminator-Star Edward Furlong („Livin' on the Edge") und sogar Tylers Tochter Liv („Crazy"). Danach wurde Aerosmith zunehmend poppiger und schrieb schnulzige Balladen („I Don't Want to Miss a Thing"). Trotz einer Reihe von Blues-Covers auf dem unglücklich betitelten „Honkin' on Bobo", das 2004 veröffentlicht wurde, war das öffentliche Interesse an der härteren Kost der Band geschrumpft.

59 ✠ Livin' on the edge: Aerosmiths Steven Tyler hat den Ruf erlangt, einer der elektrisierendsten Frontmänner des Hardrock zu sein.

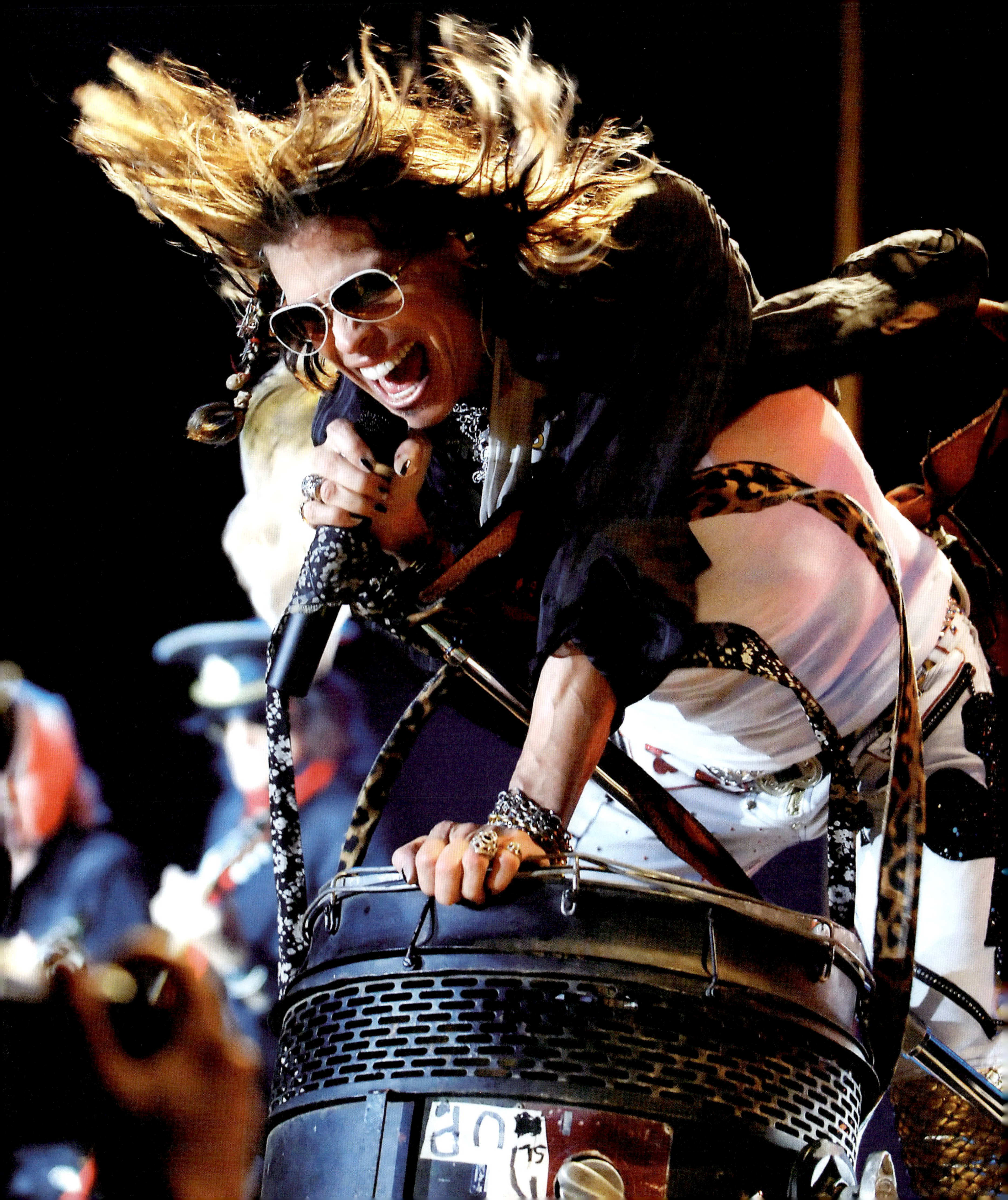

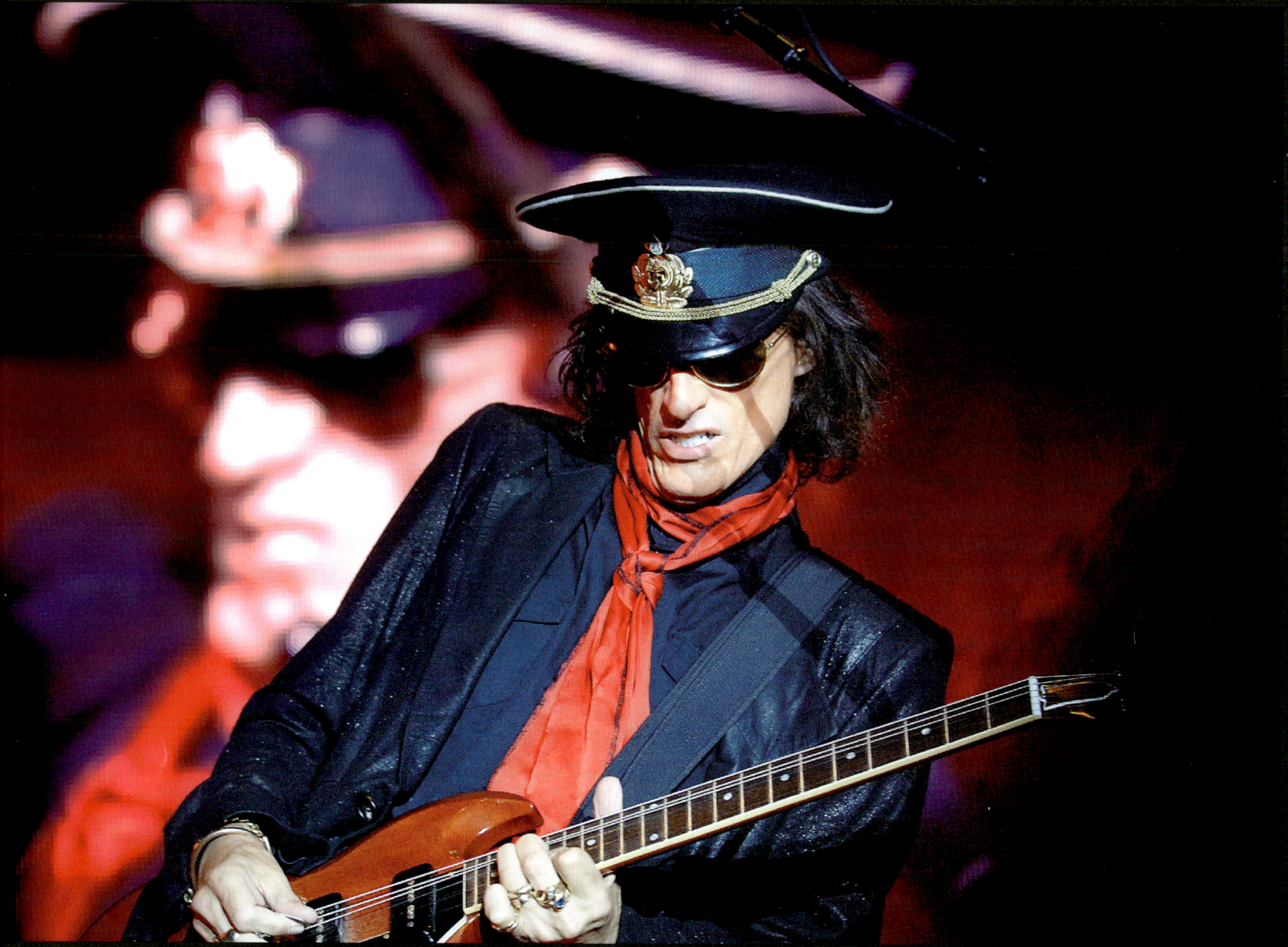

60 ✠ Gitarrist Joe Perry und Steven Tyler, die „Toxic Twins", waren in den 1970er-Jahren für ihren legendären Drogenkonsum bekannt.

61 ✠ Die beiden haben sich gebessert, sind mittlerweile clean und live wieder eine Band (hier mit Gitarrist Brad Whitford).

Letztendlich wurde Aerosmith selbst eine Band mit neun Leben (genau wie der Titel ihres 1997er-Albums „Nine Lives"), die sich im Laufe jedes Jahrzehnts selbst feierte. Joe Perry und Steven Tyler (aber auch Schlagzeuger Joey Kramer, der sich 2020 von der Band entfremdet hatte) haben weiter gestritten und sich wieder versöhnt, Tyler hat Karriere im Fernsehen gemacht und Perry hat mit Johnny Depp und Alice Cooper die Hollywood Vampires gegründet. Aber als Aerosmith haben sie nie aufgehört, live zu spielen, und sich sogar einen Aufenthalt in Las Vegas erlaubt. Auf die Frage nach einer Abschiedstour antwortete Tyler: „Ja, das könnte ewig dauern." Aerosmith träumen weiter.

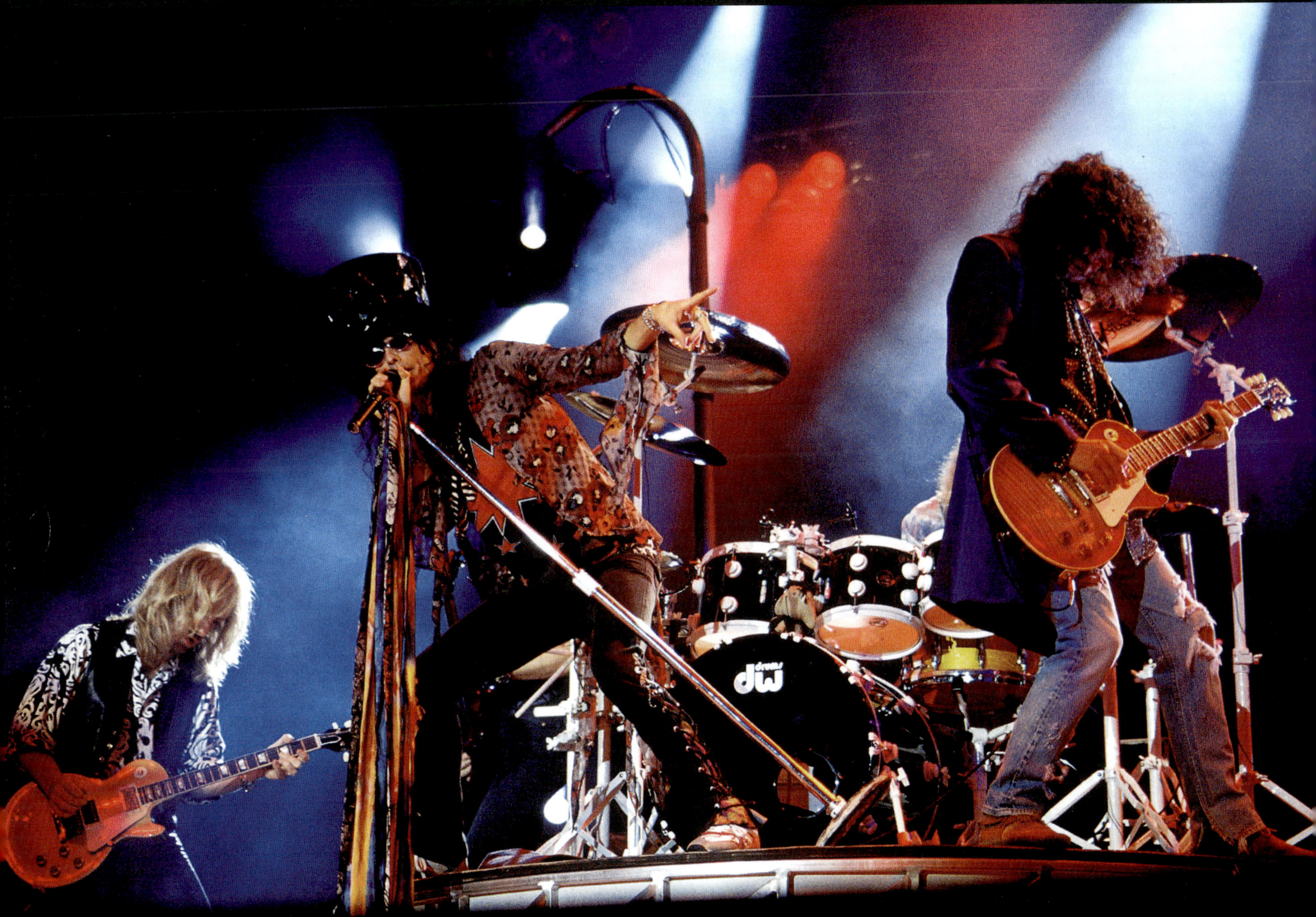

AEROSMITH

QUEEN

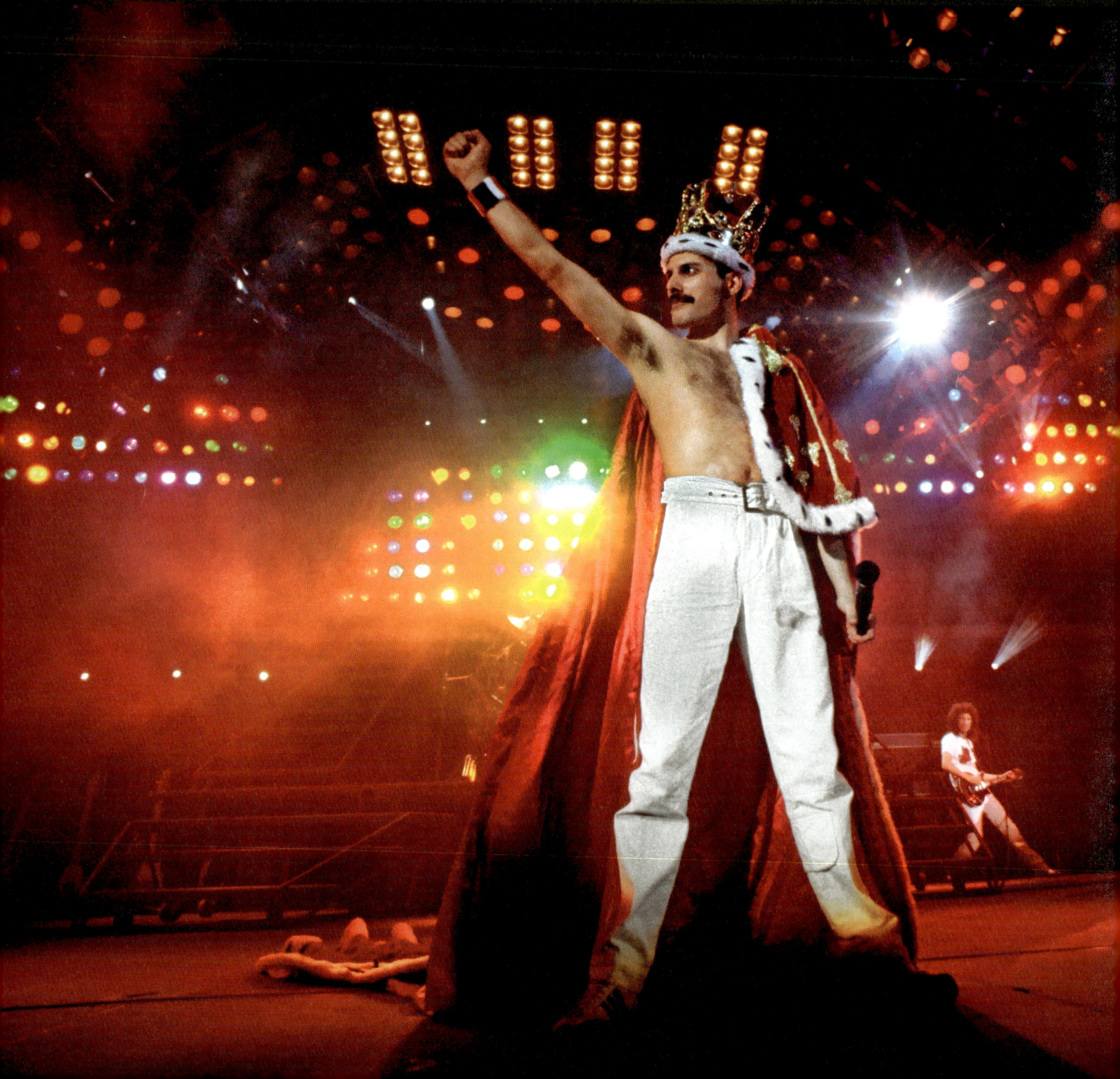

Obwohl Queen Musik spielte, die vom fußstampfenden Stadionrock bis zu ausgefeilten Quasi-Operetten reichte, gab es nur eines, was all ihre Songs vereinte: sie waren GROSS! Ob es die manischen „Mama Mias" von „Bohemian Rhapsody", die bodenerschütternden Rhythmen von „We Will Rock You" oder der pochende Post-Disco-Bass von „Another One Bites the Dust" waren, die Band vergrößerte jede Facette ihrer Songs, sodass selbst die Nuancen zumindest mittelgroß waren und ihre Musik genau den Geschmack des Massenpublikums traf. Nach Led Zeppelin war Queen die meistverkaufte Hardrock-Band der Welt und hat Künstler von Nirvana bis Anthrax beeinflusst. Natürlich war es dabei äußerst wichtig, ein so vielfältiges Oeuvre zu besitzen.

Beginnend mit dem Titel „Keep Yourself Alive", dem ersten Song ihres gleichnamigen Debütalbums von 1973, schrieben die vier Ausnahmemusiker von Queen einzigartige Songs mit theatralischem Flair. Die Vorliebe der Band, die Grenzen des Art-Rock zu überschreiten, kam vom unterschiedlichen (und hochgebildeten) Background ihrer Mitglieder. Sie schufen alles andere als rohe Kunst.

Der in Sansibar geborene Frontmann Freddie Mercury mit einem Diplom in Illustration und Design verfügte über einen opernartigen Stimmumfang und ein Händchen für das Schreiben epischer, erzählerischer Songs über Liebe, Verlust und das Menschsein („Bohemian Rhapsody", „We Are the Champions", „Somebody to Love" und „Get Down, Make Love"). Das Songwriting-Gegenstück des Sängers, Gitarrist Brian May, hat einen Doktortitel in Astronomie und entwickelte seinen Spielstil auf einer Gitarre, die er im Alter von 16 Jahren zusammen mit seinem Vater selbst gebaut hatte, was ihm einen fetten, druckvollen Ton gab (zu hören in Songs wie „We Will Rock You", „Stone Cold Crazy" und „Sheer Heart Attack"). Bassist John Deacon studierte Elektronik und kam als Instrumentalist bei den poppigen, von Hip-Hop beeinflussten Hits („Another One Bites the Dust", „Dragon Attack" und „Under Pressure") voll zur Geltung. Schlagzeuger Roger Taylor, der ein Diplom in Biologie hat, war die Geheimwaffe der Band. Obwohl er sein Instrument mit Hingabe spielte, hatte er eine schroffe Stimme, die Freddie Mercurys extravagante Gesangsexkapaden auflockerte („I'm in Love With My Car" und „Tenement Funster").

Bis zu ihrem dritten Album, „Sheer Heart Attack" von 1974, hatten Queen eine schillernde Vokalharmonie entwickelt, die ihre Hits in den 1970er-Jahren definieren würde. Der erste Song dieses Albums, „Killer Queen", bot klangvolle Harmonien und ebnete den Weg für ihren nächsten Hit, das Epos „Bohemian Rhapsody", einem Titel aus ihrem 1975er-Album „A Night at the Opera". Diese Top-10-Single, die sich während ihrer sechs Minuten von einer Ballade zum rauen Rockstück und zuletzt zur Operette veränderte, wurde zur Krönung der Band. Dank einer urkomischen Headbang-Szene im Film „Wayne's World" aus dem Jahr 1992 schaffte es der Song in jenem Jahr wieder in die Billboard-Charts und kam in den USA auf Platz 2 und in Großbritannien sogar auf Platz 1.

QUEEN

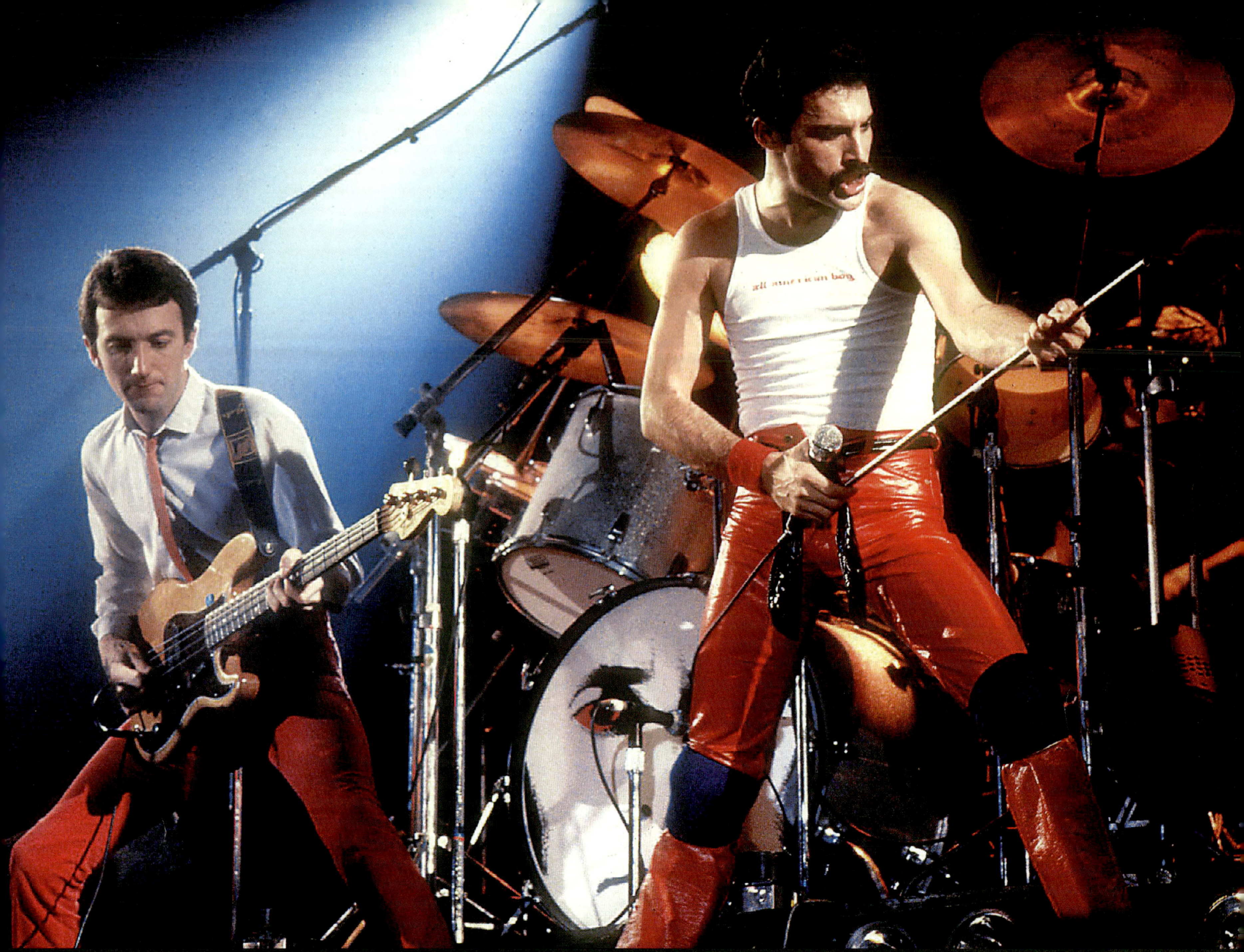

In dem verbleibenden Jahrzehnt nahmen Queen ein klassisches Album nach dem anderen auf und zeigten ihre Vielfalt in Hardrock-Songs wie „Death on Two Legs (Dedicated To ...)", „Tie Your Mother Down" und „It's Late". In den 1980er-Jahren konzentrierten sie sich mehr auf Popmusik (das Elvis-ähnliche „Crazy Little Thing Called Love" und das synthlastige „I Want to Break Free"), aber sie schafften es immer noch, gitarrenorientierte Hardrock-Klassiker zu produzieren („Hammer to Fall", „Princes of the Universe" und „I Want It All"). Aber im Laufe der Jahre zog sich die Band aus der Öffentlichkeit zurück und es gab Gerüchte, dass sich Freddie Mercury mit Aids infiziert habe. Er bestätigte dies von seinem Sterbebett aus am 23. November 1991 und starb am folgenden Tag an einer Lungenentzündung im Zusammenhang mit Aids.

Im April 1992 veranstalteten die verbleibenden Bandmitglieder ein Tributkonzert für ihn im riesigen Wembley-Stadion in London, zusammen mit Bands wie Metallica, Guns N' Roses, Def Leppard, Robert Plant (ohne Led Zeppelin), David Bowie, Elton John und George Michael, Tony Iommi, Annie Lennox und Liza Minnelli. Durch die Interpretation von Freddie Mercurys Vermächtnis, das Publikum für immer zu unterhalten („The Show Must Go On", wie er im mitreißenden Track aus dem Album „Innuendo" von 1991 sang), haben Brian May und Roger Taylor weiterhin Queen-Songs in die ganze Welt gebracht, zunächst mit Paul Rodgers von Free als Sänger, einer Formation, die von den Kritikern eher abgelehnt wurde, und später mit Adam Lambert, mit dem sie weltweit große Erfolge feierten.

In der Zwischenzeit hat der Triumph des Films „Bohemian Rhapsody", das Freddie-Mercury-Biopic mit Rami Malek in der Hauptrolle von Regisseur Bryan Singer, Gewinner von vier Oscars im Jahr 2019 und meistgesehene Filmbiografie aller Zeiten, Queen und ihren Sänger als eine der definitiv größten Hardrock-Legenden gefeiert.

64 ✠ Bassist John Deacon und Freddie Mercury übernehmen in ihren roten Hosen das Kommando auf der Bühne.

65 ✠ Gitarrist Brian May hat seine „Red Special"-Gitarre, die für den typischen Sound von Queen verantwortlich ist, zusammen mit seinem Vater selbst gefertigt.

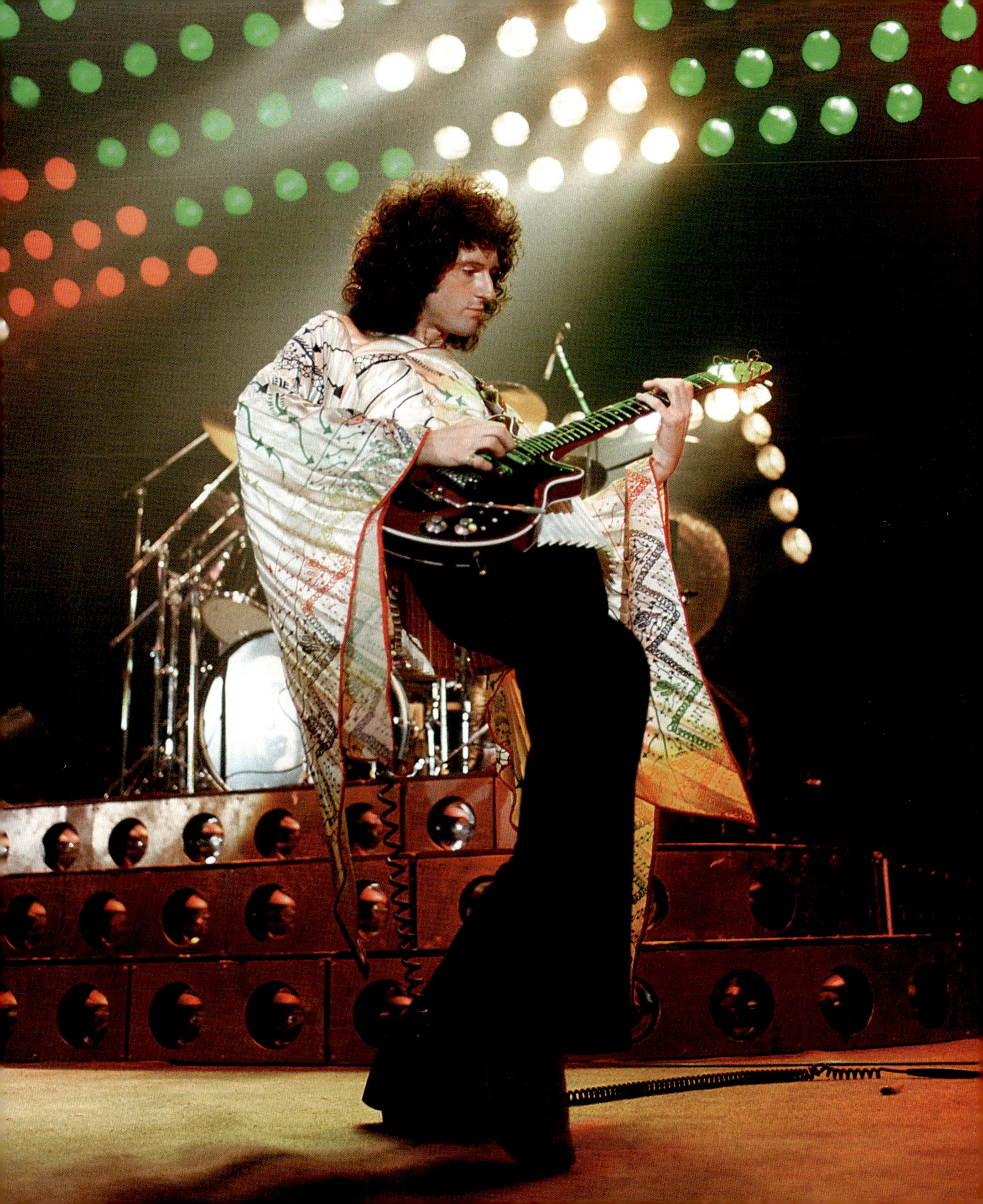

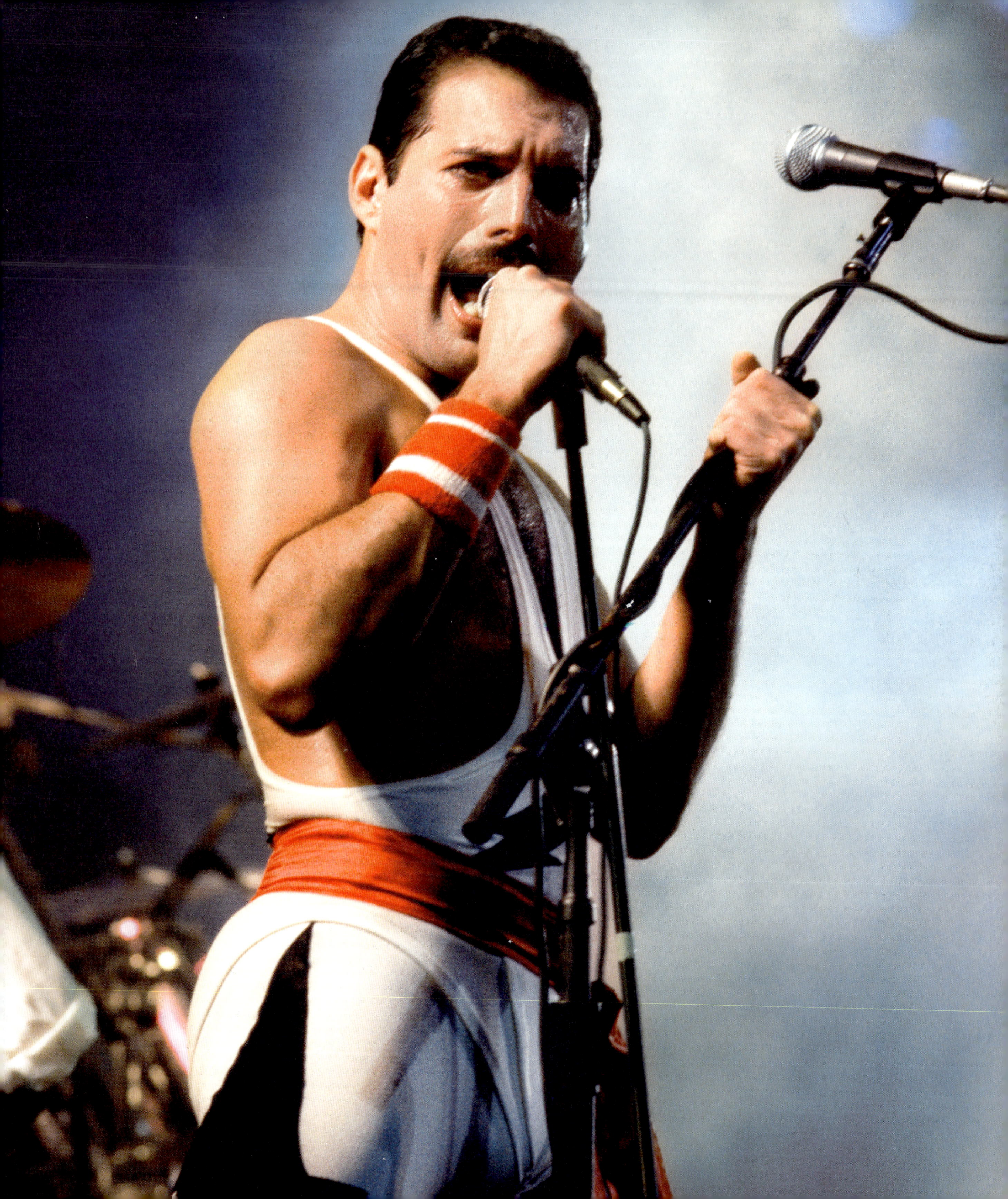

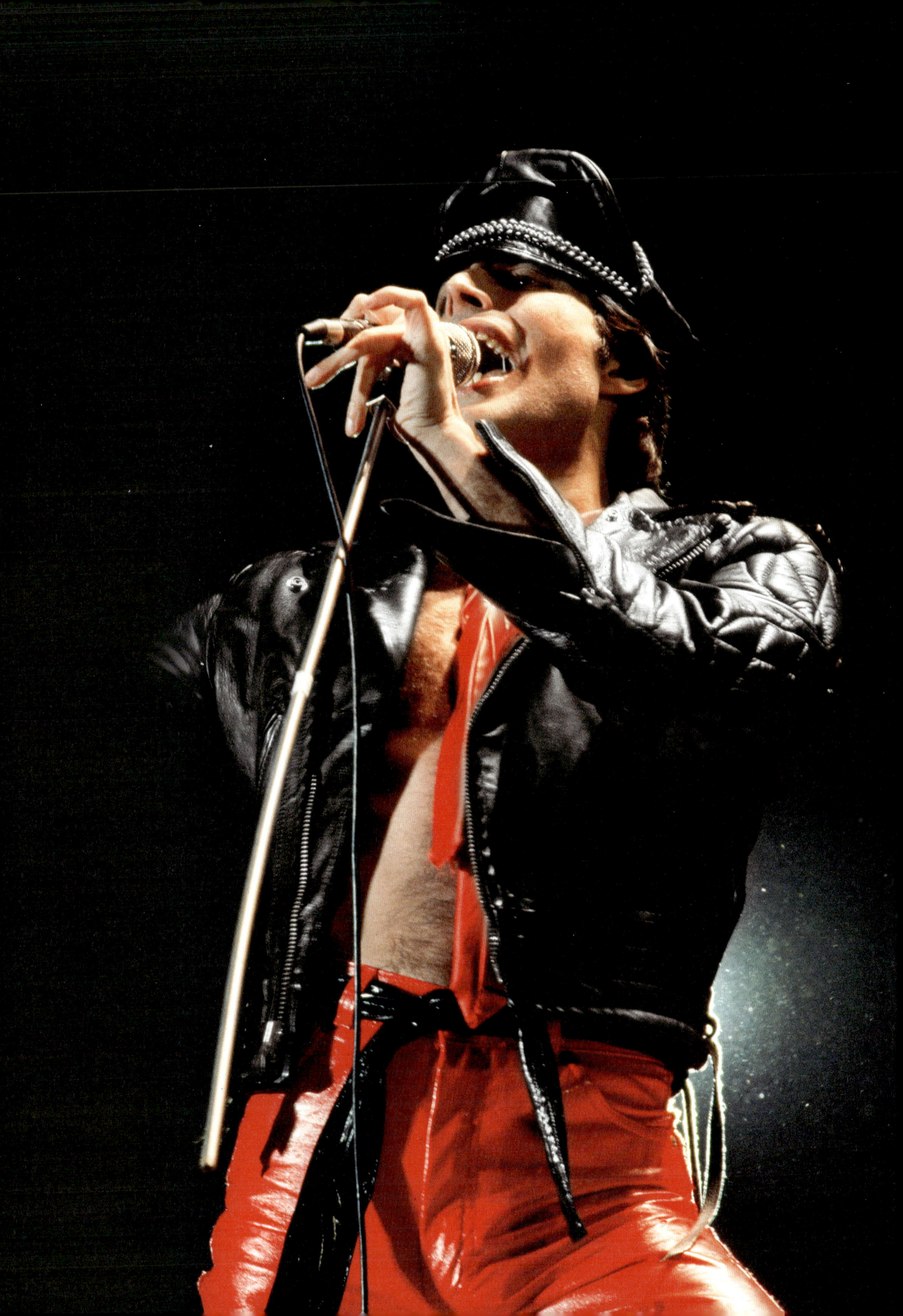

66 und 67 ✠ Freddie Mercury schrieb einige der opernhaften Hit-Songs von Queen, wie „Bohemian Rhapsody" und „We Are the Champions". Er hatte ein Gespür für theatralische Bühnenshows, um diese Songs live perfekt zu präsentieren.

VAN HALEN

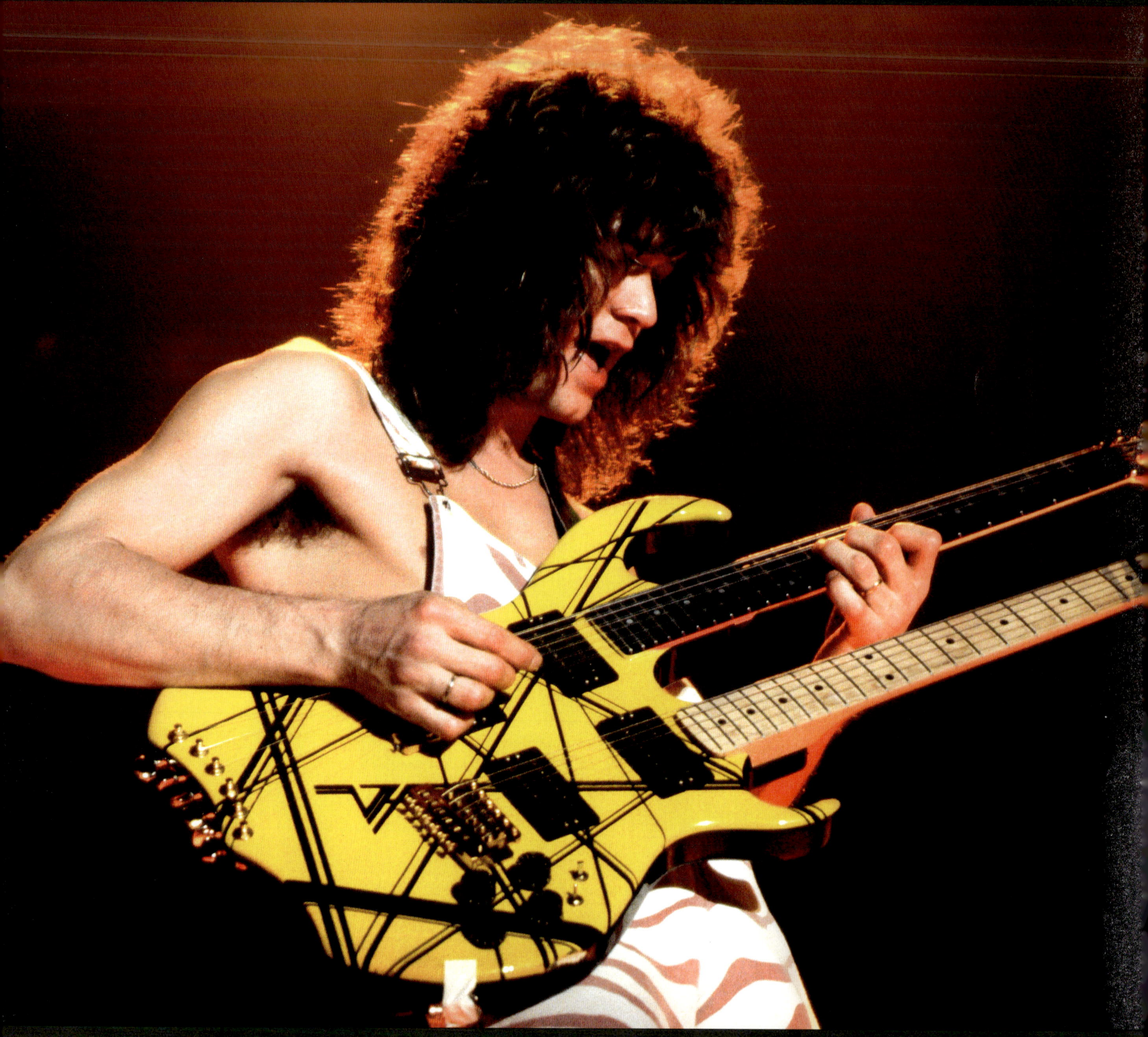

1970er- und Anfang der 1980er-Jahre mit seinen innovativen Techniken und maßgeschneiderten Overalls wiederbelebt.

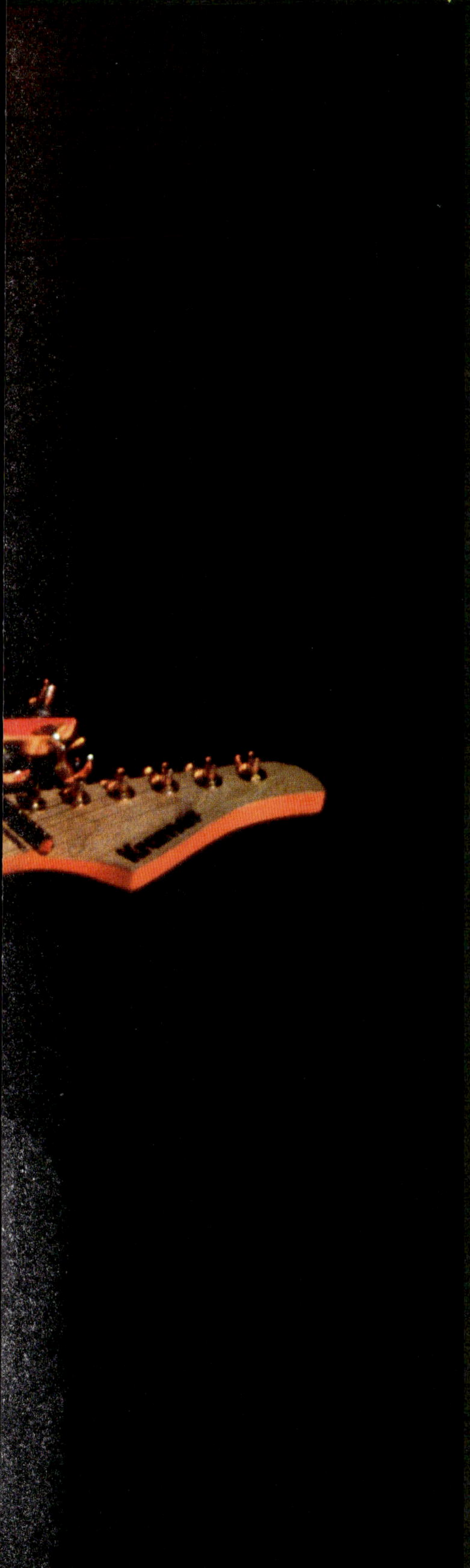

Zu einer Zeit, als Punk neu und total angesagt war und die führenden Bands der ersten Welle des Heavy Metal neue Hüften brauchten, revitalisierte Van Halen den Hardrock. Ihre größten Stars waren ihr von Showbiz besessener Frontmann David Lee Roth, der alles in eine Party verwandeln konnte (sogar einen Song von Linda Ronstadt), und ein Flinkefinger an der Gitarre namens Eddie Van Halen, der der vielleicht einflussreichste Gitarrist aller Zeiten wurde. Zusammen mit dem Bassisten Michael Anthony und Eddies Bruder Alex am Schlagzeug beschnitt die Band die stampfenden „Iron Man"-Riffs traditioneller Metal-Songs und machte daraus schlanke Party-Hits wie „Runnin' With the Devil", „Ain't" Talkin' 'Bout Love", „Unchained" und „Jump", außerdem viele, viele unglaubliche Gitarrensoli wie die Nationalhymne des Hardrock, „Eruption".

Eddie definierte die Rolle eines Rockgitarristen neu, da er sowohl Gitarrist, Showman und Songwriter war. Er lieferte bei ihren frühen Veröffentlichungen einen Großteil der Ohrwürmer der Band und war die Hauptattraktion, wenn es darum ging, sie 1977 unter Vertrag zu nehmen. Nachdem er einen revolutionären Gitarrenstil erfunden hatte, der als „finger tapping" bezeichnet wird und eher einem Klavierspiel ähnelt als Akkord für Akkord zu spielen, war Eddie in ihren frühen Shows oft mit dem Rücken zum Publikum gewandt, damit niemand seine Kunst abschauen konnte. Kiss' Gene Simmons erwog, die Band bei seinem Plattenlabel unter Vertrag zu nehmen, gab sie aber letztendlich weiter. Mitte 1977 schlossen sie einen Vertrag mit Warner Bros. und veröffentlichten ihr gleichnamiges Debütalbum, das „Eruption" und eine sexualisierte Coverversion von „You Really Got Me" enthielt. Im Laufe der Zeit erreichte das Album in den USA Diamantstatus.

In den 1980er-Jahren entwickelte sich die Band zu überlebensgroßen Konzertdarstellern, als sie Hits wie „And the Cradle Will Rock ..." und ihre Coverversion von Roy Orbisons „(Oh) Pretty Woman" herausbrachten. Auf der Bühne waren sie in ständiger Bewegung. Wenn Anthony nur für einen Moment in die Hocke ging, war Roth sofort da, um einen hohen, akrobatischen Sprung über seinen Kopf zu machen. Der Sänger hatte eine Art Sinn für Humor aus alter Zeit, inspiriert von ausgelassenen Späßen des Varieté und den Einzeilern von Komödianten wie Groucho Marx. Er unterhielt das Publikum mit absurden Monologen und Show-Gags wie das Fliegen über ihren Köpfen, während Eddie das Spielen scheinbar unmöglicher Gitarrentricks ganz mühelos aussehen ließ.

1983 übernahm Eddie das Gitarrensolo auf Michael Jacksons „Beat It" und im folgenden Jahr, als die Band ihr Album mit dem Orwell'schen Titel „1984" veröffentlichte, waren sie bereits Superstars, was ihnen ermöglichte, so ziemlich alles zu tun, was sie wollten. Sie hatten bizarre Klauseln in ihren Verträgen (keine braunen M&Ms) und Roth hatte ein System eingeführt, wonach er seinen Sicherheitskräften Prämien gab, wenn sie ihm eine Frau fanden, die mit ihm die Nacht verbringen würde.

Zum Glück konnten sie auch musikalisch alles machen, was sie wollten. Eddie zauberte mit seiner Gitarre meistens auf Hits wie „Jump" und „I´ll Wait", und Roth fand im Video zu „Hot for Teacher" eine Verwendung für alle seine Groupies. „1984" erzielte ebenfalls Diamantverkäufe. Sie waren jetzt in Bestform, aber dies sollte nicht von Dauer sein. Roth veröffentlichte eine Solo-EP, die Van Halen von der Arbeit am Folgealbum abhielt, und wurde anschließend gefeuert.

Van Halen engagierte dann den Arena-Rocker Sammy Hagar als neuen Frontmann, mit dem sie zu einem ausgereiften Sound gelangten, der eher den Bands ähnelte, die Van Halen Ende der 1970er-Jahre verdrängte und der am besten bei Hits wie „Why Can't This Be Love" und „When It's Love" zur Geltung kam. Fans des unbeschwerten Sounds der Roth-Ära waren desillusioniert, aber die „Van-Hagar"-Jahre fanden ein neues Publikum und erzielten bis weit in die 1990er-Jahre Hits wie das klaviergetriebene „Right Now". Die Band wurde Mitte der 1990er-Jahre mit weiteren Sänger-Wechseln konfrontiert (einschließlich einer kurzen Rückkehr von Roth), veröffentlichte jedoch nur ein unbedeutendes Album mit dem ehemaligen Extreme-Sänger Gary Cherone.

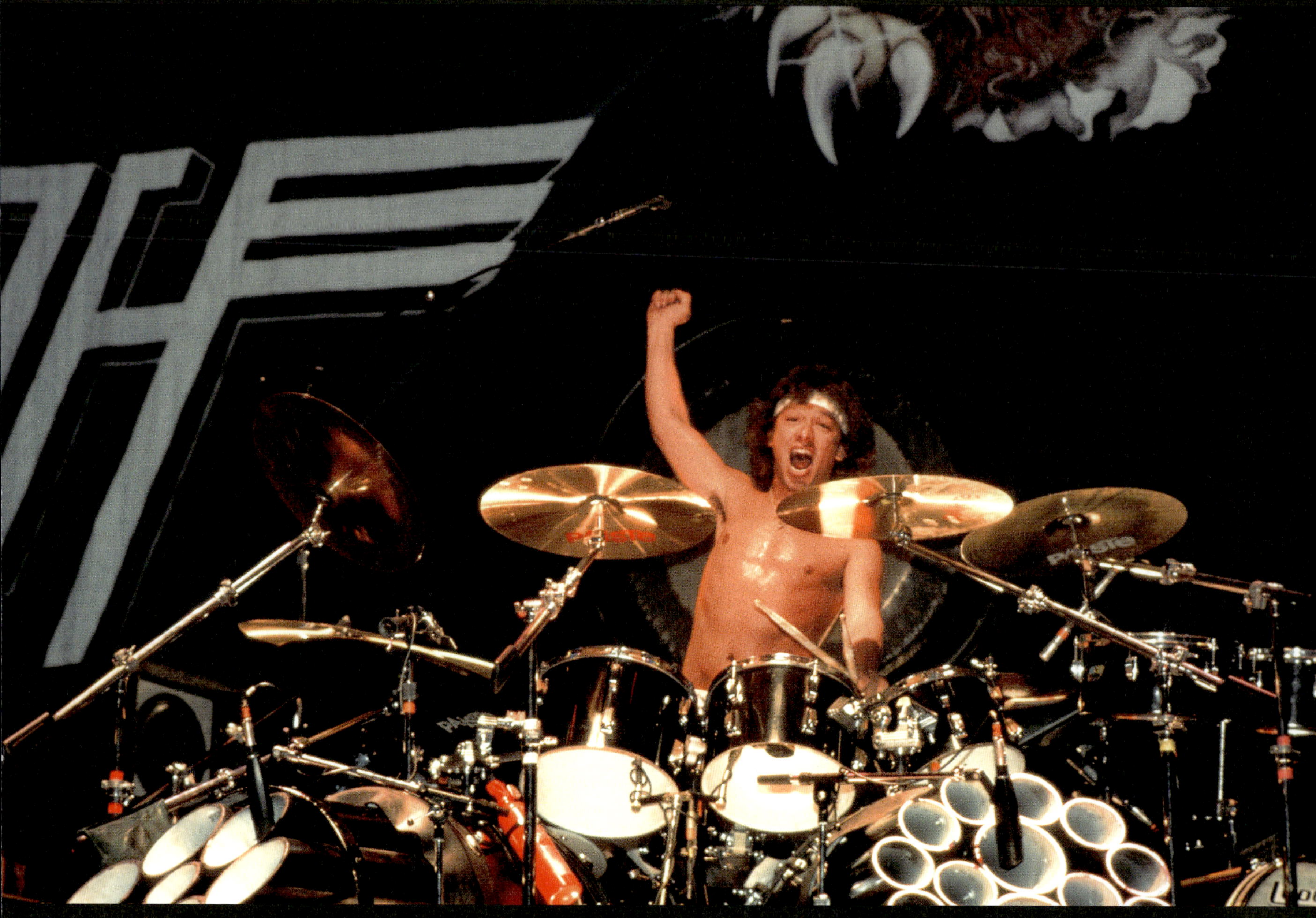
paiste

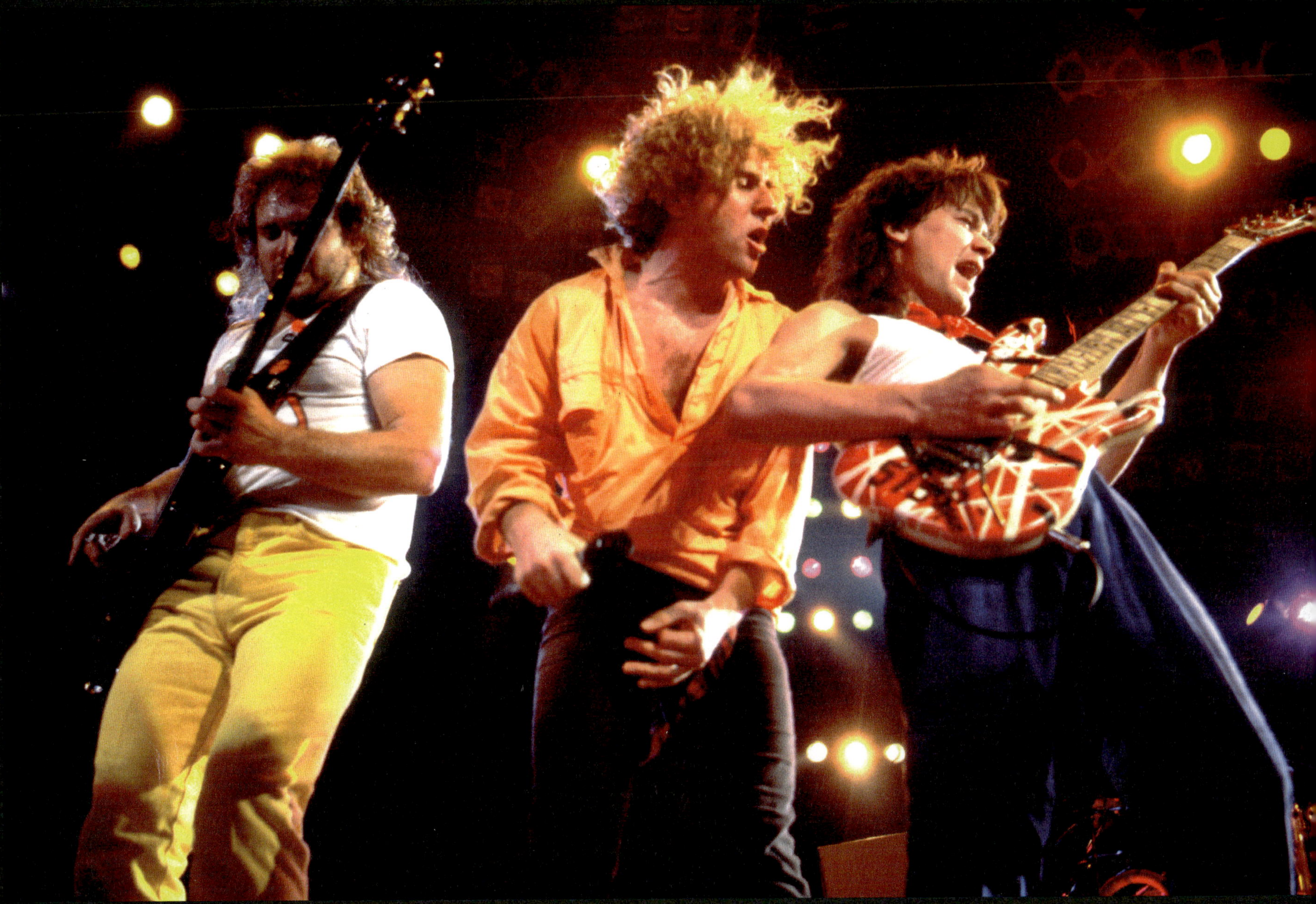

2012 feierte die Band in ihrer besten Version ein großes Comeback: mit Roth nach 28 Jahren endlich wieder als Frontmann und Eddies Sohn Wolfgang Van Halen am Bass. Ihr neues Album „A Different Kind of Truth“ debütierte auf Platz 2 in den USA.

Es sollte das letzte Van-Halen-Album sein. Nach zwei weiteren Tourneen mit Roth begann Eddie über ein endgültiges Wiedersehen mit Michael Anthony, Sammy Hagar, David Lee Roth und Gary Cherone nachzudenken, die er alle zusammen auf die Bühne bringen wollte. Aber es sollte nie so weit kommen: Am 6. Oktober 2020 starb er im Alter von nur 65 Jahren an Krebs. „Ohne Edward Van Halen gibt es kein Van Halen“, sagte sein Sohn Wolfgang, der inzwischen sein eigenes Soloprojekt, Mammoth WVH, gegründet hat.

Die Frankenstrat-Gitarre, die von Eddie entwickelt wurde, um den Sound einer Gibson mit der Kraft einer Fender zu verbinden, geht als Instrument, das musikalisch keine Grenzen kennt, in die Geschichte der Rockmusik ein.

70 ✠ Schlagzeuger Alex Van Halen ist der einzige Mensch, der in der Lage war, absolut solide Rhythmen zu halten, die zu den feurigen Soli seines Bruders passten.

71 ✠ Bassist Michael Anthony, Sänger Sammy Hagar und Eddie Van Halen finden heraus, woraus „Dreams“ bestehen.

KISS

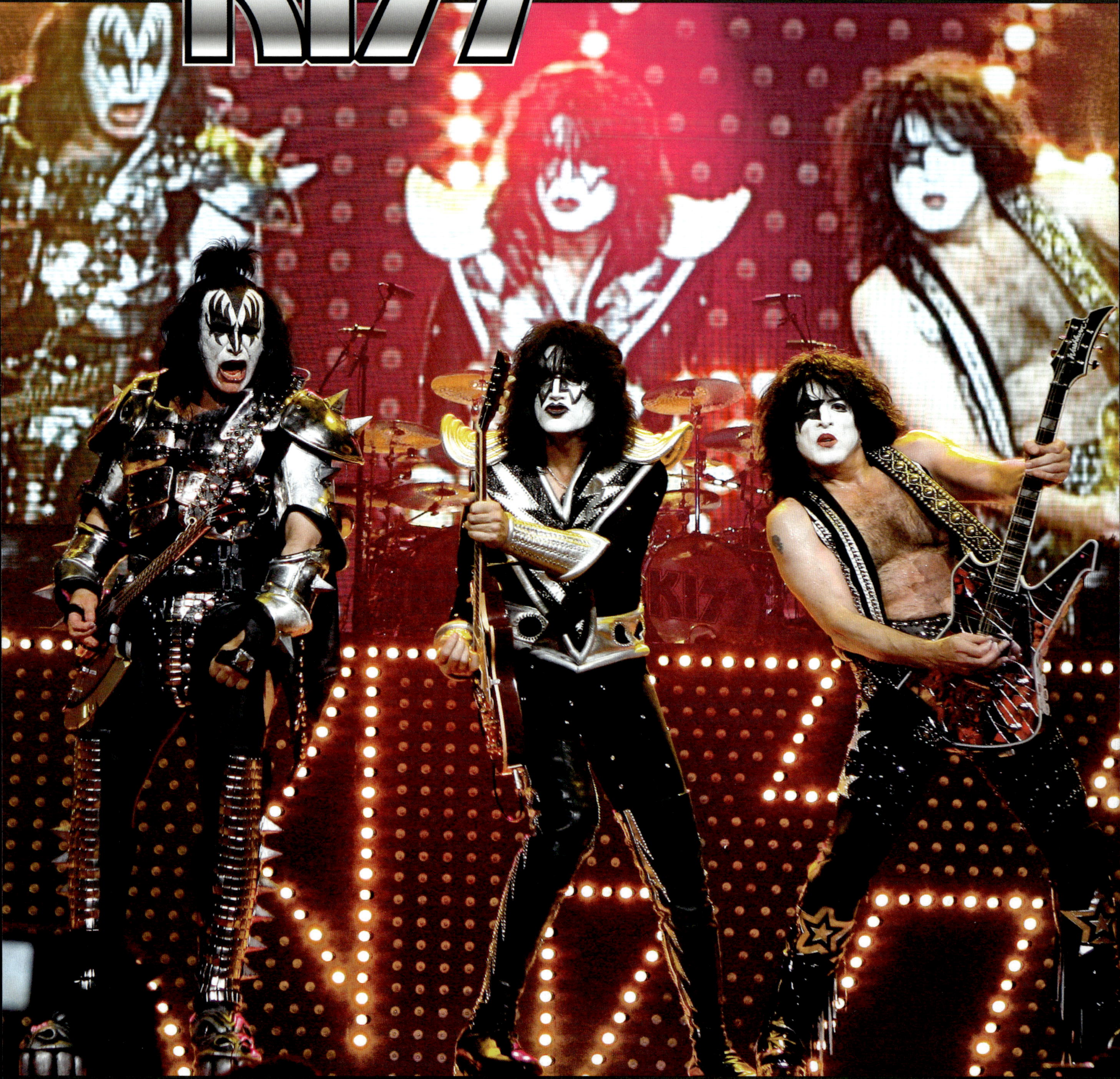

72 ✠ Bassist und Sänger Gene Simmons, Gitarrist Tommy Thayer und Gitarrist und Sänger Paul Stanley zeigen auf der Bühne, was „rock and roll all nite“ bedeutet.

74-75 ✠ Gene Simmons zeigt, warum er der „Gott des Donners“ genannt wird, indem er ein Schwert mit Feuer bespuckt, während er weiter Bass spielt.

Kiss sind die Hardrock-Antwort auf die Beatles. Dank der perfekten Kombination aus einzigartigem Look und eingängigen Songs inspirierte die Band Legionen von Anhängern, nicht nur ihre Alben zu kaufen, sondern alles, von Comics über Flipperautomaten, Actionfiguren bis hin zu Särgen(!), verziert im Stile des Make-up, wie es die Bandmitglieder trugen. Was für die Pilzköpfe aus Liverpool die „Beatlemania“ war, trifft mit der „Kissmania“ genauso für diese Band zu, die Heavy-Bands von Skid Row über Anthrax bis zu den Melvins beeinflusste. Die Mitglieder haben wortwörtlich überlebensgroße Persönlichkeiten entwickelt, und das nicht nur aufgrund ihrer Plateauschuhe.

Das bandeigene Lennon-McCartney-Songwriting-Duo, Bassist Gene Simmons und Gitarrist Paul Stanley, die sich die Lead-Vocals teilten, beherrschten zu Beginn ihrer Karriere die Kunst, perfekte Hooklines für Kiss zu schreiben. Beginnend mit „Strutter“, dem ersten Track ihres gleichnamigen Debüts mit einem Porträt-Cover, das „Meet the Beatles“ ähnelt, schufen sie die perfekte Mischung aus kantigen Gitarrenlinien und Refrains, bei denen man einfach Mitsingen muss. Sie haben diese Formel in den 1970er-Jahren bei Hits wie „Detroit Rock City“, „Rock and Roll All Nite“ und „Love Gun“ immer mehr verfeinert. Ironischerweise war ihr größter Hit zu dieser Zeit jedoch die Klavierballade „Beth“, bei der Schlagzeuger Peter Criss ohne Chor den Gesang übernahm.

Durch diese Musik hatten sie ihre Fans am Haken, aber es waren ihre Showcharaktere, mit denen sie sie in Ekstase versetzten. Aufbauend auf dem Make-up und den Theaterbühnenshows, die Alice Cooper in der ersten Hälfte des Jahrzehnts populär gemacht hatten, versuchten Kiss, alles noch größer und opulenter zu gestalten. Jedes Mitglied der Band trug (scheinbar die ganze Zeit) ein von Kabuki inspiriertes Make-up und hatte ein Alter Ego, um es zu ergänzen. Simmons war der Dämon, Stanley war das Sternenkind, Criss war der Katzenmann und Leadgitarrist Ace Frehley war der Astronaut. Ihre Konzerte waren Spektakel (aufgezeichnet auf den „Alive“-Konzertalben) mit Simmons, der Blut spuckte und Feuer spie, Frehley, der ein Feuerwerk auf seiner Gitarre anzündete, Criss' Schlagzeug, das scheinbar in der Luft schwebte, und vielem mehr. Mit der Zeit begannen sie, ihre Shows hinter den Kulissen mit der Zeile „Ihr wolltet das Beste, ihr bekamt das Beste“ vorzustellen, und ihre Fans kauften ihnen alles ab und gingen mit ihnen durch dick und dünn.

Aufgrund einiger brillanter Marketing-Strategien konnten sie bis in die 1980er-Jahre diese engagierte Fangemeinde aufrechterhalten (und überstanden sogar die Disco-Ära mit einem unwiderstehlichen Crossover-Hit: „I Was Made for Loving You“). Als die Hits zu Beginn des Jahrzehnts ausblieben und sie mit ihrem verfehlten Konzeptalbum „Music From The Elder“ aus dem Jahr 1981 ein Allzeittief erreichten, wurde Criss gefeuert und Frehley stieg wegen Desillusionierung ebenfalls aus. Mit neuen Mitgliedern (Eric Carr, dessen Make-up ihn zum Fuchs machte, und Gitarrist Vinnie Vincent, der zum ägyptischen Ankh-Krieger wurde) beschlossen sie schließlich 1983, für das Hit-Album „Lick It Up“ ohne Make-up aufzutreten. Durch diese Verjüngung ihrer Karriere erfanden sie sich für das nächste Jahrzehnt als Glam-Metal-Band neu und erzielten Hits mit „Heaven's on Fire“, „Tears Are Falling“ und der von Michael Bolton mitgeschriebenen Ballade „Forever“.

Für ihren nächsten genialen Marketing-Schritt brachte die Band 1996 ihre ursprüngliche Besetzung wieder zusammen, kehrte zum Make-up zurück und kündigte 2000 eine Abschiedstour an. Doch bis heute hat sich die Band nicht getrennt. Criss verließ die Band 2001 erneut und Frehley folgte im nächsten Jahr, doch dafür trugen ihre Nachfolger, Eric Singer und Tommy Thayer, jeweils das Make-up ihrer Vorgänger.

Nach den Alben „Sonic Boom“ von 2009 und „Monster“ von 2012 und unzähligen Tourneeterminen wurden Kiss 2014 in die Rock and Roll Hall of Fame aufgenommen. Im Januar 2019 machten sie sich von Vancouver, Kanada, auf den Weg zu ihrer letzten Tour, „The End of the Road“. „Dies werden die teuersten und explosivsten Konzerte unserer Karriere sein“, sagte Paul Stanley. „Wenn ihr uns liebt, kommt ihr zu uns. Wenn ihr uns noch nie gesehen habt, ist jetzt die richtige Zeit.“ Auch wenn wir noch auf ihr letztes Konzert warten, das für den 17. Juli 2021 in ihrer Heimatstadt New York geplant ist, machen Kiss weiterhin die erstaunlichsten Dinge: Dank eines Budgets von einer Million Euro stellte ihr Live-Stream-Konzert an Silvester 2020 vor dem Hotel Atlantis in Dubai einen Weltrekord für die höchste Flamme und einen weiteren für die meisten gleichzeitig abgefeuerten Pyroflammen auf, die jemals bei einem Konzert gesehen wurden.

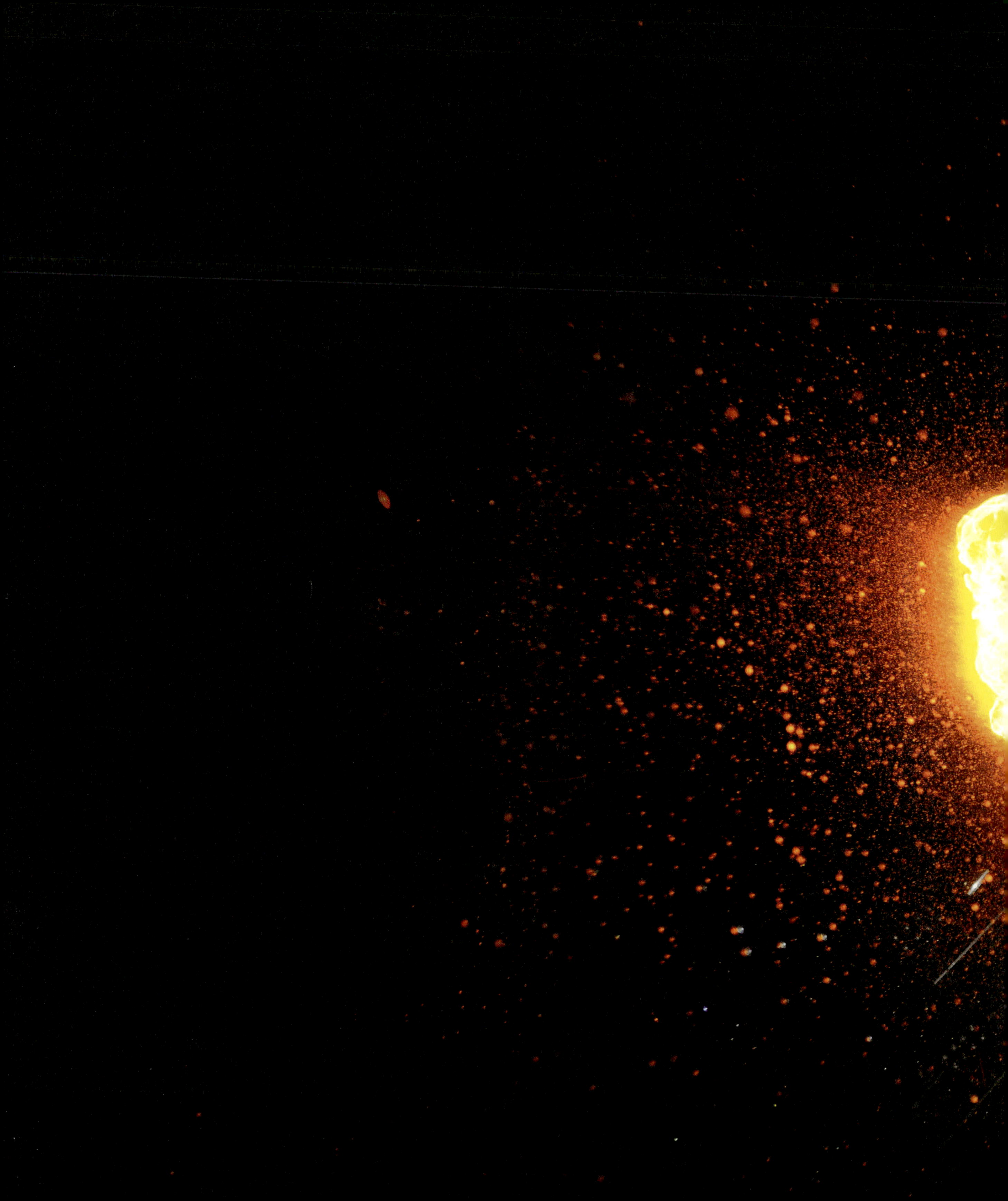

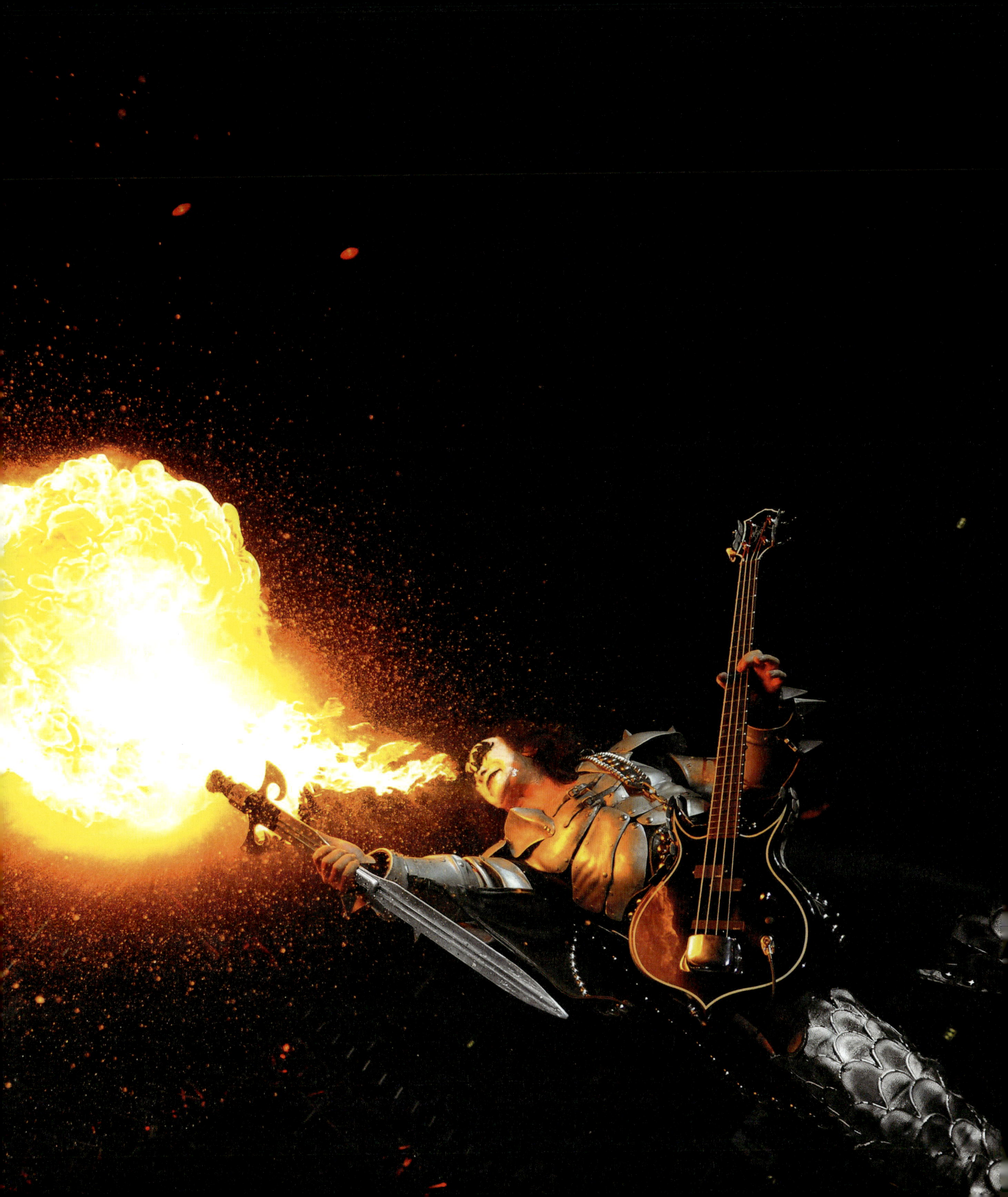

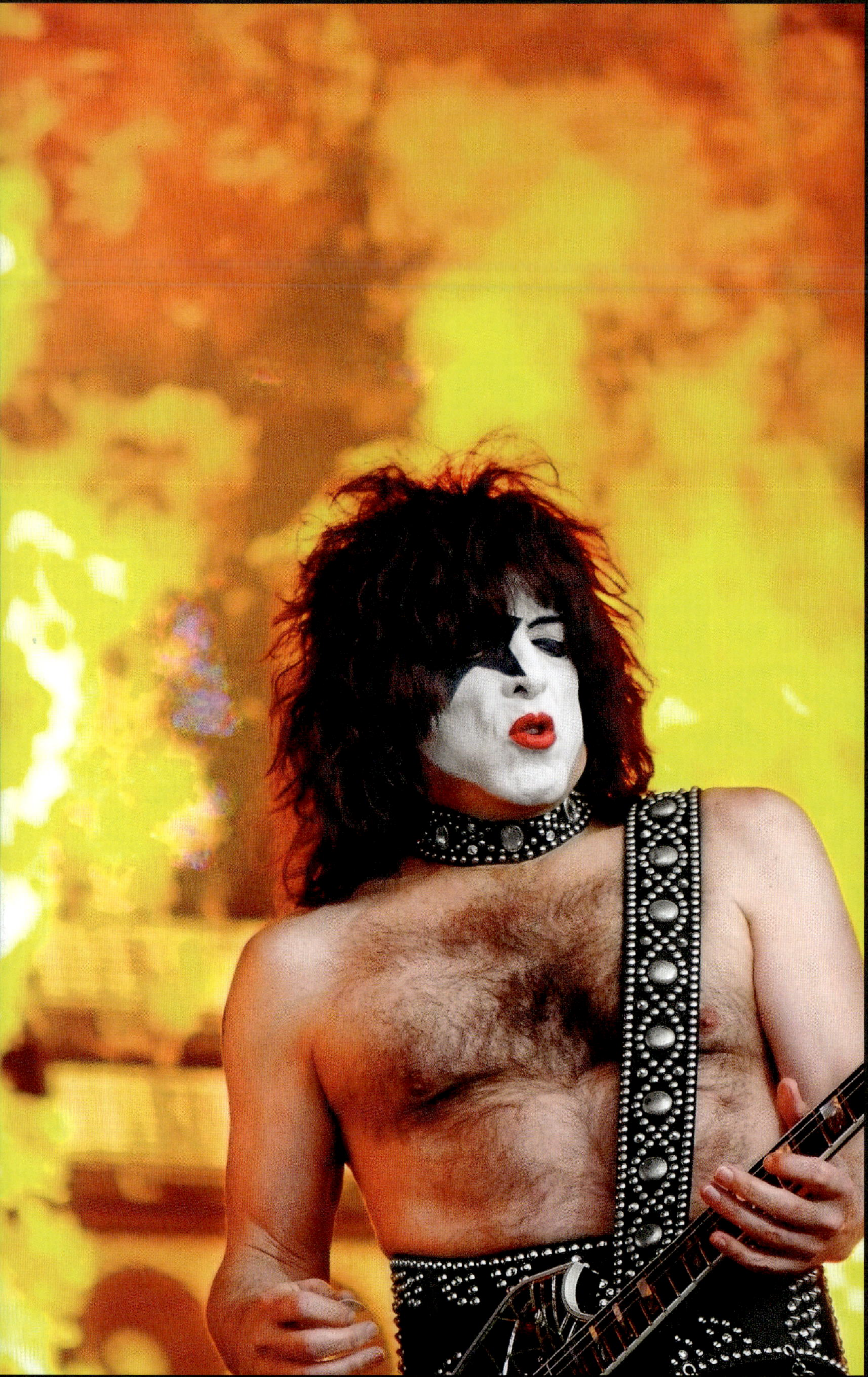

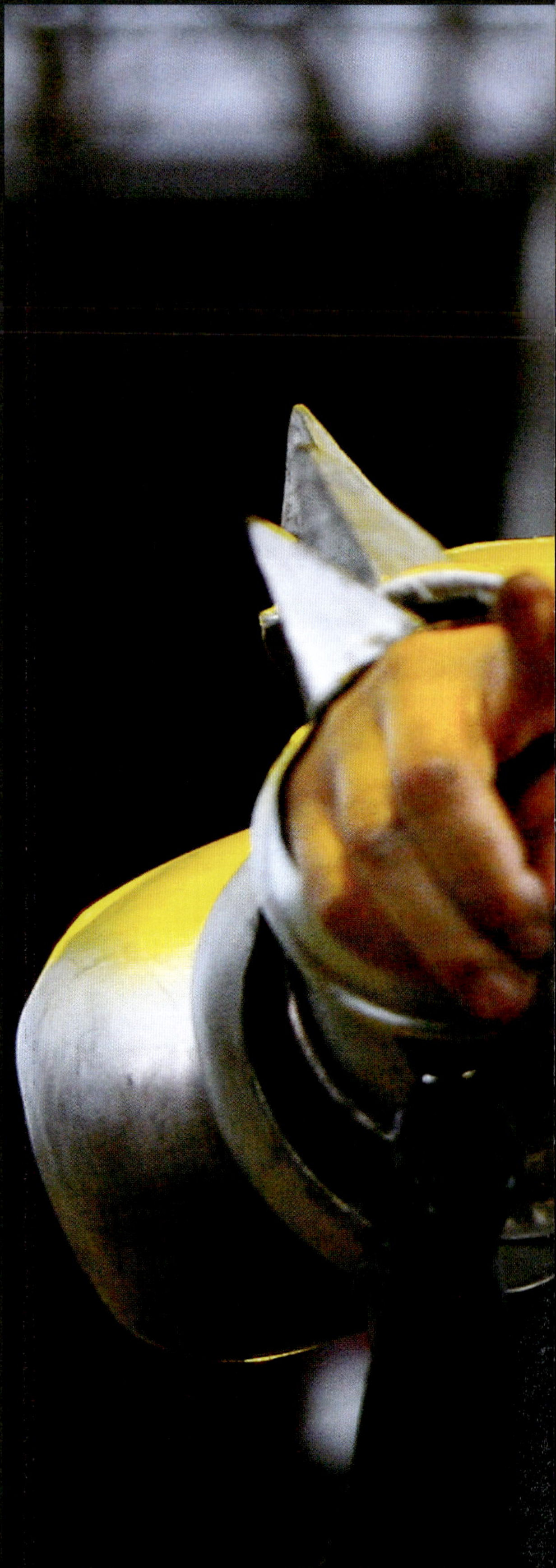

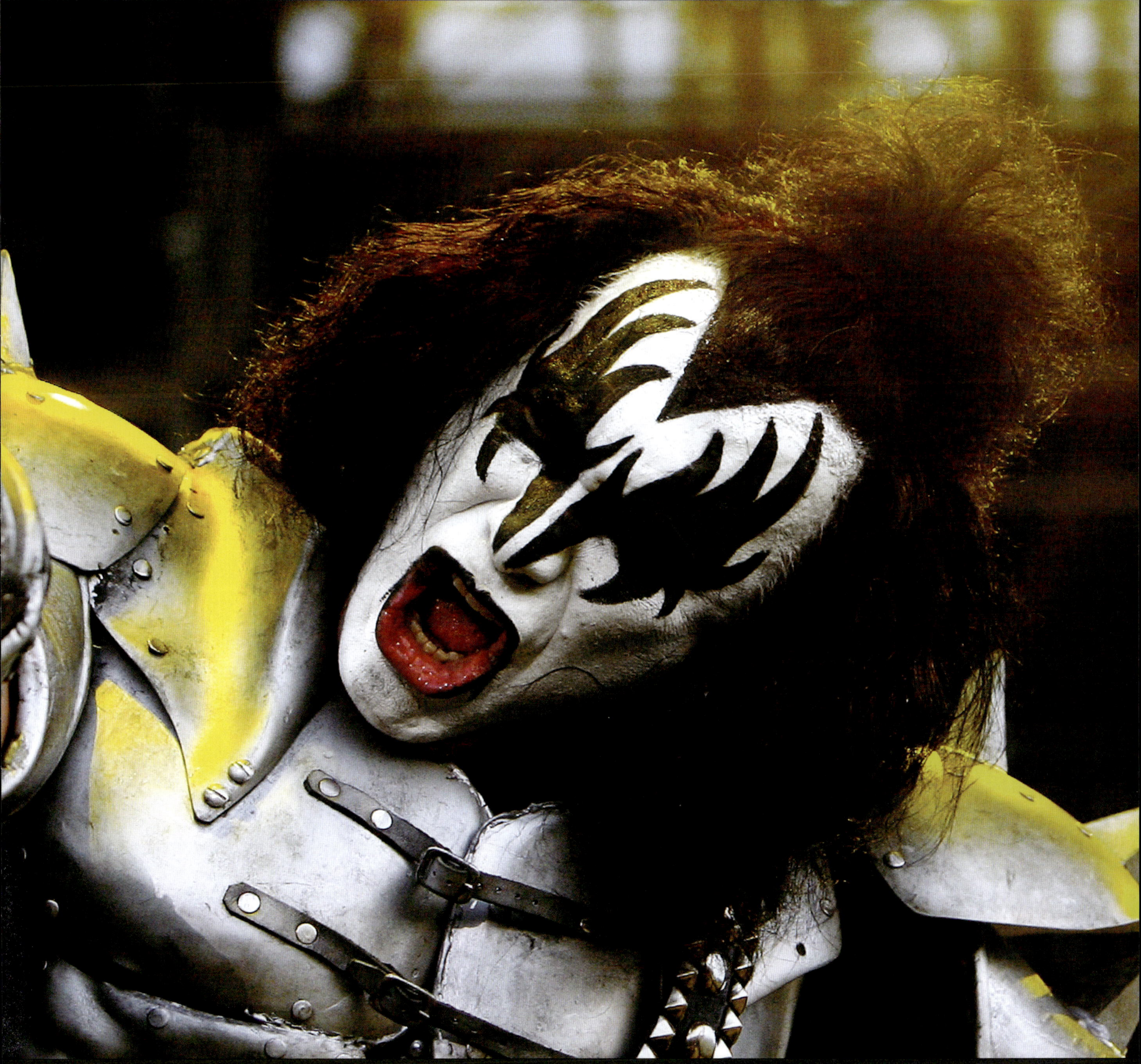

76 ✠ Paul Stanley denkt über seine verrückten
Nächte in einer Szene nach, die heißer als die

AC/DC

AC/DC sind der Inbegriff des Hardrock. In ihrer Blütezeit klang keine Band härter, lauter oder anrüchiger. Sie schrieben Songs über Mord („Dirty Deeds Done Dirt Cheap"), Hedonismus („Love at First Feel"), große Frauen („Whole Lotta Rosie") und noch größere ‚Eier' („Big Balls"). Sie spielten sofort erkennbare, rudimentäre, erderschütternde Gitarrenriffs („Highway to Hell" und „Back in Black") mit einer solchen Hingabe, dass man sich vorstellen konnte, wie viele Liter Schweiß sie während ihrer Konzertaufnahmen wie dem Klassiker „If You Want Blood You've Got It" verloren. Während der Höhepunkte des Prog und Punk Rock in den 1970er-Jahren spielte diese Band auf das Wesentliche reduzierten Hardrock in seiner elementarsten Form. Wenn Rock 'n' Roll die Musik des Teufels wäre, dann müsste AC/DC sicherlich Satans Hausband sein.

79 ✠ Die Besetzung von AC/DC in den späten 1970er-Jahren. Im Uhrzeigersinn von oben links: Gitarrist Malcolm Young, Bassist Cliff Williams, Sänger Bon Scott, Schlagzeuger Phil Rudd und Gitarrist Angus Young.

Der Lebensstil der Band in dieser Zeit war ebenso unbekümmert. AC/DC wurde 1973 in Australien von den Gitarrenbrüdern Malcolm und Angus Young (berühmt für das Tragen einer Schuluniform auf der Bühne, auch als er schon weit über 50 Jahre alt war) gegründet und wurde im folgenden Jahr komplettiert, als sie ihren Chauffeur als Ersatz für ihren vorherigen Leadsänger in die Band aufnahmen. Dieser Mann, Ronald Belford „Bon" Scott, verkörperte alles, was die Musik dieser Band ausmachte: Er trank zu viel, freute sich über die kindischste Doppeldeutigkeit und hatte die Art von Persönlichkeit, die das australische Militär als „sozial schlecht eingestellt" abgelehnt hatte. Zusammen mit Schlagzeuger Phil Rudd und einer Anzahl wechselnder Bassisten, bis sie sich schließlich für Cliff Williams entschieden, schrieb die Band eine Ode an die Ausschweifung nach der anderen.

Alles spitzte sich zu, als sie 1979 ihr Meisterwerk „Highway to Hell" veröffentlichten. Im Wesentlichen ein perfektes AC/DC-Album, das einige ihrer schlüpfrigsten Songs („Touch Too Much" und „Girls Got Rhythm"), eine ihrer härtesten Rocknummern („Shot Down in Flames") und einen ihrer gruseligsten Songs enthält („Night Prowler", das später den Serienmörder Richard Ramirez inspirieren würde, obwohl Scott den Song mit der unbeschwerten Phrase „Shazbot, nanu nanu" aus der TV-Serie „Mork vom Ork" beendete). Das Cover der australischen Ausgabe des Albums zeigte die Band in Flammen, von denen die meisten Scott verdeckten. Dies war ein schlechtes Omen auf das, was bald kommen sollte.

Am 19. Februar 1980 erstickte Scott an seinem Erbrochenen, nachdem er nach viel zu hohem Alkoholkonsum ohnmächtig geworden war. Seine Bandkollegen überlegten, das Handtuch zu werfen, beschlossen aber, dass Scott gewollt hätte, dass sie weitermachen, und begannen damit, einen neuen Sänger zu suchen. Schließlich entschieden sie sich für Brian Johnson, den Scott für seine Arbeit mit der britischen Hardrock-Band Geordie gelobt hatte. Gemeinsam gingen sie zunächst ins Studio.

„Back in Black" ist das einzige AC/DC-Album, das mit der rauen Majestät von „Highway to Hell" gleichziehen kann. Das Album wurde fünf Monate nach Scotts Tod veröffentlicht und trieb alles, was die Band vor seinem Tod erreicht hatte, auf die Spitze. Die Riffs waren größer („Hells Bells"), die Songs perverser („What Do You Do for Money Honey", „Let Me Put My Love Into You" und „Givin the Dog a Bone"), und es enthielt Hits, die die Band über ihre gesamte Laufbahn begleiteten („You Shook Me All Night Long" und „Rock and Roll Ain't Noise Pollution"). Das Album wurde allein in den USA 22-mal mit Platin ausgezeichnet und ist nach Michael Jacksons „Thriller" das am zweithäufigsten verkaufte Album aller Zeiten. Es brachte der Band internationalen Ruhm und sie ließen 1981 das ebenso gute „For Those About to Rock We Salute You" folgen. Obwohl AC/DC in den folgenden Jahren viele Hits hatten („Who Made Who", „Thunderstruck" und „Big Gun" sind nur einige davon) haben sie nie mehr ein Album veröffentlicht, das so perfekt war wie „Back in Black". Aber aufgrund von Johnsons Showmanier und den atemberaubenden Live-Shows der Band (einschließlich einer riesigen aufblasbaren „Rosie") haben sie ihren Status als eine der besten Hardrock-Bands beibehalten.

Außerdem schafften es AC/DC immer wieder, sich zusammenzureißen und weiterzumachen, auch wenn vieles schiefzulaufen schien. Am Ende der „Rock or Bust"-Tour 2015 schien alles vorbei zu sein: Phil Rudd wurde wegen Mordverdachts verhaftet, Brian Johnson verlor sein Gehör und beendete seine Karriere (er wurde durch Axl Rose ersetzt), und schließlich starb Malcolm Young 2017 im Alter von nur 64 Jahren. Im Herbst 2020 tauchte das rote AC/DC-Logo jedoch unerwartet in verschiedenen Städten auf der ganzen Welt wieder auf, von London bis Dallas, sowie vor der Schule von Malcolm und Angus, der Ashfield Boys High School in Sydney.

Am 13. November 2020 wurde „Power Up" veröffentlicht, das siebzehnte Album von AC/DC, das Malcolm gewidmet wurde und in 21 Ländern der Welt die Charts anführte. Angus Young feierte seinen Bruder und die unerschöpfliche Kraft der Band mit den Worten: „AC/DC hat nur eine Botschaft: Hört Rockmusik!"

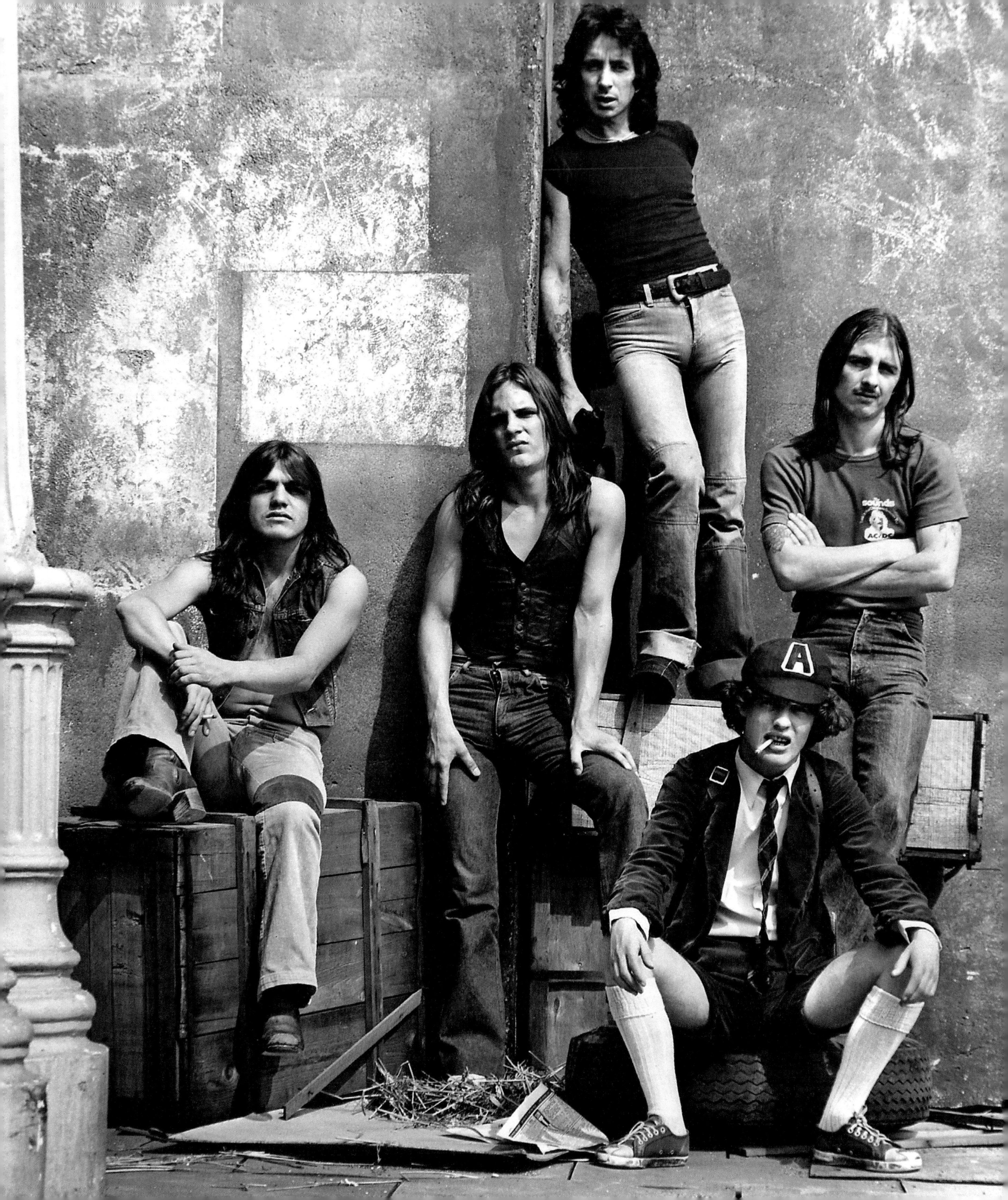
A
sounds
AC/DC

AC/DC

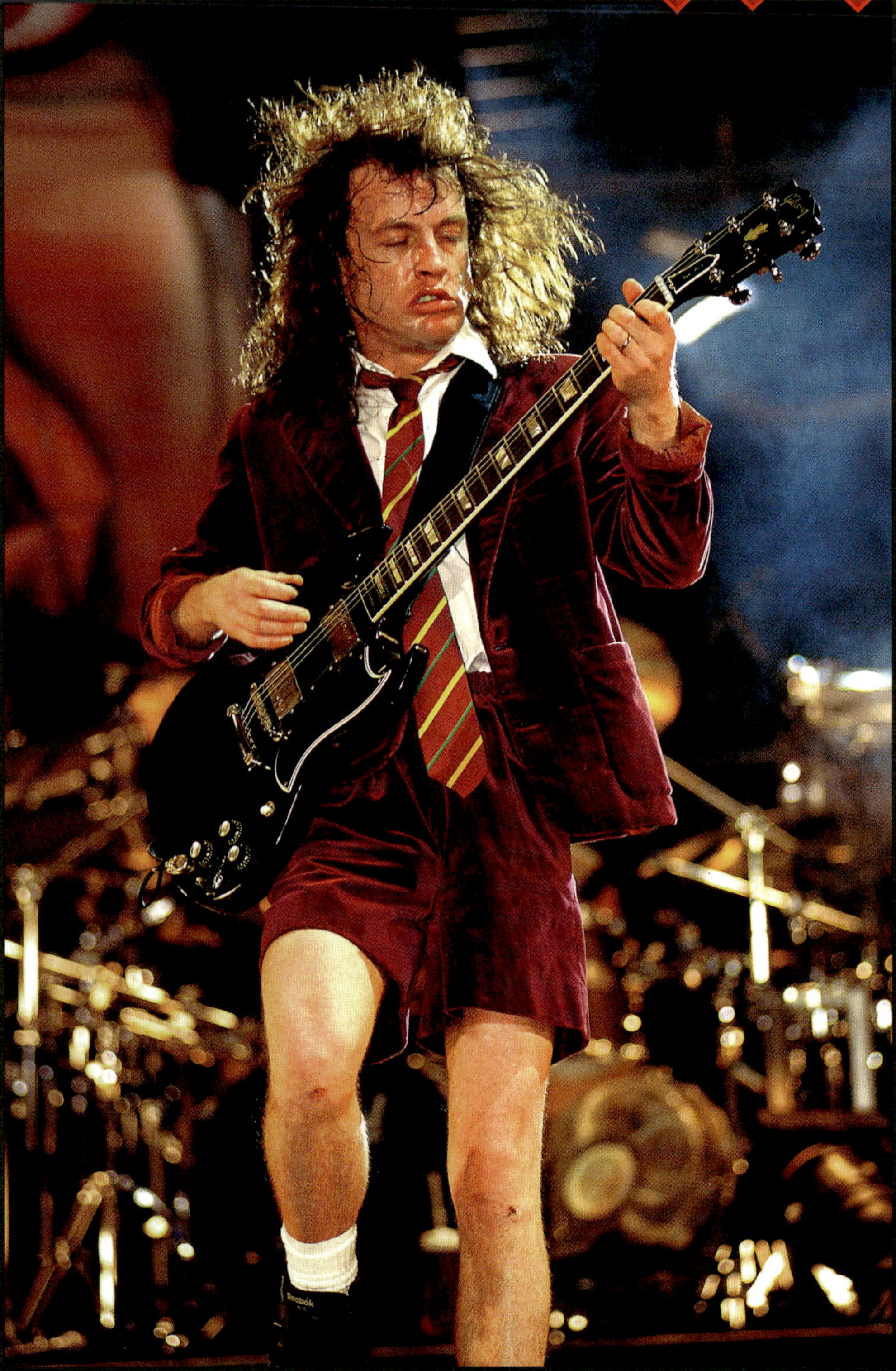

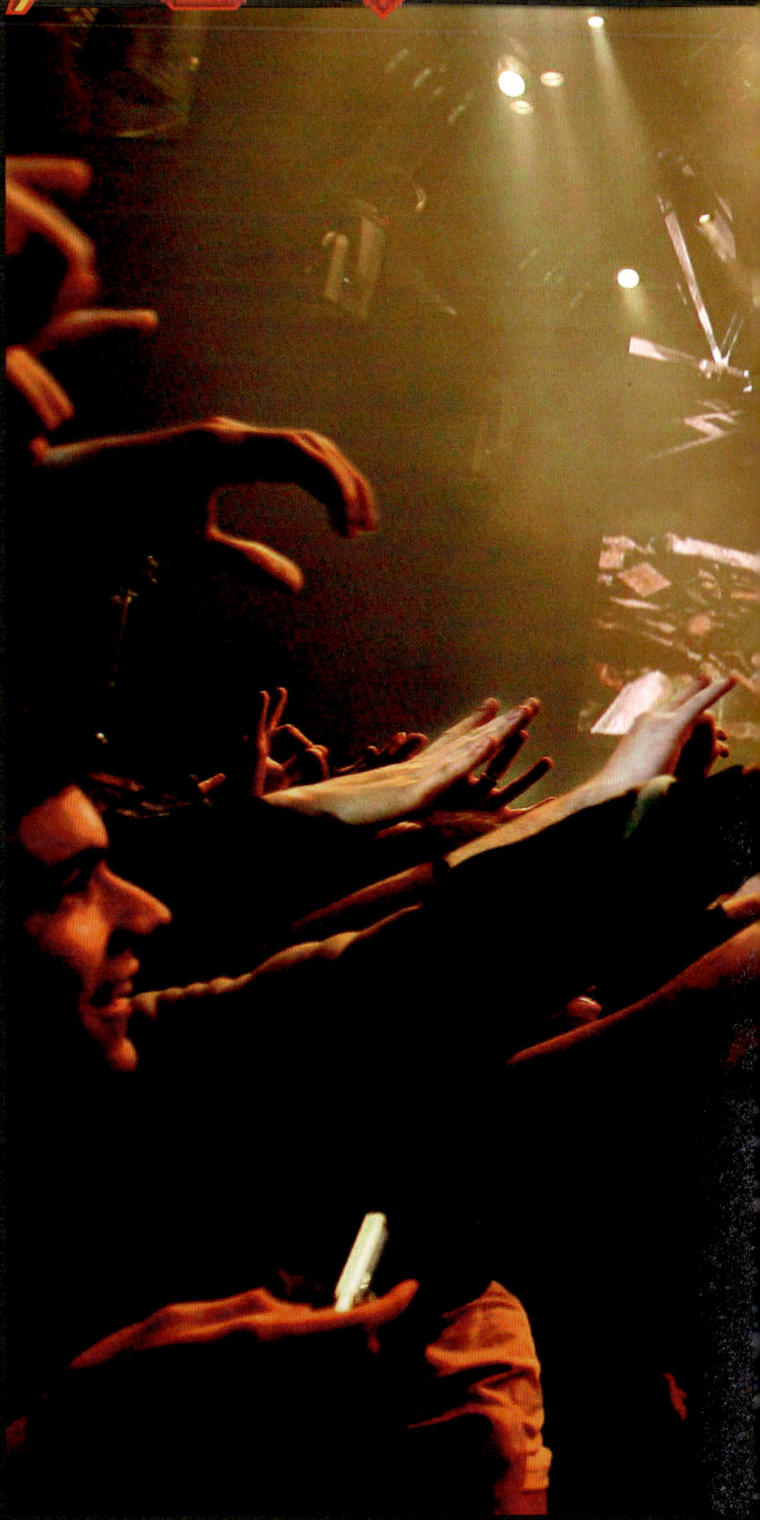

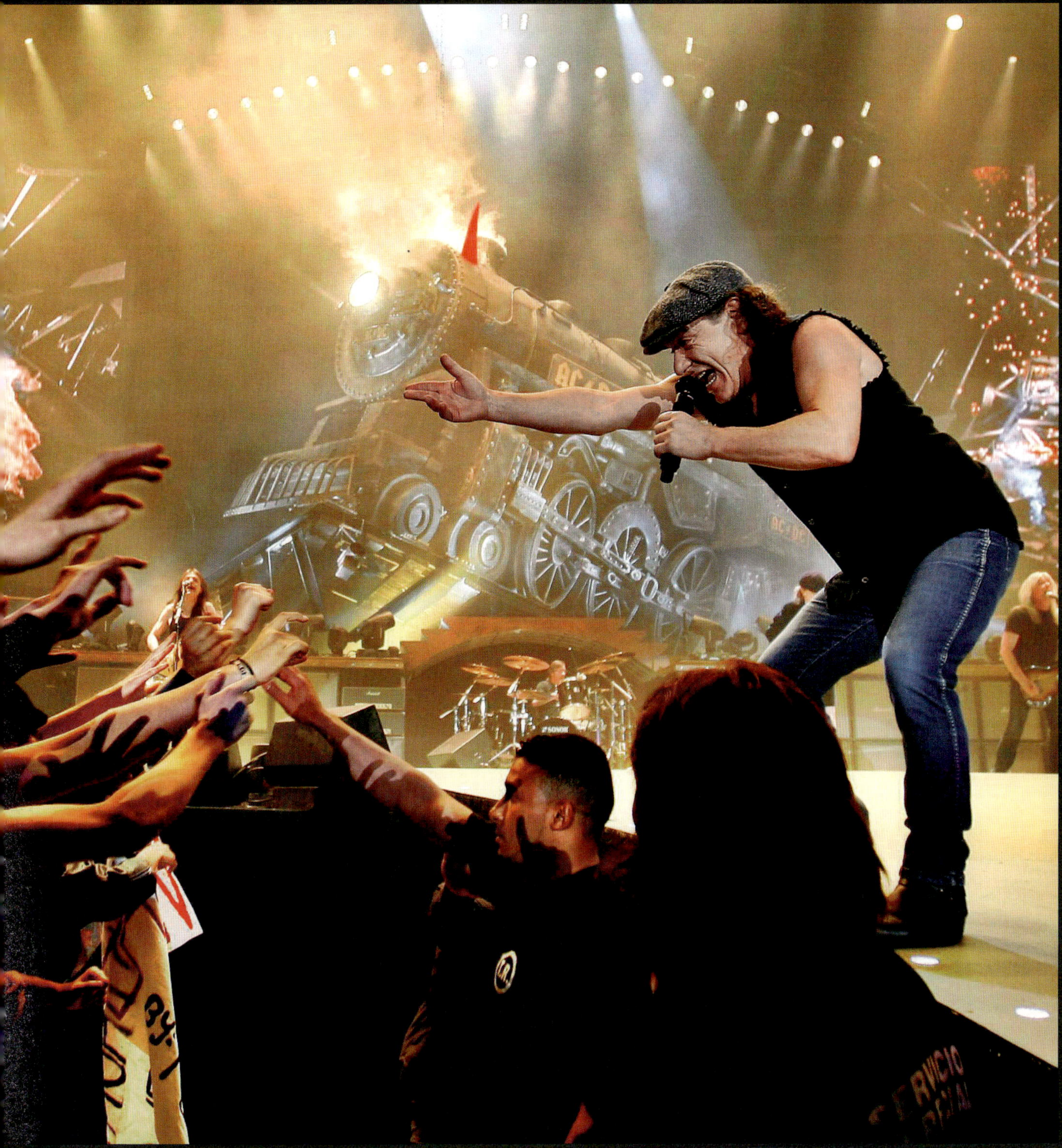

80 ✠ Während der Welt-Tournee für ihr erfolgreiches Album „The Razor's Edge" aus dem Jahr 1990, das fünfmal mit Platin ausgezeichnet wurde, läuft AC/DC-Gitarrist Angus Young auf dem „Highway to Hell".

80-81 ✠ Frontmann Brian Johnson, der 1980 Bon Scott ersetzte, begrüßt die Fans auf der „Black Ice"-Tour 2008: „For those about to rock, we salute you!"

RAINBOW

Gitarrist Ritchie Blackmore war ein innovativer Visionär und der Architekt hinter Deep Purples kultigsten Hits. Er war aber auch der dickköpfige Visionär, der entschied, dass er nicht mit den Funk- und Soul-Obertonen umgehen konnte, die sich in der Zeit ihres 1974er Albums „Stormbringer" in den Rock von Deep Purple eingeschlichen hatten. Also nahm er sich eine Auszeit von Deep Purple, um an einem Soloprojekt zu arbeiten, das sich auf eine Mischung aus Blues und mittelalterlicher Musik konzentrierte und zu Rainbow werden sollte.

Seine Partner waren Mitglieder der New Yorker Band Elf, die Anfang der 1970er-Jahre wiederholt Vorband von Deep Purple waren. Ronnie James Dio, der Sänger dieser Band, war ein kleiner Mann mit einer gewaltigen, fast opernartigen Stimme und einem Gespür für Fantasy-Texte über Könige, Zauberer und natürlich Regenbögen. Er war zu dieser Zeit die perfekte Besetzung für beide Arten von Blackmores Songs, die zwischen Keyboard-vergoldeten Orchesterarrangements („Catch the Rainbow") und düsteren Bluesrock-Songs („Man on the Silver Mountain") wechselten. Zusammen haben sie 1975 mit „Ritchie Blackmores Rainbow" einen Hardrock-Meilenstein geschaffen und der Gitarrist entschied, dass er mehr aus diesem Projekt herausholen konnte als bei seinen alten Bandkollegen und er daher Deep Purple verlassen würde.

Blackmore und Dio ersetzten im folgenden Jahr den Rest der Elf-Bandkollegen durch bessere Musiker und legten die Messlatte mit ihrem Folgealbum „Rising" noch höher (insbesondere indem sie die Präambel „Ritchie Blackmore" im Bandnamen fallen ließen). Obwohl Blackmore seinen Anteil an treibenden Rocksongs in seiner Zeit bei Deep Purple geschrieben hatte, konnte er hier seine Kunst noch verbessern, unterstützt durch Dios dringendes Verlangen nach Songs wie „A Light in the Black" und dem bluesigen „Starstruck". Ihr Meisterwerk auf diesem Album war „Stargazer", ein achtminütiges Epos über einen Zauberer, der willige Anhänger in seinen Bann zieht und sie dann in ihren Tod führt. Musikalisch hat dieser Song mehr mit einer Wagner-Arie gemein als beispielsweise mit einem Blues-Song von Robert Johnson. Die Musik war majestätisch, grandios und hatte alles, was seine ehemaligen Bandkollegen zu jener Zeit nicht hatten! Deep Purple löste sich in jenem Jahr auf.

Nach „Rising" veröffentlichte Rainbow mit Dio 1977 ein weiteres Album, das ebenso ehrgeizige „Long Live Rock 'n' Roll", das das progressive „Gates of Babylon", den treibenden Rocker „Kill the King" und den hymnischen Titeltrack enthielt. Nach diesem Album wurde Blackmore jedoch erneut unzufrieden und entschied, dass er Rainbow in eine kommerziellere Richtung führen wollte, ohne Texte über Schwerter und Zauberei. Daher verließ Dio Rainbow und schloss sich später Black Sabbath an.

Blackmores Plan ging auf und die nächsten vier Alben der Band wurden in Großbritannien entweder mit Silber oder Gold ausgezeichnet. Mit der Ballade „Stone Cold" mit Sänger Joe Lynn Turner erzielten sie sogar einen Nr. 1-Hit in den US-Rock-Charts. Obwohl sie den Umsatz und die Popularität erreicht hatten, die Blackmore wollte, hatten sie das spontane kreative Flair der frühen Dio-Alben geopfert, doch zumindest waren die späteren Alben nicht funky.

82-83 ✠ Die Mitglieder von Rainbow 1976. Von links: Schlagzeuger Cozy Powell, Keyboarder Tony Carey, Bassist Jimmy Bain, Sänger Ronnie James Dio und Gitarrist Ritchie Blackmore.

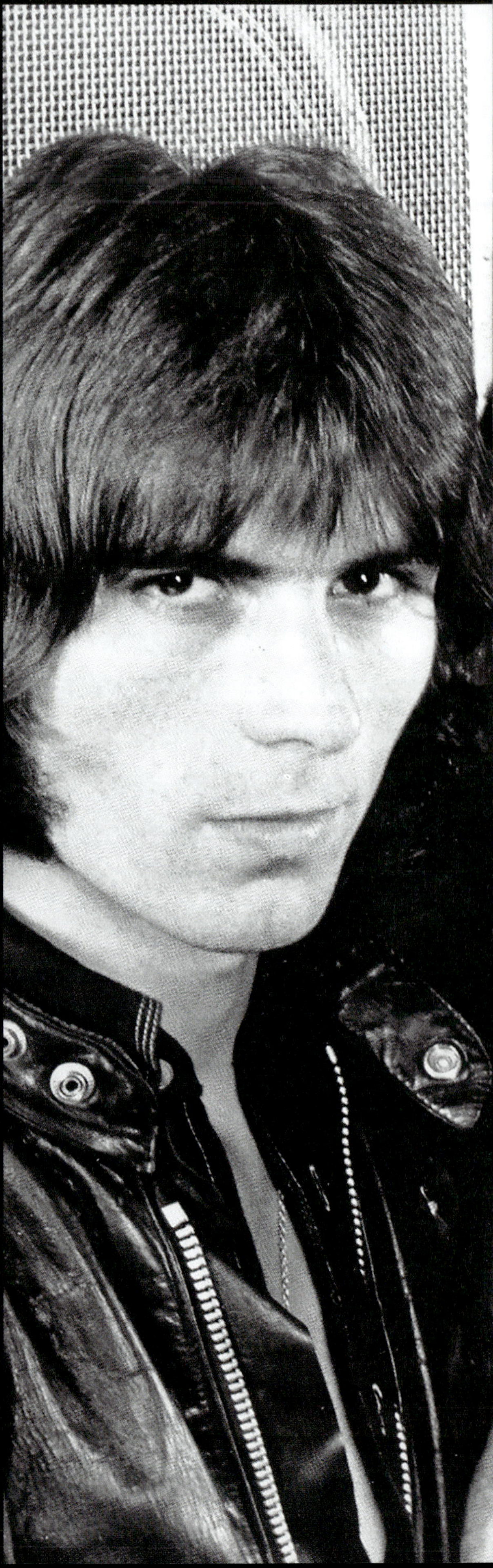

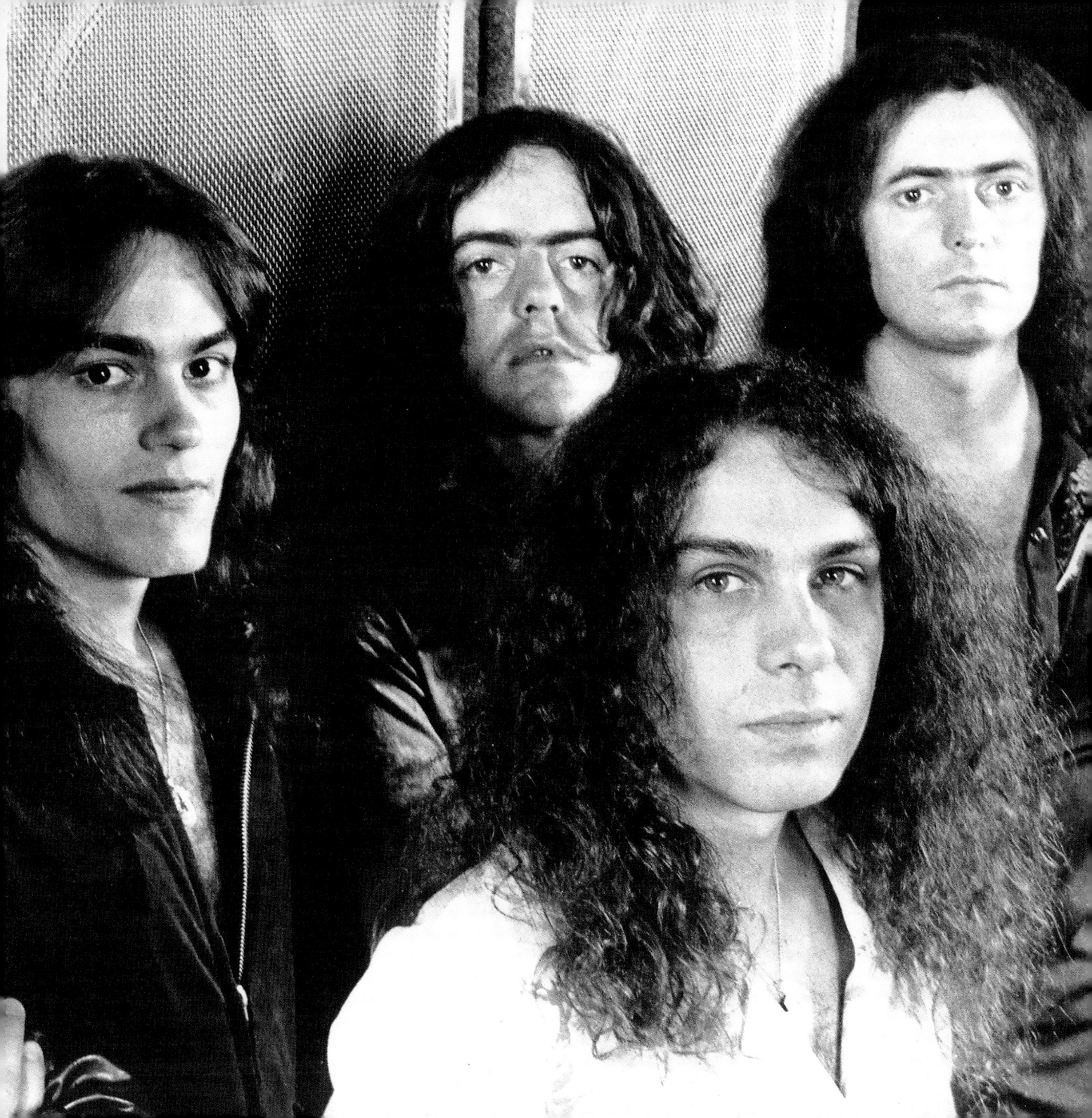

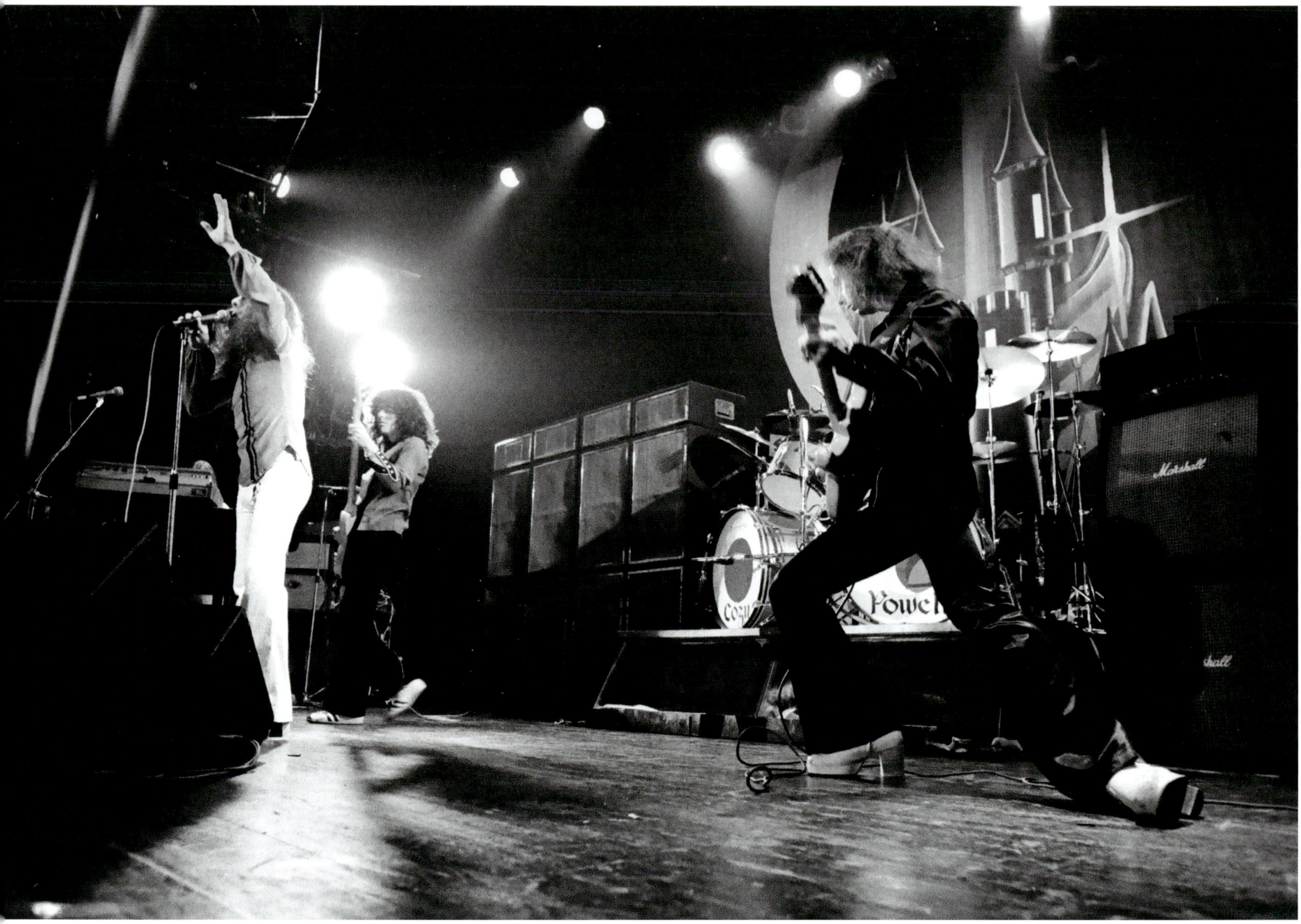

Rainbow

84 ✠ Rainbow-Klassiker wie „Man on the Silver Mountain" und das epische „Stargazer" haben zahlreiche Hardrock- und Heavy-Metal-Bands beeinflusst.

85 ✠ Ronnie James Dio wurde dank seines kraftvollen Gesangs und seiner Texte über Fantasywelten voller Schwerter und Zauberer zu einem der einflussreichsten Heavy-Metal-Sänger.

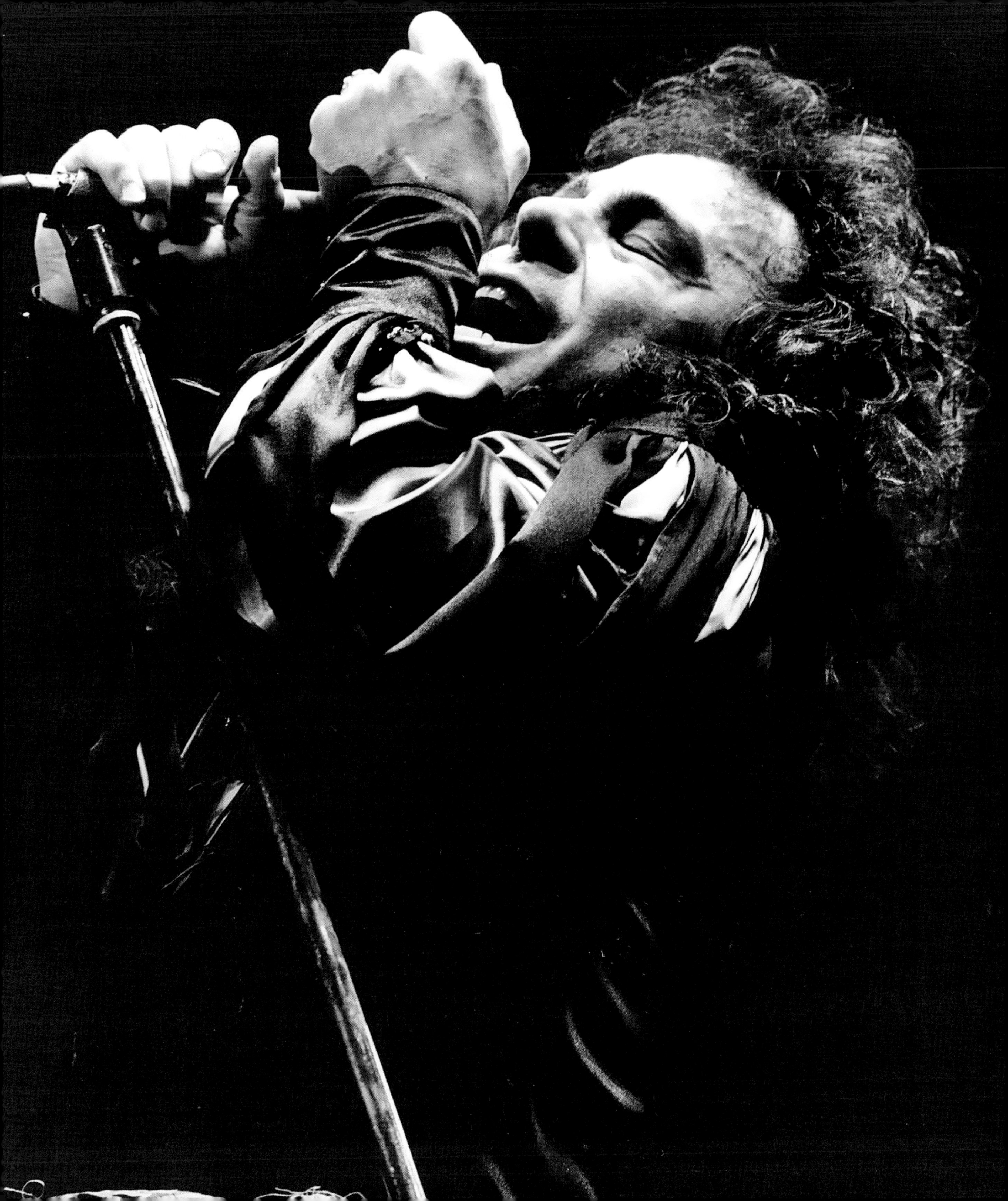

DEF LEPPARD

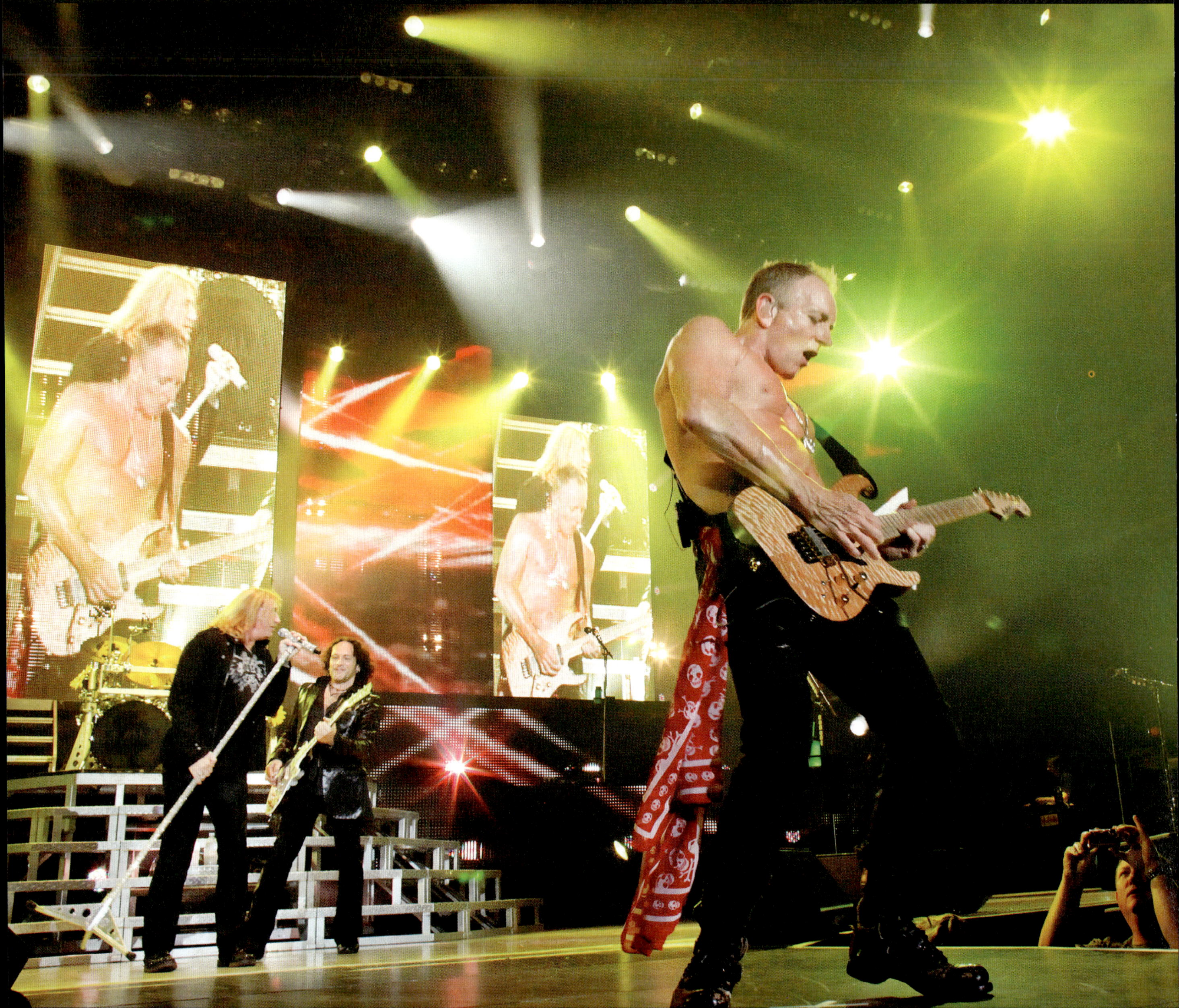

86-87 ✠ Def Leppard haben sich ihren Titel als eine der verdorbensten Heavy-Metal-Bands verdient und waren bekannt für ihre legendären Ausschweifungen mit Groupies und für dieständige Weigerung des Gitarristen Phil Collen, auf der Bühne ein Hemd zu tragen.

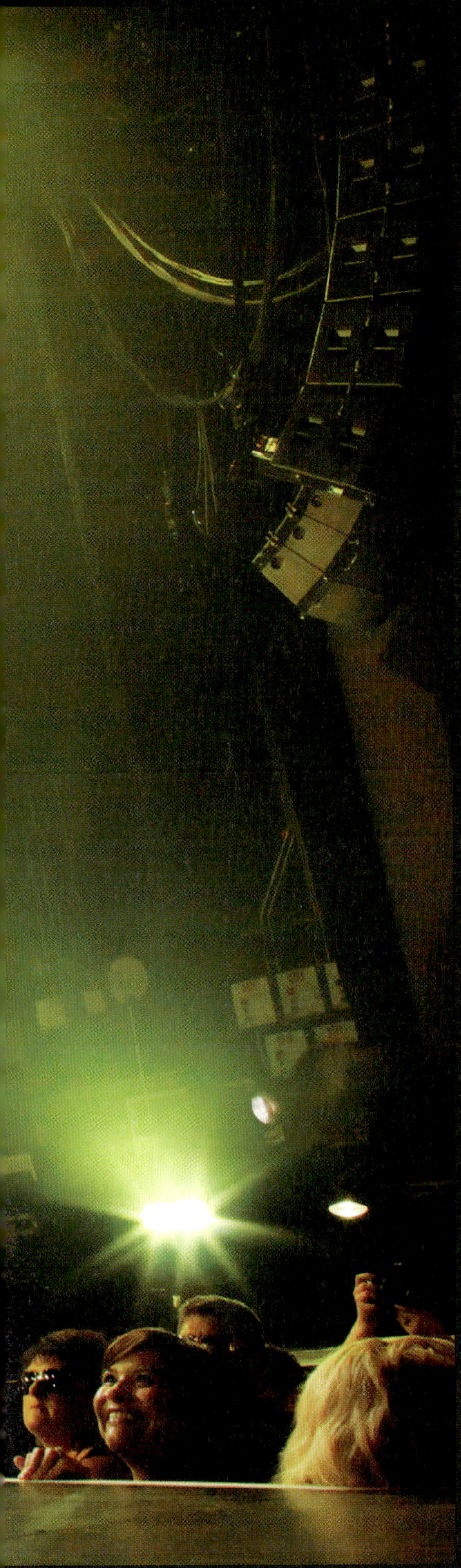

Ob es ihr berüchtigter Ruf war, hinter der Bühne unersättliche Frauenhelden zu sein, oder ihre ungebändigte Power auf der Bühne, Def Leppard wurden in den 1980er-Jahren zu weltbekannten Rockhelden. Andererseits hatte es vielleicht doch auch mehr mit der Aneinanderreihung vieler Nr. 1-Glam-Metal-Hits zu tun, wie „Photograph", „Love Bites" und „Armageddon It", die die typischen großen, ätherischen Gang-Vocal-Chöre der Gruppe enthielten. Diese entfachten das gesamte Jahrzehnt hindurch ein Feuerwerk an Platin- und Multi-Platin-Alben („Pyromania" von 1983 und „Hysteria" von 1987 erreichten beide den Diamant-Status) und machten sie zu einer der beliebtesten Bands der 1980er-Jahre.

Interessanterweise liegt der Ursprung der Band in Sheffield, England, im schroffen New-Wave-of-the-British-Heavy-Metal-Szene, aus der Bands wie Iron Maiden, Diamond Head und Saxon hervorgingen. Die 1977 auf dem Höhepunkt des Punk gegründete Band, deren frühe Besetzung aus Sänger Joe Elliot, den Gitarristen Steve Clark und Pete Willis, Bassist Rick Savage und Schlagzeuger Rick Allen bestand, spielte bei ihrem Debüt, „On Through the Night" von 1980, handwerklich solides Heavy Metal. Einige Songs deuteten auf die grandiosen, von Queen inspirierten Harmonien und das Songwriting hin, die folgen würden, das kam aber auf ihrem zweiten Album von 1981 „High 'n' Dry", welches die Hits „Let It Go" und „Bringin' On the Heartbreak" enthielt, deutlich besser hervor.

Ihr 1983er-Album „Pyromania" wurde der eigentliche Durchbruch der Band. Angeführt durch den gigantischen Hit „Photograph" und gefolgt von sechs weiteren Singles, darunter „Rock of Ages" und „Foolin", waren Def Leppard nun bereit, die Welt zu erobern. Nachdem Willis, dessen Alkoholmissbrauch seiner Leistung im Wege stand, durch den Gitarristen Phil Collen ersetzt wurde, war das Dreamteam der Band für die nächsten Jahre startbereit. Und mit ihrem Erfolg schien sie nichts mehr aufhalten zu können. Doch dann kam es zu einer Katastrophe.

Als Allen auf dem Weg zu einer Silvesterparty 1984 die Kontrolle über seine Corvette verlor, prallte er gegen eine Mauer. Bei dem Unfall verlor er seinen linken Arm. Da er nicht bereit war, das Schlagzeugspielen aufzugeben, fand er einen Weg, seine Beine effektiver einzusetzen und so den fehlenden Arm wettzumachen, und trat 1986 der Band wieder bei.

Die Band veröffentlichte 1987 ihr nächstes und wohl auch größtes Album, „Hysteria". Mit weiteren sieben Singles, darunter „Women", „Animal", „Rocket", das unbändige „Pour Some Sugar on Me" und natürlich „Love Bites", wurde das Album zur Definition des Pop Metal. Doch der wahre Spaß begann, als sich die Band auf eine 13-monatige Tournee begab, um das Album in die Welt zu tragen.

Bekannt für ihren Sex-Appeal, hatte die Band Berichten zufolge Groupies unter der Bühne versammelt, die von Savage, Clark und Collen besucht wurden, während Elliot und Allen über ihnen Hof hielten. Groupies mussten ihre Tops ausziehen, um diesen Bereich zu betreten, und obwohl die Band in den letzten Jahren ihre Sperenzchen mit Groupies heruntergespielt hat, halten sich viele dieser Legenden hartnäckig. Leider wurde dies Clarks letzte Tour, da sein unmäßiger Alkoholkonsum sich zusehends verschlimmerte und Anfang 1991 zu seinem Tod führte.

Die Band veröffentlichte 1992 „Adrenalize" mit nur Collen an der Gitarre. Danach engagierten sie den ehemaligen Dio-Gitarristen und Pionier des New Wave of the British Heavy Metal Vivian Campbell als zweiten Gitarristen. Das Album schnitt in der Post-Grunge-Ära besser ab als viele andere Hardrock-Alben und verkaufte sich in den USA drei Millionen Mal, basierend auf dem Erfolg von Singles wie „Let's Get Rocked" und „Stand Up (Kick Love into Motion)". Danach haben sie hier und da bis weit in die 2000er-Jahre Radio-Hits veröffentlicht (zum Beispiel „Two Steps Behind" und „Promises"), aber zu diesem Zeitpunkt waren die einzigen Platin-Alben, die sie veröffentlichten, Kompilationen ihrer größten Hits.

2015 kehrte die Band jedoch mit dem Album „Def Leppard" in die US-Top-10-Charts zurück und genoss 2019 die Ehre, von ihrem Idol, Queens Brian May, in die Rock and Roll Hall of Fame aufgenommen zu werden.

88-89 ✠ Sänger Joe Elliot schrieb Texte für Song-Klassiker wie „Photograph“ und „Love Bites“, mit denen sich jeder in den frühen 1980er-Jahren identifizieren konnte, und er hatte die Bühnenpräsenz, um Tausende zu erreichen.

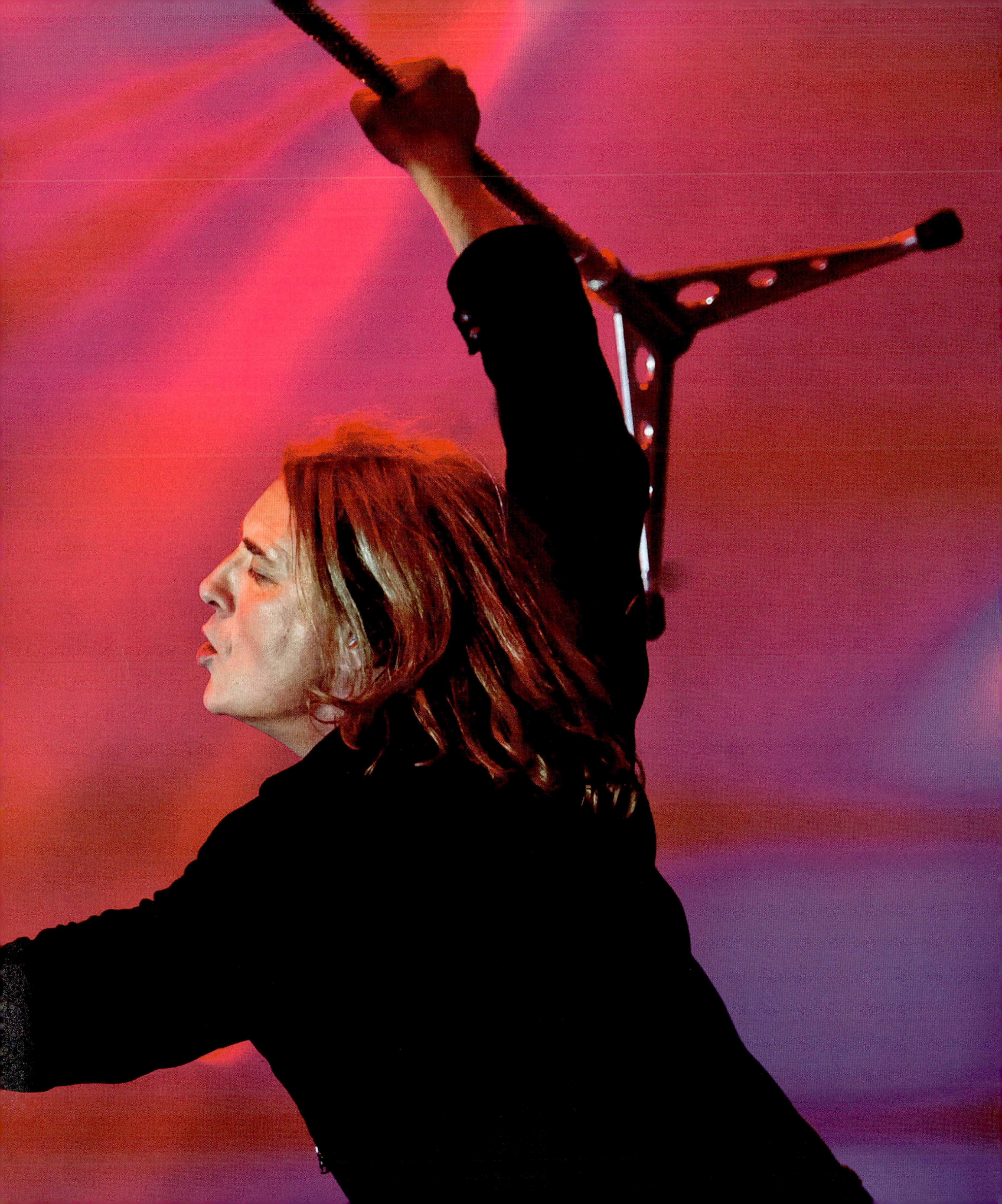

90 ✠ Schlagzeuger Rick Allen hat sich seinen Platz als einer der größten Schlagzeuger des Hardrock mehr als verdient Er verlor bei einem Autounfall einen Arm und fand dennoch einen Weg, weiter Musik zu machen.

90-91 ✠ Gitarrist Vivian Campbell spielte zunächst in der New-Wave-of-British-Heavy-Metal-Band Sweet Savage und der Band von Ronnie James Dio, bevor er zu Def Leppard wechselte.

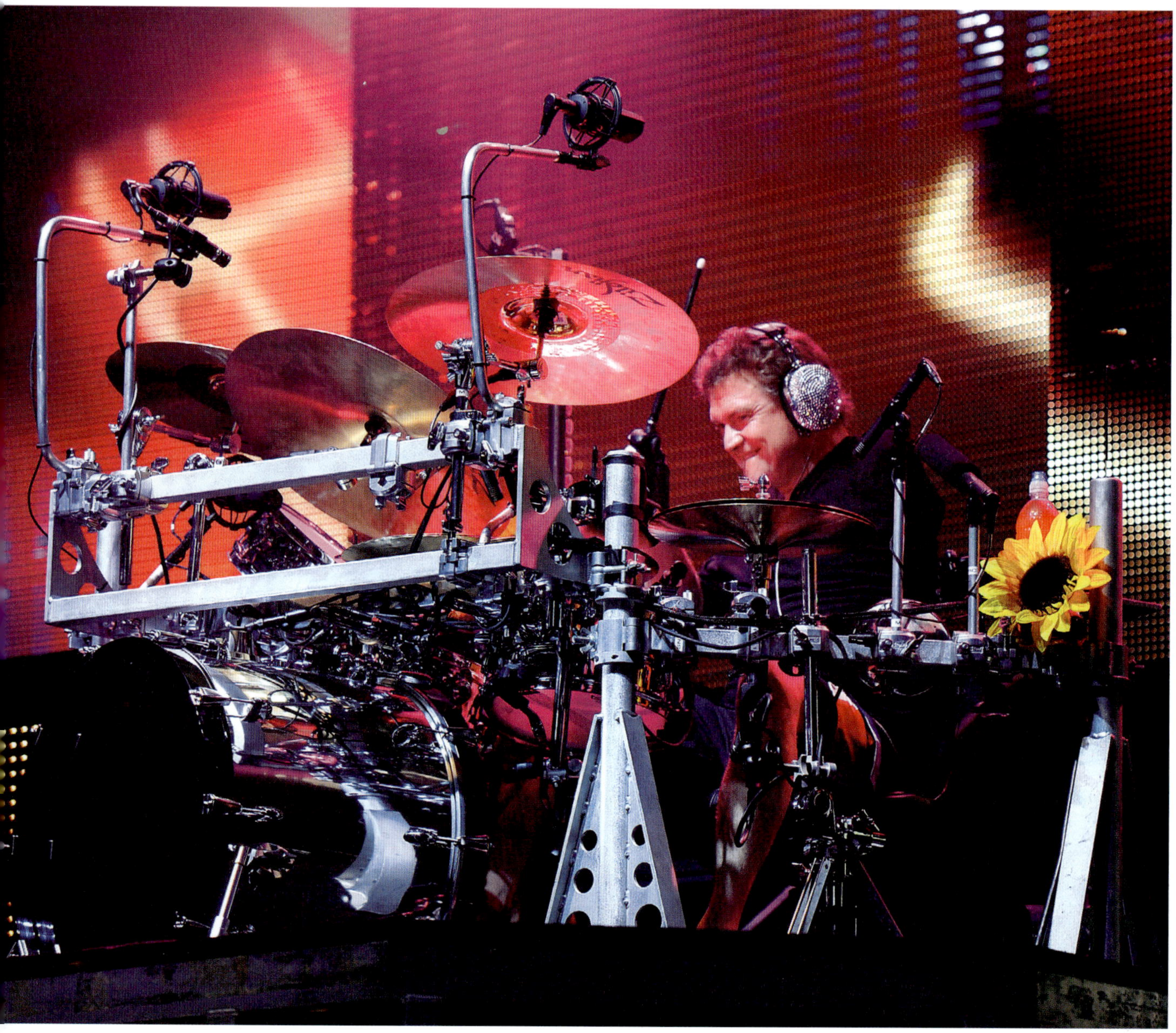

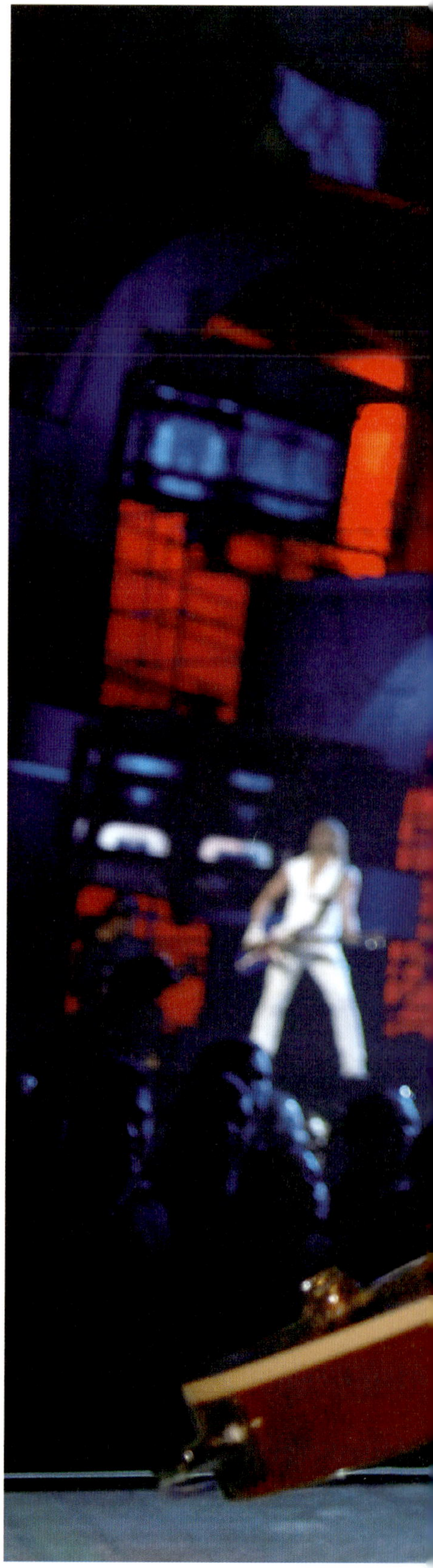

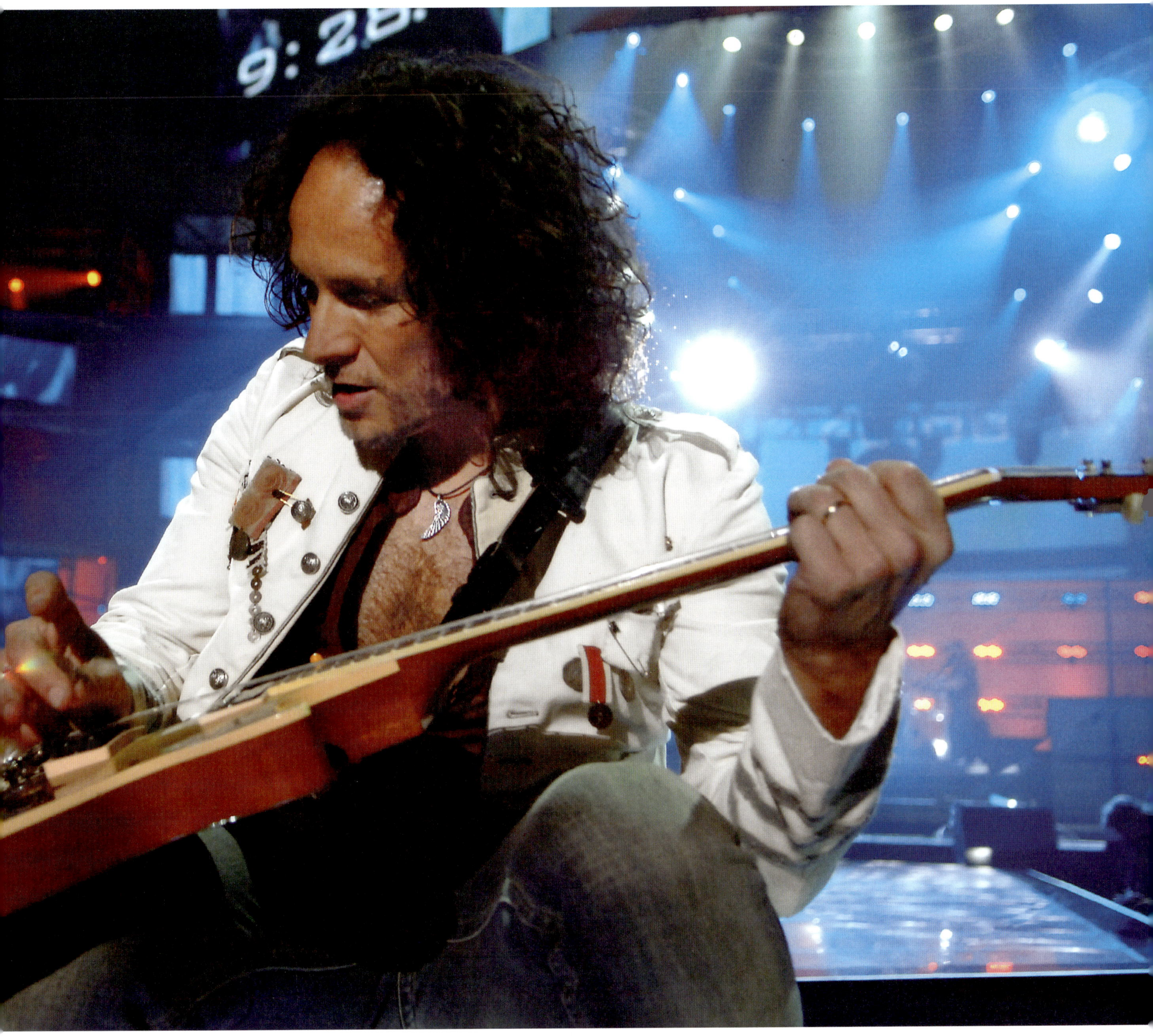

DEF LEPPARD

WHITESNAKE

Obwohl das Bild des Models Tawny Kitaen, die sich auf der Motorhaube eines Jaguar XJ-Sportwagens rekelt, immer der erste Gedanke sein könnte, wenn man den Namen Whitesnake hört, fällt einem doch auch gleich der dampfende Blues Metal der britischen Band ein. Die Band um den animalisch-erotischen Ausnahmesänger David Coverdale wurde Ende der 1980er-Jahre mit einem unentschuldbar geschmeidig-kommerziellen Hardrock-Hit nach dem anderen bekannt.

Das Timing war perfekt für die Band, die sich fast ein Jahrzehnt lang in der britischen Blues-Rock-Szene hochgekämpft hatte. Coverdale hatte eine kurze Zeit bei Deep Purple überstanden und beschloss, mehr im Rampenlicht stehen zu wollen, und gründete Whitesnake als seine De-facto-Soloband. In den frühen Tagen der Band schrieben Coverdale und seine Musiker einen potenziellen Hit nach dem anderen, erhielten jedoch nicht viel Aufmerksamkeit, bis 1984 ein paar grelle Hardrock-Hits („Slide It In" und „Slow an' Easy") regelmäßig im Hardrock-Radio zu hören waren.

1987 erreichte Hair Metal seinen Zenit und der sexualisierte Hardrock war auf dem Höhepunkt angelangt. Für ihr gleichnamiges siebtes Studioalbum, das in diesem Jahr veröffentlicht wurde, hatten Whitesnake einige ihrer frühen Non-Starter-Hits mit einer revitalisierten Version ihrer Besetzung neu aufgenommen, unter anderem mit dem ehemaligen Thin-Lizzy-Gitarristen John Sykes, dem ehemaligen Black-Sabbath-Bassisten Neil Murray und Extraklasse-Schlagzeuger Aynsley Dunbar. Zu diesen Hits gehörten die Einzelgängerhymne „Here I Go Again", die mehr von Kitaens Akrobatik als von Coverdales neuem Arrangement profitierte, und das dampfende „Crying in the Rain". Die Neigung der Hair-Metal-Fans zu schnulzigen Liebesballaden machte „Is This Love" (ein Song, der ursprünglich für Tina Turner geschrieben wurde) zu einem sicheren Abräumer, der schließlich Platz 2 in den Single-Charts erreichte. Das Album wurde achtmal mit Platin ausgezeichnet.

Sie erreichten erneut Platin mit ihrem mehr in Richtung Metal geneigten Album „Slip of the Tongue" von 1989, das wiederum eine brandneue Besetzung für eine Mischung von Songs enthielt, die Coverdale zu Beginn seiner Karriere geschrieben hatte, wie zum Beispiel „Fool for Your Loving" aus den frühen 1980er-Jahren und unzählige Rocksongs im Led-Zeppelin-Stil. Zu dieser Zeit wurden Whitesnake oft schmeichelhaft mit Led Zeppelin verglichen, da Coverdales Stimme der von Robert Plant glich und seine Band für große Riffs bekannt war. Der Sänger goss noch Öl ins Feuer seiner Kritiker, als er Mitte der 1990er-Jahre mit Led-Zeppelin-Gitarrist Jimmy Page auf einem erfolgreichen Kollaborationsalbum zusammenarbeitete. Nachdem Coverdale ein Jahrzehnt lang auf der Erfolgswelle geritten war, löste er Whitesnake 1990 auf, als sie ihren Höhepunkt erreichten.

Wenige Jahre später konnte er die Band für einige Konzerte wiedervereinen. Die vier Alben, die sie später, zwischen 2008 und 2019, veröffentlichten, hatten jedoch nicht mehr den kommerziellen Erfolg ihrer Vorgänger und wurden auch von den Kritikern weniger bedacht. Doch zumindest bleibt Tawny Kitaen für immer in Erinnerung.

93 ✠ Die Besetzung von Whitesnake aus den späten 1970er-Jahren. Von links: Bassist Neil Murray, Schlagzeuger David Dowle, Gitarrist Micky Moody, Keyboarder Jon Lord, Gitarrist Bernie Marsden und Sänger David Coverdale.

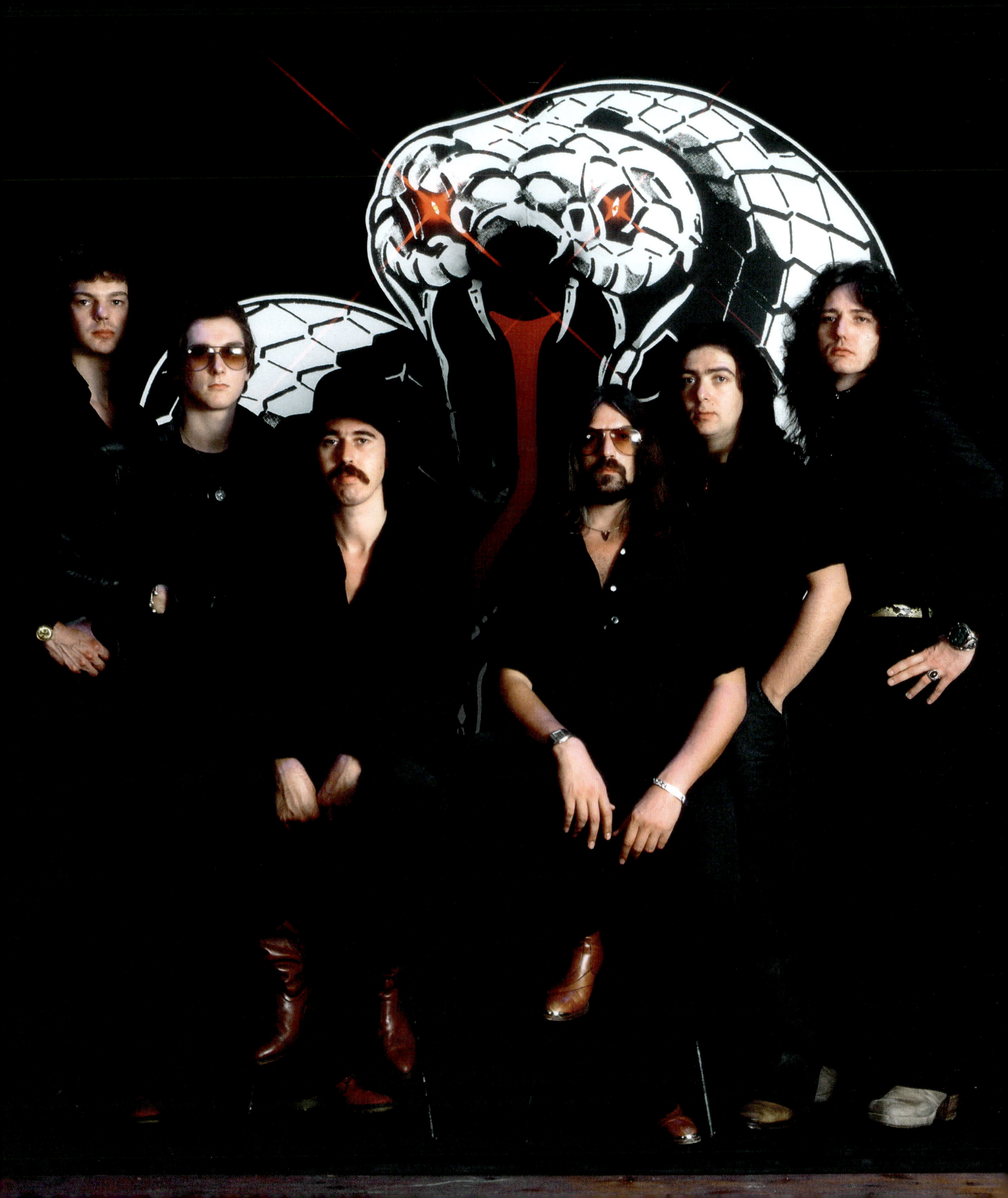

MÖTLEY CRÜE

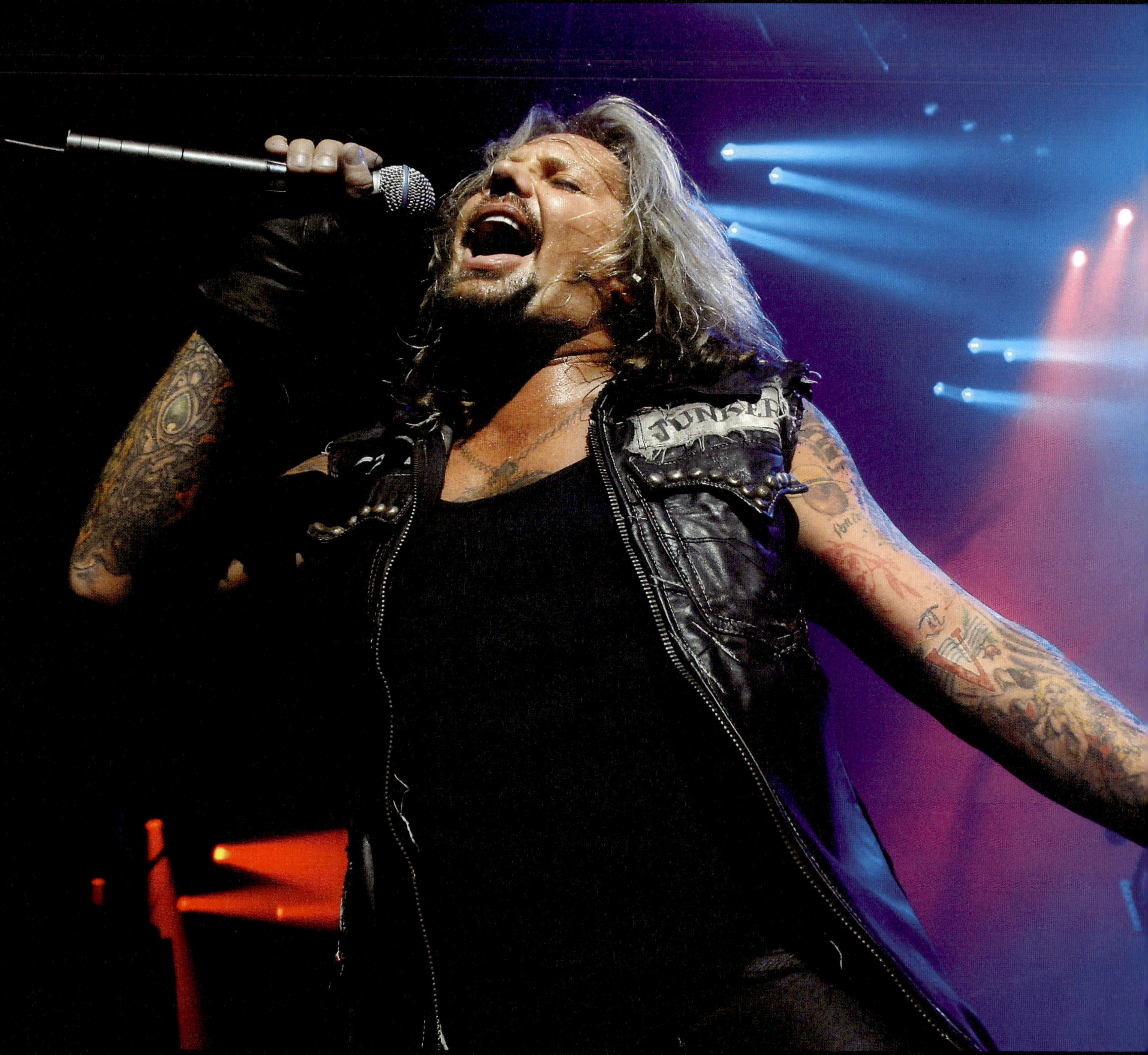

Mötley Crüe, die vielleicht stolzeste anrüchige Band des Hardrock, setzte in den 1980er-Jahren den Standard für alle auftoupierten, Groupies liebenden Halbstarken des Glam Metal. Sie sangen über Stripperinnen („Girls, Girls, Girls"), Drogen („Dr. Feelgood") und den Teufel („Shout at the Devil") und versuchten sich an mindestens zwei von diesen Themen. Tatsächlich haben nur wenige Bands den Rock 'n' Roll-Lebensstil so ausschweifend gelebt wie Mötley Crüe. Ihre unrühmlichen „Heldentaten" beinhalten, genug Drogen zu nehmen, um für klinisch tot erklärt zu werden (Bassist Nikki Sixx), einen tödlichen Autounfall zu verursachen (Leadsänger Vince Neil), einen weiblichen Fan davon zu überzeugen, ein Telefon in ihre unteren Regionen zu stecken (Sixx und Schlagzeuger Tommy Lee) und noch mehr abscheuliche Dinge, die ein Buch füllen könnten (was sie 2001 mit der Autobiografie „The Dirt" dann auch gemacht haben). Zum Glück hatten sie aber auch noch ihre Musik.

Mit ihrem Debüt, „Too Fast for Love" von 1981 schufen Mötley Crüe Neues, indem sie Glam Rock im Stil der 1970er-Jahre im Punk-Tempo spielten. Neils wie von Helium beeinflusster Gesang rast durch die Songs wie den Titeltrack „Live Wire" und „Piece of Your Action", die auch in den kommenden Jahren Konzert-Highlights bleiben würden, obwohl sie nie zu Hits wurden. Bereits mit ihrem zweiten Album gelang der Band im folgenden Jahr der kommerzielle Durchbruch.

„Shout at the Devil" war am ehesten Crües „Metal"-Album. Das Original-Album-Cover war bis auf das Band-Logo ein komplett schwarzes Pentagramm. Es strotzte vor harter, satanischer Metal-Ästhetik und bot exakt die Songs dazu. „Too Young to Fall in Love" ist eine Kiss-artige Ode daran, Single zu bleiben. „Looks that Kill" verwendet ein Riff im Stil von Judas Priest für noch einen Song, in dem es darum geht, dass man nicht mit Frauen auskommen kann. Und der Titeltrack ist eine fußstampfende Ode an den Satan selbst. Die Cover-Rückseite zeigte jedoch die Band in gleißendem Licht, bei dem jedes Mitglied in weißem Make-up schwitzte, mit Aquanet-Haarspray hochtoupierte Haare und noch mehr Leder als die Jungs von Motörhead trug sowie die Art von Dessous, mit der sie Hauptrollen in der Rocky Horror Picture Show bekommen hätten. Das war der Look, den jede andere Band in L.A. für das nächste halbe Jahrzehnt nachahmen würde.

In der Zwischenzeit wurden Mötley Crüe (ein wenig) zahmer und konzentrierten sich darauf, mehr Mainstream-Hardrock zu schreiben. „Home Sweet Home" aus dem Album „Theatre of Pain" von 1985 war eine radiofreundliche Klavierballade, die Lee immer noch spielt, während ihre Coverversion des Brownsville-Station-Hits „Smokin' in the Boys Room" von 1973 ganz ihrem Bad-Boy-Image entsprach und trotzdem MTV-tauglich blieb. Ihr nächstes Album, „Girls, Girls, Girls" von 1987, enthält ihre besten Oden an LAs schäbige Nachtszene (Stripperinnen im Titeltrack und Drogen, der Teufel und alles andere in „Wild Side") sowie die ergreifende Power-Ballade „You're All I Need", in dem Neil darüber singt, wie er seine Freundin tötet. Wegen des Textes wurde der Song von MTV verboten, aber zu diesem Zeitpunkt produzierten Mötley Crüe bereits Multiplatin-Alben.

Ihre nächste Veröffentlichung, „Dr. Feelgood" von 1989, wurde ihr größter kommerzieller Erfolg. Mithilfe des Produzenten Bob Rock (den Metallica aufgrund seiner Arbeit an „Dr. Feelgood" für ihr „Black Album" engagierten) schrieb die Band einen Hit nach dem anderen, darunter fünf, die in den Top 100 landeten. Nachdem Haupt-Songwriter Sixx von seiner Alkoholsucht losgekommen war, wurde hier der Ton der Band ausnahmsweise weitgehend positiv. „Kickstart My Heart" berichtete über Sixx' Erfahrungen mit der Überdosis, der Titeltrack dämonisierte Drogendealer und die Romantik der Ballade „Without You" wurde durch einen anderen Song, „Don't Go Away Mad (Just Go Away)", sofort wieder zunichte gemacht.

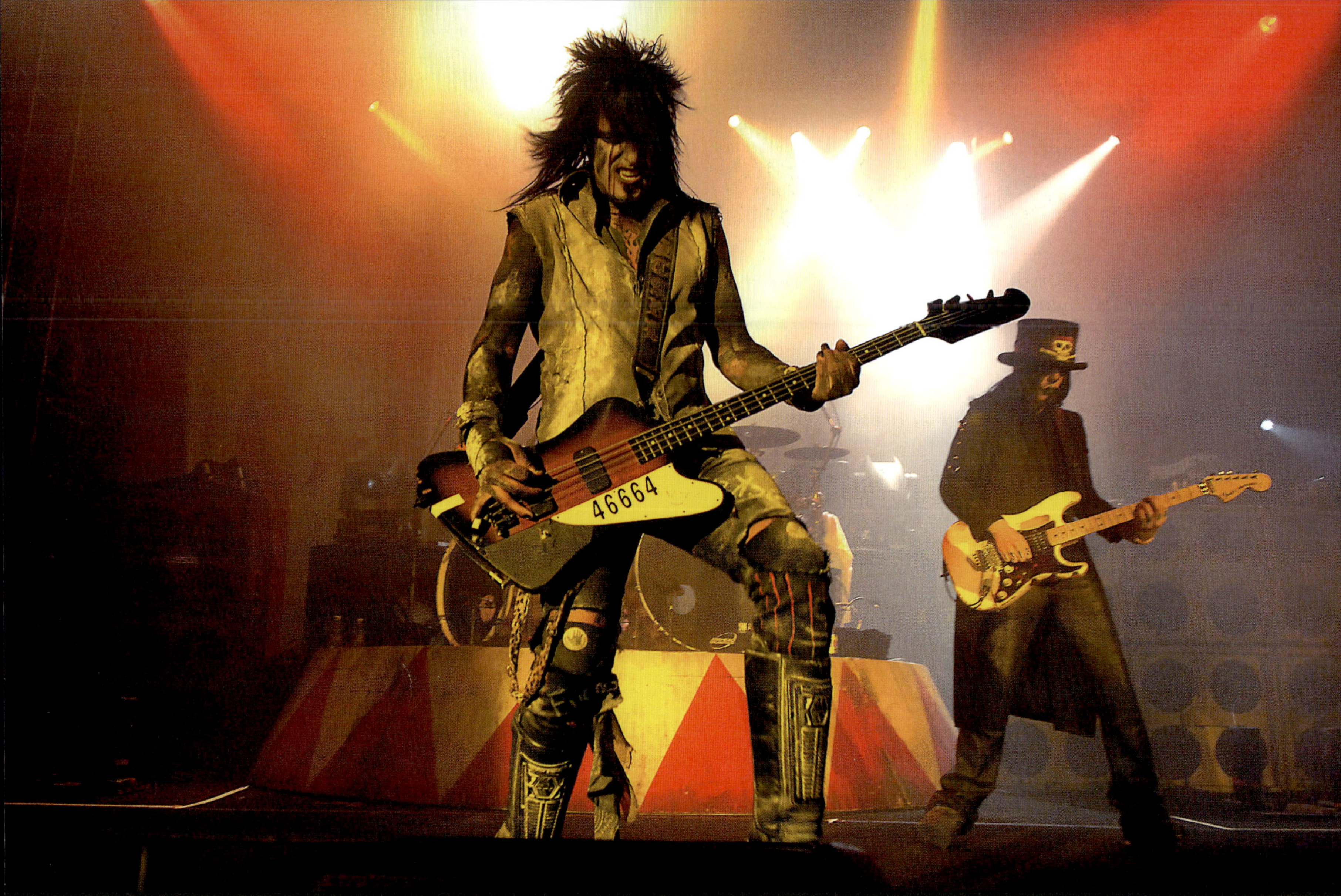

96 ✠ Bassist Nikki Sixx, dessen Stachelhaar-Frisur bis heute von Rockern kopiert wird, und Gitarrist Mick Mars lassen Fan-Herzen höher schlagen.

97 ✠ Bei einem Auftritt 2009 in Las Vegas, viereinhalb Stunden von seinem Zuhause in Los Angeles entfernt, denkt Schlagzeuger Tommy Lee über Jahrzehnte der Dekadenz nach.

Die Band hatte noch einen Hit mit Neil als Sänger (das unbändige „Primal Scream"), bevor er die Band verließ, um eine Solokarriere zu starten. Mötley Crüe engagierten danach Sänger John Corabi und nahmen ein einfaches, gleichnamiges Hardrock-Album auf, aber sie verloren ihren Drive. Trotz der Rückkehr von Neil 1996 gewann die Band nur einen kleinen Teil ihrer kreativen Energie zurück (vielleicht auch, weil sie ihre Ausschweifungen größtenteils aufgegeben hatten).

Mötley Crüe stürmte erst 2008 mit „Saints of Los Angeles" wieder die Spitze der Charts, was auch die Rückkehr von Tommy Lee markierte. Noch besser lief es mit „The Dirt", einem biografisch fundierten Film über die Band, der 2019 auf Netflix veröffentlicht wurde. Von Kritikern zerrissen, wurde er von den Fans wegen seiner unvergleichlichen Szenen der Hardrock-Dekadenz geliebt, vom Pool-Treffen mit Ozzy Osbourne und Nikky Sixx' Überdosis bis zu den sexuellen Abenteuern von Tommy Lee (gespielt von Rapper und Rockstar Machine Gun Kelly) und ihrem letzten, glorreichen Konzert am 31. Dezember 2015, das in ihrer Heimatstadt Los Angeles stattfand.

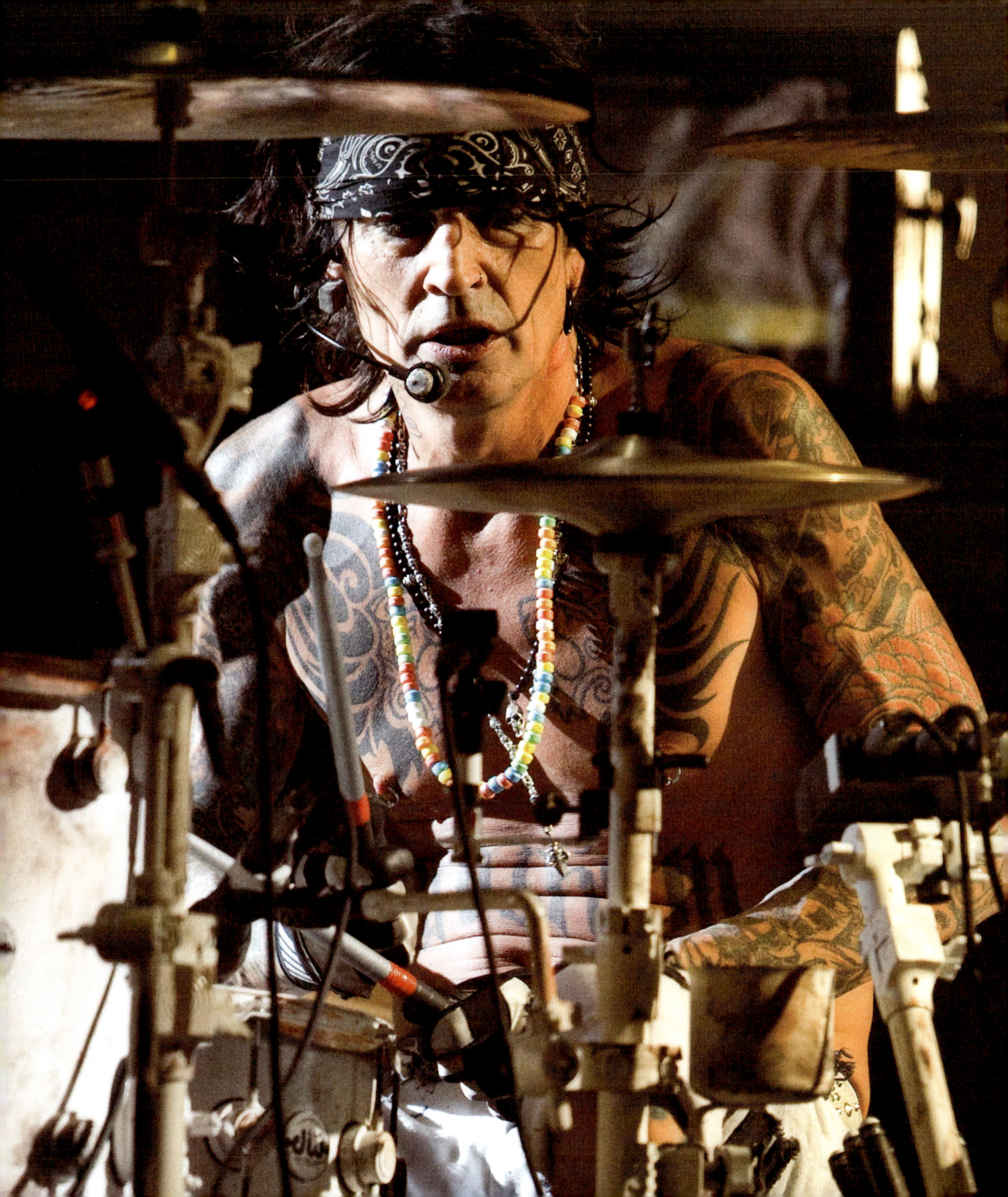

BON JOVI

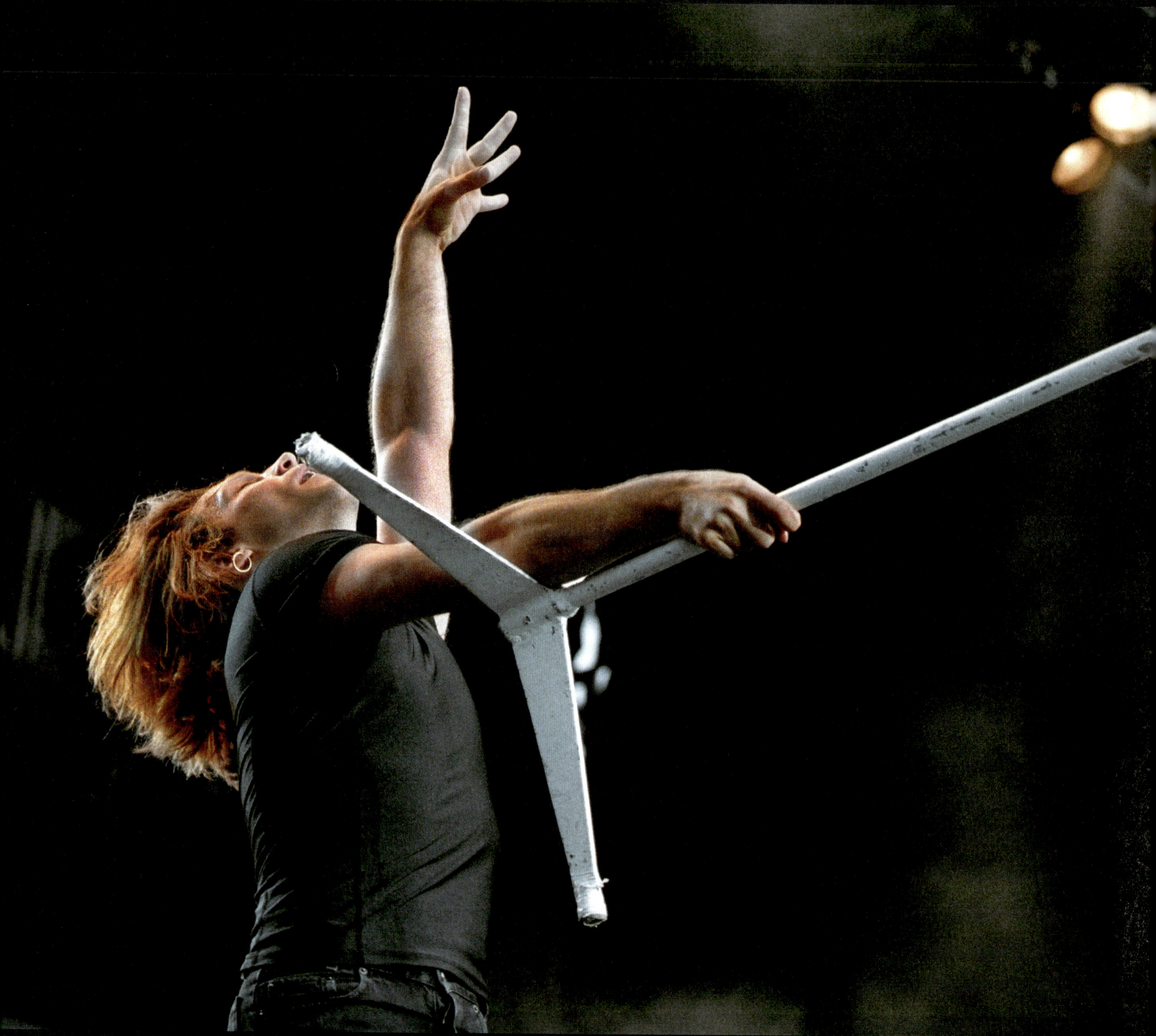

98-99 ✠ Jon Bon Jovi wurde Mitte der 1980er-Jahre zu einem der größten Stars des Hardrock, dank seines guten Aussehens und seiner Hit-Songs wie „Livin' on a Prayer".

„He's seen a million faces and he's rocked them all", behauptete Jon Bon Jovi in seiner 1987 erschienenen Ballade „Wanted Dead or Alive". Tatsache ist, dass er ungefähr hundertmal so viele Gesichter gesehen hat. Dank riesiger Pop-Metal-Hooklines und noch besserem Aussehen wurde Jons gleichnamige Band zu einem der größten Hardrock-Acts aller Zeiten. In der zweiten Hälfte der 1980er-Jahre erzielte Bon Jovi vier Nr. 1-Hits mit „You Give Love a Bad Name", „Livin' on a Prayer", „Bad Medicine" und „I'll Be There for You". Er hat es geschafft, seine Popularität über die Blütezeit des Glam-Metal hinaus aufrechtzuerhalten und seit der Veröffentlichung seines 12-fach mit Platin veredelten „Slippery When Wet" ausschließlich Top-10-Hits zu erzielen.

Das Erfolgsgeheimnis von Bon Jovi ist, dass er die Kunst, eine Hookline zu schreiben, perfektioniert hat. Alles an den zuckersüßen Mega-Hits der Band beruht auf einem Talent im Burt-Bacharach-Stil, bei dem jede erdenkliche Art von Hookline in jede Sekunde jedes Songs gepackt wird. „Livin' on a Prayer" zum Beispiel beginnt mit einem durch eine Talkbox erzeugten pferdeartig wiehernden Riff von Gitarrist Richie Sambora. Dazu kommen klirrende Fills und flötenartige Akkorde von Keyboarder David Bryans, gefolgt von Jons ureigenem rauen Tonfall im Refrain. Wenn sie den ansteckenden Chor im Refrain erreichen („Whoaaaaa"), kann man gar nicht anders, als mitzugrölen. Ein Teil des Verdienstes ging natürlich an den Mann im Hintergrund, Komponist und Produzent Desmond Child, der Hits mit Megachören für Kiss, Aerosmith und Alice Cooper mitgeschrieben hat, um nur drei zu nennen.

Trotz der Tatsache, dass diese Hits dazu beigetragen haben, das Hardrock-Paradigma der 1980er-Jahre zu definieren, da inzwischen Bands wie Def Leppard, Mötley Crüe, Warrant und sogar Alice Cooper deren Haarstil und vielstimmige Refrains verwendet hatten, nutzten Bon Jovi diesen Sound irgendwie, um ihre Karriere Ende der Neunzigerjahre wiederzubeleben, als sich ihre Radiohits totzulaufen schienen. Die Band veröffentlichte in diesem Jahrzehnt nur zwei Alben und obwohl jedes mehr als eine Million Mal verkauft wurde, wurden Bon Jovi bis zum Ende des Jahrzehnts weniger und weniger im Radio gespielt. Vielleicht spürte Jon dieses mangelnde Interesse und kehrte im Jahr 2000 mit „Crush" zurück. Das Album enthielt den Hit „It's My Life", einen Song, der eines von Samboras Talkbox-Riffs, einen von Jons rebellischen Texten und natürlich einen Refrain enthält, der größer ist als ihre Heimat New Jersey. Den Sound von „Slippery When Wet" noch einmal aufzunehmen, rettete tatsächlich die Karriere der Band (etwas, das Def Leppard, Mötley Crüe und insbesondere Warrant nicht half).

Für Bon Jovi war es ein Risiko, sich in der Welt des melodischen Pop-Metal zu bewegen, aber gleichzeitig war es ihre Rettung. Klar war es sehr hilfreich, dass eine Million Gesichter überhaupt schon von ihnen gehört hatten.

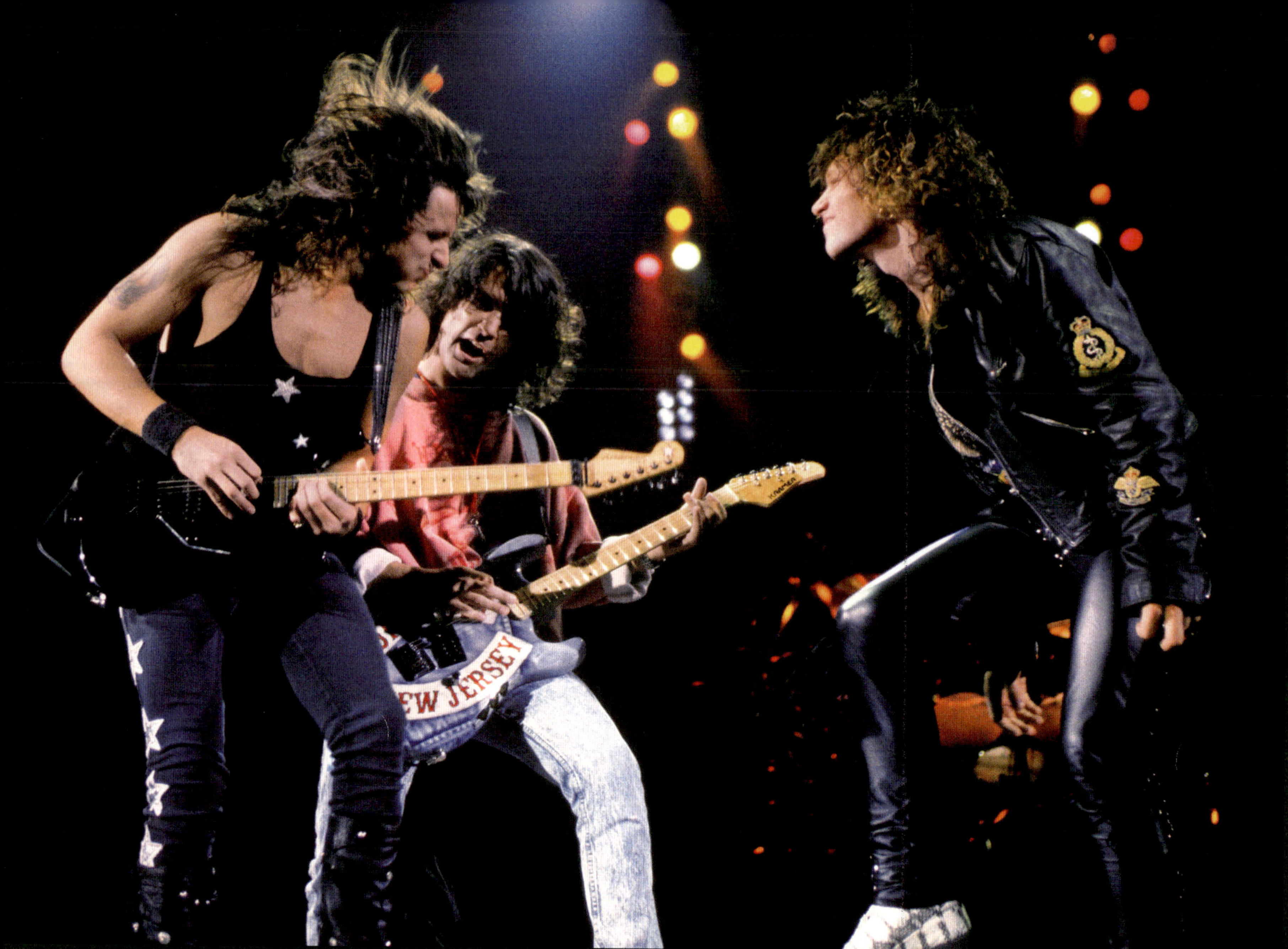

100 ✠ Die Gitarristen Alec John Such und Richie Sambora beim Gitarrenduell, während Jon Bon Jovi die beiden anfeuert.

101 ✠ Jon Bon Jovi, mit Superman-Tattoo, schrieb Hits, die so bunt waren wie seine Hose.

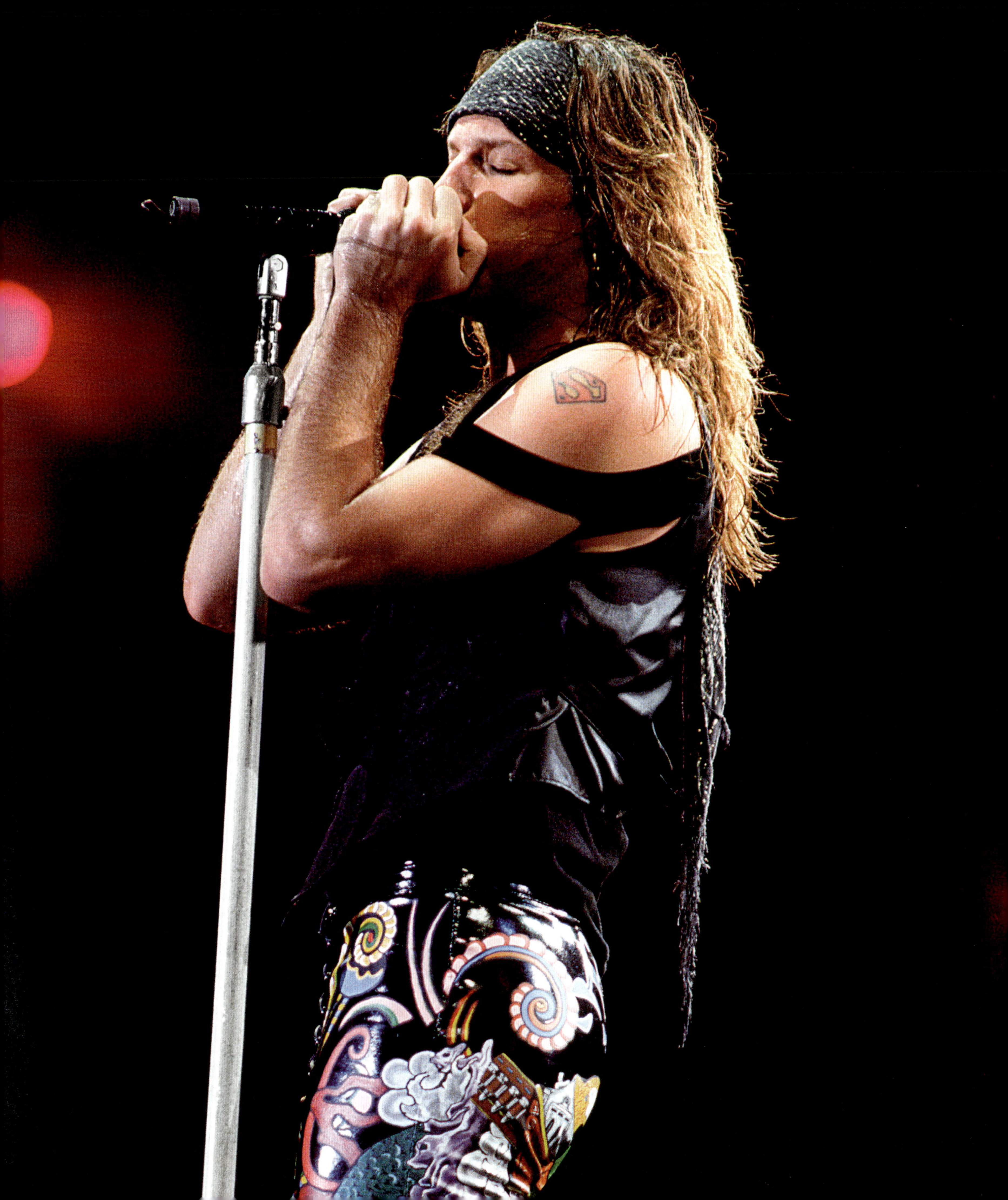

POISON

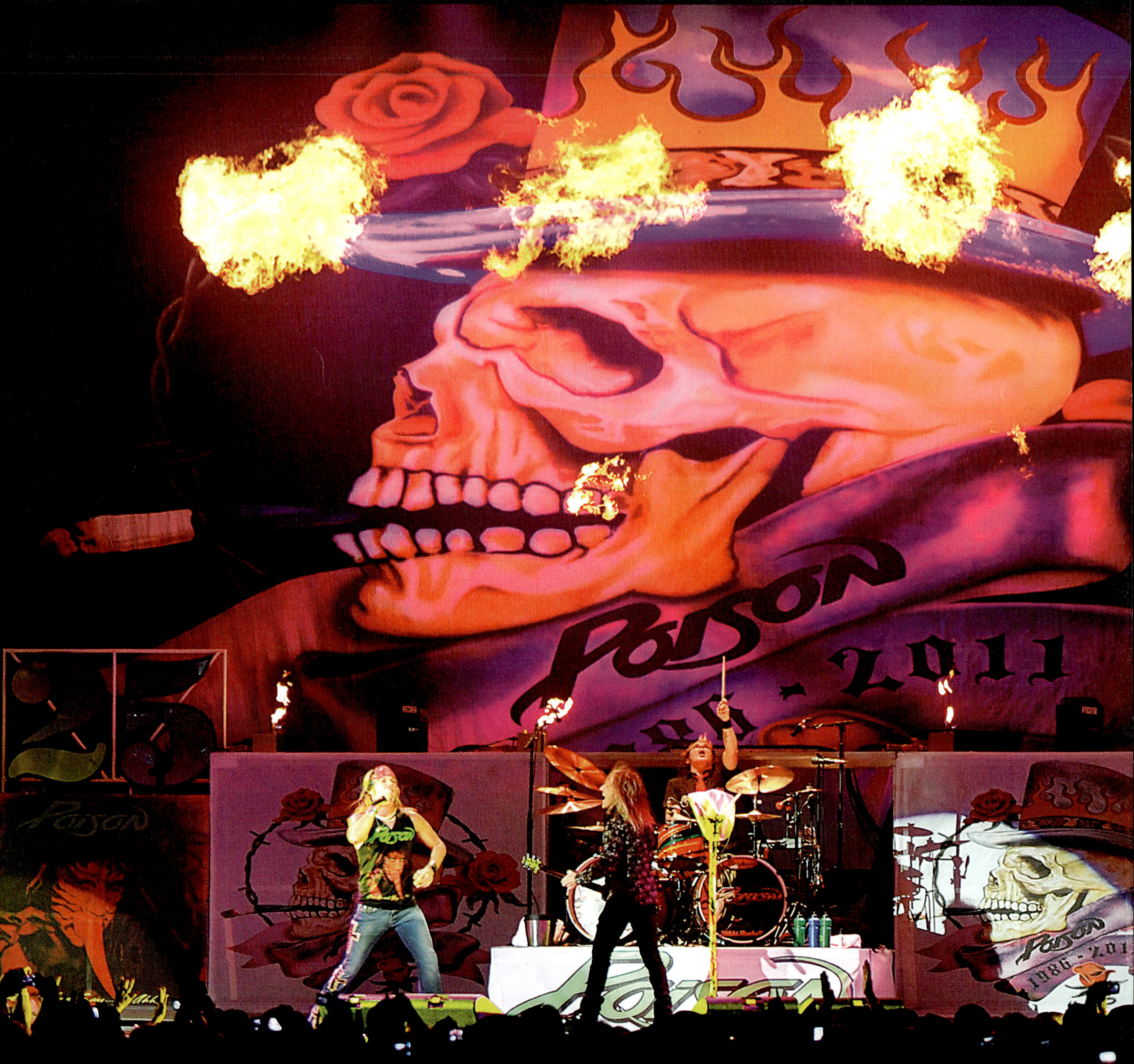

102-103 ✠ Die Mitglieder von Poison auf ihrer Tour zum 25-jährigen Jubiläum. Von links: Sänger Bret Michaels, Gitarrist C.C. DeVille, Schlagzeuger Rikki Rocket und Bassist Bobby Dall.

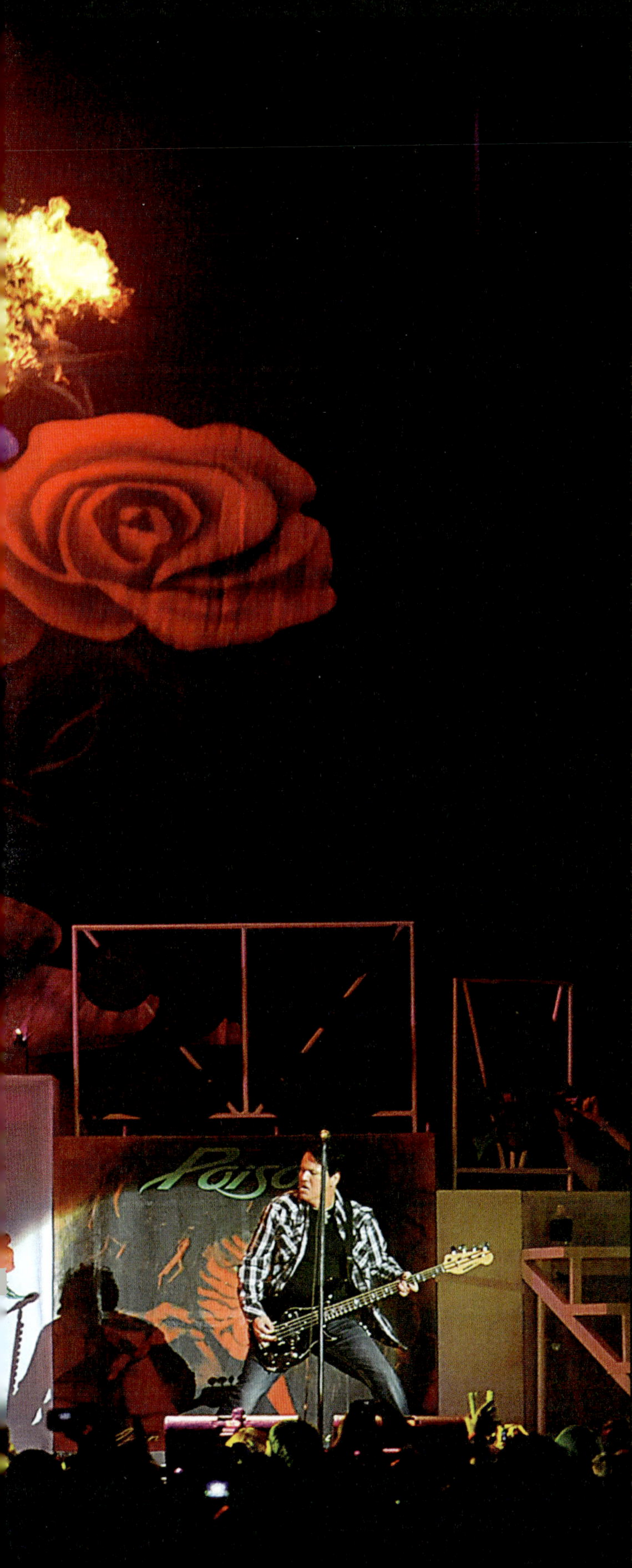

Jede Rose hat ihre Dornen und jede Bewegung hat ihre Aushängeschilder. Vielleicht verkörperte keine Band sowohl den Genuss-Lifestyle als auch das vereinfachte Songwriting von Glam Metal besser als Poison. Unter der Leitung des Schönling-Sängers Bret Michaels schrieb die Band fast ausschließlich Songs über Sex, Party und gebrochene Herzen. (Feiern führt zu Sex, was zu gebrochenen Herzen führt, und wie kann man besser über ein gebrochenes Herz hinwegkommen als mit Feiern und Sex, oder?) Die Sache ist die, dass sie, so einfach ihre Songs auch waren, unvergessliche Melodien geschrieben haben, die in ihrem melodischen Kern alles hatten, was ein Hit brauchte.

Hits wie „Talk Dirty to Me", „Nothin' but a Good Time" und ihre kitschige Coverversion von Loggins und Messinas „Your Mama Don't Dance" haben alles getan, was Mötley Crüe getan hat, aber ohne die gespielte Satansanbetung dieser Band. Vieles davon ist darauf zurückzuführen, dass Poison in gewisser Weise „Crüe Light" war. Nachdem die Band von Mechanicsburg, Pennsylvania, nach Los Angeles umgesiedelt war, nahmen sie einen Transvestiten-Look an (was die Doppeldeutigkeit des Titels ihres 1986 erschienenen Debütalbums „Look What the Cat Dragged In" schon zeigte) und feuerten den später durch Guns N' Roses zur Berühmtheit werdenden Gitarristen Slash, der sich weigerte, Make-up und Frauenkleider zu tragen, zugunsten des blonden und Mascara benutzenden CC DeVille. Und anstatt sich der Heroinsucht hinzugeben, spritzte Michaels sich wegen Diabetes Insulin (obwohl dies die Presse nicht davon abhielt, ihn einer Drogenabhängigkeit zu beschuldigen). Abgesehen von ihrem berüchtigten Groupie-Konsum und ein paar Faustkämpfen hier und da brachte dieser medienfreundliche Look die Band auf der Überholspur zum Erfolg.

Die ersten drei Alben der Band erreichten jeweils die Top 3 der Billboard-Charts mit Hits wie „I Won't Forget You", „Something to Believe In" und dem Abräumer „Unskinny Bop". Aber es war ihre Power-Ballade „Every Rose Has Its Thorn" von 1988, die sich an Bon Jovis Cowboy-Referenz „Wanted Dead or Alive" orientierte, mit der Poison immer in Erinnerung bleiben wird. Voller Akustikgitarren mit Kumbaya-Klängen und Michaels' Vorliebe für allzu offensichtliche Klischees war es das Ticket zum großen Erfolg. Aber wie bei den meisten Glam-Metal-Bands, die Ende der 1980er-Jahre den Multiplatin-Status erreicht hatten, waren ihre Tage bereits gezählt.

Als die Band 1993 „Native Tongue" als Nachfolger ihres dreifach mit Platin ausgezeichneten Albums „Flesh & Blood" veröffentlichte, begann das Interesse ihres Publikums zu schwinden. Die Band feierte Ende der 90er-Jahre ein Tour-Comeback, aber im nächsten Jahrzehnt teilte Michaels seine Zeit zwischen seiner Solokarriere und der Hauptrolle in einer Reality-TV-Show auf VH1 auf. Trotz seiner persönlichen Erfolge tourte Michaels weiterhin mit Poison, was ihm wahrscheinlich in den kommenden Jahren Rosen und Dornen bescheren wird.

GUNS N' ROSES

Zu einer Zeit, als der Sunset Strip von L.A. mehr balladensingende Glam-Metal-Bands hatte, als Sand am Meer, brachten Guns N' Roses den im Stich gelassenen Rock 'n' Roll in die Stadt der Engel zurück. Mit dem knurrenden rothaarigen Banshee-Kreischer Axl Rose an der Front spielte die Band Hardrock mit verwegenem Hang zum Heavy Metal im Stil von Aerosmith und The Rolling Stones. Aber zusätzlich zu Roses archaischem Gesang verdankte die Band den Gitarristen Slash und Izzy Stradlin, die in frühen Hits wie „Welcome to the Jungle", „Paradise City" und „Sweet Child O'Mine" dreckige Riffs und extrem hohe, melodische Soli spielten, ihren stürmischen Aufstieg. Aber der Erfolg kam nicht über Nacht.

Obwohl GnR schon früh mit schweißtreibender Musik und angesagtem Look, der genau in den Sunset Strip passte, eine lokale Fanbasis aufgebaut hatten, dauerte es etwas mehr als ein Jahr, bis das Debüt der Band von 1987, „Appetite for Destruction", die Nr. 1 in den Billboard-Charts erreichte. Natürlich war es nicht gerade hilfreich dabei, dass der Erstdruck des Albums auf dem Cover ein schreckliches Gemälde des Underground-Comic-Künstlers Robert Williams enthielt, das die Folgen des sexuellen Angriffs eines Roboters auf eine Frau zeigte. Das Cover sorgte für große Kontroversen und wurde durch eine Zeichnung der Schädel der Bandmitglieder ersetzt. Seitdem wurde das Album allein in den USA 18-mal mit Platin ausgezeichnet. Voller aggressiver Rocksongs mit dunklen und beleidigenden Texten über Sex („It's So Easy"), Drogen („Mr. Brownstone") und noch mehr Sex und Drogen („Rocket Queen") festigte das Album den Bad-Boy-Status der Band.

Diesen Status wurden sie nicht mehr los. Obwohl einige Mitglieder der Band mit ihren eigenen Drogenproblemen zu kämpfen hatten, gelang es ihnen, mit der EP „Lies" ein weiteres, nur halb so gutes Album mit schlechten Stimmungen und großen Refrains zusammenzustellen, das zwei Monate, nachdem „Appetite" an der Spitze der Charts angelangt war, erschien. Vielleicht haben Axl & Co. versucht, alle diejenigen zu erreichen, die sie auf ihrem vorherigen Album noch nicht lyrisch beleidigt hatten, indem sie auf dieser EP Menschen aus dem Nahen Osten, Homosexuelle und Afroamerikaner sowie diejenigen, die genau wie Slash gemischter Herkunft waren, auf ihrer Hitliste mit dem Song „One in a Million" abhakten. Glücklicherweise enthielt das Album eine Hit-Ballade, „Patience", in der Axl zeigt, dass er pfeifen kann, was dazu beitrug, dass sie sich über fünf Millionen Mal verkaufte.

Nach einem ehrgeizigen Tourplan und dem Abschied von Schlagzeuger Steven Adler (die erste von vielen personellen Veränderungen) kehrte die Band 1991 mit ihren beiden „Use Your Illusion"-Alben in die Öffentlichkeit zurück. Die Alben teilten sich 30 Tracks und enthielten eine große Vielfalt von Songs mit verschiedenen Stilrichtungen,

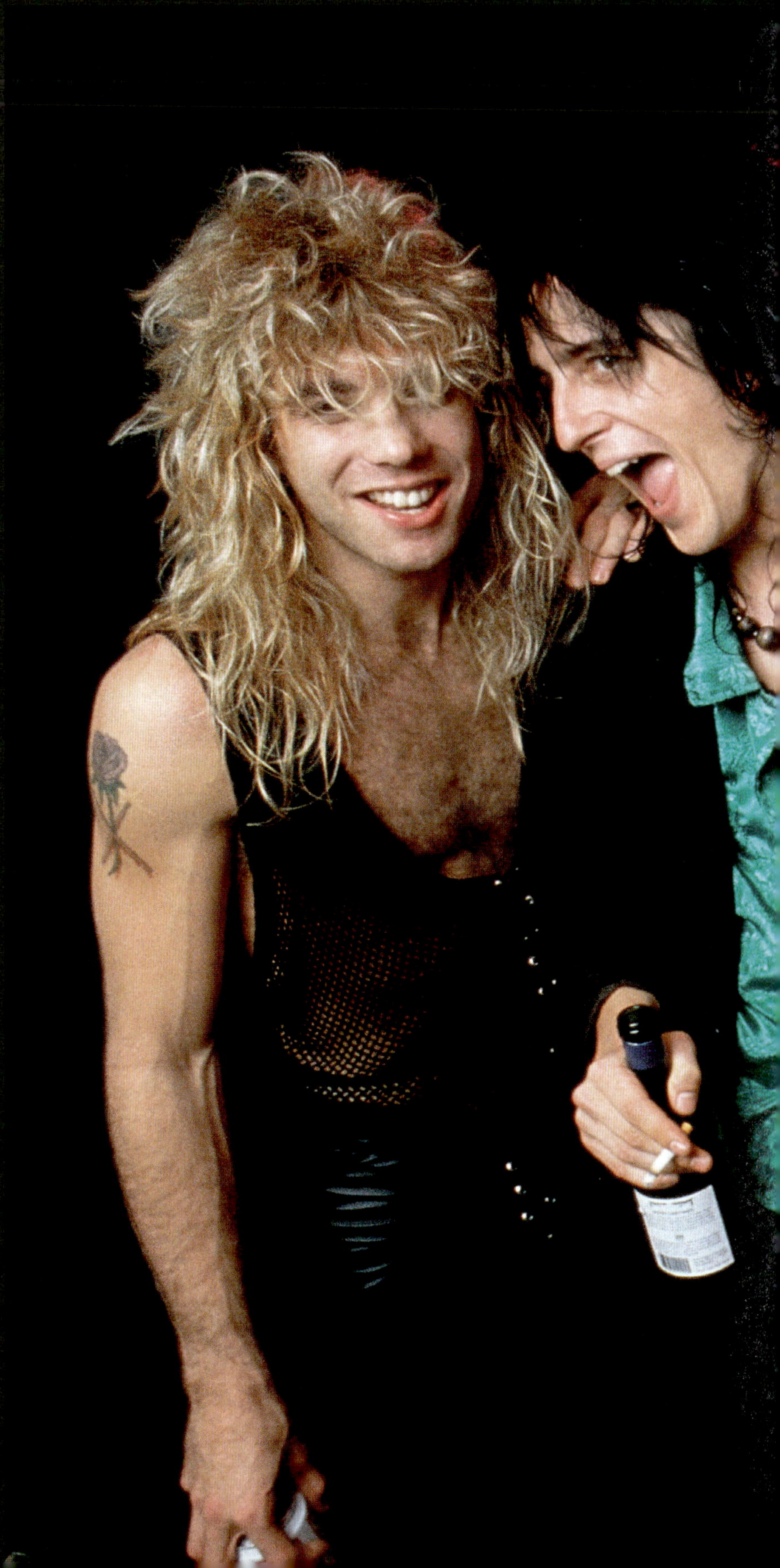

104-105 ✠ Die ursprüngliche Besetzung von Guns N' Roses hat „Appetite for Destruction". Von links: Schlagzeuger Steven Adler, Gitarrist Izzy Stradlin, Sänger Axl Rose, Bassist Duff McKagan und Gitarrist Slash.

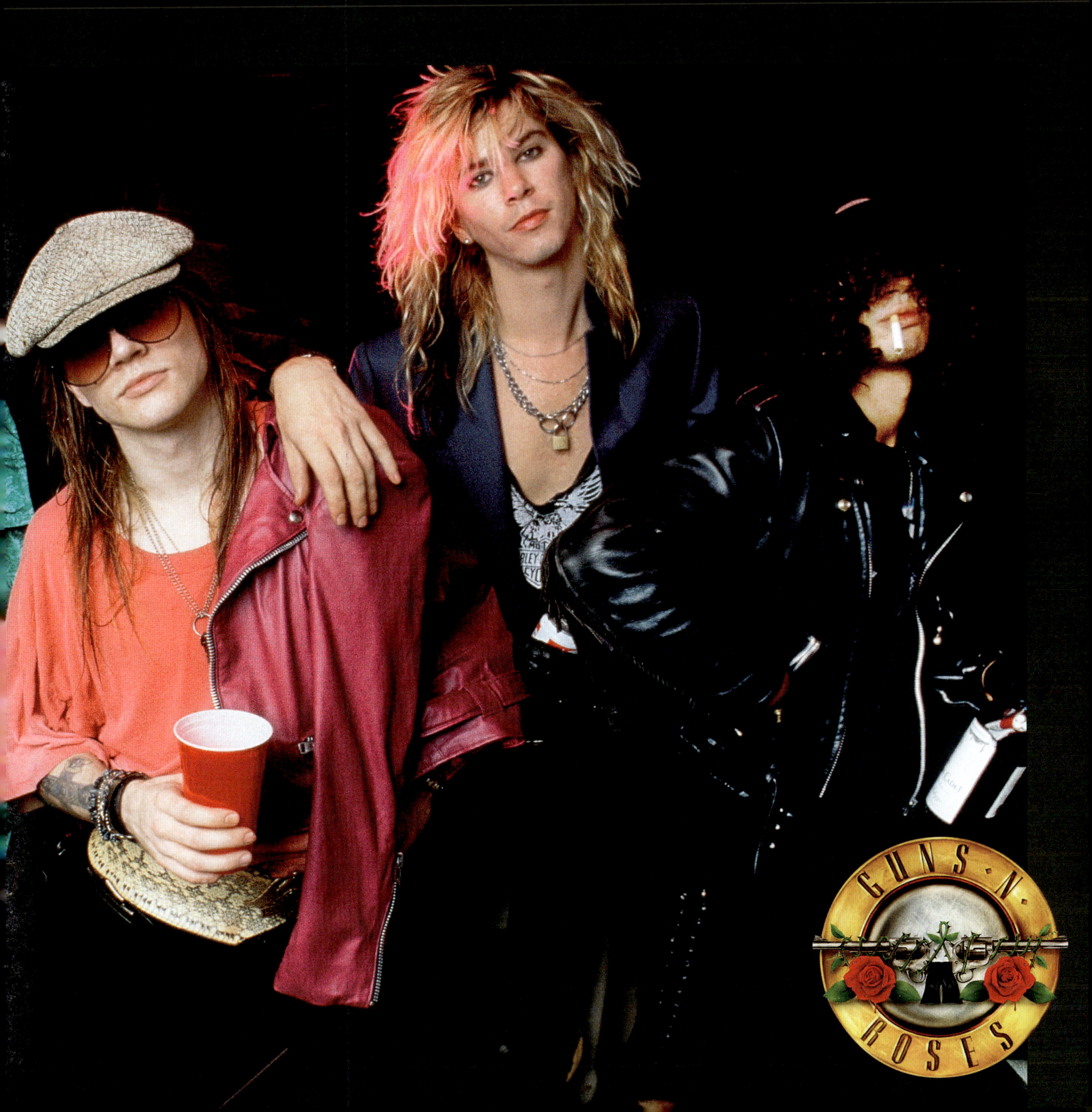

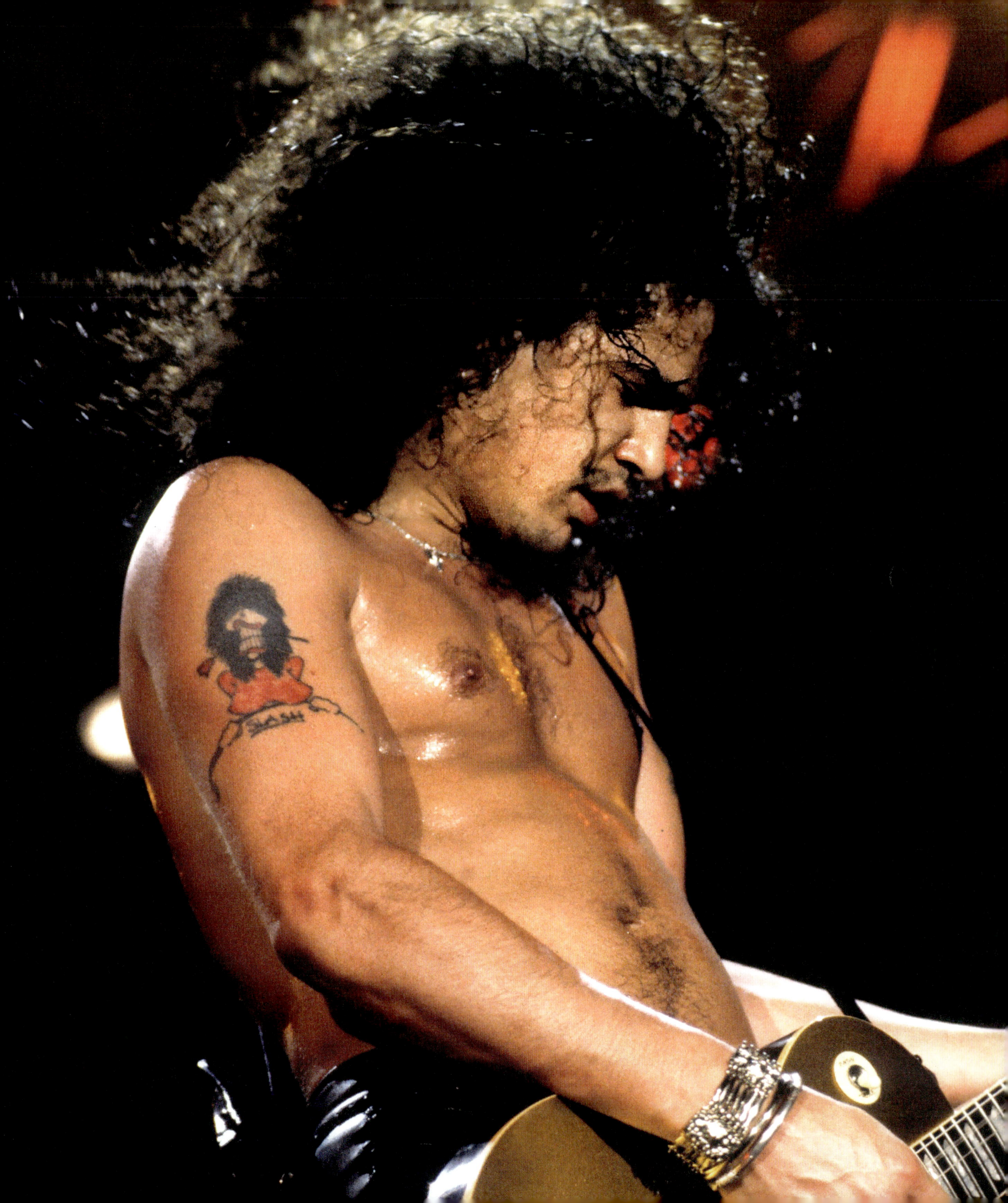
SLASH

darunter eine Trilogie epischer Balladen („Estranged", „November Rain" und „Don't Cry"), einige traditionelle Rocksongs („Civil War", „You Could Be Mine" und „Dead Horse") und bombastische Coverversionen („Knockin' on Heaven's Door" und „Live and Let Die"). Daraufhin ließ die Band eine Stadiontour zusammen mit Metallica folgen, bei der sie den Ruf erlangten, meistens zu spät zu kommen und mit den Leuten des Sicherheitsdienstes aneinandergeraten.

Ihre nächste Veröffentlichung war ein konfus klingendes Cover-Album, „The Spaghetti Incident?", das bei seiner Veröffentlichung im Jahr 1993 eine Menge schlechter Kritiken bekam, weil es einen versteckten Track enthielt, der ursprünglich von Charles Manson geschrieben wurde. Danach trennte sich Rose von allen anderen ursprünglichen Bandmitgliedern und begann mit der Arbeit am epischen „Chinese Democracy". Während der nächsten 15 Jahre arbeitete Rose zurückgezogen an diesem Album, auf dem letztendlich außer ihm selbst 11 andere „Band"-Musiker sowie eine Schar von Gastmusikern mitwirkten. Bei seiner Veröffentlichung wurde das Album sehr reserviert aufgenommen, trotz einiger starker Tracks wie dem Rocksong „Shackler's Revenge" und der Ballade „Better".

In der Zwischenzeit hatte Slash seine Rolle als ultimativer Gitarrenheld gefestigt, indem er einer Reihe von Signature-Modellen seiner geliebten Gibson Les Paul seinen Namen gegeben und 2010 ein Soloalbum veröffentlicht hatte, auf dem neben Slash alle ursprünglichen Mitglieder von Guns N' Roses (außer Axl) und Legenden wie Ozzy, Lemmy, Iggy Pop und Chris Cornell zu hören waren. Er gründete zwei weitere Bands, Velvet Revolver mit Scott Weiland und The Conspirators mit Myles Kennedy, bevor er 2016 mit einem Auftritt beim Coachella Festival zu Guns N' Roses zurückkehrte. Das Schicksal wollte Guns N' Roses zurück auf der Bühne sehen. Auf die Frage nach einer Reunion-Tour antwortete Axl Rose: „Nicht in diesem Leben". Doch dann wurde „Not in this lifetime" der Name einer fast dreijährigen Tournee mit 175 Konzerten von 2016 bis 2019.

106 ✠ Slash, einer der letzten großen Gitarrenhelden, bearbeitet seine Les Paul in einem der seltenen Momente, bei dem er seinen typischen Zylinder nicht trägt.

107 ✠ Frontmann Axl Rose zeigt auch schon mal seine patriotische Seite.

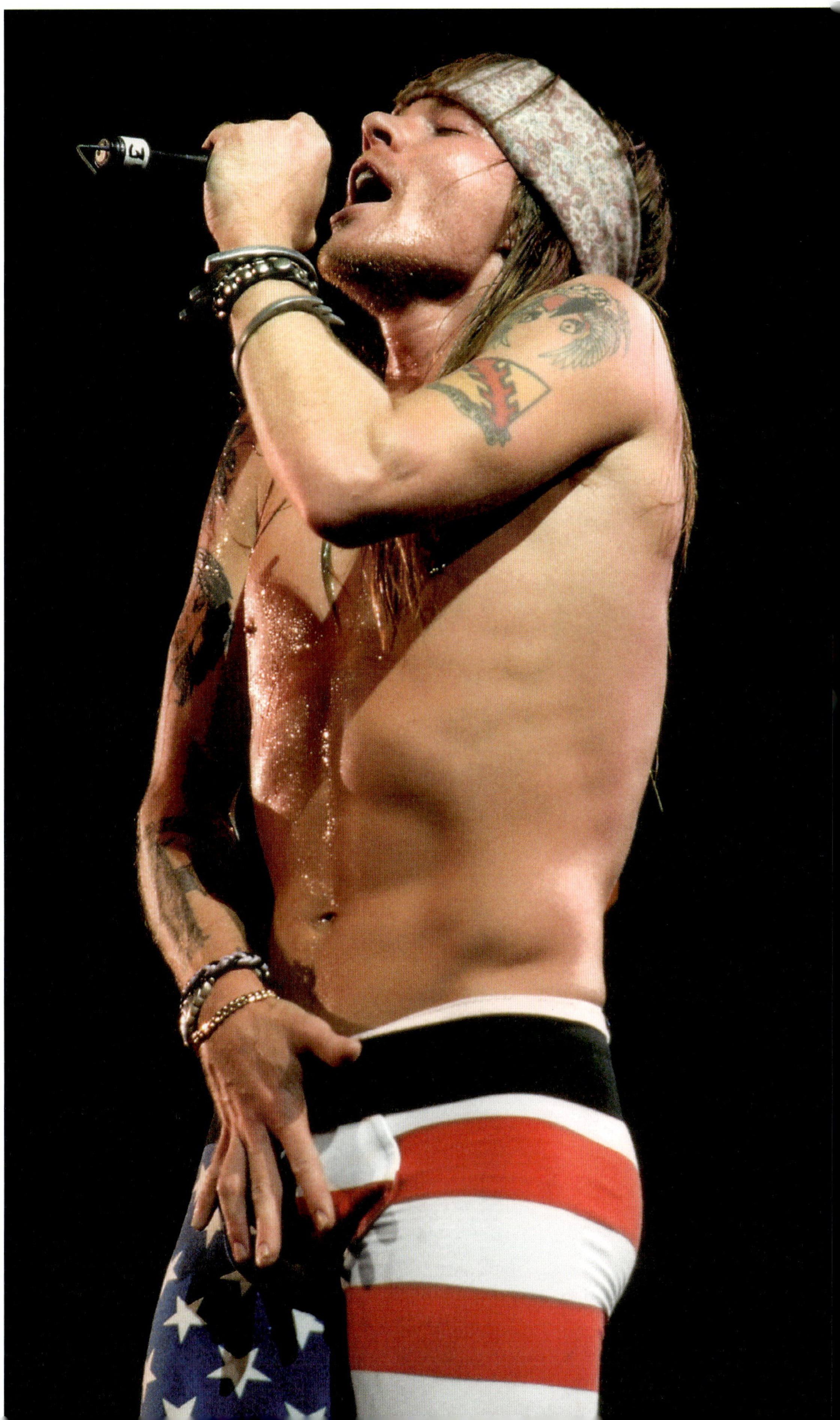

SKID ROW

Skid Row wurde 1986 von Bassist Rachel Bolan und Gitarrist Dave „The Snake" Sabo gegründet, die Anfang der 1980er-Jahre für kurze Zeit bei Bon Jovi dabei waren. Sie verkörperten die rebellische Seite des Glam Rock. Mit musikalischen und Hairstyle-Anleihen von Mötley Crüe war die Band dank der häufigen MTV-Sendezeiten ihrer Videos, die einsame, in Jeans gekleidete Teenager-Rocker zeigen, ein schneller Erfolg. Ihre nicht ganz so geheime Waffe war der monumentale Frontmann Sebastian Bach, der sowohl auf der Bühne als auch außerhalb unkontrollierbar präsent war. Kombiniert mit aus Mötley Crüe und Judas Priest geschöpften Gitarrenriffs war Bach ein Superstar mit der richtigen Band zur richtigen Zeit.

Gleich nach der Veröffentlichung ihres gleichnamigen Debüt-Albums im Jahr 1989 ließ die Band Hit-Singles folgen. Die erste, „Youth Gone Wild", war ein Weckruf für alle, die entrechtet sind, und musikalisch balancierte der Song zwischen der härteren Seite der Band und einem unvergesslichen Refrain. Darauf folgte das ansteckende „18 and Life", ein weiterer Song über Teenager, die sich wie Ausgestoßene fühlten, mit einem noch größeren Refrain, der es auf Platz 4 der Hot 100 schaffte. Sie beendeten das Triptychon ihres ersten Albums mit Pop Metal in Form der allgegenwärtigen Power-Ballade „I Remember You", an der sich in den kommenden Jahren zahllose Karaoke-Sänger erfolglos versuchten, da Bachs Reichweite praktisch außerhalb der der meisten Sterblichen lag.

Diese Hits und Bachs überlebensgroße Quasselstrippen-Persönlichkeit haben dazu beigetragen, dass dieses Album 1989 in die Top 10 kam und in den USA fünfmal mit Platin ausgezeichnet wurde. Bach sorgte für eigene Schlagzeilen, nachdem er eine Flasche von der Bühne zurück ins Publikum geworfen und ein unschuldiges Mädchen getroffen hatte. Bei einem späteren Ereignis trug er ein homophobes T-Shirt (er erklärte später, er sei nicht homophob). Er legte sich sogar mit Sabos altem Freund Jon Bon Jovi an, nachdem dieser eine Äußerung von Bach auf der Bühne missverstanden hatte. Nach diesem Vorfall stellte sich heraus, dass Bon Jovi und sein Gitarrist Richie Sambora tatsächlich einen beträchtlichen Teil der Tantiemen von Skid Row besaßen, da sie dabei geholfen hatten, den Plattenvertrag der Band zu ermöglichen. Schließlich gab Sambora seinen Teil an die Band zurück, die weiterhin erfolgreich blieb.

Dieser schnelle Erfolg wurde 1991 mit der Veröffentlichung von „Slave to the Grind" fortgesetzt, dem allerersten Heavy-Metal-Album, das auf Platz 1 der Billboard-Charts debütierte. Insgesamt hatte das Album stärkere Vibes als das Debüt der Band, dank Singles wie dem kreischenden „Monkey Business" und dem treibenden Titeltrack. Der größte Hit war „Wasted Time" über Steven Adler, den Schlagzeuger der Skid-Row-Tourkollegen Guns N' Roses, der wegen seines Drogenmissbrauchs bei GnR entlassen worden war, da dies sein Spiel zu sehr beeinträchtigte. Zu dieser Zeit veränderte sich die Musikindustrie jedoch mit dem Aufkommen des Grunge.

Das nächste Album der Band, „Subhuman Race" von 1995, war wesentlich härter und enthielt einige vergessene Juwelen wie „Into Another". Es hatte jedoch nicht mehr den Erfolg der beiden vorherigen Alben und erreichte nur Goldstatus. Die Band entließ Bach 1996 und kehrte 2003 mit einem neuen Sänger und einem neuen Album zurück, aber ohne Bach fehlte der Band die übergroße Persönlichkeit.

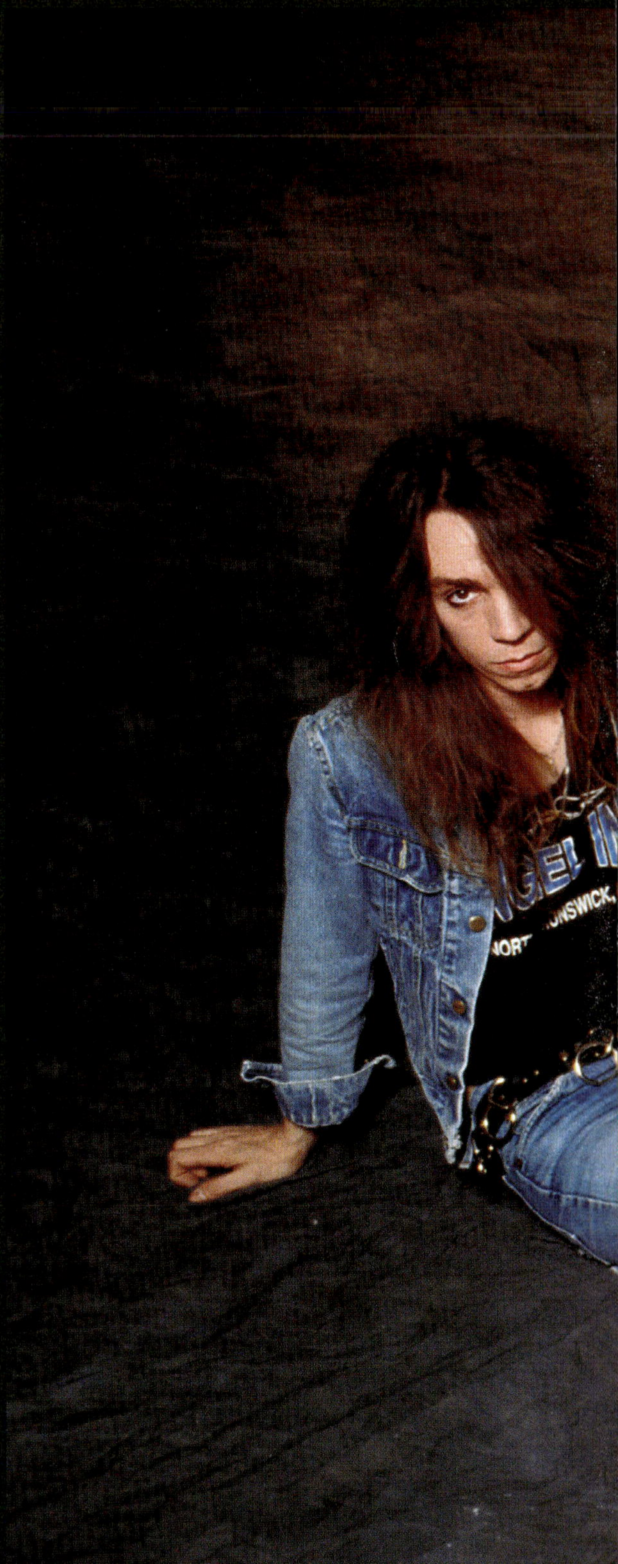

108-109 ✠ Fotoshooting mit den Jungs von Skid Row. Von links: Bassist Scotti Hill, Schlagzeuger Rob Affuso, Sänger Sebastian Bach, Gitarrist Dave Sabo und Gitarrist Rachel Bolan.

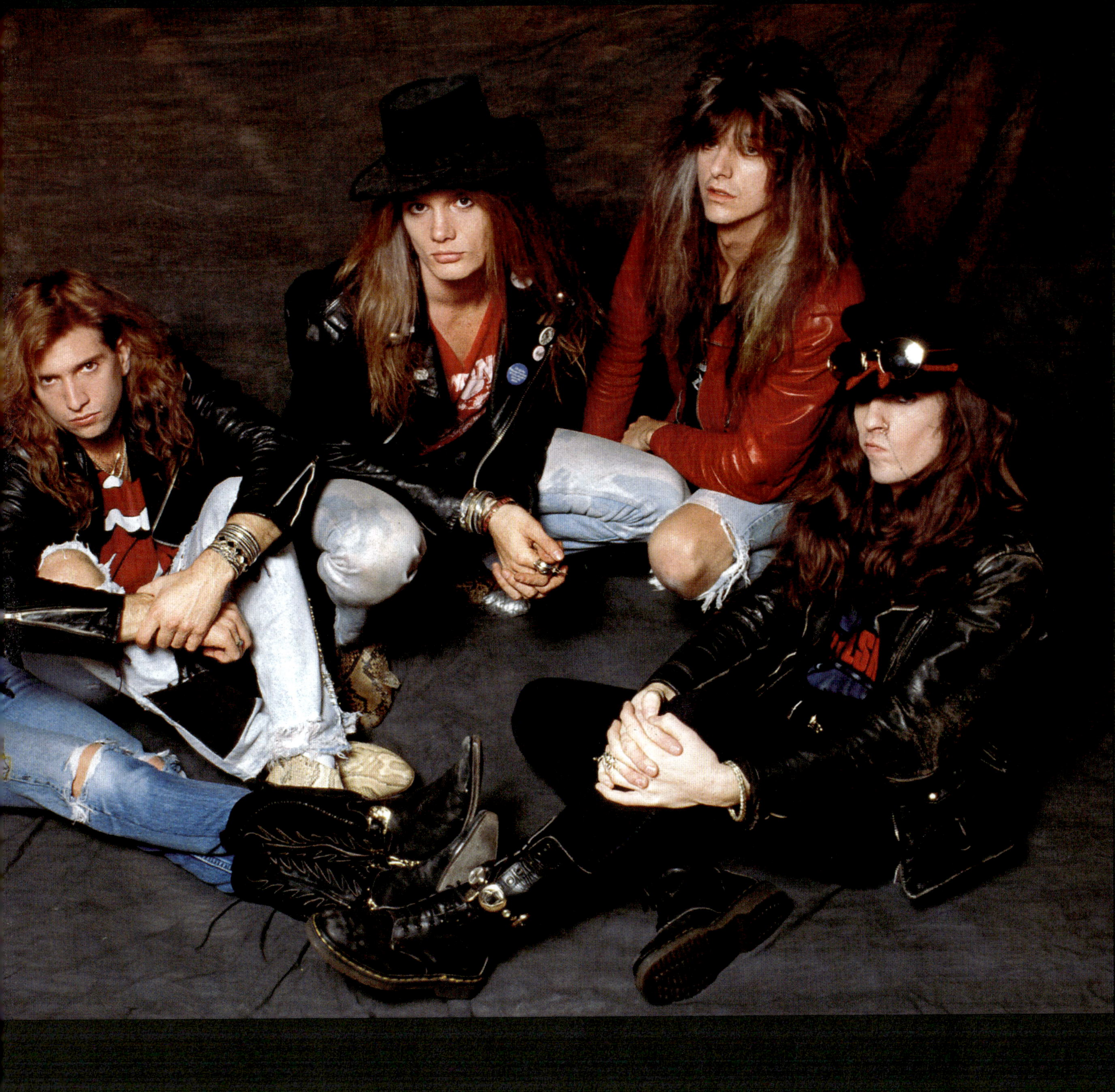

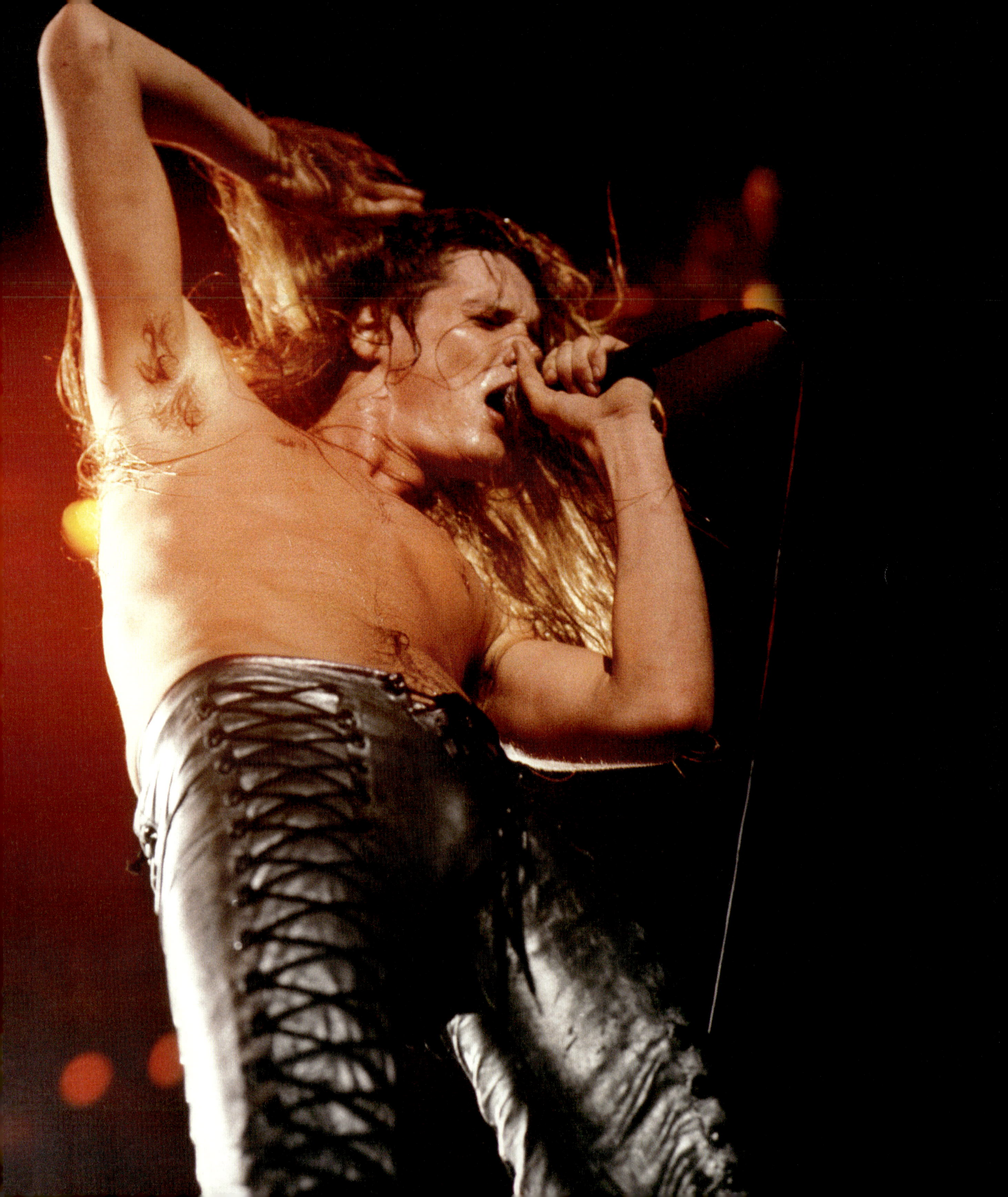

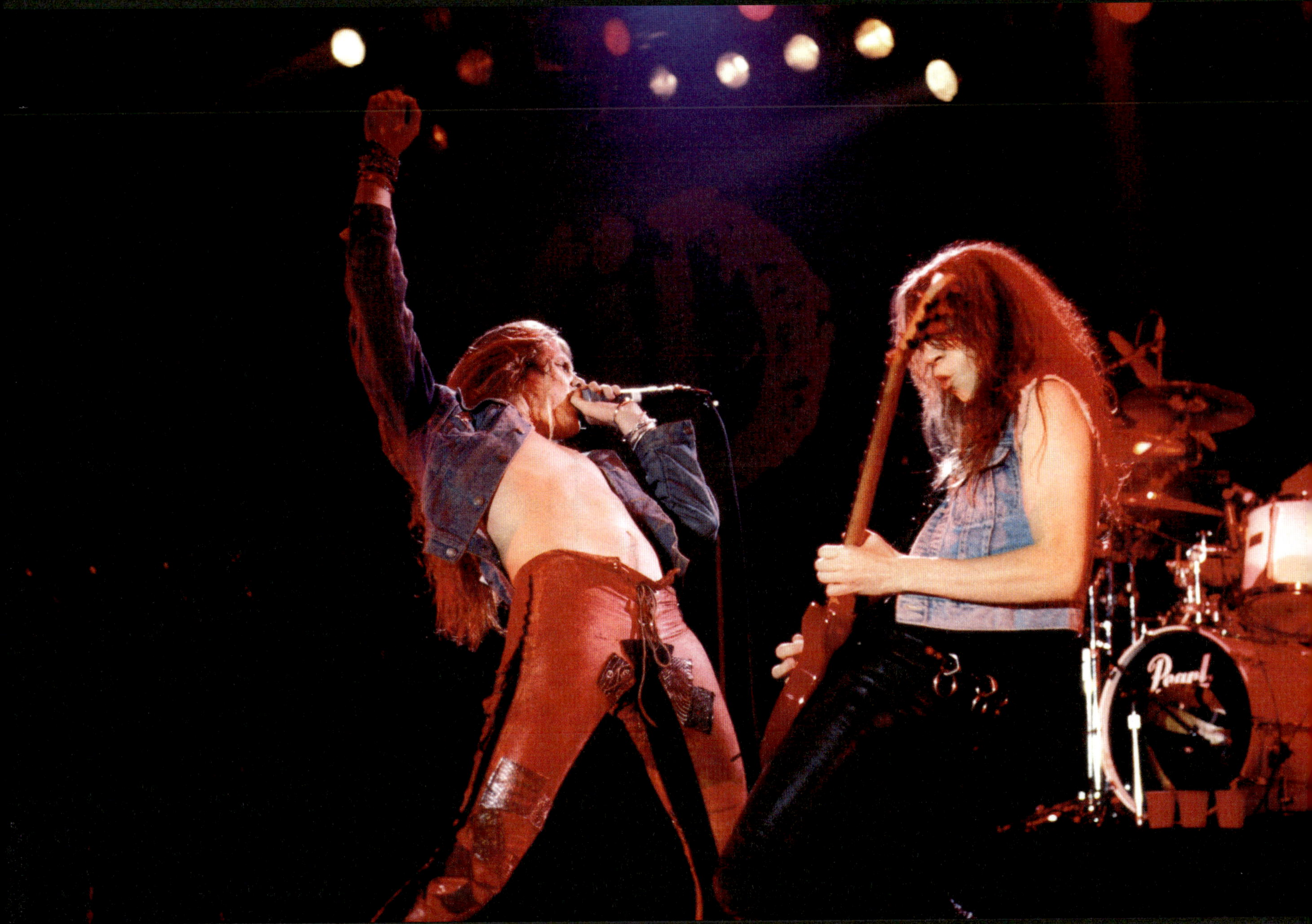

SKID ROW

110 ✠ Sebastian Bach wurde in Freeport auf den Bahamas geboren und wuchs in Kanada auf, bevor er nach New Jersey zog und zu Skid Row kam.

111 ✠ Skid Row rocken in ihren glorreichen Tagen, bevor sie Sebastian Bach feuerten.

HEAVY METAL

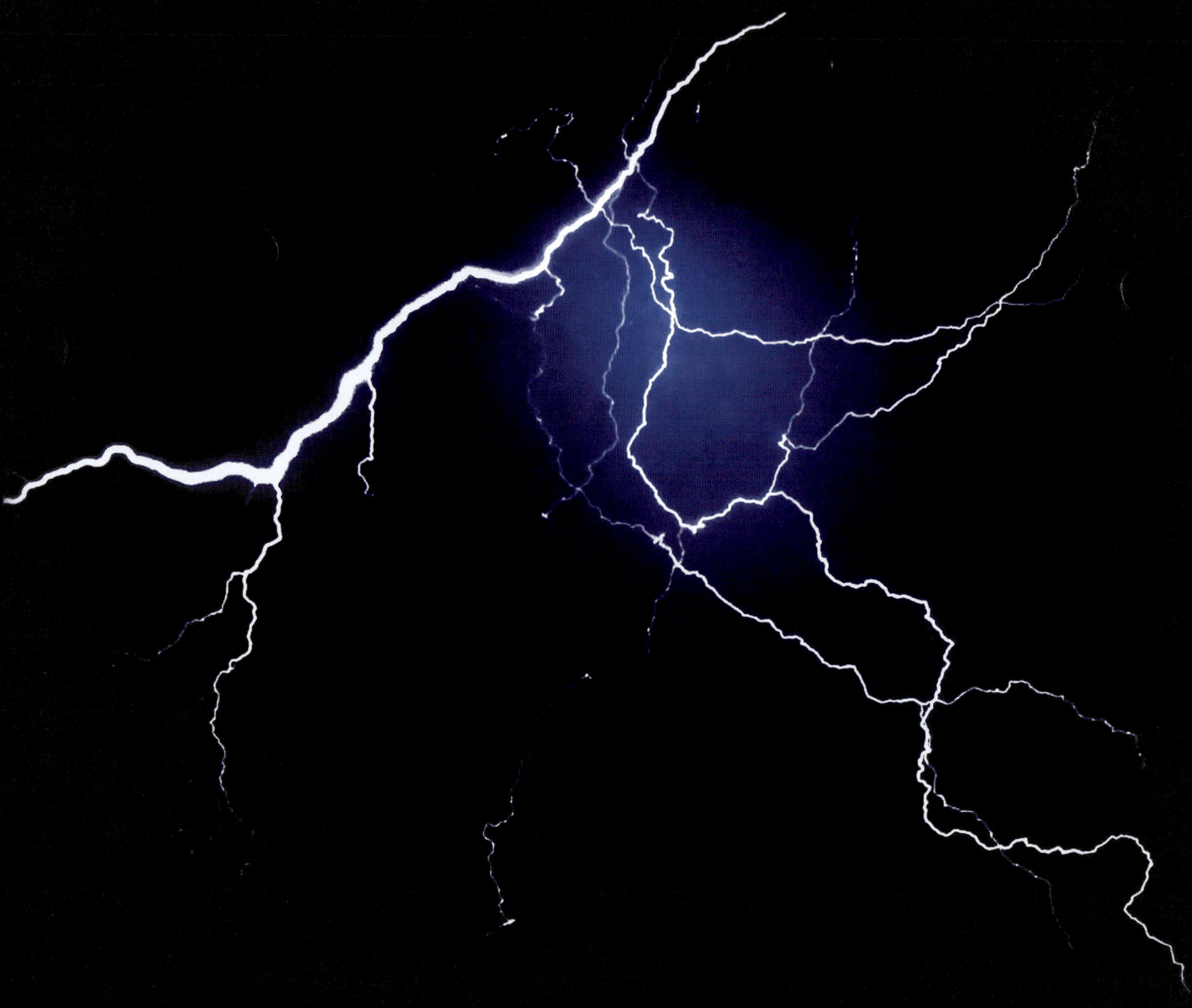

Genau wie Rock 'n' Roll Bands etwas schneller, härter und heftiger spielten, um Hardrock zu kreieren, spielten die ersten Metal-Bands gewaltiger, lauter und noch härter als ihre Hardrock-Brüder. Die Gitarren waren verzerrter, die Drums strukturierter und die Sänger klangen oft wie eine Höllenbrut. Für die von Folk-Musik getriebene Friedens- und Liebesgeneration der 1960er-Jahre war dies wie ein Todesstoß.

Heavy Metal entstand im selben Jahr, in dem auch das letzte große Hippie-Ereignis stattfand, das Woodstock Festival, als sich Led Zeppelin 1969 mit „Good Times Bad Times" von ihrem gleichnamigen Debütalbum ihren Weg in die Musikszene bahnten. Black Sabbath folgten an einem Freitag, dem 13. des nächsten Jahres, und nicht lange danach tauschten Deep Purple auf ihrem vierten Album, „Deep Purple In Rock", ihre psychedelische Schutzbrille gegen eine grelle Heavy-Metal-Show ein. Obwohl Kritiker darüber diskutierten, mit welchem Genre sie jedes Album markieren sollten („Ist Led Zeppelin Hardrock oder Metal?"), war es klar, dass diese Alben eine grundlegende Veränderung in der populären Musik signalisierten. Als die damaligen Underground-Radiosender begannen, diesen neuen Sound zu spielen, war klar, dass diese Bands Rock aus seiner Komfortzone geholt hatten.

Die bestimmenden Merkmale des Heavy Metal waren zu dieser Zeit große, bluesige Riffs, lange Gitarrensoli, orchestral-perkussives Drumming und schriller, durchdringender Schreigesang. Tony Iommi von Black Sabbath spielte harte, schleppende Riffs, die durch das Herunterstimmen seiner Gitarrensaiten noch düsterer klangen, und Ozzy Osbourne sang über Satan wie ein Besessener. Deep Purple spielten treibende, ultraschnelle Rocksongs wie „Highway Star" und abgehackte Rock-Riffs wie in „Smoke on the Water". Led Zeppelin befanden sich irgendwo in der Mitte. Sie waren eine schlanke, gut geölte Songmaschine, die von abwechselnd explosiven Gitarrenexzessen und zurückhaltendem Folk-Zupfen von Jimmy Page und den fantastischen, von Tolkien inspirierten Texten von Frontmann Robert Plant geprägt war. Allen gemeinsam war eine spannungsgeladene Intensität, die aus dem Nichts kam.

Dieser Stil hatte bereits im Hardrock der 1960er-Jahre gebrodelt, besonders in der Blues-Riff-Fabrik Cream, aber niemand hatte ihre harten Jam-Sessions so weiterentwickelt wie ihre Metal-Nachkommen. In den USA war der künstlerische, von Rückkopplungen durchtränkte Pulk an Bands wie The Stooges und The Velvet Underground wie ein Vorbote auf die elektrisierende Energie der wegweisenden Metal-Bands aus Großbritannien, aber die Amerikaner spielten Musik, die etwas zu konzeptionell herausfordernd war für das damals eher an einfache Formen gewohnte Publikum des Heavy Metal. Die erste Welle von Metal-Bands fand den idealen Punkt zwischen Grenzen überschreiten und Fans nicht entfremden, indem sie Songs schrieben, die für sie selbst fast zu schwer zu spielen waren. Infolgedessen prangerten ihre Kritiker sie als dumme, unmusikalische Ignoranten an, die sich auf ihrem kleinsten gemeinsamen Nenner treffen. Was sie jedoch nicht sahen waren die Kraft, die Begeisterung und den Individualismus, die im Heavy Metal lagen, die Gründe also, die die ursprüngliche Fangemeinde angelockt hatten. Tatsache war, dass das soziale Klima in den späten 1960er-Jahren eine Nachfrage nach etwas wie Heavy Metal geschaffen hatte.

In einer Zeit sozialer Unruhen (es war die Ära des Vietnamkrieges, der Watergate- und Bürgerrechtsproteste) war Heavy Metal eine passende Flucht, ein kathartischer Ausweg für Fans, die einen Soundtrack für ihre Sorgen und Nöte benötigten. Black Sabbath lieferten sozialkritische Kommentare in Liedern wie „War Pigs", während Led Zeppelin realitätsferne, fantastische Ereignisse aufzeichneten, die von Tolkiens „Der Herr der Ringe" inspiriert waren. Beide Bands überboten sich noch, indem sie diese Themen mit stimmungsvollen Farben ausmalten. Innerhalb weniger Jahre folgten viele andere Bands diesem Beispiel.

Queen und Kiss wurden 1971 bzw. 1973 gegründet und spielten weniger aggressive Metal-Sounds, die sie in den kommenden Jahren mit Songs wie „Stone Cold Crazy" und „Detroit Rock City" perfektionierten. Die Auffassung von Hardrock und Heavy Metal blieb jedoch in der ersten Hälfte der 1970er-Jahre größtenteils recht uneindeutig und Kritiker verwendeten beide Begriffe, um jede laute Band als Metal- oder Hardrock-Band zu beschreiben, sei es nun Alice Cooper, Grand Funk Railroad oder längst-vergessene Boogie-Bands wie Cactus. Diese Bands hatten vielleicht ihre Momente, aber Metal brauchte etwas mehr Definition, um nicht nur eine Eintagsfliege im Musikbusiness zu sein.

Die Band, die das, was die Metal-Urväter geschaffen hatten, neu definierte, war Judas Priest. Obwohl ihr Debüt 1974, „Rocka Rolla", mehr auf den Heavy-Bluesrock der späten 1960er-Jahre zurückging, hatte die Band bei ihrer zweiten Veröffentlichung, „Sad Wings of Destiny" von 1976, ihren eigenen Sound gefunden. Dank mittelalterlich klingender, mit zwei Gitarren gespielter Harmonien, energiegeladenem Drumming und Rob Halfords Akzente setzendem Gesang klangen Songs wie „Tyrant" und „Victim of Changes" wie etwas Frisches, Neues im Paradigma des Heavy Metal. Bei ihren nächsten Veröffentlichungen konnte die Band ihren Sound noch verfeinern und hat schließlich 1978 ihren ureigenen Powersound gefunden, der nur noch den Blues anspielte. Dieser Sound war ein Ansatz, auf den sich viele Bands, von Anthrax bis Queensrÿche, in den nächsten drei Jahrzehnten beziehen würden.

Judas Priest waren jedoch nicht nur musikalisch einflussreich. Ihr Aufstieg brachte die Entstehung der Metal-Kultur mit sich. Ihr von Bikern inspiriertes Bühnenoutfit, (schwarzes Leder, Metallnieten und Sonnenbrillen) fand bis in die 1990er-Jahre Resonanz bei Bands in fast allen Metal-Subgenres, da Bands von Thrash-Metal wie Slayer und Glam-Metal wie Mötley Crüe einen ähnlichen Look annahmen. Rob Halfords Texte scheuten sich weitgehend vor den Fantasy-Geschichten von Led Zeppelin und Black Sabbaths depressiven Grübeleien. Stattdessen sang er darüber, ein eigenständig denkender Mensch zu sein, aus dem Bauch heraus gegen das Gesetz zu verstoßen und sich mit anderen Establishment-Kritikern zusammen zu tun. In den folgenden Jahren sollten Bands wie Motörhead und Metallica ein ähnliches Ethos vertreten.

In der zweiten Hälfte der 1970er-Jahre kam es auf beiden Seiten des Atlantiks zu einem Ansturm frischer Metal-Bands. In England brachte Motörhead Speed und abgespeckte Punk-Riffs, während Ritchie Blackmores Rainbow komplizierte, majestätische Soundteppiche aus Renaissance-inspiriertem Rock mit Fantasy-Texten des amerikanischen Frontmanns Ronnie James Dio webte. In den USA machten sich Van Halen und Quiet Riot auf dem Sunset Strip von L.A. mit hymnischen, radiofreundlichen Songs und der Gitarrenakrobatik eines Eddie Van Halen und Randy Rhoads einen Namen. In Kanada entwickelten Rush, die als Black Sabbath verehrende Metal-Band begannen, das Genre mit umfangreichen Prog-Metal-Symphonien wie ihrer 1976 erschienenen Veröffentlichung „2112" zu erweitern.

Gegen Ende der 1970er-Jahre hatten neue Bands und Sounds das Heavy Metal verjüngt, als es schon auf dem absteigenden Ast zu sein schien. Exemplarische Hardrock-Bands wie Foreigner und Journey, die von der Musikpresse als Metal bezeichnet wurden, hatten die Stärke und Energie des Metal verwässert. Die Erfindung des Punk führte Hardrock auf das Wesentliche zurück (Powerchord-Riffs und wilder Schrei-Gesang) und die New-Wave-of-British-Heavy-Metal-Bands wie Iron Maiden, Def Leppard und Diamond Head, brachten Geschwindigkeit und eindringliche Melodien in das Genre ein. Diese Bands inspirierten Musiker dazu, Heavy Metal extremer zu spielen, wie Metallica mit Thrash und die Art und Weise, wie Slayer und eine Reihe von Black-Metal-Bands den Sound von Venom annahmen, der am Ende der New Wave of British Heavy Metal (N.W.O.B.H.M.) ganz oben stand.

Das Jahr 1980 wurde zu einem Wendepunkt für Heavy Metal, da es in der gesamten Musikwelt Fuß gefasst hatte. Led Zeppelin lösten sich nach dem Tod von Schlagzeuger John Bonham auf. Ozzy Osbourne, der von Black Sabbath gefeuert worden war, tauchte mit einer neuen, schlankeren Band um den Gitarristen Randy Rhoads wieder auf. Zusammen schrieben die beiden radiofreundliche Heavy-Metal-Songs mit eingängigen Refrains und einschneidenden Gitarrensoli wie „Crazy Train" und „Mr. Crowley" aus dem 1980er „Blizzard of Ozz". Die voll aufdrehenden Judas Priest veröffentlichten ebenfalls 1980 das Album, das viele als ihr Meisterwerk betrachten, „British Steel", das ihre Hymnen „Breaking the Law" und „Living After Midnight" enthielt. Iron Maiden veröffentlichten ihr gleichnamiges Debütalbum, das bereits ihr Faible für mit zwei Gitarren gespielte Harmonien und raue Texte von der Straße zeigte. Black Sabbath brachten ihr erstes Album mit dem ehemaligen Rainbow-Sänger Ronnie James Dio heraus und zeigten, dass sie in der Lage waren, auch komplizierteres Metal zu schreiben. Motörhead veröffentlichten „Ace of Spades", das bereits Speed Metal voraussagte, und AC/DC überschritten mit ihrem meistverkauften Album „Back in Black" die Grenze zwischen Hardrock und Heavy Metal. Es sollte das zweiterfolgreichste Album der Welt werden (nach Michael Jacksons „Thriller").

Nachdem Heavy Metal das Jahrzehnt mit einer so beeindruckenden Eröffnungsrunde begonnen hatte, sollte es in den Achtzigerjahren noch größere Erfolge erzielen, da es auch im Radio und in MTV immer präsenter wurde. Während dieser Zeit veröffentlichte Iron Maiden „The Number of the Beast", ihr erstes Album mit Sänger Bruce Dickinson, das als erstes Metal-Album die britischen Musik-Charts anführte. In den USA war Quiet Riots „Metal Health" das erste Album, das in den Billboard-Charts Nr. 1 wurde, und Judas Priest waren die erste Metal-Band, die mit ihren Singles „You've Got Another Thing Comin" die Billboard-Top-20 knackte. 1983 fand auf dem zweiten US-Festival ein „Heavy Metal Sunday" statt, der im TV-Sender Showtime ausgestrahlt wurde. Es zog 250.000 Besucher an, um Stars wie Van Halen, Judas Priest, Ozzy Osbourne, Mötley Crüe und andere zu sehen. Es war der zuschauerreichste Tag des Festivals und ein Vorbote der Zukunft.

In der Musik-Untergrundszene wurden in den ersten Jahren des Jahrzehnts mehrere Bands geboren, die später einflussreiche Metal-Subgenres etablieren sollten. Metallica, Slayer, Anthrax und Dark Angel entstanden 1981 und spielten hyperschnellen Thrash Metal. Mercyful Fate wurden im selben Jahr gegründet und beeinflussten Speed Metal, Power Metal und Black Metal. Die zukünftigen Grindcore-Innovatoren Napalm Death gründeten sich im folgenden Jahr, während 1983 zwei künftige Black Metal-Bands, Bathory und Mayhem, entstanden. Queensrÿche und Fates Warning, die beide später den Prog Metal beeinflussten, starteten Anfang der 1980er-Jahre durch. Und die ersten Death-Metal-Bands, Death und Morbid Angel, fassten ungefähr zur gleichen Zeit Fuß.

Der neue Schwung durch Metal setzte sich bis in die Mitte des Jahrzehnts fort, als Bands, die noch melodischere, popfreundlichere Formen des Genres spielten, wie Def Leppard, Bon Jovi oder auch die Scorpions, die Radiocharts stürmten. Metal war schon so zum Mainstream geworden, dass der Filmemacher Rob Reiner 1984 die Parodie-Rockumentary „This Is Spinal Tap" ins Kino brachte. Und im selben Jahr veröffentlichten Van Halen, die zu diesem Zeitpunkt eher einen poppigen Hardrock-Sound angenommen hatten, ihr mit Diamantstatus gekröntes Album „1984", bevor sich Frontmann David Lee Roth 1985 von der Band trennte.

Aufgrund der Popularität des Genres wurde Heavy Metal Mitte der 1980er-Jahre von den Medien und der Politik genau unter die Lupe genommen. 1984 gründete Tipper Gore, die Frau des damaligen Senators Al Gore, die Lobbygruppe „Parents Music Resource Center" (P.M.R.C.), die eine Liste der „Filthy Fifteen" Songs zusammenstellte, die weder im Radio noch im Fernsehen gespielt werden sollten. Neben Liedern von Künstlern wie Prince und Madonna stammten die 15 genannten Singles von neun bekannten Metal-Künstlern, darunter Judas Priest, W.A.S.P. und Twisted Sister. Die Kampagne des P.M.R.C. führte dazu, dass die Plattenindustrie „Parental Guidance"-Aufkleber auf Alben anbrachte, wenn die Texte zu obszön oder beleidigend waren. Im September 1985 hielt der US-Senat eine Anhörung über diese Einschränkung von Schallplatten ab und wie sie die Schallplattenindustrie verletzt hatte. Dee Snider von Twisted Sister sprach sich gegen diesen Jugendschutz aus und erklärte: „Eltern können dem P.M.R.C. für das Erinnern dankbar sein, dass es keinen Ersatz für die elterliche Aufsicht gibt. Aber hier endet die Arbeit des P.M.R.C." Die „Recording Industry Association of America", eine Handelsorganisation, die die Musikindustrie vertritt, stimmte dennoch freiwillig den Aufklebern auf Alben zu, die als anstößig gelten könnten.

Trotz der negativen Schlagzeilen hatte Metal kommerziell immer mehr Erfolg. 1985 musste MTV eine „Crüe-Regel" implementieren, die die Zeitspanne, in der ein Video Nummer 1 sein konnte, einschränkte, da sich Mötley-Crüe-Fans immer wieder die Videos der Band wünschten. Und 1986 startete MTV eine Show namens Heavy Metal Mania, die von Dee Snider von Twisted Sister moderiert wurde, als Plattform für Metal-Videos.

In der zweiten Hälfte der 1980er-Jahre erreichte Metal bisher ungeahnte Höhen. Mötley Crües 1987er-Album „Girls Girls Girls" debütierte auf Platz 2 der Billboard-Charts und wurde später viermal mit Platin ausgezeichnet. Im selben Jahr veröffentlichten die Hardrocker Guns N' Roses, die ein Publikum mit vielen Metal-Bands teilten und später mit Metallica tourten, ihr Debütalbum „Appetite for Destruction", das 18-mal mit Platin ausgezeichnet

Ebenfalls 1987, nachdem Dee Snider Heavy Metal Mania verlassen hatte, startete MTV den Headbangers Ball, der nur Metal-Videos spielte. Die Grammys fügten 1988 die Kategorie „Bester Metal-Act" zu ihren Preisen hinzu, obwohl die erste Preisverleihung eher zur Pointe geriet, als die „Hardrocker" Jethro Tull 1989 die erste Trophäe gewannen und sogar ihr Frontmann Ian Anderson beteuerte, dass sie gar kein Metal spielen würden. In den folgenden drei Jahren gewannen dann Metallica. 1989 war Metal so beliebt, dass unter anderem Ozzy Osbourne, Mötley Crüe, die Scorpions und Bon Jovi den Eisernen Vorhang überqueren und beim Moskauer Musikfriedensfestival in der damals kommunistischen Sowjetunion vor 100.000 Metalheads spielen konnten.

Ungefähr zu dieser Zeit begannen die Subgenres des Metal, insbesondere der Thrash Metal, an Zugkraft zu gewinnen. Metallica, Slayer, Anthrax und Megadeth veröffentlichten 1986 und 1987 monumentale Alben. Andere Mutationen von Heavy Metal, wie das Industrial Metal von Ministry, Nine Inch Nails und KMFDM, erregten ebenfalls Aufmerksamkeit. Und eine Reihe durch Led Zeppelin inspirierte Bands recycelte die besten Riffs ihrer Vorbilder zum Besseren (Jane's Addiction, The Cult und Whitesnake) und zum Schlechteren (Kingdom Come). Aber es waren Pop-Metal-Bands wie Cinderella, Poison und Warrant und zum Glück einige ihrer härteren Glam-Metal-Cousins wie Skid Row und Mötley Crüe, die am Ende des Jahrzehnts anfingen, MTV zu dominieren.

Dank starker Veröffentlichungen von Megadeth, Slayer, Testament und Anthrax sowie des ersten echten Major-Label-Thrash-Albums von Pantera behielt Metal seine Chart-Dominanz bis in die frühen 1990er-Jahre bei. Bands außerhalb der damals boomenden Thrash-Szene erregten ebenfalls Aufmerksamkeit, als Alice in Chains als Opener auf der „Clash of the Titans"-Tour spielten und Faith No More mit „Epic" einen frühen Rap-Metal-Hit erzielte.

Das Jahr 1991 könnte möglicherweise als das größte des Metal angesehen werden, gemessen an der Anzahl der veröffentlichten großen Alben und den Wendepunkten im Genre. Ozzy Osbourne, Guns N' Roses, Motörhead und der in Wayne's World vergötterte Alice Cooper veröffentlichten einige der besten Alben ihrer Karriere. Skid Row veröffentlichte „Slave to the Grind", das als erstes Metal-Album auf Platz 1 der Billboard-Charts debütierte. Und Metallica hat die Regeln für alle mit ihrem übergroßen gleichnamigen fünften Album neu geschrieben, das bis heute das meistverkaufte Metal-Album ist.

Trotz dieser Erfolge standen Metal-Bands Anfang der Neunzigerjahre vor großen Hindernissen. Judas Priest und Ozzy Osbourne standen jeweils vor Gericht, weil ihre Musik angeblich unterschwellige Botschaften enthielt und weil diese Botschaften einen gewissen Einfluss auf die Umstände hatten, die in den 1980er-Jahren zu Selbstmorden von Teenagern geführt hatten. Beide Anklagen wurden fallen gelassen und der Frontmann von Judas Priest, Rob Halford, scherzte später, wenn er unterschwellige Botschaften auf Aufnahmen verwenden würde, würde er die Fans darum bitten, mehr Alben der Band zu kaufen. Ein weiterer Wendepunkt in den frühen 1990er-Jahren waren die Ausstiege von Rob Halford von Judas Priest und Bruce Dickinson von Iron Maiden, wodurch zwei der einflussreichsten Bands des Genres jeweils ohne ihren markanten Leadsänger dastanden. Queens Lichtgestalt Freddie Mercury starb an einer Lungenentzündung im Zusammenhang mit Aids Die größte Veränderung, der sich Metal-Bands stellen mussten, war der Aufstieg des Grunge, einer Mischung aus dem direkten Spiel des Punk und dem barbarischen Jaulen des Metal.

Durch Grunge-Bands wie Nirvana, Pearl Jam und Soundgarden, die die Charts stürmten, schien das 20-jährige Metal nicht mehr hip zu sein, und viele Radiosender spielten nur noch begrenzt Metal-Songs. 1995 stellte MTV den Headbangers Ball ein. Während des größten Teils der Neunzigerjahre befand sich Metal, wie man es bisher kannte, im Winterschlaf, als sich plötzlich neue Sounds in die Heavy-Musik einschlichen.

Obwohl viele der größten Thrash-Bands ihre Popularität beibehielten (Pantera erzielte 1994 mit „Far Beyond Driven" sogar ein Nr. 1-Album), wurde geradliniges Metal in den 1990er-Jahren allmählich brüchig. Bands wie White Zombie, Nine Inch Nails und Marilyn Manson, die alle musikalische Risiken eingingen und mit elektronischen Sounds experimentierten, hatten Mitte der 1990er-Jahre begonnen, Metal zu vertreten. Traditionelles Metal fand in Mitteleuropa eine Hochburg, als Festivals wie Wacken, an dem jedes Jahr rund 80.000 Metalheads teilnahmen, an Bedeutung gewannen. Korn erfanden mit ihrem gleichnamigen Debütalbum von 1994 fast im Alleingang den Nu Metal. Angetrieben von abgespeckten Gitarren, rapartigem Gesang und Tribal-Drumming wurde Nu Metal zur großen Überlebenshoffnung des Metal, als Grunge-Bands aus den Charts verschwanden und Mitte bis Ende der 1990er-Jahre durch Limp Bizkit, Rage Against the Machine und Slipknot ersetzt wurden. Diese „Experimente" ebneten auch den Weg für Bands wie Tool und System of a Down, die unter kritischem Beifall künstlerischere Versionen des Metal spielten. Viele dieser Bands erzielten ihren Durchbruch bei ihrem Auftritt auf Ozzy Osbournes „Ozzfest", das der Sänger 1996 ins Leben gerufen hatte. Der vielleicht schockierendste Metal-Moment der Neunzigerjahre war jedoch die Enthüllung, dass die Mitglieder von Metallica, die in diesem Jahrzehnt den Inbegriff des Metal darstellten, nicht nur ihre Haare abschnitten, sondern auch damit begannen, auf ihren Alben „Load" und „ReLoad" mehr oder weniger Hardrock zu spielen. Glücklicherweise konnte Metal in den nächsten zehn Jahren wieder etwas von seiner verlorenen Präsenz wiedererlangen.

Nu Metal blieb zu Beginn der 2000er-Jahre gefragt. Linkin Park erreichten mit ihrem Debütalbum „Hybrid Theory" im Jahr 2000 auf Anhieb Diamantstatus, aber traditionelles Heavy Metal und seine Subgenres erregten schon bald wieder Aufmerksamkeit. Bruce Dickinson kehrte 1999 zu Iron Maiden zurück und die Band veröffentlichte im Mai 2000 das klassisch klingende „Brave New World". Rob Halford kehrte 2003 zu Judas Priest zurück, um ein ähnliches Comeback zu starten. Das Aufkommen von Metalcore- und Thrash-Revival-Bands wie Killswitch Engage und Lamb of God führte 2003 zu einem Headbangers-Ball-Revival auf MTV2. Nach den rauen Zeiten der 90er-Jahre schien Metal wieder auf dem Vormarsch zu sein.

Eine Tragödie ereignete sich jedoch, als der ehemalige Pantera-Gitarrist Dimebag Darrell 2004 von einem Amok laufenden Fan auf der Bühne erschossen wurde. Er war mit der Band Damageplan auf Tour gewesen, die er mit seinem Bruder Vinnie Paul nach der Trennung von Pantera gegründet hatte. Sein Tod schockte viele Metal-Musiker, die zu seinen Ehren Tribute-Songs aufnahmen.

In der zweiten Hälfte des Jahrzehnts, als das Internet das dominierende Medium wurde, um Musik zu entdecken, wurde Metal wie bereits in den 1990er-Jahren mürrischer, und seltsamerweise dennoch populärer. Nu-Metal-Bands wie Disturbed und Godsmack und Hardrock-Metalcore-Bands wie Avenged Sevenfold beherrschten immer noch die Charts, aber Bands, die mehrere Genres bedienten, wie die Prog-Death-Metaller Gojira, progressive Metalcore-Bands wie Protest the Hero und thrashige Metalcore-Bands wie Bullet for My Valentine fanden hingebungsvolle Fangemeinden. Darüber hinaus tauchten Metallica, die 2003 mit „St. Anger" wieder mit Heavy Metal experimentiert hatten, mit „Death Magnetic" 2008 erneut in die Welt des Thrash ein. Die Band wurde 2009 in die Rock and Roll Hall of Fame aufgenommen und startete danach eine Tournee zusammen mit Slayer, Megadeth und Anthrax, auf der sie 2011 auch zwei hochbesuchte Konzerte in den USA spielten.

Während Heavy Metal in sein fünftes Jahrzehnt eintritt, bleibt seine Popularität ungebrochen. Obwohl die Albumverkäufe seit der Blütezeit der späten 1980er-Jahre zurückgegangen sind und das Internet es den Fans leichter gemacht hat, die seltsamsten Sounds zu finden, bleibt die Idee hinter Metal, Musik, die viel extremer ist als Mainstream-Rock, dieselbe. Metal ist noch nicht tot.

OZZY OSBOURNE

119, 120-121 & 122-123 ✠ Nachdem Ozzy Osbourne bei Black Sabbath gefeuert worden war, startete er dank der Ermutigung seines Gitarristen Randy Rhoads eine erfolgreiche Solokarriere und entwickelte sich zu einer der bekanntesten Heavy-Metal-Figuren.

Ozzy Osbourne ist zweifellos der berühmteste Star des Heavy Metal. Nachdem er 1979 von Black Sabbath gefeuert worden war, wäre er fast zu einer weiteren Fußnote in der Geschichte des Heavy Metal geworden. Durch seine starke Alkoholabhängigkeit so gut wie außer Gefecht gesetzt, konnte er sich dank der Hilfe seines Managers und seiner damaligen Freundin Sharon Arden wieder aufrappeln. In den folgenden Dekaden läutete er das Jahrzehnt der Gitarrenhelden mit einer Schar von Flinkefingern ein, gestaltete die Konzertbranche mit seinem tourenden Ozzfest neu und definierte Reality-TV, indem er in „The Osbournes" vor der Kamera einfach er selbst war, nämlich der selbsternannte „Prince of Fucking Darkness", zu Hause bei seiner Familie.

Der erste Schritt auf dem Weg zum Erfolg war jedoch der schwierigste. Ermutigt von Arden (die er 1982 heiratete) gründete er wenige Monate nach seinem Abgang von Black Sabbath eine Band. Damals engagierte er einen jungen Gitarristen namens Randy Rhoads, der zuvor mit Quiet Riot unterwegs gewesen war und sich später als sein größter musikalischer Verbündeter herausstellen sollte. Abgesehen von einem angeborenen Melodiegefühl und Sinn für musikalische Show (es ist seit Langem umstritten, ob Rhoads oder Van Halen in den späten 1970er-Jahren die „Tapping"-Gitarrentechnik erfanden), hatte Rhoads eine Fähigkeit zur Geduld, die Osbourne bei Black Sabbath vermisst hatte, wenn er mit ihnen Songs schrieb. Ozzy konnte einfach nur eine Melodie pfeifen und Rhoads nahm sich die Zeit, um herauszufinden, wie er daraus einen Song machen könnte. Genau so haben sie es bei „Goodbye to Romance" gemacht, das auf Osbournes Solo-Debütalbum „Blizzard of Ozz" 1980 erschien.

Dieses Album und sein Nachfolger, „Diary of a Madman" von 1981, würden den Sound von Osbournes Solokarriere bestimmen. Mit klassisch beeinflussten Melodien und Texten über den Kalten Krieg („Crazy Train"), Alkoholismus („Suicide Solution") und Paranoia („Diary of a Madman") schufen Osbourne und Rhoads ein Meisterwerk nach dem anderen. In der Zwischenzeit erarbeitete sich Osbourne seinen eigenen Ruf als „Wahnsinniger" des Heavy Metal, nachdem sich Nachrichten verbreiteten, dass er (bei verschiedenen Gelegenheiten) die Köpfe einer Fledermaus und einer Taube abgebissen und auf das Alamo-Cenotaph-Monument uriniert hatte. Tragischerweise machten Osbourne und seine Band zu jener Zeit jedoch die größten Schlagzeilen, als Rhoads 1982 mit einigen Freunden in ein Flugzeug stieg und getötet wurde, als es in den Tourbus und die Villa stürzte, in der sich die Band aufhielt. Mit der Hilfe von Sharon schaffte es Osbourne dennoch, die laufende Tour mit dem Night Ranger-Gitarristen Brad Gillis zu beenden.

In den nächsten zwei Jahrzehnten veröffentlichte er zahlreiche Platin-Alben, mit Gitarristen, die von dem unterschätzten Jake E. Lee (der 1983 in „Bark at the Moon" und 1986 in „The Ultimate Sin" mitwirkte) bis zu Zakk Wylde reichten, der später eine eigene erfolgreiche Karriere als Frontmann seiner eigenen Band Black Label Society startete. Wylde war dennoch mehr als zwei Jahrzehnte lang immer wieder Osbournes musikalisches Gegenstück und trug dazu bei, Osbournes viermaliges Platin-Album „No More Tears" von 1991 zu schreiben. Dieses Album enthielt einige von Osbournes größten Hits seit seiner Zeit mit Rhoads, darunter „Mama, I'm Coming Home" und „I Don't Want to Change the World", mit dem er später einen Grammy für die beste Live-Version des Songs gewann.

In Anbetracht seines Beitrags zur Entstehung von Metal und Hardrock, der auf seine Black-Sabbath-Tage zurückgeht, ist Osbourne möglicherweise nicht nur der berühmteste Star des Metal, sondern auch der einflussreichste. Kein anderer Künstler ist dem Genre über vier Jahrzehnte treu geblieben und hat es durch so viele Medien beeinflusst. Er mag scherzen, der Fürst der verdammten Finsternis zu sein, aber eines ist sicher: Er ist der König des Metal.

Ozzy ist auch weiterhin ein Überlebender einer Zeit voller Wahnsinn und Triumphe, von dem Fahrradunfall, den er auf seinem Landgut erlitten hatte (und der ihm fast das Leben gekostet hätte) bis zu seiner Teilnahme am Goldenen Thronjubiläum von Königin Elisabeth II., bei dem er im Buckingham Palace „Paranoid" sang, und von Black Sabbaths Wiedervereinigung bis zum Erfolg seiner Autobiografie „I Am Ozzy", die schon bald verfilmt wird. Ozzys beste Beschreibung von sich selbst findet sich jedoch auf seinem neuesten Album, „Ordinary Man" von 2020, das vollgepackt ist mit musikalischen Gästen (Chad Smith von Red Hot Chili Peppers, Duff McKagan und Slash von Guns N' Roses, Tom Morello und Post Malone). Auf der ersten Single aus diesem Album, die zusammen mit Elton John aufgenommen wurde, erklärt Ozzy stolz: „I don't want to die like a normal person."

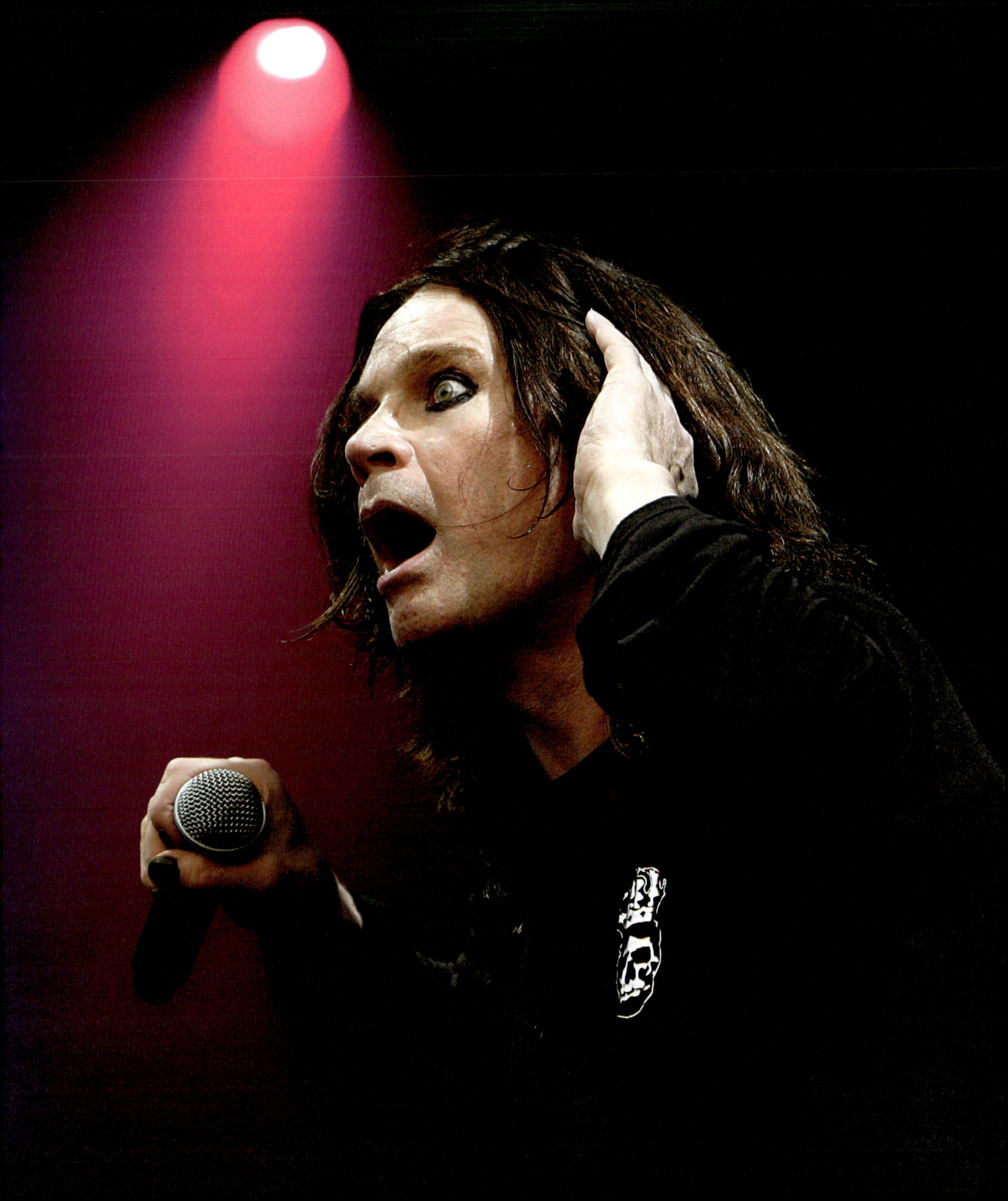

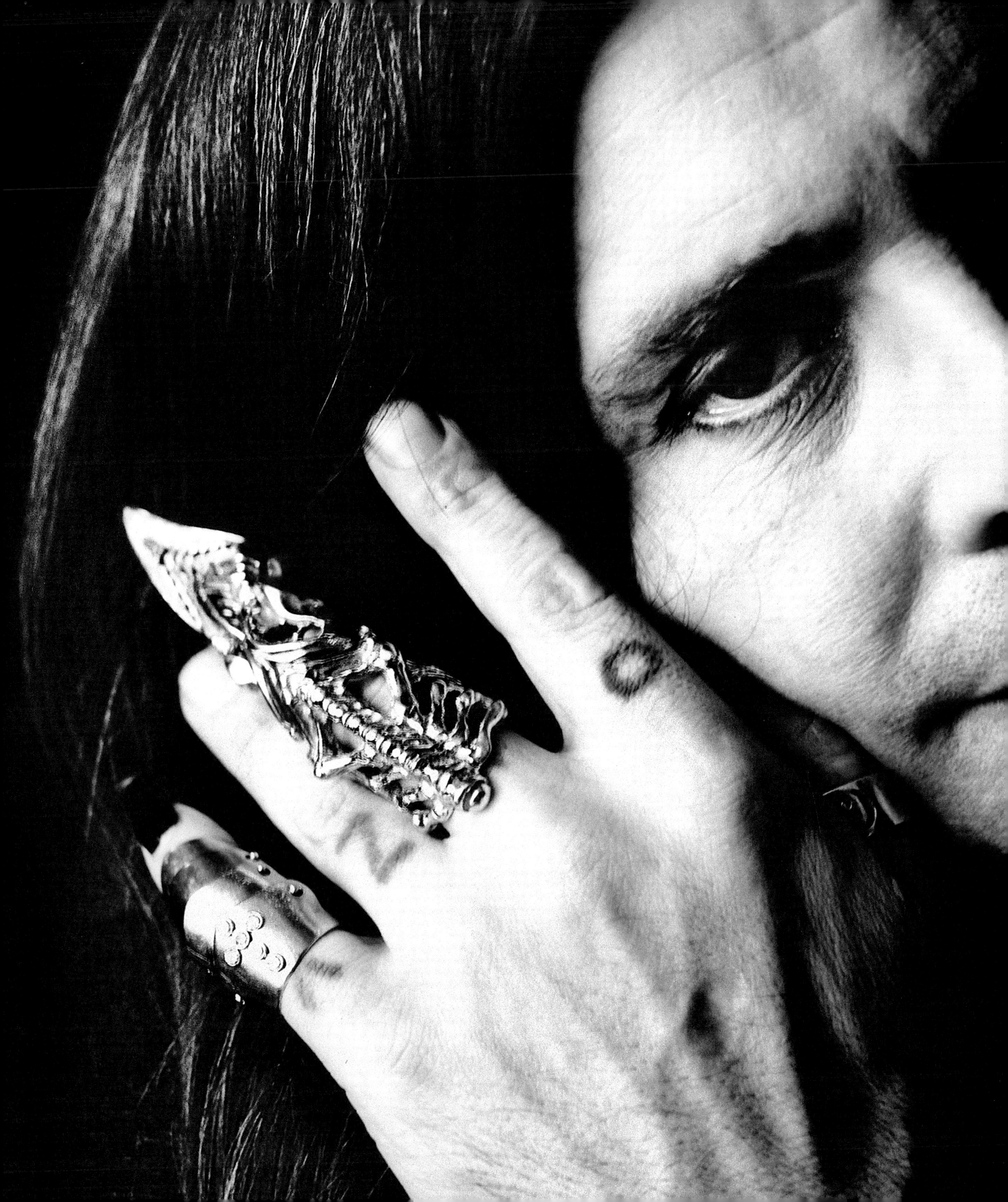

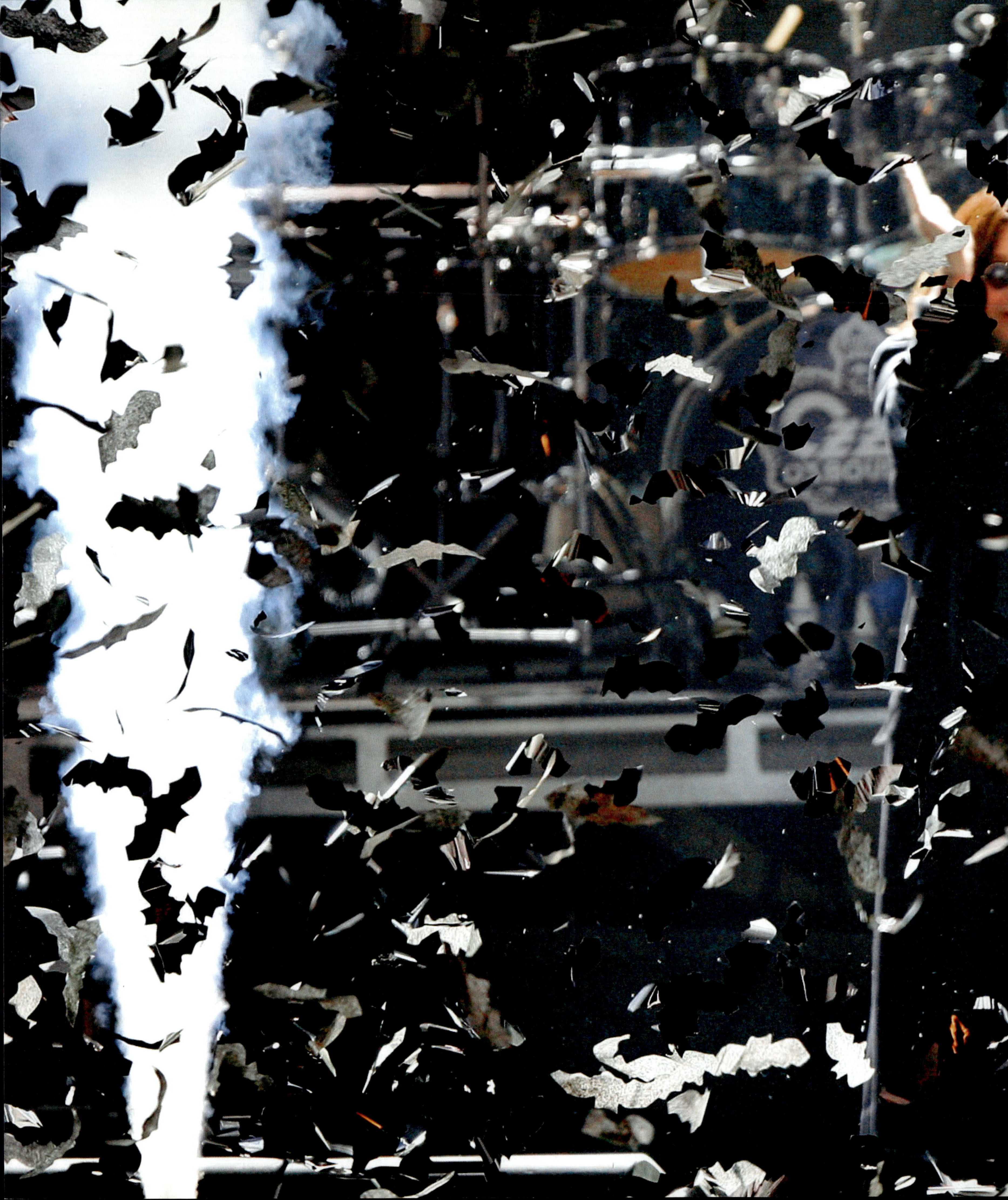

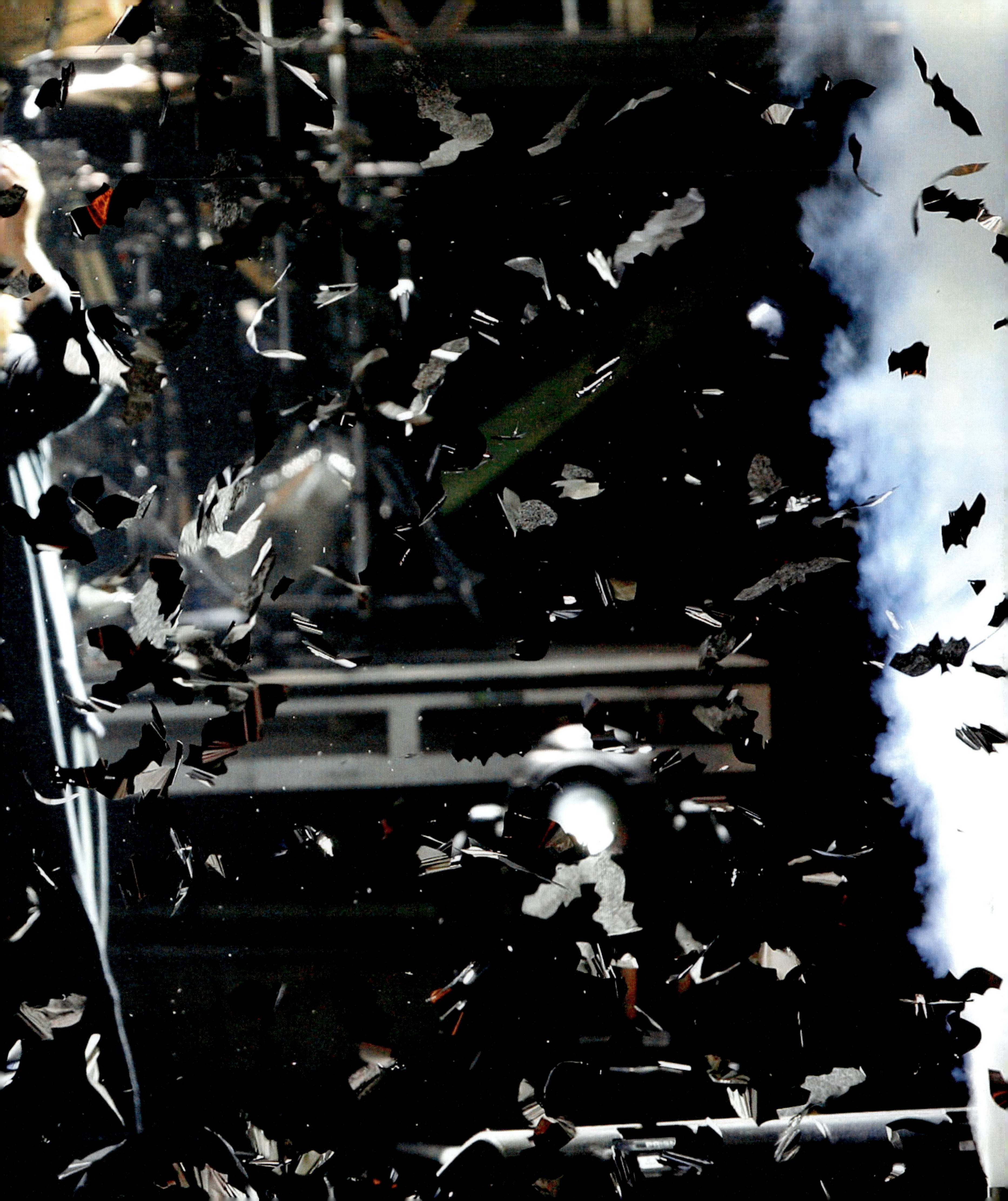

JUDAS PRIEST

Die Mitglieder von Judas Priest, schwarzes Leder mit Stahlnieten tragend und mit einem Händchen für eingängige Songs ausgestattet, haben den Look und Sound von Heavy Metal in den späten 1970er- und frühen 1980er-Jahren neu definiert. Die Bandkollegen stammten aus derselben Arbeiterstadt wie Black Sabbath und einige Bandmitglieder von Led Zeppelin. Sie hatten Heavy Metal bereits im Blut. Fans nennen sie liebevoll die „Metal Gods", indem sie den Namen eines Songs aus ihrem Albumklassiker „British Steel" aus dem Jahr 1980 verwenden. Gemessen an der Anzahl der Bands, die sie beeinflusst haben (Pantera, Slayer, Slipknot), ist dies eine würdige Bezeichnung. Tatsächlich hat keine andere Band, ausgenommen Black Sabbath und Metallica, Metal stärker geformt als Judas Priest.

Die geheimen Waffen der Band waren schon immer das Zwei-Gitarren-Tandem K.K. Downing und Glenn Tipton und die scheinbar grenzenlos strapazierbaren Stimmbänder von Frontmann Rob Halford. Als die Band ihren Höhepunkt erreichte, spielten Downing und Tipton salvenartig-pumpende Riffs, während Halford davon sang, im Moment zu leben, gegen die Autorität zu rebellieren und ein Individuum zu sein. Das waren typische Themen, die potenzielle Heavy-Metal-Fans ansprachen: Ausgestoßene, die unzufrieden sind mit dem, was zur Hauptsendezeit im Fernsehen als normales Leben dargestellt wurde. Judas Priest, ihre „Killermaschine", half dabei, die Essenz des Heavy Metal zu definieren, aber das passierte natürlich nicht über Nacht.

Obwohl Gelegenheitshörer Judas Priest wahrscheinlich mit Faust-in-die-Höhe-streckenden Hymnen wie „Living After Midnight", „You've Got Another Thing Comin" und „Hellbent for Leather" in Verbindung bringen, verbrachte die Band Jahre im Proberaum, bevor sie diese Songs schreiben konnte. Obwohl ihre ersten beiden Veröffentlichungen, „Rocka Rolla" von 1974 und „Sad Wings of Destiny" von 1976, gute Hardrock-Songs waren, begannen Judas Priest mit ihren nächsten Alben, die Klassiker wie „Beyond the Realms of Death" und „Dissident Aggressor" enthielten, richtige Wellen zu schlagen.

1980 machte die Band mit „British Steel" und der daraus ausgekoppelten Single „Breaking the Law" einen großen Schritt nach vorne. Dieser Song mit seiner ansteckenden Gitarren-Hookline, den hämmernden Drums und den lyrischen Aufrufen zu illegalem Waffenbesitz wurde im aufkommenden MTV-Zeitalter ein Hit (und erlebte in den 1990er-Jahren dank Beavis und Butt-Head eine Wiederbelebung seiner Popularität). Mit den nachfolgenden Alben, darunter „Point of Entry" von 1981, „Screaming for Vengeance" von 1982 und das 1984er „Defenders of the Faith", erweiterten Judas Priest musikalisch und auch lyrisch ihre Grenzen.

Mit Ausnahme des synthesizerlastigen „Turbo" von 1986 blieben Judas Priest bei ihren nächsten Alben ihrem Stil treu. Dies endete 1990, als die Band in einem Zivilprozess wegen der Selbstmorde zweier Jugendlicher von 1985 in Nevada angeklagt wurde. Die Bandkollegen wurden beschuldigt, auf ihrer Coverversion von Spooky Tooths „Better by You, Better Than Me" des „Stained Class"-Albums von 1978 die Worte „do it" rückwärts aufgenommen zu haben. Sie waren sehr erleichtert, als die Klage einen Monat später abgewiesen wurde.

Das Geschäft schien sich wieder zu normalisieren, aber 1992 verließ Halford die Band, um seine Solokarriere zu verfolgen. Die Band holte Tim „Ripper" Owens, den Frontmann einer Priest-Coverband, und nahm zwei Alben auf, die nur wenig Anerkennung fanden, obwohl Rippers ungewöhnliche Geschichte die Grundlage für den Mark-Wahlberg-Film „Rock Star" von 2001 werden sollte. Während dieser Zeit gab Halford 1998 bekannt, dass er schwul sei, was die scheinbar konservativen Fans von Judas Priest akzeptiert zu haben schienen.

Halford kehrte 2003 zur Band zurück, die 2005 ein von der Kritik gefeiertes Comeback-Album, „Angel of Retribution" aufnahm. Das 2008 erschienene „Nostradamus" über den Propheten des 16. Jahrhunderts war jedoch übermäßig ehrgeizig. Aber dann lief es wieder besser. 2014 stiegen Judas Priest mit dem Album „Redeemers of Soul" zum ersten Mal in die amerikanischen Top 10 ein. Auch mit „Firepower" 2018 erreichten sie sowohl in Amerika als auch in den britischen Charts die Nummer 5 (in England waren sie seit „British Steel" 1980 nicht mehr in den Charts gewesen).

2011 begann die Band wieder zu touren (Epitaph Tour), auch nachdem Downing sich aus dem Projekt zurückgezogen hatte. Dennoch sind Rob Halford und die anderen Mitglieder der Band fünfzig Jahre nach der Geburt von Judas Priest mehr denn je entschlossen, mit ihrem gewohnten Sound und Outfit voranzukommen: Der Einfluss von Judas Priest auf die Musik der letzten Jahrzehnte bleibt ewig erhalten.

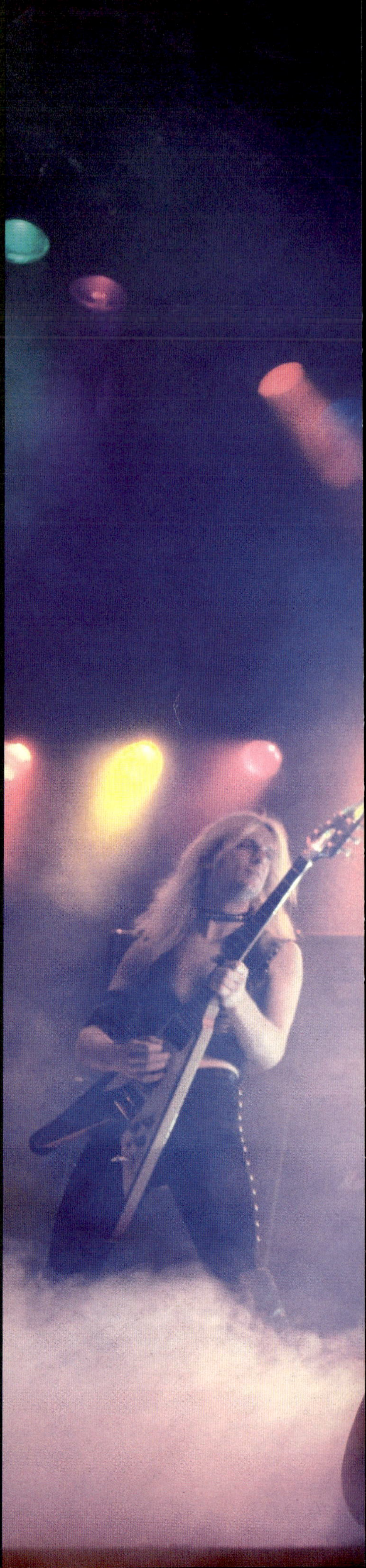

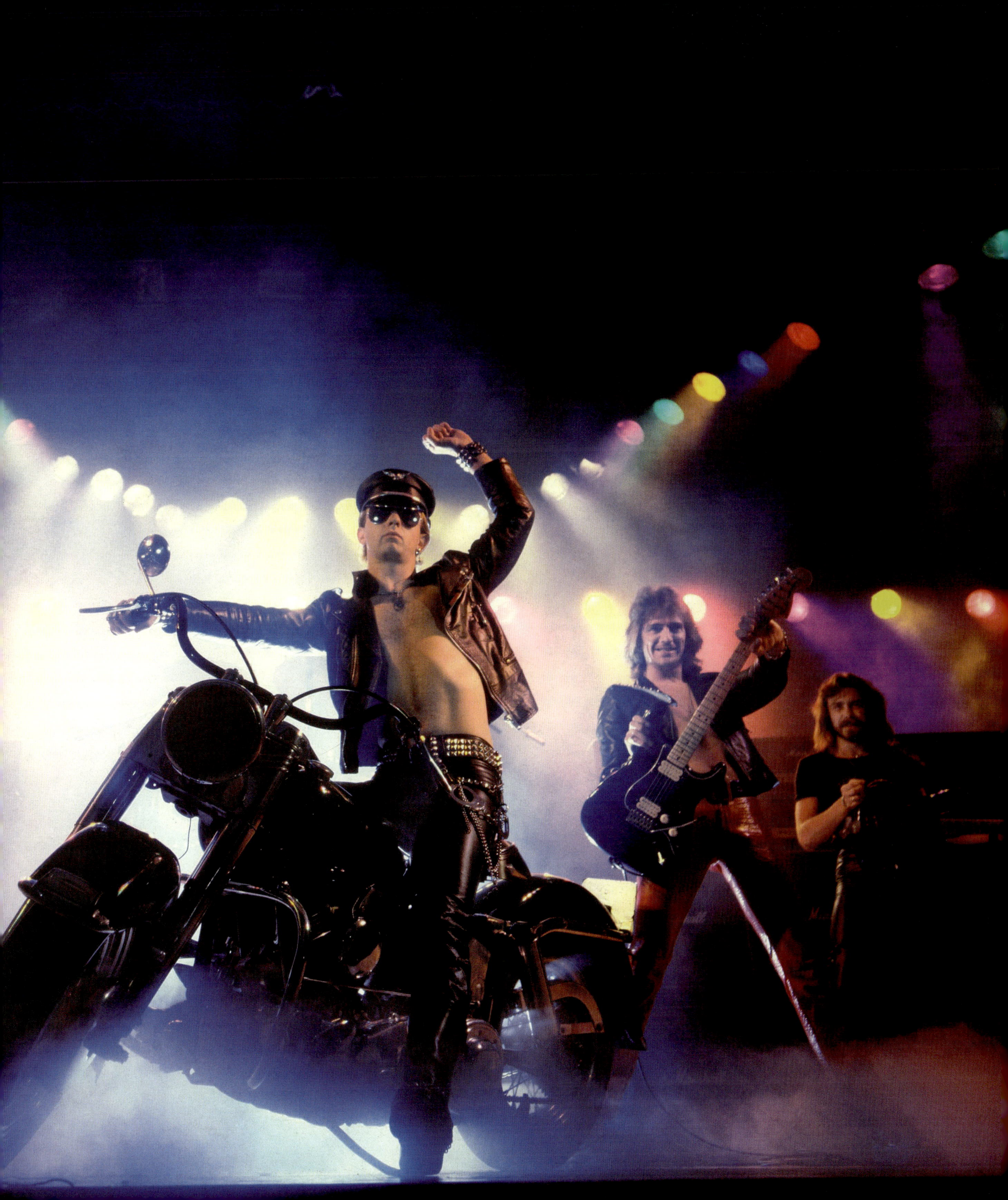

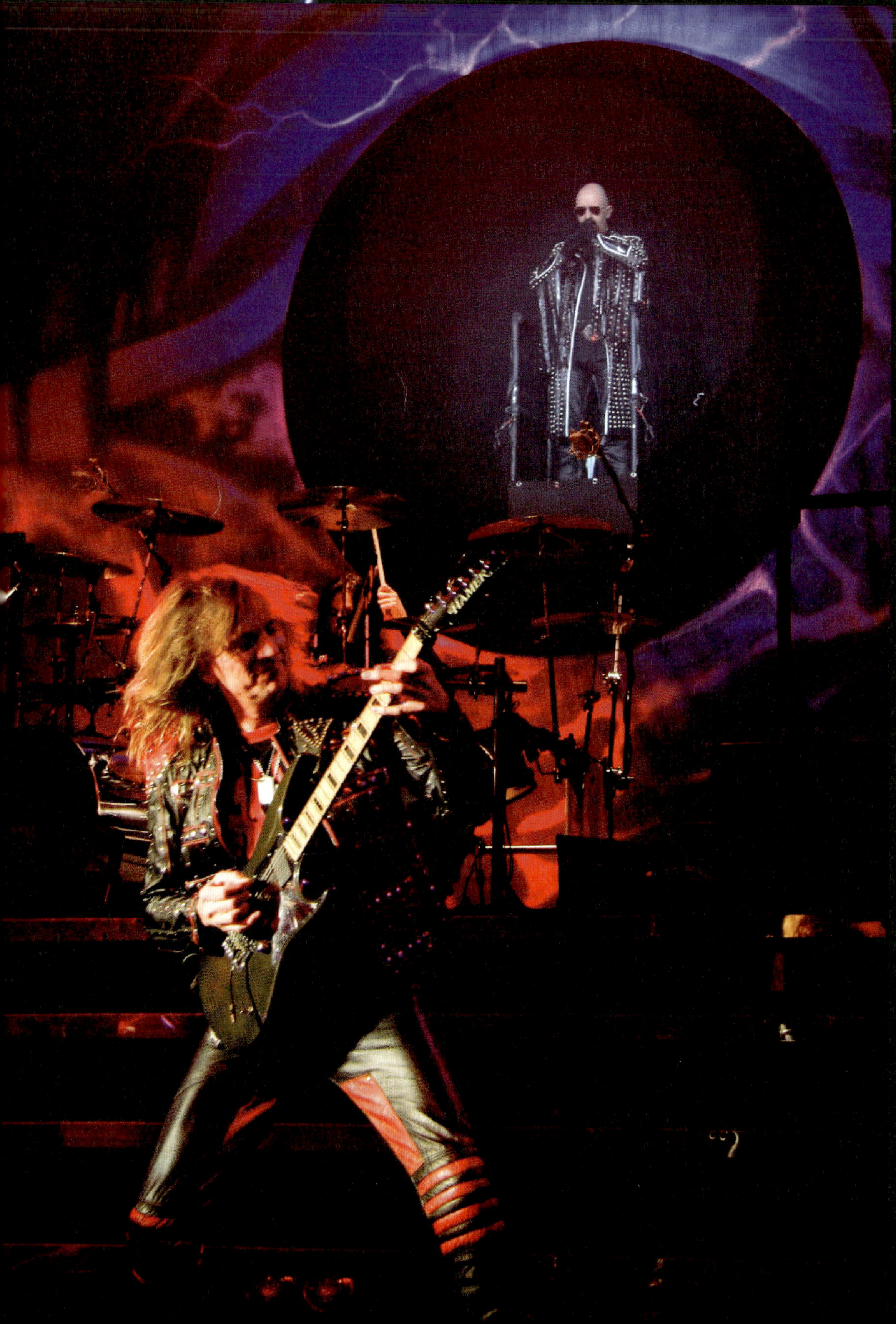

124-125 ✠ „Hell bent for leather": Judas Priest in ihrer Blütezeit. Von links: Gitarrist K.K. Downing, Sänger Rob Halford, Gitarrist Glenn Tipton and Bassist Ian Hill.

126 ✠ Judas-Priest-Gitarrist Glenn Tipton und Sänger Rob Halford versuchen, auf dem Bühnenbild ihrer Nostradamus-Tour die Zukunft vorherzusagen.

127 ✠ Rob Halford ist bekannt dafür, sich als „Metal-Gott" zu bezeichnen (nach dem Priest-Song „Metal Gods"). Vielleicht ist er es ja auch angesichts seiner kraftvollen Vocals, seines Outfits und seiner Bühnenpräsenz.

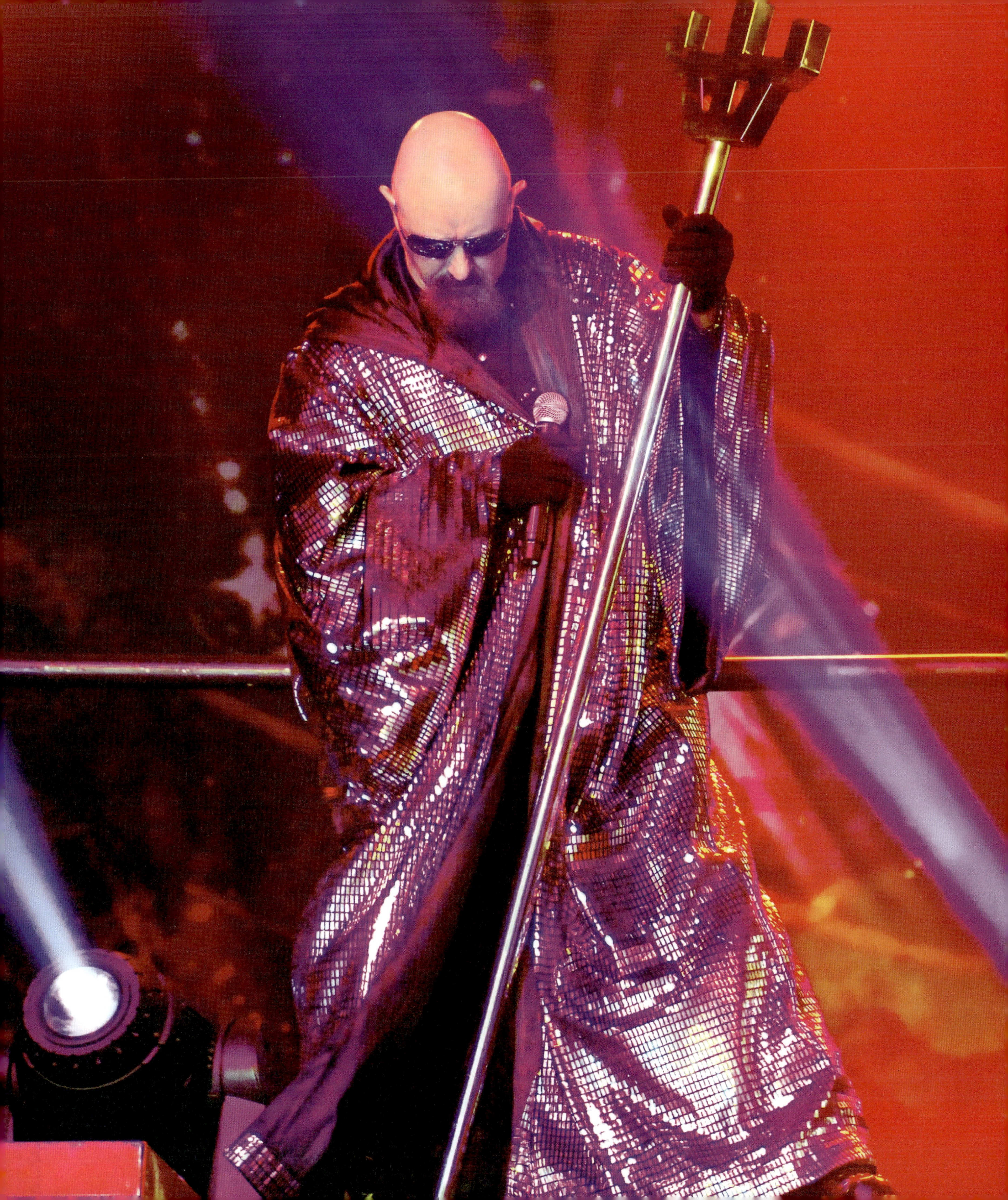

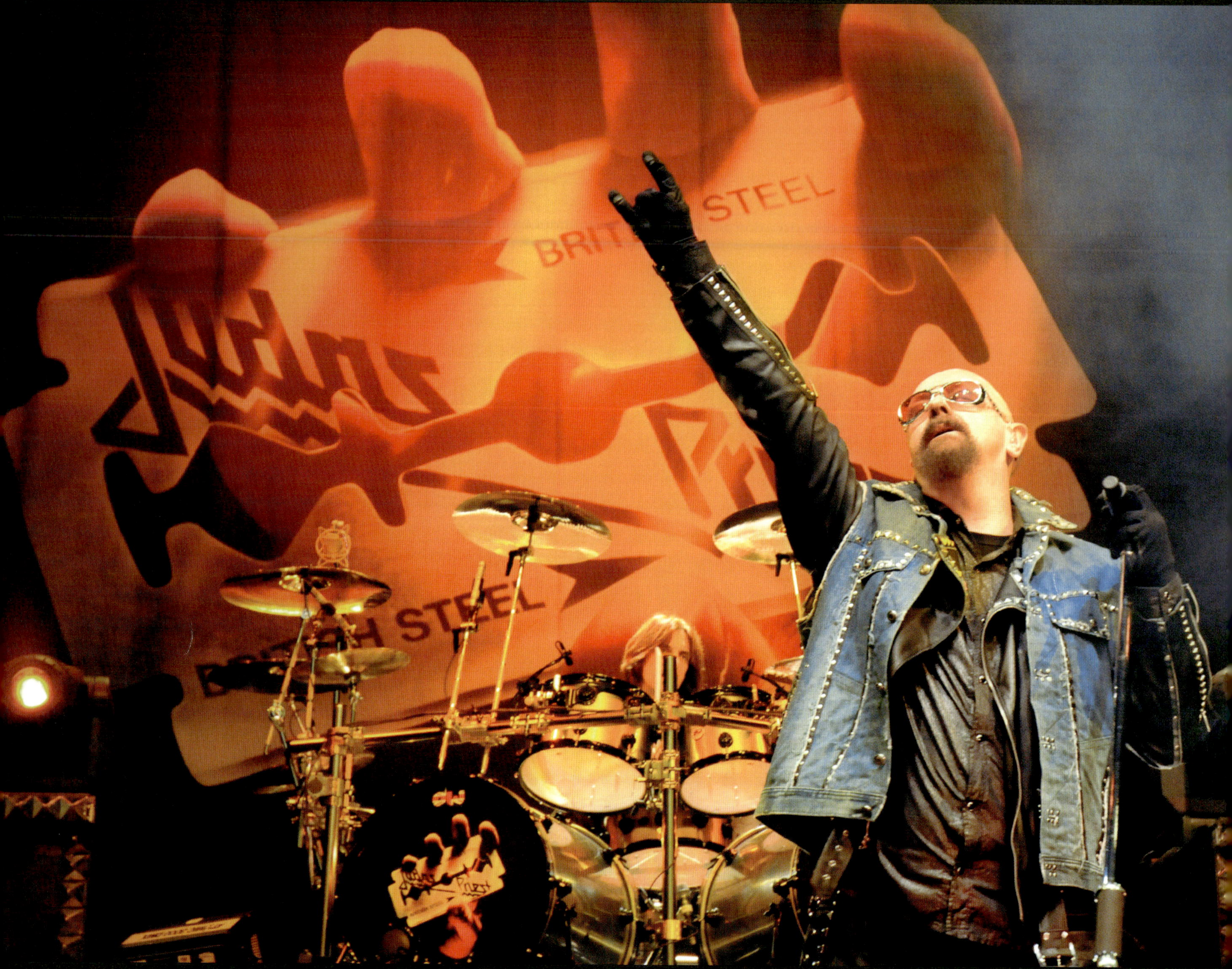
STEEL
STEEL

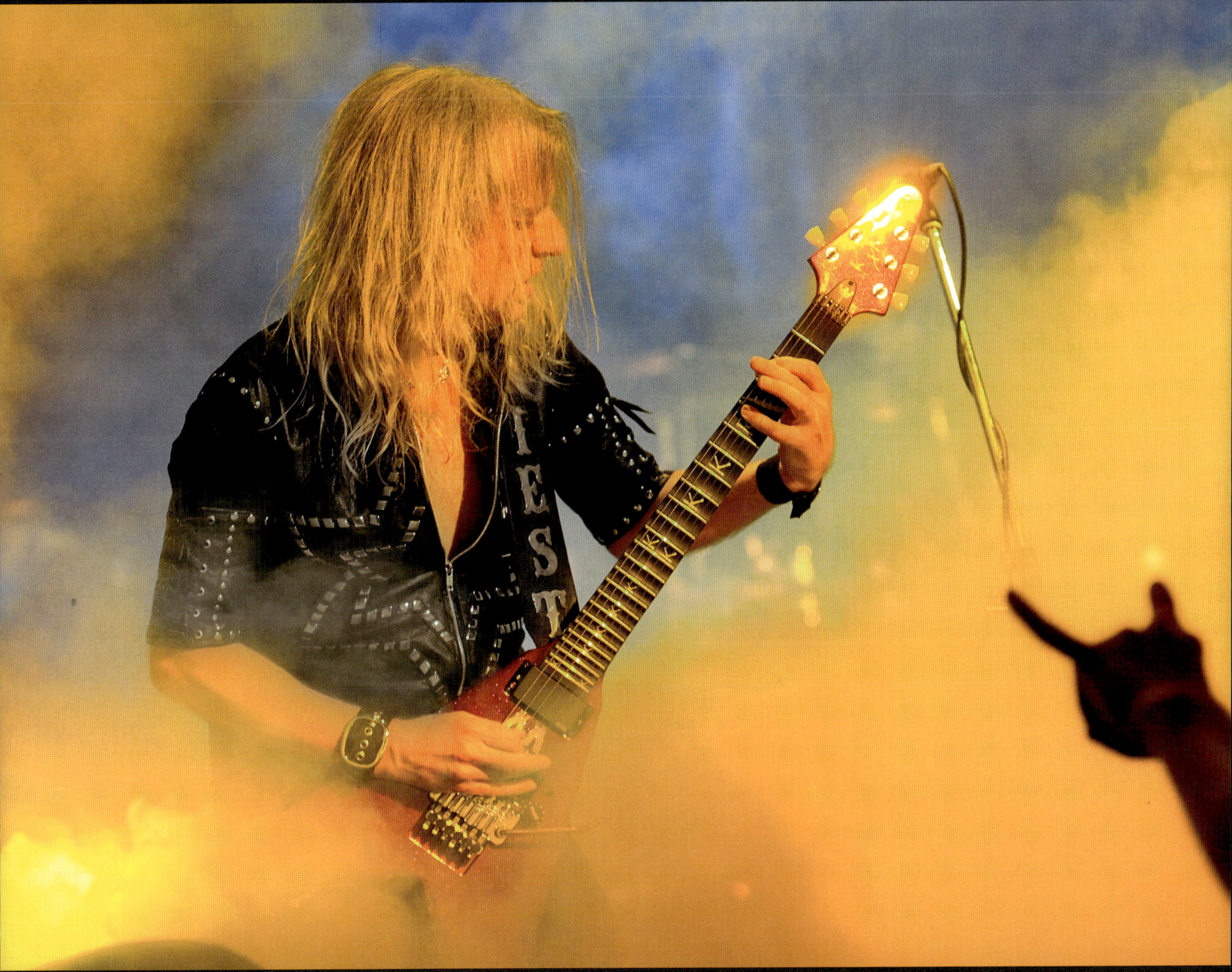

Judas Priest

128 ✠ Judas Priests Album „British Steel", dessen Rasierklingen-Cover hinter Rob Halford und dem Schlagzeuger Scott Travis abgebildet ist, war dank Songs wie „Living After Midnight" und „Breaking the Law" eines der einflussreichsten Alben des Heavy Metal.

129 ✠ Gründungsgitarrist K.K. Downing, der mit Glenn Tipton Pionierarbeit für Judas Priests markante Harmonien mit zwei Gitarren geleistet hat, schied 2010 aus der Band aus.

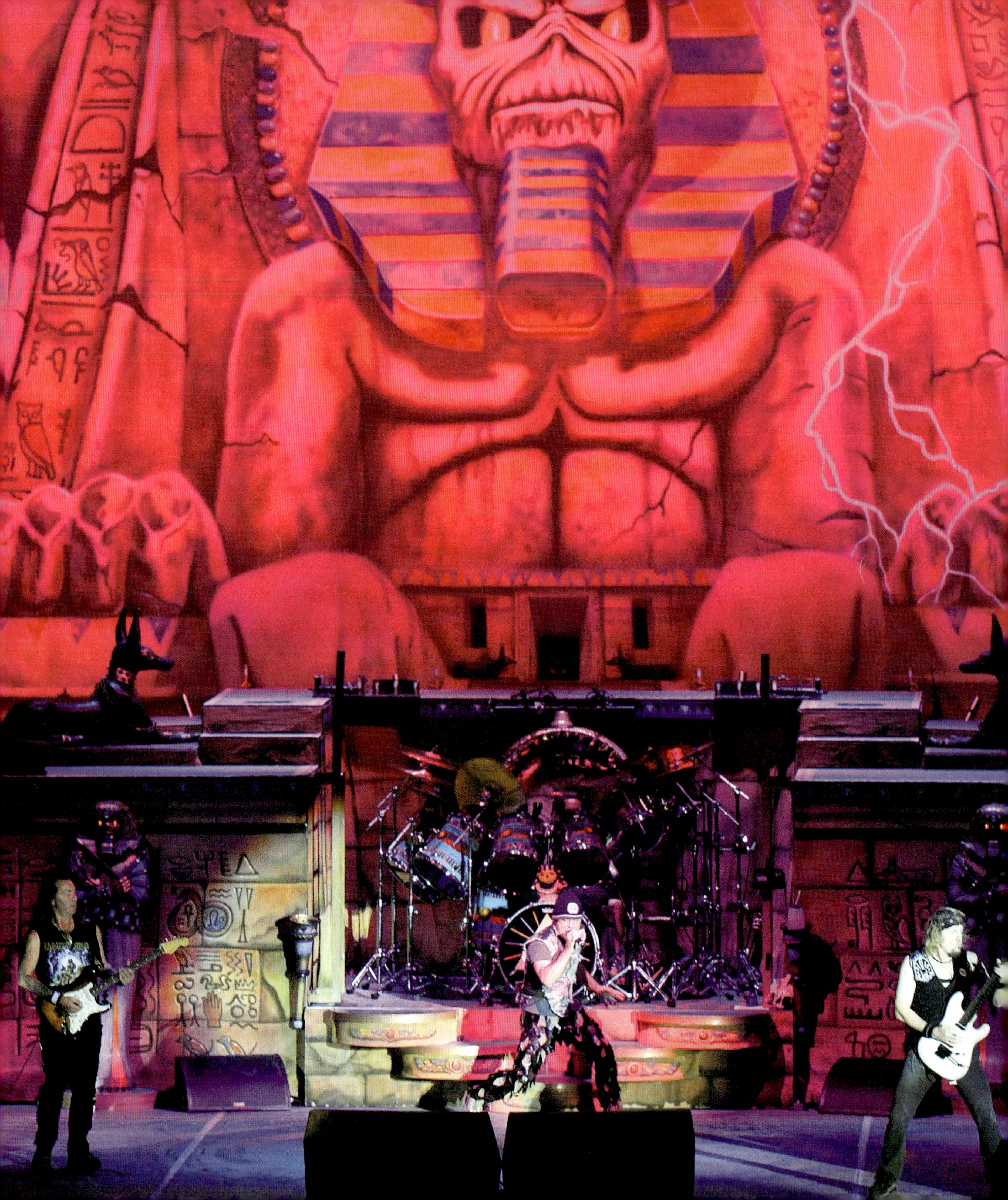

IRON MAIDEN

130 ✠ Iron Maiden, eine der kreativsten Bands des Heavy Metal, hat dank der grenzenlosen Energie von Frontmann Bruce Dickinson und ihren auffälligen Bühnenbildern den Ruf als einer der besten Live-Acts des Genres.

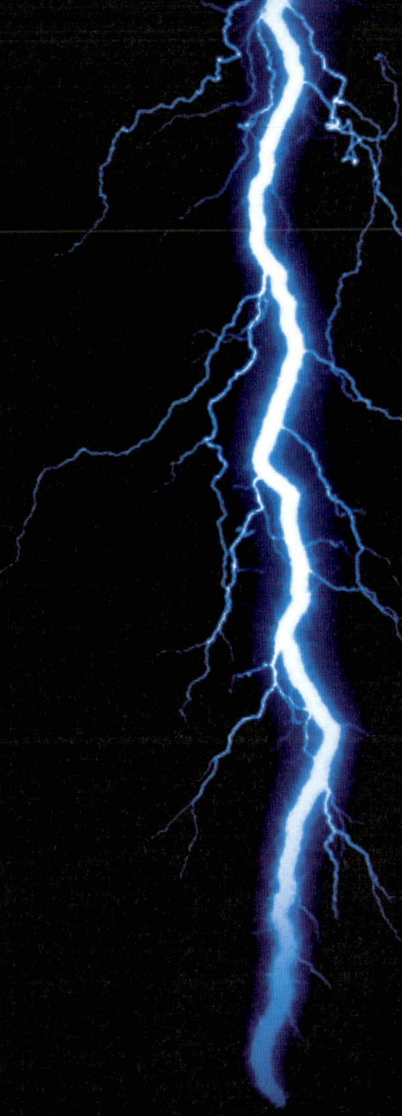

„Du kannst gegen Iron Maiden nicht ankämpfen. Du kannst Iron Maiden nicht suchen … Iron Maiden findet dich, wo auch immer du bist!" Das sind in etwa Iron Maidens Worte im Titeltrack ihres gleichnamigen Debütalbums, die genauso gut als Leitbild der Band dienen könnten. Seit der Veröffentlichung dieses Albums im Jahr 1980 hat die Band eine der größten und engagiertesten Metal-Fanbasen aufgebaut und Musiker von Metallica bis Lady Gaga beeinflusst. Dank eines einzigartigen Sounds, der charismatischen Persönlichkeit der Band, ihres legendären Monster-Maskottchens Eddie, das sie oft auf der Bühne begleitet, und des Zu-Den-Waffen-Slogans „Up the Irons" haben sie in ihrer vier Jahrzehnte umfassenden Karriere weltweit rund 85 Millionen Alben verkauft. Wenn Heavy Metal eine Religion wäre, würde Iron Maiden einer seiner stärksten und frommsten Glaubensgemeinschaften vorstehen.

Die Band begann ihren Kreuzzug 1975, als Bassist und Haupt-Songwriter Steve Harris die früheste Besetzung der Band zusammenstellte. Als Iron Maiden ihr erstes Album veröffentlichten, waren auch Sänger Paul Di'Anno mit einer schroffen, punk-freundlichen Stimme und die Zwillingsgitarren von Dave Murray und Dennis Stratton dazugestoßen. Letztere erwiesen sich als Geheimwaffe der Band. Ausgehend von der Art und Weise, wie Judas Priests Gitarrenduo eine Gitarre gegen die andere rhythmisch ausspielte und sich gelegentlich zu Orchesterharmonien zusammenschloss, gingen Maiden noch einen Schritt weiter, indem sie Elemente von Psychedelia und Prog Rock in Songs wie „Phantom of the Opera" und „Strange World" sowie Rocksongs wie „Running Free" und „Prowler" einbauten. Mit ihrem einzigartigen Stil wurden sie bald zu einer der Top-Bands in der New Wave of British Heavy Metal. Und 1982 waren sie bereits eine der größten Bands Englands.

Nachdem sie Stratton durch Murrays Freund Adrian Smith und Di'Anno durch den Sänger der N.W.O.B.H.M.-Band Samson, Bruce Dickinson, ersetzt hatten, formten sie ihren klassischen Sound. Auf ihrem dritten Album, „The Number of the Beast" von 1982, bastelten Iron Maiden eingängige Songs, angetrieben von galoppierendem Bass, komplizierter Gitarrenarbeit und Dickinsons vibratobeladenem Operngesang. Das Album enthielt mehrere Tracks, die für die Band in der Folge zu einem festen Bestandteil jedes Konzerts wurden, darunter ihren größten Hit „Run to the Hills", der zur Kultnummer der Band wurde, und der Titeltrack, der eine pseudo-satanische Geschichte (die der Band viel Bekanntheit einbrachte) erzählte, unterlegt mit unvergesslichem Prog-Metal-Gitarren-Stückwerk. Der beeindruckendste Song des Albums war jedoch das siebenminütige „Hallowed Be Thy Name", in dem Murray und Smith sehnige Harmonien austauschten, während Dickinson die Geschichte aus der Perspektive eines zum Tode verurteilten Mannes erzählte. Es war eine Art Mini-Oper, und Iron Maiden verwendete diese Formel später immer wieder.

Während ihrer nächsten Alben haben Iron Maiden ihren Sound verfeinert und einen Klassiker nach dem anderen veröffentlicht, wie das majestätische „Flight of Icarus" oder das hektische „Aces High", während sie gleichzeitig zu einer beeindruckenden Live-Band wurden. 1984 begaben sie sich zur Vermarktung ihres Maßstäbe setzenden „Powerslave"-Albums auf die „World Slavery"-Tour und spielten vor einer Kulisse im ägyptischen Stil, wodurch sie die Messlatte noch einmal höher legten. Auf dieser Tour nahmen sie „Live After Death" auf, das von vielen als meisterhaftes Live-Album betrachtet wird, da es die Energie der Band perfekt einfing.

In der zweiten Hälfte der 1980er-Jahre erforschte Iron Maiden Prog Metal noch intensiver mit Alben wie „Somewhere in Time" 1986 und „Seventh Son of a Seventh Son" 1988, bevor sie sich 1990 mit „No Prayer for the Dying" zu einer radiofreundlicheren Metal-Band wandelten. Dickinson verließ die Band 1993, nachdem er zur Promotion ihres abgespeckten „Fear of the Dark"-Albums auf Tour war, und wurde durch den Wolfsbane-Sänger Blaze Bayley ersetzt, der eine geradlinigere Rockstimme hatte. Obwohl die Band ohne Dickinson nicht kreativ gelitten hatte, verloren sie doch viel an kommerziellem Schwung. Sie korrigierten dies 1999, als Dickinson zurückkehrte und die Band, die nun drei Gitarristen umfasste (Janick Gers hatte sich ihnen inzwischen angeschlossen), mit „Brave New World" ein Comeback-Album veröffentlichte, das ihrem Sound der frühen 1980er-Jahre ähnelte.

Seitdem sind Iron Maiden vehement ihrem Credo treu geblieben und haben einige lange Prog-Metal-Epen aufgenommen. Am beeindruckendsten ist jedoch, dass sie ab 2010 ein völlig neues Programm live aufführen konnten, ohne ihr Publikum zu verlieren, was auch auf ihr erfolgreiches Doppelalbum „The Book of Souls" (Nr. 1 in England im Jahr 2015) zu verdanken ist. Nach wie vor spielen sie immer in vollen Stadien. So ist die Natur der Bestie.

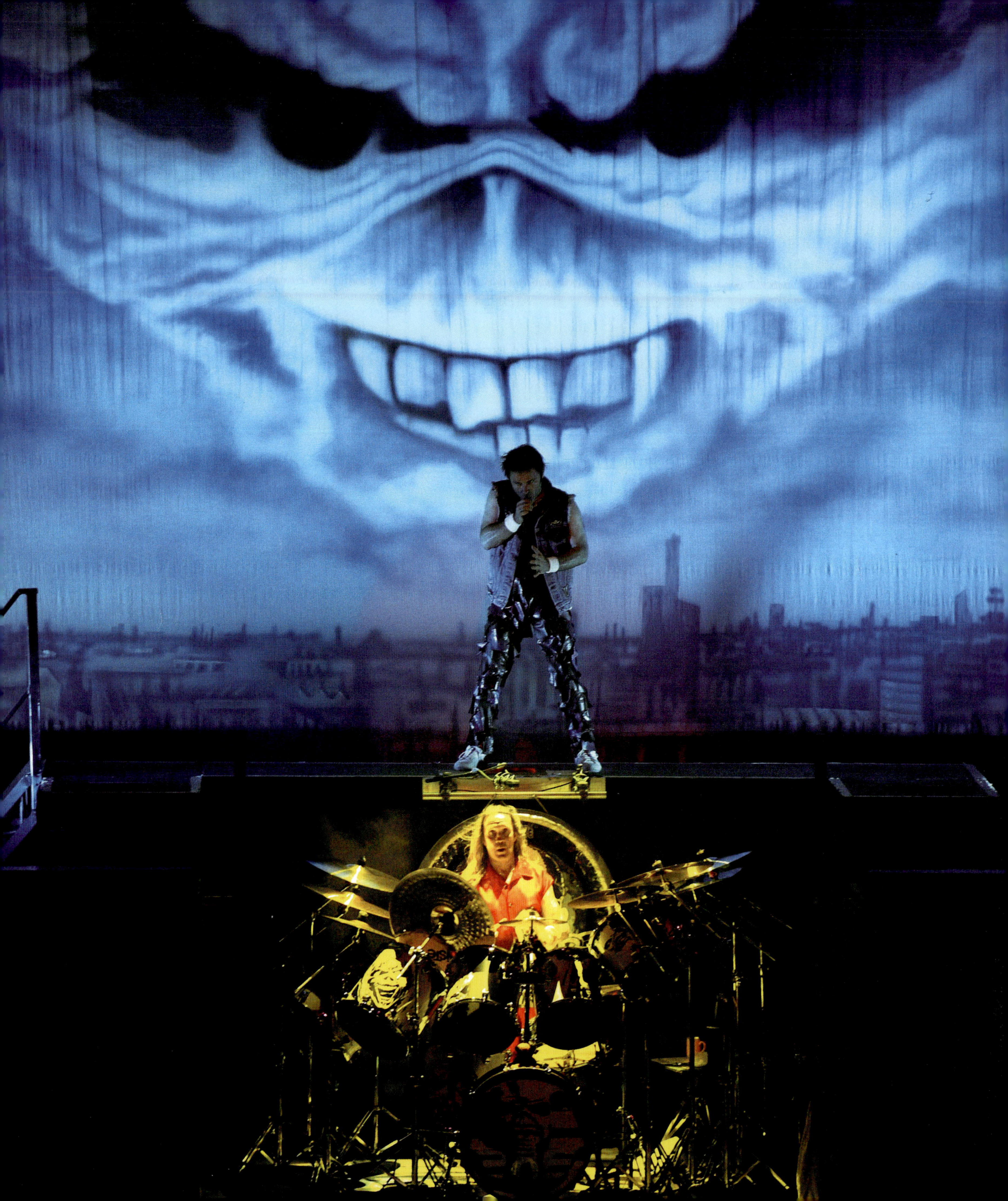

132 und 133 ✠ Der Heavy-Metal-Superman Bruce Dickinson ist nicht nur ein dynamischer Frontmann, sondern auch Pilot, Schwertkämpfer, Romanautor, Moderator einer Radio- und Fernsehsendung und sogar Filmautor (Crowley, 2009).

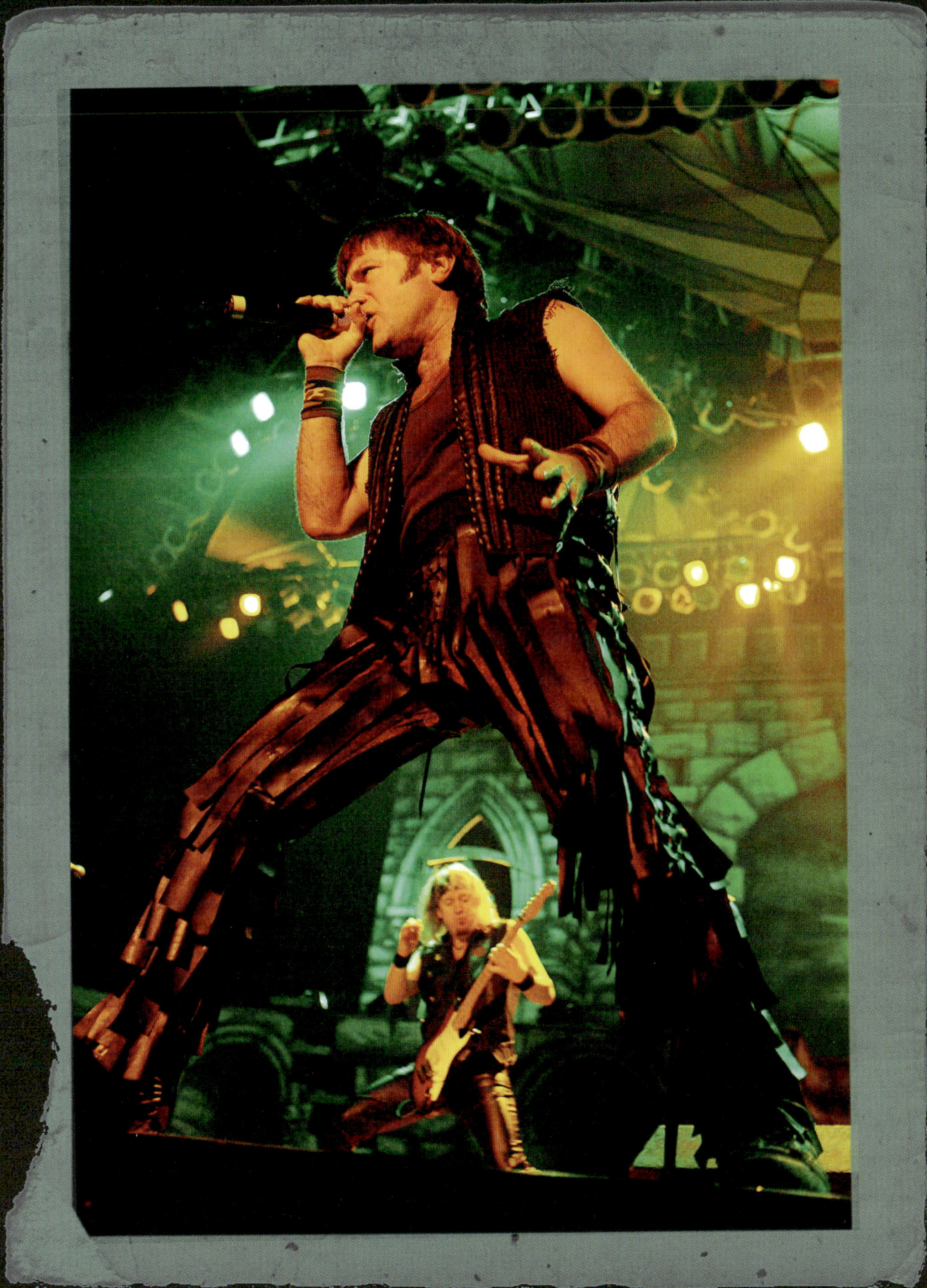

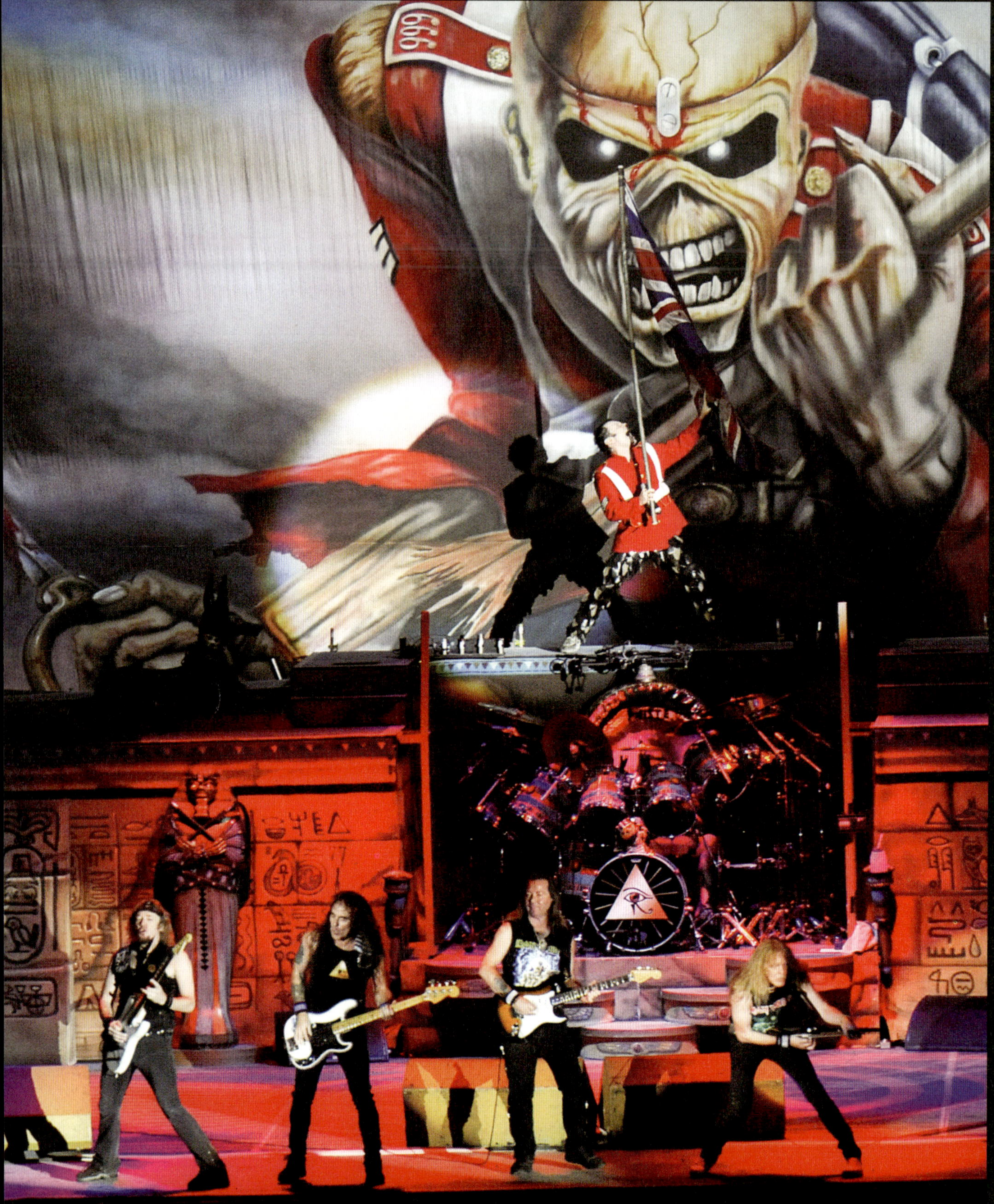

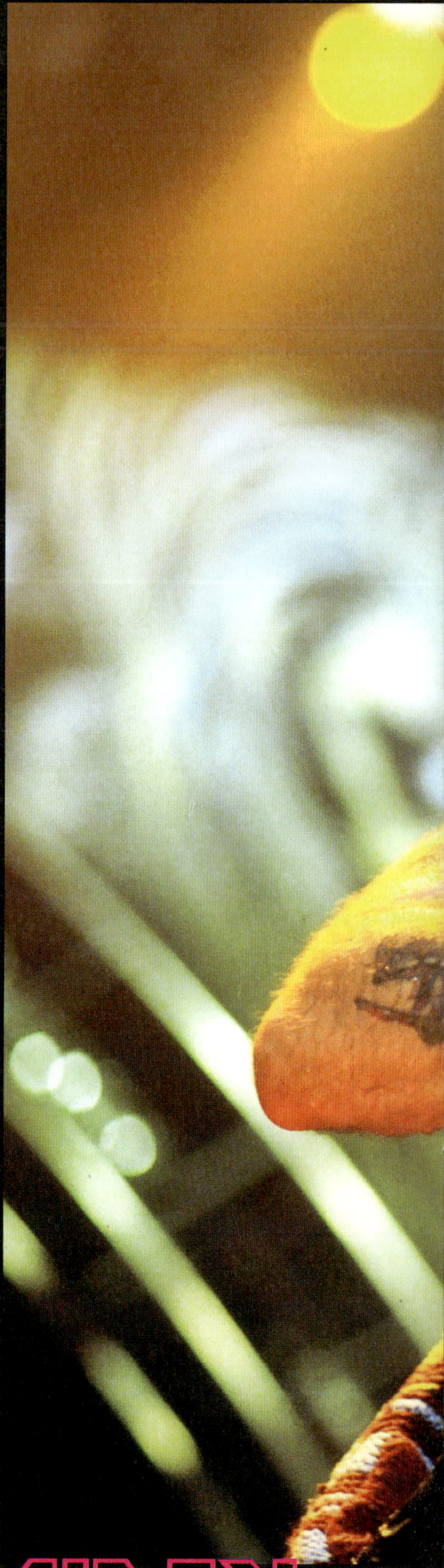

IRON MAIDEN

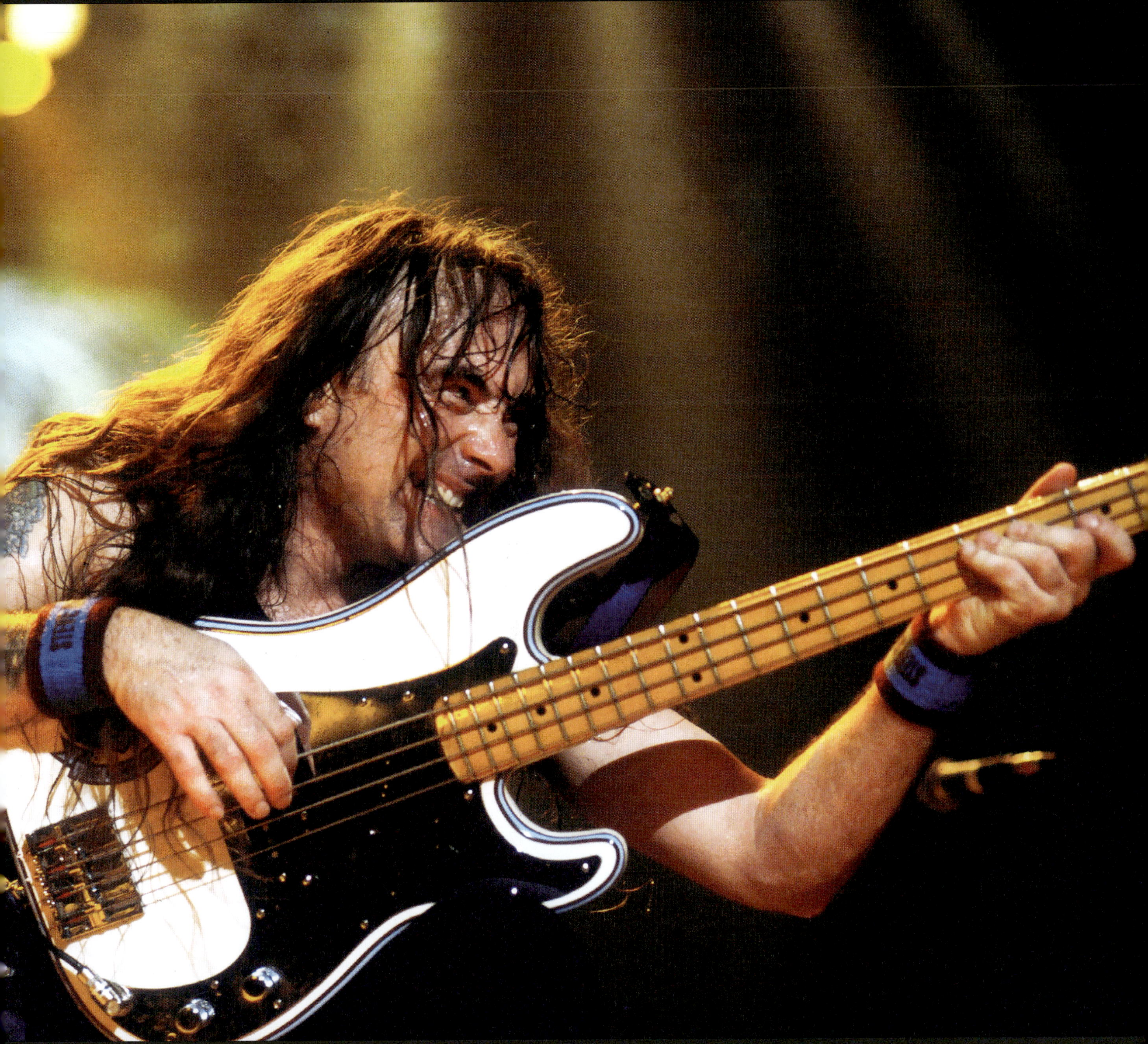

134 ✠ Iron Maiden kriegt auch dich! Von links: Gitarrist Adrian Smith, Bassist Steve Harris, Gitarrist Dave Murray, Schlagzeuger Nicko McBrain, Sänger Bruce Dickinson (oben) und Gitarrist Janick Gers.

134-135 ✠ Steve Harris gründete Iron Maiden 1975 und wurde zum wichtigsten Songwriter der Band. Er ist der alleinige Autor hinter einigen ihrer beliebtesten Songs, wie „Hallowed Be Thy Name“, „Run to the Hills“ und „The Trooper“.

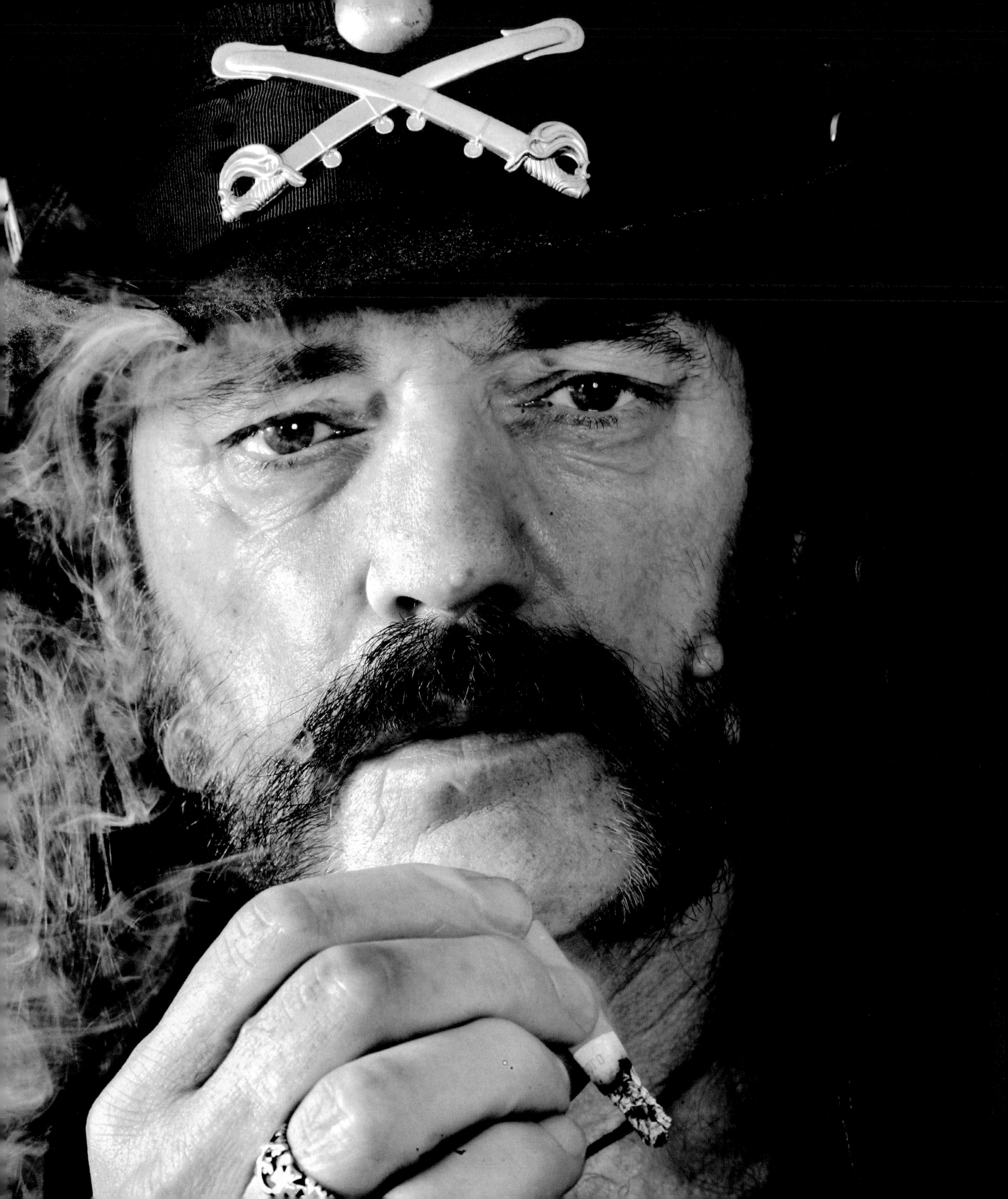

MOTÖRHEAD

136 ✠ Angefangen mit seiner Zeit als Roadie bei Jimi Hendrix über sein Gastspiel bei den psychedelischen Rockern Hawkwind bis zu seiner Lebensaufgabe als Bandleader und Bassist bei Motörhead hat Lemmy Kilmister ein Leben wie kein anderer Rocker geführt.

Wenn man sagen könnte, dass irgendeine Band für die halsbrecherische Geschwindigkeit und das animalische Thrash-Knurren verantwortlich ist, wäre es wohl Motörhead. Die Band wurde 1975 von dem Sänger und Bassisten Ian „Lemmy" Kilmister, ehemals bei Hawkwind (und einst Roadie bei Jimi Hendrix), gegründet und perfektionierte ihre musikalischen Amphetamin-Wutausbrüche, bis sie zwei Jahre später als Motörhead zum ersten Mal Vinyl veröffentlichten. Obwohl die acht Punk-beeinflussten Tracks roh und willkürlich klangen, legten sie den Grundstein für die nächsten drei Jahrzehnte der Band: kurze, kratzige Gitarrenausbrüche und Lemmys noch kratzigere Vocals über Drogen, Sex und Tod. Diese Vorlage würde viele Bands inspirieren, obwohl sie selbst nie genug Exemplare eines Albums verkauft haben, um Gold-Status zu erlangen. Ihre Anhänger sind sehr zahlreich und umfassen Guns N' Roses, Mötley Crüe und Metallica. Deren Schlagzeuger, Lars Ulrich, war sogar kurzzeitig Präsident des Motörhead-Fanclubs.

Mehr noch als Lemmys Boogie-Woogie-Bass, eingängige Refrains oder sandpapierartige Vocals, mit denen verglichen Bob Dylan noch wie Maria Callas klingt, war Motörheads faszinierendste Eigenschaft die negative Einstellung des Frontmanns zu allem. Am besten zu hören im Songtext: „You know I'm born to lose / and gambling's for fools / but that's the way I like it , baby / I don't wanna live forever", in ihrem größten Hit, „Ace of Spades" von 1980, bei dem Lemmy wie eine Naturgewalt wirkt. Nichts konnte den Sänger aufhalten, weil er sich um nichts kümmerte und diese nihilistische Einstellung das Ethos des Metal für die kommenden Jahre bestimmen sollte. In Kombination mit Motörheads Leder-Biker-Outlook und nie gewaschenem Haar könnte dieses Mantra als Wörterbuchdefinition für „Metal" dienen.

Per definitionem spielten Motörhead in den späten 1970er- und frühen 1980er-Jahren definitiv Metal. Sie veröffentlichten 1979 zwei Alben, die wohl ihre besten waren. „Overkill" enthielt einen Dauerbrenner nach dem anderen. Von Lemmys Eröffnungszeile im Titeltrack „Only way to feel the noise is when it's good and loud" über den ZZ-Top-ähnlichen Blues von „No Class" bis zur Verwandlung des Sängers in einen grellen Aufreißer bei „Damage Case", war das Album eines der wichtigsten des Hardrock. Sein Nachfolger, „Bomber", war eine besser produzierte Version von „Overkill" mit dem ersten Titel „Dead Man Tell No Tales" und der Glücksspiel-Ode „All the Aces", die das nächste Album der Band vorwegnahm.

1980 veröffentlichten Motörhead „Ace of Spades", das viele als ihre Sternstunde bezeichneten. Zu diesem Zeitpunkt hatten Lemmy, der Gitarrist Phil „Philthy Animal" Taylor und der Schlagzeuger „Fast" Eddie Clarke ihren Zenit erreicht. Das Trio teilte seine Kräfte ein, indem es langsamere Songs wie „The Chase Is Better Than The Catch" und „Fast and Loose" wie eine gut geölte Maschine spielte, während es bei Speed-Demon-Songs wie dem Titeltrack und „(We Are) The Road Crew" voll loslegte. Diese Symbiose wurde auf dem klassischen Live-Album „No Sleep 'til Hammersmith" von 1981 festgehalten, aber nach nur noch einem weiteren Album („Iron Fist" von 1982) verließen Clarke und Taylor die Band.

Lemmy führte die Band Anfang der 1980er-Jahre mit wechselnden Besetzungen (einschließlich der kurzzeitigen Rückkehr von Taylor) Album für Album weiter, aber es waren die ständigen Tourneen und der Status der Band, als Einfluss zahlreicher größerer Bands zu gelten, die sie am Laufen hielten. 1991 veröffentlichten sie ihren bis dahin größten kommerziellen Erfolg, „1916", mit einer Zwei-Gitarren-Besetzung und einer dichten Produktion des Ramones-Produzenten Ed Stasium. Ihr nächstes Album, „March ör Die" aus dem Jahr 1992, enthielt ein Gastgitarrensolo von GnR's Slash und ein Balladenduo mit Ozzy Osbourne (Lemmy hatte einige der größten Songs von Ozzy auf dessen 1991er-Album „No More Tears" mitgeschrieben), aber es war ein Misserfolg in den US-Charts.

Seitdem wurden weitere zwölf Motörhead-Alben veröffentlicht, die, obwohl alle in den Top 100 der Charts vertreten, die Band in eine Art eigene Hardrock-Nische versetzt haben. Lemmy blieb buchstäblich bis zum Ende seines Lebens auf der Bühne. Motörheads 40-jährige Jubiläumstour endete am 11. Dezember 2015 in Berlin. Am 28. Dezember, vier Tage nach seinem 70. Geburtstag, starb Lemmy nach kurzem Kampf an Krebs. Auf seinem Grab im Forest Lawn Memorial Park in Los Angeles stehen die Worte: „Born to lose, he lived to win". Er sagte ganz klar, dass er nicht für immer leben wollte, aber solange Lemmy hier bei uns war, hatte er definitiv eine tolle Zeit.

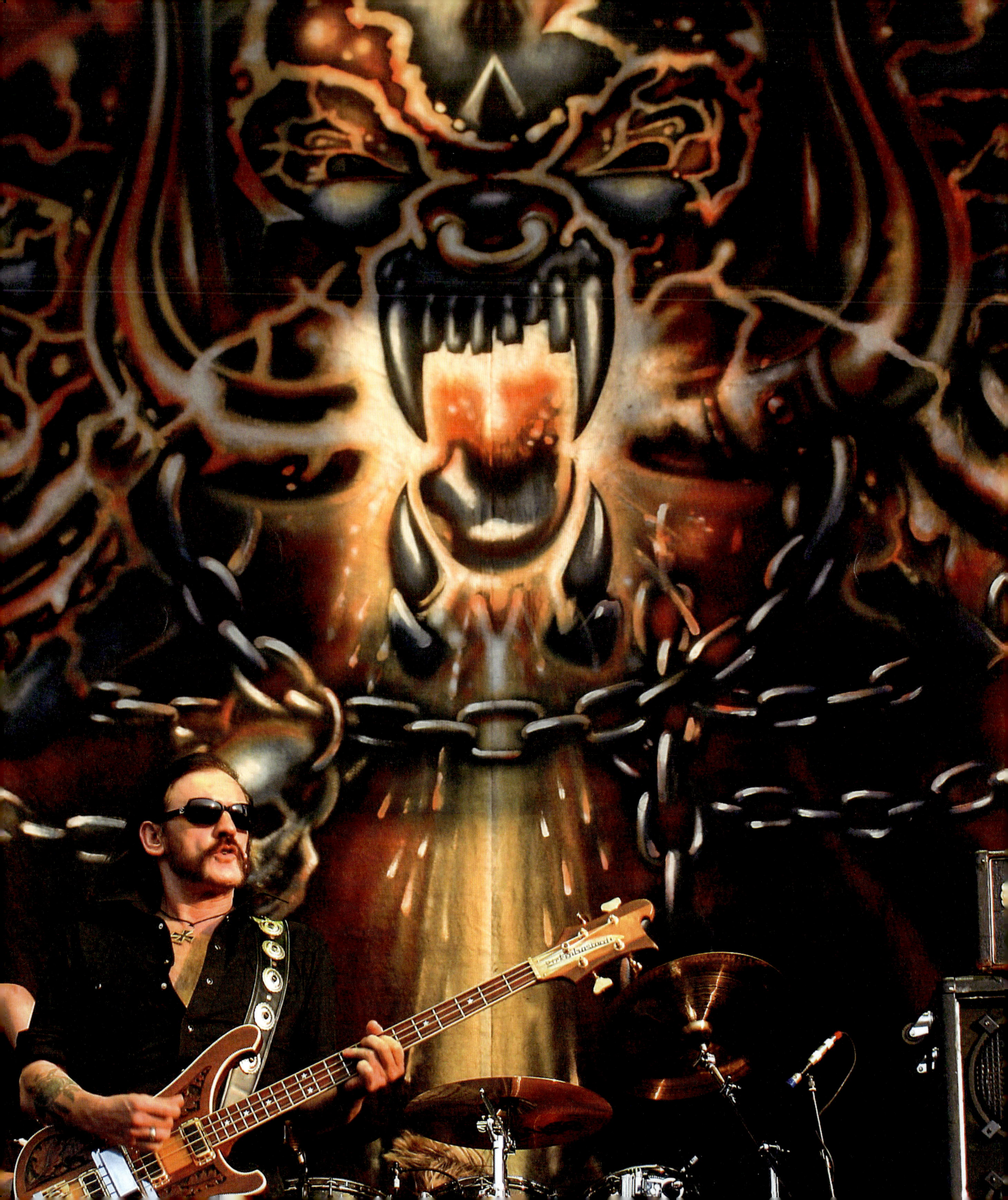

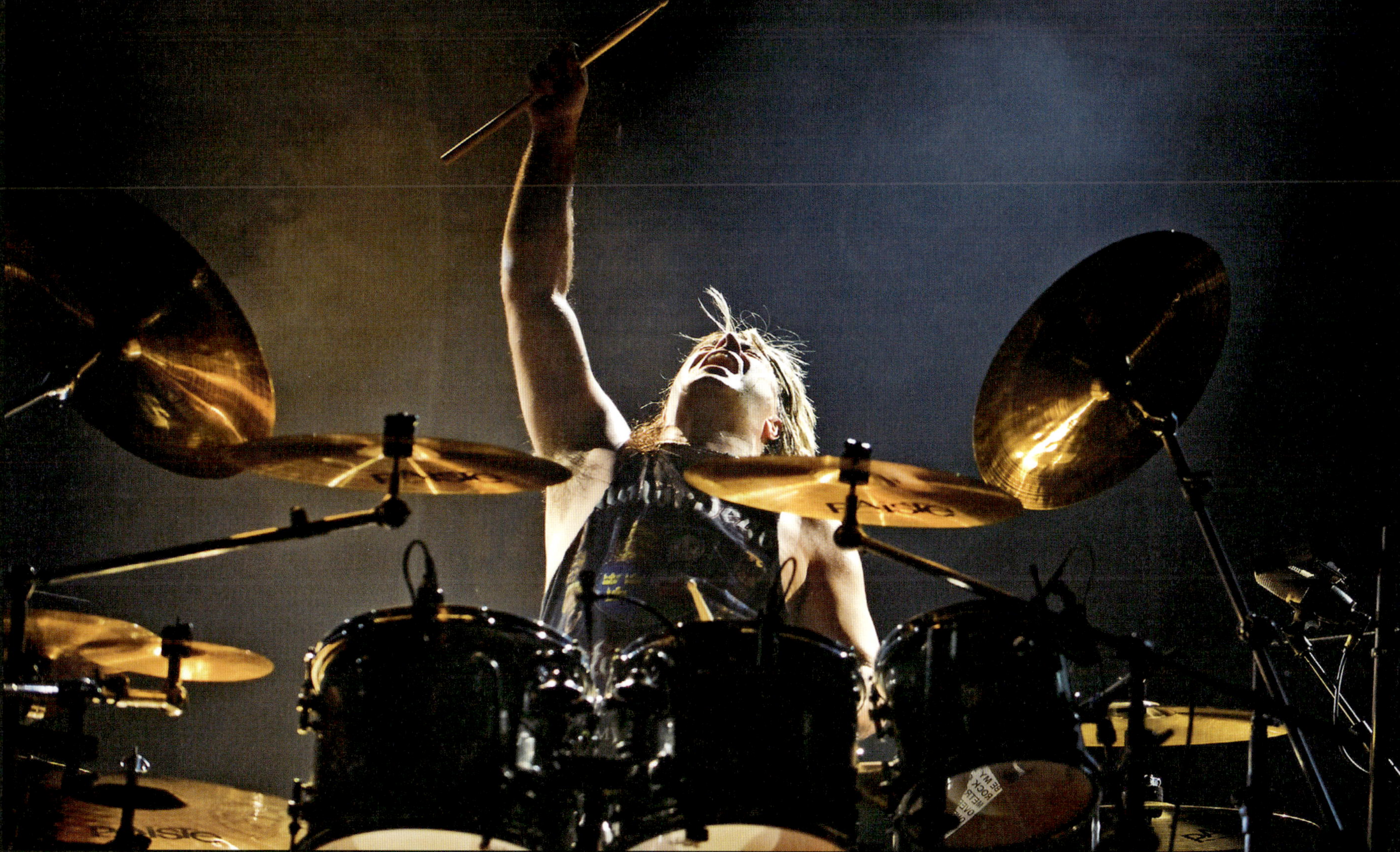

138 ✠ Lemmy Kilmister performt Fanfavoriten wie „Ace of Spades", „Damage Case" und „Overkill" vor dem „Snaggletooth"-Maskottchen seiner Band.

139 ✠ Motörheads Schlagzeuger Mikkey Dee ist bekannt für seine unglaublichen Drum-Attacken.

SAXON

Als Teil der New Wave of British Heavy Metal war Saxon ein Beispiel für die Vorliebe dieser Bewegung, in ihren Texten zu den Waffen zu rufen, aber mit genügend einprägsamen musikalischen Momenten, um im Radio gespielt zu werden. Vieles davon hatte mit Frontmann Peter „Biff" Byford zu tun, der eine schroffe, komprimierte Stimme, aber eine extravagante, katzenhafte Bühnenpräsenz hatte, sowie mit den sorgfältig-präzisen Gitarrenriffs der Gitarristen Paul Quinn und Graham Oliver. Und obwohl sie nicht übermäßig schnell spielten, haben Saxon Thrash-Bands von Metallica bis Sodom beeinflusst.

Bereits mit ihrem gleichnamigen Debütalbum von 1979, dessen Cover einen schlecht gezeichneten kampfbereiten Krieger mit blutigem Schwert zeigte, begründeten Saxon ihre signifikanten Qualitäten. Oliver und Quinn teilten sich Rhythmus- und Soloaufgaben und spielten einfache Riffs und hochfliegende Soli. Byfords Stimmumfang enthielt ungefähr sechs Töne, aber er schaffte es, jeden einzelnen effektiv zu nutzen, als er bei „Judgement Day" und „Stallions on the Highway" (offensichtlich eine Metapher für Motorräder) über das Ende der Welt sang.

Die Band kam jedoch bei ihren nächsten beiden Veröffentlichungen, „Wheels of Steel" und „Strong Arm of the Law", die beide 1980 veröffentlicht wurden, richtig groß raus. Das erstere Album startete mit einer weiteren Biker-Hymne, diesmal mit dem unkomplizierten Titel „Motorcycle Man", wobei die Band scharfkantiger als zu Beginn ihrer Karriere klang. Die Gitarren von Oliver und Quinn hatten mehr Umfang und Byford beschränkte seine Reichweite auf nur etwa fünf Noten, die er noch sorgfältiger intonierte. Der Judas-Priest-ähnliche Titeltrack und das gruselige „747 (Strangers in the Night)" schafften es beide in Großbritannien in die Top 20 und machten die Band zu Metal-Stars. Und obwohl „Strong Arm of the Law" keine genauso großen Hits enthielt, ist das Album dank einer Reihe eingängiger Songs wie „Heavy Metal Thunder", „To Hell and Back Again" und dem mitreißenden Titelsong das bislang beste Album der Band geblieben.

Saxon blieb bei ihren nächsten Alben, wie „Denim and Leather" von 1981 (das ihren größten britischen Radiohit „And the Bands Played On" enthielt) auf Kurs, aber MTV-Videoauswertung und einige minimale Erfolge in den USA veranlassten die Band, eine kommerziellere Richtung mit Alben wie ihrem 1985er-Major-Label-Debüt „Innocence Is No Excuse" einzuschlagen. Trotz einer gewaltig nachhallenden Snare-Drum, David Coverdale-ähnlichen Vocals und großartiger Refrains erreichte die Band jedoch nie den Erfolg ihrer Nachbarn aus Sheffield und des N.W.O.B.H.M.-Kumpanen Def Leppard. Die Band spielte in den nächsten zwei Jahrzehnten weiterhin mittelmäßigen Hardrock und rudimentären Heavy Metal und erreichte dabei ein unterschiedliches Maß an Mittelmäßigkeit. Trotzdem lebt die Größe und der Einfallsreichtum ihrer frühen Veröffentlichungen dank ihrer fesselnden Live-Auftritte weiter, was auf mindestens 10 verschiedenen Live-Alben dokumentiert wurde.

141 ✠ Mit dem Sänger Peter „Biff" Byford, der die Band 1976 gründete, war Saxon eine der einflussreichsten Bands der New Wave of British Heavy Metal.

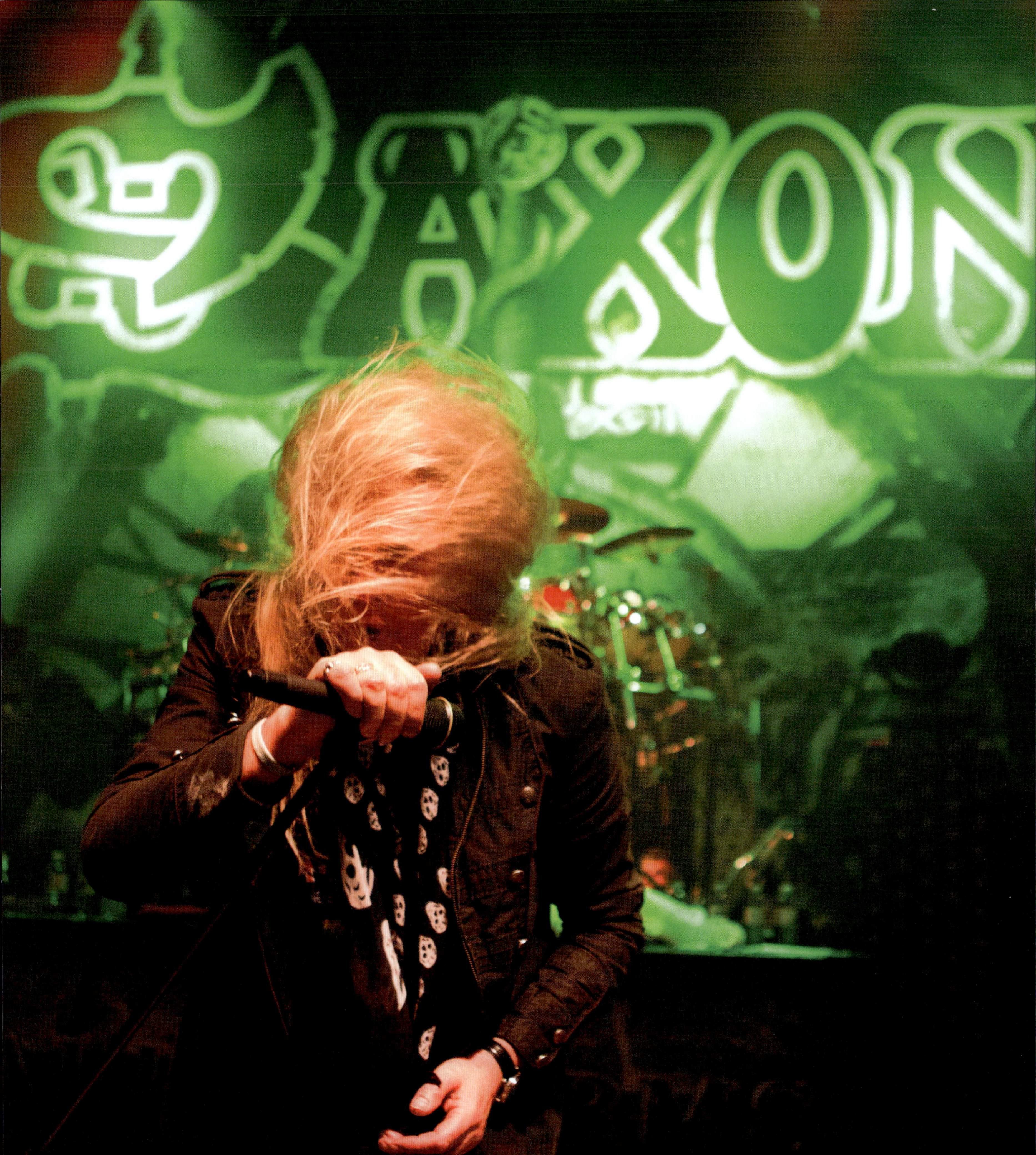
SAXON

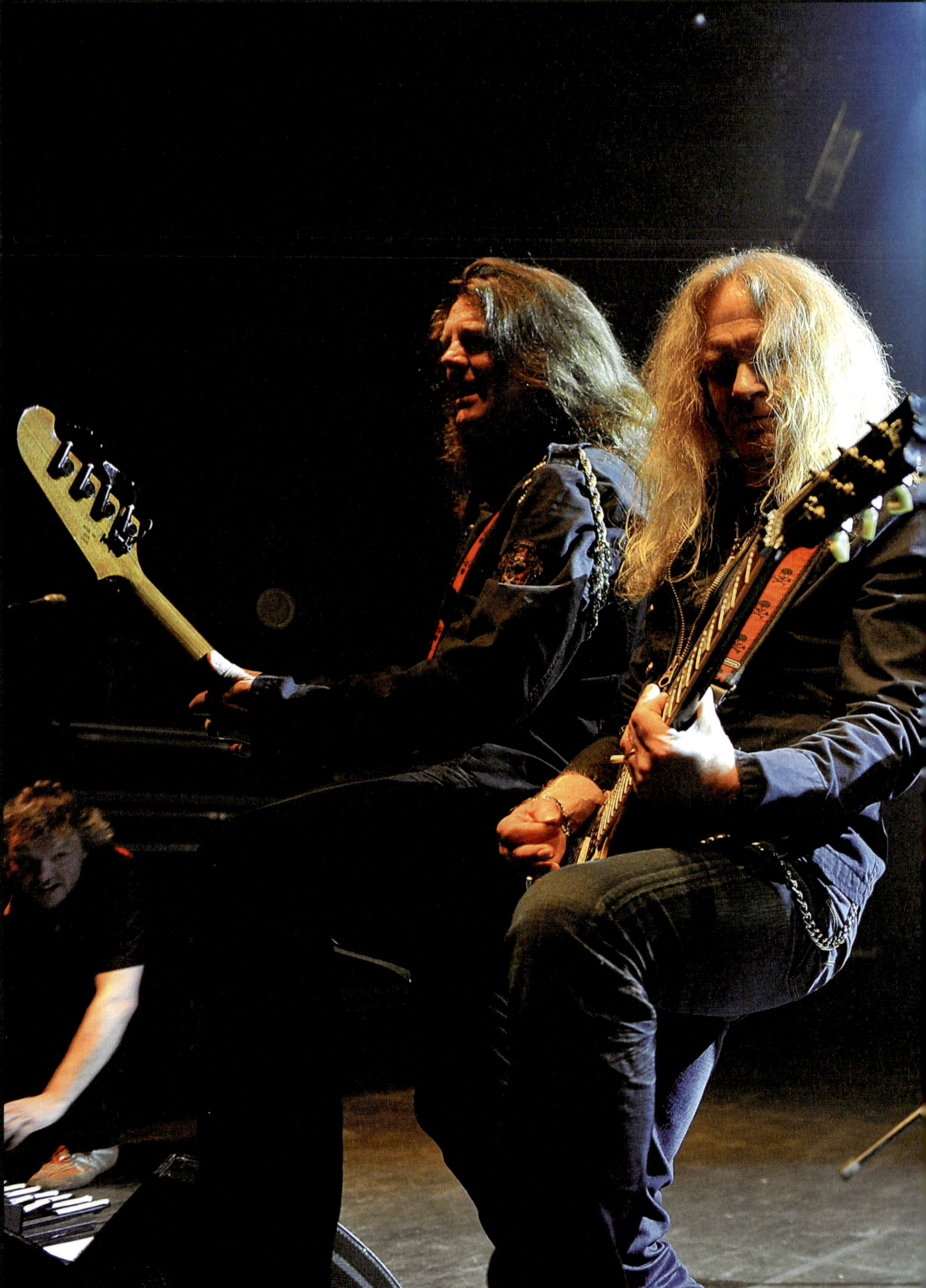

142-143 ✠ Saxons starke Besetzung im Jahr 2011. Von links: Bassist Nibbs Carter, Rhythmusgitarrist Doug Scarratt, Biff Byford und Leadgitarrist Paul Quinn.

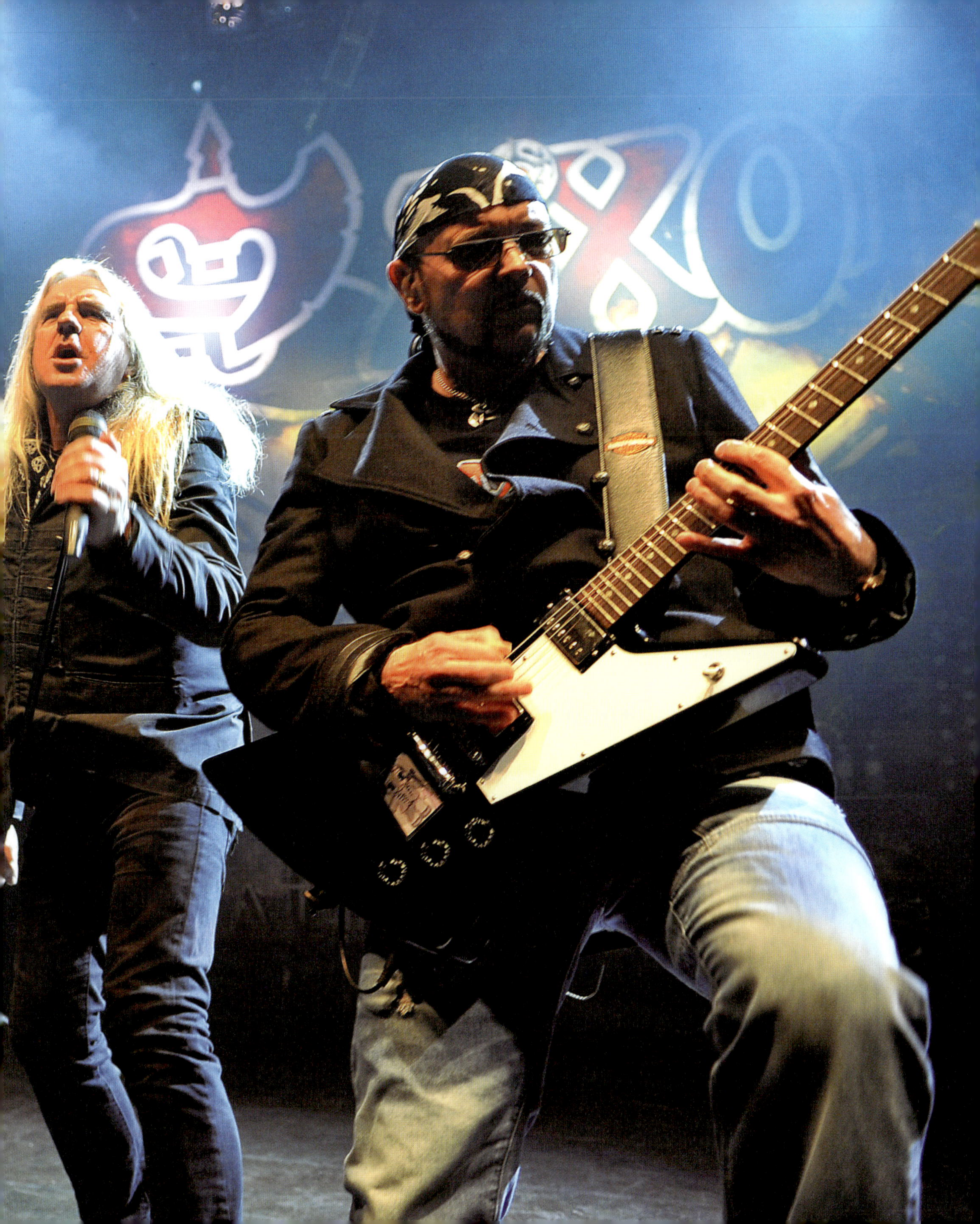

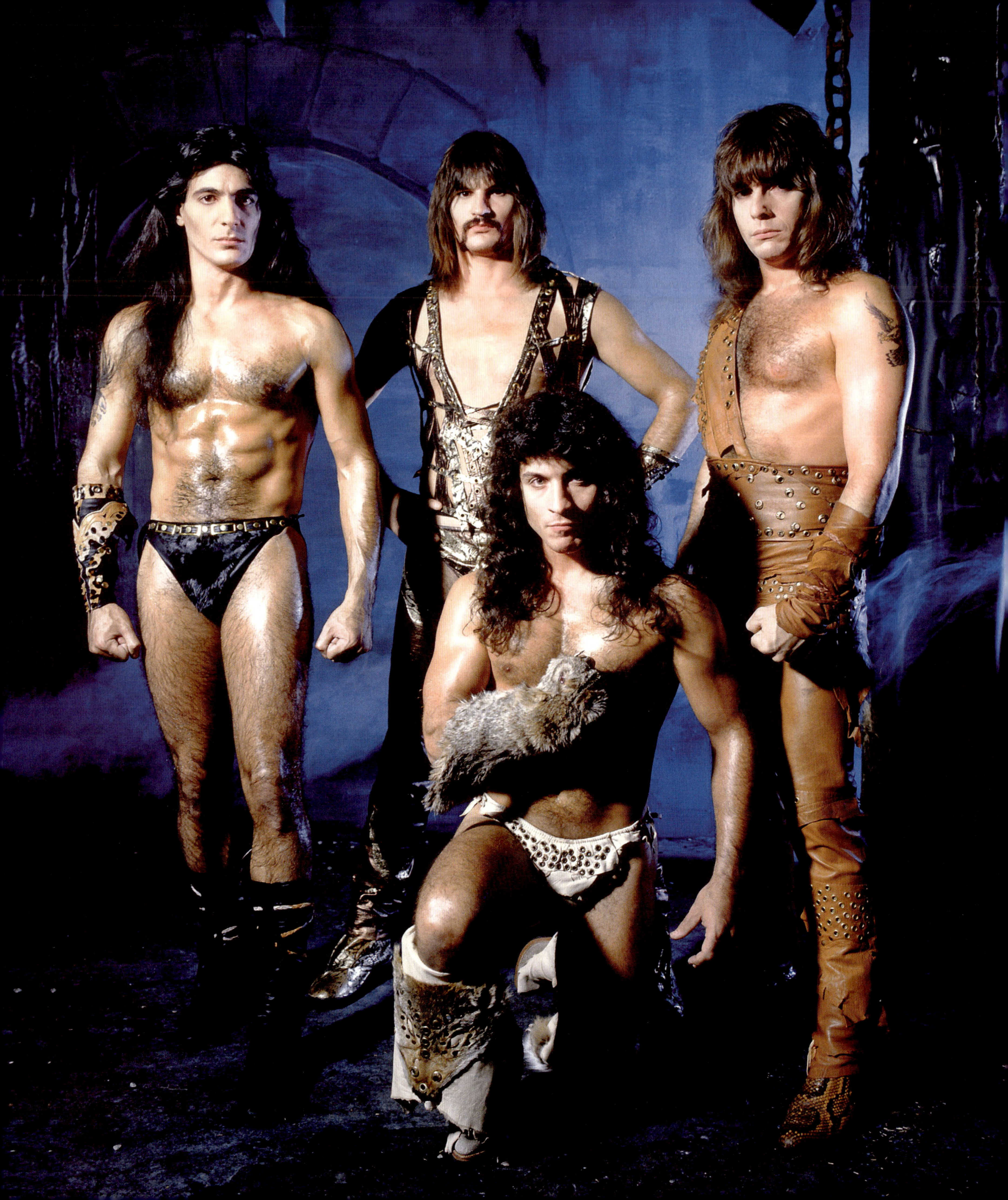

MANOWAR

144 ✠ Manowar in all ihrer Pracht im Jahr 1984. Von links: Bassist Joey DeMaio, Schlagzeuger Scott Columbus, Sänger Eric Adams und Gitarrist Ross „the Boss" Friedman.

Die Tatsache, dass der Name „Manowar" so viel Männlichkeit enthält, scheint angesichts der Menge an femininem Machismo, den diese Band ausstrahlte, fast allzu zufällig. Die meiste Zeit mit nicht viel mehr als einem Lendenschurz bekleidet, singen diese übermütigen Metal-Krieger aus dem New Yorker Hinterland am häufigsten über Kämpfe und über Heavy Metal selbst. Nach ihren Texten zu urteilen führen sie Krieg gegen schwächere Bands, um ihren berühmten Konzert-Schlachtruf von „Death to False Metal!" hochzuhalten, während Sie die Bühne mit extremster Lautstärke beschallen. Das ist ein guter, kitschiger Spaß für diejenigen, die dies nicht zu ernst nehmen oder Dungeons & Dragons spielen.

Musikalisch agieren Manowar genauso übertrieben. Ihr Debüt 1982, „Battle Hymns", enthielt ein schwerfälliges Rock-Riff nach dem anderen (geschrieben von Bassist Joey DeMaio) und den alles andere als gut intonierten Gesang von Eric Adams. Die Gitarre, gespielt von Ross „the Boss" Friedman, klang einfach barbarisch, während die Band auf Songs wie „Death Tone" und „Manowar" mit Adams' heulendem Gesang kämpfte. Der bizarrste Song auf dem Album war „Dark Avenger", in dem Orson Welles als „Erzähler" im Hintergrund fungierte, dessen Stimme sie 2010 bei der Überarbeitung des Albums mit Horrorfilmlegende Sir Christopher Lee ersetzten.

Das, was bei ihrem Debüt zu hören war, war auch schon genau das, was man bei den restlichen Veröffentlichungen von Manowar serviert bekam. Als sie 1984 ihr drittes Album, „Hail to England", aufnahmen (insgesamt brauchten sie nur sechs Tage für die Aufnahmen, was damals eine erstaunliche Leistung war), hatten sie ihr Credo zur Verteidigung des „wahren" Heavy Metal aufgebaut. Bevor DeMaio in das komplexe und notenlastige Bass-Solo „Black Arrows" einstieg, erklärte er: „Lasst jede Note, die ich jetzt spiele, ein schwarzer Pfeil des Todes sein, der direkt an die Herzen all derjenigen geschickt wird, die falsches Metal spielen."

In „Sign of the Hammer" von 1984 enthüllte Manowar dieses Leitbild im Titel des Eröffnungssongs „All Men Play on Ten", der sich auf die maximale Lautstärke von Gitarrenverstärkern bezog (außer denen von Nigel Tufnel von Spinal Tap). Adams & Co. widersetzten sich Leuten, die der Band sagten: „Seid wie wir und schafft einen Sound, der wirklich dünn ist", und antworteten nur: „Niemand sagt einem Mann, wie er zu spielen hat." Und von da an wollten sie die lauteste Band der Welt werden. Tatsächlich halten Manowar auch den Guinness-Weltrekord als lauteste Band der Welt, nachdem sie bei einer Show in Deutschland die Lautstärke von 129,5 Dezibel erreicht hatten. Danach griffen sie dieses Thema auf ihrem nächsten Album, „Fighting the World" von 1987, mit dem Song „Blow Your Speakers" noch einmal auf.

Joey Di Maio und Eric Adams haben ihre Mission fortgesetzt, auch nachdem Friedman 1989 die Band verlassen hatte und selbst nach dem Tod des Schlagzeugers Scott Columbus im Jahr 2011. Und sie schafften es sogar, einen weiteren Rekord aufzustellen, diesmal für das längste Konzert in der Heavy-Metal-Geschichte (fünf Stunden und eine Minute), beim Kavarna Rock Festival in Bulgarien im Jahr 2008. Die Vorbereitungen für ihr 40-jähriges Jubiläum mit einer neuen Tour im Jahr 2021 laufen auf Hochtouren. Niemand kann Manowar vorschreiben, was sie zu tun haben, und warum sollte man das auch wollen? Jeder, der das versucht, kann nur als Unterstützer von „Fake" Metal angesehen werden.

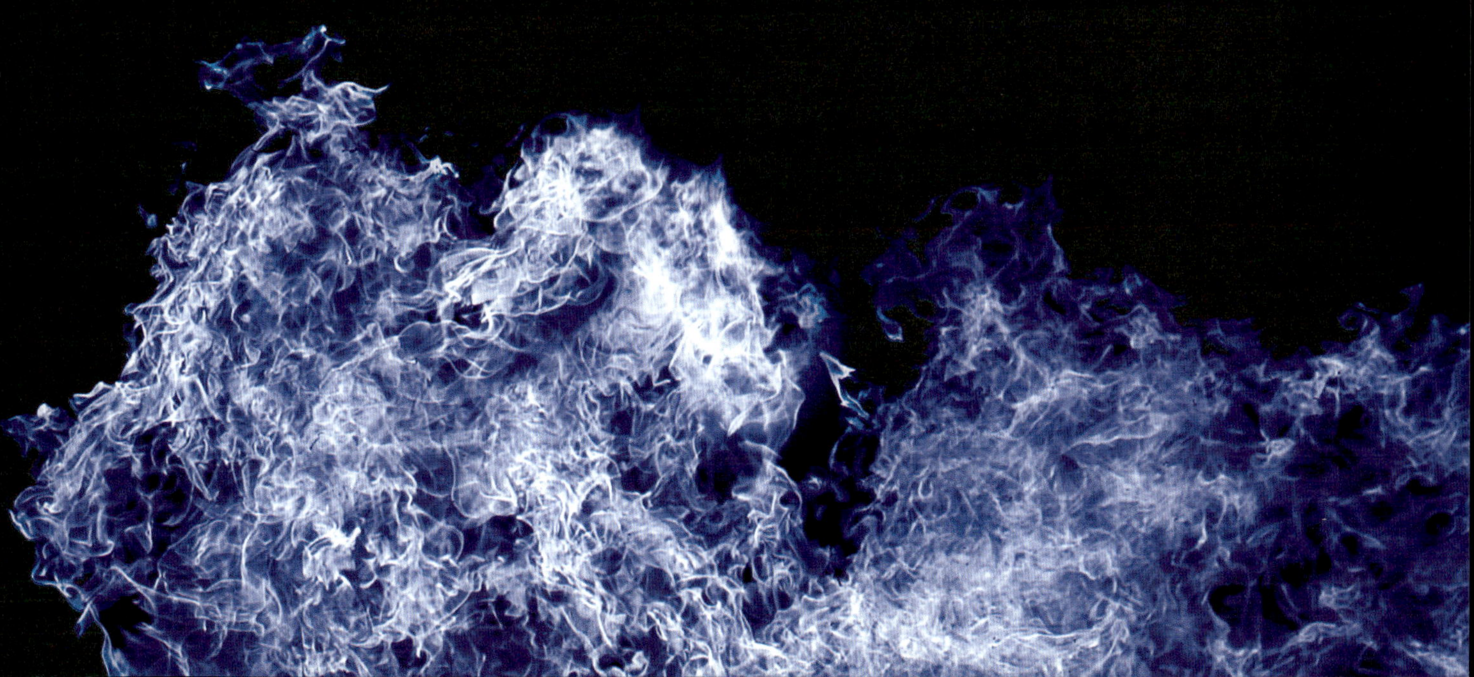

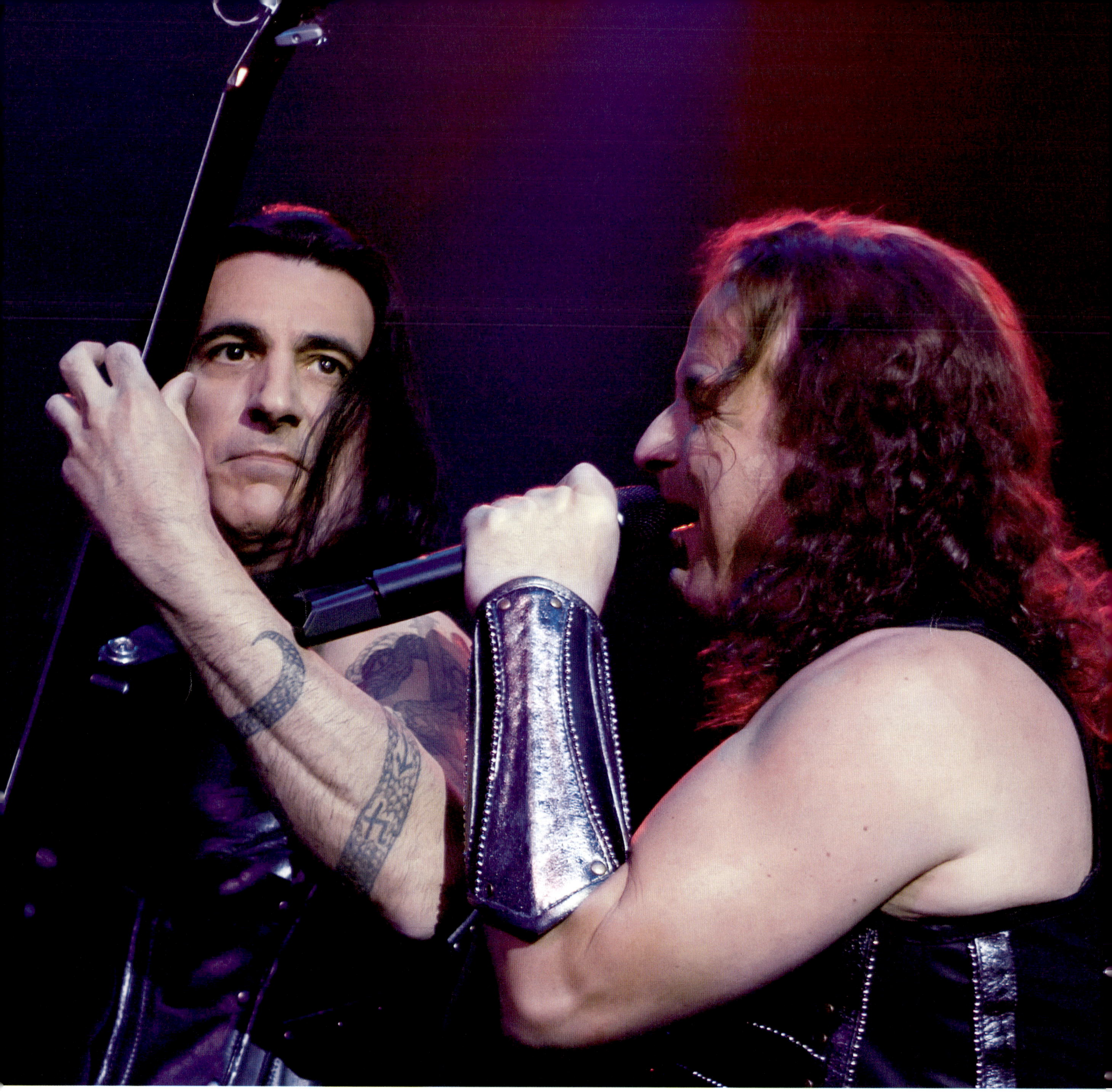

146 ✠ Eric Adams erinnert Joey DeMaio daran, dass „alle Männer auf 10 spielen".

147 ✠ Die 2010er-Besetzung von Manowar mit Karl Logan an der Gitarre verkündete: „Death to False Metal".

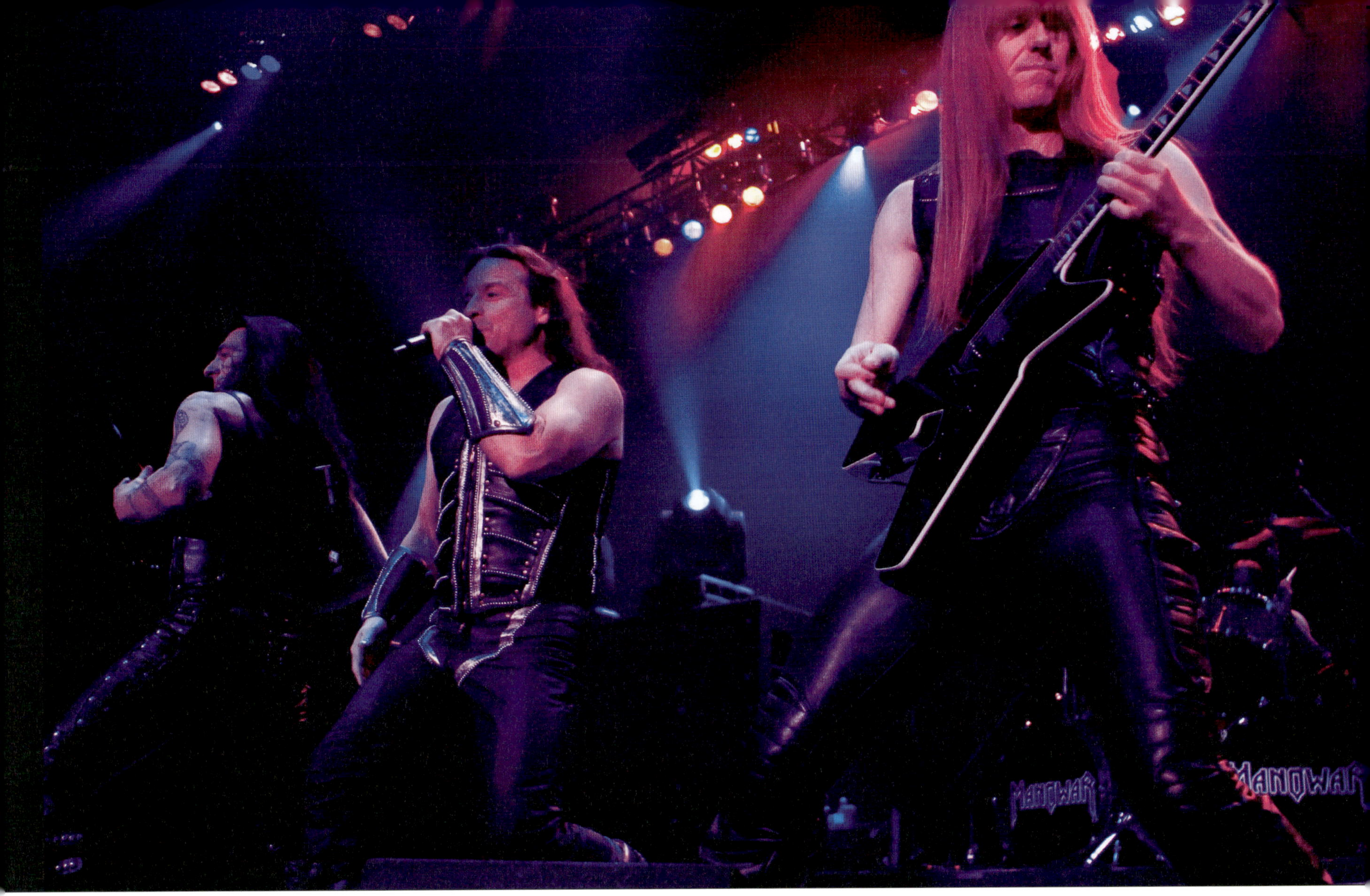

MANOWAR

QUEENSRŸCHE

Als Queensrÿche die EP aufnahm, die ihnen ihren ersten Plattenvertrag einbrachte, hatten sie weder einen Sänger noch Erfahrung mit Live-Auftritten. Den Plattenvertrag bekamen sie ausschließlich aufgrund der Qualität des von ihnen gespielten Metal im Stil von Judas Priest und dem hohen, klassisch-angehauchten Gesang von Geoff Tate, einem Freund einer anderen Band, der bei den Aufnahmen aushalf und sich dann entschied, als Frontmann bei Queensrÿche einzusteigen. Zum Glück blieb es aber nicht nur bei diesem Zufall.

In den 1980er-Jahren entwickelte sich die in Seattle ansässige Band zu einer der erstklassigen und meistverkauften Metal-Bands. Das Geheimnis hinter ihrem Sound lag in Tates kraftvollem Power-Gesang, den einfallsreichen Texten sowie in den treibenden Riffs der Gitarristen Chris DeGarmo und Michael Wilton. Ihr Debütalbum, „The Warning" von 1984, zeigte, dass die Band mit Songs wie dem Titeltrack und der düsteren Quasi-Ballade „Take Hold of the Flame" sowohl künstlerisch als auch extrem hart spielen konnte. Mitte des Jahrzehnts schrieben Queensrÿche eingängige Songs für das Massenpublikum, wie „Walk in the Shadows" und die gruselige Stalker-Single „Gonna Get Close to You" aus dem Album „Rage for Order".

Aber mit „Operation: Mindcrime" von 1988 fand die Band die perfekte Balance zwischen künstlerischem Experimentieren und radiofreundlichem Metal. Auf dem Papier klingt das Album extrem anspruchsvoll, ein Konzeptalbum über Politik, die von einem bösartigen Arzt namens Dr. X kontrolliert wird, aber irgendwie hat es dennoch funktioniert. Songs wie „Revolution Calling" mit einem Iron-Maiden-ähnlichen Doppelgitarrenpart und einem dazu passenden Refrain sowie die postromantischen Balladen „Eyes of a Stranger" und „I Don't Believe in Love" waren noch eingängig genug, um in den Radiocharts Anklang zu finden, ohne dass man die ganze Handlung des Albums kannte. Das Album selbst wurde schließlich mit Platin ausgezeichnet, aber es sollte nichts im Vergleich zu dem sein, was die Band bei ihrer nächsten Veröffentlichung erreichen würde.

Erschöpft von der Arbeit an der Erstellung des Konzeptalbums beschlossen Queensrÿche, ein traditionelles Album aufzunehmen, das für sich allein sprach. „Empire" sollte auch die Sternstunde der Band werden. Obwohl am besten in Erinnerung geblieben für die Nr. 1-Chartballade „Silent Lucidity", wurde das Album dreimal mit Platin ausgezeichnet und enthielt fünf weitere erfolgreiche Singles, die Tate in seiner verzweifeltsten, frustriertesten und opernhaftesten Gesangsform zeigten, mit Songs wie „Best I Can", „Jet City Woman" und „Another Rainy Night (Without You)". Die Band experimentierte auf diesem Album mit Elementen aus dem Progressive Rock und ermöglichte den Erfolg späterer Bands wie Dream Theater.

Leider hatten Queensrÿche nach ihrem nächsten Album, „Promised Land" 1994, nur noch mäßigen Erfolg, aber sie verloren bei ihren Alben im nächsten Jahrzehnt (einschließlich einer Fortsetzung von „Mindcrime") nie ihre Experimentierfreude. Anfang der 2010er-Jahre tourten sie mit einem abgefahrenen Kabarettformat. Nicht schlecht für eine Band, die zum Zeitpunkt ihres Durchbruchs noch nie einen Live-Auftritt gespielt hatte.

149 ✠ Gitarrist Michael Wilton posiert 1989 auf der „Operation: Mindcrime"-Tour vor dem beeindruckenden an Ketten aufgehängten Drumset von Schlagzeuger Scott Rockenfield.

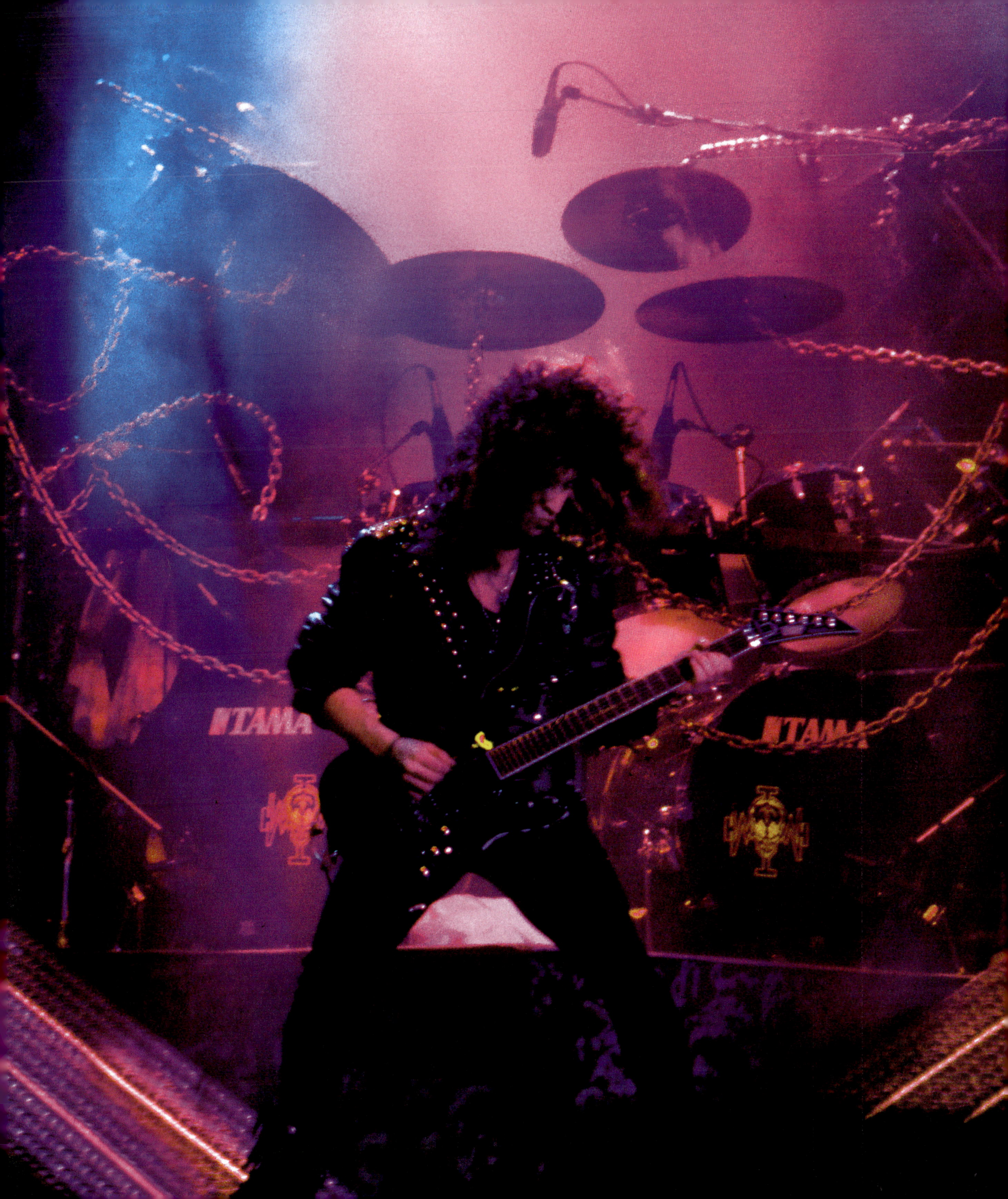
TAMA
TAMA

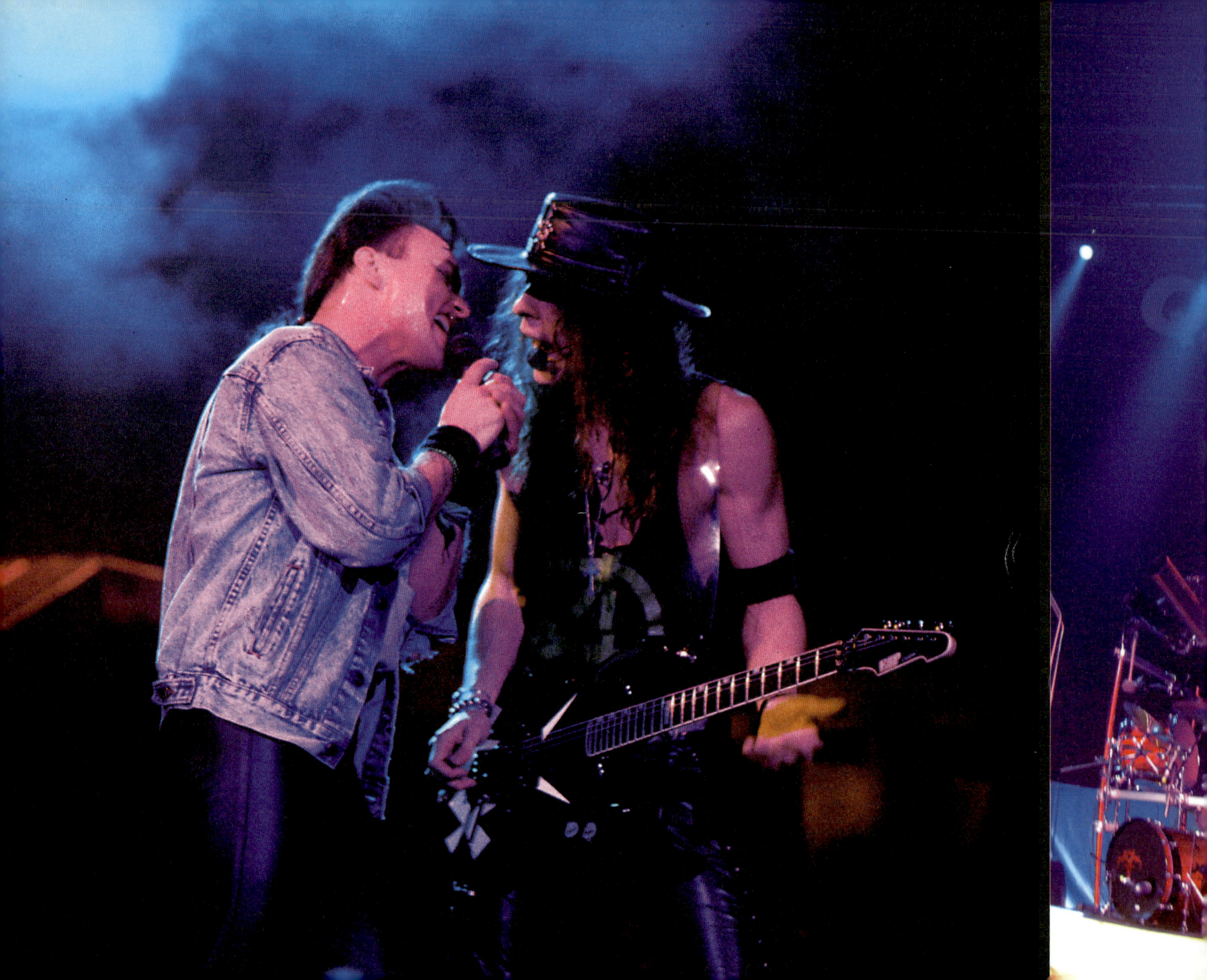

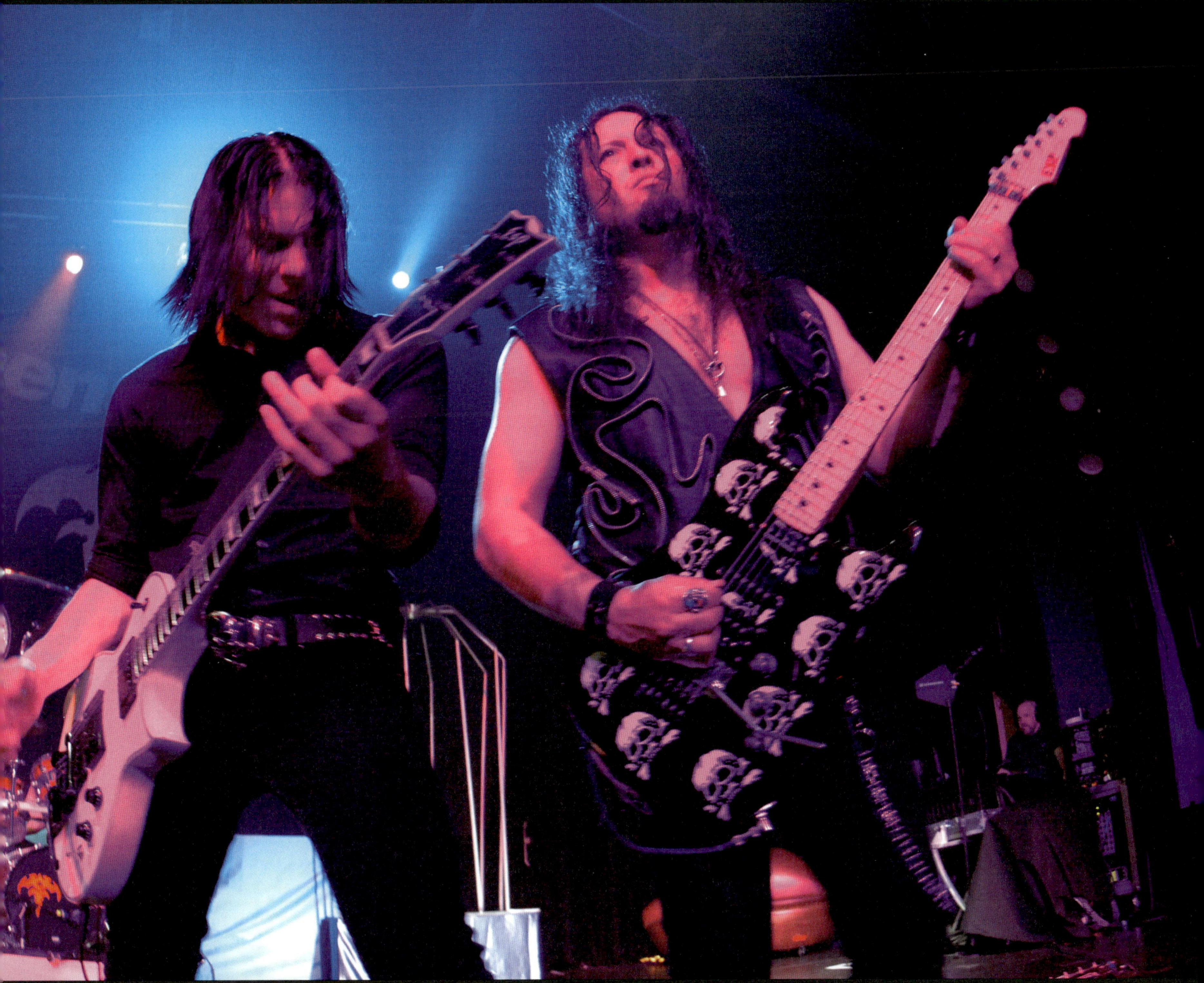

QUEENSRŸCHE

150 ✠ Sänger Geoff Tate und Gitarrist Chris DeGarmo bei einem Refrain auf der „Operation: Mindcrime"-Tour 1989.

150-151 ✠ Die Gitarristen Parker Lundgren, der Chris DeGarmo ersetzte, und Michael Wilton im Jahr 2010.

152 ✠ Ronnie James Dio war seit seiner Zeit bei Black Sabbath mit Schlagzeuger Vinny Appice verbunden. Appice arbeitete während eines Großteils seiner Solokarriere und bei Heaven & Hell mit Dio zusammen.

153 ✠ Zusätzlich zu seinem Ruf, eine der mächtigsten Stimmen des Heavy Metal zu haben, wird Ronnie James Dio die Erfindung der genretypischen Handbewegung „Teufelshörner" zugeschrieben.

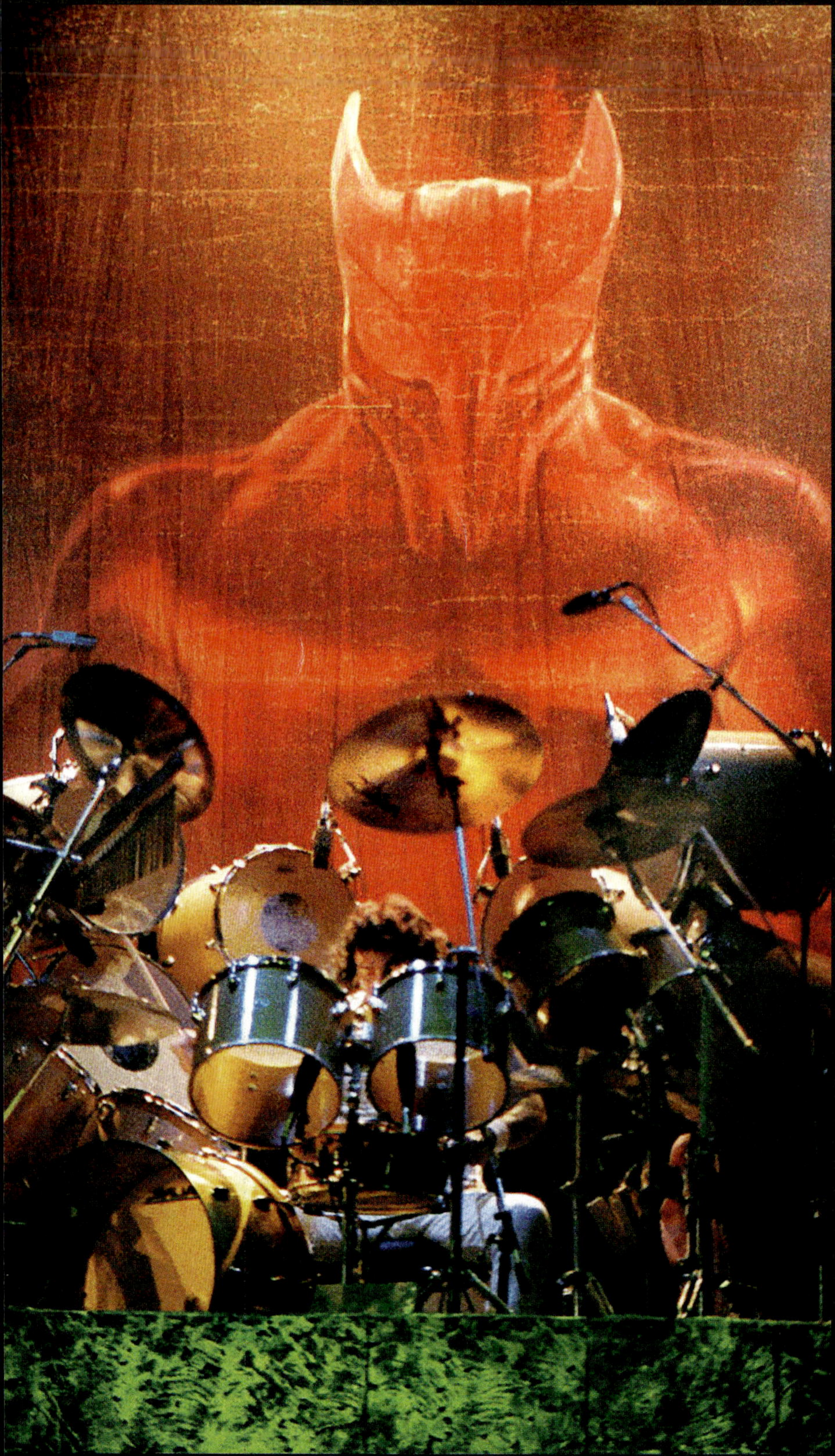

Nach bitteren Trennungen von Rainbow im Jahr 1979 und Black Sabbath drei Jahre später nahm der außergewöhnliche Sänger Ronnie James Dio 1982 seine Solokarriere mit seiner gleichnamigen Band in Angriff. Bei Rainbow stand er in Ritchie Blackmores Schatten und bei Black Sabbath spürte er, obwohl er zur radikalen Klangveränderung der Band beitrug, trotzdem das Erbe einer Band, die seit einem Jahrzehnt zusammen war. Was er in diesen Bands tat, war, zu beweisen, dass er eine Vision für harte Musik hatte, die Schwerter und Zauberer, Kerker und Drachen und natürlich seine typischen „Teufelshörner" (die den „bösen Blick" in der italienischen Folklore abwehren sollten) beinhaltete. Mit Dio war er derjenige, der das Zepter übernahm.

Die ursprüngliche Besetzung war eine Art Supergruppe. Ronnie hatte den Black-Sabbath-Schlagzeuger Vinny Appice mitgenommen und holte sich den Rainbow-Bassisten Jimmy Bain aus der „Rising"-Ära dazu. Als Gitarristen sicherte er sich Vivian Campbell von der New-Wave-of-British-Heavy-Metal-Band Sweet Savage. Zusammen kreierten sie eine neue Version des Heavy Metal und kombinierten den düsteren Blues und die epischen Orchestrierungen von Rainbow mit den hymnischen Riffs von Black Sabbath und dem Knurren von Thrash, das gerade erst anfing, zu entstehen.

Ihr erstes Album, „Holy Diver" von 1983, war ein unbestreitbares Meisterwerk. Mit Dios größtem Hit, „Rainbow in the Dark" (ein Weckruf für Ausgestoßene und eines der bestimmenden Themen des Metal) und dem dampfenden Titeltrack, auf dem der Sänger die wahre Gewalt seiner Stimmbänder zeigte, war das Album einer der seltenen Momente, in denen Heavy Metal sowohl hart als auch poplastig klingen konnte. Doch das Beste an diesem Album war, dass einige der Songs, die nicht als Singles ausgekoppelt wurden, genauso eingängig waren. „Don't Talk to Strangers" war eine kräftige Ballade, die nach einem ruhigen Anfang förmlich explodierte, während der Album-Opener „Stand Up and Shout" ein Thrash-Meisterwerk wäre, wenn Dio nicht so filigran singen würde. Und für diejenigen, die einige von Ronnies kitschigsten Texten durchschauen konnten, war „Shame on the Night" ein unangekündigter Proto-Doom-Metal-Song.

Obwohl Dio das kreative Hoch von „Holy Diver" niemals wiederholen konnte, kamen sie dem doch mehrmals nahe. Ihre nächste Veröffentlichung, „The Last in Line" von 1984, hatte mit dem Titeltrack einen weiteren atemberaubenden Aufruf an alle Einzelgänger des Metal, und ihr nächstes Album, „Sacred Heart" von 1985, enthielt das keyboardlastige und unglaublich eingängige „Rock 'n' Roll Children". Dio veröffentlichten in den folgenden zwei Jahrzehnten konsequent Alben, bis Ronnie 2005 zu Black Sabbath zurückkehrte, die sich dann in Heaven & Hell umbenannten. Ronnie arbeitete an einem neuen Album (eine Fortsetzung seines 2000er Konzeptalbums „Magica") als er 2010 an Magenkrebs starb. Als die Nachricht von seinem Tod die Öffentlichkeit erreichte, würdigten Bands von Iron Maiden bis Anthrax den Sänger in ihren Konzerten und feierten das Leben eines der wahren Rebellen des Metal.

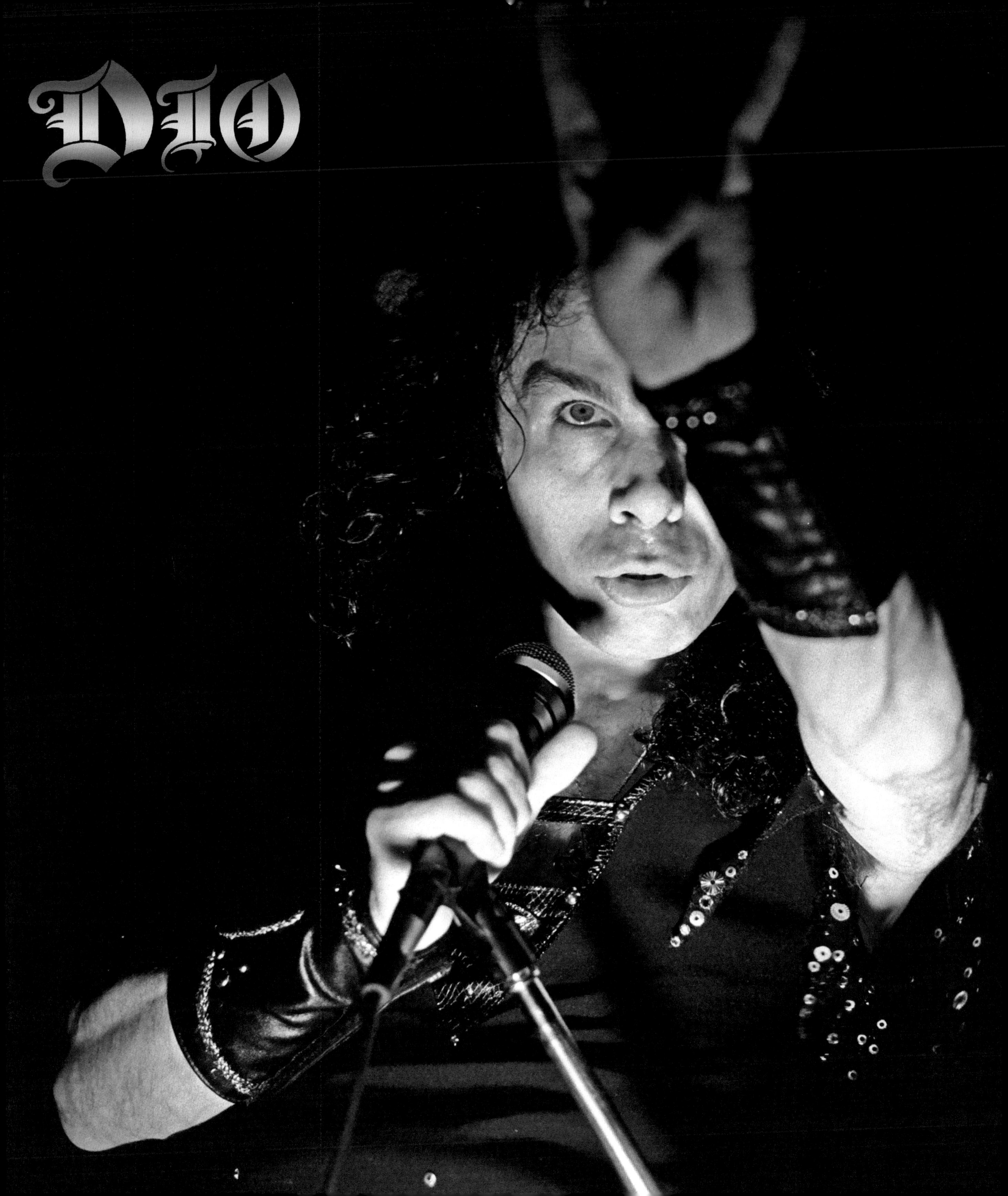
DIO

154-155 ✠ Gitarrist John Petrucci, der als einer der großen Gitarrenhelden der 1990er-Jahre gilt, spielt 2011 ein Solo, während ihn Keyboarder Jordan Rudess, Bassist John Myung und Schlagzeuger Mike Mangini begleiten.

155 ✠ Schlagzeuger Mike Portnoy war 1985 Mitbegründer von Dream Theater, zusammen mit John Myung und John Petrucci, als alle drei das Berklee College of Music in Boston besuchten. Er verließ die Band im Jahr 2010.

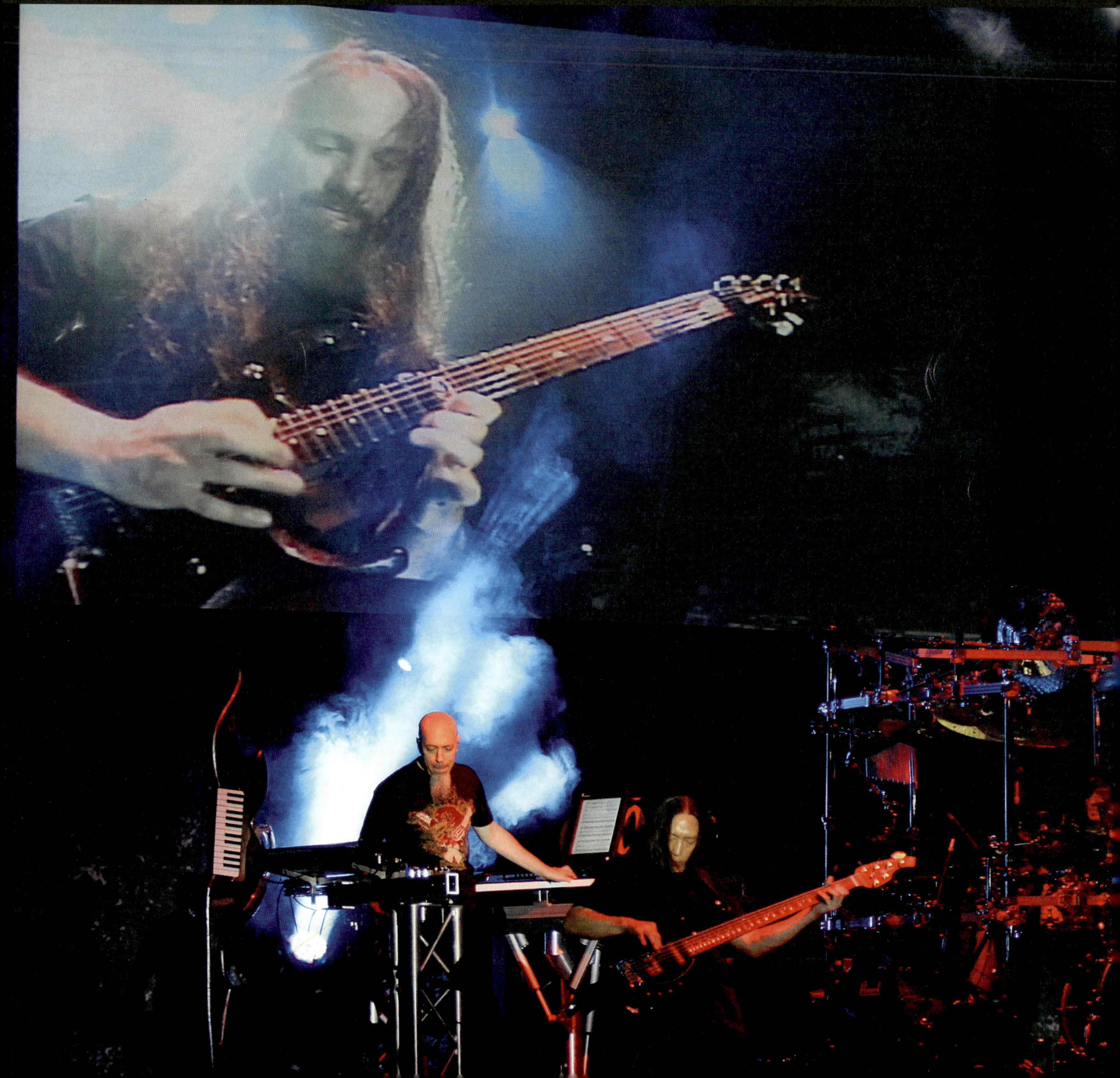

DREAM THEATER

Im Jahr 1992, als Nirvana, Pearl Jam und Alice in Chains die Verkaufscharts mit geradlinigem, von Punk beeinflusstem Rock dominierten, hatten die Prog-Metaller Dream Theater vom Mainstream die Nase voll und veröffentlichten einige der komplexesten und unkonventionellsten Songs, die es in die Hardrock-Charts geschafft haben. Ihr zweites Album, „Images and Words", das im selben Jahr herauskam, wurde sofort zum Klassiker und war voll von übermäßig langen Songs, ausschweifenden Soli und fast opernhaftem Gesang von Frontmann James LaBrie. Das Album war alles, was kommerzieller Rock zu dieser Zeit eigentlich nicht sein sollte, und dennoch hatte sich die Band trotz aller Widrigkeiten eine treue Fangemeinde erspielt.

Obwohl das Radio den Song „Another Day" aufgegriffen hatte, eine schmalzige Nummer, die mit Synthie-Orchestern und einem Saxophon-Solo ausgeschmückt war, sollte ihre über acht Minuten dauernde zweite Single „Pull Me Under" der große Wurf werden. Dank eines starken, Rush-ähnlichen Chors, einiger eingängiger Keyboard-Läufe und der fachmännischen Gitarrenpräsentation von John Petrucci war es eine Tour de Force, die sich wie eine härtere Erweiterung des ehrgeizigen Hardrock anfühlte, den Pink Floyd Ende der 1970er-Jahre gespielt hatten. Der Song hat wesentlich dazu beigetragen, dass „Images and Words" bis 1995 Goldstatus erreichte, was ihnen bis heute nie mehr gelang. Von diesem Zeitpunkt an hatte das Radio eine unbeständige Beziehung zu Dream Theater und sie drückten dies aus, indem sie ihre Doppel-CD-Kompilation 2008 scherzhaft als „Greatest Hit (... and 21 Other Pretty Good Songs)" nannten.

Zu diesem Zeitpunkt hatte sich Dream Theater jedoch bereits eine Hardcore-Fangemeinde aufgebaut. Ihre Fans wurden von der Virtuosität der Bandmitglieder angezogen (Gitarrist John Petrucci, Bassist John Myung und Schlagzeuger Mike Portnoy hatten sich während ihres Studiums am Berklee College of Music in Massachusetts kennengelernt) und ermutigten sie, ihre musikalischen Ambitionen weiter zu verfolgen. In den Neunzigerjahren veröffentlichten sie eine EP mit nur einem Track, der aus acht Sätzen bestand, Alben mit Coverversionen oder mit mehr als 10 Minuten langen Titeln sowie die anstrengende Doppel-CD „Metropolis Pt. 2: Scenes From a Memory" mit einem Chor, Synchronsprechern und zwei Musikstücken, die in neun „Szenen" unterteilt waren. Sie veröffentlichten auch einige „offizielle" Bootlegs von Live-Alben und ihre eigenen Interpretationen von klassischen Alben wie Pink Floyds „The Dark Side of the Moon" und Iron Maidens „The Number of the Beast".

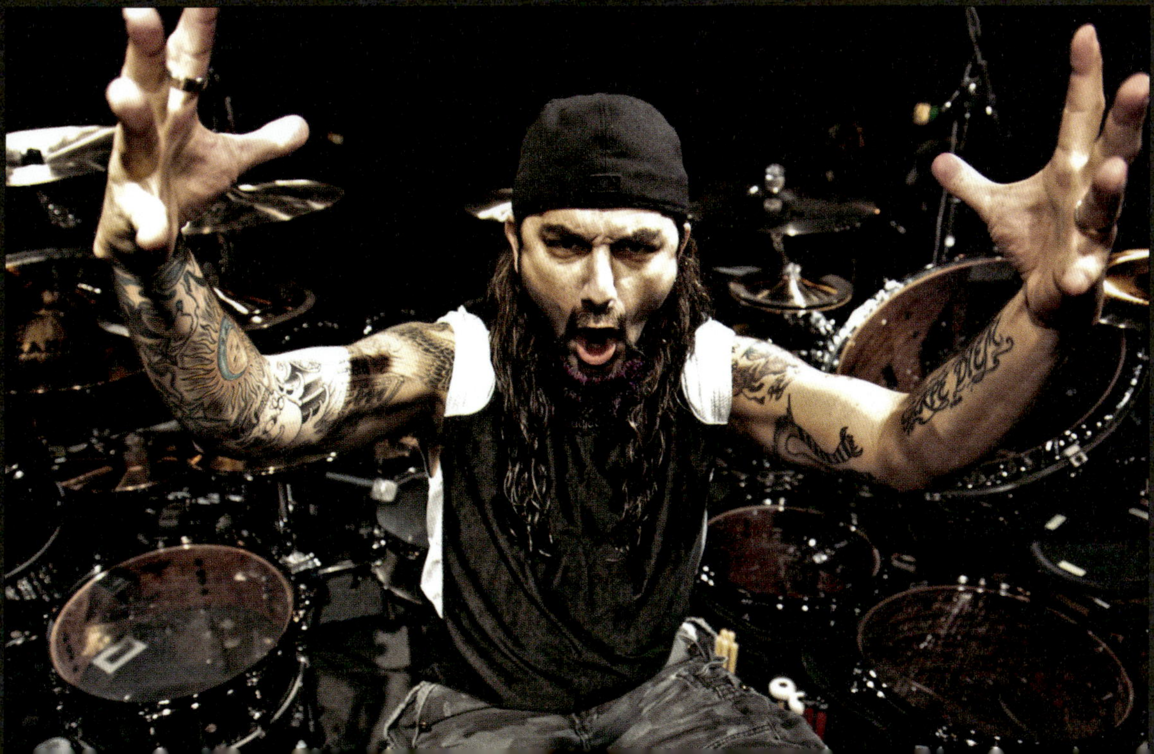

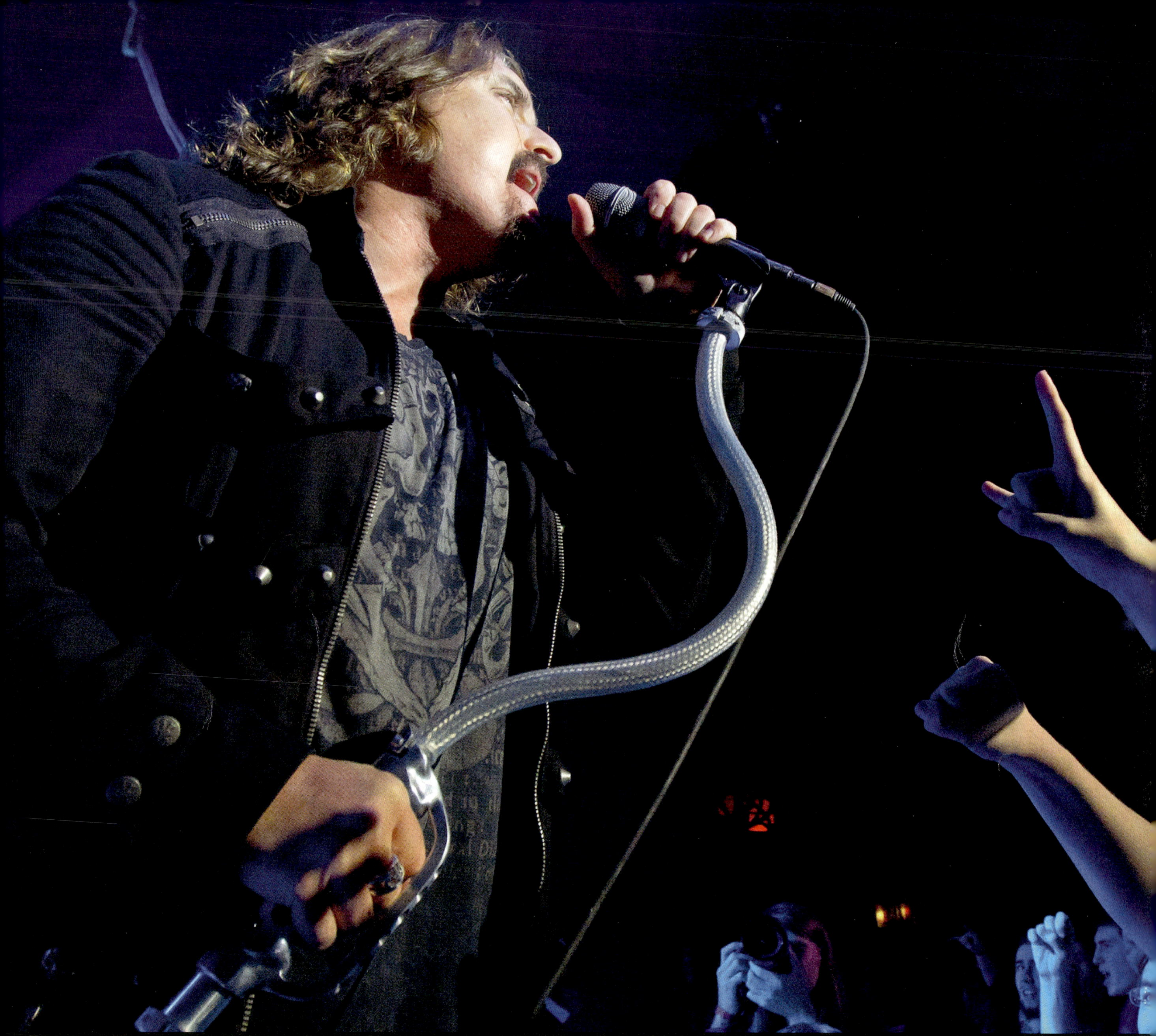

Mit ihrer etablierten Fangemeinde organisierte und leitete die Band Ende der 2000er-Jahre ihre eigenen „Progressive Nation"-Tourneen, bei denen sie als Hauptact neben einer Reihe von Prog-Metal-Bands auftraten. Mit der Single „Wither" aus dem Jahr 2009 veröffentlichten sie sogar einen Song, der in den Charts noch höher steigen konnte als „Pull Me Under". Später gab Portnoy, der meist als Sprachrohr der Band gedient hatte, nach einem Gastauftritt bei der Hardrock-Band Avenged Sevenfold merkwürdigerweise bekannt, dass er aufhören würde. Dream Theater ersetzte ihn durch Mike Mangini, den ehemaligen Schlagzeuger der Thrash-Band Annihilator. Das Publikum begrüßte die Veränderung und das mit Mangini aufgenommene Album „A Dramatic Turn of Events" debütierte in den Top 10 und brachte ihnen sogar ihre erste Grammy-Nominierung ein, gefolgt von „Dream Theater" 2013, „The Astonishing" 2016 und „Distance over Time" 2019. Diese Alben wurden allesamt von den Kritikern gut aufgenommen, die immer die Qualitäten erkannt haben, die den drei Grundpfeilern der Band innewohnen: Metal, Melodie und Progressive.

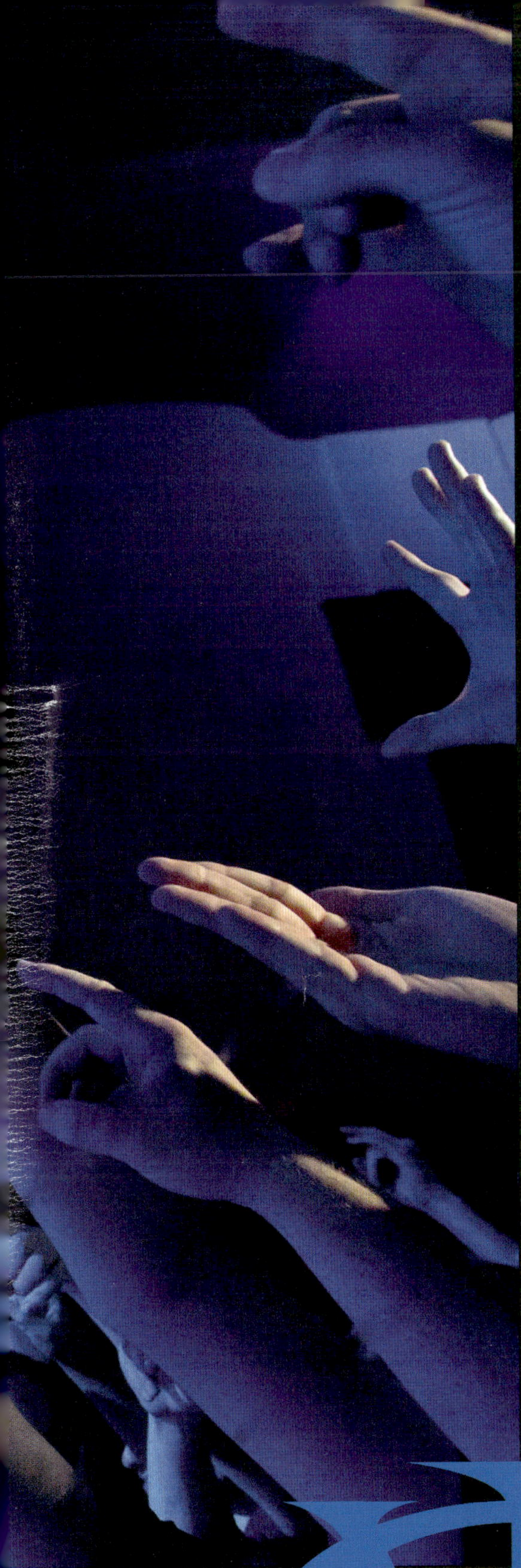

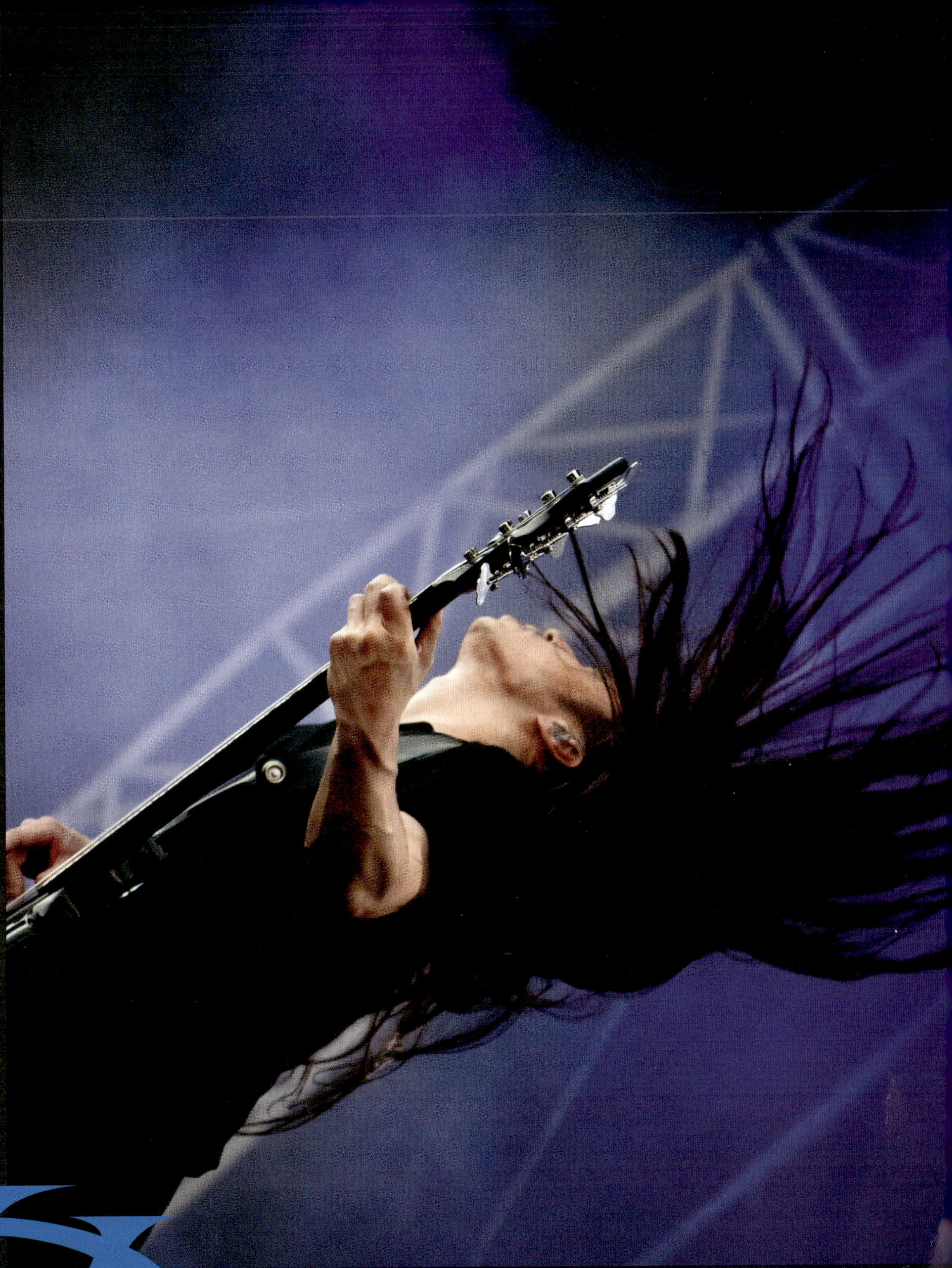

156-157 ✠ Sänger James LaBrie begeistert 2011 das Publikum im Royal Oak Music Theatre in Royal Oak, Michigan.

157 ✠ John Myung ist ein virtuoser Musiker, der dafür bekannt ist, einen ungewöhnlichen sechssaitigen Bass und gelegentlich ein seltsames Instrument namens Chapman Stick zu spielen. Die Musikalität aller Bandmitglieder von Dream Theater ist das Geheimnis ihres Erfolgs.

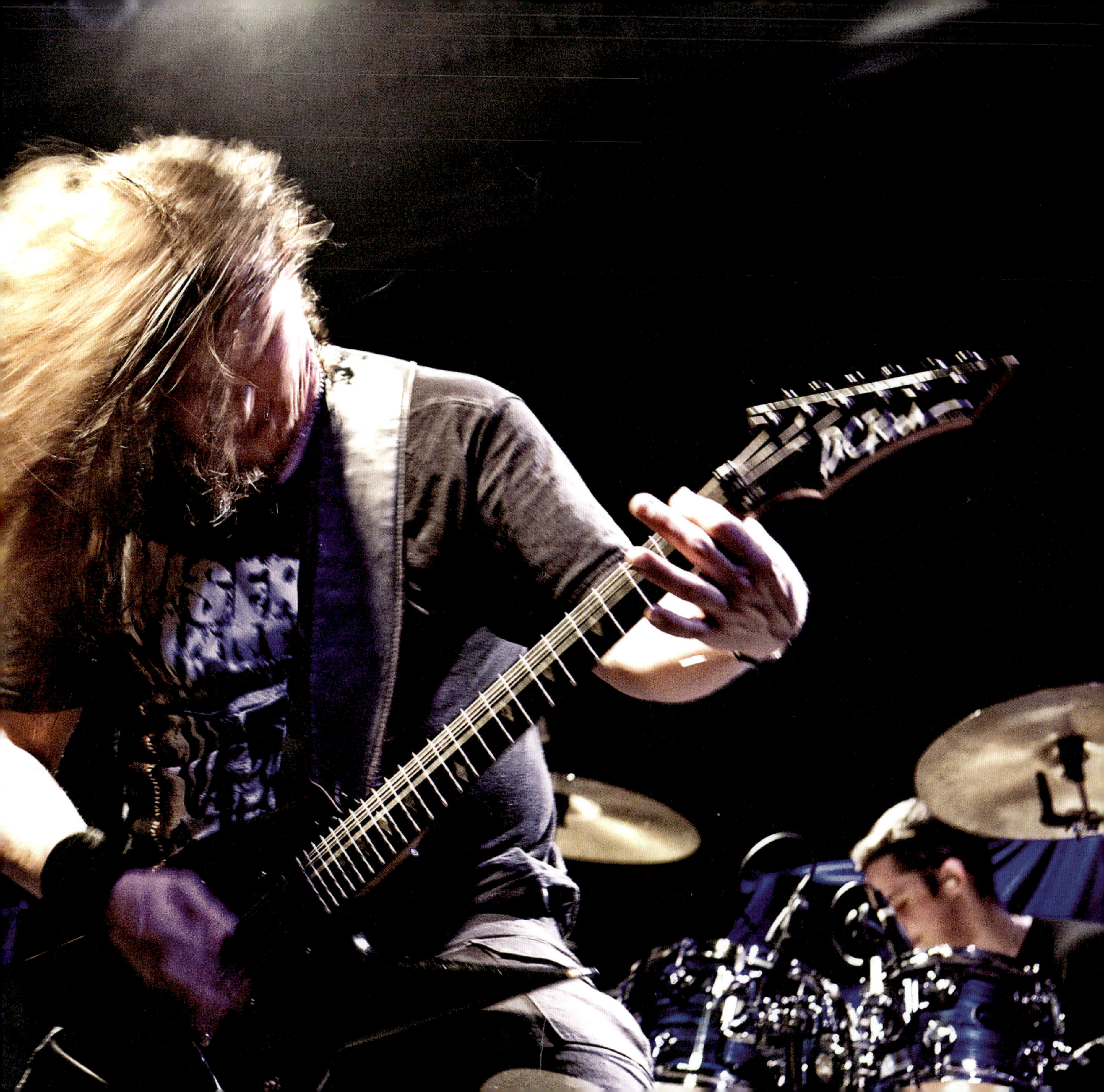

Eine ähnliche Renaissance entstand in den späten 1980er-Jahren in Deutschland. Insbesondere drei deutsche Bands gewannen Ende der 1980er-Jahre an Bedeutung: Sodom, Kreator und Destruction. Wie ihre amerikanischen Kollegen ließen sich diese Bands stark von Motörhead, Venom und Discharge inspirieren, aber ihr Sound klang viel dunkler und prophezeite aufgrund ihres knurrenden Gesangs den Aufstieg des künftigen Death Metal und Black Metal mehr als bei US-Bands. Das 1985er-Album „Infernal Overkill" von Destruction enthielt die Art von komplizierten Gitarrenlinien, die Death-Metal-Bands verlangsamen und herunterstimmen sollten, um sie für sich zu beanspruchen, und Kreators 1986 erschienene Veröffentlichung „Pleasure to Kill" mit ihrer rohen Kakophonie des Schlagzeugs sagte die zweite Welle des Black Metal vorher. Sodoms 1989er-Album, „Agent Orange", war ein Meisterwerk des Thrash, das es mit Slayer in Bezug auf Kriegslobpreisungen und technische Gitarrenriffs aufnehmen konnte.

Außerhalb Deutschlands begannen Bands wie Sepultura und Sarcófago in Brasilien, sich mit Thrash zu beschäftigen, und Erstere wurden Anfang der Neunzigerjahre zu einer internationalen Sensation. Aus Skandinavien konnte man Bands wie Bathory und Mercyful Fate hören und in der Schweiz tönte Hellhammer. Sie alle würden den Black Metal beeinflussen. Später begannen Bands wie die schwedischen Merciless und die norwegischen Aura Noir Thrash mit Black Metal zu verschmelzen.

In den frühen Neunzigerjahren hatte der Thrash in den Vereinigten Staaten seinen Zenit erreicht. Die führenden Bands der Szene bespielten große Veranstaltungsorte und das kommerzielle Radio hatte sie alle entdeckt, außer Slayer, die nicht bereit für die Hauptsendezeit zu sein schienen. Megadeth veröffentlichten ihr wegweisendes „Countdown to Extinction"-Album, Slayer brachten „Seasons in the Abyss" heraus, Anthrax sorgten mit einem neuen Sänger auf „Sound of White Noise" für einen härteren Sound, und Metallica machten den größten Sprung von allen. Obwohl ihr 1988er-Album „...And Justice for All" epische, langatmige Thrash-Opern enthielt, kürzten sie alles bei ihrem gleichnamigen Album im Jahr 1991, um das Genre mit Groove-Hits wie „Enter Sandman" und „Sad but True" zu überschreiten. Auf dem Album befanden sich einige der thrashigeren Songs der Band, aber im Großen und Ganzen hatte die Band, die das Genre in dessen Kinderschuhen definiert hatte, ihren größten Erfolg mit einem anderen harten Sound erreicht.

Dennoch wurde - zumindest kommerziell - die Totenglocke des Thrash Metal in den frühen 1990er-Jahren geläutet, als Grunge, das Punk-beeinflusste Hardrock-Genre, an Popularität gewann. So wie es die Metal-Bands der 1970er-Jahre mit dem Einsetzen des Punk erlebt hatten, waren die Bands, die in so kurzer Zeit zu Legenden geworden waren, nun gezwungen, ihre Bedeutung zu verteidigen. Einige versuchten, sich dem Grunge anzunähern, einige richteten sich nach der damals beliebten Industrial-Bewegung aus und wieder andere blieben ihrem Sound treu und veröffentlichten weiterhin Thrash-Alben. Es war eine schwere Zeit für den Thrash Metal. Die Bands, die den Sturm am besten überstehen konnten, wie Pantera, verlagerten ihren Fokus auf von Black Sabbath beeinflussten Groove Metal und sparten Thrash-Sounds für nur wenige Songs auf.

Das Interesse an Thrash erwachte jedoch Mitte der 2000er-Jahre erneut. Bands wie Lamb of God und Machine Head, die sich vom Thrash inspirieren ließen, landeten große Album-Deals und erregten bei Metal-Fans Aufmerksamkeit. Dieser Anstieg an Popularität zahlte sich auch für die Gründer der Szene aus. Bis zum Ende des Jahrzehnts hatten Metallica nur ein Album veröffentlicht, das an ihre Thrash-Ruhmestage erinnerte: „Death Magnetic" von 2008. Im folgenden Jahr wurden sie in die Rock and Roll Hall of Fame aufgenommen. In nostalgischer Stimmung entschied die Band, eine Thrash-Tour mit einigen der Bands zu spielen, mit denen sie groß geworden waren, und lud Slayer, Megadeth und Anthrax ein, eine Reihe von Konzerten als die „Big Four" mit ihnen zu spielen. Vor großem Publikum in Europa und den Vereinigten Staaten, einschließlich eines Termins im New Yorker Yankee Stadium, spielte jede Band ein Set mit all ihren Klassikern und am Ende des Metallica-Sets schlossen sie das Konzert oft mit einer All-Band-Jamsession ab und spielten Songs von Diamond Head, Motörhead und der Hardcore-Band The Misfits. Die Geschichte des Thrash hat Höhen und Tiefen hinter sich und als sich das Interesse wieder auf härtere Musik konzentrierte, startete das Genre in die 2010er-Jahre mit einer seiner erfolgreichsten Phasen.

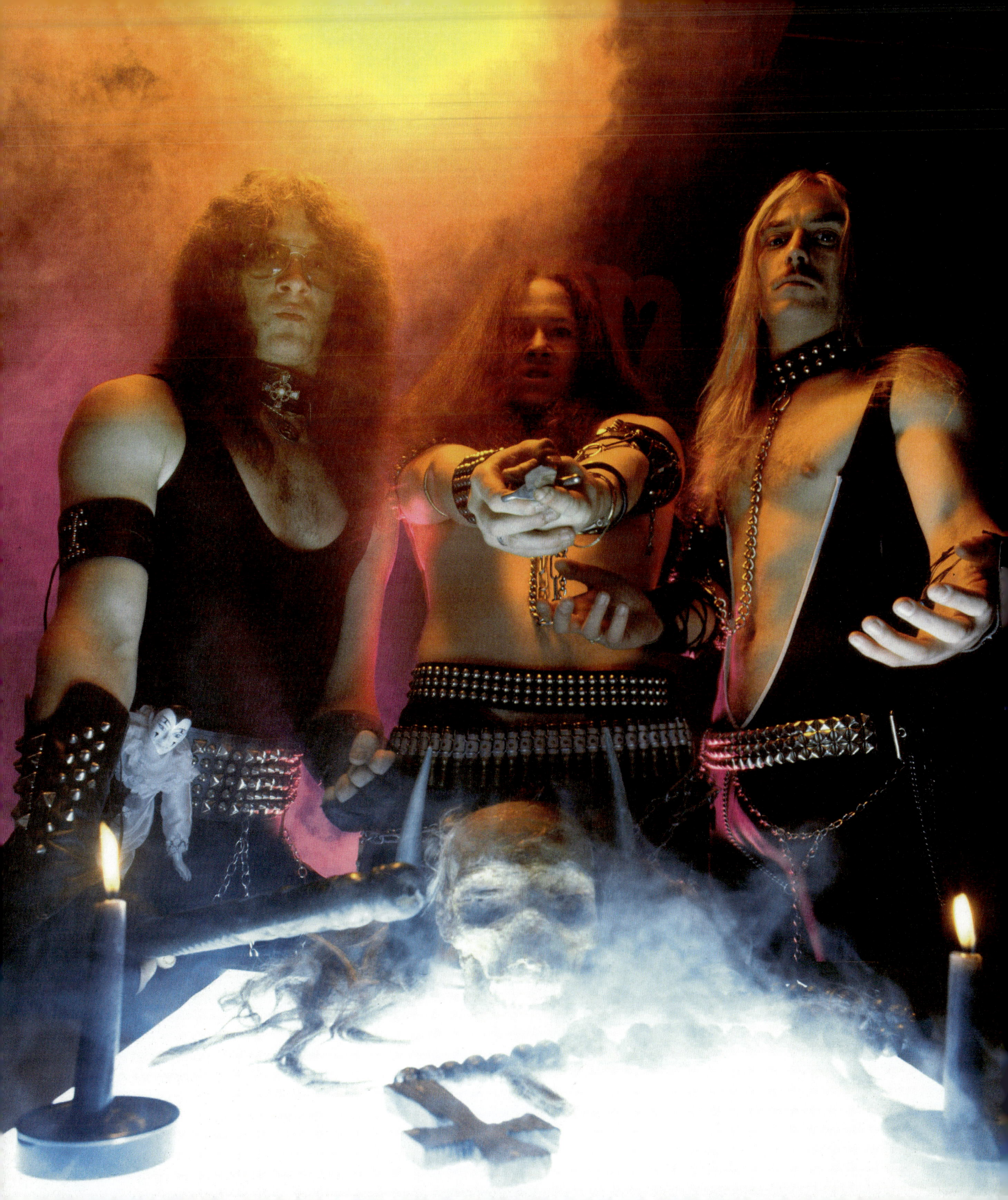

VENOM

162 ✠ Die ursprünglichen drei Black-Metal-Könige von Venom heißen euch in der Hölle willkommen. Von links: Schlagzeuger Anthony „Abaddon" Bray, Sänger und Bassist Conrad „Cronos" Lant und Gitarrist Jeffrey „Mantas" Dunn.

Venom gaben Black Metal letztendlich seinen Namen. Ein englisches Trio harter Jungs, die sich 1979 gründeten, nachdem sie sich bei einem Judas-Priest-Konzert getroffen hatten. Als die New Wave of British Heavy Metal erwachsen wurde, spielten Venom viel schneller als ihre Zeitgenossen von Iron Maiden, Angel Witch und Diamond Head und nahmen Bühnenrollen an (jeder mit einem einzigartigen mystischen Namen), die die Teufelsanbetung verherrlichten. Während sie ihren Sound entwickelten, ließ ihre Musik bereits Elemente von Power Metal, Death Metal und Speed Metal sowie Black Metal erahnen.

Ihr Debütalbum von 1981, „Welcome to Hell", triefte vor satanischen Bildern, sowohl lyrisch („Sons of Satan", „In League With Satan" und natürlich der Titeltrack) als auch auf dem Cover, das einen in einem Pentagramm abgebildeten Ziegenkopf zeigte. Die Musik war jenseits von rudimentär, als Sänger und Bassist Conrad „Cronos" Lant, Gitarrist Jeffrey „Mantas" Dunn und Schlagzeuger Tony „Abaddon" Bray ein Ur-Riff nach dem anderen spielten. Aber diese Einfachheit der Band traf auch den Nerv einer Reihe früher Thrash-Bands, die von Metallica und Slayer bis zu Norwegens zweiter Welle von Black-Metal-Vertretern Mayhem reichte.

Die Band prägte den Begriff „Black Metal" mit dem Titel ihres Albums von 1982. (Slayer nannten ihre Musik anfangs sogar „Black Metal", da zu diesem Zeitpunkt noch niemand den Begriff „Thrash Metal" geprägt hatte.) Die Songs spiegelten wider, wo Thrash Metal beginnen würde, nahmen von Motörhead beeinflusstes hohes Tempo und mischten es mit groben Gitarrenriffs auf Songs wie dem Titeltrack „To Hell and Back" und „Countess Bathory". So schlecht produziert es auch war, die ungezügelte Begeisterung der Band für ihre musikalische Gangart sickerte bereits förmlich aus den Songs heraus. Trotzdem haben die Kritiker die ersten beiden Alben schlecht aufgenommen.

Für ihre Folgeveröffentlichung 1983, „At War With Satan", schrieb und spielte das Trio, inspiriert von Rushs „2112", den komplexen 20-minütigen Titeltrack als erste Seite des Albums. Obwohl er durch sechs Songs in regulärer Länge (darunter einer mit dem Titel „Aaaaaarrghh") ergänzt wurde, hat der Titeltrack nach Cronos' eigenen Worten Jahre später „alle ausflippen lassen". Als sie ihr nächstes Album „Possessed" 1985 veröffentlichten, tauchten jedoch bereits Bands auf, die ihre ersten beiden Alben ernst genommen hatten. Venom spielten sogar als Headliner zusammen mit Slayer und Exodus. Aber musikalisch war die Band müde geworden und langsam begann ihr Niedergang.

Venom veröffentlichte mit verschiedenen Besetzungen weiterhin regelmäßig Alben, aber ihre Popularität übertraf nie den Einfluss, den sie auf andere Bands hatten. Als sie 1992 „The Waste Lands" herausbrachten, in dem eine fünfköpfige Band und kein Cronos auftraten, hatten einige skandinavische Bands den Namen ihres zweiten Albums angenommen und dessen Kontext neu definiert. Venom behauptete jedoch, es gäbe nur eine Definition von Black Metal - und das war Venom.

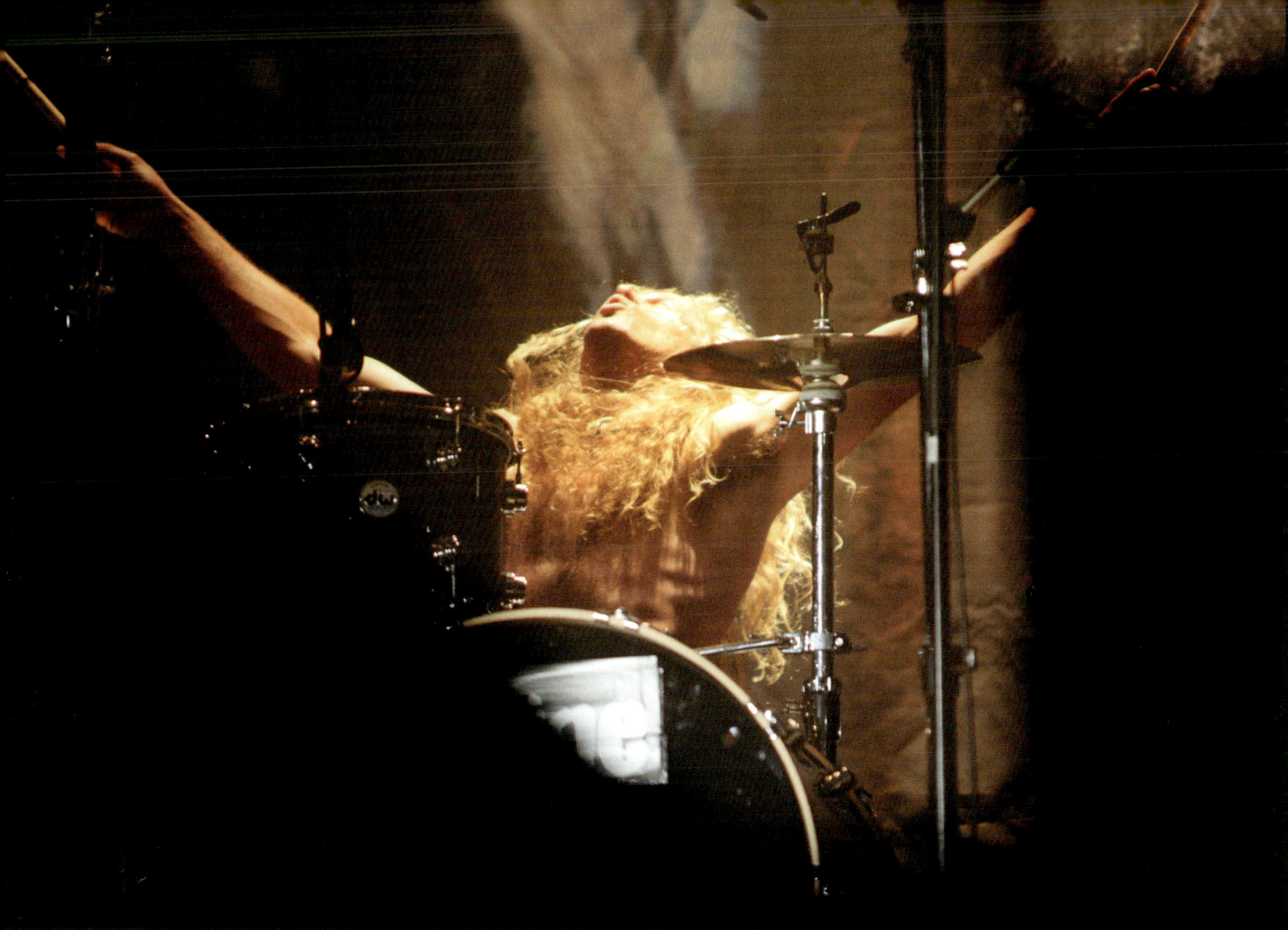

164 und 165 ✠ Schlagzeuger Danny „Dante“ Needham (oben) und Gitarrist La Rage (rechts) runden 2011 neben Conrad Cronos das Line-up von Venom ab.

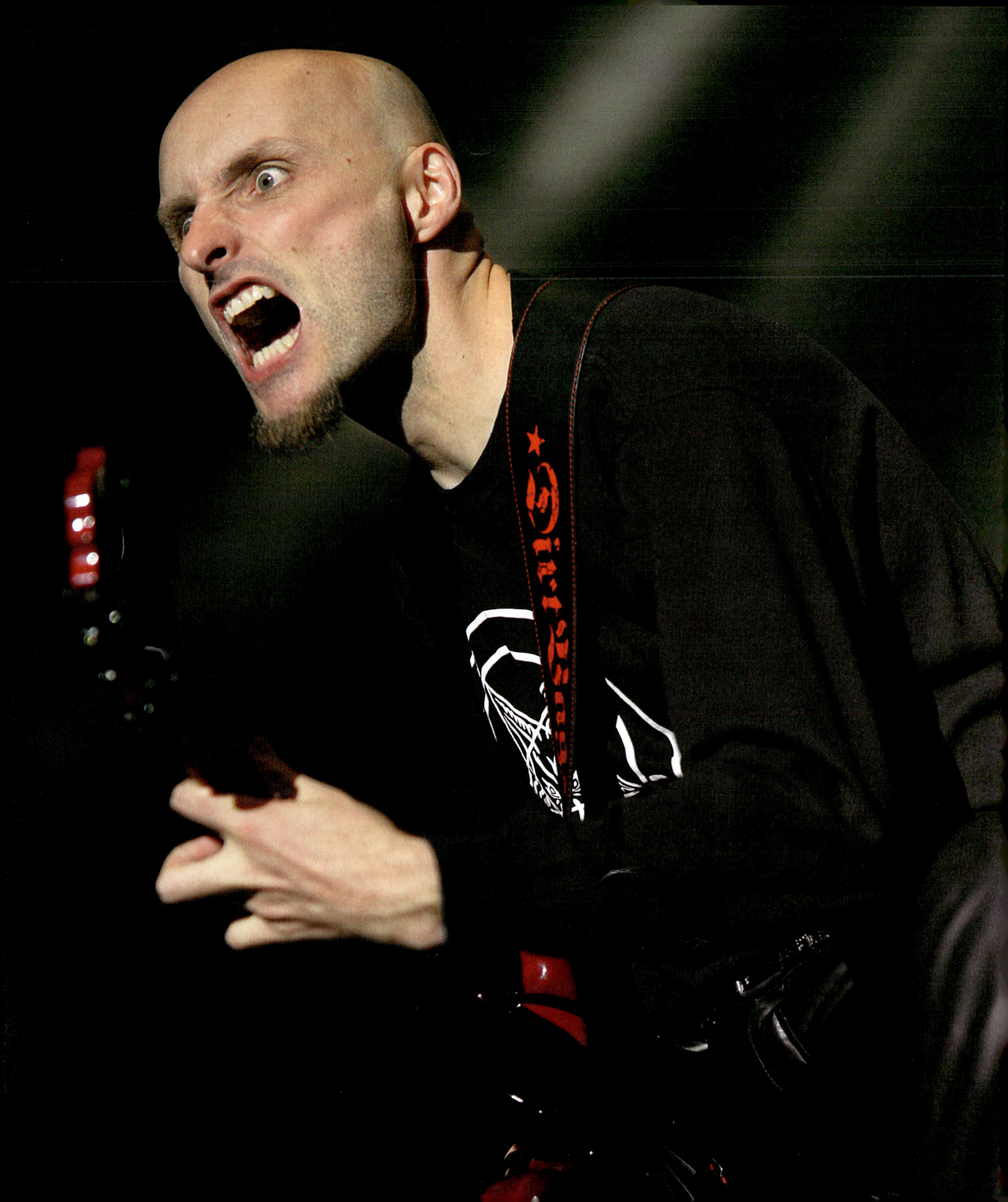

METALLICA

Beginnend mit dem Eröffnungsrasseln von „Hit the Lights", dem ersten Song, den sie veröffentlichten, weihten Metallica die Geburt des Thrash Metal ein und machten sich auf den Weg, die Welt zu erobern. Als sie mit der Veröffentlichung ihres gleichnamigen Albums von 1991, das Mega-Hits wie „Enter Sandman" und „The Unforgiven" enthält, die Treppe zum Superstarruhm heraufeilten, trugen sie zu einem vom Leben auf der Straße geprägten, weltmüden Blick auf Heavy Metal bei, den Bands bis heute fortsetzen und kopieren.

Das liegt daran, dass die Mitglieder von Metallica anfangs wirklich das harte Leben auf der Straße spürten. Sie liebten europäisches Metal und lebten in einem Vorort von Los Angeles. Frontmann James Hetfield tat sich mit dem Schlagzeuger Lars Ulrich, der aus Dänemark nach Kalifornien gezogen war, wegen der Liebe zu Bands der New Wave of British Heavy Metal wie Diamond Head und Savage sowie der Speed-Metal-Vorfahren Motörhead, zusammen. Mit dem Leadgitarristen Dave Mustaine, der später Megadeth gründete, nachdem er wegen seiner Gewaltausbrüche von Metallica entlassen worden war, schrieb die Band in der Zeit vor der Aufnahme ihres Debüt-Albums eine Reihe von Thrash-Gitarrenhymnen wie „The Four Horsemen", „Jump in the Fire" und „The Call of Ktulu", das den frühen Sound der Band definierte.

Die Band, zu der nun auch ein innovativer und dynamischer Bassist namens Cliff Burton stieß, ersetzte Mustaine durch den Exodus-Gitarristen Kirk Hammett und nahm in den 1980er-Jahren einen perfekten Klassiker nach dem anderen auf. Während ihr Debüt 1983, „Kill 'Em All", eine regelrechte Thrash-Salve war, zeigte das Nachfolgealbum von 1984, „Ride the Lightning", die nachdenklichere und melodischere Seite der Band mit Songs wie „Fade to Black" und „For Whom the Bell Tolls". Nach einer Pause kehrten sie 1986 mit ihrem Meisterwerk, „Master of Puppets", zurück, das einige der schnellsten Thrasher von Metallica („Battery", „Disposable Heroes", „Damage Inc.") enthielt, sowie ein paar der schmetterndsten Rocksongs der Band („The Thing That Should Not Be" und „Leper Messiah") und mit „Welcome Home (Sanitarium)" eine ihrer eindringlichsten Balladen. Der Titeltrack ist ein achteinhalbminütiges Epos, das alles zeigte, was die Band bis zu diesem Zeitpunkt geschaffen hatte: knackige Riffs, ein eingängiger Refrain und Mid-Tempo-Soli, die so einfach mitgesungen werden konnten, wie die Band sie spielte. Leider war dieses Album das letzte mit Burton, der 1986 ein denkwürdiges Interludium auf dem Album „Orion" spielte. Er starb bei einem Busunfall im Alter von 24 Jahren.

Bei den nächsten Veröffentlichungen von Metallica kehrten sie zu ihren Wurzeln zurück. 1987 brachten sie ihr erstes Album mit Burtons Nachfolger, dem ehemaligen Flotsam- und Jetsam-Bassisten Jason Newsted, heraus, die 5,98-Dollar-EP: „Garage Days Re-Revisited",

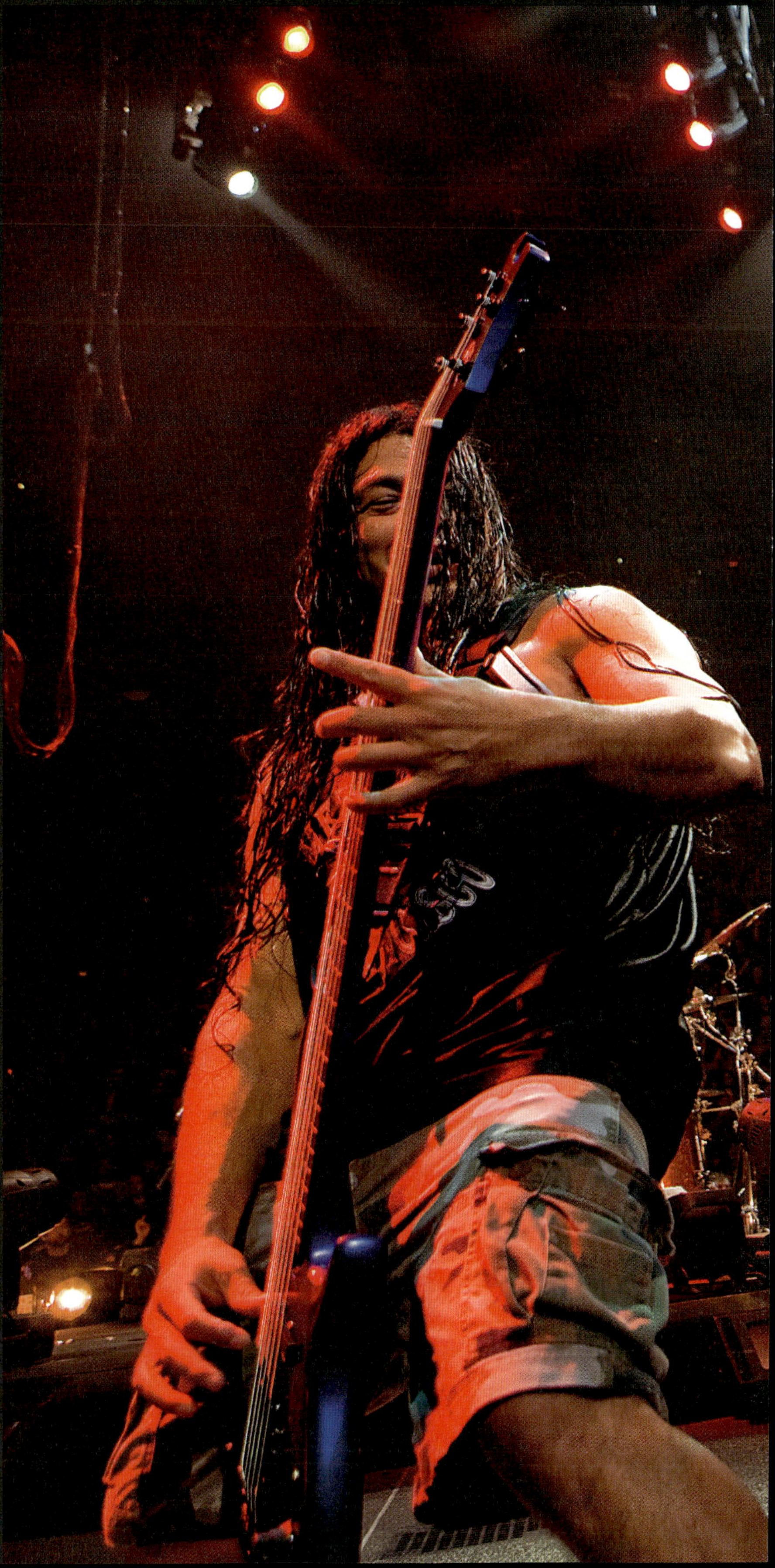

166-167 ✠ Drei der vier „Horsemen" reiten. Von links: Bassist Robert Trujillo, Sänger und Gitarrist James Hetfield und Gitarrist Kirk Hammett.

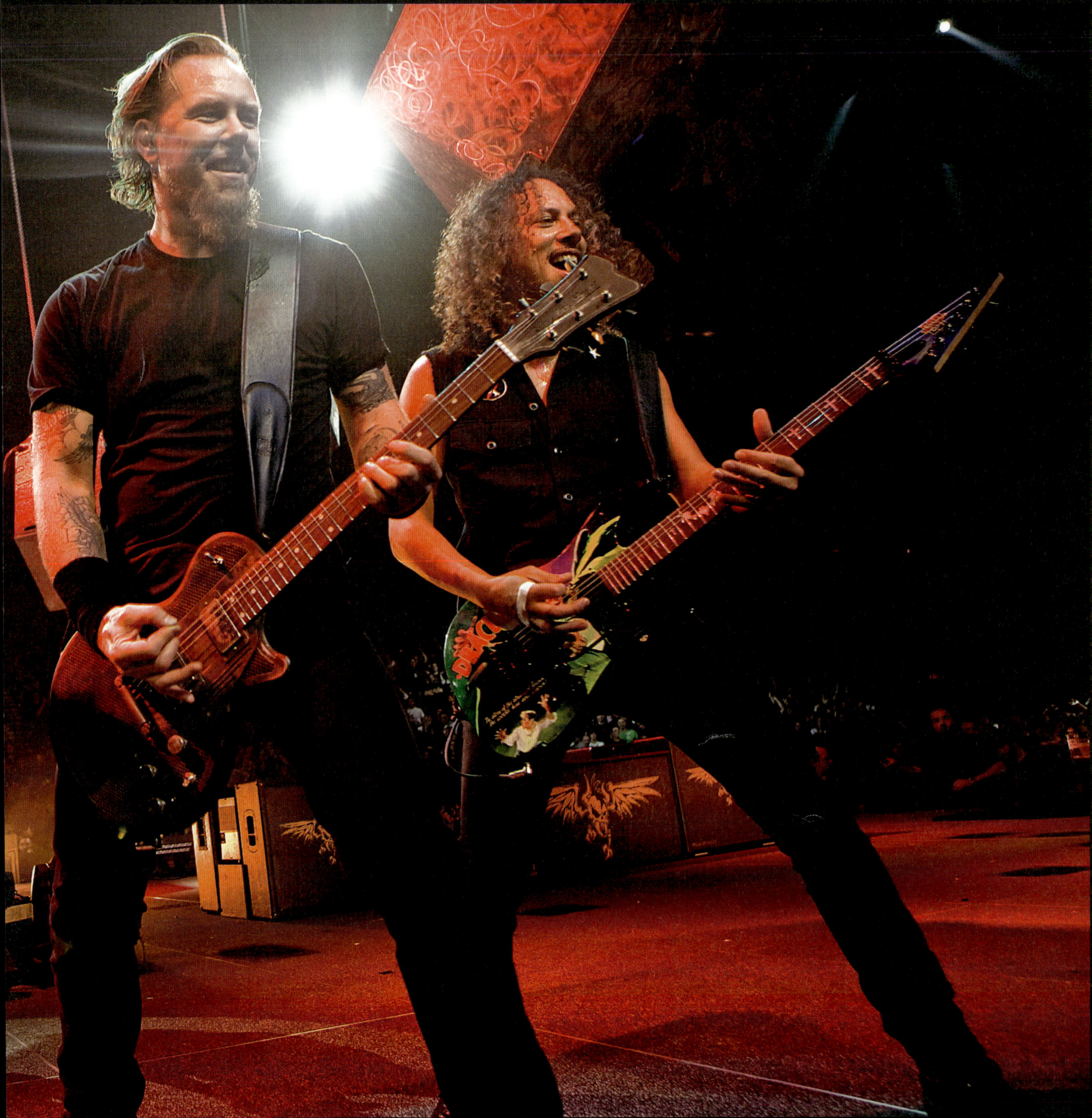

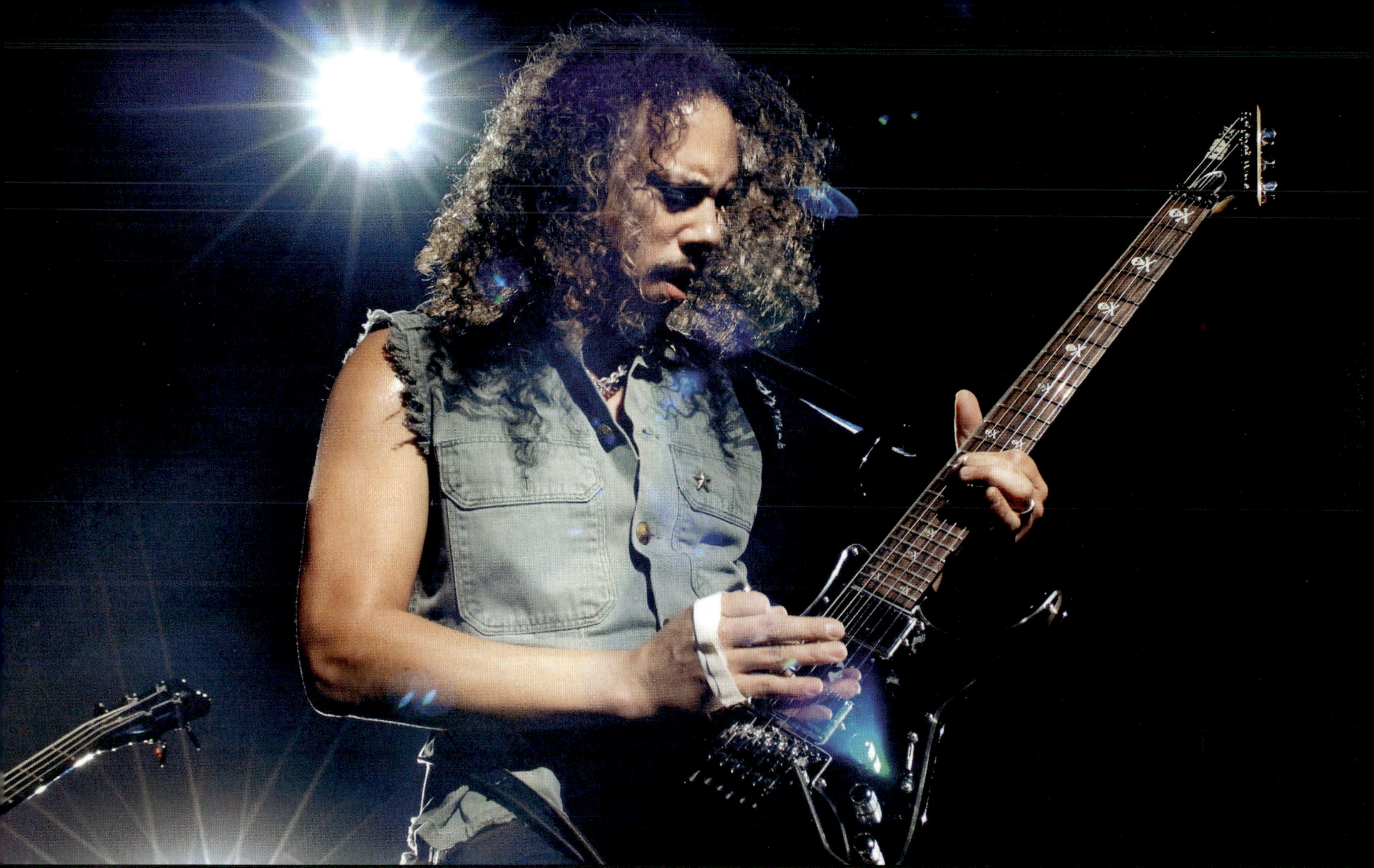

die Coverversionen der Songs von Diamond Head, der N.W.O.B.H.M.-Band Budgie und von The Misfits enthielt. Ihr nächstes Album, „...And Justice for All", ist bis heute ihr ehrgeizigstes, mit seinen epischen, fast schon Prog-Metal-Thrash-Abenteuern wie dem Titeltrack, der Kriegsballade „One" und dem düsteren „Harvester of Sorrow". Die Songs waren so komplex und lang, dass es ihren Fans schwerfiel, den Songs live zu folgen. Diese Erkenntnis sollte für die Band ihr nächster Prüfstein werden.

Auf dem „schwarzen Album", „Metallica" von 1991, hatten sie gelernt, dass weniger mehr sein kann. Sie reduzierten die komplizierten Gitarren, um groovenden Riffs wie „Sad but True" und der sensiblen Ballade „Nothing Else Matters" Platz zu machen. Das Album katapultierte die Band in den Mainstream und festigte ihren Platz nicht nur als Metal-, sondern auch als Musiklegenden.

Bei ihren nächsten Alben, „Load" von 1996 und „ReLoad" von 1997, beschäftigten sie sich mit alternativer Musik und Hardrock, bevor sie mit „St. Anger" 2003 und „Death Magnetic" 2008 wieder zu aggressivem Metal zurückkehrten. Obwohl sie dafür geschmäht wurden, die Musikhandelssoftware Napster zu verurteilen und eine schmerzhafte Therapiesitzung im Film „Some Kind of Monster" zu dokumentieren, während dessen Dreharbeiten Newsted die Band verließ und vom ehemaligen Ozzy-Bassisten Robert Trujillo ersetzt wurde, ist Metallica auch eine der erfolgreichsten Bands der amerikanischen Rockgeschichte und sicherlich eine der bekanntesten Metal-Bands. Sie wurden mit neun Grammy Awards ausgezeichnet, 2009 in die Rock and Roll Hall of Fame aufgenommen, haben zwei epische Live-Alben zusammen mit dem San Francisco Symphony Orchestra aufgenommen und jedes ihrer sechs letzten Alben (vom Black Album bis zum 2016er „Hardwired...to Self-Destruct") debütierte auf Platz 1 der Billboard-Charts.

168 ✠ Kirk Hammett schrieb das Hauptriff für einen der größten Hits von Metallica, „Enter Sandman", und brachte Melodie in das Thrash-Metal-Gitarrenspiel.

169 ✠ James Hetfield ist nicht nur als einer der stärksten Heavy-Metal-Sänger bekannt, sondern wird auch von seinen Kollegen als einer der besten Rhythmus-Gitarristen des Metal bezeichnet.

METALLICA

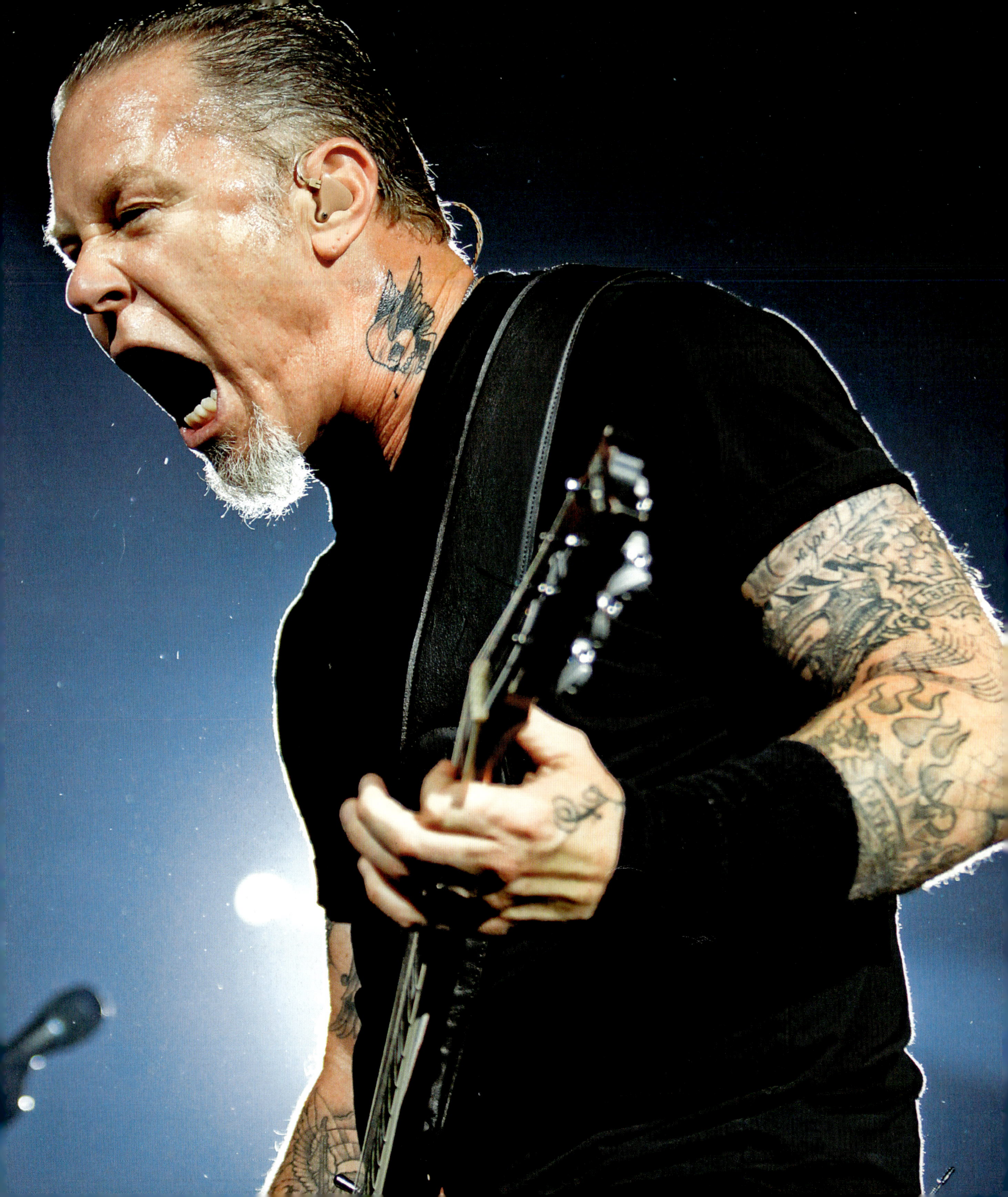

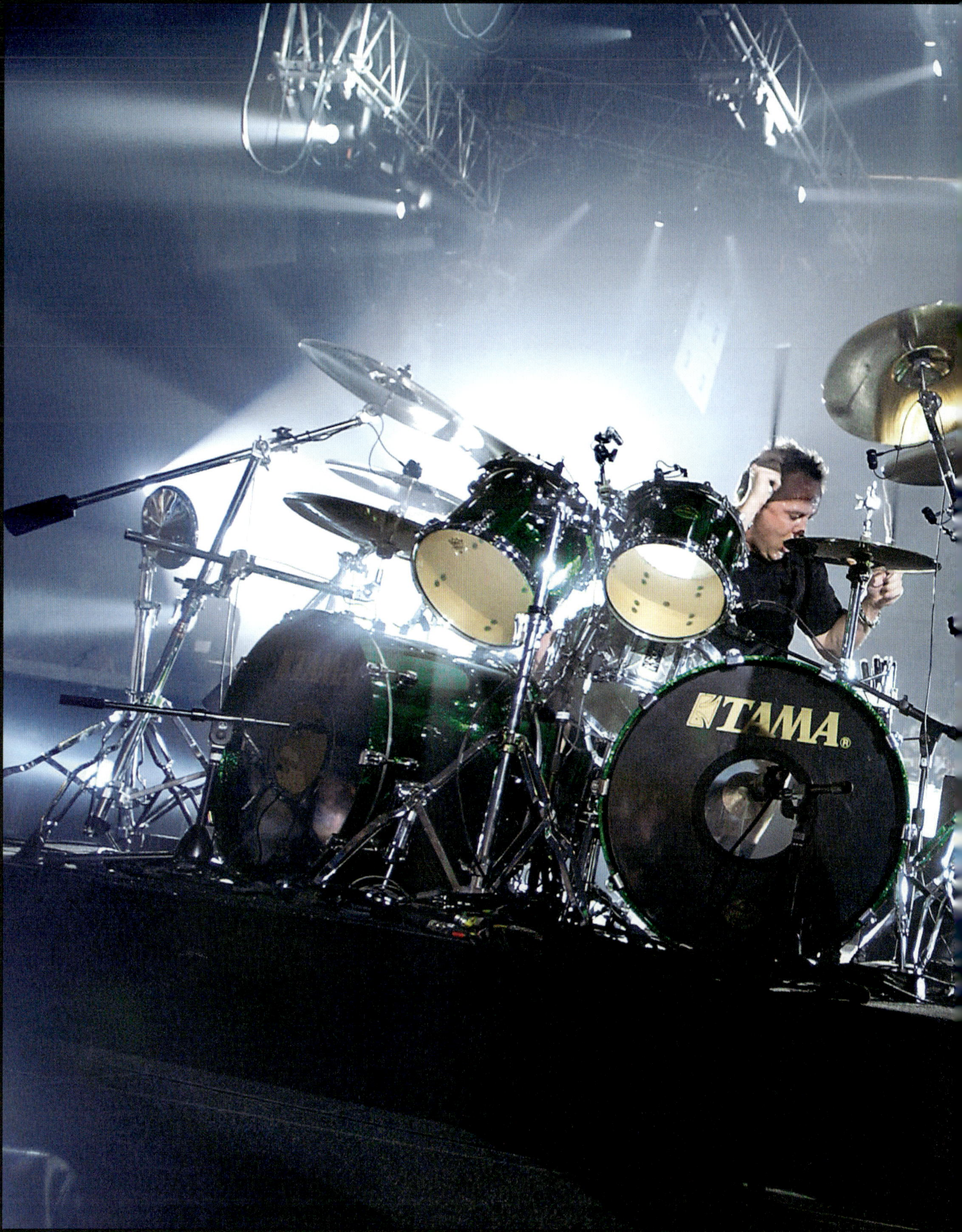
TAMA

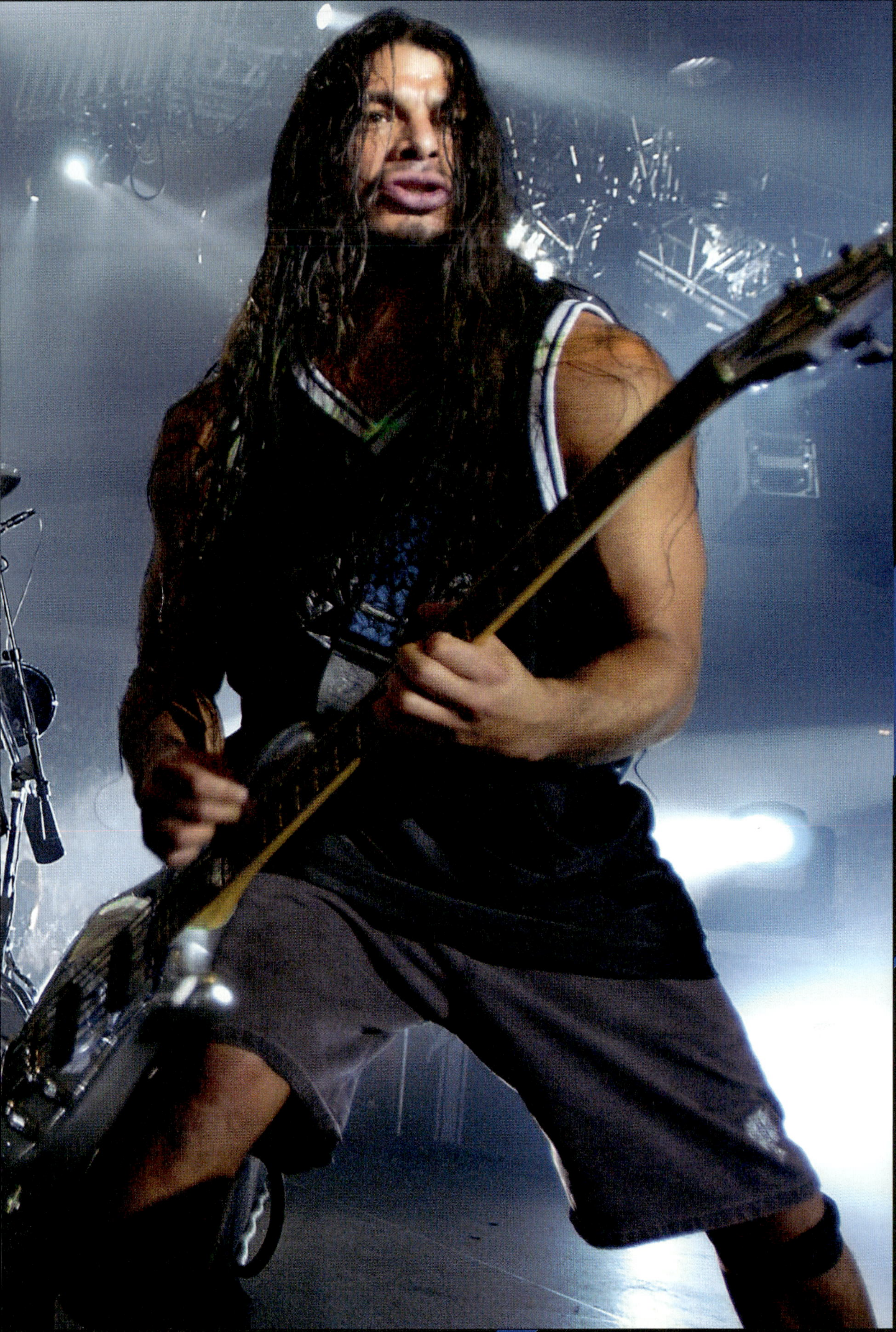

170-171 ✠ Schlagzeuger Lars Ulrich und Bassist Robert Trujillo performen mit der Leidenschaft, die Metallica während ihrer 30-jährigen Karriere zu internationalen Superstars gemacht hat.

PANTERA

Die selbst ernannten „Cowboys From Hell" des Thrash Metal waren wie ein bedrohliches, wildes Tier, als sie 1990 den Mainstream erreichten. Als sie die zweite große Welle des Thrash Metal ausgelöst hatten, waren sie bereits neun harte Jahre lang mit Haarspray und Rockgitarren unterwegs, um ihre Metal-Träume zu verwirklichen.

Während der High School gründeten die Brüder Darrell (der als „Diamond Darrell" Gitarre spielte) und Vinnie Abbott (der den Namen Vinnie Paul für seine Schlagzeugkarriere annahm) in einem Vorort von Dallas 1981 Pantera. Es war dasselbe Jahr, in dem Metallica, Slayer und Anthrax ebenfalls loslegten. Im Gegensatz zu diesen Bands spielte die früheste Inkarnation von Pantera, in der auch Sänger Terry Glaze und Bassist Rex Brown (der unter dem Namen „Rexx Rocker" bekannt war) dabei waren, Hardrock mit Glam-Metal-Einfluss, der mehr von den härteren Kiss-Singles, den radiofreundlicheren Songs von Judas Priest und natürlich von Van Halen (die auch ein Schlagzeug-Gitarren-Brüderpaar hatten) inspiriert war. Zwischen 1983 und 1985 veröffentlichten sie drei „Demo-Alben" und öffneten sich mehr und mehr für MTV-anerkannte Hair-Metal-Bands wie Dokken und Quiet Riot. Als die „Big Four of Thrash" 1986 ihre größten Veröffentlichungen herausbrachten, war Pantera bereit, sich in eine härtere Band zu verwandeln, und die beiden Abbotts und Brown trennten sich von Glaze.

Nachdem sich eine Reihe von Kandidaten vorgestellt hatten, nahmen sie einen jungen Sänger aus New Orleans namens Phil Anselmo in die Band. 1990 veröffentlichten Pantera ihr Durchbruchalbum „Cowboys From Hell", für das die Band ihren Sound ein weiteres Mal überholte. Anselmo bellte förmlich seinen Gesang, inspiriert von Hardcore-Bands, um nicht mehr wie Rob Halford zu kreischen, während die Abbotts bei Songs wie „Primal Concrete Sledge", „Domination" und dem Titeltrack in einer spieltechnisch engen Thrash-Metal-Riff-Maschine steckten. Die Band schrieb einen radiotauglichen Song, die Ballade „Cemetery Gates", die es Darrell ermöglichte, seine Fähigkeiten auf der Gitarre zu demonstrieren, und bei der Anselmo zeigte, dass er eigentlich sehr gut singen konnte, wenn er nur wollte. Dies blieb jedoch bereits auf ihrem nächsten Album wieder auf der Strecke.

„Vulgar Display of Power", veröffentlicht 1992, war Panteras Meisterwerk. Inspiriert, ein hartes Album zu schreiben, nachdem Metallica mit ihrem „Black Album" eine kommerziellere Richtung eingeschlagen hatten, schrieb die Band einen musikalischen Tobsuchtsanfall nach dem anderen. „Mouth for War" zeigte, dass die Band beim Thrashing wie eine südländische Formation grooven konnte und Anselmo bei Songs wie „A New Level", „Fucking Hostile" und „This Love" mit der Wut eines geschlagenen Hundes heulte. Ihre Moshpit-Hymne „Walk" forderte buchstäblich Respekt, als Anselmo eine heisere Drohung nach der anderen entfesselte.

Sie setzten ihren harten Angriff mit „Far Beyond Driven" aus dem Jahr 1994 fort. Zu dieser Zeit machte „Diamond Darrell" seine Vorliebe für Gras öffentlich und änderte seinen Namen zu „Dimebag Darrell". Das Album erreichte ohne Radiounterstützung tatsächlich Platz 1 der Billboard-Charts. Die Kampfhymne „5 Minutes Alone" wurde zum absoluten Standard für den Headbangers Ball, und die vom Süden beeinflussten „Strength Beyond Strength" und „I'm Broken" wurden zu Konzertfavoriten. Zu dieser Zeit wurde Anselmo jedoch immer unberechenbarer, was auch seinen im Laufe der Jahre schlimmer werdenden Drogenproblemen geschuldet war. 1996 veröffentlichten Pantera „The Great Southern Trendkill", aber dieses und das letzte Album der Band, „Reinventing the Steel", enthielten keine eingängigen Songs und nur wenige Fanfavoriten, obwohl die Band populärer war als je zuvor.

Pantera lösten sich 2003 auf, nachdem Anselmo im Drogensumpf versank und nur an Nebenprojekten wie der Band Down arbeiten wollte, bei denen er immer noch Leadsänger war. Die Abbotts gründeten eine neue Band namens Damageplan, die 2004 ein Album veröffentlichte. Doch am Ende jenes Jahres war plötzlich jede Hoffnung verloren, als Darrell im Dezember von einem Fan erschossen wurde, ein Akt, der die Metal-Welt völlig auf den Kopf stellte.

Böses Blut zwischen Anselmo und Vinnie verhinderte aufgrund von Kommentaren, die der Sänger in der Presse über Darrell gemacht hatte, jede Art von Versöhnung. Anselmo und Brown haben jedoch weiterhin Pantera-Songs mit Down gespielt. Vinnie Paul tat dasselbe auch mit seiner Band Hellyeah bis zu seinem letzten Konzert im Hardrock Hotel und Resort in Las Vegas am 17. Juni 2018. Fünf Tage später starb er im Alter von 54 Jahren an einem Herzstillstand. Allgemein als ein Symbol des Metal gefeiert, wurde Vinnie Paul neben seinem Bruder Darrell auf dem Friedhof in Arlington, Texas beigesetzt. Vierzig Jahre nach der Gründung der Band ist Pantera immer noch eine Inspiration, sodass sie von jüngeren Bands wie Avenged Sevenfold und Disturbed viel beschworen werden.

173 ✠ Die Abbott-Brüder Dimebag Darrell und Vinnie Paul gründeten Pantera 1981 in ihrer Heimatstadt Arlington, Texas, als Glam-Metal-Band.

174 und 175 ✠ Vinnie Paul (links) und Dimebag Darrell (rechts) waren maßgeblich daran beteiligt, Panteras bahnbrechenden Thrash Metal in den „Power Groove"-Sound zu verwandeln, für den sie am besten bekannt sind.

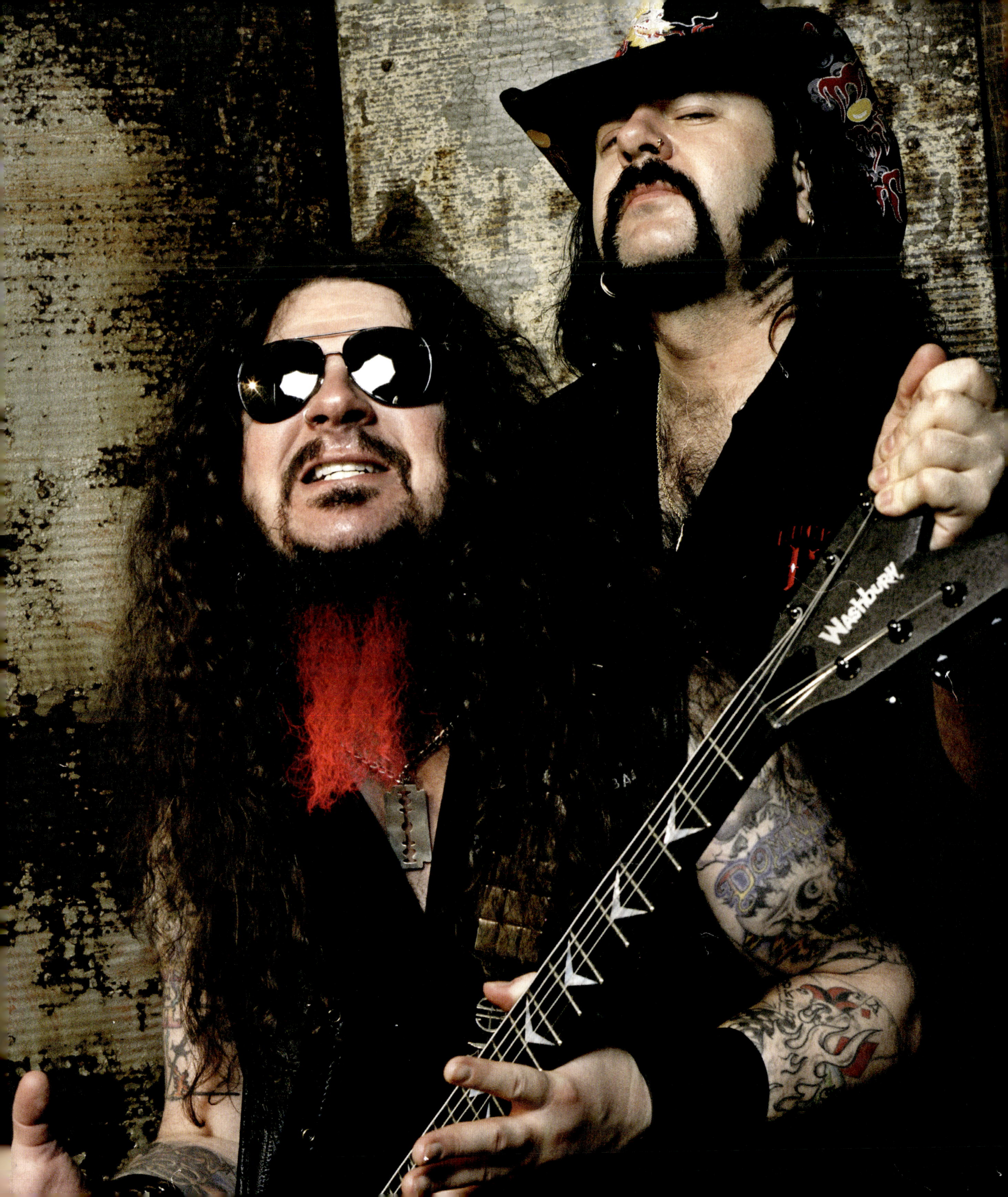
WASHBURN

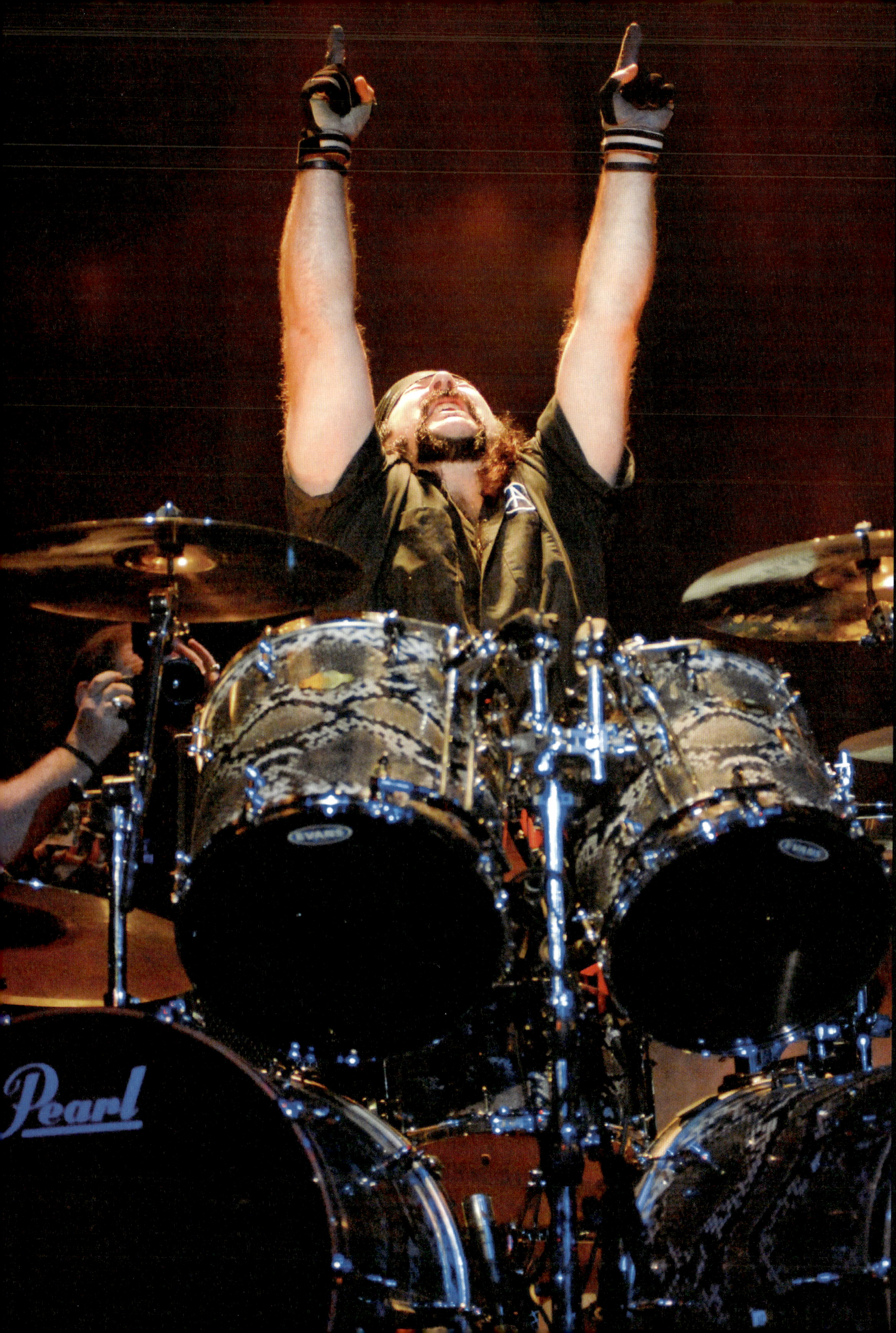
Pearl

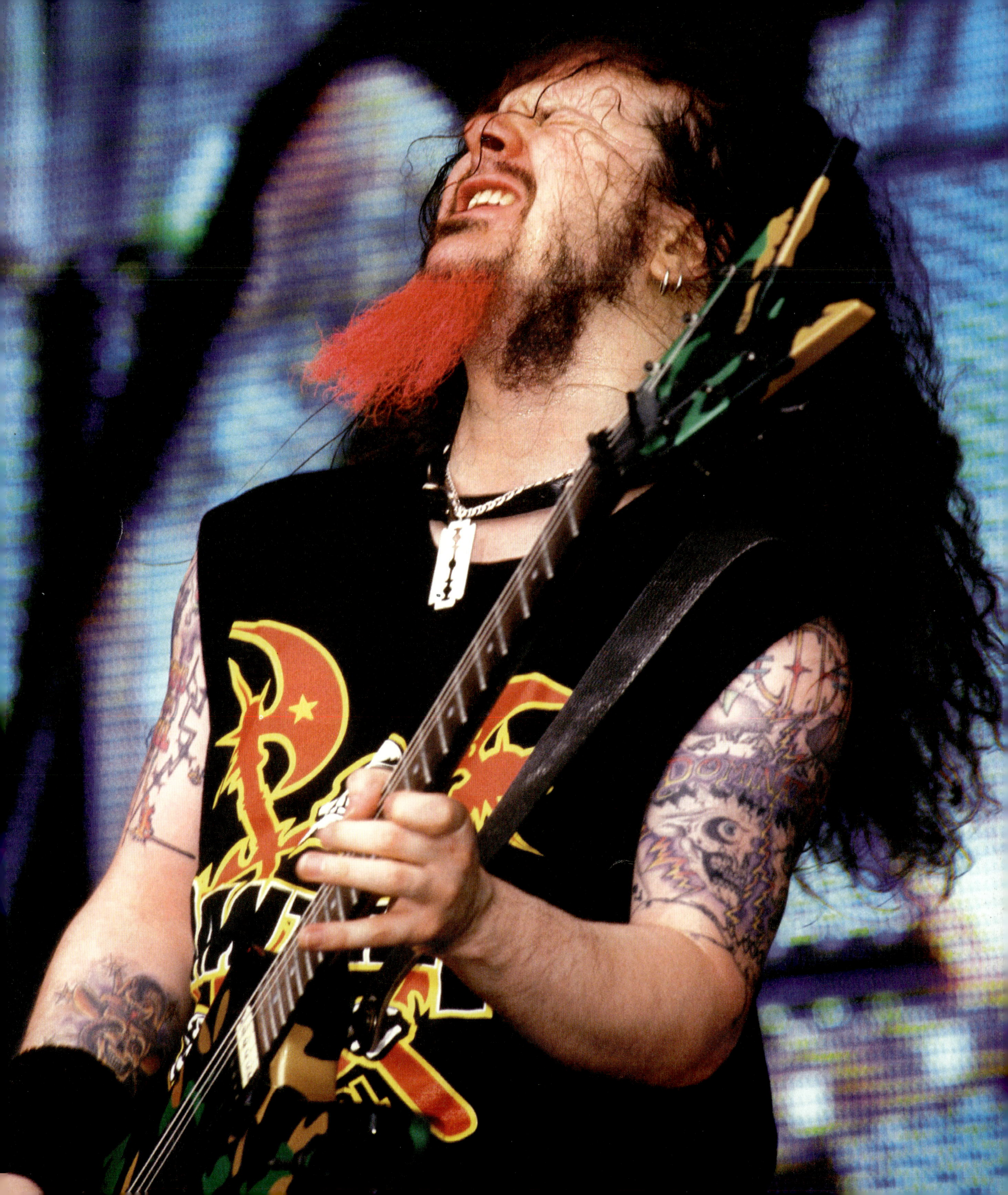

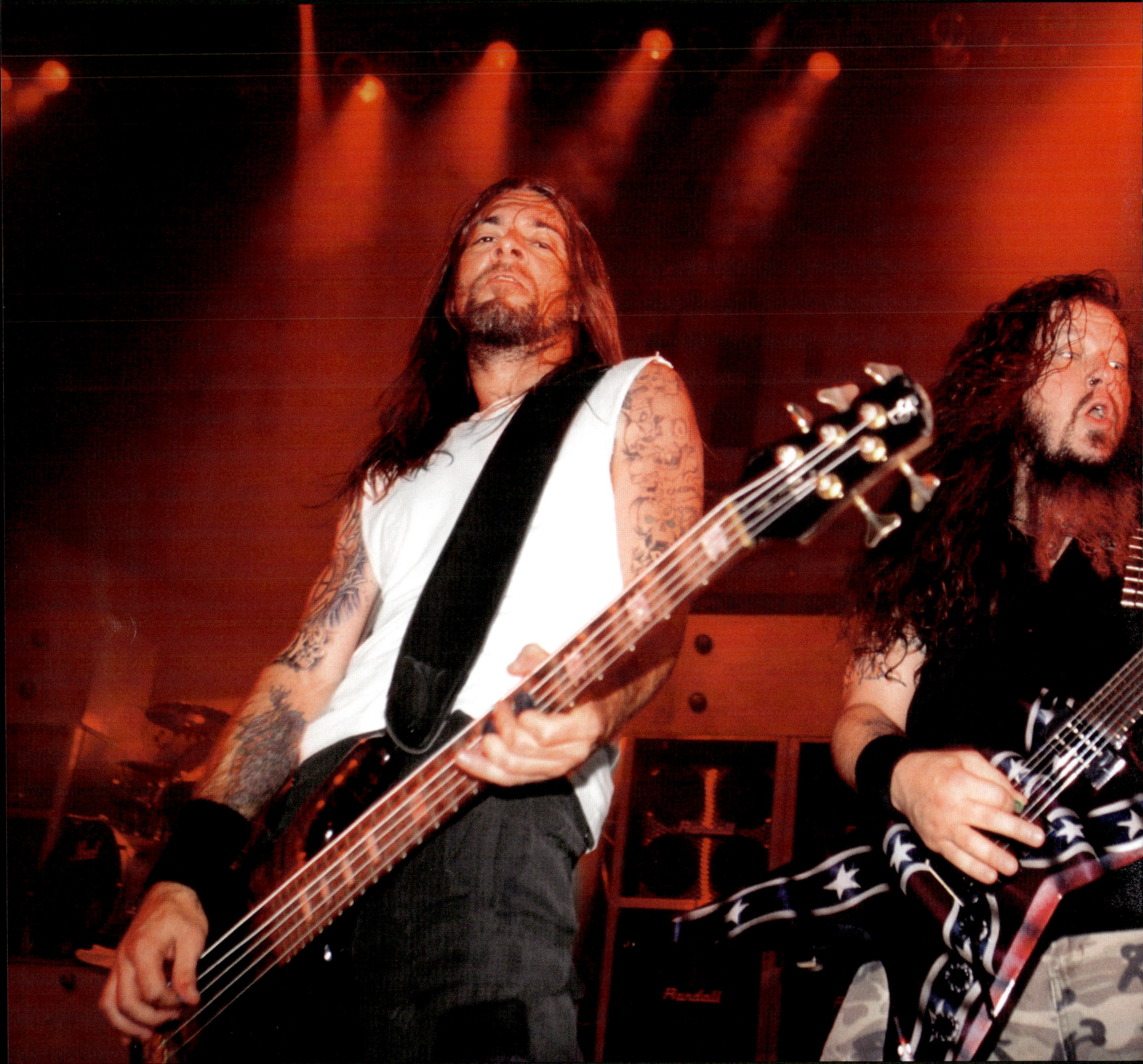

176-177 ✠ Die Bassisten Rex Brown und Dimebag Darrell zeigen, warum sie die selbst ernannten „Cowboys From Hell" sind.

177 ✠ Sänger Phil Anselmo reißt das Publikum mit seiner gewaltigen Stimme mit.

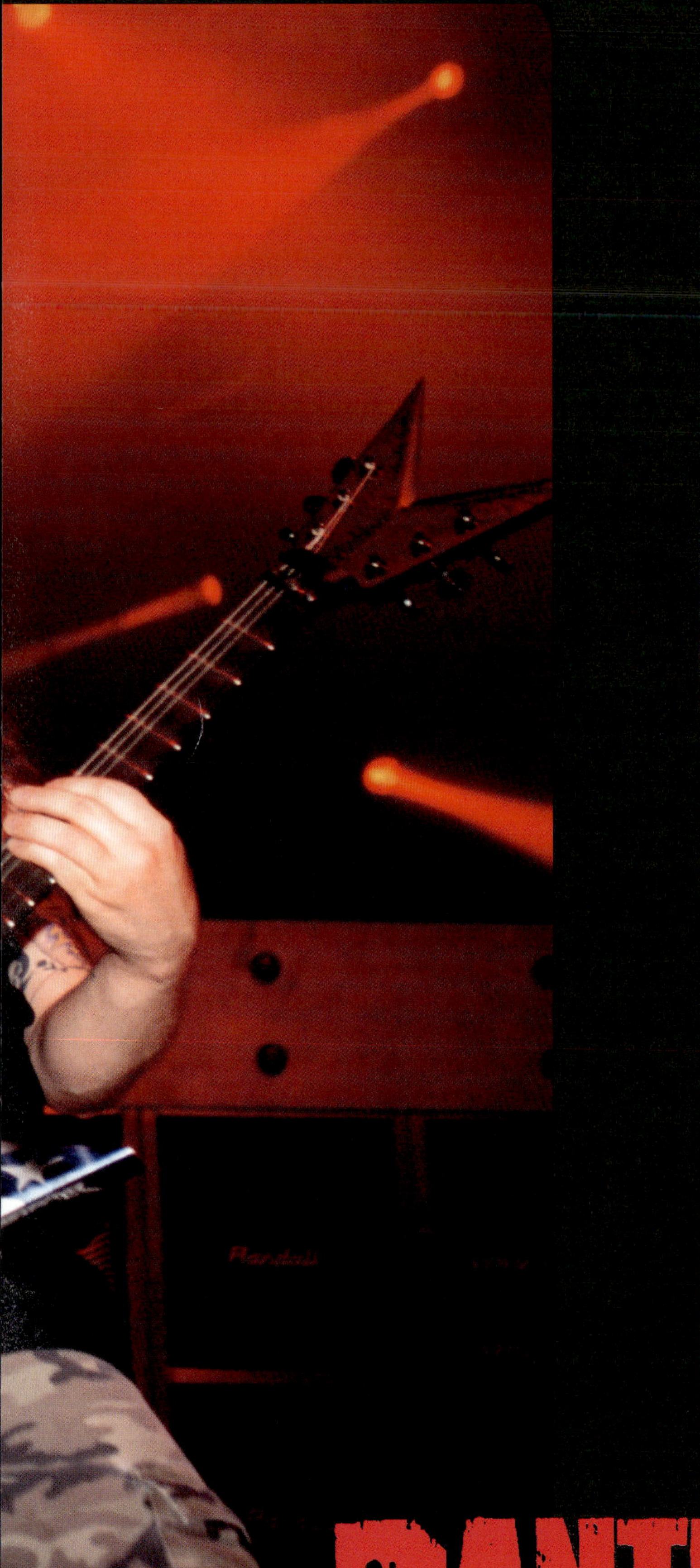

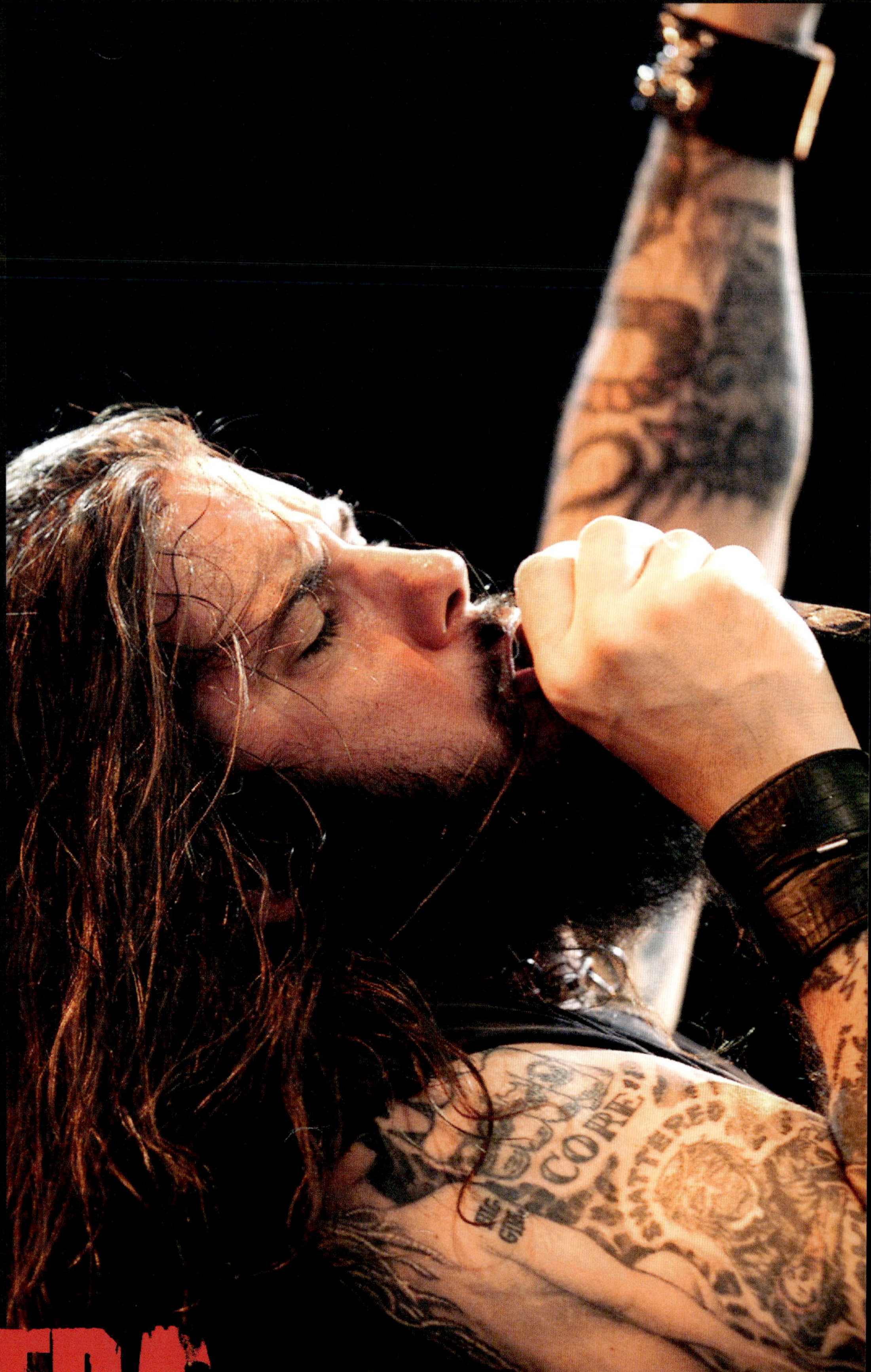

PANTERA

ANTHRAX

178-179 ✠ Bassist Frank Bello (links) und Rhythmusgitarrist Scott Ian (rechts) von Anthrax erleben 2010 einen „Zustand der Euphorie", nachdem sie sich wieder mit ihrem Sänger der klassischen Ära, Joey Belladonna (Mitte), vereint haben.

Für die meisten Bands, die in den frühen 1980ern begannen, war Thrash eine ernste Angelegenheit. Anthrax jedoch ließ das Ganze irgendwie lustig erscheinen. Ob es bei ihren Songs war, die sich auf alles von Comics bis zu Stand-Up-Comedians bezogen, oder bei der Tatsache, dass die Musiker Bermudas trugen und das Wort „Not" in ihre Brusthaare rasiert hatten, die Band wollte einfach nur Spaß haben und das an ihre Fans weitergeben, wie ihr treffend betiteltes Album „Spreading the Disease" von 1985 andeutete.

Der Ursprung dieser „Krankheit" entstand 1981 in Bayside, Queens, als der Gitarrist Scott Ian und der Bassist Danny Lilker zusammen mit Sänger Neil Turbin, Leadgitarrist Dan Spitz und Schlagzeuger Charlie Benante ihre neue Band nach einem tödlichen Bakterium benannten. Nachdem sie für ihr Debüt, „Fistful of Metal" von 1984, auf Tour waren, veränderte die Band ihre Besetzung und mit Benantes Neffen, dem Bassisten Frank Bello, der Lilker ersetzte, und dem Sänger Joey Belladonna fanden sie mit „Spreading the Disease" von 1985 zu ihrem eigenen Sound. Lilker würde sich mit Ian und Benante in der Hardcore-Metal-Crossover-Band Stormtroopers of Death zusammenschließen, die 1985 zwei unterschiedliche Szenen zusammenbrachte. Klassische Songs des „Spreading"-Albums, wie „A.I.R." und „Madhouse", sprühten nur so vor schwindelerregender Begeisterung, die bereits ein Vorbote für ihre nächste Produktion war.

Produziert von Eddie Kramer (ehemaliger Produzent von Jimi Hendrix und den Rolling Stones) und 1987 veröffentlicht, war „Among the Living" ihr Meisterwerk. Mit Songs, die sich auf das Leben des Komikers John Belushi, Stephen King-Romane und Judge-Dredd-Comics bezogen, war das Album ebenso ehrgeizig wie unterhaltsam. Denn so schwer und hart die Songs auch sind, die Texte, die zwischen ernst und geradezu albern wechseln, sind anders als alles andere von irgendeiner Band dieser Generation.

Später in diesem Jahr veröffentlichten Anthrax einen Song namens „I'm the Man", einen Rap-Song, der von einer Heavy-Metal-Version des jüdischen Volksliedes „Hava Nagila" unterstützt wird. Trotz der Herausforderung für die Legionen standhafter Metal-Fans erreichten sie damit Platin-Status. Nach der Veröffentlichung ihres fünften All-Metal-Albums, „Persistence of Time" von 1990, arbeiteten sie auch mit den Rappern Public Enemy an einer Version von „Bring the Noise" dieser Band zusammen.

In den frühen Neunzigerjahren wollten Anthrax einen reiferen Sound. Sie trennten sich von Belladonna und engagierten den Sänger John Bush, ehemals bei Armored Saint, der sich eines heiseren Jaulens bediente, das zu den inzwischen durch die Grunge-Ära verstimmten Gitarren der Band passte. Das erste Album, das sie mit dieser Besetzung herausbrachten, „Sound of White Noise" aus dem Jahr 1993, war eine Abkehr vom Thrash. Mit harten Riffs, Tribal-Drums und eindringlichem Gesang war es das perfekte Metal-Album für den Kampf gegen Grunge und debütierte auf Platz 7 der Charts. Die Single „Only" wurde viel im Radio gespielt und Metallicas Frontmann James Hetfield sagte sogar zu Ian, dass sie ein „perfekter Song" sei.

Obwohl die Band im nächsten Jahrzehnt einige stark unterbewertete Alben mit Bush veröffentlichte, von denen die meisten Gastsoli von Anthrax' „fünftem Mitglied", dem Pantera-Gitarristen Dimebag Darrell, enthielten, erhielt die Band nicht die nötige Unterstützung ihrer Plattenlabels. Danach führten Anthrax ihre Besetzung von „Among the Living" aus dem Jahr 2005 wieder zusammen, aber als auch dies nicht von Dauer war, wurden sie in der Folge von einer schwindelerregenden Reihe von Besetzungswechseln geplagt. Sie engagierten einen unbekannten Sänger namens Dan Nelson, nahmen ein Album auf und tourten in Erwartung auf dessen Veröffentlichung. Aber bevor das Album herauskam, trennten sie sich von dem Sänger. Nach der Wiedervereinigung mit Belladonna, der an einer Reihe von Anthrax-Shows mit den anderen Großen Drei des Thrash Metal (Metallica, Slayer und Megadeth) teilnahm, ersetzten sie Nelsons Gesang durch Neuaufnahmen und veröffentlichten 2011 ihr erstes Album seit acht Jahren, „Worship Music".

All das schien jedoch auch einen positiven Aspekt zu haben. „Worship Music" und das darauffolgende Album „For All Kings" von 2016, nach denen die Band für zwei Jahre wieder auf Tour ging (unter anderem als Vorband bei Slayers Abschiedstour) fassen die gesamte musikalische Reise der Band zusammen. Auch wenn diese Alben viel ernster sind als jene aus den fabelhaften 80ern, scheint die Band bei den Aufnahmen viel Spaß gehabt zu haben. Eines ist jedoch klar: Anthrax sind die stolzesten Überlebenden des Thrash Metal.

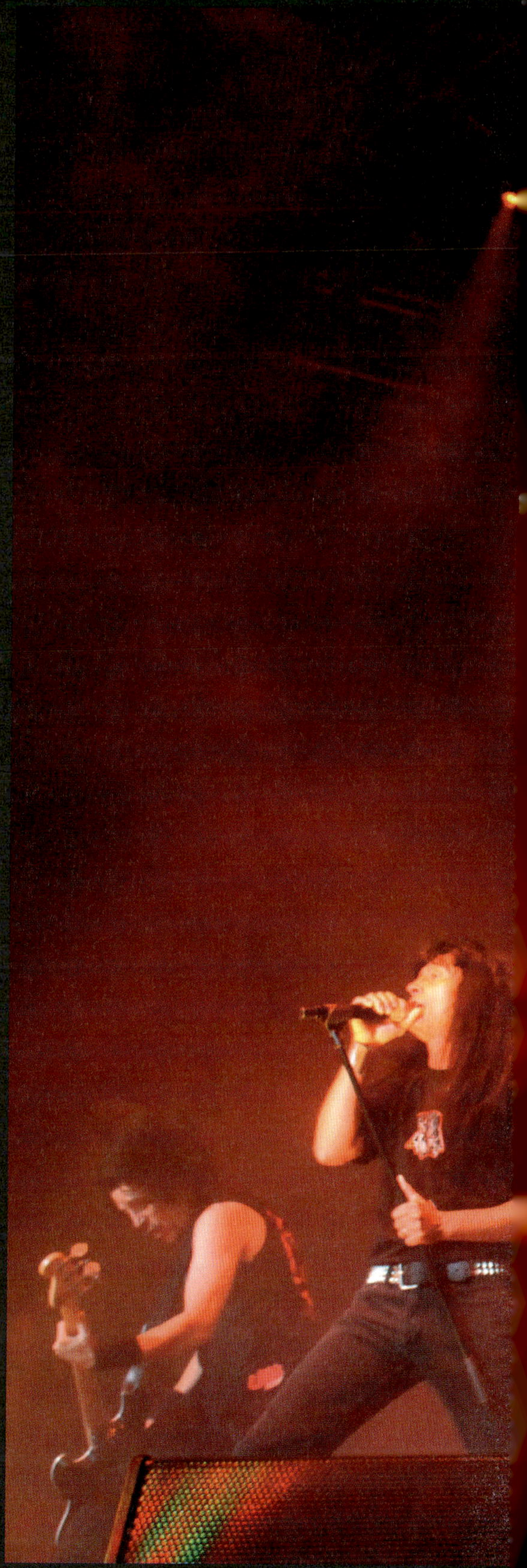

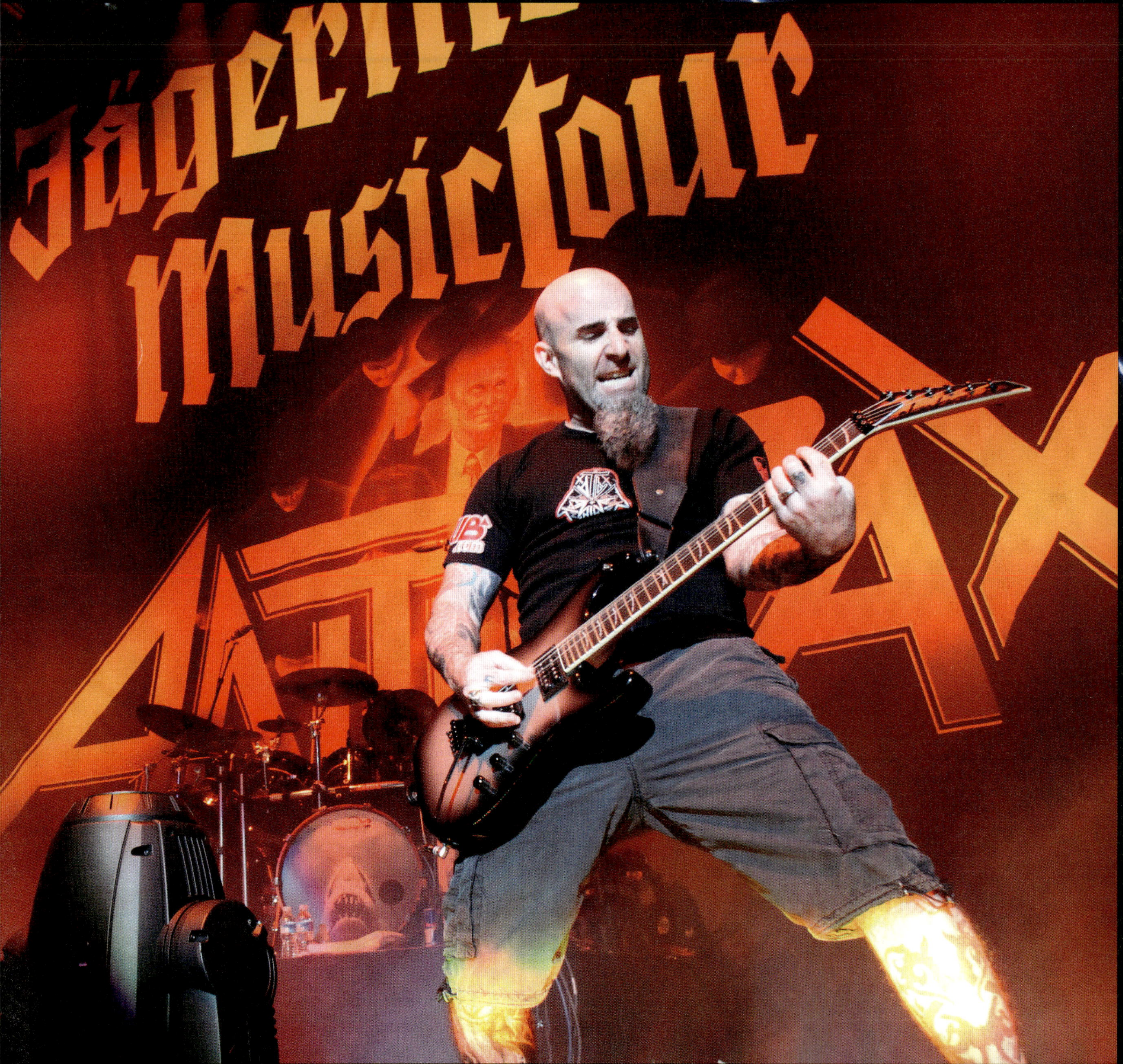
Musictour

SLAYER

180 und 181 ✠ Die umstrittenen Thrash-Metal-Titanen Slayer, hier zu sehen Schlagzeuger Dave Lombardo und Sänger-Bassist Tom Araya, wurden 1981 gegründet und spielten ihre erste Show an Halloween.

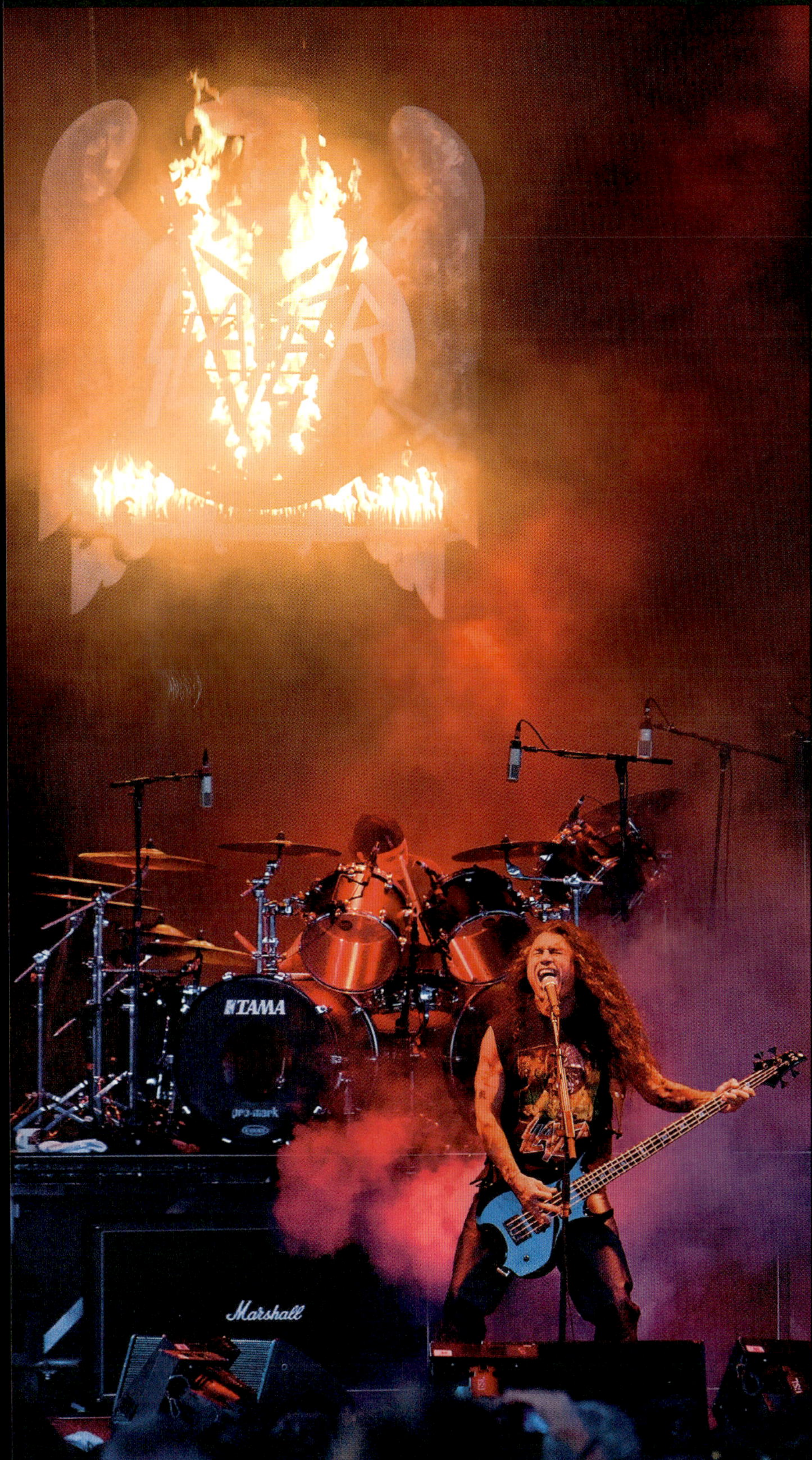

Wenn man bei einem Metal-Konzert auf der Männertoilette „Slayer!" ruft, löst m mit Sicherheit sofort ein großes Gegröle aus. In den letzten drei Jahrzehnten ist d Name der Thrasher ein Aufruf zur Einigkeit geworden. Und für viele Fans gilt: We du erstmal auf Slayer stehst, stehst du auf Metal. Aber diesen Status zu erreichen, w nicht einfach für die Band, und ohne den Hip-Hop-Produzenten Rick Rubin, der ihn half, ihre halsbrecherischen Gitarrenattacken zu verfeinern und der ihre kontrovers Texte verteidigte, sodass sie an den Mann gebracht werden konnten, wären Slay vielleicht kaum mehr als eine musikalische Fußnote geworden.

Obwohl die Band im selben Jahr wie Metallica und Anthrax gegründet wurde, ze te sich zunächst nicht, dass sie bei den Big-Four-Konzerten 2010 zusammen mit diese beiden Bands und Megadeth dabei sein würden. Ihre Songs ähnelten einer dunkler Interpretation dessen, was Judas Priest zu dieser Zeit tat (sie spielten bei ihren erst Konzerten sogar Coverversionen von Judas Priest, Iron Maiden und Deep Purple), u sie trugen Make-up und Leder im Priest-Stil.

Nachdem das Quartett, das sich auf seinen ersten Flyern (wie ihre Vorbilder v Venom) als „Black Metal" bezeichnete, 1981 seinen ersten Auftritt passenderwei an Halloween gespielt hatte, richteten sie ihr Image mit der Veröffentlichung ihr 1983er-Albums „Show No Mercy" neu aus und schrieben einige fantastisch furchtei flößende Songs über den Teufel. Dann begannen sie aus irgendeinem Grund, imm schneller zu spielen. Richtig zur Geltung kam die Band 1985 mit ihrem zweiten Albu „Hell Awaits", das schwindelerregend schnell gespielter satanischer Thrash war.

Zu diesem Zeitpunkt holte sie das Schicksal in Gestalt von Rick Rubin ein. Der Ra Mogul leitete zu dieser Zeit ein Plattenlabel mit Unterstützung aller großen Labels v seinem Schlafzimmer aus, und verliebte sich in Slayer. Er überredete sie dazu, bei ih zu unterschreiben, und produzierte in der Folge ihr Meisterwerk, „Reign in Blood" 198

Obwohl nur 29 Minuten lang, bietet „Reign in Blood" mehr als ein Doppelalbu Die Hälfte des Verdienstes dafür geht an die Band, die hier einige ihrer eingängigst Songs geschrieben haben, wie zum Beispiel das apokalyptisch klingende Schlagze und die Riffs im Quasi-Titeltrack „Raining Blood". Die andere Hälfte ist Rubi Verdienst, der das Album in unglaublich direktem Stil produzierte. Eines der erst Dinge, die der Produzent tat, war, den Hall zurückzunehmen, was zum ersten Mal d Gitarrenarbeit von Kerry King und Jeff Hanneman hervorhob.

Was Slayer jedoch zu einem Markennamen machte, war der Text zu ihre Einstiegssong „Angel of Death". Der Song war im Wesentlichen eine Reporta über die Gräueltaten des Nazi-Doktors Josef Mengele und verärgerte den jüdisch Präsidenten des Vertriebspartners des Labels so sehr, dass er die Thrasher fall ließ und Rubin jemand anderes finden musste. Die Kontroverse steigerte den Umsa und das Interesse an der Band, wenngleich die Bandmitglieder, darunter der in Ku geborene Dave Lombardo und der in Chile geborene Bassist und Sänger Tom Aray beteuerten, sie seien keine Nazisympathisanten.

Obwohl das exzellente nächste Album der Band, „South of Heaven" von 198 absichtlich langsamer gespielt war als „Reign in Blood", änderte die Band n ihre Herangehensweise. Jedes Album enthielt Songs über die dunklere Seite d menschlichen Natur (Krieg, Satan oder Tod) und der Song, der wohl einer Balla am ähnlichsten war, ist der Titeltrack zu ihrem 1990er-Album „Seasons in the Abyss

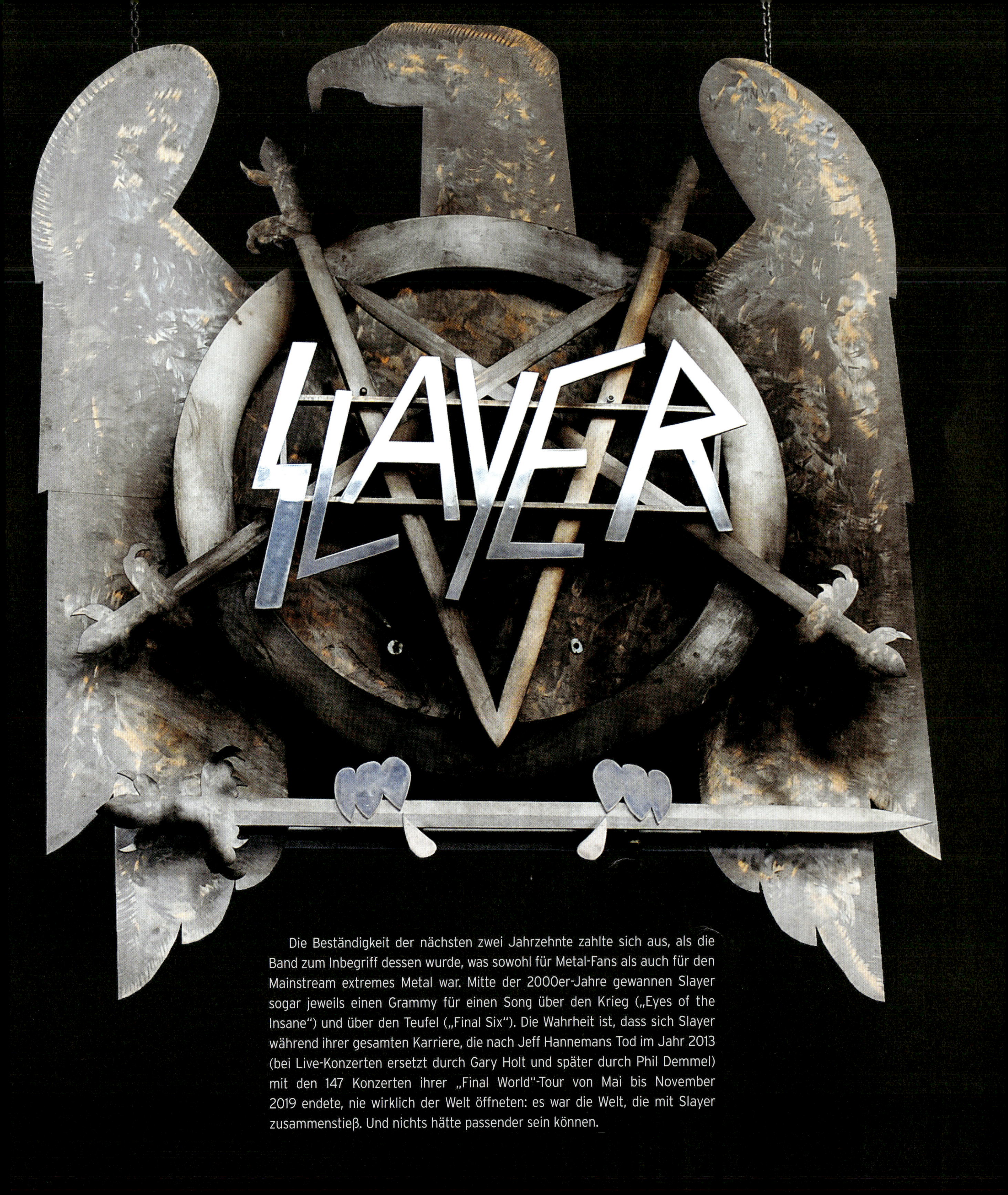

Die Beständigkeit der nächsten zwei Jahrzehnte zahlte sich aus, als die Band zum Inbegriff dessen wurde, was sowohl für Metal-Fans als auch für den Mainstream extremes Metal war. Mitte der 2000er-Jahre gewannen Slayer sogar jeweils einen Grammy für einen Song über den Krieg („Eyes of the Insane") und über den Teufel („Final Six"). Die Wahrheit ist, dass sich Slayer während ihrer gesamten Karriere, die nach Jeff Hannemans Tod im Jahr 2013 (bei Live-Konzerten ersetzt durch Gary Holt und später durch Phil Demmel) mit den 147 Konzerten ihrer „Final World"-Tour von Mai bis November 2019 endete, nie wirklich der Welt öffneten: es war die Welt, die mit Slayer zusammenstieß. Und nichts hätte passender sein können.

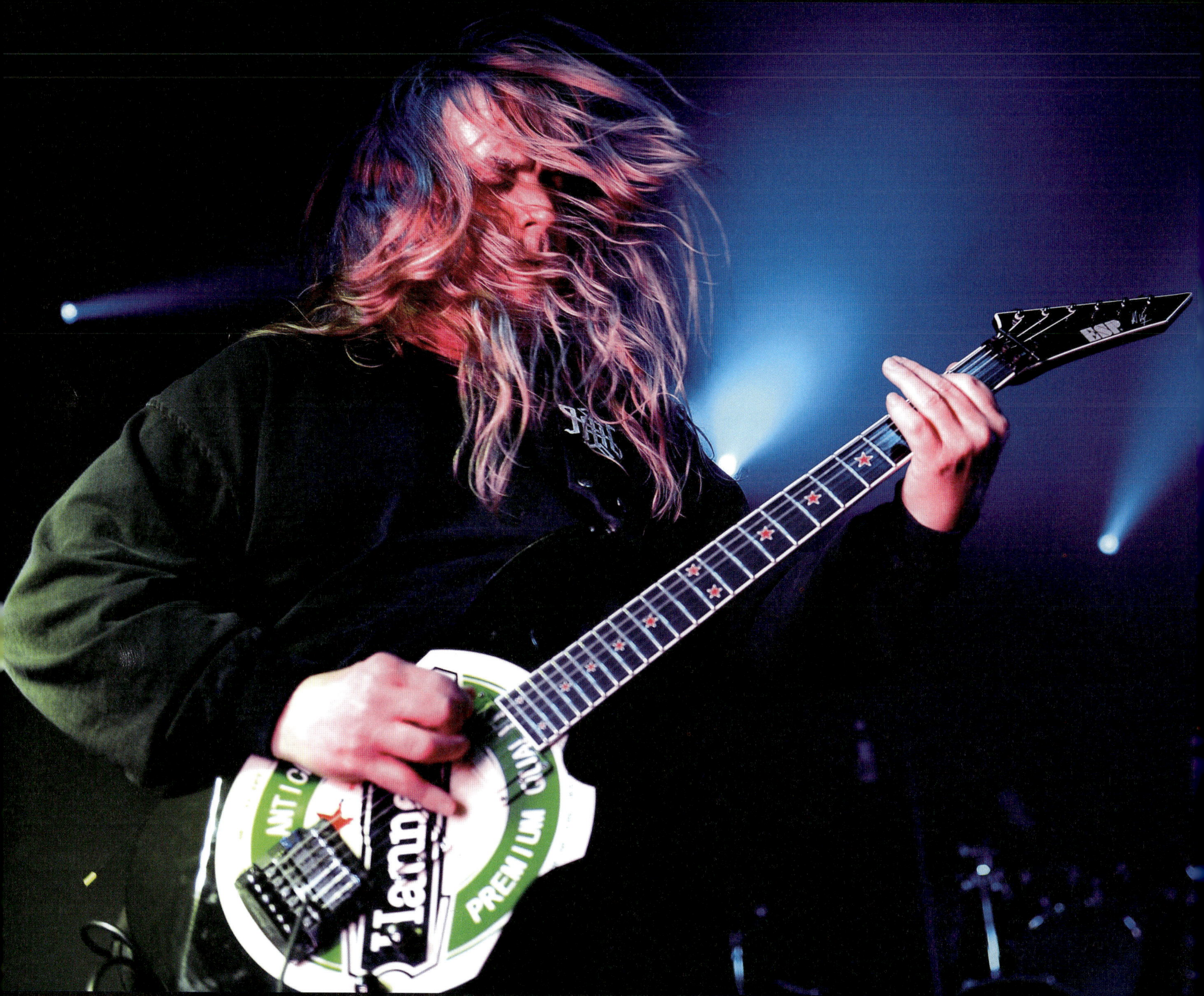

182 und 183 ✠ Die Gitarristen Jeff Hanneman (oben) und Kerry King (rechts) entwickelten schon früh einen Hyper-Speed-Riffing-Stil, der Slayers Sound definierte und das Niveau für die kommenden Thrasher festlegte.

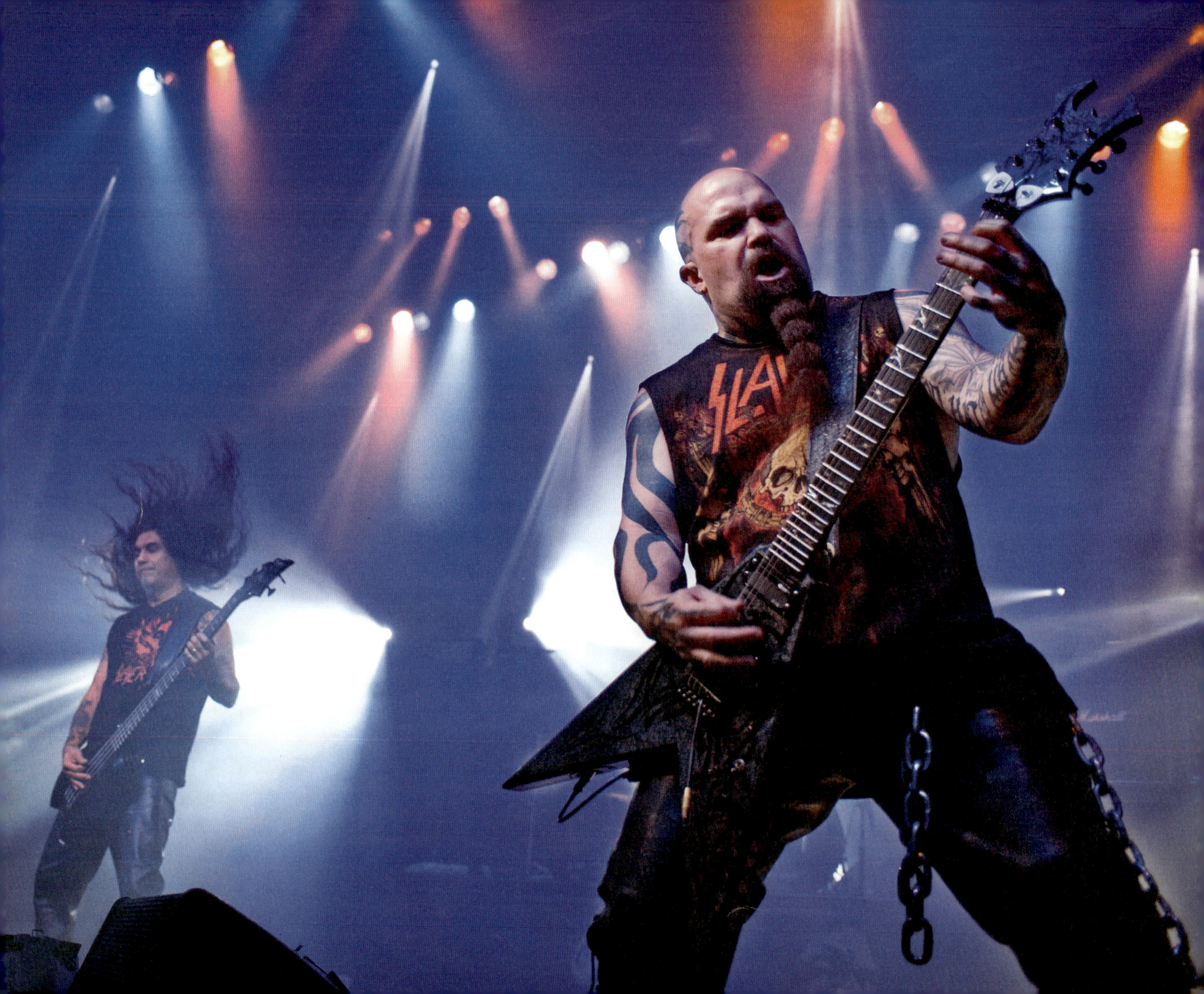

SODOM

184 und 185 ✠ Mit dem Sänger und Bassisten Tom „Angelripper" Such gehört Sodom mit Alben wie „Obsessed by Cruelty" und „Agent Orange" zu den besten Thrash-Metal-Bands Deutschlands.

Mitte der 1980er-Jahre hatten die USA zwar die „Big Four" des Thrash Metal (Metallica, Megadeth, Slayer und Anthrax), aber Europa (genauer gesagt Deutschland) hatte eine eigene Horde bahnbrechender Geschwindigkeitsdämonen: Destruction, Kreator und Sodom. Letztere haben eine lange, beschwerliche Bandgeschichte voller Besetzungswechsel hinter sich, sind aber vielleicht die einflussreichsten dieser Drei geworden.

Sodom wurden 1981 gegründet und spielten eine ganz eigene Version von Thrash. Beeinflusst von Motörheads Tempo, Venoms Satanismus und der Dynamik der Hardcore-Punker Discharge, stieß der Sänger düstere, primitive Kriegsschreie aus und lobte Folter, Sadismus und (natürlich) Analsex.

Die ersten Veröffentlichungen der Band, die EP von 1984 „In the Sign of Evil" und das 1986er-Album „Obsessed by Cruelty", waren rohe, schnell produzierte Angelegenheiten. Sänger und Bassist Tom „Angelripper" Such spuckte kehllautige Galle, während seine Band mit Hingabe durch jeden Song stürmte. Die „Scheiß-auf-alles"-Einstellung der Band, die düsteren Riffs und die schlechte Produktion von Songs, wie „Deathlike Silence" aus der LP „Obsessed by Cruelty" und „Nuclear Winter" aus „Persecution Mania" von 1987, würden eine Generation skandinavischer Bands wie Darkthrone und Entombed beeinflussen, die Black Metal und Death Metal für ihren Kontinent in den 1990er-Jahren neu belebten.

Für Sodom war das Ende der Achtzigerjahre eine Zeit des Wandels. Die Neuzugänge, Gitarrist Frank „Blackfire" Gosdzik und Schlagzeuger Chris „Witchhunter" Dudek, hoben die Band auf ein neues musikalisches Niveau, das Slayer nicht nur in Sachen hasserfülltem Nihilismus, sondern auch in der Präzision Konkurrenz machte. Zusätzlich zum Thrash der Band, der extrem schnell gespielt war, begannen sie, in den langsameren Songs wilde Gitarrensoli und Schlagzeugexplosionen zu integrieren. Auf Blackfires Wunsch hin nahmen Sodom noch eine Slayer-ähnliche Qualität an, bei der Angelripper seine okkulten Texte zugunsten von Songs aufgab, die die Gräueltaten des Krieges und sexuelle Abweichungen beschrieben („Inzest").

Die nächste Veröffentlichung des Trios, „Agent Orange" von 1989, war ihr Glanzpunkt. Dank der kristallklaren Produktion klangen Blackfires präzise, halsbrecherische Riffs und Angelrippers lüsterne lyrische Darstellung in Songs wie „Tired and Red", „Baptism of Fire" und dem Titeltrack ernsthaft bedrohlich. Die Single „Ausgebombt" war eine schnelle, fast punkartige Nummer mit einem Refrain, zu dem die Fans einfach mitsingen mussten. Mit solch starkem Material verkaufte sich das Album allein in Deutschland 100.000-mal, was es möglicherweise zum erfolgreichsten deutschen Thrash-Album machte. Genau auf dieser Erfolgswelle verließ Blackfire die Band, um sich Kreator anzuschließen, und Witchhunter würde einige Jahre später gehen. Danach veröffentlichten Sodom dreizehn weitere gute Thrash-Metal-Alben (das bisher letzte war „Genesis XIX" im Jahr 2020), aber keines ist vergleichbar mit dem Triumph von „Agent Orange".

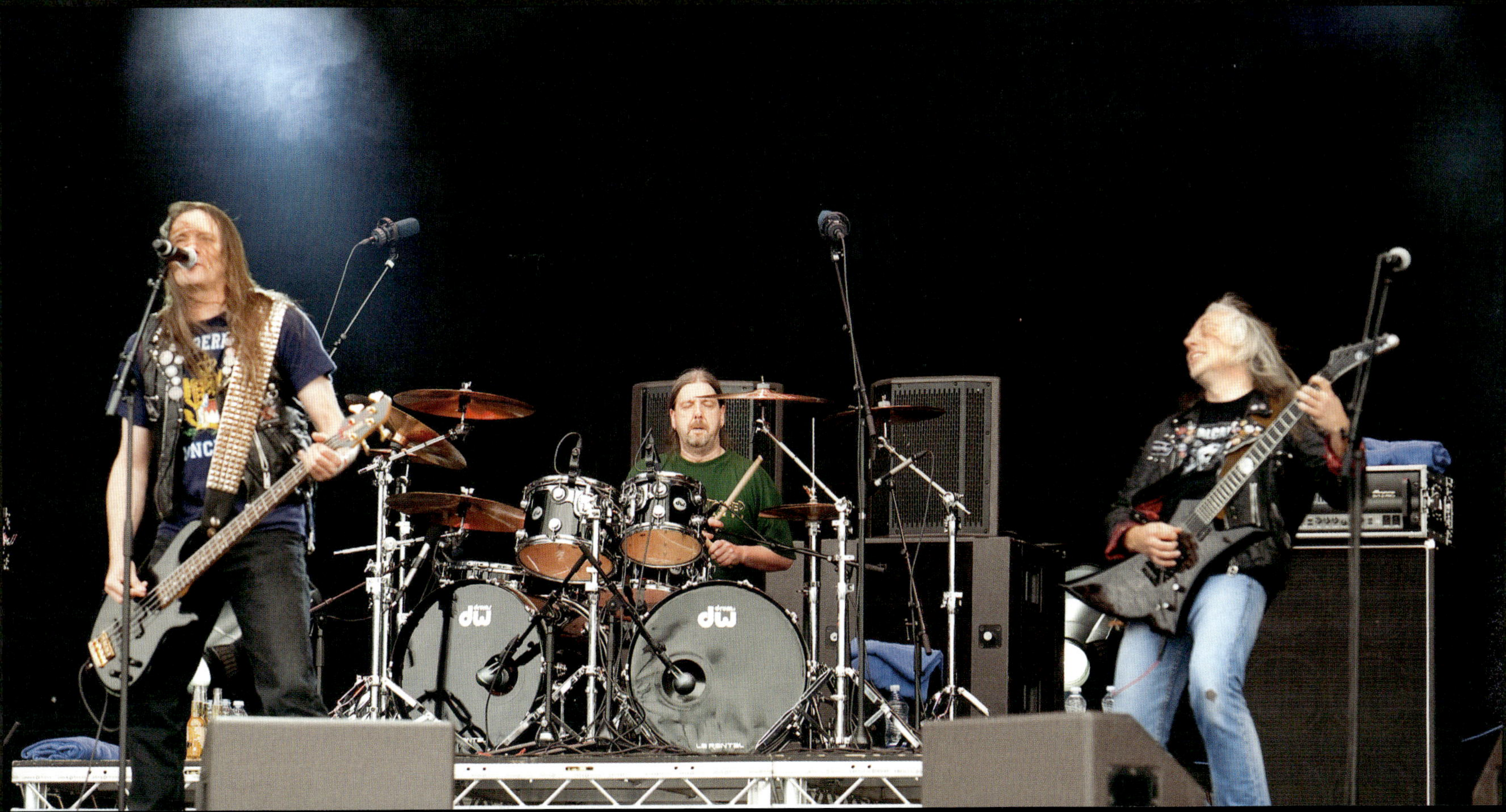

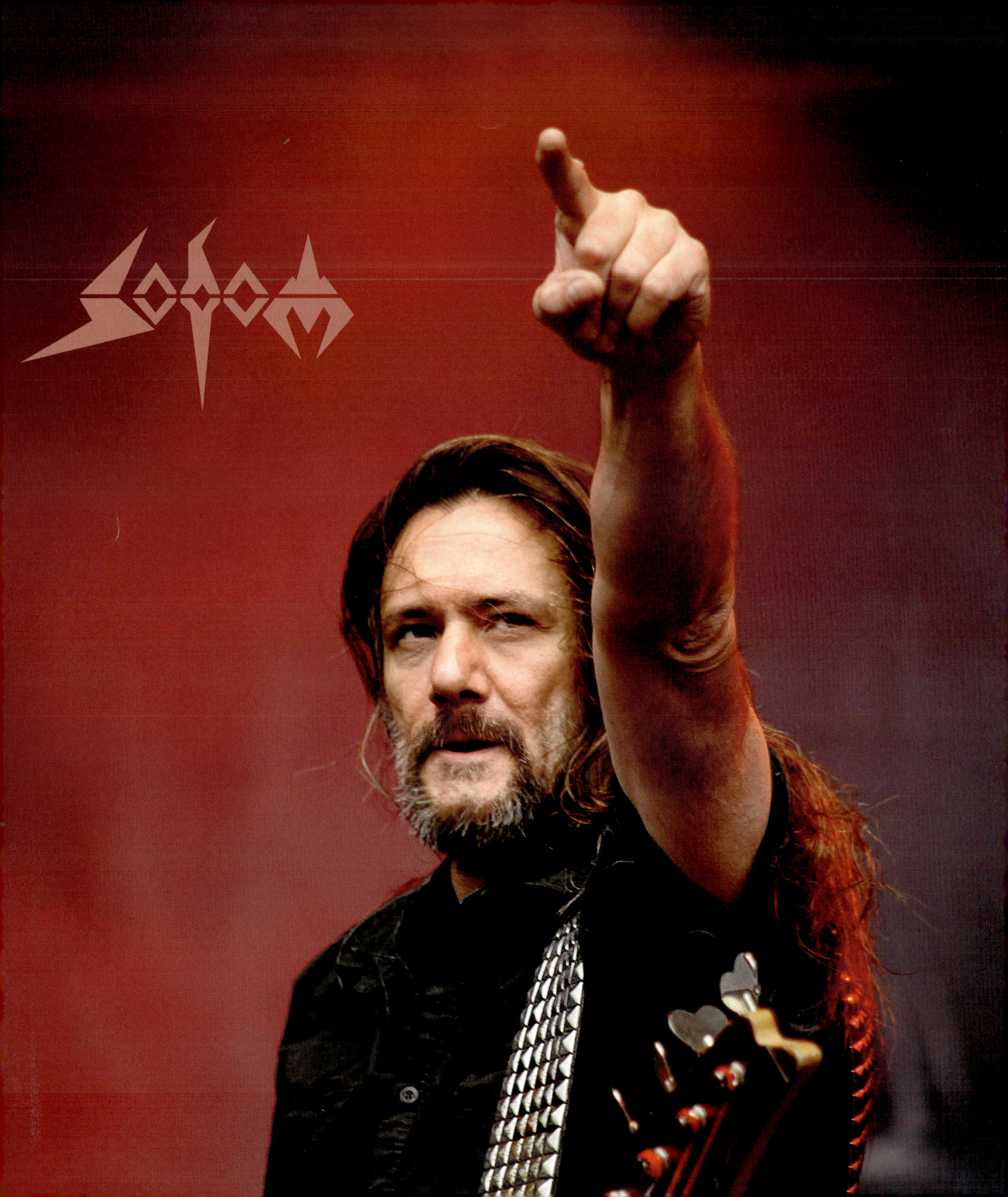
Sodom

DESTRUCTION

187 ✠ Mit rohem, elektrischem Sound erhoben Destruction - hier Sänger und Bassist Marcel „Schmier" Schirmer - mit ihrem Debütalbum „Infernal Overkill" ihren Anspruch auf die Thrash-Geschichte.

Das Cover der Debütveröffentlichung der deutschen Thrash-Titanen Destruction aus dem Jahr 1984, der EP „Sentence of Death", zeigt das Trio als drei lederbekleidete, sich in den Schritt greifende Höhlenbewohner mit Patronengürtel und moppartigen Frisuren, die mit Sideshow Bob von den Simpsons konkurrieren könnten. Der einzige Unterschied zwischen diesem Foto und der Art, wie sie sich damals live präsentierten, sind die tasmanischen teuflischen Haartornados, die ihre Köpfe beim Headbanging umkreisten.

Destruction verkörperten Mitte der 1980er-Jahre in jeder Hinsicht Underground Metal. Sie hatten den Look und kreierten die Art von Gitarrengewittern, die ihnen neben ihren Landsleuten von Sodom und Kreator einen Platz als eine der führenden Thrash-Metal-Bands Deutschlands einbrachten. Beginnend mit den hypnotischen Schlagzeug-Rhythmen und den Gitarrenriffs der EP „Total Disaster" (zu der Zeit nannten sie ihren Sound „Black Speed Metal", wobei Venom wahrscheinlich der „schwarze" Teil zuzuschreiben ist), etablierte die Band schnell einen wahnsinnig-charakteristischen Eigensound. „Mad Butcher" aus diesem Album wurde dank eines kantigen Intro-Riffs, überragender Vocals des Sängers und Bassisten Marcel „Schmier" Schirmer und einer furchterregenden Schlagzeug-Attacke, die von krachenden Becken geprägt war, zur Visitenkarte der Band. Obwohl sich „Mad Butcher" damals total chaotisch anhörte, schaffte es die Band, ihr Auftreten bis zu ihrem Albumdebüt zu verbessern.

In „Infernal Overkill", veröffentlicht 1985, fand Gitarrist Mike Sifringer zu kontrollierteren Soli, wobei Schmier bei Songs wie „Bestial Invasion" und „Death Trap" dämonischer als je zuvor klang. Mit dem instrumentalen „Thrash Attack" definierte die Band mit unterschiedlichsten Riffs ihren Sound und griff mit Slayers „The Antichrist" ein beliebtes Thema ihrer amerikanischen Kollegen auf, mit denen sie auch gelegentlich auf Tour waren.

Ihre nächste Veröffentlichung, „Eternal Devastation" aus dem Jahr 1986, war dank Sifringers brüchigen Gitarrenriffs bei Songs wie „Curse of the Gods" und Schmiers Knurren bei Songs wie „Eternal Ban" eines ihrer besten Alben. Es klang rauer als „Infernal Overkill", fast so, als hätte sich die Band irgendwie verändert, aber es zeigte eher ein Gefühl blutrünstiger Überzeugung in den Auftritten der Band.

Die Band machte mit ihrer 1987er-EP „Mad Butcher" (richtig gelesen, noch einmal) in dieser Richtung weiter, aber mit besserer Produktionsqualität. Zu hören war unter anderem eine draufgängerische Death-Thrash-Coverversion von Plasmatics' "The Damned". In den folgenden Jahren bestimmten Destruction mit jeder Veröffentlichung die Richtung von Death Metal und Black Metal voraus. Die hämmernden Akzente im Titeltrack von „Release From Agony" aus dem Jahr 1988 wiesen auf Carcass' komplizierte Post-Grindcore-Songstrukturen hin und Schmiers komprimiertes Jaulen in Songs wie „Unconscious Ruins" nahmen den grellen Gesangsstil von Marduk-Frontmann Legion vorweg. Diesmal würde der neue Sound jedoch nicht von Dauer sein.

Die Band feuerte Schmier, weil er im Studio angeblich zu schlecht war, und nahm 1990 mit „Cracked Brain" ein schlecht durchdachtes Album auf (einschließlich eines Coversongs des New-Wave-Hits „My Sharona" von The Knack). Danach trat die Band einige Jahre lang als Neo-Destruction auf, bis Schmier 1999 zurückkehrte. Trotz eines erfolgreichen Comebacks mit einer Reihe großartiger Thrash-Alben waren ihre Frisuren jedoch einfach nicht mehr dieselben.

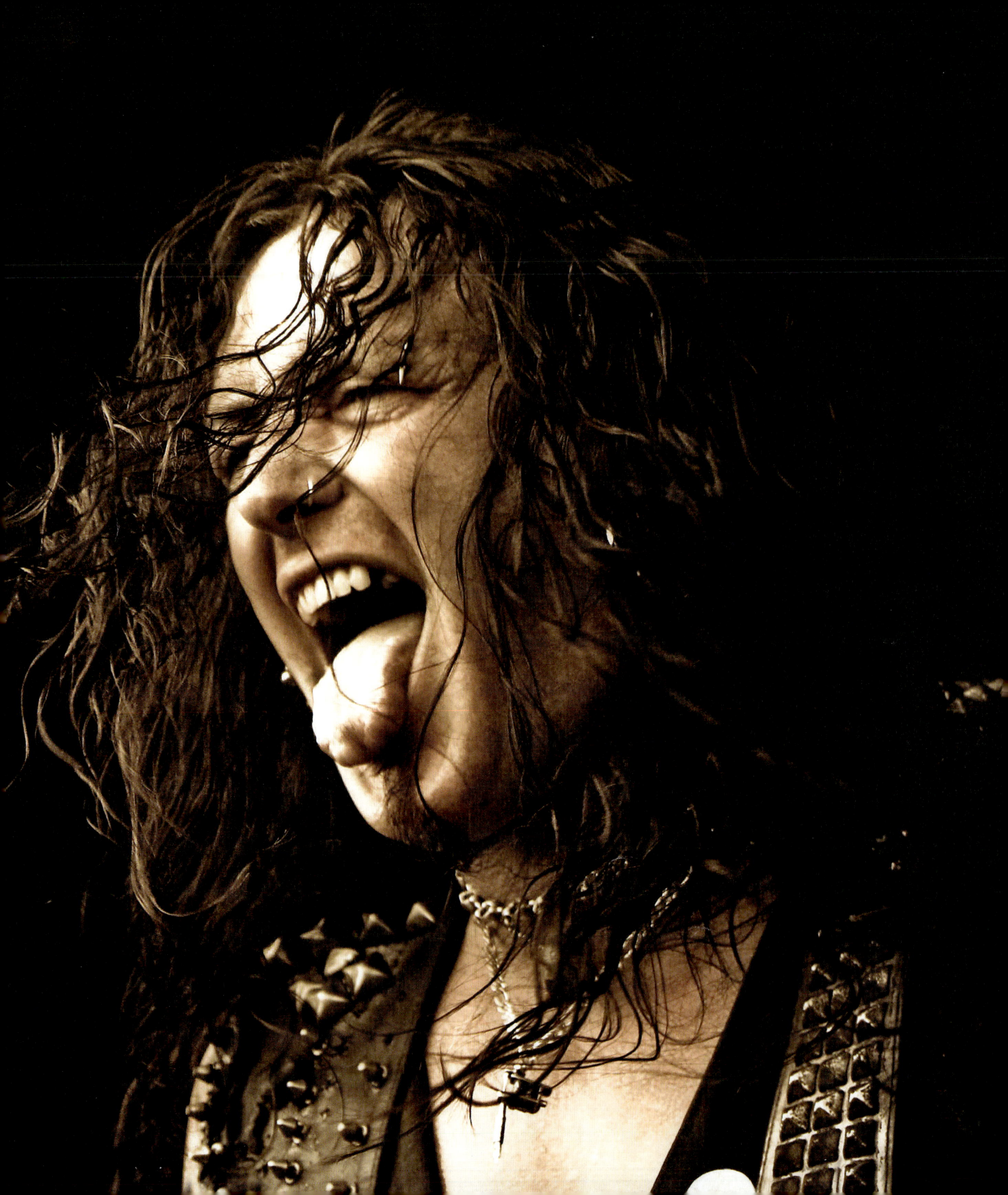

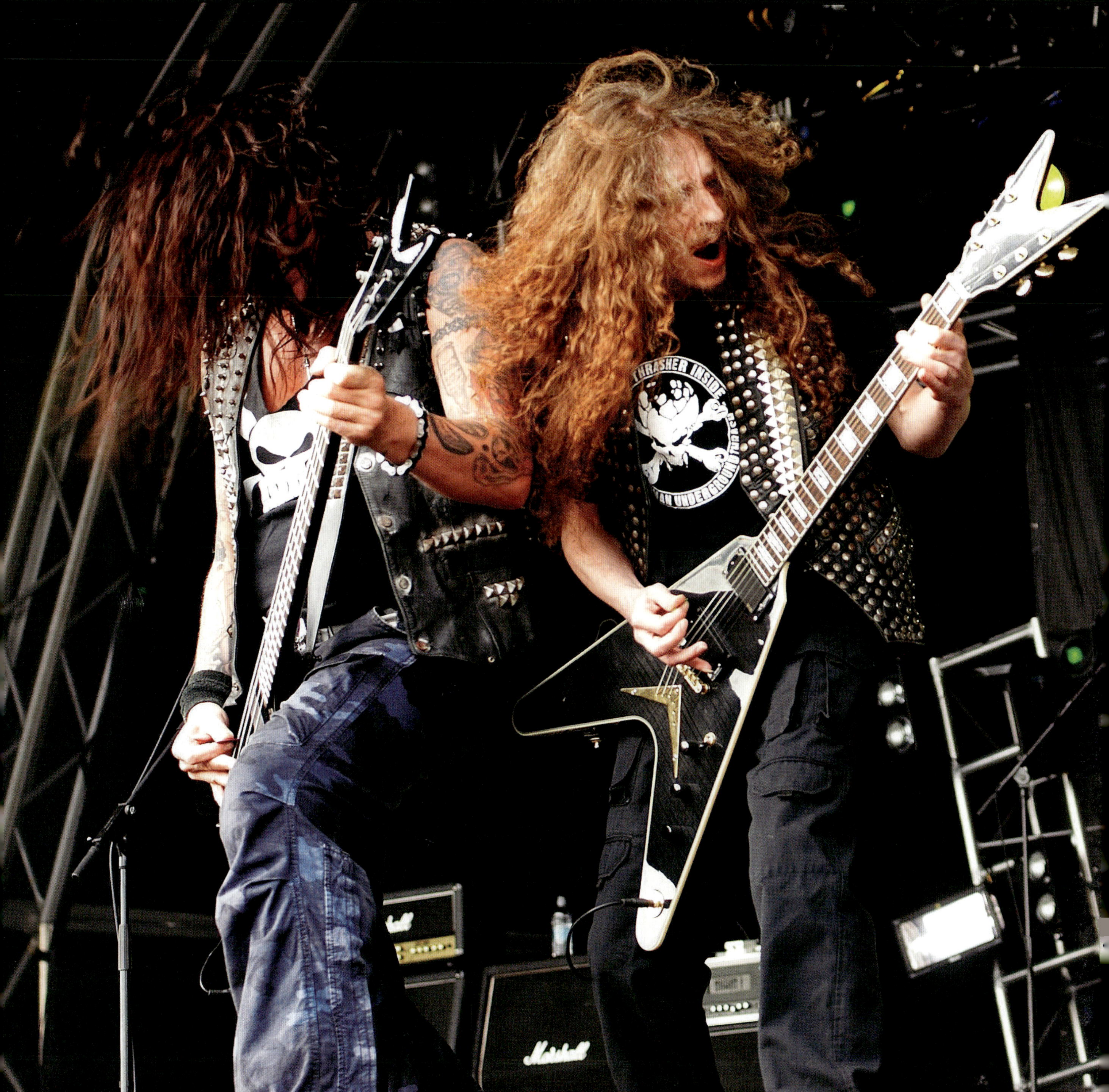
THRASHER INSIDE
Marshall
Marshall

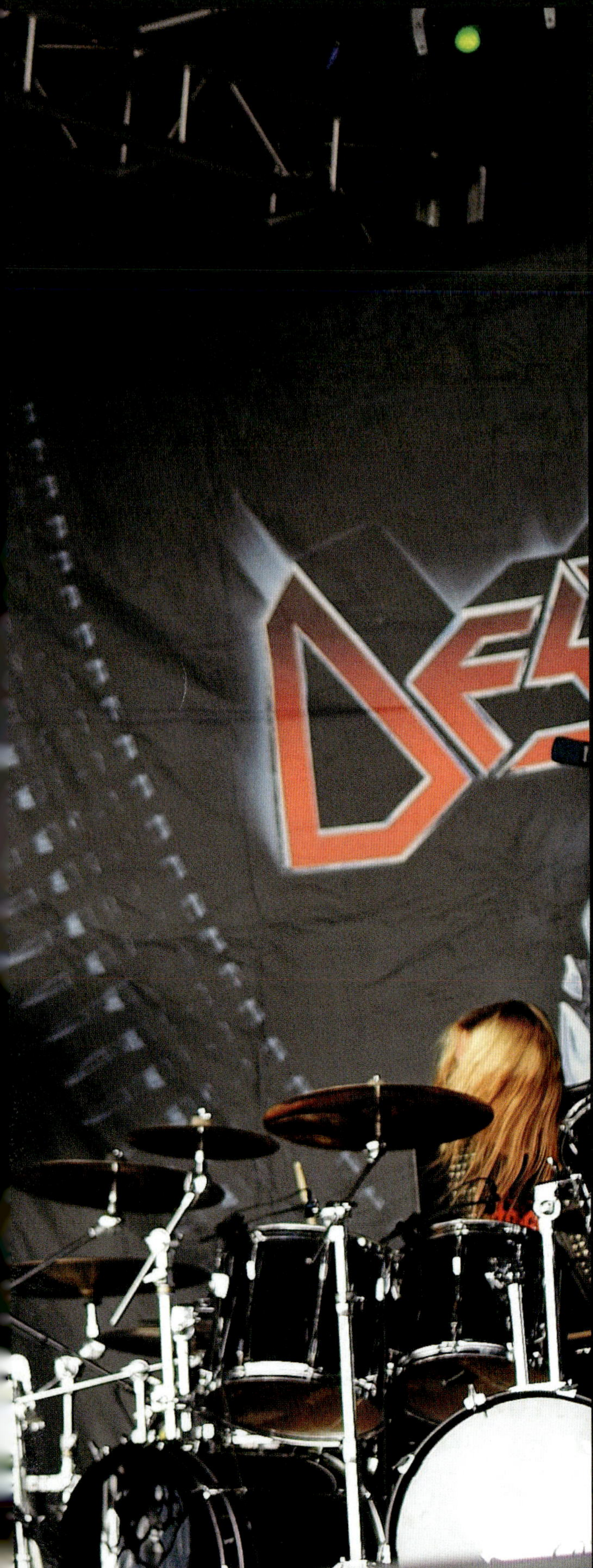

188-189 ✠ Bassist Marcel Schmier, Gitarrist Mike Sifringer und Schlagzeuger Marc Reign treten 2008 beim englischen Bloodstock Open Air Festival mit „Infernal Overkill" auf.

KREATOR

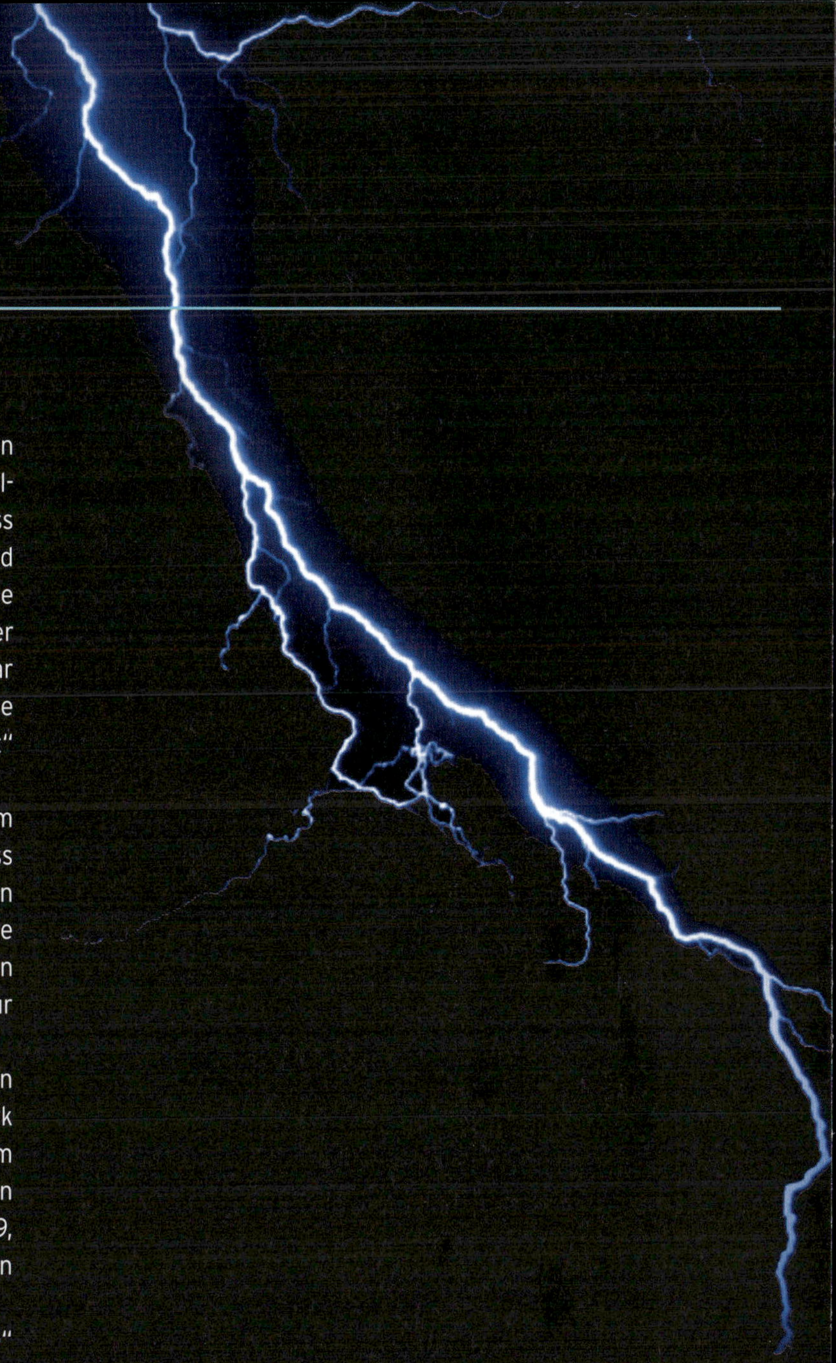

Als Teil des deutschen Triumvirats der Thrash-Metal-Bands halfen Kreator zusammen mit Sodom und Destruction dabei, Pionierarbeit für den Underground-Extreme-Metal-Sound auf dem europäischen Festland zu leisten. Ihre frühen Aufnahmen, wie „Endless Pain" von 1985 und „Pleasure to Kill" von 1986, waren roh und das Spiel der Band schwerfällig, da Sänger und Gitarrist Miland „Mille" Petrozza statisch beladene Riffs wie ein Presslufthammer herausballerte und er und Sänger-Schlagzeuger Jürgen „Ventor" Reil ihr Dämonenknurren wie einen Sprechchor ausstießen. Es war ein Sound, den die norwegische Band Mayhem in ihrer frühen Death-Metal-Phase annahm und ihre Landsleute von Immortal auf Black-Metal-Alben wie „Pure Holocaust" übernahmen. Für Kreator war es jedoch fast ein innerer Zwang, so zu spielen.

Petrozza und Reil gründeten die Band 1982 und als sie 1985 ins Studio gingen, um an „Endless Pain" zu arbeiten, hatten sie eine genaue Vision von ihren Songs, sodass sie das Album in nur 10 Tagen aufnahmen. Ihr zweites Album, „Pleasure to Kill" von 1986, perfektionierte den Sound seines Vorgängers. Petrozza schrieb kompliziertere Riffs mit wilden Solo-Exkursionen und spielte präziser, Reil entwickelte einen Rammbock-Ansatz für das Drumming und beide klangen bei Songs wie „Death Is Your Saviour", „Riot of Violence" und dem übergroßen Titeltrack positiv bösartig.

In den späten 1980er-Jahren, als Thrash auf beiden Seiten des Atlantiks seinen Höhepunkt erreichte, hatten Kreator ihren Sound verbessert und profitierten stark von MTVs Headbangers Ball. Die Popularität ihrer Videos „Toxic Trace" aus dem Album „Terrible Certainty" von 1987, in dem die Band den Song in einem sehr nebligen Gemäuer performte, und das noch weniger visuell anregende „Betrayer" von 1989, öffnete der Band neue Türen, wie einen Major-Label-Deal und eine Tour zusammen mit Suicidal Tendencies durch Nordamerika.

Vor dieser Tour holte die Band den ehemaligen Sodom-Gitarristen Frank „Blackfire" Gosdzik mit ins Boot, der, wie zuvor schon bei Sodom, dann auf Kreators Meisterwerk „Coma of Souls" von 1990 mitwirkte. Im Gegensatz zu seiner Zeit bei Sodom hatte Blackfire jedoch einen hervorragenden Partner in Petrozza und das Zusammenspiel des Duos auf dem Album ist erstklassig. Angelehnt an die Doppelharmonien von Bands wie Iron Maiden und Judas Priest, spielten sie ein düsteres Intro in der von ihren Fans gefeierten und gegen Nazis gerichteten Hymne „People of the Lie", dem sie ein groovendes Riff folgen ließen. Der Titeltrack war einer der Klassiker der Band, bei dem sie Riffs mit gegeneinander reibenden Akkorden spielten und Reil das Tempo im von Punk beeinflussten Eins-Zwo-Rhythmus antreibt.

Aus irgendeinem Grund verlor die Band fast unmittelbar danach ihren Schwung. Das 1992 veröffentlichte „Renewal" war ziemlich hart, zeigte jedoch ein langsameres Tempo und disharmonischen Gesang. „Cause of Conflict" von 1995 war aufgrund formelhafter, eintöniger Songs sogar noch weniger interessant. Im Jahr 2001 kehrte die Band zu ihren Thrash-Sounds mit „Violent Revolution" zurück, dem weitere vier Alben folgten. Trotz des Erfolgs von „Gods of Violence" aus dem Jahr 2017, mit dem Kreator zum ersten Mal in ihrer Karriere die Nummer 1 in den deutschen Charts erreichten, war die Musik der Band zu diesem Zeitpunkt nicht mehr mit der ungezügelten Leidenschaft und Schärfe ihrer ersten zehn Jahre vergleichbar.

191 ✠ Der Gründer von Kreator, Sänger und Gitarrist Miland „Mille" Petrozza, hat einige der klassischen Thrash-Alben wie „Pleasure to Kill" und „Coma of Souls" geschrieben.

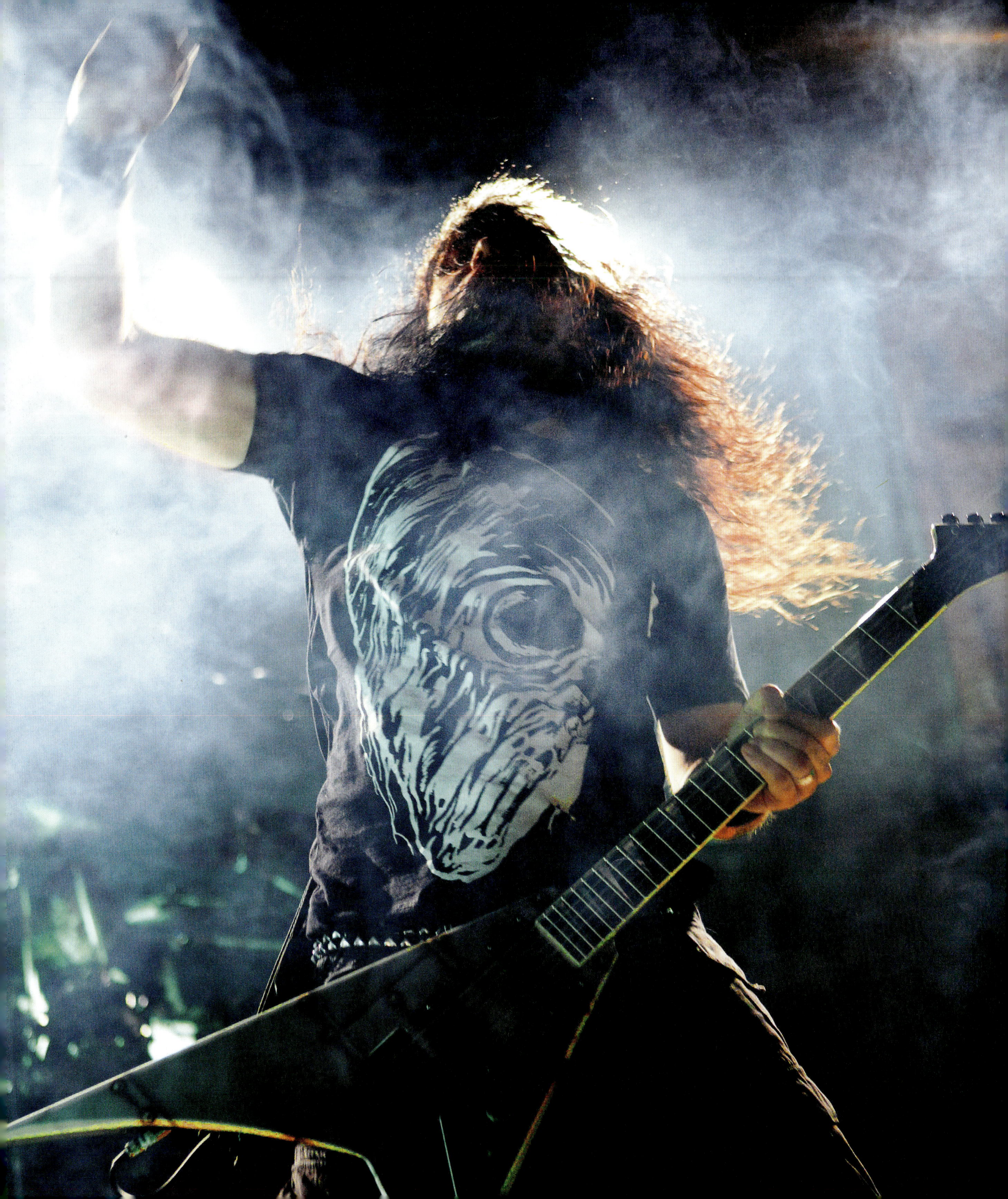

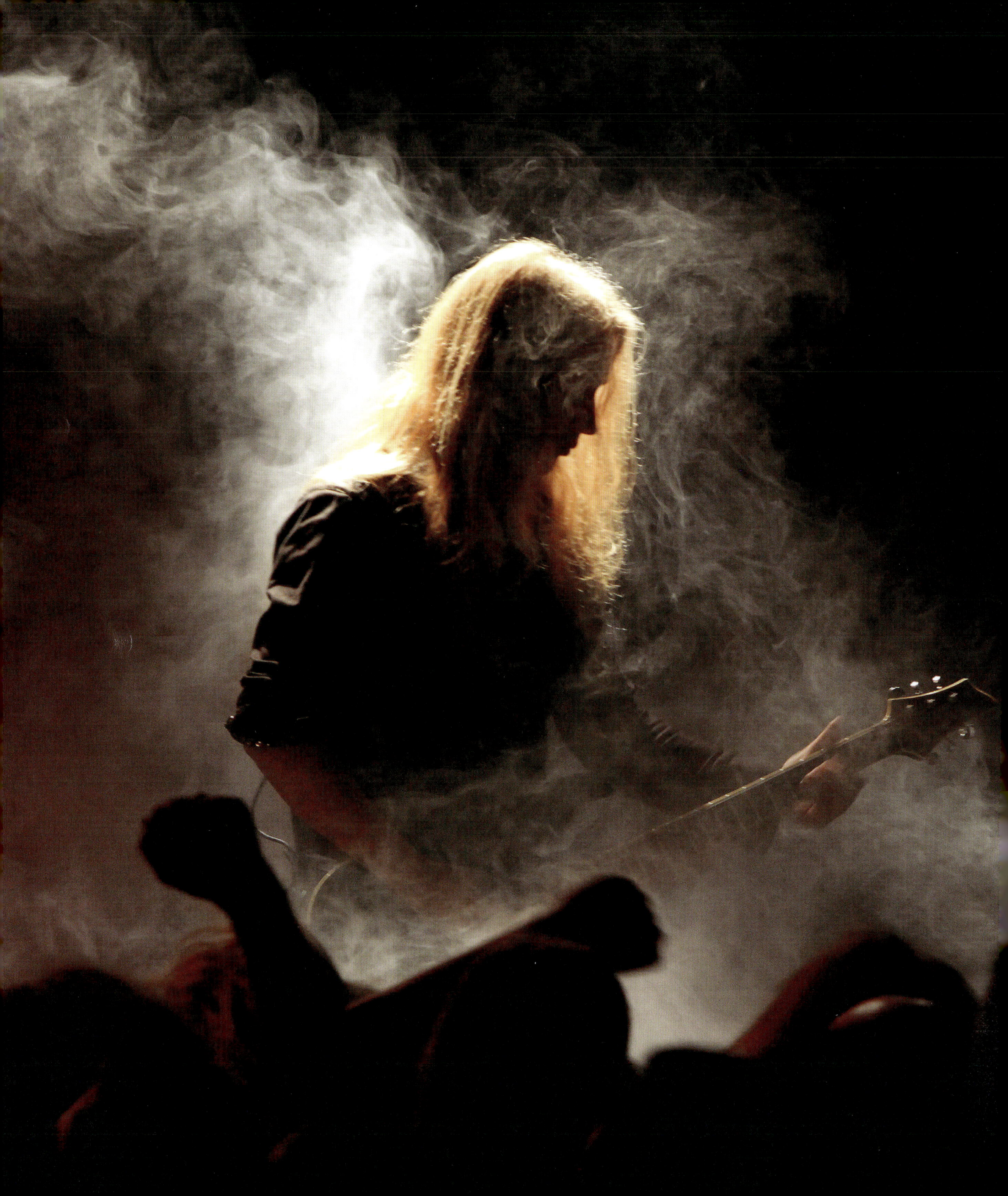

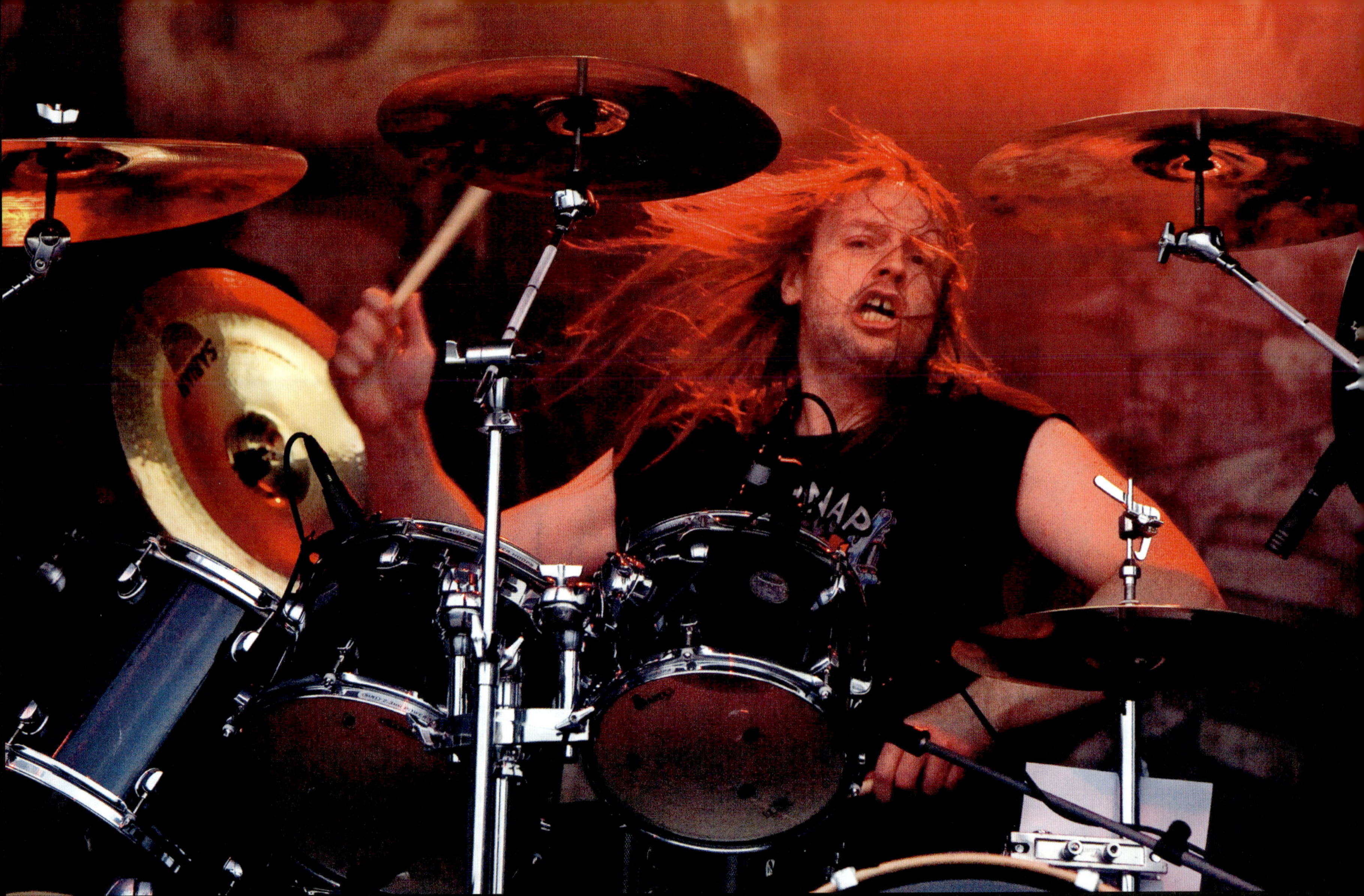

192 ✠ Gitarrist Sami Yli-Sirniö spielt 2009 beim litauischen Ferrum Frost Festival mit „Extreme Aggression“.

193 ✠ Schlagzeuger Jürgen „Ventor“ Reil stürmt beim Brutal Assault Festival 2011 in der Tschechischen Republik durch Kreators Hits, fast drei Jahrzehnte nach ihrer Gründung.

MEGADETH

Megadeth-Frontmann Dave Mustaine hat neben Ozzy die beste Comeback-Story des Metal. Ursprünglich Metallicas Leadgitarrist, wurde der hitzige Rotschopf 1983 nach einem hefigen Streit mit seinen Bandkollegen in die Wüste geschickt. Bis Silvester des Jahres hatte er Megadeths erste Besetzung, zu der auch der Slayer-Gitarrist Kerry King gehörte, für ein paar Gigs zusammengestellt und nahm die Rolle des Frontmanns der Band an. Von dort aus begann er damit, einige der bösartigsten animalischen Songs aller Metal-Genres zu schreiben.

Mustaines Beiträge zu Metal sind nicht zu unterschätzen, nicht nur bei Megadeth, sondern auch in den Spuren, die er bei Metallica hinterlassen hat. Während er mit seiner früheren Band zusammen war, entwickelten er und der Sänger und Gitarrist James Hetfield Gitarrentechniken, die es ihnen ermöglichten, schneller zu spielen, und Mustaine zeigte diese Techniken anderen Gitarristen. Darüber hinaus verwendeten Metallica auch nach Mustaines Abgang sechs Songs, die er mitgeschrieben hatte, darunter die Fanfavoriten „The Four Horsemen", „Jump in the Fire" und „Call of Ktulu".

Dieses Erbe öffnete Megadeth viele Türen, aber es dauerte einige Zeit, bis sie erfolgreich wurden. Fast von Anfang an wurden die Bandmitglieder, die im Grunde genommen obdachlos waren, zu Hardcore-Drogenabhängigen. Irgendwie schafften sie es, nicht völlig abzudriften, und ihr zweites Album von 1986, „Peace Sells... But Who's Buying?", war die erste von sechs aufeinander folgenden US-Platin- und Multiplatin-Veröffentlichungen. Der basslastige Titeltrack wurde in den kommenden Jahren sogar zur Eröffnungsmelodie für MTV News. Trotzdem blieben Drogen ein entsetzliches Problem, weshalb letztendlich der Gitarrist und der Schlagzeuger die Band verlassen mussten. Mit Ausnahme von Mustaine und dem Bassisten David Ellefson, die den Kern der Band bildeten, wurden die anderen Musiker in den nächsten zwei Jahren immer wieder umbesetzt.

1990 fanden sie ihre stabilste Besetzung: Mustaine, Ellefson, den Gitarristen Marty Friedman und den Schlagzeuger Nick Menza, die die entscheidendste Musik der Band veröffentlichten. „Rust in Peace" von 1990 war eine Metal-Tour-de-Force, die die besten Elemente von Thrash („Tornado of Souls"), Progressive Rock („Hangar 18") und sogar Musik aus dem Nahen Osten („Holy Wars... The Punishment Due") zu einem stahlharten Metal-Block kombinierte.

Ihr nächstes Album, das kommerziellere „Countdown to Extinction" von 1992, erschien, als Metal seinen Höhepunkt erlebte. Die Single „Symphony of Destruction" knackte die US Hot 100 und die Videos zu „Sweating Bullets" und zum Titeltrack erhielten eine Grammy-Nominierung. In den nächsten zehn Jahren veröffentlichten Megadeth zwei weitere, ziemlich gleich klingende Alben. 1999 änderte sich dies jedoch. In Anlehnung an den Metallica-Schlagzeuger Lars Ulrich, der Mustaine vorschlug, mehr Risiken einzugehen, versuchte die Band, sich vom Metal zu befreien und mit ihrem Album „Risk" radiofreundlichere Töne anzuschlagen. Ihre Fans lehnten das jedoch ab. Friedman verließ die Band nach der Tour und sie kehrten 2001 mit dem Album „The World Needs a Hero" zum Thrash zurück, wodurch sie ihre Fans wieder zurückerobern konnten.

195 ✠ Der Sänger und Gitarrist Dave Mustaine baute Megadeth in den frühen 1980er-Jahren auf, nachdem er von Metallica entlassen worden war. Die Band hat sich zu einer der meistverkauften Thrash-Metal-Bands entwickelt.

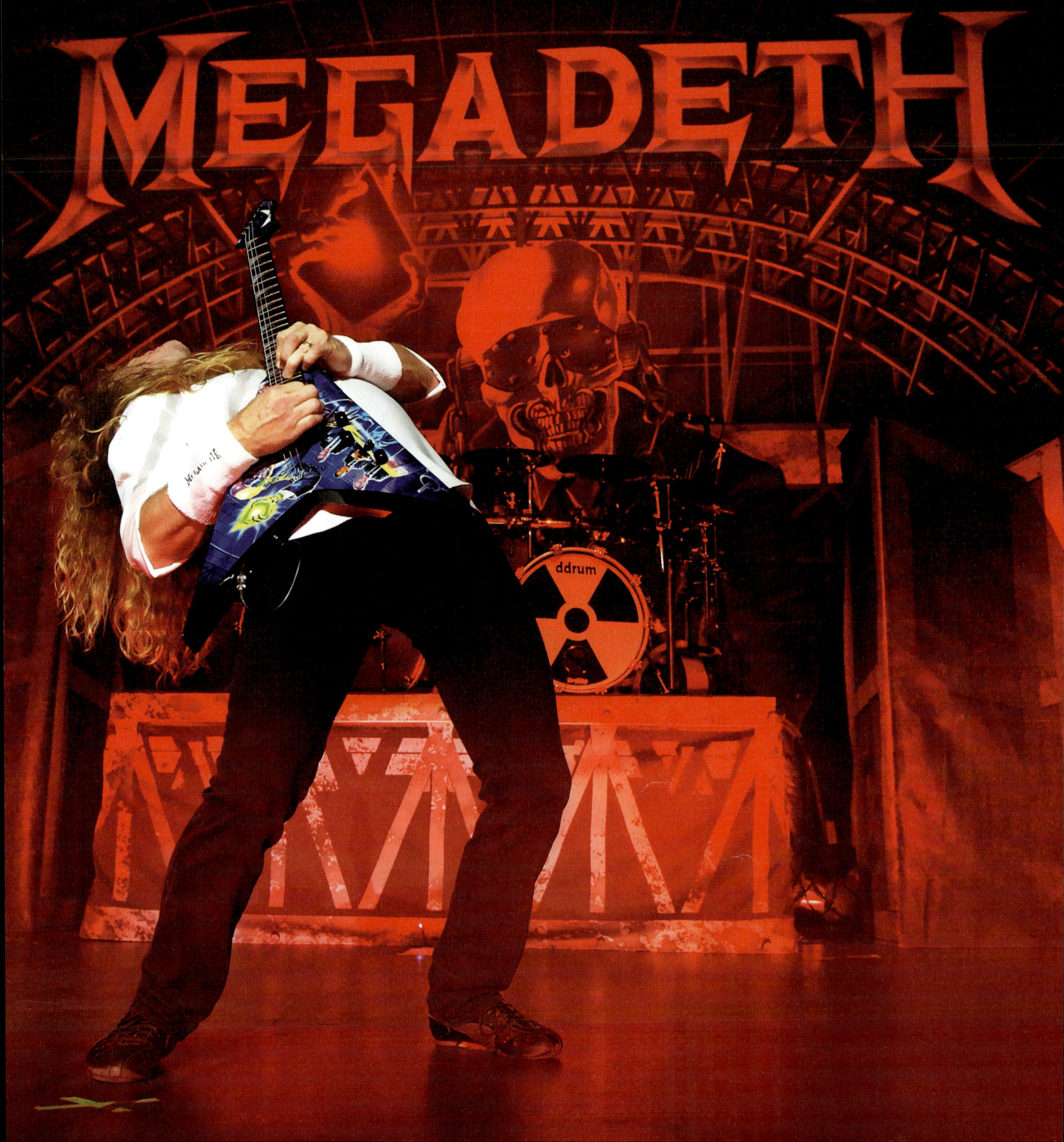
MEGADETH
ddrum

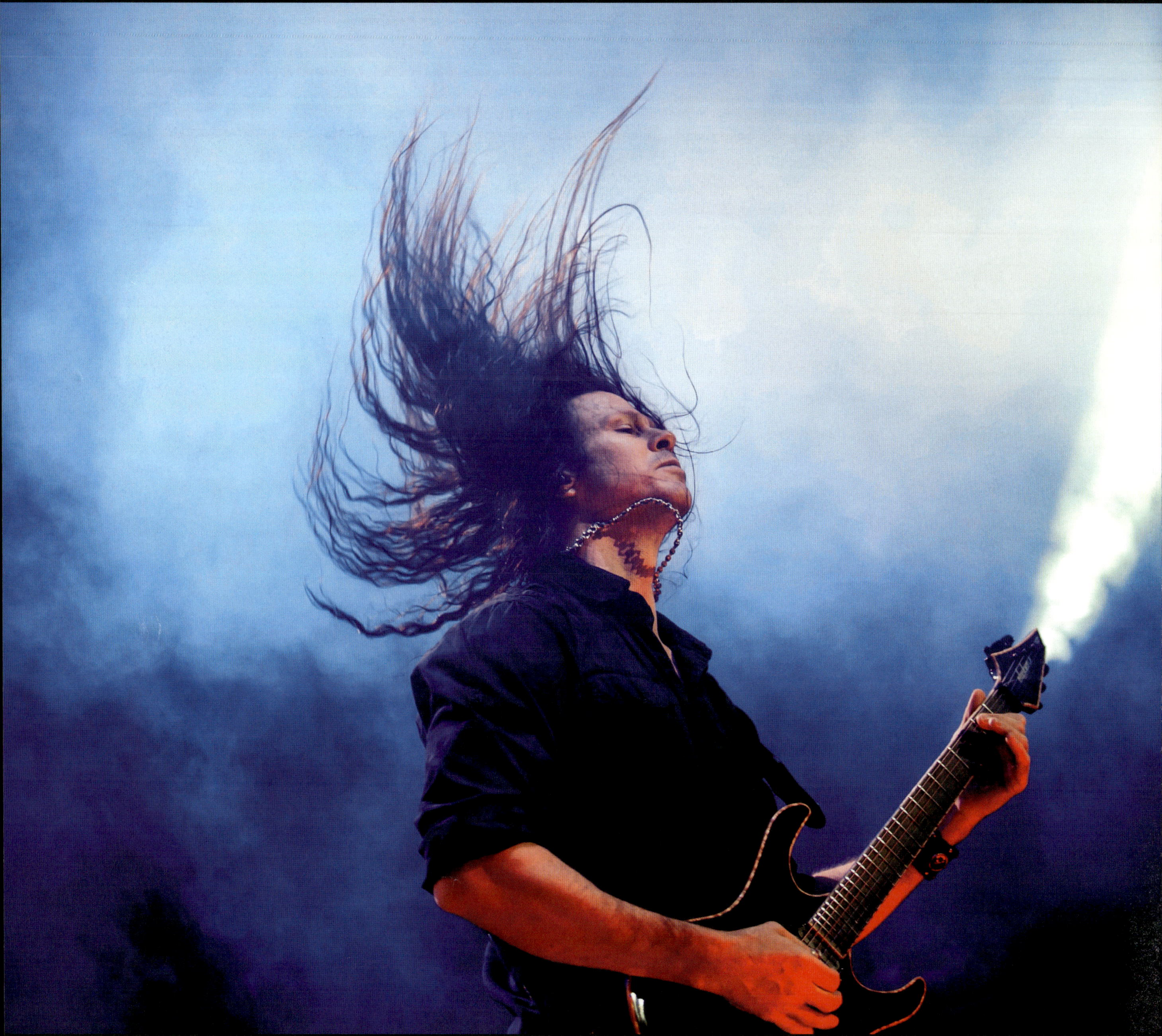

196-197 ✠ Nach einer Zeit der Zusammenarbeit mit den Bands Jag Panzer und Nevermore kam Gitarrist Chris Broderick von 2008 bis 2014 zu Megadeth.

197 ✠ Schlagzeuger Shawn Drover kam 2004 zusammen mit seinem Bruder Glen (Gitarre) zu Megadeth und blieb bis 2014 bei der Band, auch nachdem sein Bruder gegangen war.

Leider konnten sie diesen erneuten Erfolg nicht genießen. Mustaine hatte in einer Entzugsklinik eingecheckt und war eines Nachts mit dem Arm über der Stuhllehne hängend eingeschlafen. Dadurch erlitt er Nervenschäden, die ihn für die nächsten zwei Jahre außer Gefecht setzten. Trotzdem kehrte er 2004 mit Megadeths Album „The System Has Failed" zurück. Es war die erste Veröffentlichung ohne Ellefson am Bass.

Zu diesem Zeitpunkt war Megadeth zu einer Art Drehtür für Musiker geworden. Während der Veröffentlichung zweier weiterer Alben verklagte Ellefson Mustaine wegen der Gewinnaufteilung. Der Fall wurde 2005 abgewiesen, und schließlich versöhnten sich die beiden wieder und Ellefson kam 2010 zu Megadeth zurück. Kurz danach begrub Mustaine auch das Kriegsbeil mit seiner ehemaligen Band Metallica und Megadeth spielte eine Reihe von Shows neben den anderen drei der im Volksmund als „Big Four of Thrash" bekannten Bands (Metallica, Slayer und Anthrax). Megadeth nahmen 2011 ihr 13. Album, „TH1RT3EN", auf, das die Bandkollegen endlich wieder in gewohnter Stärke zeigte. Das „Super Collider"-Album erreichte 2013 Platz 6 in den US-Charts (die höchste Position seit „Youthanasia" 1994), und mit „Dystopia" 2016 erreichten Megadeth nach zwölf Nominierungen die Genugtuung, endlich einen Grammy für den Titeltrack zu gewinnen. Das sechzehnte Album der Band mit dem Titel „The Sick, The Dying And The Dead" wird voraussichtlich 2021 veröffentlicht. Mustaine, der jetzt von jeglicher Drogensucht geheilt ist, enthüllte kürzlich dem Revolver Magazine: „Wenn ich auf meine Geschichte zurückblicke, muss ich zugeben, dass ich keinen guten Start hatte, aber ich bringe es auf außergewöhnliche Weise zu Ende."

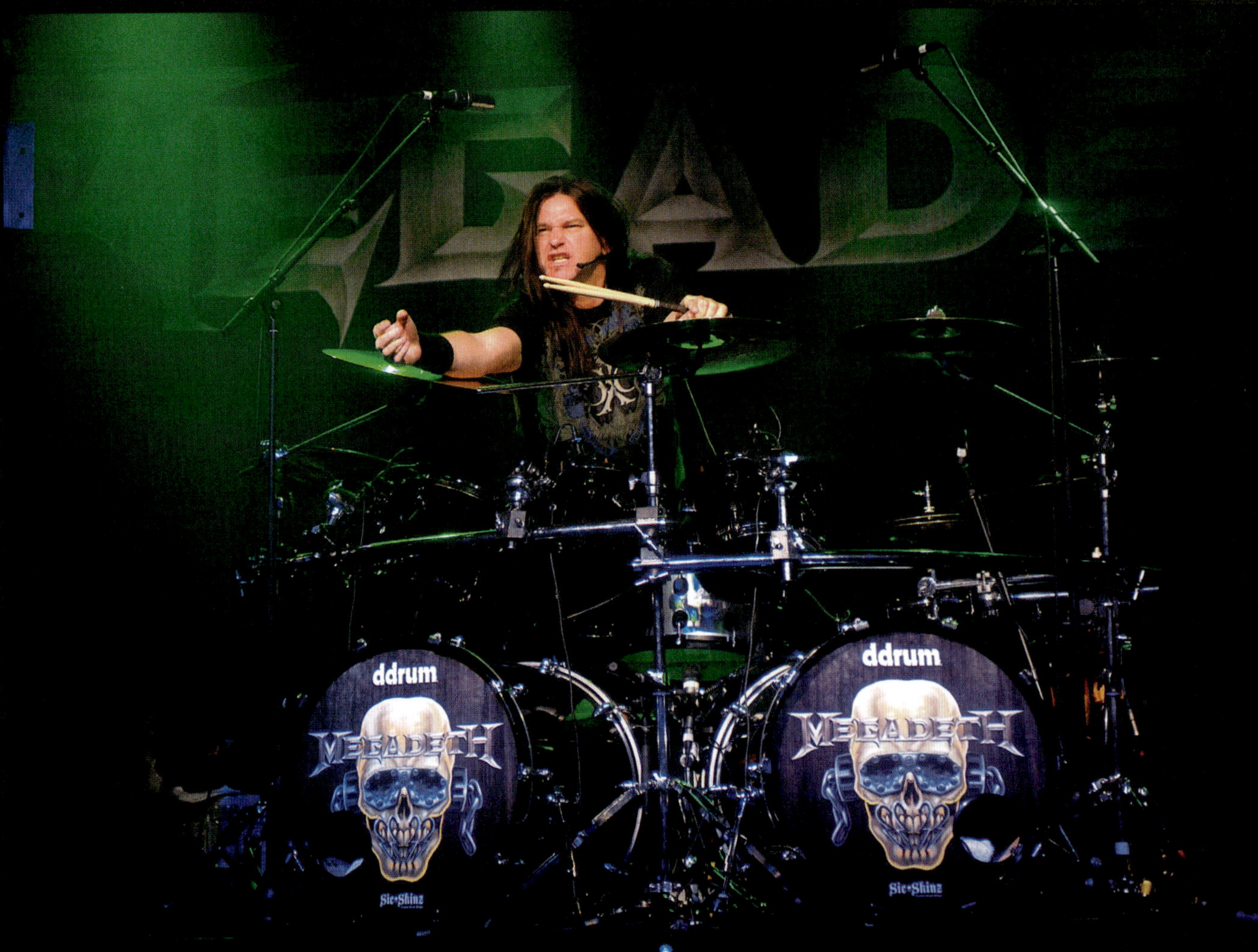

198 ✠ Celtic Frosts 1985er-Album „To Mega Therion" hat Thrash-Metal-, Death-Metal- und Gothic-Metal-Bands beeinflusst.

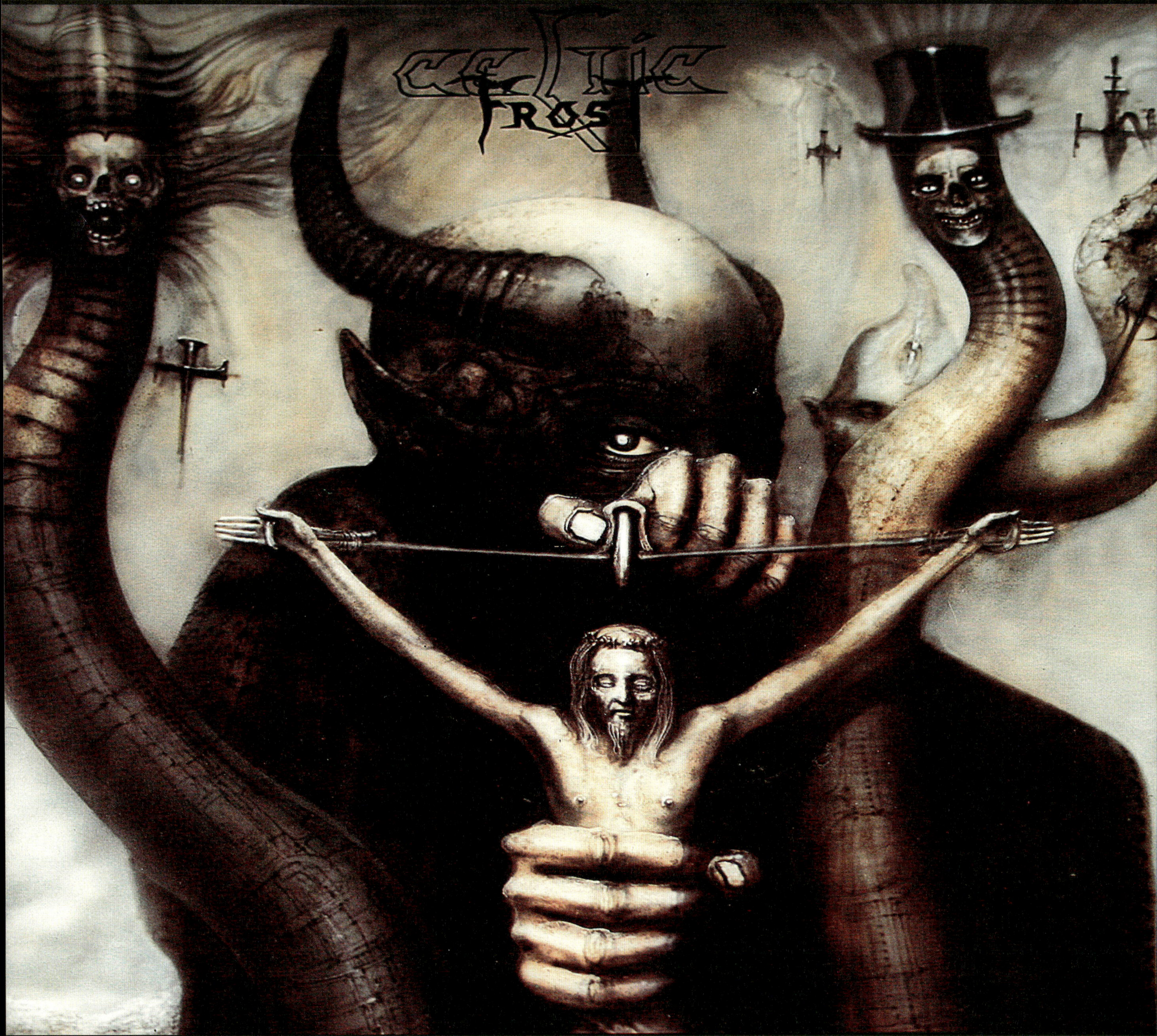

CELTIC FROST

Es hat vielleicht keine Band mehr Einfluss auf Extreme Metal gehabt als Celtic Frost. Bands von den Thrashern Pantera bis zu den Black-Metal-Heroes Mayhem, von den Death-Metal-Rasern Obituary bis zu den Hardrockern The Foo Fighters zitieren die Schweizer Extreme-Metal-Band als Inspiration. Dank eines einzigartigen Sounds, der auf dem komprimierten Gesangsbläffen von Frontmann Tom G. Fischer (Tom Warrior) und seinem Markenzeichen, dem „Ugh!"-Todesschrei aufbaute, zusammen mit Riffs, die sich zwischen schwerfälligen Schicksalsmärschen und halsbrecherischen Tobsuchtsanfällen abwechselten, waren Celtic Frost eine der wenigen Original-Bands des Metal. Dieser Einfallsreichtum entstand bei der Band jedoch nicht einfach so.

Warrior und Sänger-Bassist Martin Eric Ain hatten zusammen angefangen und mit der Band Hellhammer Aufnahmen gemacht, die zu dieser Zeit eine der Metal-Bands waren, die am meisten geschmäht wurden. Schlampige Auftritte und monotone Songs beeinträchtigten ihre Demo-Veröffentlichungen und die einzige EP, „Apocalyptic Raids" von 1984, obwohl einige Bands sie seitdem als Meisterwerke gepriesen haben. Mayhems Schlagzeuger Jan Axel Blomberg mochte die Band so sehr, dass er ihren Namen als sein eigenes Pseudonym annahm. Nachdem die Band eine so negative Resonanz erfahren hatte, formten sie sich zu Celtic Frost um, engagierten einen neuen Schlagzeuger und konzentrierten sich darauf, so innovativ wie möglich zu werden.

Beginnend mit ihrer 1984 erschienenen Debüt-EP „Morbid Tales", waren die Bandmitglieder Pioniere eines rücksichtslosen Thrash-Stils, der düstere Obertöne hatte („Into the Crypts of Rays") und ohne Vorwarnung in ein Doom-Metal-Riff im Schneckentempo überging („Procreation of the Wicked"). In Kombination mit ihrer 1985 erschienenen EP „Emperor's Return" (die in den USA mit „Morbid Tales" erneut veröffentlicht wurde) repräsentieren Celtic Frosts frühe Veröffentlichungen den Hexenkessel, in dem Extreme Metal geboren wurde. Anthrax haben „Dethroned Emperor" gecovered, Sepultura haben sich an „Procreation" versucht, die Death-Metal-Spezialisten Opeth haben „Circle of the Tyrants" überarbeitet und die schwedische Black-Metal-Band Marduk hat „Into the Crypt(s) of Rays" übernommen.

Ihr 1985er-Debütalbum „To Mega Therion" war ebenso einflussreich und stellte auf dem Cover die eindrucksvolle Kunst des Schweizer Künstlers H. R. Giger dar, der auch das berühmte Filmmonster „Alien" schuf. Das Album enthielt stämmigere Songs als seine Vorgänger, war schicksalhaft und schlammig und passte perfekt zu Warriors tiefem Gebell. „The Usurper" wurde sofort zum Klassiker, auf dem Warrior ein dahinjagendes Riff spielte, das unzählige Death-Metal- und Black-Metal-Bands später kopiert haben.

Der erste Titel auf der nächsten Veröffentlichung der Band, „Into the Pandemonium" von 1987, war eine Coverversion des New-Wave-Hits „Mexican Radio". Der Rest des Albums, das als Titelbild ein Detail aus der rechten (Höllen-) Tafel von „Der Garten der Lüste", einem 1504 von Hieronymus Bosch gemalten Triptychon, erhielt, kombinierte Thrash-Riffs und hohes Tempo mit gotischen Melodien und Obertönen. „Tristesses de la Lune", geschrieben von Ain, war ein Orchesterstück mit französischer Poesie, die von einer Frau vorgetragen wurde. „Rex Irae (Requiem)" kombinierte Doom Metal und Operngesang mit Warrior's Thrash-Stimme. Trotz dieser extremen Experimente konnte niemand erahnen, was Celtic Frost als Nächstes bevorstand.

Nachdem sich die Band während der „Pandemonium"-Tour zerstritten hatte, blieb Warrior, der sich nun bei seinem richtigen Namen, Tom Gabriel Fischer, nannte, als einziges Mitglied von Celtic Frost übrig und nahm 1988 im Alleingang „Cold Lake" auf. Von Kritikern als Katastrophe bezeichnet, hat sich das Album mit Glam Metal beschäftigt und die Fangemeinde der Band enttäuscht. Fischer kam 1990 mit Ain und dem langjährigen Schlagzeuger Reed St. Mark wieder zusammen und die Band fand zu alter Form auf „Vanity/ Nemesis" zurück. Drei Jahre später trennten sie sich wieder, um sich 2001 erneut zu vereinen und 2006 mit „Monotheist" ein triumphales, dunkles Comeback-Album zu veröffentlichen. Leider nahmen die Spannungen zwischen Fischer und Ain wieder zu und die Band löste sich 2008 endgültig auf. Fischer spielte danach in der Band Triptykon exzellenten Extreme Metal im Stil von Celtic Frost. Unabhängig davon, in welcher Band Fischer spielt, wird sein Erbe in allen Bands weiterleben, die sich von seiner Musik inspirieren ließen.

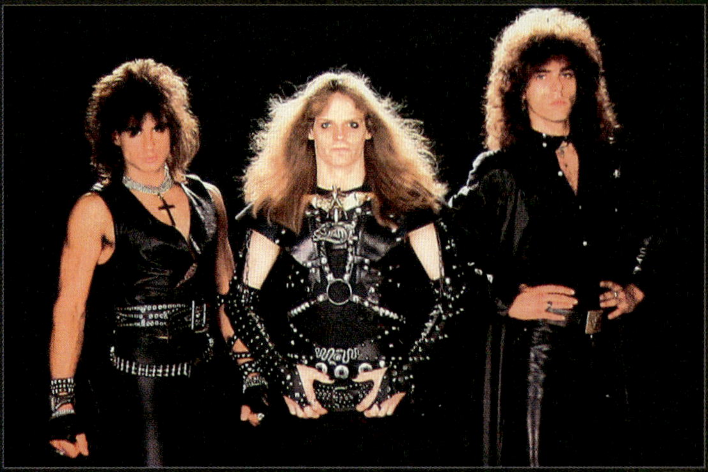

199 ✠ Trotz ihrer Frisuren spielten Celtic Frost einige der extremsten Versionen des Heavy Metal, die in den 1980er-Jahren herausgekommen sind.

METAL-MUTATIONEN

Vom dissonanten Geknirsche des Prog Metal bis zu den Tschacka-Tschacka-Thrash-Riffs in zehnfachem Überschall definieren Bands seit mehr als drei Jahrzehnten Heavy-Metal-Musik. Da die frühen Metal-Bands wie Led Zeppelin und Black Sabbath größtenteils am Hardrock-Paradigma festhielten (sie spielten im Prinzip einfach nur viel lauter) hatten andere Bands den Raum, Metal weiterzuentwickeln, sei es das beständig hohe Tempo und die himmelhohen Melodien des Power Metal oder das mechanische Kratzen und der heulende Gesang des Industrial Metal.

Die erste große Metal-Mutation (im Gegensatz zu einem Update von Heavy Metal, wie man die New Wave of British Heavy Metal nannte) entstand mit der Erhöhung des Tempolimits für Judas Priests Riffs und mit den aus der Fantasy abgeleiteten Texten von Ronnie James Dio, der bei Rainbow und Black Sabbath Schlösser und Könige besang. Die ersten Bands dieses Genres, das als „Power Metal" bezeichnet wurde, kamen in den frühen 1980er-Jahren zusammen (unter anderem Helloween und Manowar) und entwickelten das Tempo und die Bildersprache ihrer Vorgänger weiter. Helloweens aufgeladene Riffs waren im Vergleich zu den düster-schweren Läufen, die Black Sabbath produziert hatte, schwindelerregend schnell. Und für Manowar bedeutete Power Metal Machismo, und davon nicht zu knapp. Ihre Alphatier-Erklärungen wie „All Men Play on 10" und natürlich ihr Motto „Death to False Metal" bestätigten die „Power" des Namens dieses Subgenres. In den folgenden Jahrzehnten erweiterten Bands wie

Savatage, Iced Earth und Blind Guardian Power Metal um Elemente des Progressive Metal wie opernhaften Gesang, ganze auf den Werken von J. R. R. Tolkien basierende Alben (nicht nur Songs) und Konzeptalben. Die Band, die am weitesten in den Mainstream überging, waren die in Großbritannien ansässigen DragonForce, die polierte koffeinhaltige Rocksongs spielten, deren Wirbelwind-Gitarrensoli gegen Keyboard-Tornados kämpften. Und als ihre fingerbrechenden Vorzeige-Gitarrenriffs, wie ihre 2006 mit Gold ausgezeichnete Single „Through the Fire and Flames", in das Videospiel Guitar Hero mit aufgenommen wurden, erlangte die Band „auf den Flügeln eines Traums" große Popularität, wie es schon im Songtext heißt.

Am anderen Ende des Spektrums entstand Death Metal aus der Philosophie, dass Musik roh, ursprünglich und morbid sein sollte. Die Vertreter dieses Subgenres knurrten über Blut, Gewalt und das Töten (oder sie knurrten einfach nur, wie im Fall des Frontmannes von Obituary, John Tardy) und spielten klobige Gitarrenriffs, die normalerweise von einem nahezu mechanischen Schlagzeugstil angetrieben wurden, der als Blast Beat bezeichnet wird. Wie bei jedem anderen Subgenre des Metal dauerte die Entwicklung jedoch Jahre.

Die frühesten Formen von Death Metal griffen die treibenden Riffs und das Tempo des Thrash auf, spielten sie aber etwas schmutziger. Motörhead und Venom, deren schwere Riffs und unmenschlicher Gesang praktisch jedes Subgenre des extremen Metal beeinflusst haben, spielten aggressiver als ihre Zeitgenossen und hatten Sänger mit bissigen animalischen Stimmen. Diese Bands inspirierten Possessed aus San Francisco, die den zukünftigen Gitarrenprimus Larry LaLonde in ihren Reihen hatten und 1984 ein Demoband namens „Death Metal" herausbrachten, in dem sie ihrem Mix noch etwas mehr Tempo verliehen. Etwa zur gleichen Zeit spielte in Orlando, Florida, ein Mann namens „Evil" Chuck Schuldiner in einer extremen Band namens Mantas. Nach mehreren Besetzungswechseln ließ sich Schuldiner schließlich in San Francisco nieder, wo er 1987 mit dem Schlagzeuger Chris Reifert unter dem Bandnamen Death das Album „Scream Bloody Gore" aufnahm. Das Album war sehr roh produziert und schuf eine primitiv klingende Art Stilvorlage, der die meisten nachfolgenden Death-Metal-Bands folgten und so dieses Genre entstehen ließen.

In den späten 1980er- und frühen 1990er-Jahren entstanden Death-Metal-Bands wie Sand am Meer, aber nur wenige (ironischerweise meist im sonnigen Florida) schafften es an die Spitze des Genres. Morbid Angel spielten mit technischer Virtuosität, aufgebaut um die rasanten Riffs des Gitarristen Trey Azagthoth und das gutturale Knurren des Sängers und Bassisten David Vincent. Obituary fügten ein wenig Groove zu Death Metal hinzu und ihr 1990er-Album „Cause of Death", auf dem Ex-Death Gitarrenheld James Murphy die Leadgitarre spielte, setzte die Messlatte für das Genre sehr hoch an. Autopsy, angeführt von Sänger und Schlagzeuger Chris Reifert, nachdem Schuldiner nach Florida zurückgekehrt war, spielten eine disharmonische Form des Death Metal, bei der anscheinend eine Million Dinge gleichzeitig passierten. Cannibal Corpse, die von Buffalo im Staat New York nach Florida zogen, hielten sich dank der verdorbenen Fantasie von Frontmann Chris Barnes und seiner Vorliebe für Wortkombinationen wie „Meat Hook Sodomy" in allen Bereichen des Makabren auf. Suffocation trieben die Kunst des Blast Beats mit den geschickten Händen und Füßen des Meister-Schlagzeugers Mike Smith auf ein noch nie dagewesenes Niveau. Mit ihrem Sänger und Bassisten Glen Benton, der sich ein Kreuz auf seine Stirn brannte, verkörperten Deicide die anti-christliche Seite des Death Metal.

Außerhalb der USA gewann Death Metal in Europa an Bedeutung. In Großbritannien brachte eine noch schnellere Form des Death Metal (Grindcore), die gleichermaßen von Thrash und Anarcho Punk inspiriert wurde, eine Reihe von Bands hervor, die den Death Metal in den 1990er-Jahren annehmen und später definieren sollten, einschließlich Napalm Death, Bolt Thrower und Carcass. Zur gleichen Zeit spielten eine Reihe schwedischer Bands wie Entombed, Unleashed und die umstrittenen Dismember, die in Großbritannien mit ihrem Song „Skin Her Alive" Schlagzeilen machten, Death Metal mit thrashigeren Motiven. Melody performten viel mit einer Gruppe anderer schwedischer Death Metal-Bands aus Göteborg, die ihren Sound um eingängige Gitarrenlinien und Chöre aufbauten. Diese Bands (At the Gates, In Flames und Dark Tranquility) beeinflussten viele Metalcore-Bands, als dieses Subgenre in den frühen

2000er-Jahren auftauchte. Eine weitere Untergruppe von Death-Metal-Bands, die langsamer spielten als die anderen tauchte Anfang der Neunzigerjahre auch in Großbritannien auf. Inspiriert vom Subgenre des Doom Metal verbanden Bands wie My Dying Bride, Anathema, Paradise Lost und Cathedral den knurrenden Gesang des Death Metal mit Trauergesängen. Und schließlich begann eine Gruppe von Bands, wie Cynic, Atheist, Gorguts und später Meshuggah und Opeth, Taktarten und Songstrukturen des Prog Rock im Death Metal einzubringen, um ihm mehr Musikalität zu verleihen. Die Death-Metal-Band, die jedoch seltsamerweise am erfolgreichsten in den Charts war, war eine Cartoon-Parodie auf Death Metal, nämlich die animierte Band aus der „Metalocalpyse" des TV-Senders Cartoon Network, Dethklok, zu deren echten Musikern der ehemalige Death-Schlagzeuger Gene Hoglan gehörte.

Ende der 1980er-Jahre tauchte ein anderes Subgenre auf, das fast im Gegensatz zur Brutalität des Death Metal stand: Black Metal. Obwohl Bands wie Venom, Celtic Frost, Bathory und Mercyful Fate in den frühen 1980ern melodische, (pseudo- oder) quasi-satanische, thrashartige Musik gespielt hatten, wurde Black Metal zu einem globalen Phänomen, das auf den Werken einer eng verbundenen Gruppe norwegischer Bands mit kriminellen Verbindungen beruhte.

Beginnend mit Mayhem, dessen Gitarrist Euronymous zuvor in Thrash-Metal- und Death-Metal-Bands gespielt hatte, entwickelten diese norwegischen Bands einen Stil, der das melodische Spielen betonte und den klobigen „Palm Mute"-Sound der Death-Metal- und Thrash-Metal-Gitarren vermied, mit Texten über Satansanbetung. Die Band erregte auch Aufmerksamkeit für ihre Rolle, Inspiration zahlreicher Brandstiftungen von Kirchen gewesen zu sein, die so häufig waren, dass dies sogar in norwegischen Reiseführern erwähnt wurde. Die Band musste aus tragischen Gründen den Sänger (Frontmann Dead beging Selbstmord) und den Gitarristen (Euronymous wurde von Varg Vikernes von Burzum ermordet) wechseln, aber es gelang ihnen dennoch, 1994 mit „De Mysteriis Dom Sathanas" eines der großen Alben der Szene herauszubringen. Die fließenden, blitzschnellen Riffs und der stöhnende Gesang von Attila Csihar, zuvor Mitglied der ungarischen Black-Metal-Band Tormentor, wurden von vielen späteren Bands nachgeahmt.

Die anderen Bands, die den norwegischen Black Metal definierten, waren Burzum, die hypnotische Gitarren- und Schlagzeuglinien spielten, inspiriert von der US-Band Von, Darkthrone, die als durchschnittliche Death-Metal-Band begannen, die jedoch ihre Liebe zu Celtic Frost bei ihrem 1992er-Album „A Blaze in the Northern Sky" zu Black-Metal-Höchstleistungen antrieb, und Immortal, die Black Metal mit einer Art kalter Hingabe spielten, die viele nachfolgende Bands anstrebten. Im Laufe der 1990er-Jahre zog Black Metal neue Fans an und Enslaved, ebenfalls Landsleute dieser Bands, verlagerten ihren Fokus von Viking-beeinflusstem Black Metal auf Quasi-Prog-Metal. Satyricon veröffentlichten das erste Major-Label Black-Metal-Album. Emperor spielten Black Metal technisch, ohne (zu viel) der künstlerischen Glätte des Prog Rock anzunehmen. Dimmu Borgir erzielten weiterhin große internationale Albumverkäufe, während die Mitglieder von Gorgoroth dank pressereifer Anklagen wegen Körperverletzung an ihren Strafregistern arbeiteten.

Obwohl Black Metal als eine Art Gegenbewegung begonnen hatte, begeisterte er eine große Anzahl von Anhängern und erlebte später einige Wiederbelebungen. Um Bands außerhalb Norwegens bildeten sich ebenfalls große Fangemeinden. Cradle of Filth wurden zu einer der erfolgreichsten Metal-Bands aller Metal-Subgenres, die in den folgenden Jahren aus Großbritannien hervorgingen. Behemoth wurden in Polen gegründet, ungefähr zu der Zeit, als die norwegischen Black-Metal-Bands bekannt wurden, und hatten Jahre später selbst großen Erfolg, nachdem sie Black Metal zugunsten von Death Metal aufgegeben hatten, während ein Teil der Melodik des ersteren beibehalten wurde. In den 2000er-Jahren wurde das Subgenre in den USA populärer, als Bands wie Leviathan, Xasthur und Nachtmystium den atmosphärischen Sound von Burzum mit Überlagerungen ihrer eigenen experimentellen, gotischen Verzierungen umformten.

In den USA begannen sich ab Ende der 1980er-Jahre andere dunkle Metal-Formen in Subgenres aufzuteilen. Das oben erwähnte Subgenre Doom Metal nahm die langsamen, nicht übereinstimmenden Riffs von Black Sabbath und machte sie noch deprimierender. Bands wie Trouble, Candlemass, Saint Vitus und The Obsessed spielten langsame Grooves in Moll, extra dazu bestimmt, die Zuhörer runterzuziehen. In New Orleans entwickelte sich ein Stil namens Sludge, der in lockeren Riffs vom Typ des Southern Rock verwurzelt war, wie sie von Bands wie Eyehategod, Crowbar und später Down gespielt wurden. Mitte der 1990er-Jahre kehrten einige einflussreiche Bands (Kyuss und Sleep) zu

den intensiven Riffs und Vocals des Sludge zurück, um Stoner Metal zu kreieren. Am anderen Ende des Spektrums spielten Bands wie Skepticism und Esoteric Doom Metal im Schneckentempo mit todeskeuchendem Gesang, der als Funeral Doom bezeichnet wurde. Schließlich wurde die musikalisch extremste Variante des Doom, Drone Metal bekannt, dank der langen, übersteuerten, extrem tiefen Riffs der Band Earth aus Seattle, die später auch von der Ost- und Westküstenband Sunn O))) gespielt wurden. Doom Metal wurde in den 1990er-Jahren mit der Popularität von Type O Negative zu einem großen Geschäft, deren auf die Popkultur bezogene, Gothic-beeinflusste Songs wie „Black No. 1" und „Christian Woman" ihnen Platin-Erfolge einbrachten.

Eine andere Szene, die eng mit Gothic-Rock-Bands wie Bauhaus verwurzelt war, aber mit der elektronischen Versiertheit von Bands wie Throbbing Gristle und Einstürzende Neubauten, war Industrial Metal, der Mitte der 1980er-Jahre entstand. Ministry, die ursprünglich Synth-Pop spielten, waren hier führend und spielten Mitte der 1980er-Jahre dunkle Exkursionen wie „Stigmata" und „Thieves". Nine Inch Nails mit ihrem Mastermind Trent Reznor kreierten 1989 eine ähnliche Disharmonie auf ihrem Debütalbum „Pretty Hate Machine" mit dem geschrienen Hit „Head Like a Hole". Und in den 1990er-Jahren haben Bands wie White Zombie und Fear Factory klirrende Elektronik und Samples in ihren Groove bzw. Death Metal integriert. Marilyn Manson schuf eine Fusion aus Gothic, Industrial und Nu Metal und landete Mitte der 1990er-Jahre Hits wie „Sweet Dreams" und „The Beautiful People".

Dieses Jahrzehnt war wahrscheinlich die turbulenteste Zeit für traditionelles Metal, da die Popularität der Grunge-Bands, wie Nirvana und Pearl Jam, ihm bei den Verkäufen und im Radio den Rang ablief. Es ergaben sich aber auch neue Möglichkeiten für einige der erfolgreichsten Metal-Hybriden. Nu Metal wurde geboren und entstand aus einem Mix aus den Rhythmen und dem Bass des Hip-Hop und der Wut und den Gitarren des Metal. Obwohl Nu Metal seine Wurzeln in der Zusammenarbeit von Aerosmith mit Run-DMC sowie von Public Enemy mit Anthrax hatte (beide spielten eine wichtige Rolle für die Band Rage Against the Machine, die die beste dieser Zusammenarbeiten darstellte), war es die Band Korn, die 1994 ihr gleichnamiges Debütalbum veröffentlichte und die Nu-Metal-Revolution vorantrieb. Am besten in frühen Songs wie „Faget" und „Blind" zu hören, inspirierte die mitreißende Aggression ihrer frühen Songs Bands wie Limp Bizkit dazu, Rap und Metal offener zu verschmelzen. Andere Bands ließen sich von der ursprünglichen Natur des Subgenres inspirieren und einige Bands, die mit Thrash Metal und Groove Metal begonnen hatten, wie Sepultura und Machine Head, tauchten direkt in das neue Genre ein. Bands wie Slipknot und System of a Down experimentierten mit frenetischeren Musikstilen, und Bands wie Papa Roach und Incubus schwelgten in dem Erfolg, den sie durch eine Reihe von Hit-Volltreffern erzielen konnten. Obwohl Nu Metal bis Ende der 2000er-Jahre an Popularität verlor, hauptsächlich aufgrund der allgegenwärtigen, weinerlichen Prahlerei von Limp Bizkits Fred Durst, der dazu beigetragen hatte, dass es mehr zu einem Popkultur-Trend wurde, der Studenten ansprach, feierten Bands wie Linkin Park in diesem Jahrzehnt große Erfolge.

Im Untergrund erregte eine Gruppe von psychedelisch beeinflussten Post-Hardcore-Bands wie Neurosis und Isis Ende der 1990er- und Anfang der 2000er-Jahre Aufmerksamkeit. Aber es waren Tool, die Anfang der Neunzigerjahre ihre ersten Hits hatten, die den Sound in dieser Zeit kommerziell rentabel machten. Der Rest der 2000er-Jahre erlebte Wiederbelebungen des Metal durch Metalcore und Deathcore, die die No-Bullshit-Einstellung von Hardcore mit der Melodik und den brutalen Riffs des traditionellen Metal verbanden, sowie das erneute Aufflammen von Black Metal, Stoner Metal und in gewissem Maße sogar Glam Metal. Bands wie Mastodon hatten kommerziellen Erfolg mit Prog Metal und Sludge und die Band Lamb of God halfen dabei, dem groovigen Thrash Metal eine neue Plattform zu geben.

Dennoch blieb Metal Anfang der 2010er-Jahre im Guten wie im Schlechten brüchig. Das Aufkommen des Internets senkte zum einen die Albumverkäufe insgesamt aufgrund der weitverbreiteten Piraterie, bot jedoch auf der anderen Seite eine Plattform für Bands, die verschiedene andere Metal-Hybriden spielten. Die Zeit wird zeigen, was bleibt, ob das Meshuggah-ähnliche Prog-Metal namens Djent, die postindustrielle Electronica aus Metal mit Dubstep oder die Ultra-Lo-Fi-Musik des europäischen Folk Metal. Aber Metal, egal welches Subgenre auch immer, bleibt beliebt. Und weil es so eine wechselhafte Musikform ist, wird es wahrscheinlich auch in den nächsten Jahrzehnten bestehen.

MAYHEM

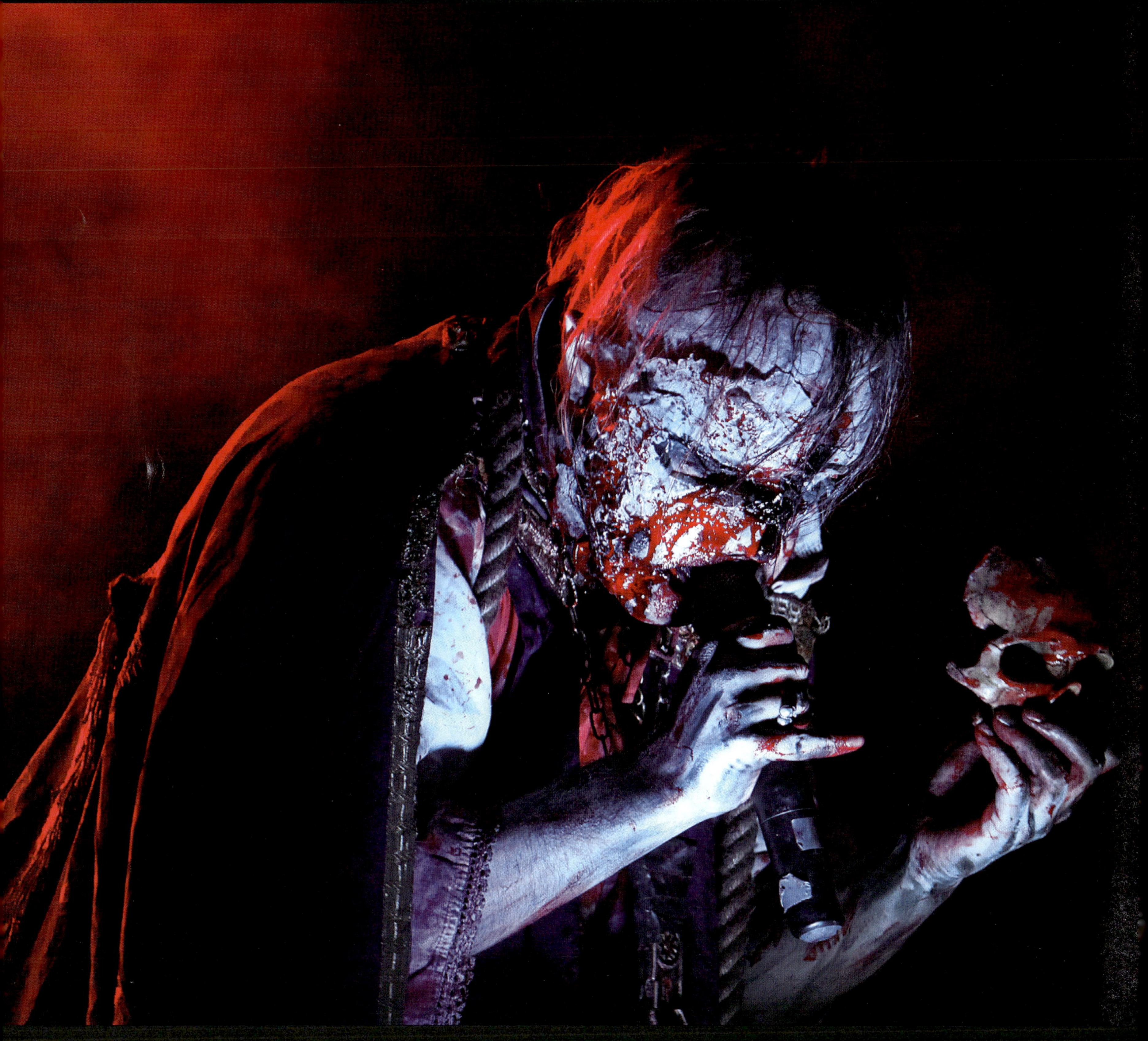

Zwischen einem Mord und einem Selbstmord sowie Kannibalismus und Verbindungen zu unzähligen Brandstiftungen in Kirchen wäre es durchaus möglich, dass die Mitglieder der norwegischen Black-Metal-Band Mayhem mit ihren Taten ihre musikalischen Beiträge zum Metal eher in den Schatten gestellt hätten. Stattdessen definierten sie sie. 1984 von Gitarrist Øystein Aarseth, Bassist Jørn Stubberud und Schlagzeuger Kjetil Manheim (die die Pseudonyme Euronymous, Necrobutcher und Manheim übernahmen) mitbegründet, begannen sie als Death-Metal-Band live zu spielen. Die Band, die sich von Venoms satanischen Texten und Celtic Frosts schlagenden Riffs inspirieren ließ und von Sänger Sven „Maniac" Erik Kristiansen angeführt wurde, legte für ihre Debüt-EP „Deathcrush" von 1987 rauen, statisch geladenen und geschrienen Death Metal auf. So extrem und roh das Album auch war, man konnte damals noch nicht vorhersehen, was aus der Band in den folgenden Jahren werden würde.

Euronymous wohnte hauptsächlich in Oslo und kultivierte weltweit eine Clique von Musikern namens „Black Circle", die sich für Satanismus, Kirchenbrandstiftungen und Black Metal interessierten, ein Genre, das rückblickend zu Beginn der 1980er-Jahre passé zu sein schien. Er eröffnete einen Plattenladen namens Helvete (norwegisch für „Hell") und gründete ein Plattenlabel namens Deathlike Silence Productions, das Alben von Bands wie dem Ein-Mann-Black-Metal-Projekt Burzum (mit Frontmann Varg Vikernes), der norwegischen Viking-Metal-Band Enslaved und der japanischen Black-Metal-Crew Sigh veröffentlichte. Wenn er nicht gerade mit Fans weltweit Kassetten mit extremer Metal-Musik tauschte, machte er sich Gedanken darüber, was Black Metal sein könnte. In Helvetes Keller haben er und Thorns Gitarrist Snorre Ruch ihre Spielstile neu ausgerichtet und auf Palm-Muting verzichtet, den Tschacka-Tschacka-Gitarrensound, der Death Metal definierte.

In der Zwischenzeit verließen Maniac und Manheim die Band und wurden durch einen schwedischen Sänger, Per Yngve Ohlin (bekannt als „Dead") und Schlagzeuger Jan Axel Blomberg („Hellhammer") ersetzt. Durch Dead bekamen Mayhem ihre visuelle Ästhetik. Von Euronymous als „psychisch krank" beschrieben, trug Dead ein schwarz-weißes Make-up namens „Leichenfarbe", damit er seinem Namen gerecht wurde, und Kleidung, die er eine Zeit lang vergraben hatte, damit sie einen erdigen Geruch bekam. Leider war das einzige Album der Band, auf dem er zu hören war, „Live in Leipzig", das 1990 aufgenommen und 1993 veröffentlicht wurde.

Dead beging im April 1991 mit einer Schrotflinte Selbstmord und hinterließ eine Notiz mit der Aufschrift „Tut mir leid wegen all des Blutes". Was als Nächstes geschah, könnte durchaus in einem Clive-Barker-Roman stehen: Euronymous fand die Leiche, nahm einige Fotos davon auf (die später das Cover des Mayhem-Bootleg-Albums „Dawn of the Black Hearts" zierten) und kochte und aß angeblich etwas von Deads Gehirn in einem Eintopf. Niedergeschlagen verließ Necrobutcher die Band, aber Euronymous war fest entschlossen, weiterzumachen. Er engagierte den ungarischen Sänger Attila Csihar von der Band Tormentor, um Deads Aufnahmen zu beenden, und Burzums Vikernes als Bassisten für Mayhems Debütalbum „De Mysteriis Dom Sathanas". Doch vier Monate später starb auch Euronymous.

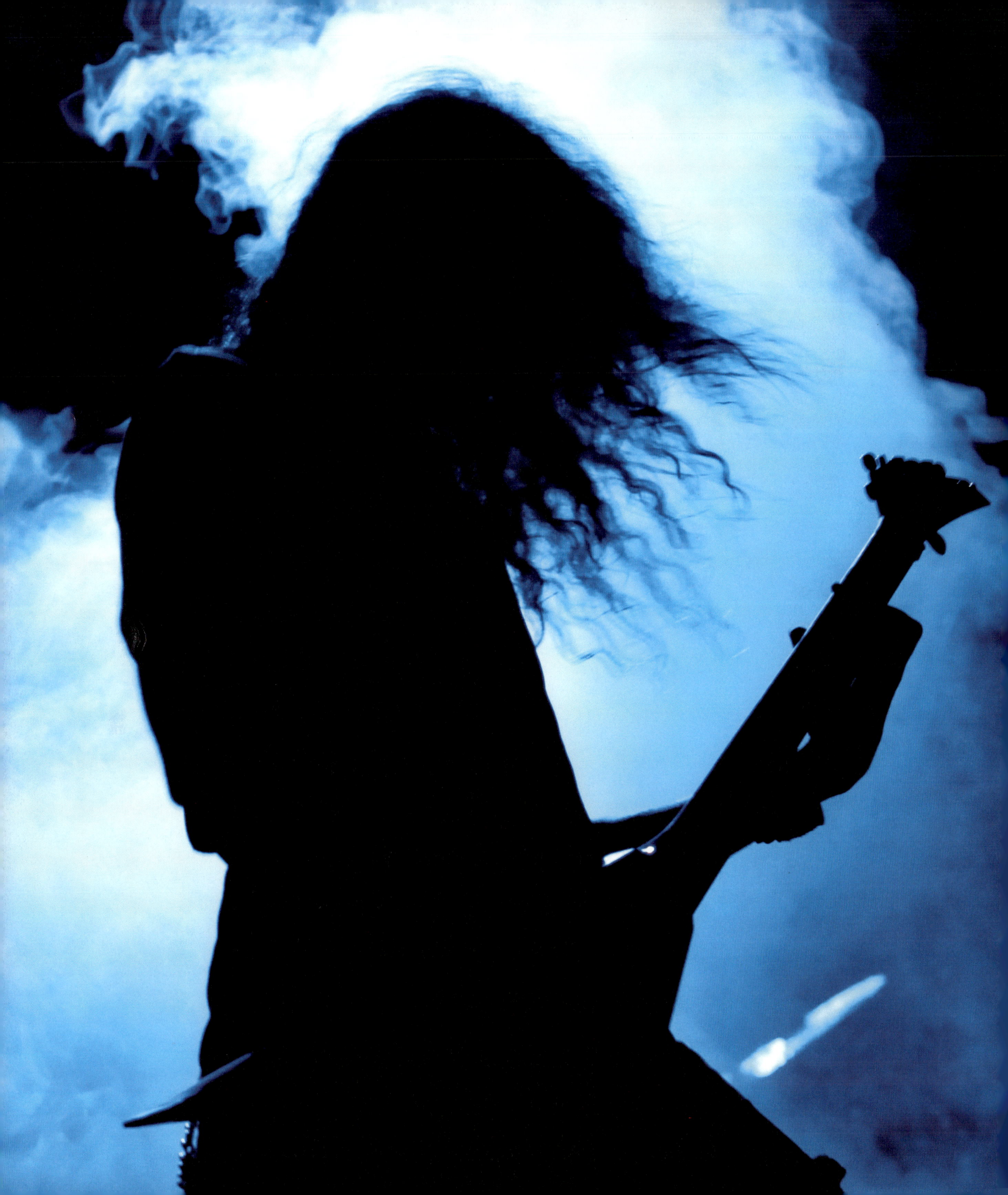

Am 10. August 1993 fuhr Vikernes mit Ruch von seiner Heimatstadt Bergen fast 500 Kilometer, um Euronymous aufzusuchen. Vikernes behauptete, Euronymous sei eifersüchtig auf seinen aufstrebenden Stern in der Black-Metal-Szene und dass er plane, Vikernes zu entführen und zu foltern. Er klopfte an die Tür des Gitarristen unter dem Vorwand, einen Plattenvertrag zu besprechen. Dann, so behauptete er, habe Euronymous ihn angegriffen. Der Gitarrist wurde später mit 23 Schnittwunden tot aufgefunden. Vikernes und Ruch wurden schließlich verhaftet und inhaftiert.

Hellhammer, das einzige aktive Mitglied der Band, das noch übrig war, veröffentlichte 1994 „De Mysteriis" mit alten Aufnahmen von Vikernes und Euronymous. Voller blitzschneller Riffs des Gitarristen, Hellhammers Wirbelwind-Drums und Csihars Avantgarde-Vocals definierte das Album die zweite Welle des Black Metal.

Die Band trat im folgenden Jahr wieder mit Maniac und Necrobutcher und Gitarrist Rune „Blasphemer" Eriksen auf. Nach der Veröffentlichung der äußerst guten EP „Wolfs Lair Abyss" im Jahr 1997 produzierte die Band in der Folge einige Alben, die entweder zu bizarr („Grand Declaration of War" von 2000) oder zu ruhig („Chimera" von 2004) waren, um dem Erbe der Band gerecht zu werden. Maniac verließ Mayhem einige Zeit später und Csihar trat der Band als Vollzeit-Frontmann bei. Sie veröffentlichten 2007 „Ordo ad Chao", das ein Triumph des experimentellen Metal war, aber weit entfernt von ihrem ursprünglichen Black Metal. Ungeachtet dessen ist der Einfluss der Band sowohl auf die Folklore als auch auf die Musik des Black Metal unermesslich.

Immortal

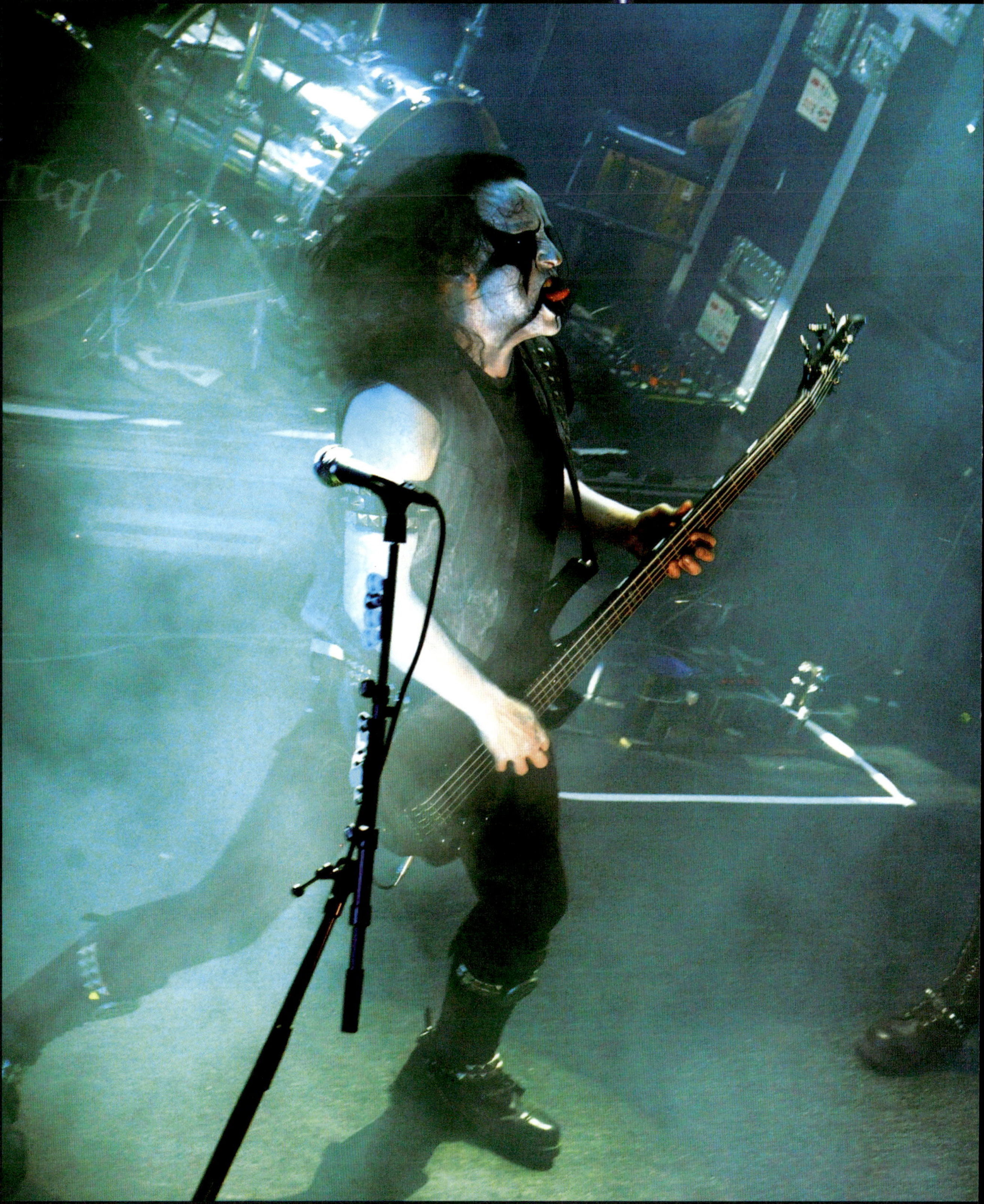

IMMORTAL

208-209 ✠ Als Antwort des Black Metal auf Kiss haben sich die Mitglieder von Immortal „Kriegsbemalung“ wie niemand sonst zu eigen gemacht.

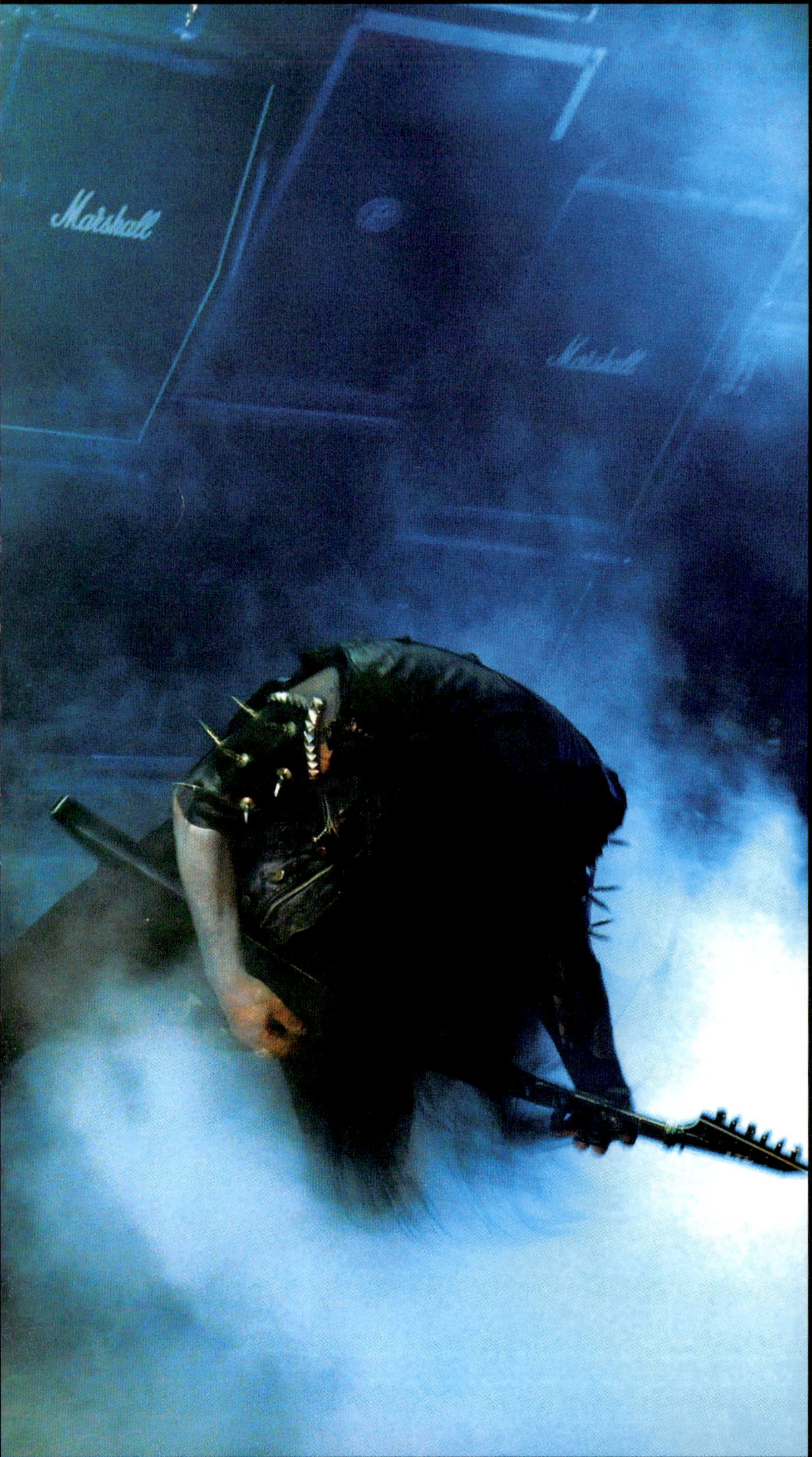

Ob gut oder schlecht, Immortal definierten sowohl das Aussehen als auch die Einstellung von Black Metal, wie es von Nicht-Metal-Fans wahrgenommen wurde, mit ihrer Kiss-artigen „Kriegsbemalung“, ihren kitschigen Posen und ihren „grimmigen“ und „frostigen“ lyrischen Bildern. Das Aufkommen des Internets machte sie zu einem Untergrund-Phänomen, als die Leute ihre übertriebenen Videos verspotteten, in denen sie durch die Berge rannten und auf ihren Fotos überbreites Grinsen zeigten. Aber so sehr die wichtigsten Mitglieder der Band, Frontmann Olve „Abbath Doom Occulta“ Eikemo und der Texter-Gitarrist Harald „Demonaz Doom Occulta“ Nævdal, sich selbst nicht ganz ernst nahmen, war Immortal doch immer ein ernstes Geschäft.

Die Band wurde 1990 aus der Asche von Old Funeral gegründet, einer Band, in der der zukünftige Burzum-Hauptdarsteller Varg Vikernes vertreten war, sowie einer anderen Band namens Amputation. Sie entwickelten sich zu dieser Zeit vom rudimentären Death Metal zum aggressiven, von Bathory beeinflussten Black Metal. 1992 veröffentlichten sie ihr Debüt, „Diabolical Fullmoon Mysticism“. Ihr nächstes Album, „Pure Holocaust“ von 1993, festigte ihren frühen Sound und enthielt Maschinengewehr-Drumming (gespielt von Abbath), blitzschnelle Gitarrenriffs und natürlich Abbaths erkältetes Jaulen über Hoffnungslosigkeit, gefrorene Landschaften und, wie ein Songtitel fragend beschreibt, „Unsilent Storms in the North Abyss“.

Mit ihrer nächsten Veröffentlichung, „Battles in the North“ von 1995, etablierten Immortal die lyrischen Bilder, die ihren Sound definierten. Inspiriert von der riesigen norwegischen Wildnis, die ihre Heimatstadt Bergen umgab, schuf der Cheflyriker Demonaz ein fiktives Land namens Blashyrkh, das von Ravendark regiert wurde. Des Weiteren definierte er ihre neue Sichtweise bei einem anderen Song, „Grim and Frostbitten Kingdoms“, mit zwei Adjektiven, die seither bei der Beschreibung von Black Metal zu Klischees geworden sind. Diese Themen bildeten den Rahmen für praktisch jede Veröffentlichung von Immortal.

Ihr nächstes Album, „Blizzard Beasts“ von 1997, enthielt geradlinigere Riffs und war das erste mit einem festen Schlagzeuger, Horgh (Reidar Horghagen). Es war aber auch das letzte Album, auf dem Demonaz Gitarre spielen würde. Nachdem er an einer akuten Sehnenentzündung erkrankt war, konnte er nicht mehr die viel Ausdauer verlangenden Riffs spielen, die Immortals Musik erforderte. Nach langem Suchen entschied sich die Band weiterzumachen und Abbath, der neben seinem Gesang hauptsächlich Bass gespielt hatte, wechselte zur Gitarre. Demonaz schrieb weiterhin alle Texte der Band.

Das fünfte Album „At the Heart of Winter“ von 1999, zeigte Immortal melodischer als je zuvor. Es war wie eine Offenbarung innerhalb der Band, der ihre nächsten beiden Veröffentlichungen folgen würden. Leider blieb es nicht lange so. Nach verschiedenen Besetzungswechseln löste sich Immortal 2003 aus persönlichen Gründen auf. Abbath und Demonaz

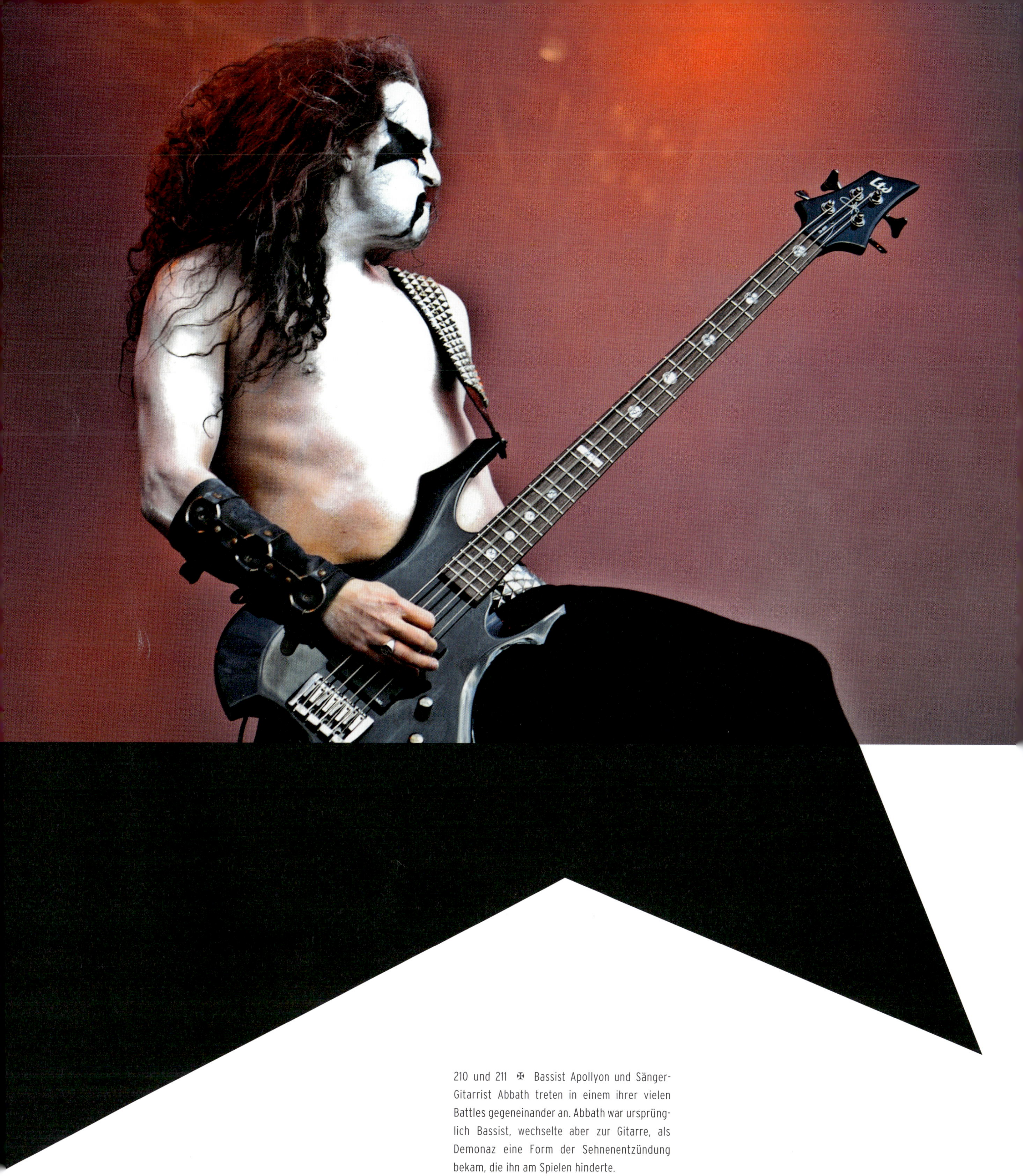

210 und 211 ✠ Bassist Apollyon und Sänger-Gitarrist Abbath treten in einem ihrer vielen Battles gegeneinander an. Abbath war ursprünglich Bassist, wechselte aber zur Gitarre, als Demonaz eine Form der Sehnenentzündung bekam, die ihn am Spielen hinderte.

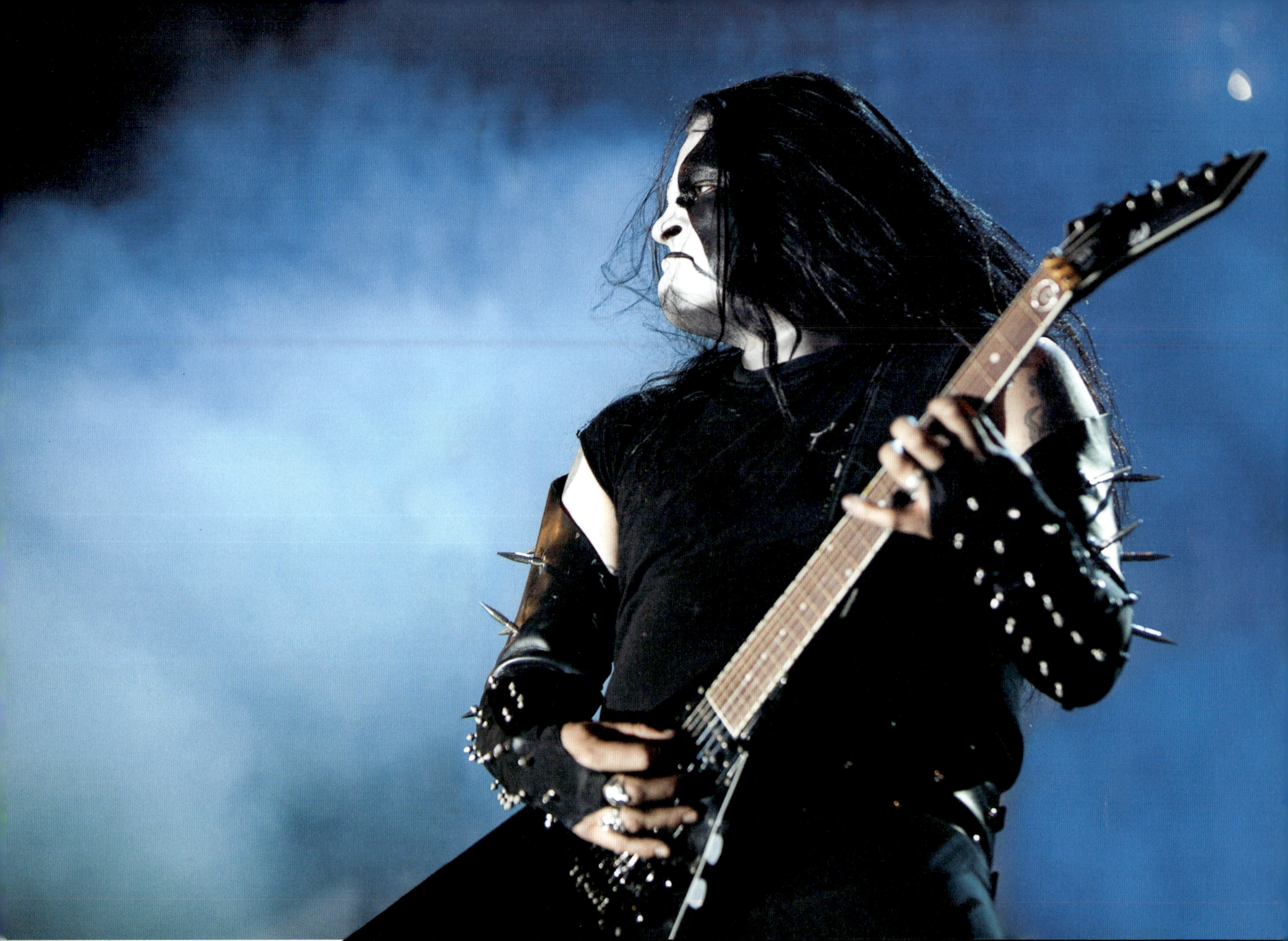

schlossen sich 2006 zu einem Projekt zusammen, das einfach „I" hieß und eine von Thrash beeinflusste Supergruppe formte, zu der auch Mitglieder von Enslaved und Gorgoroth gehörten. Kurz nach dem einzigen Auftritt dieser Band kamen Immortal jedoch zu einer Reihe von Tourneen und dem Album „All Shall Fall" wieder zusammen und rekrutierten den Bassisten Apollyon. 2015 verließ Abbath die Band, um eine Black-Metal-Band unter seinem eigenen Namen zu gründen. Der Gitarrist Demonaz kehrte 2018 zurück. Die beiden verbleibenden Mitglieder von Immortal veröffentlichten das Album „Northern Chaos God", das sie als „The iciest and darkest album possible" bezeichneten. Dank einer neuen Fangemeinde, die sie sich auch online erschlossen, sind sie beliebter denn je, wenn auch nicht wirklich unsterblich.

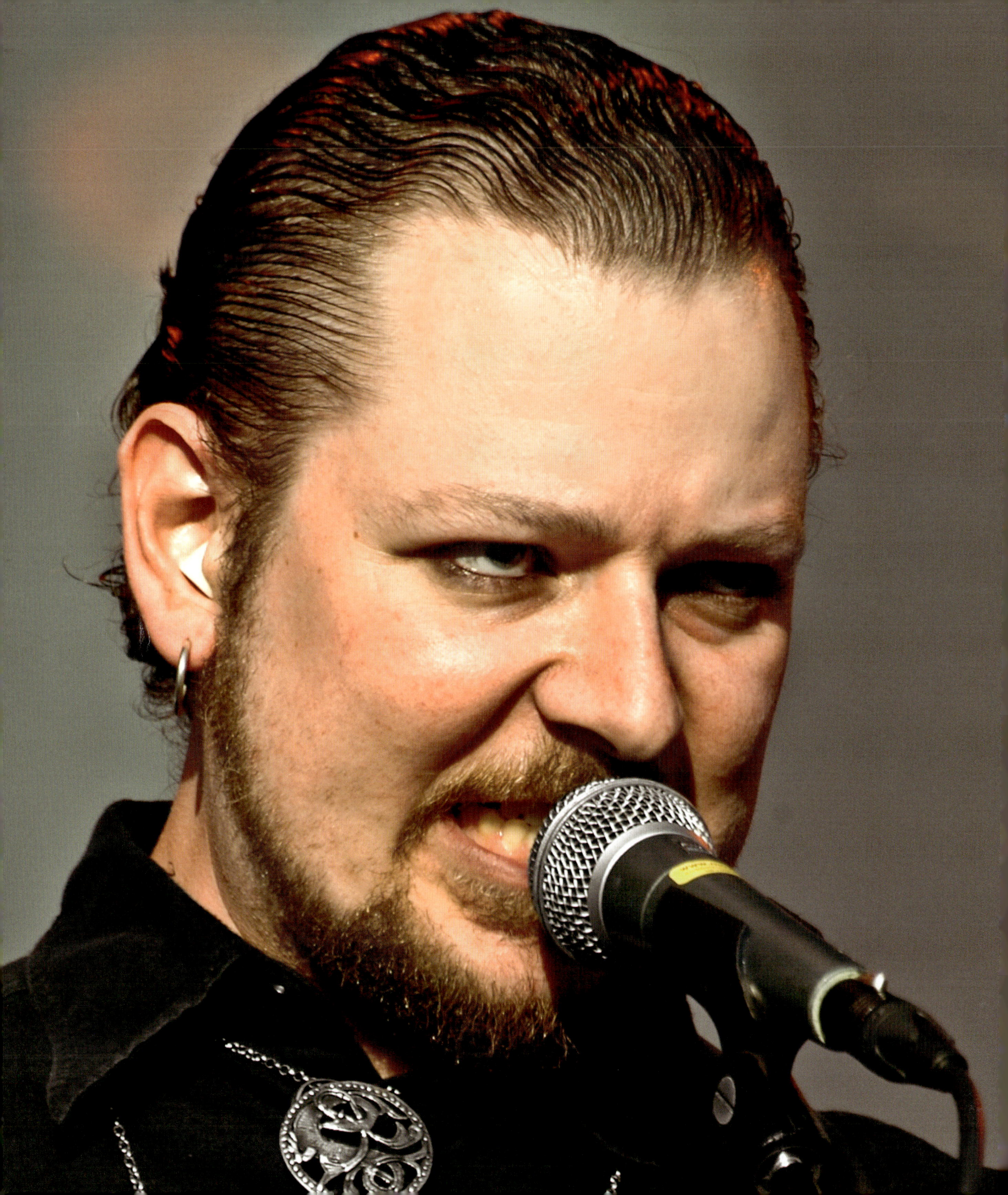

EMPEROR

212 ✠ Emperors Sänger und Gitarrist Ihsahn führte die Band von einem kreativen Höhepunkt zum nächsten, beginnend mit dem Meilenstein von 1993, „In the Nightside Eclipse".

Eine besonders bösartige Gruppe von Teenagern aus einer kleinen Stadt in Mittelnorwegen, die sich wie Leichen schminkten, gründete 1991 Emperor. Unter der Leitung des Sängers und Gitarristen Vegard „Ihsahn" Tveitan und des Gitarristen Tomas „Samoth" Haugen perfektionierte die Band einen Black-Metal-Stil, der klassischen Komponisten wie Grieg, Mahler und Wagner für ihre symphonischen Arrangements und Akkordfolgen ebenso viel zu verdanken schien wie den einflussreichen Black-Metal-Bands wie Bathory, Mayhem und Thorns.

Dank eines rauen, aber leidenschaftlichen Demo-Albums, „Wrath of the Tyrant" aus dem Jahr 1992, erwarb die Band einen Plattenvertrag und veröffentlichte mit ihren von Viking besessenen Landsleuten Enslaved ein Split-Album, das einen ihrer unverkennbaren Songs enthielt: „I Am the Black Wizards". Die Band nahm später eine routiniertere Version dieses Songs auf und verfeinerte ihren Sound auf ihrem Debütalbum „In the Nightside Eclipse" aus dem Jahr 1994, das ausgefeilter und orchestraler klang. Mit unheimlichen, gotischen Keyboards, die die dunklen Themen und die Musik von Emperor unterstrichen, sollte der Sound des Albums zu einem der am meisten kopierten im Black Metal werden. Diese Band würde dies jedoch niemals wiederholen.

Emperor wurde kurz nach der Veröffentlichung von „In the Nightside Eclipse" wegen der Inhaftierung zweier Bandmitglieder auf Eis gelegt. Im August 1992 erstach Schlagzeuger Bård „Faust" Eithun einen homosexuellen Mann und nahm danach mit Mitgliedern von Burzum und Mayhem an Brandstiftungen in Kirchen teil. Auch Samoth war bei diesen Aktionen dabei. Nach dem Tod des Mayhem-Gitarristen Euronymous im Jahr 1993, bei dem viele Black-Metal-Mitglieder von der Polizei befragt wurden und ihnen von den Untaten der Musiker erzählten, gestanden beide ihre Verbrechen. Faust wurde zu 14 Jahren Haft verurteilt, aber 2003 freigelassen. Samoth erhielt 16 Monate und vereinigte sich nach seiner Freilassung erneut mit Ihsahn, um Emperor mit einer neuen Mannschaft wieder aufleben zu lassen.

Mit einer frischen Rhythmusgruppe und neuem Zielbewusstsein entwickelte die Band Black Metal in „Anthems to the Welkin at Dusk" von 1997 weiter. Das Album war voll von disharmonischem Drumming, ultraschnellen Gitarrenriffs (einschließlich eines von Euronymous) und Ihsahns Stimme, die sich zwischen giftigem Knurren und klarem, schmetterndem Folkgesang abwechselte, was gleichzeitig widerlich wie musikalisch beeindruckend war. 1999 veröffentlichte die Band zusammen mit Thorns ein brillantes und oft übersehenes Split-Album, „Thorns vs. Emperor", das die Fähigkeit der Musiker zu stimmungsvollem, atmosphärischem Spiel unter Beweis stellte, und dem sie im selben Jahr das epische, von Prog Metal beeinflusste „IX Equilibrium" gegenüberstellten. Ihre Klangexperimente erreichten jedoch einen Höhepunkt mit ihrem Schwanengesang, „Prometheus: The Discipline of Fire & Demise" von 2001. So dicht und strukturiert wie Black Metal nur sein kann, ohne zu Lärm zu werden, enthielt das Album klassische Samples, endlose Schlagzeugparts und die Art komplexer Riffs und Soli, die in Gitarrenmagazinen gepriesen werden.

Die Band löste sich danach auf und Ihsahn konzentrierte sich mit seiner Band Peccatum in seinen Solo-Veröffentlichungen auf avantgardistische Gothic-Musik und später auf Metal im „Prometheus"-Stil, während Samoth und Schlagzeuger Trym mit ihrer Band Zyklon weiterhin dem Death Metal treu blieben. Die letzte Besetzung vereinte sich 2005 für einige großartige Konzerte wieder, aber die Musiker kehrten danach zu ihren anderen Projekten zurück. Unabhängig von ihren aktuellen Projekten und Interessen lebt ihr Erbe jedoch in den unzähligen Bands weiter, die weiterhin Teile von „In the Nightside Eclipse" neu arrangieren.

NAPALM DEATH

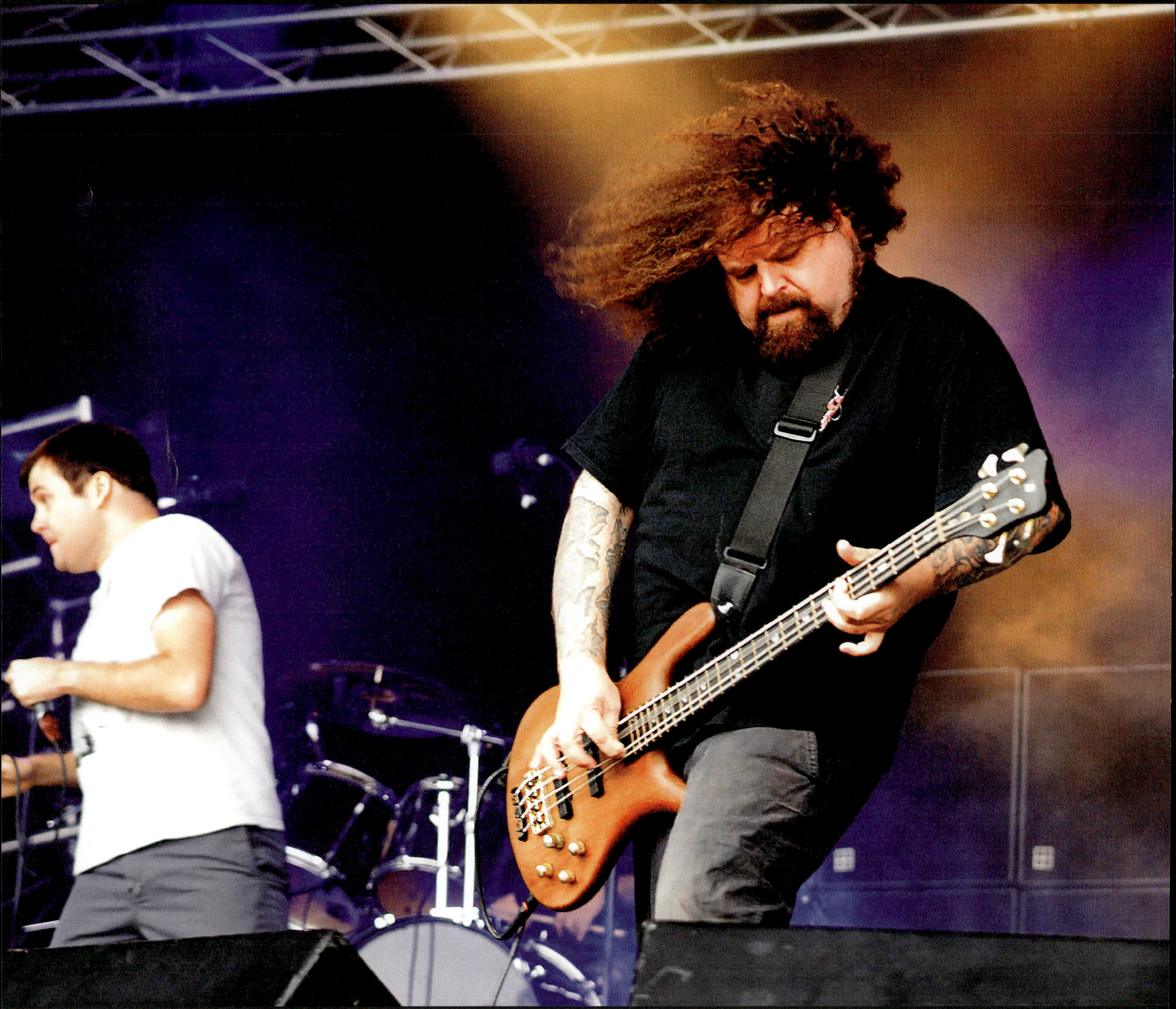

214 und 215 ✠ Napalm Death brachten in den frühen 1980er-Jahren Grindcore zum Mainstream und griffen in den 1990ern Death Metal auf. Sie zählen so unterschiedliche Künstler wie Dead Kennedys und Kreator zu ihren Einflüssen. Links zu sehen sind Frontmann Barney Greenway und Bassist Shane Embury. Unten im Bild: Gitarrist Mitch Harris.

Der Beitrag von Napalm Death zu Death Metal, dem schneller als der Schall gespielten Subgenre namens Grindcore, erblickte fast nie das Licht der Welt. Dennoch hat die Band bis heute insgesamt 16 Alben veröffentlicht. Das neueste, „Throes of Joy in the Jaws of Defeatism", erschien im Jahr 2020.

Als sie 1987 ihr Debütalbum „Scum" veröffentlichten, hatte das Quartett bereits den zweiten Schlagzeuger, dritten Sänger, fünften Bassisten und siebten Gitarristen. Das Album bot sogar auf jeder Seite eine andere Besetzung. Aber dank der Hartnäckigkeit des Schlagzeugers Mick Harris hatte sich die halsbrecherische Musik endlich durchgesetzt, trotz der Vielzahl an unterschiedlichsten Künstlern, die dabei mitmischten.

Die Wurzeln der Band liegen in derselben Heimatstadt, aus der Black Sabbath und Judas Priest in Birmingham, England, hervorgegangen sind, und in der sich die Musiker, die auf der A-Seite von „Scum" zu hören sind (Harris, der Bassist-Sänger Nic Bullen und der Gitarrist Justin Broadrick), als Teenager aus Liebe zu Anarcho-Punk-Bands wie Crass und Sludge-Bands wie Swans zusammenfanden. Sie nahmen die linksgerichtete politische Sichtweise des ersteren Einflusses und kombinierten sie mit den sogenannten „schleifenden" Gitarren des letzteren, während sie ihre Songs in ihrem eigenen unmenschlich schnellen Tempo spielten. Bei den Proben forderten Bullen und Broadrick Harris auf, so schnell wie möglich zu spielen, um den später zum Maßstab werdenden Death-Metal- und Grindcore-Rhythmus zu meistern: den Blast-Beat, der ein bisschen so klingt, als würde jemand ein Maschinengewehr auf Becken abfeuern.

Aufgrund der Geschwindigkeit wurden viele ihrer Songs immer kürzer und die meisten auf dem Album dauern weniger als eine Minute. Insbesondere „You Suffer" erhielt mit nur 1,316 Sekunden den Guinness-Weltrekord für den kürzesten Song. Seltsamerweise hatte der einflussreiche BBC-DJ John Peel eine Schwäche für diesen Song und ihn wiederholt gespielt, um ihnen eine breitere Fangemeinde zu verschaffen.

Dieser Erfolg zahlte sich aus und das 1988 erschienene Album „From Enslavement to Obliteration", bei der alle bis auf ein Mitglied aus der B-Seiten-Besetzung von „Scum" vertreten waren, debütierte auf Platz 1 der britischen Indie-Charts. Musikalisch gesehen war es derselbe Stil. In den nächsten Alben verfeinerten Napalm Death ihren Sound und wurden schließlich zu einer geradlinigen Death-Metal-Band. Ihre Besetzung änderte sich auch weiterhin öfters, bis sie sich 1991 zu einer konstanten Mannschaft zusammenfanden. Bassist Shane Embury, der auf „From Enslavement to Obliteration" spielte, ist das am längsten zugehörige Bandmitglied, das noch aktiv ist.

Diese Besetzungsänderungen erklären teilweise, warum Napalm Death so eine einflussreiche Rolle bei Extreme Metal spielen. Mit allen Musikern ihrer frühesten Besetzungen hat die Band insgesamt 22 Mitglieder gehabt, darunter einige, die auch mit dem Industro-Metal-Ensemble Godflesh, der Early-Grind-Band Terrorizer, den von Operationen besessenen Grindcore-Helden Carcass und der Doom-Metal-Band Cathedral gespielt haben. Die Tatsache, dass so viele Musiker mit so vielen unterschiedlichen Talenten bei Napalm Death einen gemeinsamen Sound finden konnten, ist nahezu ein Wunder.

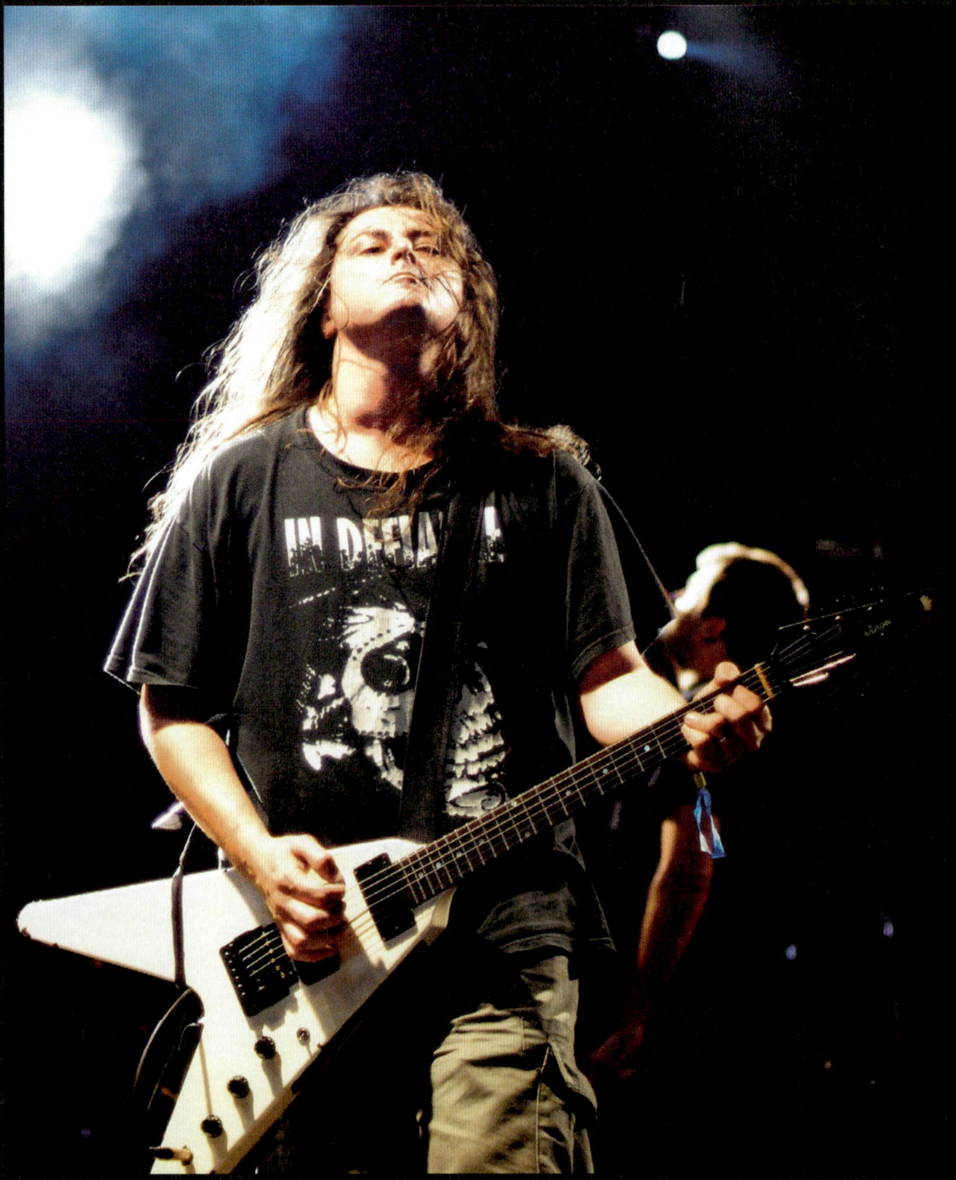

DEATH

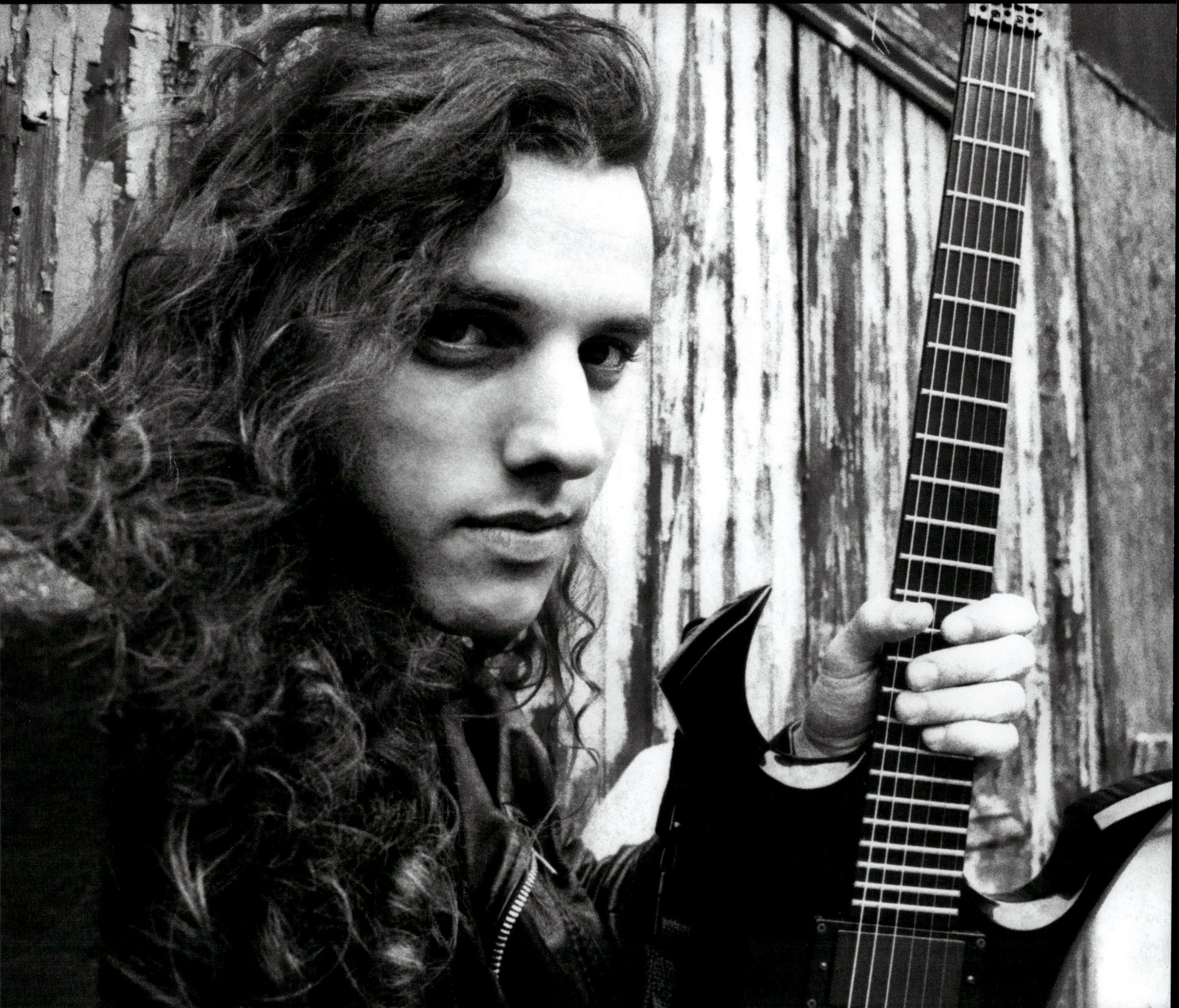

216-217 ✠ Der Frontmann von Death, Chuck Schuldiner, prägte die technischen Riffs und das schroffe Knurren des Death Metal. Er starb 2001 an Krebs.

Death haben vielleicht nicht den Genre-Namen „Death Metal" erfunden (diese Auszeichnung geht an Possessed), aber sie sind das wichtigste Aushängeschild dieses Genres. Die Band wurde 1983 von Sänger und Gitarrist Chuck Schuldiner gegründet und hatte ungefähr 20 Demos, Proben und Live-Tapes, die durch die Underground-Metal-Szene zirkulierten, als sie 1987 ihr Debütalbum „Scream Bloody Gore" veröffentlichten. Schuldiner hatte sich vor der Veröffentlichung in seiner Zeit bei den Bands Mantas and Slaughter bereits intensiv mit den Feinheiten des Genres beschäftigt. Anstatt zu singen oder zu bellen, knurrte er die Texte, die Riffs waren stark rhythmisch, offenbarten selten Melodien oder führten zu Slayer-ähnlichen Gitarrensolo-Explosionen und der Schlagzeuger spielte in Wutausbrüchen, um Schuldiners Riffs zu betonen. Seine Vorstellung von Death Metal waren nur zwei Dinge: Gitarre und Schlagzeug.

Von daher war „Scream Bloody Gore" das Werk zweier Männer, Schuldiner (Gesang, Bass und Schlagzeug) und Schlagzeuger Chris Reifert, der sich später bei der Death-Metal-Band Autopsy einen Namen machte. Das Album enthielt einige der rohesten Produktionen des Genres, was wie ein Vorteil für die chaotischen Arrangements des Duos bei Songs wie „Zombie Ritual" und „Denial of Life" wirkte, zwei Songs, die Schuldiner oft bei Konzerten mit verschiedensten Besetzungen von Death spielte, und die jedes Mal, wenn er die Songs live performte, besser klangen als auf der Aufnahme von „Scream Bloody Gore".

Für Schuldiner war Death Metal sein Handwerk und er wollte es perfektionieren. Die nächste Veröffentlichung von Death, „Leprosy" von 1988, wies eine vollständige Band auf, die sich aus Mitgliedern von Massacre aus Tampa, Florida, zusammensetzte. Obwohl das Album die Produktionsstandards nur geringfügig verbessert hatte, klangen die Songs größer und straffer als jene auf „Scream Bloody Gore". Der Song „Pull the Plug" mit seinem pistolengleichen Schlagzeug, wummernden Gitarrenparts und Schuldiners dämonischem Gesang wurde zu einem der charakteristischen Songs von Death und möglicherweise auch der am häufigsten auf Konzerten gespielte.

Die Band wechselte erneut die Besetzung und holte für das 1990er-Album „Spiritual Healing" den außergewöhnlichen Gitarristen James Murphy als Ersatz für Ross. Seine melodischen Soli fügten bei Songs wie dem Titeltrack und „Altering the Future" Tiefe hinzu und führten Death ins Zeitalter der Gitarrenhelden. Murphy blieb jedoch nicht lange dabei, sodass „Human" 1991 von Gitarrist Paul Masvidal und Schlagzeuger Sean Reinert aufgenommen wurde, die später für ihre Arbeit mit der Prog-Death-Metal-Band Cynic bekannt wurden. Das war der Punkt, an dem die Musikalität von Death richtig zur Geltung kam.

Auf „Human" und ihren nachfolgenden Alben spielten Death musikalisch komplexeren Death Metal und Schuldiner gab die von Gore besessene lyrische Neigung auf, die er als Pionier auf den Weg gebracht hatte. Obwohl Masvidal der Leadgitarrist war, hatte Schuldiner zu diesem Zeitpunkt bewiesen, dass er selbst ein extrem guter Saitenheld war. Die Riffs in Songs wie „Flattening of Emotions" waren unglaublich schnell und eng und in „Suicide Machine" spielte er oft zwei Akkorde gegeneinander, um maximale Dissonanz zu erzielen. Das Album war nicht nur ein kreativer, sondern auch ein kommerzieller Erfolg, dank des Videos für „Lack of Comprehension", das auf MTV oft gespielt wurde und der Band den Weg ebnete, um fast 100.000 Exemplare des Albums zu verkaufen.

Mit weiteren Besetzungswechseln wurden die nächsten Alben der Band noch technischer und enthielten Elemente aus Jazz und Progressive Rock, die auf ihrem 1995er-Album „Symbolic" die richtige Balance fanden. Songs wie „Empty Words" spiegelten ein neues Verständnis für das Tempo wider, während „Zero Tolerance" Schuldiners Beherrschung der Synkopierung zeigte. Das letzte Album der Band, „The Sound of Perseverance" von 1998, war ihr progressivstes. Schuldiner hatte sich schon einige Zeit für Progressive Metal interessiert und eine neue Band namens Control Denied gegründet. Anstatt Death in ein neues Paradigma zu zwingen, entschied er, dass es Zeit war, die Band aufzulösen.

Im Jahr 2001, ungefähr zu dem Zeitpunkt, als er das Debüt-Album von Control Denied beendete, wurde bei Schuldiner ein Hirntumor diagnostiziert. Im Dezember dieses Jahres starb er infolge seines geschwächten Zustands an einer Lungenentzündung. Viele Bands wie Napalm Death und God Dethroned haben ihm ihren Respekt mit Coverversionen von Death-Songs gezollt, aber Schuldiners wahres Erbe liegt in der endlosen Liste von Death-Metal-Bands, die seinem musikalischen Weg gefolgt sind.

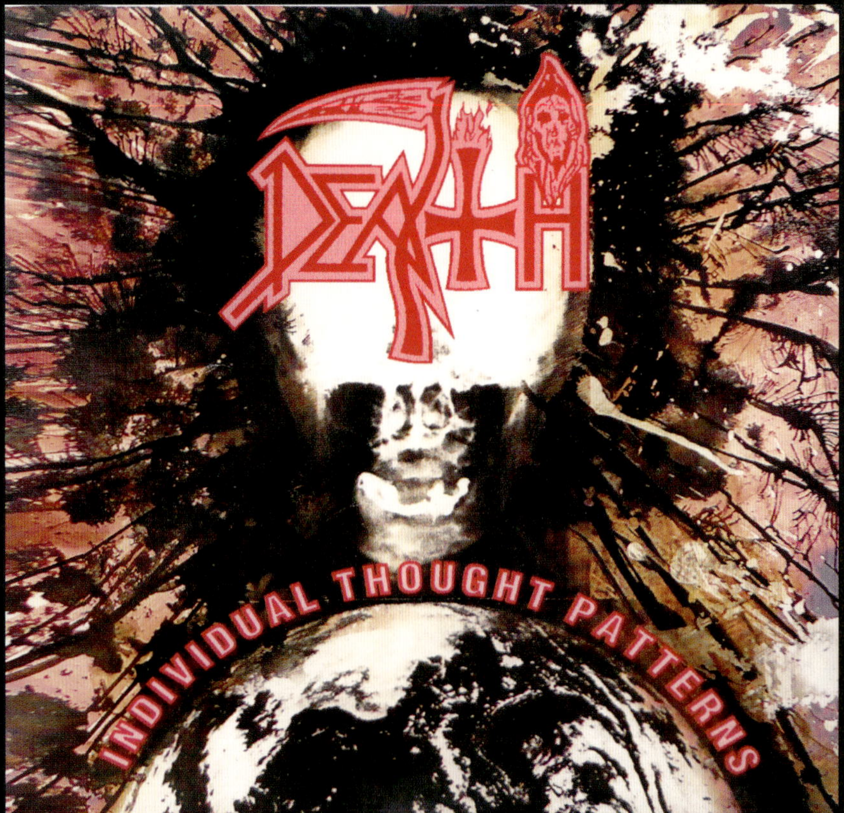

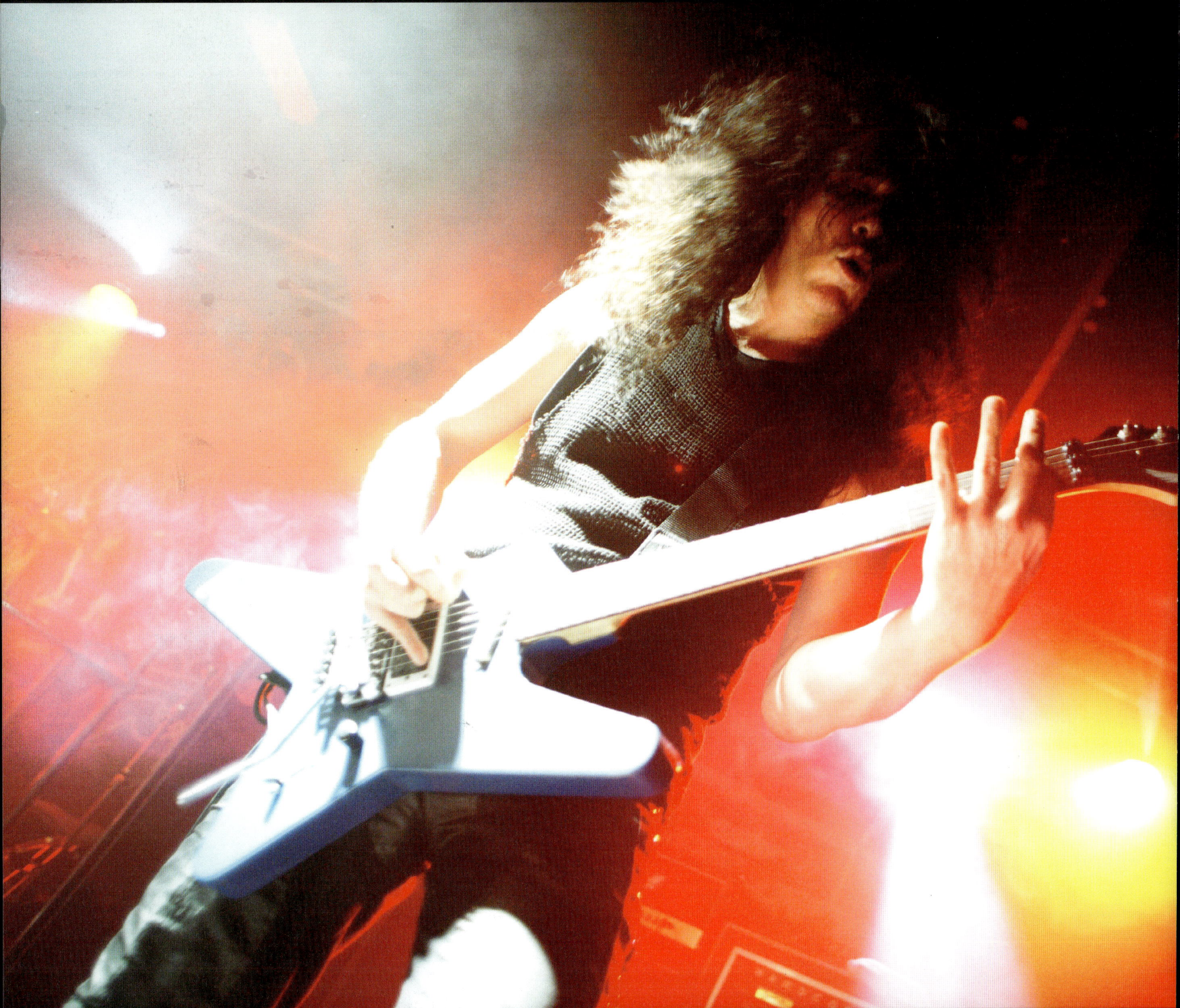

Wenn es einen einzigartigen Gitarrenhelden gab, der aus Death Metal hervorgegangen war, dann war es Morbid Angels Trey Azagthoth. Seine melodischen Soli und komplexen Riffs hoben sie von Anfang an eine Stufe über die anderen Bands, die aus ihrer Heimatstadt Tampa, Florida, hervorgegangen waren. Natürlich hat es geholfen, dass der Rest der Bandmitglieder (Sänger-Bassist David Vincent, Schlagzeuger Pete Sandoval und Gitarrist Richard Brunelle) selbst hochkarätige Musiker waren und auf ihrem zweiten Album, dem Meilenstein „Blessed Are the Sick" von 1991, unglaublich komplexe Abläufe spielten.

Nun zahlte es sich aus, dass sich Morbid Angel eine beträchtliche Reifezeit für hohe Standards zum kreativen Erfolg genommen hatten. Obwohl sie bereits 1984 gegründet worden waren, veröffentlichten sie ihr Debüt, „Altars of Madness", erst 1989. Sie hatten ein Album aufgenommen, „Abominations of Desolation", das 1986 erscheinen sollte, aber es entsprach nicht ihren Vorstellungen, wie Morbid Angel klingen sollte (ihr Label entschied sich jedoch anders und veröffentlichte es 1991 trotzdem). „Altars of Madness" war musikalisch den besten Thrash-Metal-Alben der späten 1980er-Jahre ebenbürtig, einer scheinbaren Disharmonie aus gleißenden Gitarren, dem Knurren von Vincent Cerberus und Sandovals Morse-Code-ähnlichem Drumming, aber im Vergleich zu den Alben, die ihre Kollegen von Death zu jener Zeit veröffentlichten, war es eine musikalische Meisterleistung. Hinzu kamen die rituelle satanische Symbolik der Band (Azagthoth fügte sich oft vor Shows selbst Schnitte zu), sodass die Band auf dem schnellsten Weg war, zur Metal-Legende zu werden.

Mit „Blessed Are the Sick", das eine der besten Produktionen der frühen Death-Metal-Ära war, kamen sie voll zur Geltung. Zwischen gruseligen Gothic-Piano-Intermezzos spielte die Band den aggressivsten und kompliziertesten Death Metal der frühen Neunzigerjahre, verstärkt durch Vincents gelegentlichen Sprechgesang und Azagthoths Van Halen-ähnlichen Soli bei Songs wie „Fall From Grace" und „Day of Suffering".

Ihr nächstes Album, „Covenant" von 1993 (Morbid Angel haben ihre Alben alphabetisch betitelt), war die erste Death-Metal-Veröffentlichung, die auf einem großen Label erschien, und wurde als das meistverkaufte Album des Genres betrachtet, nachdem sie Anfang der 2000er-Jahre 127.000 Exemplare abgesetzt hatten. Musikalisch ist es eine noch raffiniertere Version des Death Metal, den sie viel früher in ihrer Karriere verfeinert hatten. Azagthoth zeigte seine Solo-Fähigkeiten auf „Plain Drive", während Vincent in den Gang-Vocal-Strophen von „Angel of Disease" positiv dämonisch klang. Er setzte diesen Stil bei „Domination" 1995 fort, wobei der zukünftige Hate-Eternal-Gitarrist Erik Rutan Brunelles Position übernahm. Zu diesem Zeitpunkt begann die Musik der Band gezwungen zu klingen. Vincent verließ die Band 1995, um sich der Industro-Metal-Band Genitorturers seiner Frau anzuschließen, und wurde durch den Bassisten und Sänger Steve Tucker für drei Studioalben von durchschnittlicher Qualität ersetzt. Vincent kehrte 2004 zur Band zurück und sie veröffentlichten 2011 „Illud Divinum Insanus", aber das viele Experimentieren mit Industrial und simplen Songstrukturen kam bei den Fans nicht mehr gut an.

Aus diesem Grund gab Trey Azagthoth, als er die Ankunft von Scott Fuller von Annihilated am Schlagzeug und die Veröffentlichung eines neuen Albums ankündigte (dessen Titel mit dem Buchstaben „K" beginnt), an: „Es wird ein Death-Metal-Album sein." Das neunte Album von Morbid Angel, „Kingdoms Disdained", wurde 2017 veröffentlicht.

220-221, 222 und 222-223 ✠ Cannibal Corpse ist eine der umstrittensten Death-Metal-Bands, aufgrund ihrer grausamen, Magen umdrehenden Albumcover und Songtitel wie „Edible Autopsy", die nicht für die Hauptsendezeit geeignet waren.

Je mehr Gore desto besser für die Death-Metal-Anhänger Cannibal Corpse. Die Band hat mit ihren Album-Covers mehr Kontroversen ausgelöst als mit ihrer Musik, dank schrecklicher Gemälde der Underground-Comic-Legende Vincent Locke, die Zombie-Kannibalen, Zombie-Autopsien, Zombie-Sex-Akte und so gut wie jede andere krankmachende Szene (normalerweise mit Zombies) zeigten, die man sich gar nicht vorstellen mag. In Verbindung mit unkomplizierten Death Metal-Salven über gleichermaßen widerliche Themen sind Cannibal Corpse zu einer eigentlich für unmöglich gehaltenen Sensation geworden, die im Untergrund von Anfang an hohe Wellen schlug. Sie haben mehr Alben verkauft als jede andere Death-Metal-Band und 2003 die Marke von insgesamt 500.000 verkauften Alben überschritten.

Die Band wurde 1988 in Buffalo, New York, gegründet und spielte ihr erstes Konzert im April 1989. 1990 veröffentlichten sie ihr Debütalbum „Eaten Back to Life". Das Album wurde in mehreren Ländern verboten, insbesondere in Deutschland, und sie durften dort die Songs aus diesem Album erst 2006 in Konzerten aufführen, obwohl die Texte von Frontmann Chris Barnes kaum zu verstehen waren. Die Worte, die die Hörer erkennen konnten, illustrierten Horrorszenen, die wohl kein Filmregisseur verwenden würde. Songs auf ihrem Debüt trugen Titel wie „Edible Autopsy", „Born in a Casket" und „A Skull Full of Maggots", und die Band, deren Bassist Alex Webster ihr Songwriting-Talent war, stieß explosionsartige Gitarrenriffs als Grundlage für Barnes' Knurren aus.

Die nachfolgenden Alben waren genauso bedrohlich und enthielten Songs wie „Meat Hook Sodomy" und „Necropedophile", aber ihr Publikumszuspruch wurde immer größer. Als sie 1993 ihre Single „Hammer Smashed Face" veröffentlichten, die sich dank einiger technisch einwandfreier Pinch Harmonics der Gitarristen Jack Owen und Bob Rusay seltsamerweise eigentlich einprägsam anhört, konnten sie bereits auch Schauspieler Jim Carrey zu ihren Fans zählen. Dies führte dazu, dass die Band den Song in dem 1994 erschienenen Comedy-Hit „Ace Ventura: Ein tierischer Detektiv" spielte. Mit dieser kleinen Dosis Rampenlicht wurde es sogar noch kontroverser.

1995 verspottete US-Senator Bob Dole die Band, die Barnes im selben Jahr durch den neuen Sänger George „Corpsegrinder" Fisher ersetzte, und 1996 setzte sich eine Lobbygruppe in Washington, D.C. dafür ein, dass die Band wegen ihrer anstößigen Texte und Symbolik von ihrem Label entlassen würde. Der australische Verband der Schallplattenindustrie verbot im selben Jahr die gesamte Musik von Cannibal Corpse, ein Verbot, das bis 2006 Bestand hatte. Die Kontroversen förderten jedoch nur die Popularität der Band. Ihr 1996er-Album „Vile" schaffte es sogar als erste Death-Metal-Veröffentlichung in die Billboard Top 200.

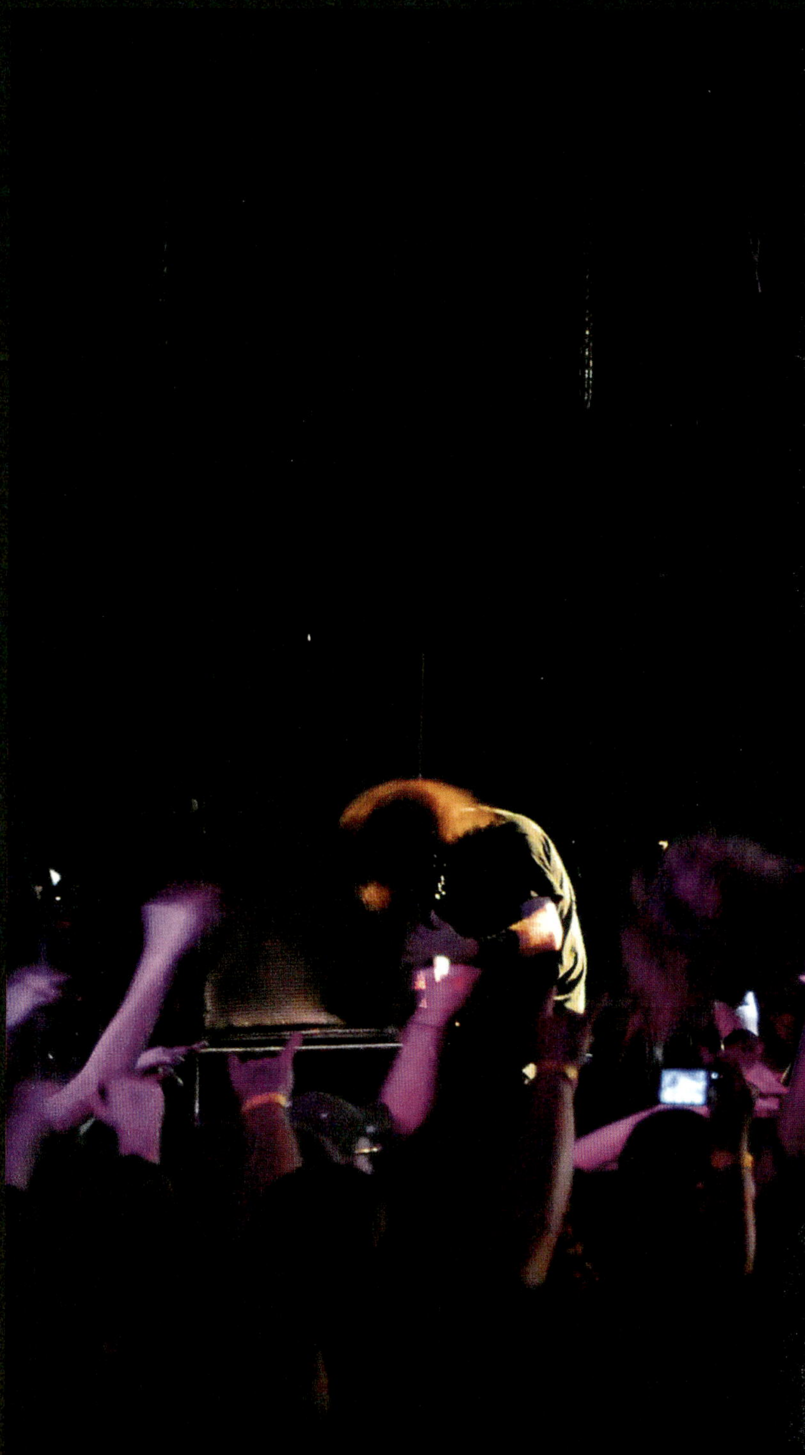

CANNIBAL CORPSE

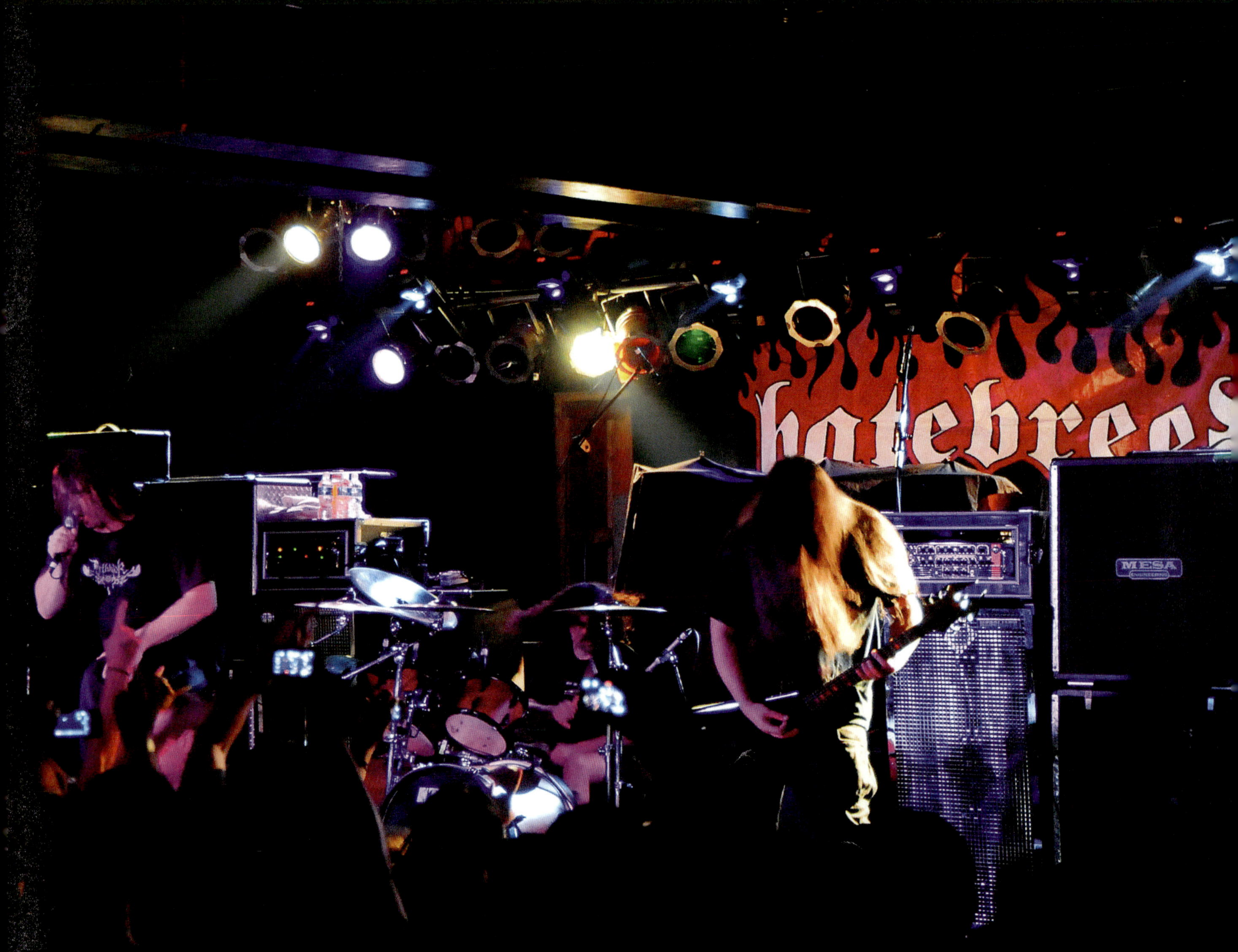

CANNIBAL CORPSE

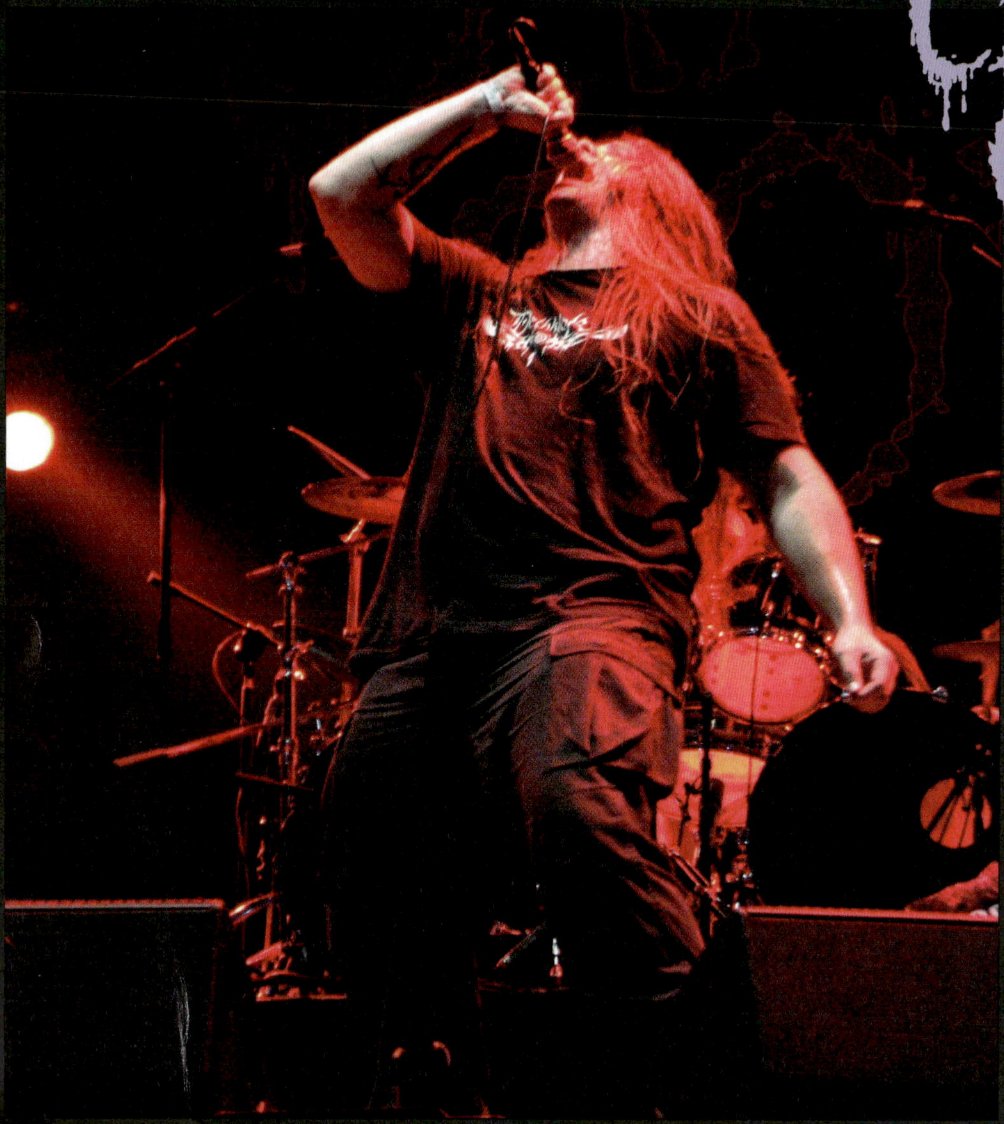

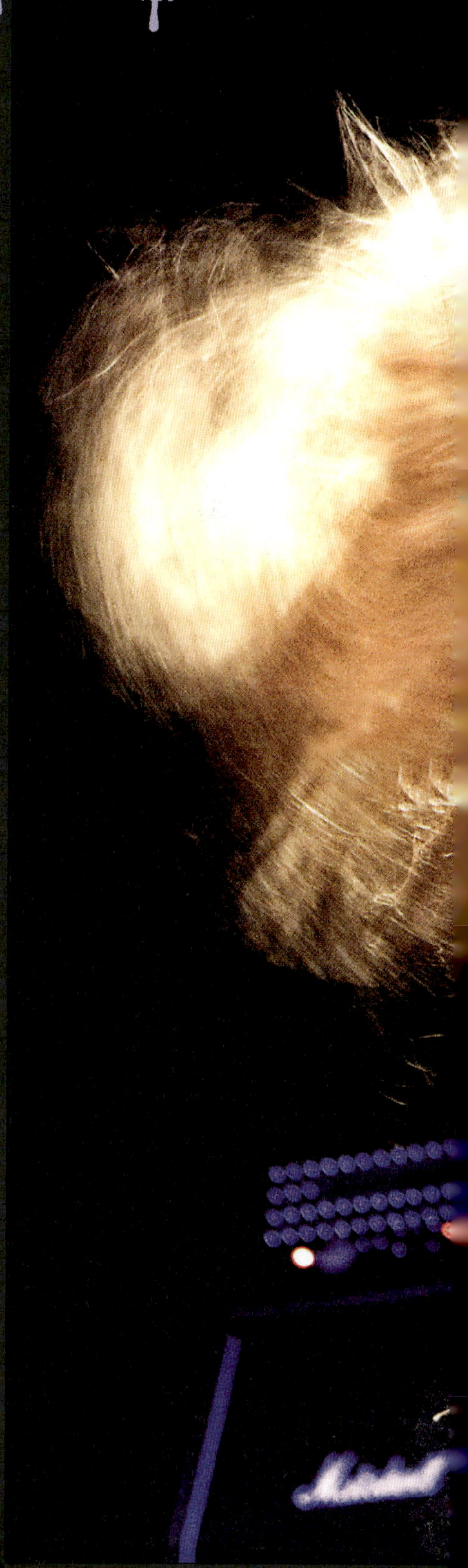

Von diesem Zeitpunkt an ging alles zur Tagesordnung über. Wenn überhaupt, könnten die nächsten Veröffentlichungen von Cannibal Corpse, die die Gitarristen Mitte der Neunzigerjahre auswechselten, dafür kritisiert werden, dass sie darauf nicht viele Risiken eingegangen waren. Sie veröffentlichten weiterhin ein schreckliches Album nach dem anderen, während sie monotonen Death Metal spielten, der von halsbrecherischen Blast-Beats und Corpsegrinders gutturalem Knurren geprägt war. Die Fans beschuldigten die Band, mit Alben wie „Gallery of Suicide" von 1998 seicht geworden zu sein, da das Cover nicht so blutig war und einige Songs wie „From Skin to Liquid" und „Blood Drenched Execution" im Vergleich zu den magenverstimmenden „Stripped, Raped and Strangled" und „Fucked With a Knife" der Barnes-Ära blass wirkten. Einige ihrer Alben waren sogar mit alternativen, sauberen Covers erhältlich, damit sie tatsächlich auch in Plattenläden ausgestellt werden konnten, was dem Einkommen der Band natürlich zugute kam.

Zu dieser Zeit steigerte sich auch die Musikalität der Band, und als sie 2006 „Kill" und 2009 „Evisceration Plague" herausbrachten (beide Alben profitierten von der fachmännischen Produktionsarbeit von Hate Eternals Frontmann Erik Rutan), schrieben sie Songs wie „To Decompose", die sowohl brutal als auch eingängig waren. Cannibal Corpse hatte noch mehr Erfolg, da sie nun auch in Plattenläden verkauft und die vielen Verbote aufgehoben wurden. „Plague" erreichte tatsächlich Platz 66 in den Billboard Charts.

Exodus war die extremste dieser Bands, als sie 1985 ihr Debütalbum „Bonded by Blood" veröffentlichte. Frontmann Paul Baloff klang bei Songs wie „Exodus" wie ein Tobsüchtiger, als er über „raping and murdering your wife" sang. Der Gitarrist und De-facto-Bandleader Gary Holt spielte klobige Riffs und Hyper-Speed-Gitarrenläufe bei Songs wie „A Lesson in Violence" und „Piranha". Dank einer peinlich schlechten Produktion klang das Album so, als hätten tollwütige Straßenschläger es eingespielt, wodurch es das am bedrohlichsten klingende Debüt einer US-Thrash-Band wurde. Die Band führte dies mit ebenso bedrohlichen Konzerten weiter, bei denen Baloff durch das Publikum lief und T-Shirts von Bands zerschnitt, die er als „falsch" erachtete. Die abgeschnittenen Fetzen trug er als Stulpen an den Handgelenken.

Megadeth waren eine weitere beängstigende und gut eingespielte Einheit, als sie 1985 mit ihrem Debütalbum „Killing Is My Business ... and Business Is Good" auftauchten. Angesichts von Dave Mustaine, der aufgrund seines irrationalen Verhaltens durch Drogenmissbrauch nur wenige Tage vor der Aufnahme von „Kill 'Em All" kurzerhand bei Metallica gefeuert worden war, schien die Band einen tief sitzenden Groll auf ihre Kollegen zu hegen, was sich in ihren Leistungen zeigte. Songs wie „Rattlehead" und „Looking Down the Cross" hatten einen fast unmenschlichen Antrieb, der die Band wie eine Lokomotive durch die Songs stampfen ließ. Mustaine spielte mit solch wilder Hingabe, dass es manchmal schwierig war zu erkennen, was er spielte.

Diese fünf Bands würden sich in den nächsten Jahren enorm weiterentwickeln und das veröffentlichen, was viele Kritiker in der zweiten Hälfte des Jahrzehnts als ihre Meisterwerke betrachteten. Metallica reifte schnell, als sie strukturierte, orchestrale Songs wie „Fade to Black" und „The Call of Ktulu" schufen. Ihr 1986er-Album „Master of Puppets" setzte den Standard für komplexen Thrash, dank Tracks wie dem Wirbelwind „Battery", dem mehrschichtigen Instrumentalstück „Orion" und ihrem schönsten Moment, dem Titeltrack, der sowohl eingängige Hooklines als auch ein halsbrecherisches Riff enthält. Im selben Jahr veröffentlichte Megadeth „Peace Sells ... but Who's Buying?", was eine konzentriertere Interpretation der Art von Thrash war, die sie bei „Killing Is My Business ... and Business Is Good" gespielt hatten, und mit dem Titeltrack enthielt es sogar einen MTV-würdigen Hit. 1986 veröffentlichte Slayer „Reign in Blood", das Thrash-Metal-Album, dessen 10 Songs in weniger als einer halben Stunde eingespielt wurden und mit Fanfavoriten wie „Angel of Death" und „Raining Blood" aufwartete. Anthrax, die 1985 mit „Spreading the Disease" auf ihre Kosten kamen, veröffentlichten 1987 ihr Meisterwerk „Among the Living". Der Maßstab dieser Veröffentlichung, den man bei Songs wie „Efilnikufesin (N.F.L.)" und „Caught in a Mosh" hören kann, sind die Hyper-Speed-Riffs der Band, die aus der Hardcore-Szene ihrer Heimatstadt New York stammen. Exodus veröffentlichten 1989 ihr drittes Album, „Fabulous Disaster" (mit Sänger Steve „Zetro" Souza als Nachfolger von Baloff), aus dem der MTV-Hit „The Toxic Waltz" hervorging, ein Song, der die frühe Moshpit-Kultur definierte.

Bis zum Ende des Jahrzehnts hatten immer mehr Thrash-Bands in den USA kommerziellen Erfolg. Overkill und Nuclear Assault hatten ungefähr zur gleichen Zeit wie Anthrax an der Ostküste begonnen. Suicidal Tendencies, eine ehemalige Hardcore-Punkband aus L.A., veränderte sich Ende des Jahrzehnts zur Thrash-Band. Die Hardcore-Band Dirty Rotten Imbeciles erfand 1985 den Crossover Thrash mit ihren kurzen Songs und sehr schnellen Riffabfolgen. In New York verbanden Stormtroopers of Death, eine Hardcore-Supergruppe mit Mitgliedern von Anthrax, Nuclear Assault und Method of Destruction, die beiden Genres mit ihrem 1985er-Album „Speak English or Die". An der Westküste tauchte Dark Angel aus den Vororten von Los Angeles mit einer rohen Herangehensweise an das Genre auf und in San Francisco füllten Bands wie Testament, Possessed, Sadus, Death Angel und Vio-lence (Letztere mit zwei zukünftigen Mitgliedern von Machine Head) schon bald Arenen. Die frühere Hair-Metal-Band Pantera mit Sitz in Dallas entwickelte Ende der 1980er-Jahre einen neuen Sound und wurde mit ihrem 1990er-Album „Cowboys From Hell" bekannt. In Kanada trugen Bands wie Voivod und Annihilator die Flagge des Thrash nach Norden. Bis 1991 waren Exodus und Anthrax zusammen auf der Headbangers-Ball-Tour unterwegs und Megadeth, Slayer, Anthrax und Testament waren auf der „Clash of the Titans"-Tour um den Globus gereist. Thrash Metal war zum großen Geschäft geworden.

Zu Beginn der 1980er-Jahre hatte die erste Welle der Heavy-Metal-Bands ihren kommerziellen Höhepunkt erreicht und überschritten, und viele dieser ersten Bands begannen, sich kreativ totzulaufen. Bands, die immer noch innovativ waren, wie Queen und Kiss, hatten den brütenden, bluesigen Sound der frühen Alben von Black Sabbath und Led Zeppelin zu gekünsteltem Prog Metal und Stadion-Hymnen erweitert. In diesen sich ändernden Zeiten öffneten sich auch junge, flinke Metal-Bands wie Van Halen für Black Sabbath, die sich auf der Zielgeraden von Ozzys erster Amtszeit bei der Band befanden. Und als Punkbands die Ablässe des Prog Rock verhöhnten (Sex-Pistols-Frontmann Johnny Rotten trug bekanntlich ein „Ich hasse Pink Floyd"-Shirt), versuchten sich einige Künstler, wie Alice Cooper, sogar an New Wave. Unter den geradlinigen Metal-Bands, die ihrem Sound treu blieben, schnitt Judas Priest am besten ab, als sie 1978 mit „Stained Class" außerhalb ihrer Heimat England Aufmerksamkeit erregten.

Dieses turbulente Umfeld für Metal führte Ende der 1970er-Jahre zu einer Reihe musikalischer Anomalien. Darunter stachen Motörhead besonders heraus, die Rock 'n' Roll mit unglaublich hohem Tempo spielten und genau zwischen Punk und Metal lagen. Eine weitere Anomalie war die New Wave of British Heavy Metal, eine Szene, aus der sowohl Def Leppard als auch Iron Maiden hervorgingen. Mit Bands wie Diamond Head, Angel Witch, Saxon und den Tygers of Pan Tang verschmolzen die führenden Bands des N.W.O.B.H.M. das hartkantige Tempo des Punk mit der Melodie des Metal. Als die beliebtesten Punk-Bands wie die Sex Pistols und The Clash sich trennten oder eine andere Richtung einschlugen, begannen einige Hardcore-Punk-Bands, wie Discharge, wütende anarchistische Salven zu schreiben, die von einem energiegeladenen Schlagzeug und groben Riffs angetrieben wurden. Die Kombination dieser Einflüsse inspirierte die Geburt des nächsten Kapitels des Metal: Thrash.

Thrash Metal oder Speed Metal (der Begriff „Thrash" wurde aus der Hardcore-Szene entlehnt) war bekannt für rasante Riffs, treibende Rhythmen und Texte über meist soziale oder politische Themen. Obwohl man schon seit Ewigkeiten darüber debattiert, welche Veröffentlichung das erste echte Thrash-Metal-Album war (vielleicht Metallicas Demo-Aufnahme „No Life 'til Leather", Venoms „Welcome to Hell", Queens „Stone Cold Crazy" oder Deep Purples „Highway Star"?), ist klar, dass die im frühesten Stadium den Thrash definierenden Bands größtenteils amerikanische und europäische Bands vom Festland waren, die auf die britischen Szenen der späten 1970er-Jahre reagierten.

In den USA gründeten sich 1980 und 1981 die vier einflussreichsten Thrash-Bands des Landes: Metallica und Slayer in Los Angeles, Anthrax in New York City und Exodus in San Francisco. Die gemeinsame kulturelle Verbindung zwischen ihnen war, dass die Mitglieder jeder Band die britische Underground-Metal-Szene intensiv erkundeten, sei es durch das Handeln oder Tauschen von Kassetten, durch Bestellen neuer Alben bei britischen Magazinen wie Kerrang! oder durch die wenigen Metal-Plattenläden wie Rock 'n' Roll Heaven in Old Bridge, New Jersey, dessen Besitzer auch die ersten Metallica- und Anthrax-Alben veröffentlichte.

Als diese Bands versuchten, ihre britischen Kollegen nachzuahmen oder zu verbessern, entstanden ihre eigenen Stile. Metallica spielte abgehakte Riffs mit atemberaubender Geschwindigkeit, da sie am meisten von Motörhead und der N.W.O.B.H.M. inspiriert wurden. Ihre ursprüngliche Songwriting-Kernmannschaft waren Sänger-Gitarrist James Hetfield, Gitarrist Dave Mustaine (der später Megadeth gründete) und Schlagzeuger Lars Ulrich. Hetfield und Mustaine waren Pioniere einer ökonomischen Grifftechnik, die es ihnen ermöglichte, misstönende Riffs zu spielen, während sie Geschwindigkeitsbarrieren durchbrachen, und Ulrich trieb sie mit doppelter Geschwindigkeit weiter an. Als sie 1983 ihr erstes richtiges Debütalbum veröffentlichten, „Kill 'Em All" (mit dem ehemaligen Exodus-Gitarristen Kirk Hammett als Ersatz für Mustaine), hatten sie den Thrash-Sound perfektioniert, den so viele Bands später kopieren würden.

Slayer und Anthrax, die 1983 bzw. 1984 ihre ersten Alben veröffentlichten, orientierten sich an Judas Priest bzw. Venom. Während Anthrax wütende Attacken wie „Metal Thrashing Mad" spielten, schrieben Slayer Songs über den Antichristen und trugen mit Nieten besetzte Handschuhe und Leder. Einer der Gitarristen dieser Band, Kerry King, setzte noch einen drauf und spielte, nachdem er Metallica live gesehen hatte und ein riesen Fan von Dave Mustaine war, für einige Gigs bei Megadeth mit. Mit der Zeit entwickelten sich sowohl Slayer als auch Anthrax zu beeindruckenden Bands

THRASH METAL

224 und 225 ✠ Inspiriert von den Broadway-Musicals von Andrew Lloyd Webber, waren Savatage Mitte der 1980er-Jahre Pioniere einer theatralischen Art des Power Metal.

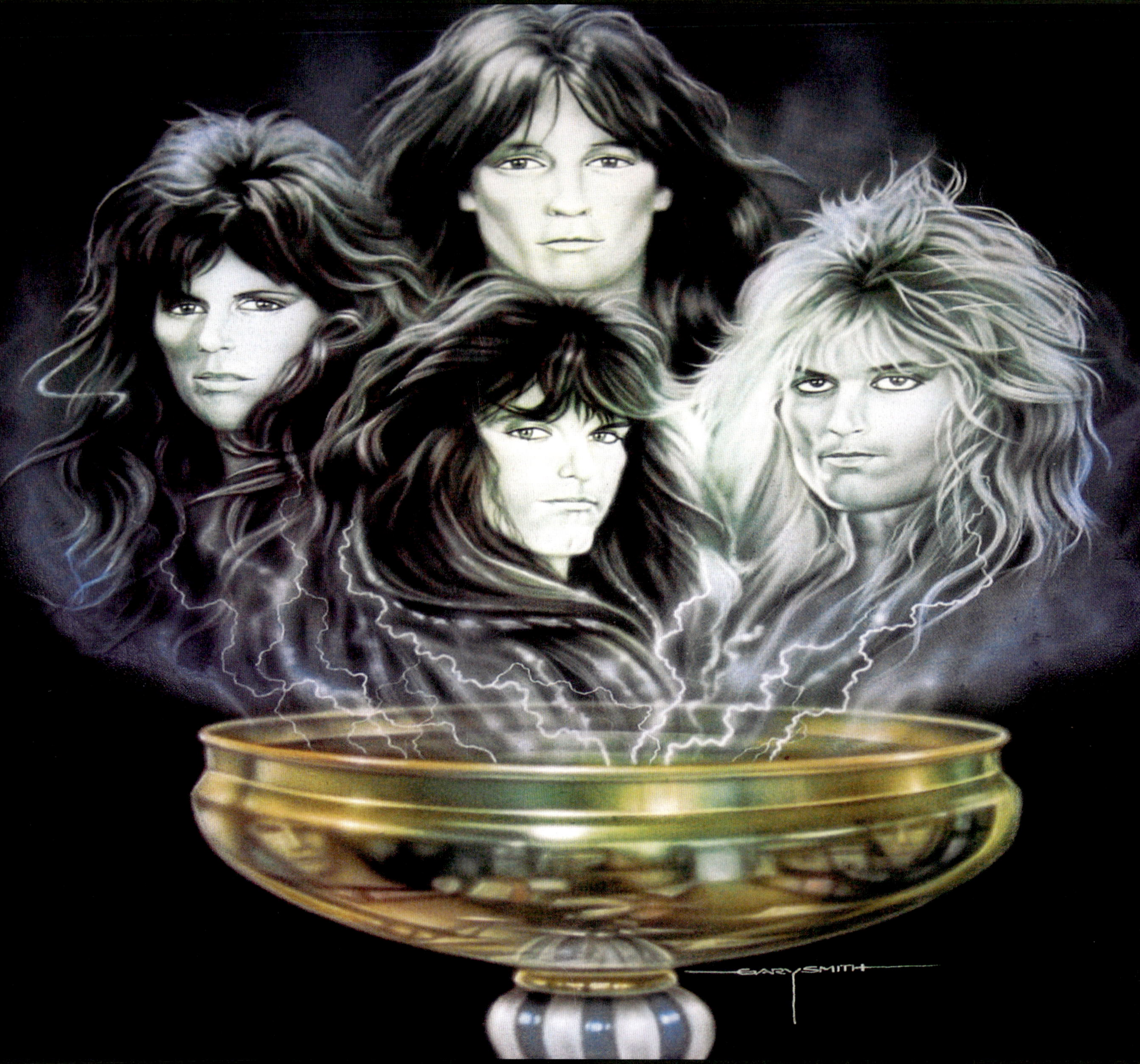

SAVATAGE

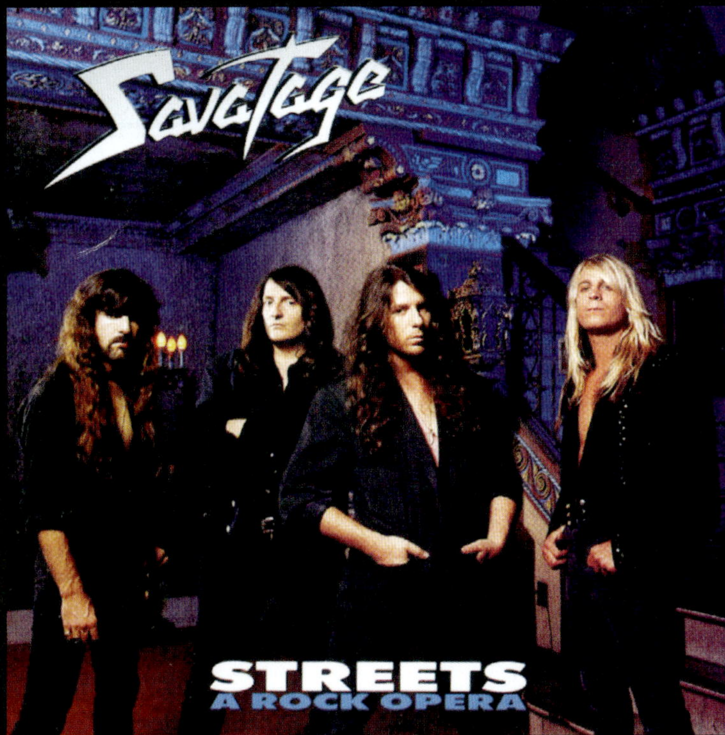

Ob man es nun „Broadway Metal", „Theatrical Rock" oder einfach „Power Metal" nennt, der grandiose opernhafte Rock von Savantage ist auf jeden Fall einzigartig. Die Band wurde 1983 von zwei Brüdern aus Tampa, Florida, gegründet: dem Sänger und Keyboarder Jon und dem Gitarristen Criss Oliva. Obwohl sie einige unangenehme Phasen durchliefen, haben sie letztendlich die Grenzen der Rockmusik erweitert.

Als 1983 das Debüt der Band, „Sirens", herauskam, spielten sie scharfkantigen Thrash, inspiriert von Judas Priest. Im Covertext nannte Jon seinen Gesang sogar „Schreie des Terrors" und Criss bezeichnete sein Gitarrenspiel als „Metal-Axt". Trotz eines fantastisch gestalteten Covers war das Album im Vergleich zu späteren Arbeiten etwas blass. Die Band entwickelte sich zu einem Power-Metal-Act, als sie 1985 „Power of the Night" veröffentlichten. Mit verbessertem Gesang beherrschte Jon Songs über Krieger, unterlegt mit Synthesizer-Streichorchestern, und Criss spielte feuerwerkartige Soli zu Songs wie „Unusual" und „Necrophilia".

Aber erst nach „Fight for the Rock" von 1986, in dem die Band auf dem Cover das Aufstellen der US-Flagge auf Iwo Jima nachstellte und Songs spielte, die Jon für den Pop-Rocker John Waite geschrieben hatte, fanden Savatage wirklich zu sich selbst. „Hall of the Mountain King", 1987 veröffentlicht und von Paul O'Neill produziert, war eine perfekte Fusion aus Prog Metal und Power Metal. Inspiriert von Iron Maidens strukturierten Arrangements und Queensrÿches großen Refrains Mitte der 1980er-Jahre, hatten Songs wie „Strange Wings", „Beyond the Doors of the Dark" und der epische Titeltrack eine Tiefe, die Power Metal bis zu diesem Zeitpunkt gefehlt hatte.

Aufbauend auf dem Stil des Metal-Storytelling schrieb die Band ein Konzeptalbum, wohl ihr Meisterwerk, „Gutter Ballet", das 1989 veröffentlicht wurde. Jon fühlte sich inspiriert, nachdem er eine Produktion von Andrew Lloyd Webers „Phantom of the Opera" besucht hatte, und schrieb eine Mini-Suite nach der anderen. Criss spielte beim Opener „Of Rage and War" umwerfende Soli und hielt sich dementsprechend auf dem von einem Klavier geleiteten klassischen Titeltrack zurück, der Jons ausdrucksstarken Gesang zeigte.

1991 vertieften sie sich weiter in die Welt des Theaters. „Streets: A Rock Opera" enthielt mehr als einen Song, der als Klavierballade anfing und langsam zu einem Hardrock-Epos anwuchs, wie das stark von Webber beeinflusste „New York City Don't Mean Nothing". Der einzige Nachteil auf dem Album war Jons Stimme, die dünn und brüchig klang. Er trat 1993 für „Edge of Thorns" aus dem Rampenlicht, damit der tiefstimmige Zak Stevens die Songs auf ein neues Level bringen konnte. Der Titelsong selbst war ein Triumph und einer ihrer eingängigsten Songs, dank eines kraftvollen Refrains und Jons ansteckender Klavierlinie.

Die Tragödie ereignete sich jedoch später in diesem Jahr, als Criss bei einem unverschuldeten Autounfall mit einem Betrunkenen ums Leben kam. Als Hommage an seinen Bruder hielt Jon die Band am Laufen und veröffentlichte „Handful of Rain" 1994 mithilfe des Gitarristen Alex Skolnick, der gerade Testament verlassen hatte. Das Lied „Chance", das kontrapunktische Harmonien enthält, erinnert an das Musiktheater von Queen, was Jon auf „Streets: A Rock Opera" nur angedeutet hatte. Im folgenden Jahr brachten sie ein weiteres Konzeptalbum heraus, „Dead Winter Dead".

Die Songs des Albums über Weihnachten gefielen O'Neill, der mit Jon das vielköpfige Trans-Siberian Orchestra zusammenstellte. Mit Ideen, die Jon für „Dead Winter Dead" formuliert hatte, schufen sie TSOs „Christmas Eve and Other Stories", das fast drei Millionen Mal verkauft wurde, was Savatage nie gelang. Savatage veröffentlichte zwei weitere Alben, bevor Jon die Band auflöste, um sich ausschließlich auf das Trans-Siberian Orchestra zu konzentrieren, eine Formation, die groß genug war, um Jons wildeste Drama-Rock-Fantasien auszuleben.

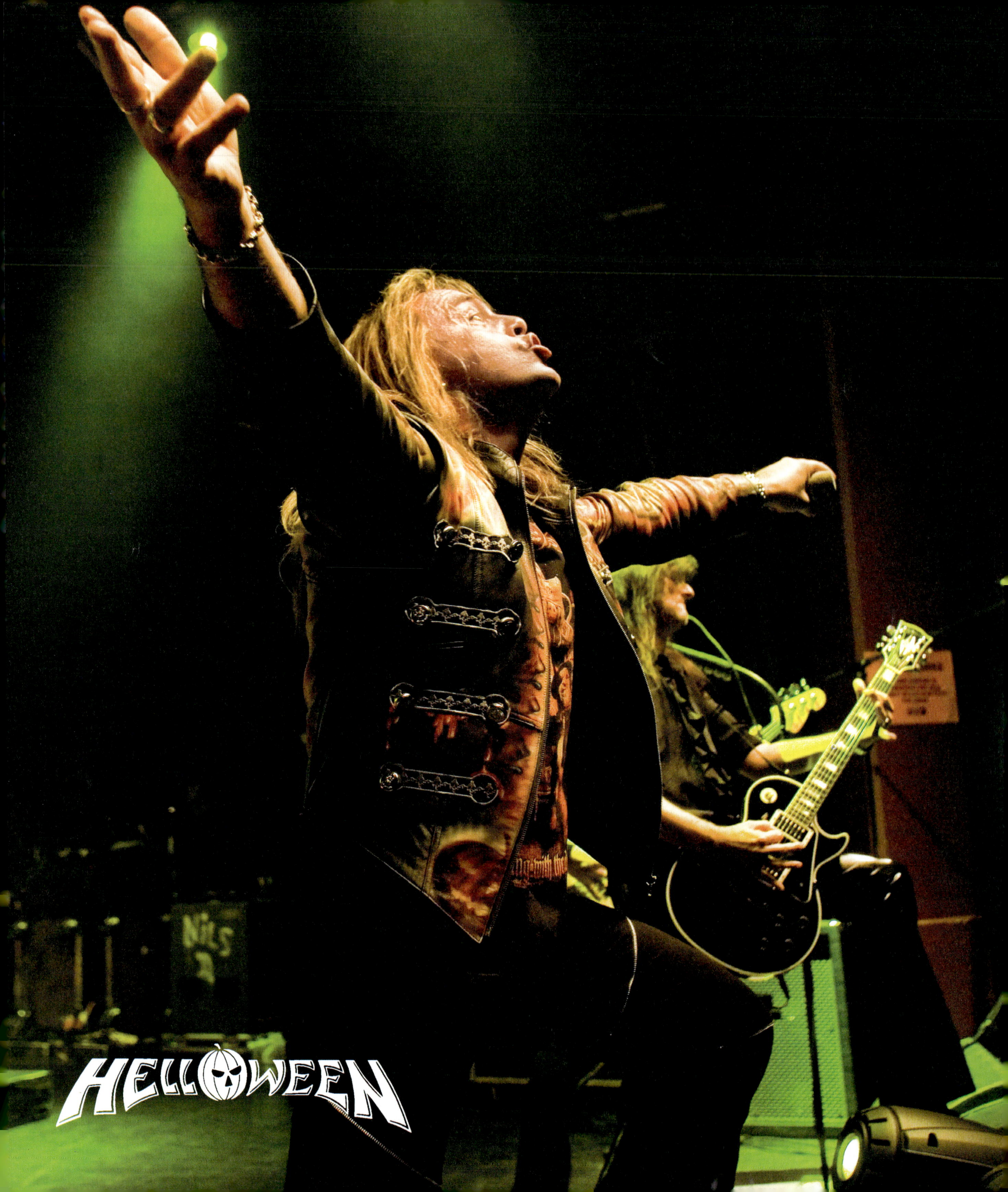
HELLOWEEN

HELLOWEEN

Die Power-Metal-Band Helloween und ihr schelmisches Maskottchen Jack O. Lantern machten sich Mitte der 1980er-Jahre zur gleichen Zeit wie Queensrÿche, Iron Maiden und Journey auf den Weg zum Metal-Olymp. Mit halsbrecherischen Thrash-Tempi, klingendem Gesang und Gitarrensoli, die tatsächlich Melodien hatten, war die Gruppe eine der ersten, die den wütenden Rock im Judas-Priest-Stil zu Power Metal entwickelte.

Die deutsche Band wurde 1984 gegründet und erzielte mit der Veröffentlichung ihres zweiten Albums, „Walls of Jericho" von 1985, ihren ersten echten Durchbruch. Durch den ungewöhnlichen Gesang des Sängers und Gitarristen Kai Hansen entstand ein einheitlicher Sound, der auf harmonischen Gitarren und dem unablässigen Drumming von Ingo Schwichtenberg basierte. In den schnellen und pathetischen Soli lag eine Dringlichkeit, die zu dieser Zeit nur wenige andere Bands beherrschten.

Bis zu der Zeit, als sie „Keeper of the Seven Keys" aufnahmen (ein zweiteiliges Album, Teil 1 erschien 1987 und Teil 2 1988), hatten sie auch die letzten musikalischen Unebenheiten ausgebügelt. Hansens Vernunftsentscheidung, seinen Gesang zugunsten der Gitarristenrolle nach hinten zu stellen, ließ die Musikalität der Band sprunghaft wachsen. Der neue Sänger Michael Kiske hatte eine hochfliegende Stimme, die an Queensrÿches Geoff Tate oder Maidens Bruce Dickinson erinnerte, und Hansen spielte eine beeindruckende Rhythmusgitarre bei Songs wie „I´m Alive" und dem Konzertfavoriten der Band, „Eagle Fly Free". Das Lied „Dr. Stein" in „Teil 2" ist ein perfekter Power-Metal-Song mit epischem Refrain, Strophen mit tollen Geschichten und treibenden Gitarrenlinien und wurde zu einem charakteristischen Song für die Band. Mit starken Songs wie diesen und dem seltenen Zufall, genau zur richtigen Zeit am Start zu sein, sind diese Alben die einzigen zwei Helloween-Alben, die es in den USA in die Billboard Top-200-Charts geschafft haben. Die Band ging sogar mit Anthrax und Exodus auf die erste Headbangers-Ball-Tour, erreichten aber diesen Erfolg später nicht wieder.

Ein Hauptgrund dafür war das Folge-Album der Band, ihr Major-Label-Debüt „Pink Bubbles Go Ape" 1991. Nach einem heftigen Rechtsstreit mit ihrem vorherigen Label und dem Abgang von Hansen schien die Band mit Songs wie „I'm Doin' Fine, Crazy Man", dem Titeltrack und ihrem bizarrsten Song „Heavy Metal Hamsters" die Orientierung verloren zu haben. Selbst in der fantastischen Welt von Power Metal und Prog Metal ist „Hamsters" kein Metal. Kiske wurde 1993 entlassen.

Zusammen mit dem neuen Sänger Andi Deris veröffentlichten Helloween 1994 „Master of the Rings". Deris hatte ein etwas stärkeres Knurren in seiner Stimme als Kiske und die Band begann, härtere Musik zu spielen. Diese Richtungsänderung hat ihnen in späteren Zeiten gut getan. Sogar Hamster mochten ihre Musik.

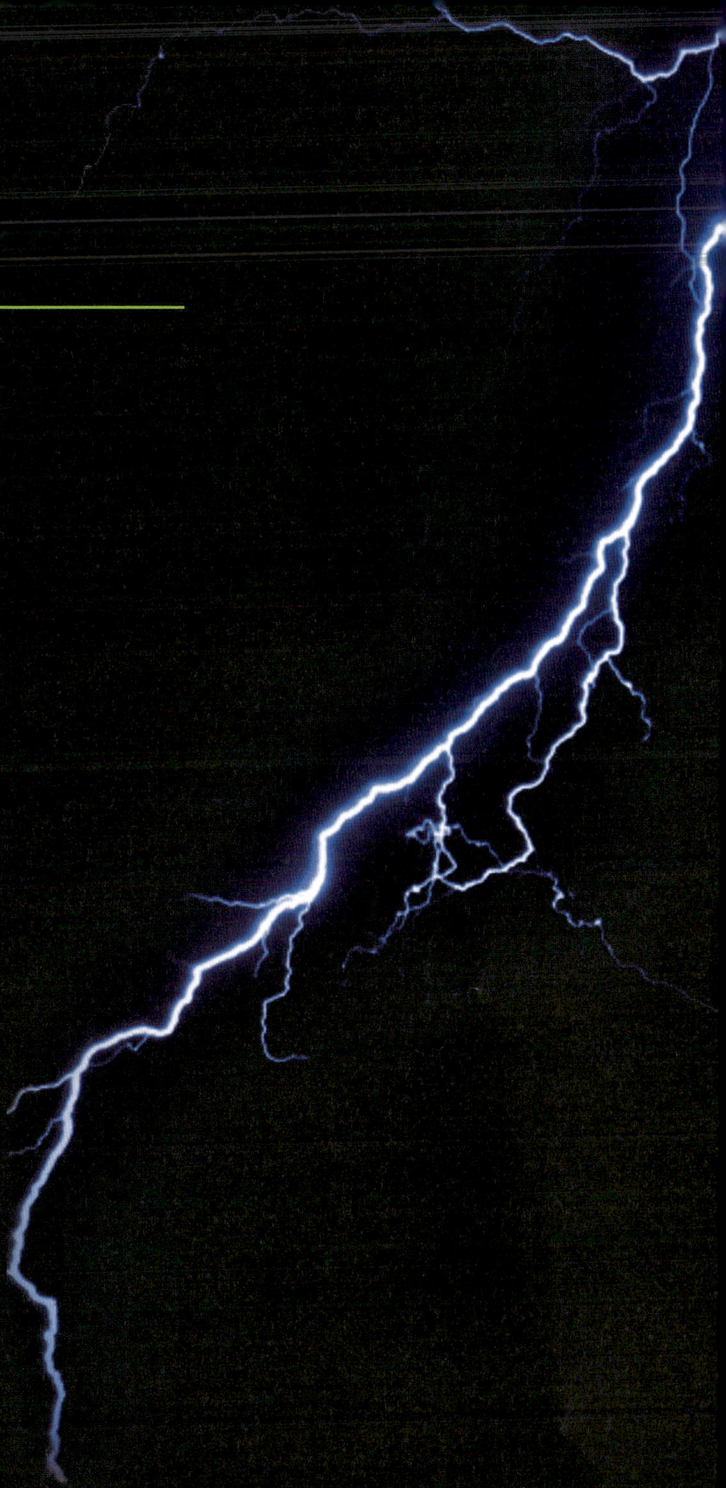

226 ✠ Sänger Andi Deris und Gitarrist Michael Weikath spielen den Speed- und Power-Metal, der Helloween 2008 zu großem Erfolg verhalf.

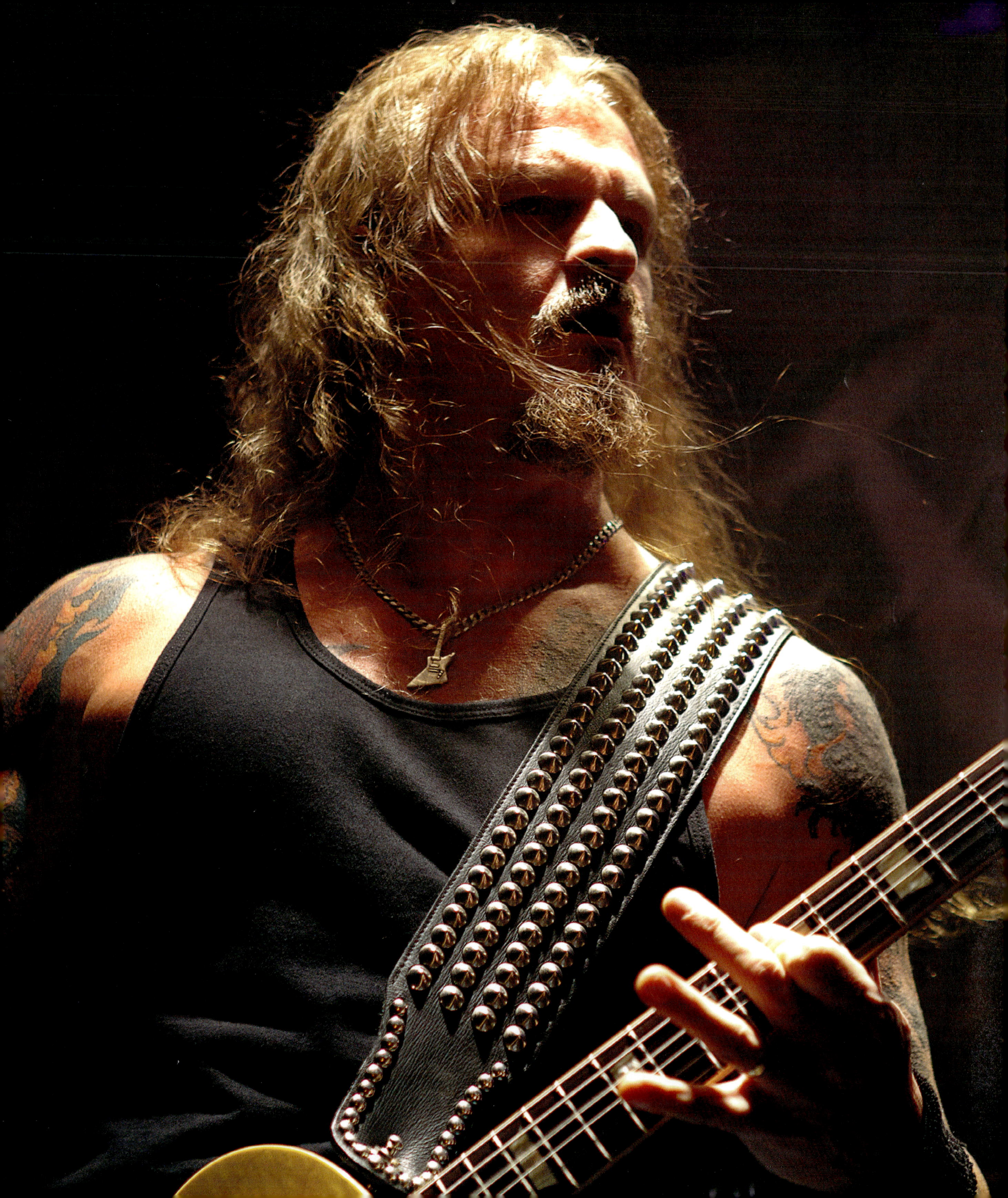

ICED EARTH

Iced Earth haben sich von Prog-Metal-Titanen wie Iron Maiden und Queensrÿche sowie Thrash-Bands wie Exodus inspirieren lassen und darauf aufbauend ihr eigenes Erbe an scharfkantigen Konzeptsongs geschaffen. Sie haben Alben veröffentlicht, die an berühmte Horrorfilme erinnern, sowie ein Konzeptalbum über einen Mann, der der Religion auf dem Höhepunkt des Grunge den Rücken kehrt. Sie engagierten den Sänger ihrer Hauptvorbilder Judas Priest Tim „Ripper" Owens, und sie haben ihren wahren Wert gezeigt, als sie sich ihrem Label widersetzten. Obwohl nichts davon der Band mehr Plattenverkäufe oder Popularität einbrachte, haben sich Iced Earth mit dieser kompromisslosen Ethik über das Erscheinungsbild der Band eine treue Fangemeinde aufgebaut, insbesondere in Europa, wo sie als Außenseiter galten.

Der verbindende Leitfaden, der durch alle Epochen, Alben und Besetzungsänderungen von Iced Earth ging, war Hartnäckigkeit. Gitarrist Jon Schaffer gründete 1984 in Tampa, Florida, die Band, in der im Laufe der Jahre 27 weitere Musiker mitspielen würden. Fünf Jahre später brachten sie einige Demos auf den Kassetten-Tauschmarkt und nachdem eine deutsche Zeitschrift ihr Demo „Enter the Realm" von 1989 als die beste Demokassette zu jener Zeit betitelte, unterschrieben sie einen Plattenvertrag und brachten 1990 ihr gleichnamiges Debüt heraus. Obwohl es eine raue, unpolierte Produktion war, kam die Vision der Band in Songs wie „Funeral" mit seinen unzähligen Taktarten, dem Gang-Kommentar „Colors" und dem Titeltrack zum Ausdruck, der zu einem der meistgespielten Konzertsongs der Band geworden ist.

Ihr zweites Album, das Konzeptalbum „Night of the Stormrider", zeigte mehr Power-Metal-Elemente in den opernähnlichen Schmachtgesängen von John Greely. Obwohl es 1991, ein Jahr nach dem Debüt von Iced Earth, herauskam, wirkte es wie eine Art Album, an dem Queensrÿche gearbeitet hätte, um das Konzept und die Arrangements zu perfektionieren.

Iced Earth brachten all dies bei ihrer Folgeveröffentlichung, „Burnt Offerings" von 1995, auf eine höhere Ebene. Nach einer vierjährigen Pause, in der die Band aufgrund einer Auseinandersetzung mit der Plattenfirma keine Konzerte gab und keine neue Musik aufnahm, kehrte Iced Earth mit einem düstereren Album zurück, diesmal mit einem Sänger namens Matthew Barlow, der King Diamond ähnelte. Die Ausdrucksweise des Sängers war viel theatralischer als die von Greely und dies funktionierte auf ihrem nächsten Album, „The Dark Saga" von 1996, noch besser, das lose über den Comic-Helden Spawn handelte.

In späteren Jahren vereinte Schaffer seine variierenden Besetzungen mit Richard Christy, ehemals Death (und jetzigem Howard-Stern-Kumpel), und Ripper, der der Band auf dem Album „Glorious Burden" von 2004 dank seines Rob Halford-ähnlichen Gesangs mehr Rock-Flair der 1980er-Jahre verlieh. Schaffer geht eben immer seinen eigenen Weg und hat dabei meist Glück.

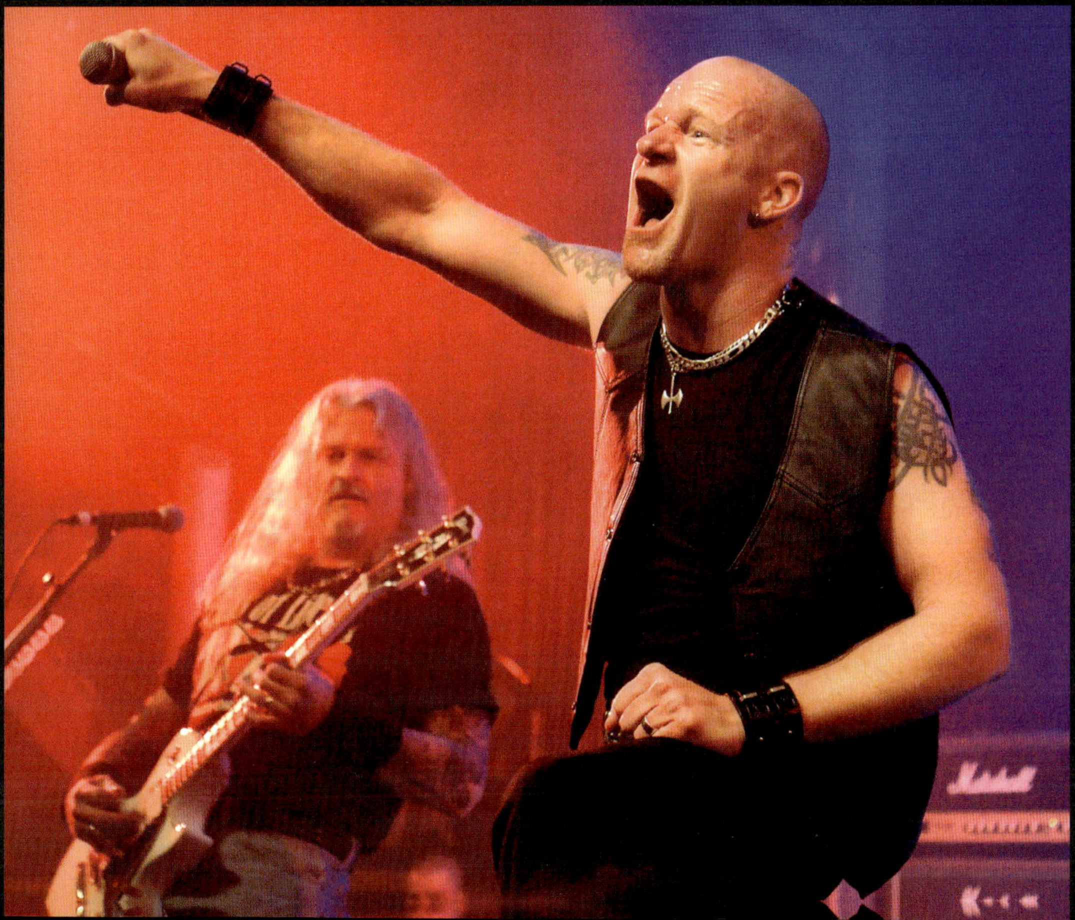

228 und 229 ✠ Iced-Earth-Hauptakteur Jon Schaffer (ebenfalls auf der gegenüberliegenden Seite) und Sänger Matt Barlow bringen Ende der 2000er-Jahre das Publikum zum Kochen.

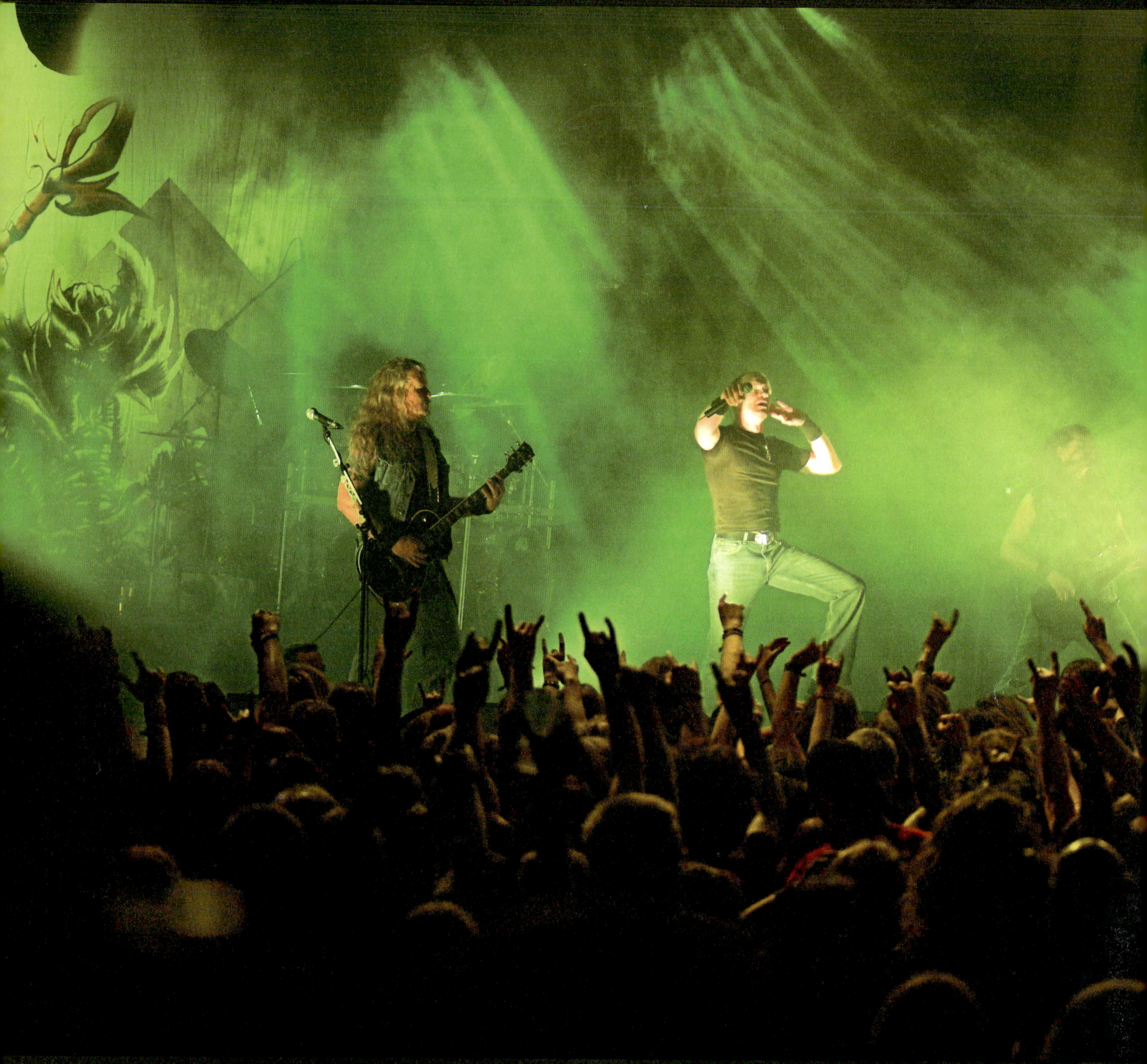

230-231 ✠ Iced Earth performen einen Song aus ihrem 2007er-Album „Framing Armageddon".

231 ✠ Guitarrist Troy Seele spielt „etwas Böses".

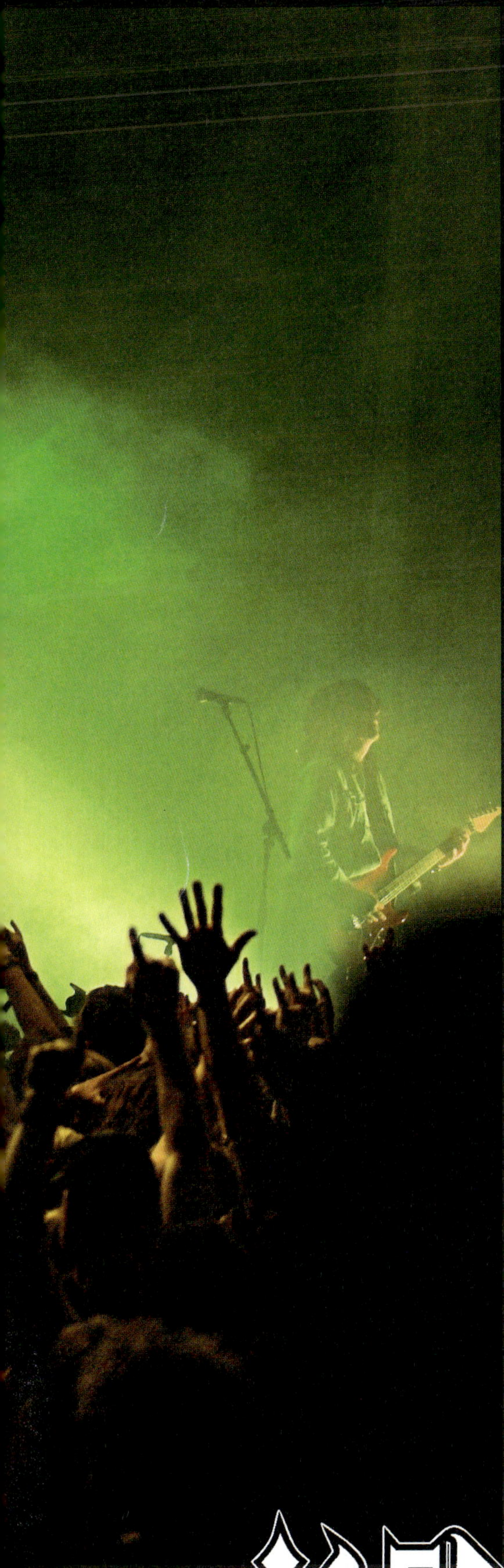

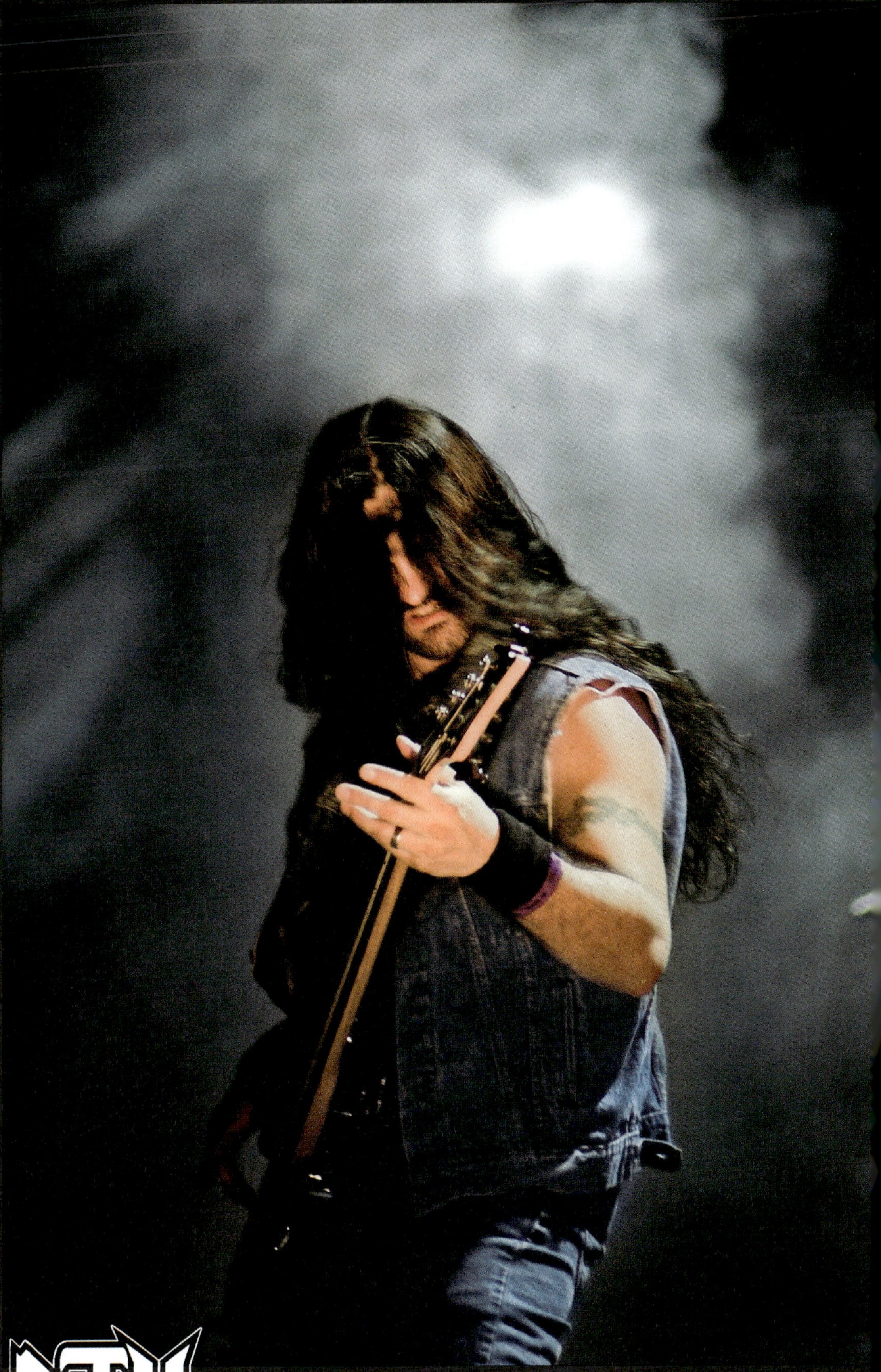

ICED EARTH

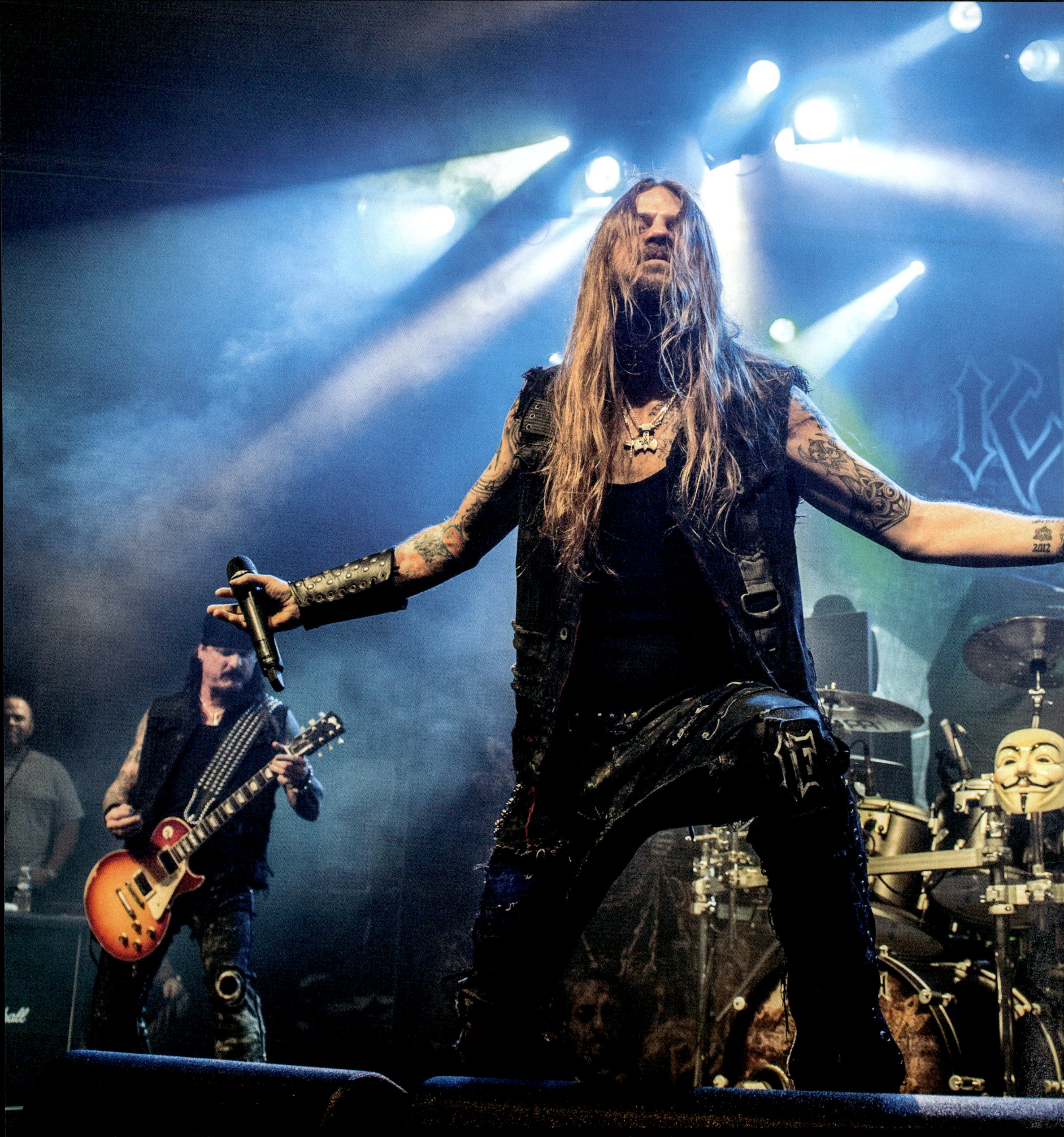

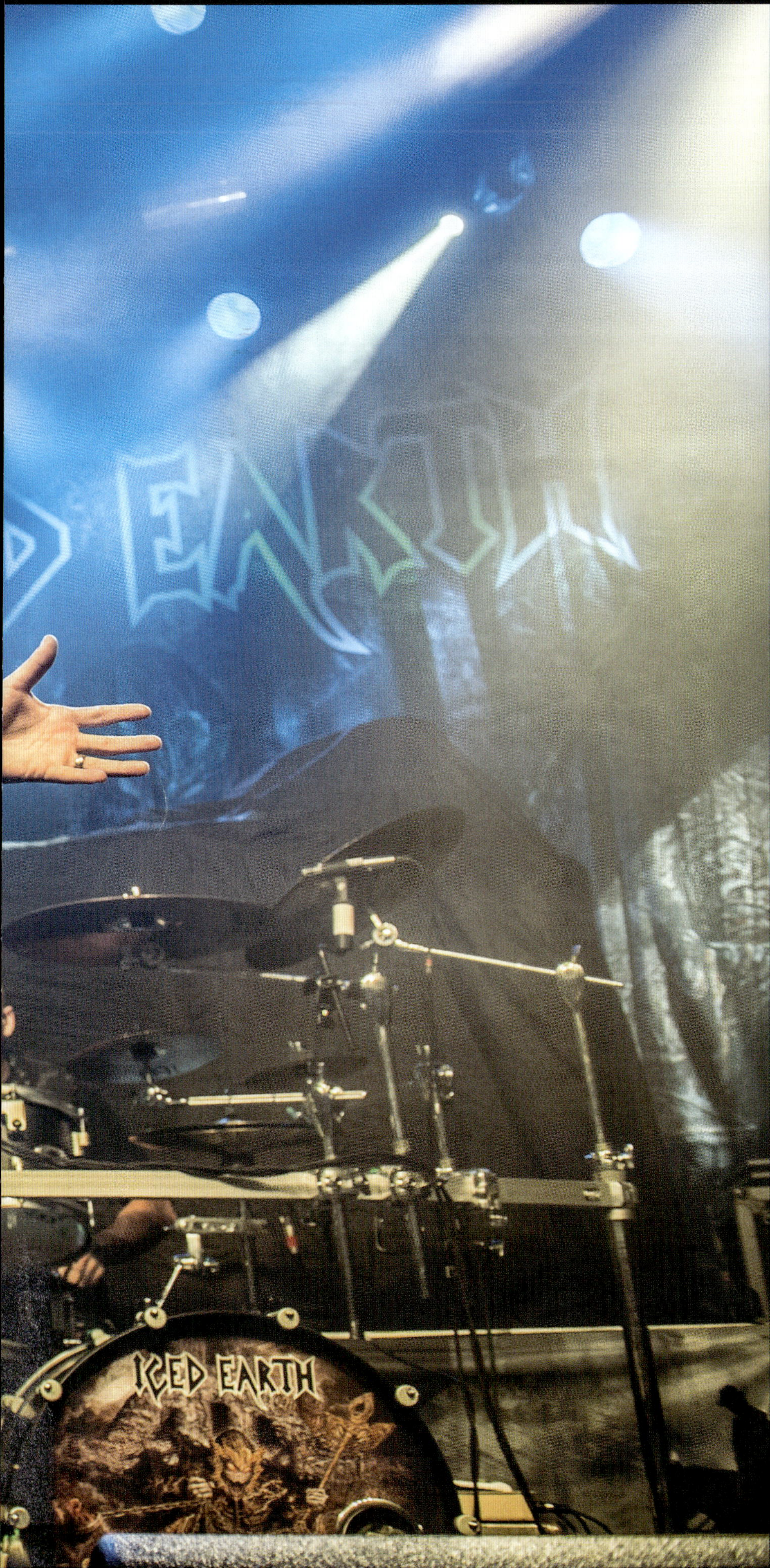
ICED EARTH

BLIND GUARDIAN

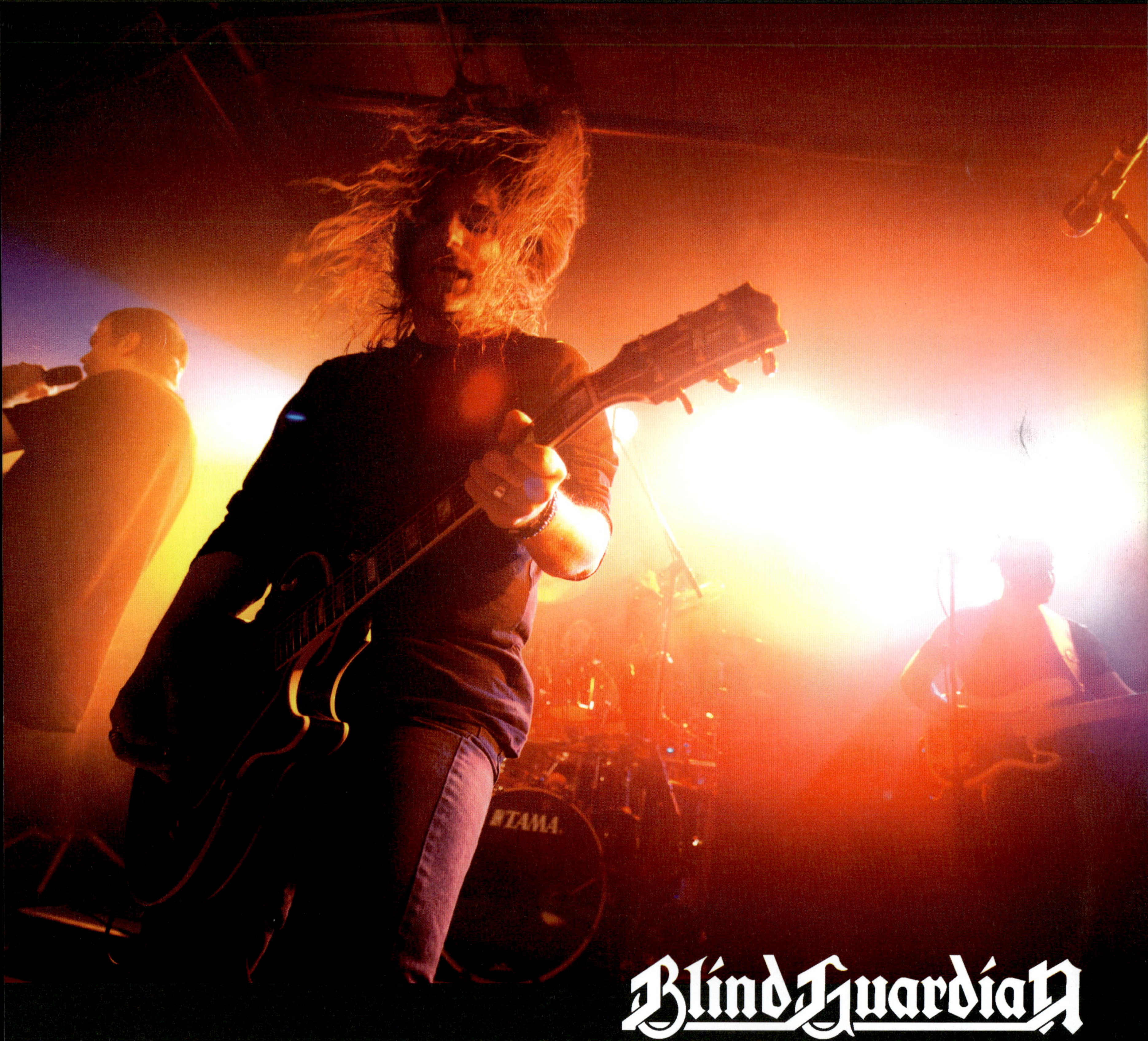

Ohne Hansi Kürschs hohen Gesang und den gelegentlichen Spielereien seiner Bandkollegen mit Flöte, Violine und Dudelsack könnte Deutschlands Blind Guardian locker als Speed-Metal-Band eingestuft werden. Tatsache ist jedoch, dass Kürschs Heulgesang sich ausführlich mit Science-Fiction- und Fantasy-Themen befasst, ja, sie haben sogar ein Album, das sich mit J.R.R. Tolkiens mythopoetischem „Silmarillion" befasst, „Nightfall in Middle-Earth" von 1998. Und sie haben keine Skrupel, mitten in einem tobenden Thrasher wie dem Titeltrack ihres besten Albums, „Somewhere Far Beyond" von 1992, auf einen irischen Jig-Tanz umzuschwenken. Es ist die Art und Weise, wie diese offensichtlich gekünstelten Metalheads ihre Ausstrahlung als Nerds akzeptieren, als die Power-Metal-Alpha-Männchen, die sie sind. Und das macht Blind Guardian so bemerkenswert.

Beginnend mit den rohen Gitarrenriffs des Einstiegstracks „Majesty" von ihrem Debüt-Album, „Battalions of Fears" von 1988, das sich stark auf den Einfluss von Iron Maiden und Helloween stützte, entwickelten Blind Guardian einen Power-Metal-Stil, der ihre Melodien mit aggressiven Schlachtrufen ausbalancierte. Irgendwie haben sie es geschafft, auf ihrem zweiten Album, „Follow the Blind" von 1989, noch härter zu klingen. Es enthielt düster melodische Tracks, die genau zwischen Songs von Bands wie Testament oder den Bands der schwedischen Melodic-Death-Metal-Szene wie Dark Tranquility gepasst haben, die sich Anfang der 1990er-Jahre formierten. Diese Suche nach Melodie würde sie schließlich von ihren härteren Landsleuten abheben, beginnend mit ihren schlampigen (und peinlichen) Coverversionen von „Barbara Ann" der Beach Boys und „Long Tall Sally" von Little Richard. Weitere Künstler, von denen die Band gecovert hat, sind Uriah Heep, der Komponist von „Tubular Bells", Mike Oldfield, und Queen, mit denen Blind Guardian einen Albumtitel teilt: „A Night at the Opera". Wirklich, diese Band schreckte vor nichts zurück.

Mit der Veröffentlichung ihres dritten Albums, „Tales From the Twilight World" im Jahr 1990, bauten sie Orchester- und Chormusiker ein und schrieben Songs, die auf Stephen-King-Romanen, dem Science-Fiction-Roman „Dune" und sogar dem Film „E.T" basierten. Mit „Somewhere Far Beyond" aus dem Jahr 1992 fanden sie ihren Stil und kreierten ihren eigenen charakteristischen Sound: große Chöre zum Mitsingen, feurige Gitarrenriffs und unglaublich schnelle Schlagzeug-Parts. Und dann war da noch Kürschs extrem hoher Gesang über Hobbits und große Taten. Sie waren zu einer einzigartigen Power-Metal-Band geworden, die ihre harte musikalische Kraft ausübte, ohne sich zu verlangsamen oder einen Großteil ihrer Scharfkantigkeit zu opfern.

Sie haben diese Formel mit unterschiedlichem musikalischen Erfolg fortgesetzt, aber kommerziell wurde es besser als je zuvor. Ihre Single „Fly" aus „A Twist in the Myth" aus dem Jahr 2006, enthält eine Electro-Rock-Stimmung, die treibende Riffs und vielstimmige Refrains unterstreicht. Dieser Song wurde in acht Ländern veröffentlicht. Wenn Blind Guardian etwas bewiesen haben, dann, dass sie nichts und niemand zurückhalten kann. Nicht einmal Tolkiens Bösewicht Sauron.

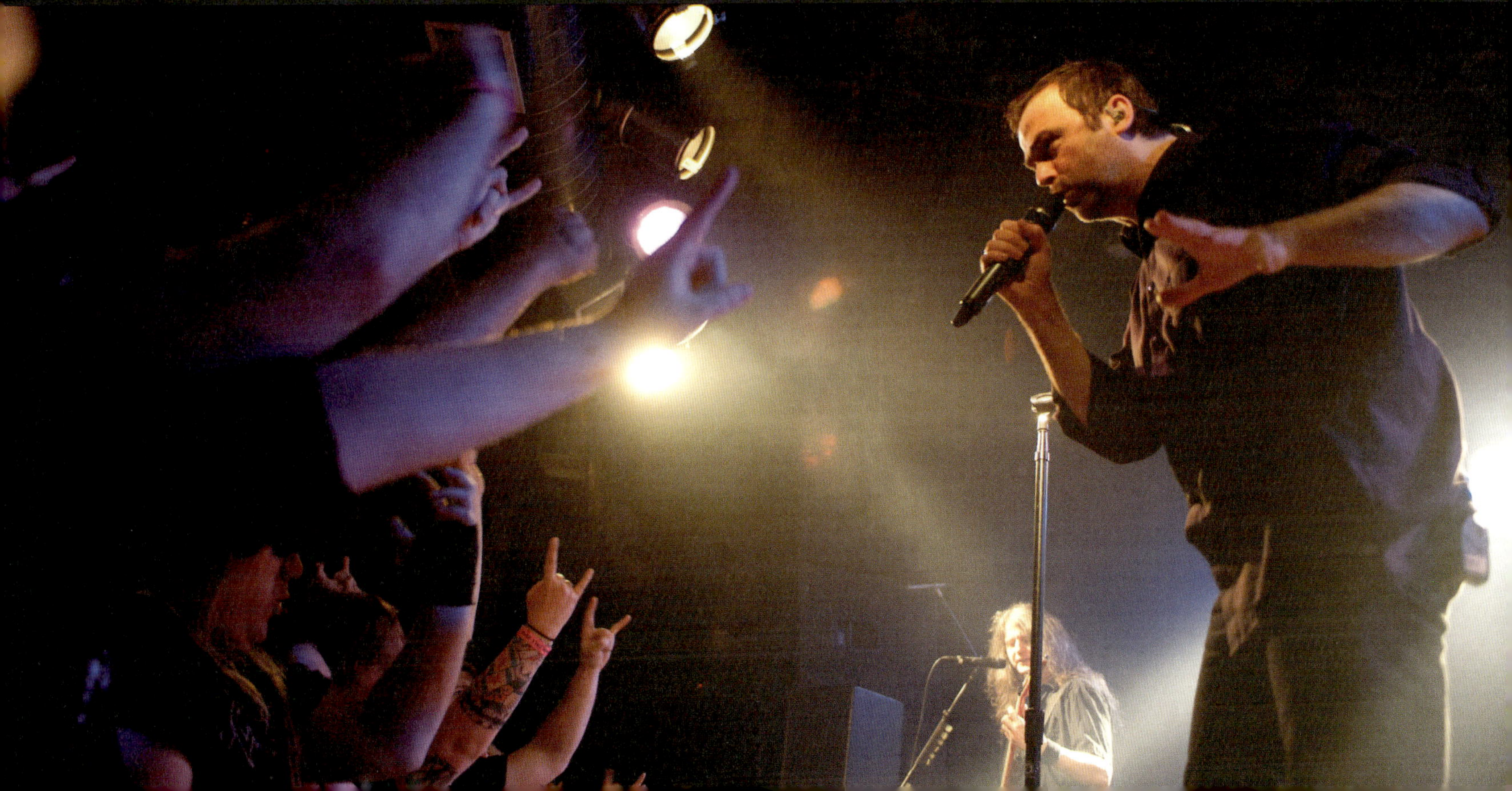

236 und 237 ✠ Jacob Bannon beim Roadburn Festival in den Niederlanden im Jahr 2018. Bannon ist nicht nur Frontmann bei Converge, er schuf auch zahlreiche Cover-Illustrationen für andere Metal-Bands, ist Trainer für Martial Mixed Arts und erhielt sogar drei Jahre in Folge den Titel „World's Sexiest Vegetarian" vom Umweltverband PETA.

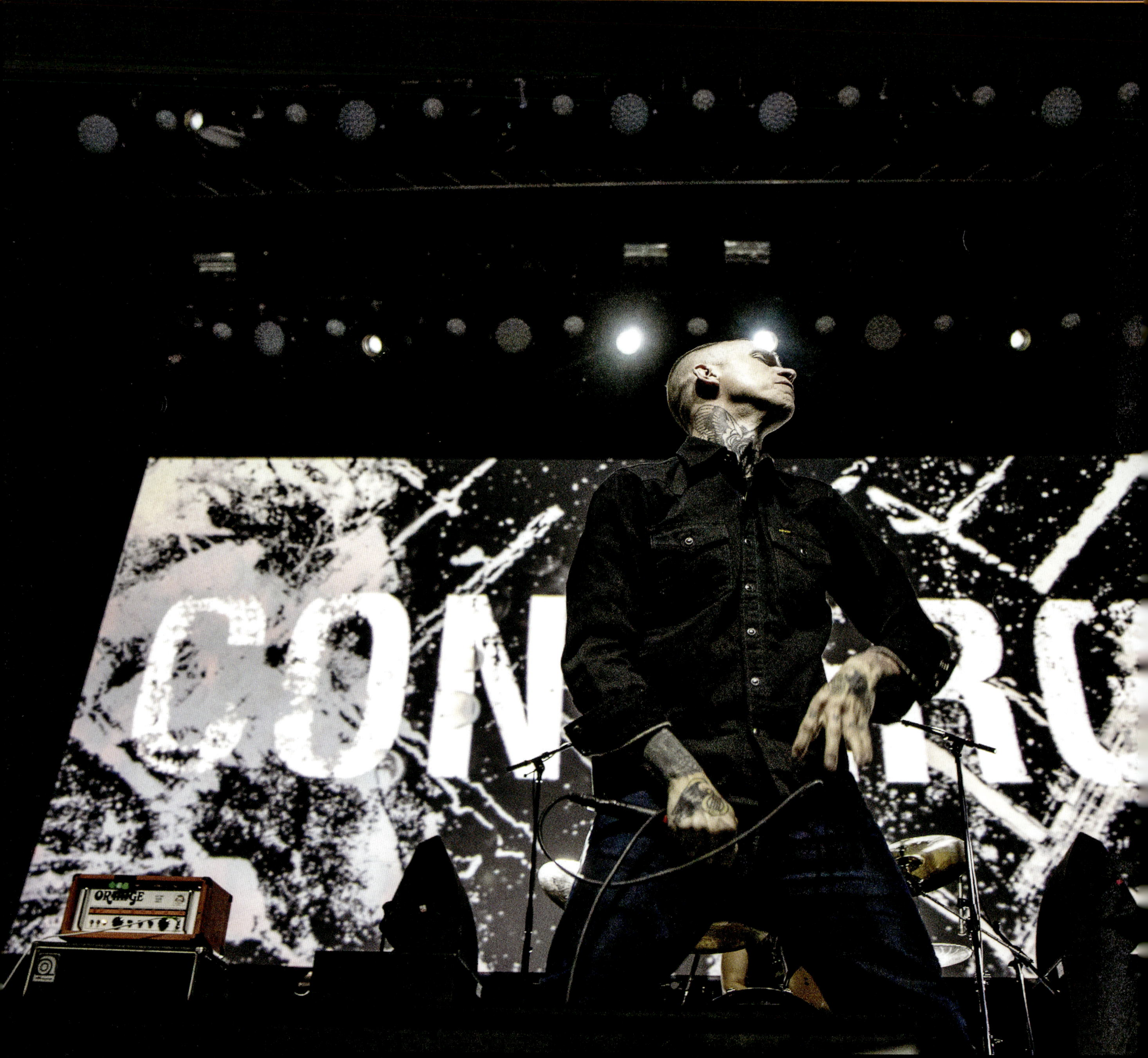

CONVERGE

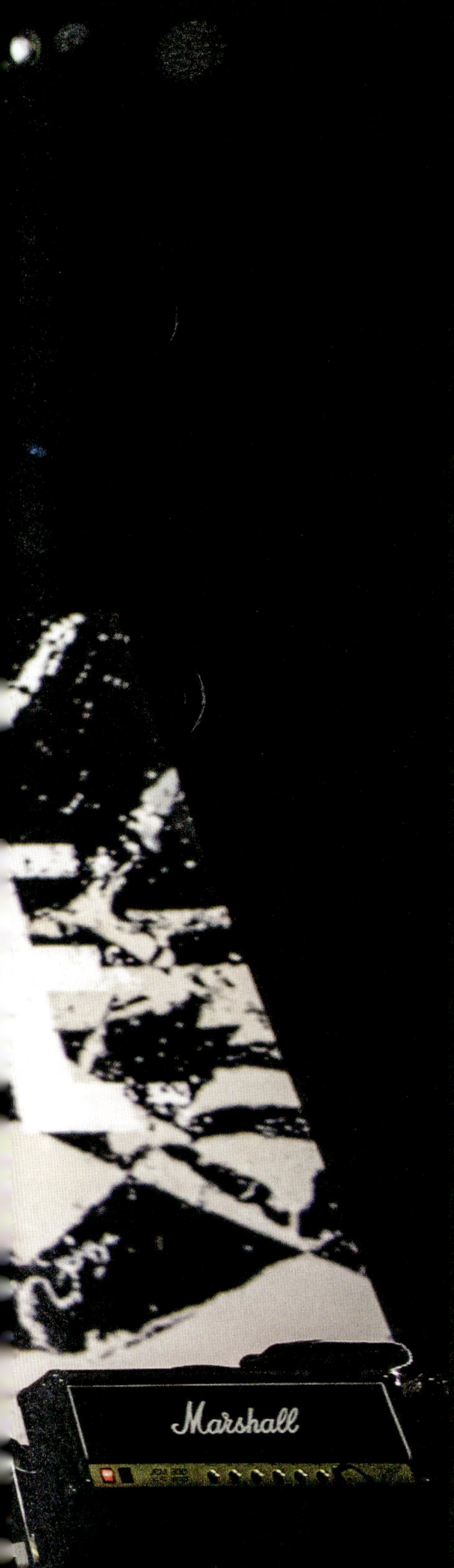

Die beste Definition der Band wurde von Converge selbst geliefert: „Aggressive Music". Converge wurde 1990 in Salem, Massachusetts, gegründet. Sie spielten zunächst Hardcore-, Punk- und Metal-Cover und waren auch bei Slayer-Anhängern sehr beliebt. Sänger Jacob Bannon und Gitarrist Kurt Ballou gründeten die Band zusammen mit Bassist Jeff Feinberg und Schlagzeuger Damon Bellorado. Ihre Reise ist die einer sich selbst respektierenden Underground-Band: ein Demoband, aufgenommen auf einem Vierspurgerät, drei Jahre ununterbrochene Live-Aktivität, ein Vertrag mit einem unabhängigen Label, Earthmaker Records, und schließlich das Debüt 1994 mit dem Album „Halo in a Haystack", von dem nur tausend Vinylkopien gedruckt wurden, finanziert von Jacob Bannon mit dem Geld, das er in einem Altenpflegeheim verdient hatte.

Jacob Bannon war der kreative Motor von Converge und eine der interessantesten Persönlichkeiten der Metal-Szene (ein Dokumentarfilm mit dem Titel „Rungs in a Ladder" wurde 2013 über ihn gedreht). Als Absolvent des Art Institute of Boston arbeitete Bannon auch als College-Professor für Kunst und Design, bevor er einer der wichtigsten Grafiker der Punk- und Metal-Szene wurde und Cover, Logos und Anschauungsmaterial für Dutzende von Bands entwarf. Ihm wird die Erfindung des geflügelten Schädels zugeschrieben, der zu einem der berühmtesten Symbole von Underground Punk geworden ist. Er selbst hat gesagt: „Eigentlich bezahlen meine Arbeiten als Grafik-Künstler die Rechnungen." Bannon ist auch Mixed-Martial-Arts-Trainer, überzeugter Tierschützer und Vegetarier (er ist Aktivist gegen Hunderennen in Amerika) und der Gründer des unabhängigen Labels Deathwish Inc., das das jährliche Deathwish-Festival in Massachusetts organisiert.

Unter den unendlichen Ableitungen und Subgenres des Metal gilt Converge als „Metalcore", aufgrund des Wechsels zwischen langsamen und sehr schnellen Passagen und der Verschmelzung der Punk-Ästhetik mit einem Hardcore-Sound (insbesondere dem der New Yorker 80er-Jahre-Szene, ähnlich wie bei Bands wie Agnostic Front und Cro-Mags). Metalcore verbreitete sich Ende der 1990er-Jahre mit dem Erfolg von Bands wie Hatebreed und Avenged Sevenfold, aber Converge leisteten hier Pionierarbeit mit ihrem Engagement bei einem der wichtigsten Labels des Genres, Equal Vision Records, mit dem sie ihr drittes Album, „When Forever Comes Crashing", veröffentlichten. Im gleichen Zeitraum verließen Jeff Feinburg und Damon Bellorado die Band und wurden durch Ben Koller und Nate Newton ersetzt, wodurch sich eine endgültige Besetzung formierte, die bis heute Bestand hat.

Mit dieser soliden und stürmischen Besetzung, der Unterstützung eines treuen Publikums und den kreativen Ideen von Jacob Bannon waren Converge bereit, sich mit ihrem vierten Album von 2001, „Jane Doe", einen Namen zu machen. Das von Bannon grafisch illustrierte Albumcover, das das melancholische Gesicht einer Frau zeigte, griff die Fantasie des Publikums auf und wurde zum Kultbild der Band. „Es ist nicht das Porträt irgendeines Mädchens", sagte Bannon, „ich wollte das Gefühl der Enttäuschung und die Empfindungen einfangen, die mit dem Ende einer Beziehung einhergehen, in der Hoffnung, aus einer negativen Situation etwas Positives zu schaffen." Die Musik auf „Jane Doe" war schnell, dynamisch und aggressiv, aber auch melodisch und experimentell. Das Album wurde von der Kritik gefeiert (Metal-Magazine wie das Terrorizer Magazine, aber auch das Referenzmagazin des Indie Rock, Pitchfork, kürten es zum Album des Jahres, und definierten es als ein Album „voller Intelligenz und Intensität") und machte Converge zu einer Kultband. „Obwohl", wie sich Nate Newton in einem Interview erinnerte, „wir eigentlich ein Hardcore-Album schreiben wollten, das Hardcore-Fans hassen könnten." Seitdem hat Converge fünf weitere Alben veröffentlicht, von „You Fail Me" aus dem Jahr 2004 bis „The Dusk in Us" aus dem Jahr 2017 (und auch die EP „Beautiful Ruin" aus dem Jahr 2018), erreichten aber nach allgemeiner Auffassung nie die kreativen Höhen von „Jane Doe" und wiederholten sich letztendlich nur. Das Maß an Aggression ist gleichgeblieben, es gab nur wenige Zugeständnisse an die Melodie, die Technik der Band ist einwandfrei und neue Generationen von Metalcore-Fans drängen sich auch heute auf ihre Konzerte. Ihr beliebtestes Live-Album ist aber nach wie vor „Jane Live", aufgenommen während ihres Auftritts beim Netherland Roadburn Festival 2016, wo sie „Jane Doe" von Anfang bis Ende spielten.

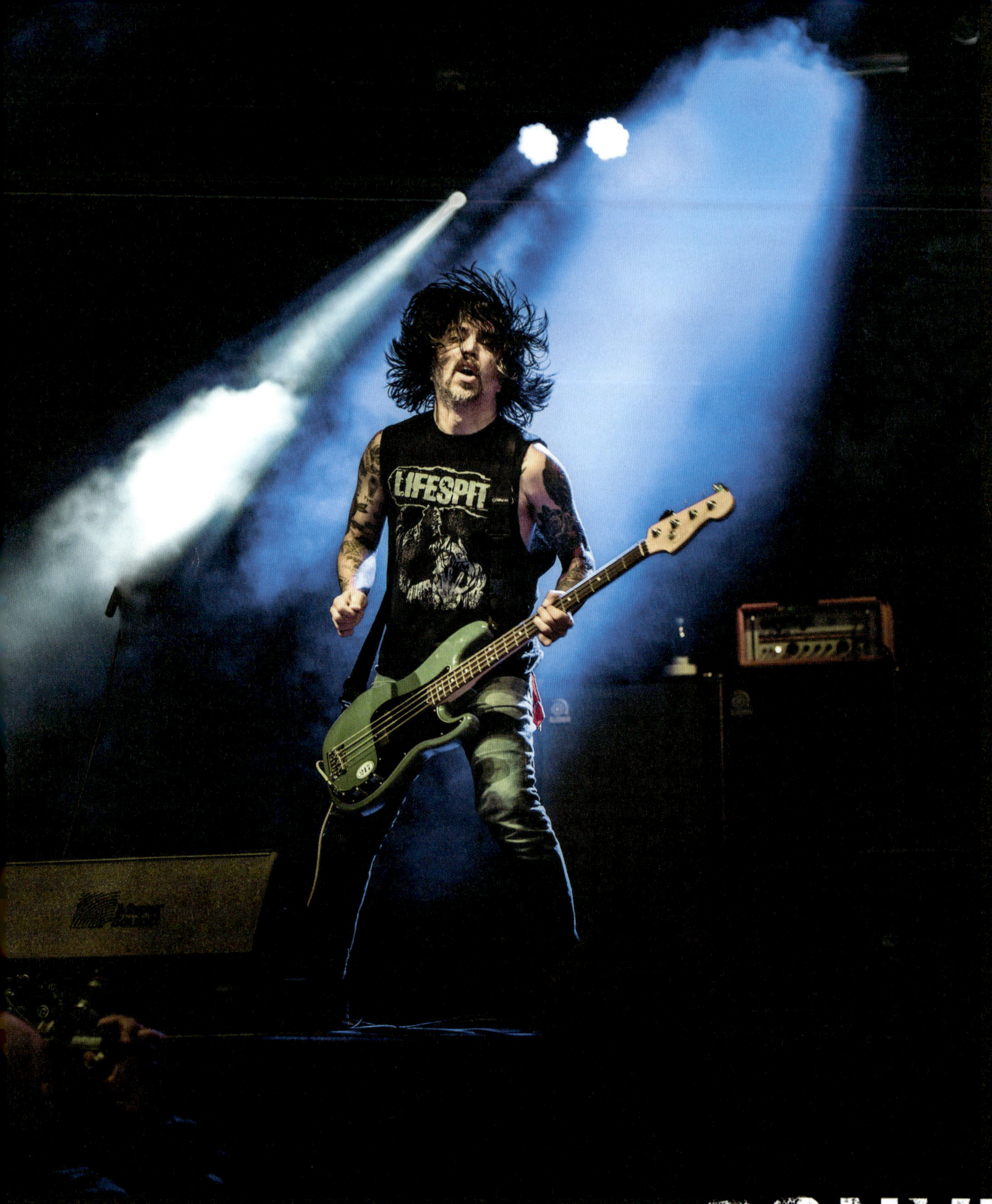

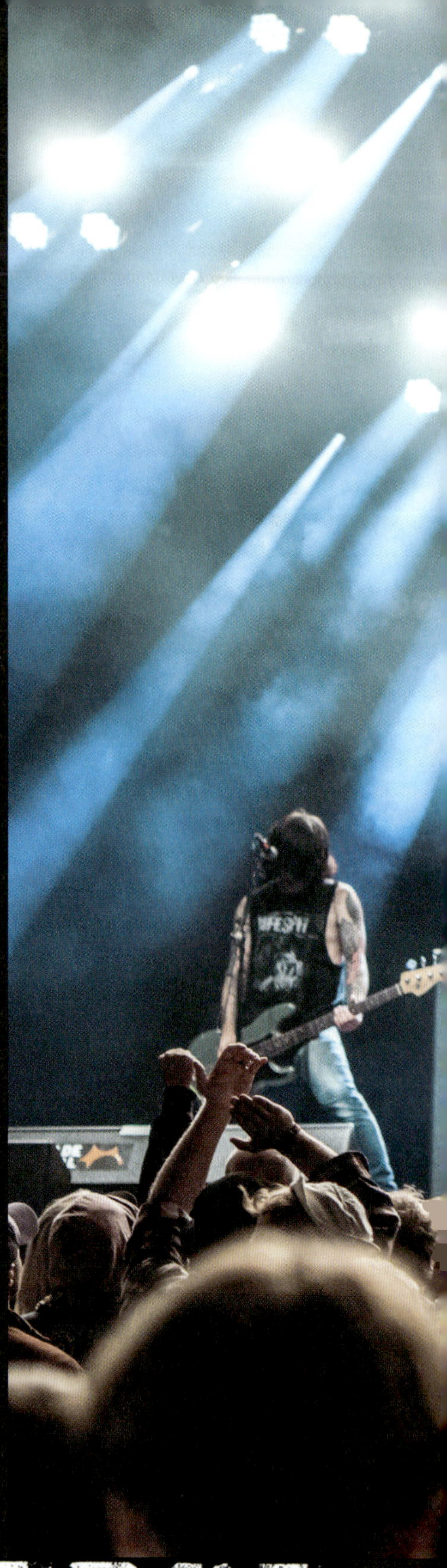

CONVERGE

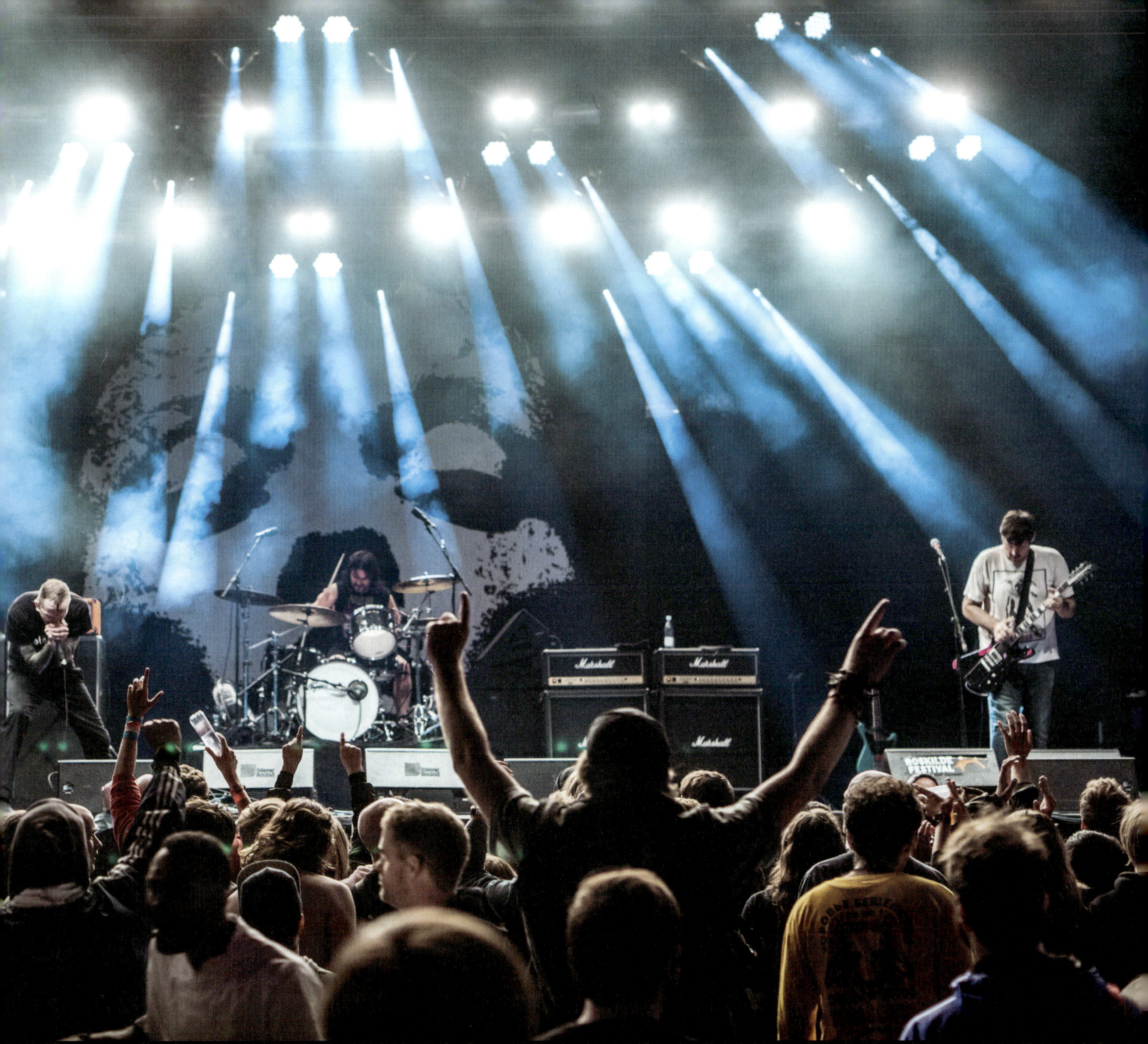

238 und 239 ✠ Bassist Nate Newton kam 1998 zusammen mit Schlagzeuger Ben Koller zu Converge. Mit dieser Besetzung eroberte die Band 2001 mit dem Album „Jane Doe" die Metalcore-Szene und veröffentlichte seitdem alle drei Jahre ein Album: „You Fail Me" (2004), „No Heroes" (2006), „Axe to Fall" (2009) und „All We Love We Leave Behind" (2012). Die Fans warteten danach fünf Jahre auf das bisher letzte Album von Converge: „The Dusk in Us" (2017).

240 ✠ Mit Frontmann Al Jourgensen spielten Ministry einige der knorrigsten Industrial-Metal-Songs überhaupt, am besten zu hören bei Songs wie „Just One Fix" und „Burning Inside".

241 ✠ Ministrys Besetzung um 1996, kurz nach der Veröffentlichung von „Filth Pig". Paul Barker ist Dritter von links und Al Jourgensen Zweiter von rechts.

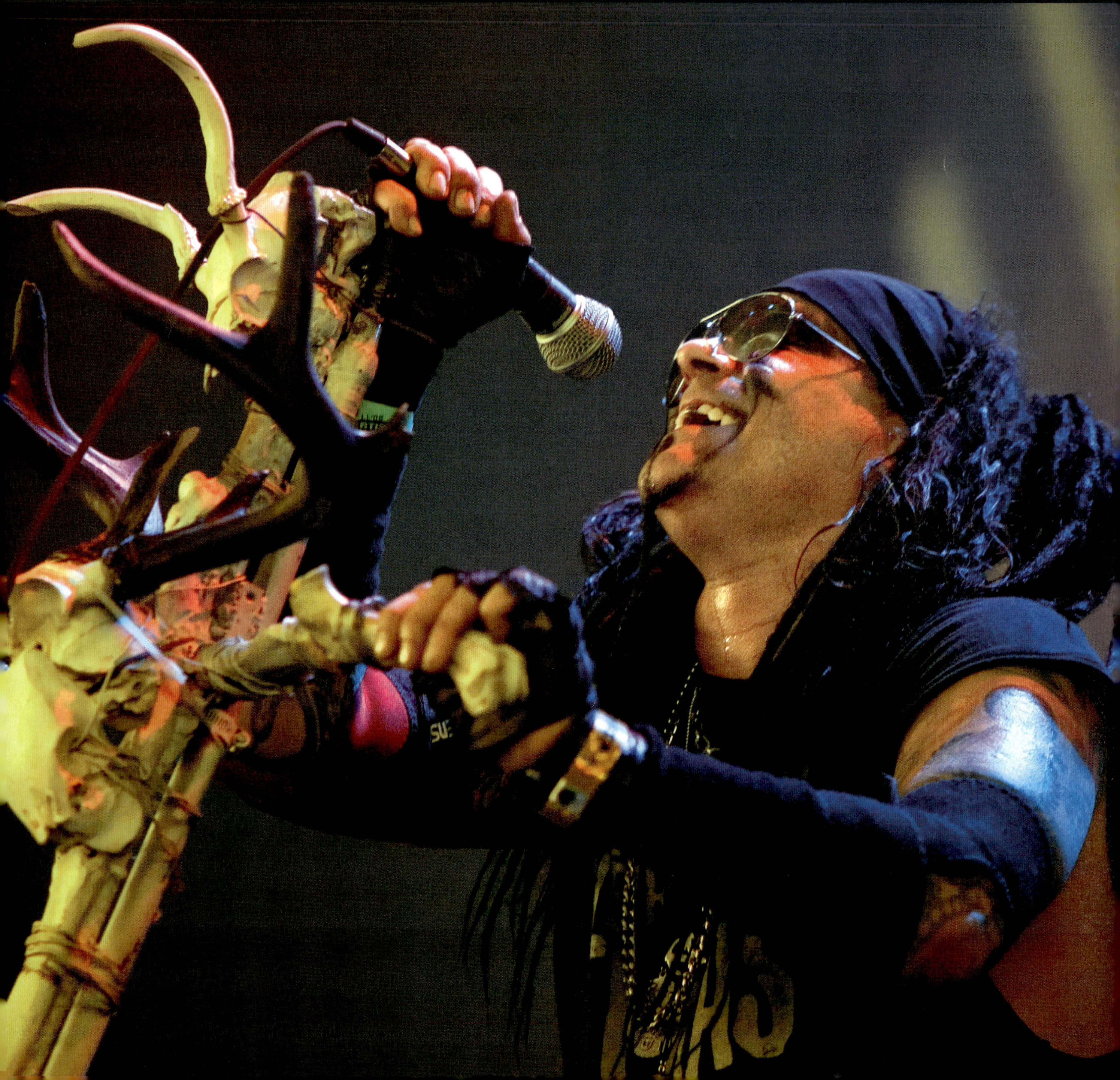

MINISTRY

Obwohl mehrere Bands Metal und Industrial miteinander verschmolzen haben (Nine Inch Nails, KMFDM, White Zombie und Godflesh, um nur einige zu nennen), hat es niemand außer Ministry geschafft, Electronic mit treibenden Gitarren und bedrohlichem Gesang in Einklang zu bringen. In den späten 1980er- und frühen 1990er-Jahren erreichte die Band für kurze Zeit Industro-Metal-Perfektion mit Songs, die sich durch ein pochendes, mechanisches Schlagzeug und schwellende, übermäßig verzerrte Gitarren auszeichneten. Zu einer Zeit, als der Begriff „Alternative Music" als Genre betrachtet wurde, waren Ministry die Alternative zur Alternative.

Frontmann Al Jourgensen, der für Dreadlocks und Cowboyhut bekannt ist, gründete die Band 1981, aber erst als er eine Allianz mit dem Brille tragenden Bassisten und Sänger Paul Barker einging, kam die Band in Schwung. Die frühesten Alben von Ministry, „With Sympathy" von 1983 und „Twitch" von 1986, waren unverfrorene Synth-Pop-Bestrebungen, die in einer Zeit veröffentlicht wurden, als Bands wie A Flock of Seagulls herausstechende Frisuren trugen. Paul Barkers erstes Album mit Jourgensen war jedoch als Aufbruch zu sehen. Obwohl das widerlich betitelte „The Land of Rape and Honey" von 1988 viele Spuren von Synth-Pop enthielt, machten es Gothic-Gesang, nervöse Drums und eine gesunde Dosis statisch beladener Gitarren zu einem weitaus heftigeren Album, als es für Synth-Pop- oder Gothic-Rock-Fans annehmbar war. Jourgensens wahnsinniges Geheul bei Songs wie „Stigmata" und „Flashback" sollte ein Zeichen für die Zukunft sein.

Als Nachfolger des Albums mit einem so groben Titel wie „The Land of Rape and Honey" brachten Ministry 1989 „The Mind is a Terrible Thing to Taste" heraus. Beginnend mit dem langsamen, schleifenden Sound des Openers „Thieves", gekennzeichnet durch Samples aus dem Film „Full Metal Jacket", war das Album vom ersten Titel an eine viel härtere Angelegenheit als sein Vorgänger. Obwohl die Musik mit ihren disziplinierten Riffs viel mehr von Metal herrührte, war das Album nuanciert und enthielt eine Reihe von Gastmusikern. Der Song „Burning Inside", der von geschichtetem Schlagzeug und schwerfälligen Gitarrenriffs getragen wurde, die härter waren als es die meisten Doom-Bands spielten, wurde zum Durchbruch der Band und schaffte es tatsächlich in die alternativen Charts.

Das nächste Album von Ministry war ihr Meisterwerk. „Psalm 69: The Way to Succeed and the Way to Suck Eggs", veröffentlicht 1992, legte gleich mit „N.W.O." los, einem dampfenden, rollenden Metal-Song, der gegen Präsident Bush protestierte. Der Song enthielt Samples des Präsidenten sowie des Vietnamkriegsfilms „Apocalypse Now". „Just One Fix", das Jourgensens Heroinprobleme in den kommenden Jahren vorwegnahm, war ein bedrohliches Metal-Monster mit einem unerbittlichen Rhythmus und dem straffen Gitarrenstil, den viele spätere Bands kopieren würden. Die bahnbrechende Single des Albums war jedoch „Jesus Built My Hotrod", ein Metal-Rockabilly-Hybrid mit Gesang von Gibby Haynes von den Butthole Surfers. Zu einer Zeit, in der selbst seltsamere Metal-Hybrid-Bands wie Primus großen Erfolg haben konnten, hatte dies einen immensen Einfluss auf die Musikwelt.

Leider erreichte Ministry diesen kreativen Erfolg nie wieder. Jourgensen machte aufgrund exzessiver Drogenprobleme Pause und die Band produzierte eine Reihe mittelmäßiger Alben. Nach seinem Entzug 2001 verbesserte sich die Musik wieder, aber dies könnte etwas mit der Wahl von George W. Bush zum Präsidenten zu tun haben oder vielleicht auch mit dem Abgang von Paul Barker 2003. Ministry veröffentlichten in den 2000er-Jahren ein Anti-Bush-Album nach dem anderen und griffen die Wildheit von „N.W.O." auf dem Titeltrack des Albums „Rio Grande Blood" von 2006 unter Verwendung von Zitaten des Präsidenten wieder auf, gefolgt von „The Last Sucker". 2011 stellte Jourgensen eine neue Ministry-Besetzung für das Album „Relapse" zusammen und würdigte den 2012 verstorbenen Gitarristen Mike Scaccia mit „From Beer to Eternity". Seine dystopische Vision von Amerika wurde mit „AmeriKKKant" von 2018 weiterentwickelt und zeigt auch weiterhin keine Anzeichen eines Endes.

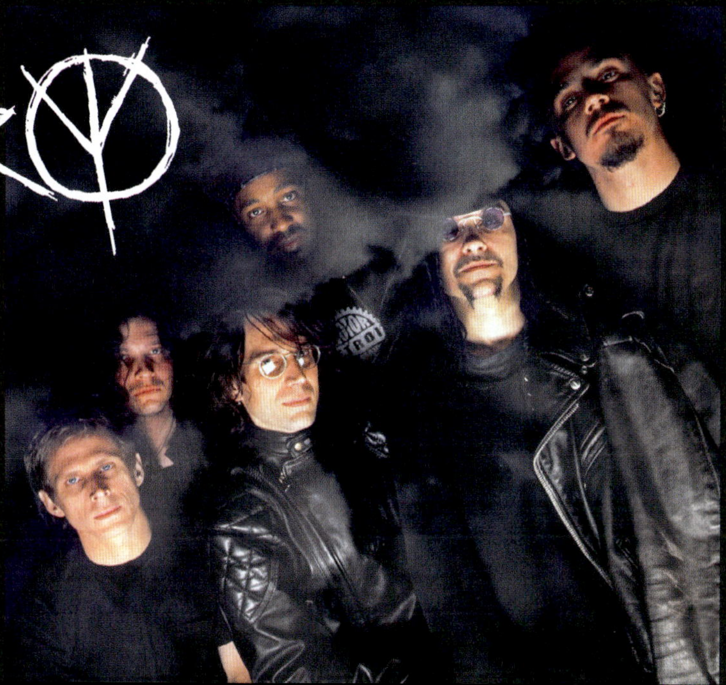

Leistungsschwimmers und pyrotechnischen Giganten Till Lindemann betrachtet, der auf der Bühne gerne Asbestanzüge trägt, um ganz in Flammen versunken Lieder zu singen. Rammstein hat alles, was eine Metal-Band braucht: einen metallischen Sound, einen pochenden Rhythmus und eine verstörend aufgedrehte Lautstärke. Aber wie der frühe Marylin Manson macht Till Lindemanns provokative Persönlichkeit nur denjenigen Angst, die bereits Angst haben.

Rammstein steht für surreales Theater, manchmal gewalttätig (oder pornografisch, wie in ihrem Videoclip „Pussy" von 2009, der in Deutschland an die Spitze der Charts flog). Sie erzeugen Angst, schaffen aber gleichzeitig auch eine unwiderstehliche Anziehungskraft. Es ist kein Zufall, dass David Lynch, der Meisterregisseur des Unbewussten, Rammstein immer gemocht hat und zwei der Songs der Band („Rammstein" und „Heirate Mich") in den Soundtrack seines 1996er-Films „Lost Highway" aufgenommen hat. Was Rammstein-Liveauftritte so faszinierend und unumgänglich macht, sind ihre majestätischen Symphonien und das mechanische Ineinandergreifen von Gitarre, Schlagzeug und Keyboards: eine Klangwand im Techno-Tempo, mit der der Riese Lindemann seine Show frei gestalten kann.

Seine Rolle als Schauspieler, Dichter und Ikone der Neuen Deutschen Härte (ein von der Presse geschaffenes Genre, um Rammsteins erstes Album, „Herzeleid" von 1995, zu definieren) ist die eines perversen Störers des kollektiven Unbewussten. Dies ist die einzige Möglichkeit, die Kritik am amerikanischen Kultur- und Politik-Imperialismus des Songs „Amerika", der nach dem Einmarsch in den Irak 2003 geschrieben wurde, oder die Reflexion über die germanische Identität, die zwischen epischer Romantik und Dystopie angesiedelt ist, in die Liebes- und Hasserklärung des Songs „Deutschland" einzubeziehen, der aus ihrem neuesten, unbetitelten Album 2019 stammt: „Meine Liebe / kann ich dir nicht geben".

Wenn sie auf eine Kontroverse stoßen, rollen Rammstein wie ein Panzer darüber. 2001 wurde die Band beschuldigt, Nazi-Sympathisanten zu sein. Daraufhin antwortete die Band auf dem Album „Mutter" mit „Links 2-3-4", dessen Titel den Text des Einheitsfrontliedes zitiert, der Hymne der sozialistischen und kommunistischen Bewegung, geschrieben von Bertolt Brecht im Jahr 1934. Für diejenigen, die ihn dafür kritisieren, dass er nur auf Deutsch singt, antwortet Lindemann, dass er in Leipzig aufgewachsen sei und nie Englisch gelernt habe. Mit ihren sieben Alben verkörpern Rammstein eine Industrial-Rock-Parade mit einer expliziten Neigung zum Theatralischen, begleitet von Explosionen und pyrotechnischen Effekten. Eine Band, die mit der Single „Du hast" (aus ihrem zweiten Album „Sehnsucht" von 1997) große Erfolge in den Clubs erzielte, aber auch das Metal-Publikum eroberte, das sie lange als zu kitschig angesehen hatte. Und lasst uns nicht das Vergnügen eines Skandals übersehen, als sie auf einer US-Tour eine Schaufensterpuppe, die einem der sechs Mitglieder der Band, Keyboarder Christian „Flake" Lorenz, nachempfunden war, mit einer Axt „zu Tode geprügelt" haben. Oder als sie alle in einer Zelle landeten, weil sie während des Songs „Bück Dich" den Geschlechtsverkehr mit einem riesigen Gummiphallus nachgeahmt hatten. Zwischen Feierlichkeit und Selbstironie erwägt Rammstein keine halben Sachen, wenn es darum geht, das Image zu würdigen, das sie während ihrer 25-jährigen Karriere von sich selbst aufgebaut haben.

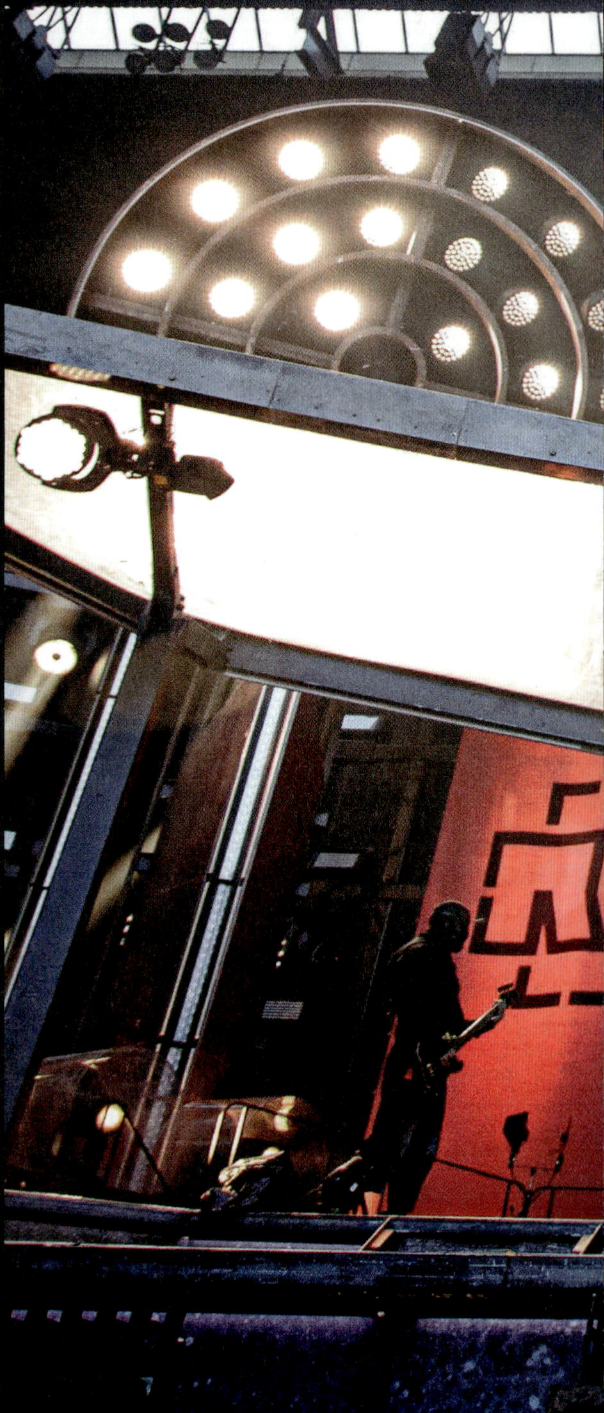

242-243 ✠ Rammstein treten 2019 live in Kopenhagen auf. Die Besetzung der Band ist seit 1994 dieselbe geblieben: Till Lindemann als Frontmann, Paul Landers und Richard Kruspe an den Gitarren, Oliver Riedel am Bass, Christian „Flake" Lorenz an den Keyboards und Christoph Schneider am Schlagzeug. Alle Bandmitglieder haben Soloprojekte realisiert: „Die Band ist eine echte Demokratie", wie Lindemann erklärte.

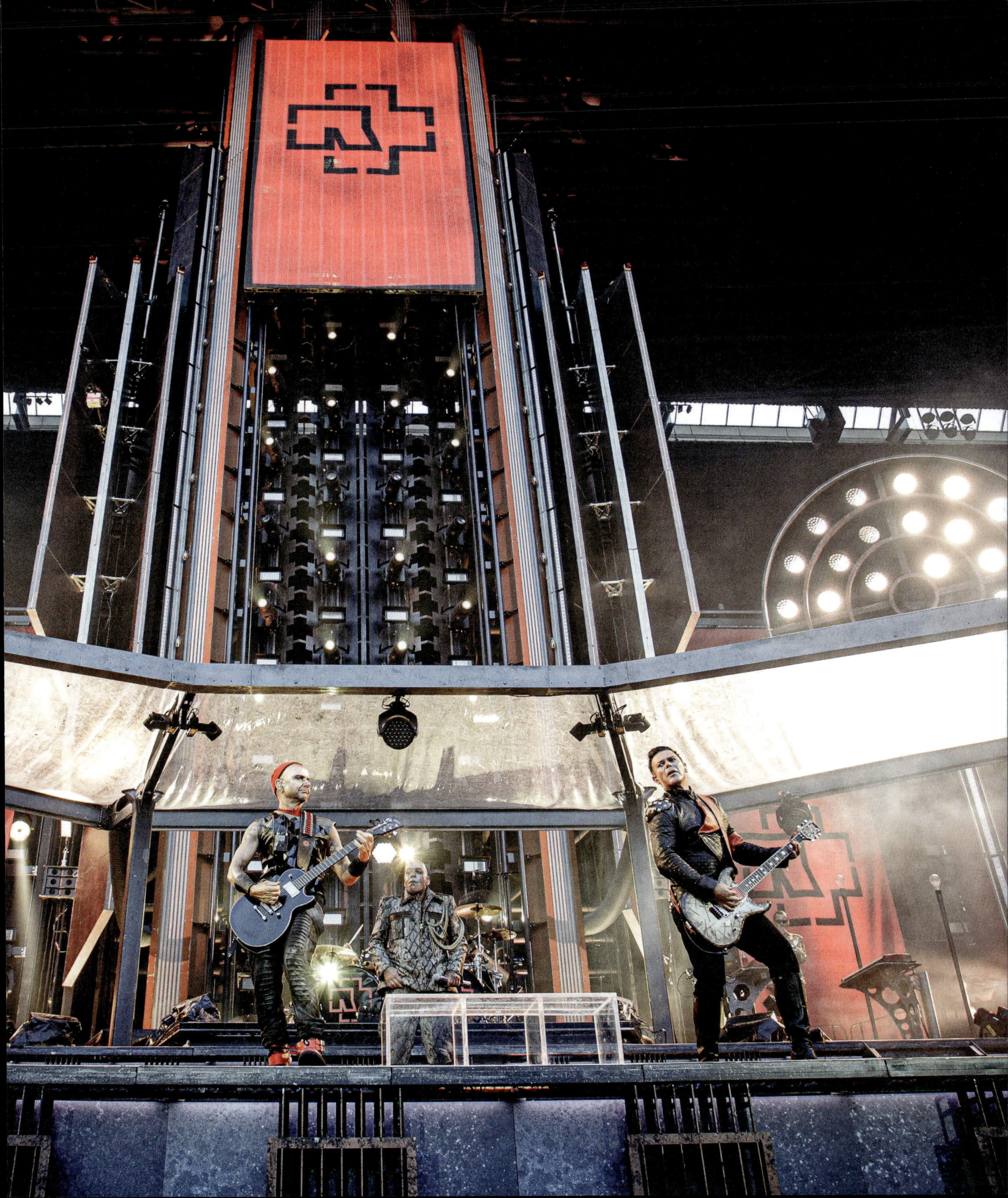

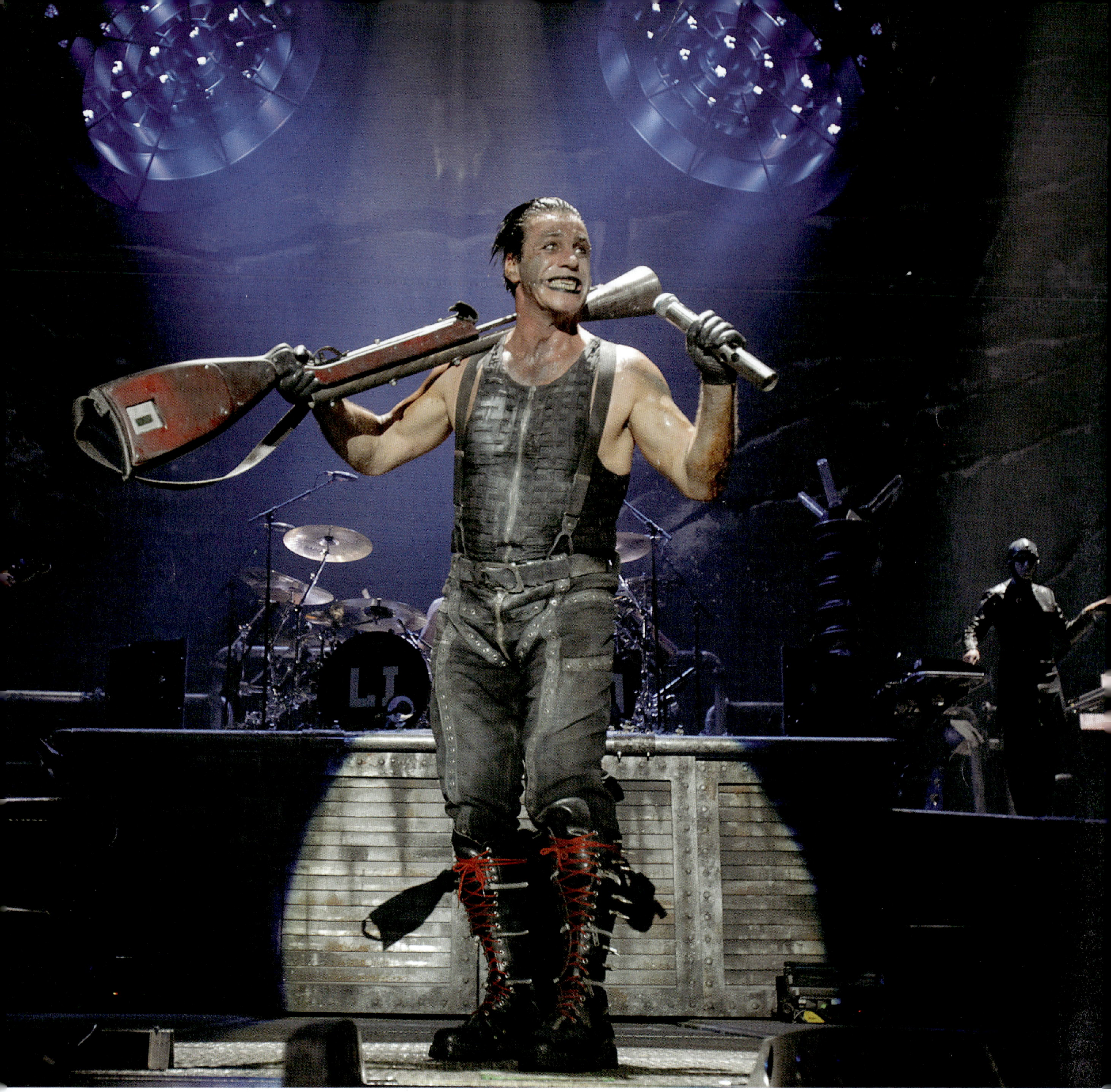

244 ✠ Während eines Konzerts im Los Angeles Forum zeigt Till Lindemann dem Publikum, was er über das Thema Waffenverkäufe in Amerika denkt.

245 ✠ Paul Landers auf der Bühne im Horsen-Gefängnis in Dänemark. Es war der perfekte Ort für eine Rammstein-Aufführung. Horsen ist ein ehemaliges Gefängnis, das 2006 in das größte Kriminalmuseum der Welt mit eigenem Konzertsaal umgebaut wurde.

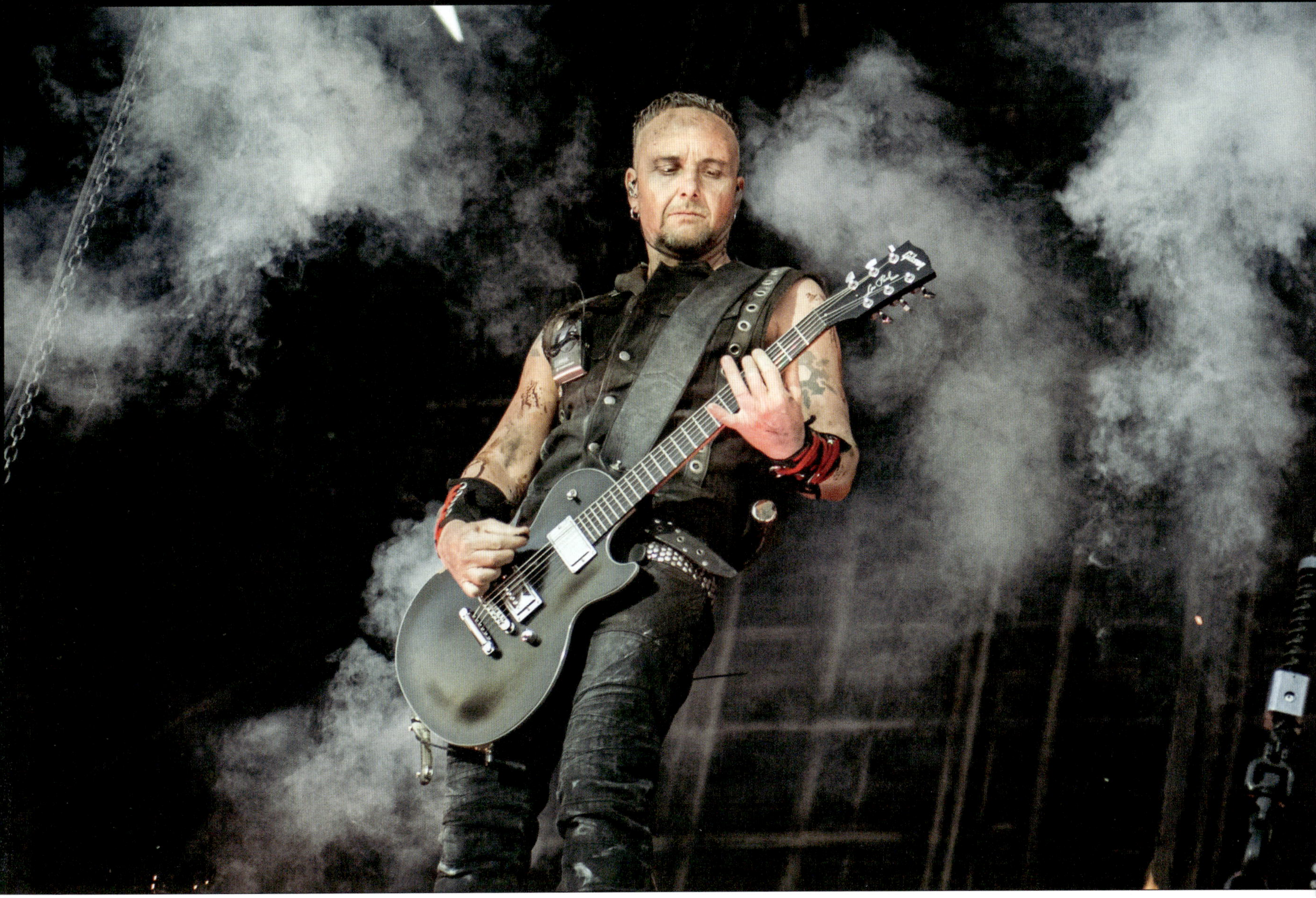

MARILYN MANSON

Er ist der selbst ernannte „God of Fuck“, „Antichrist Superstar“ oder „Born Villain“, je nach Jahr und Stimmung, aber Gothic-Metal-Ikone Marilyn Manson ist mit Sicherheit eines: ein Ikonoklast. Wahrlich, dem Mann, der früher als Brian Warner bekannt war und der beschloss, den Namen der amerikanischen Sex-Ikone Marilyn Monroe zu übernehmen und ihm den Namen einer der am meisten gehassten Figuren des Landes (Charles Manson) gegenüberzustellen, ist nichts heilig. Er hat Religion, Rock, Britney Spears, Trent Reznor, seine eigenen Leibwächter und unzählige andere provoziert, seit er Anfang der Neunzigerjahre aus Fort Lauderdale, Florida, mit der Band auftauchte, die auch seinen Namen trug.

Manson hatte von Anfang an ein bedrohliches Image, ungefähr wie Alice Cooper auf Steroiden, aber das erste Album der Band, „Portrait of an American Family“ von 1994, deckte einen Großteil des gleichen musikalischen Gebiets ab wie ihre Industrial-Rock-Kollegen von Nine Inch Nails. (Trent Reznor hat dieses Album koproduziert und auf seinem eigenen Label veröffentlicht.) Die Gitarren sind starr und werden durch reichlich elektronisches Schlagzeug ergänzt. Der einzige Ort, an dem Manson am hellsten strahlte, war seine theatralische Darbietung von Songs, die bei traditionellen Familienwerten und dem Christentum die Nase rümpfen. „Cake and Sodomy“ war voller sexuell eindeutiger Texte, während Mansons erste Single „Get Your Gunn“ über Gewalt gegenüber Hausfrauen handelte. Obwohl das Album ein Affront gegen jeden Anstand ist, verblasst es zur Bedeutungslosigkeit im Vergleich zu Mansons späteren Veröffentlichungen.

Der Mainstream nahm Manson schließlich mit seiner Coverversion von Eurythmics' 1983er-Hit „Sweet Dreams“ zur Kenntnis, die dank einiger Metal-Obertöne letztendlich wie ein bedrohlicher Albtraum wirkte. Auch dies konnte nicht mit dem zweiten Album der Band verglichen werden, „Antichrist Superstar“ von 1996 (Manson ist Priester in der Kirche Satans). Die Hauptsingle darauf, „The Beautiful People“, die sich aus den starren Gitarrenriffs des Industrial Metal, den großen, einprägsamen Refrains des Glam Metal und den gruseligen Keyboard-Zwischenspielen des Gothic Rock zusammensetzte, brachte Manson eine weit verbreitete Fangemeinde. Und „Tourniquet“, das von Masochismus handelte, hatte, trotz einiger cleverer Cello-Highlights, dank seiner unkomplizierten Rock-Drums mehr mit Hardrock als mit Art Rock zu tun. Es war alles, was der amerikanische Mainstream genauso hasste wie liebte.

Von diesem Zeitpunkt an wurden Marilyn Manson-Alben jedoch zu einer bunten Stil-Mischung. „Mechanical Animals“ von 1998 ähnelte zu einem großen Teil David Bowie-ähnlichem Glam Rock mit Songs wie „The Dope Show“, dessen Video bei MTV allgegenwärtig war. Der Vorteil dieser Bekanntheit war, dass Manson dank eines größeren Budgets einige der erstaunlichsten Live-Shows des Metal veranstalten konnte. Bei Konzerten zelebrierte Manson, der seinen Oberkörper je nach Laune mit medizinischen Verbänden oder Brustprothesen umwickelte, nachgebildete faschistische Kundgebungen und zerriss Bibeln von einem hoch aufragenden Podium aus. Er tat alles, um sein Publikum zu erreichen. Angeblich rieb er bei einem Konzert sogar einmal seinen Schritt auf dem Kopf eines Leibwächters.

All diese Negativität wurde Manson 1999 zum Verhängnis, als zwei Teenager an der Columbine High School in Littleton, Colorado, einen abscheulichen Massenmord an ihren Klassenkameraden verübten. Nach dem Massaker wurde festgestellt, dass die Schüler, die sich nach dem Amoklauf selbst erschossen, angeblich Fans von Manson waren. Aufgrund dieser Kontroverse sagte Manson seine kommenden Tourdaten ab. Unabhängig davon, ob dieser Zusammenhang Mansons Fangemeinde beeinflusste oder ob seine Musik aus der Mode kam, verkauften sich die nächsten Alben des Künstlers nicht so gut wie ihre Vorgänger aus den 1990er-Jahren.

In den späten 2000er-Jahren war Manson mit jeder Veröffentlichung immer noch unter den Top 10, aber es war schwieriger, das Publikum in der Welt nach Columbine und nach dem 11. September zu schockieren. Trotz der Veröffentlichung eines exzellenten Gothic-Rock-Albums, „Eat Me, Drink Me“ aus dem Jahr 2007, das er mit dem ehemaligen Gitarristen von Shotgun Messiah und KMFDM, Tim Sköld, geschrieben hatte, kehrte Manson zu seinen üblichen Glam-Industrial-Metal-Tricks zurück, als er 2009 „The High End of Low“ herausbrachte.

Seitdem wurden vier weitere, immer vielfältiger werdende Alben veröffentlicht, bis zu seinem neuesten, „We Are Chaos“ von 2020, inspiriert von David Bowie. Aber Marilyn Manson ist eine Ikone, die über die Musik hinausgeht. Er machte auch als Maler Karriere und besitzt eine Kunstgalerie in Los Angeles, hatte eine Hauptrolle unter der Regie von David Lynch, spielte verstörende Rollen in den Fernsehserien „Sons of Anarchy“ (ein weißer Rassist) und „Salem“ (ein Killerfriseur) und erschien in der Serie „The New Pope“. Nichts könnte kontroverser sein: Antichrist Superstar hat eine Audienz beim Papst.

247 ✠ Marilyn Manson, eine der umstrittensten Heavy-Metal-Figuren, tut alles, um die Öffentlichkeit zu schockieren, egal ob er den Satanismus zelebriert oder Brustprothesen trägt.

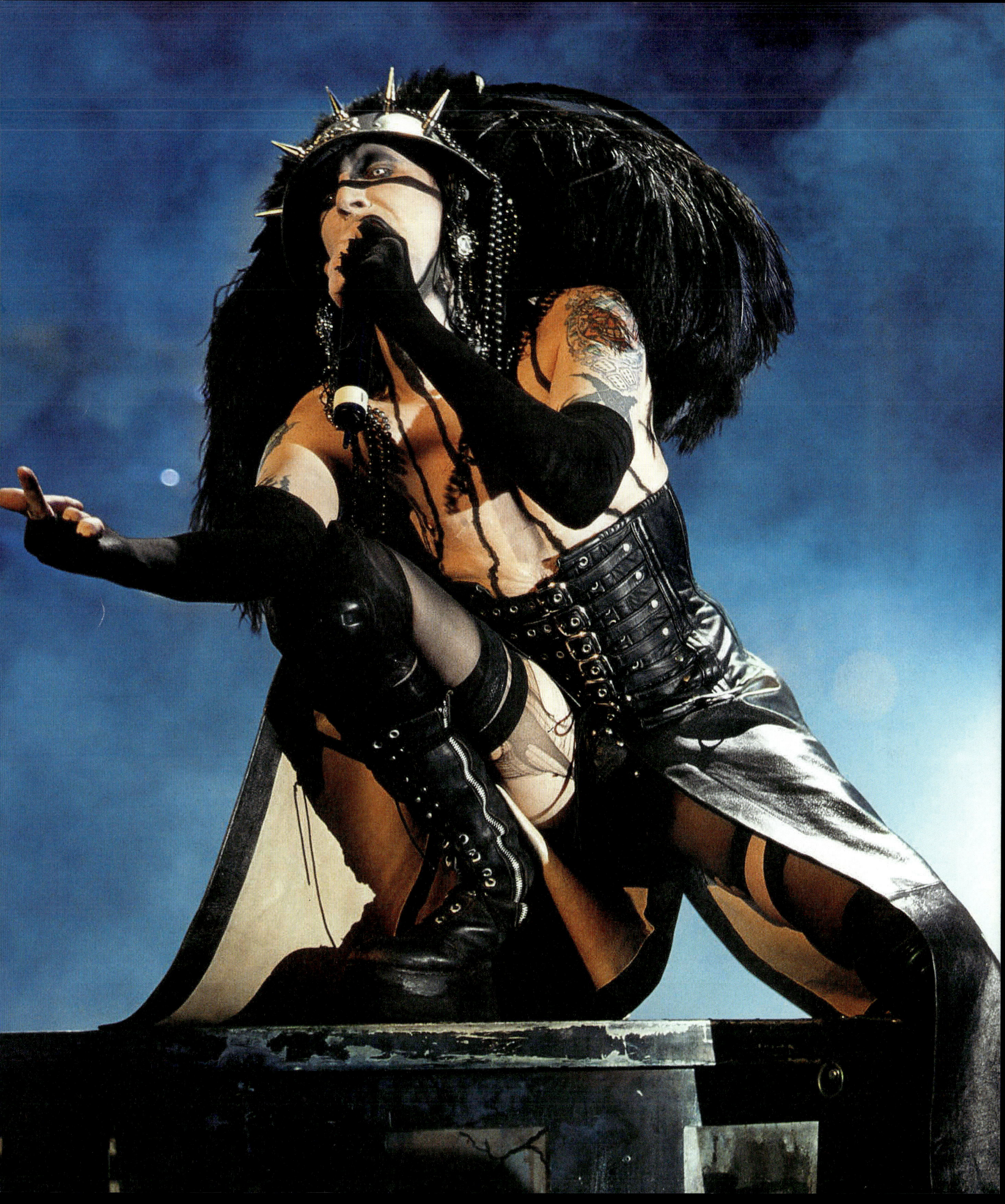

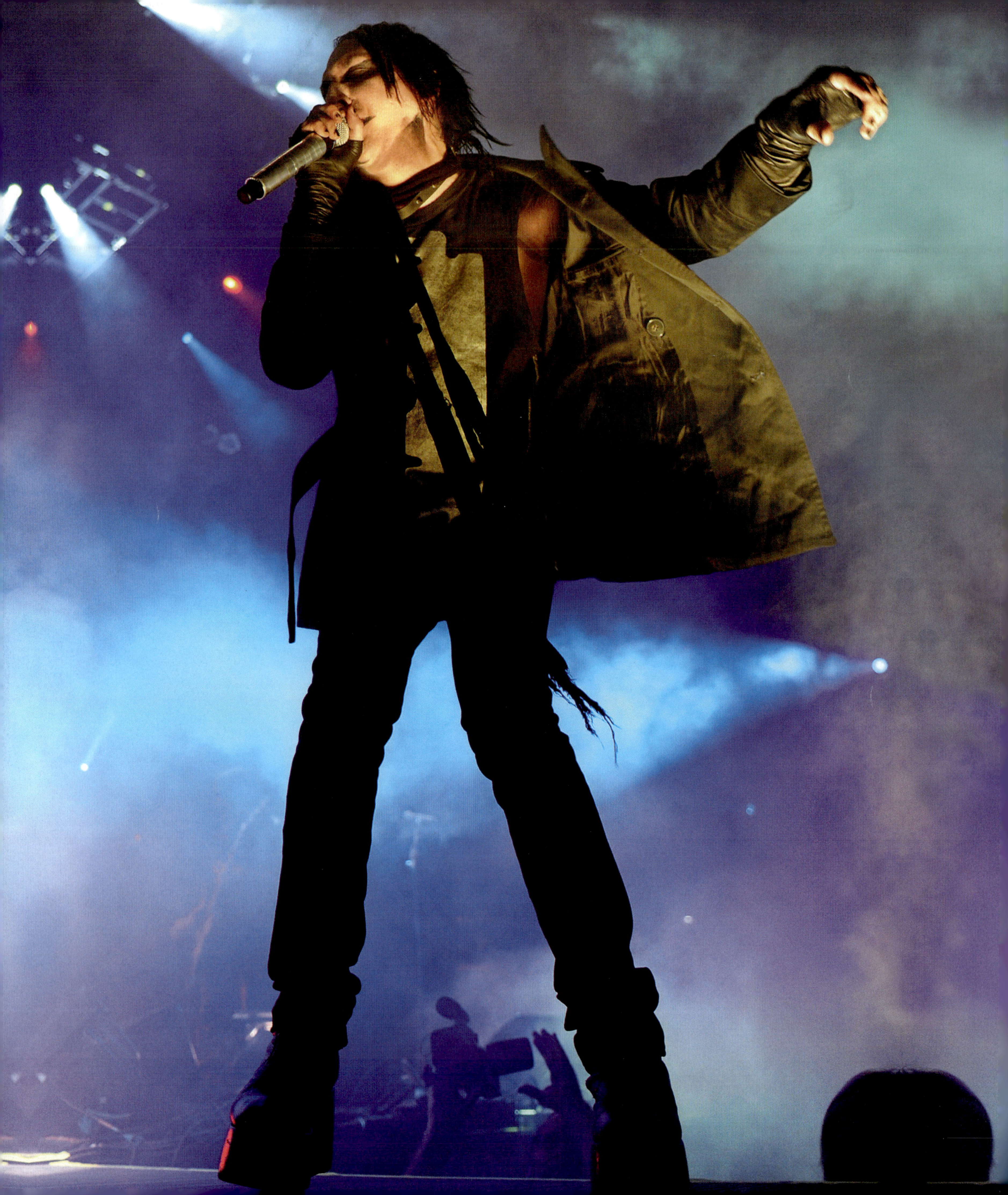

248 und 249 ✠ Der selbst ernannte „Antichrist Superstar" brachte Ende der 1990er-Jahre dank seiner unvergesslichen Live-Shows die Gothic-Kultur zum Heavy Metal und Mainstream.

250-251 ✠ Marilyn Manson deutet bei einem Auftritt in Moskau 2007 pantomimisch etwas an, von dem sich viele seiner Kritiker wünschten, dass er es wirklich täte.

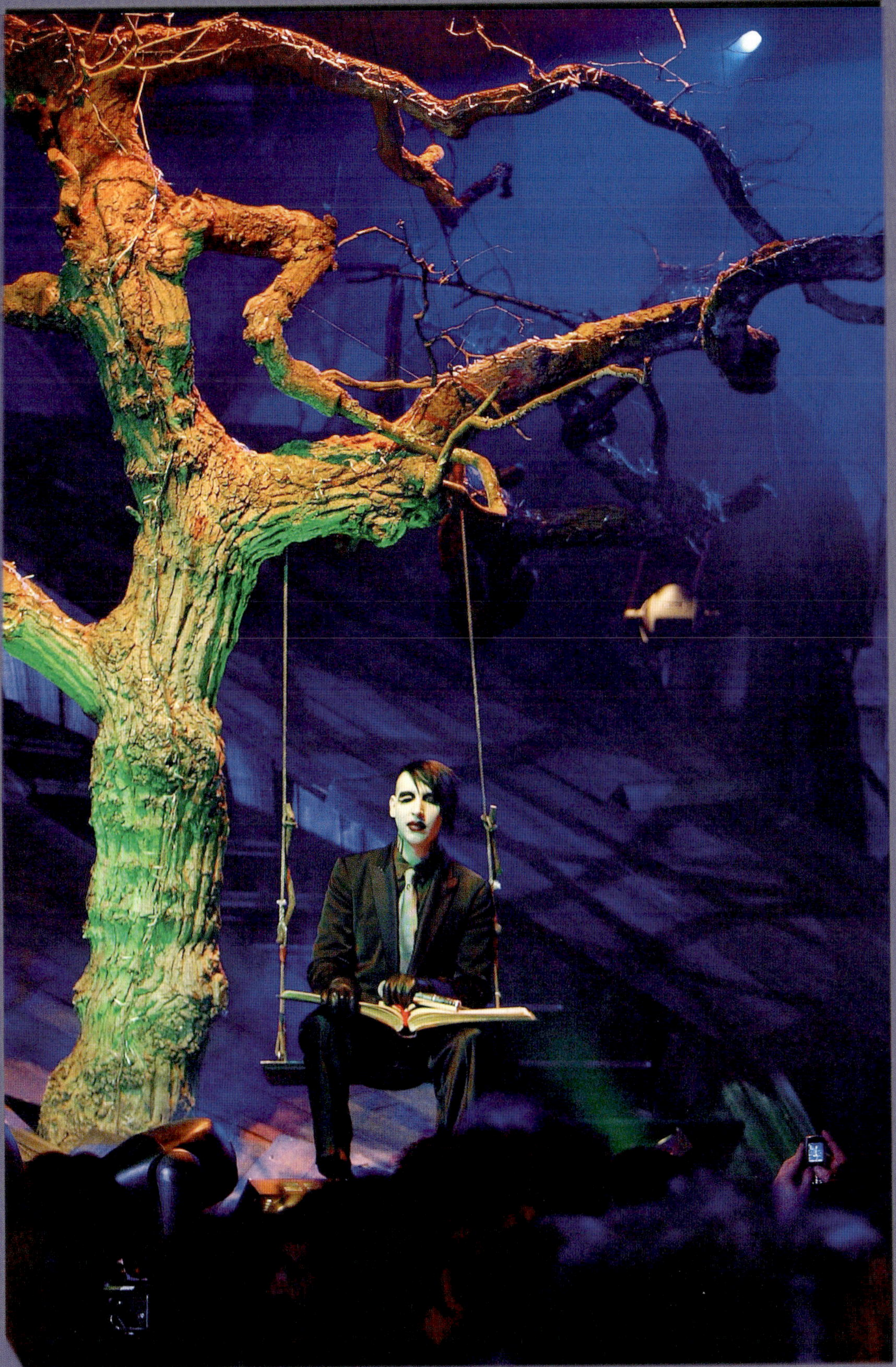

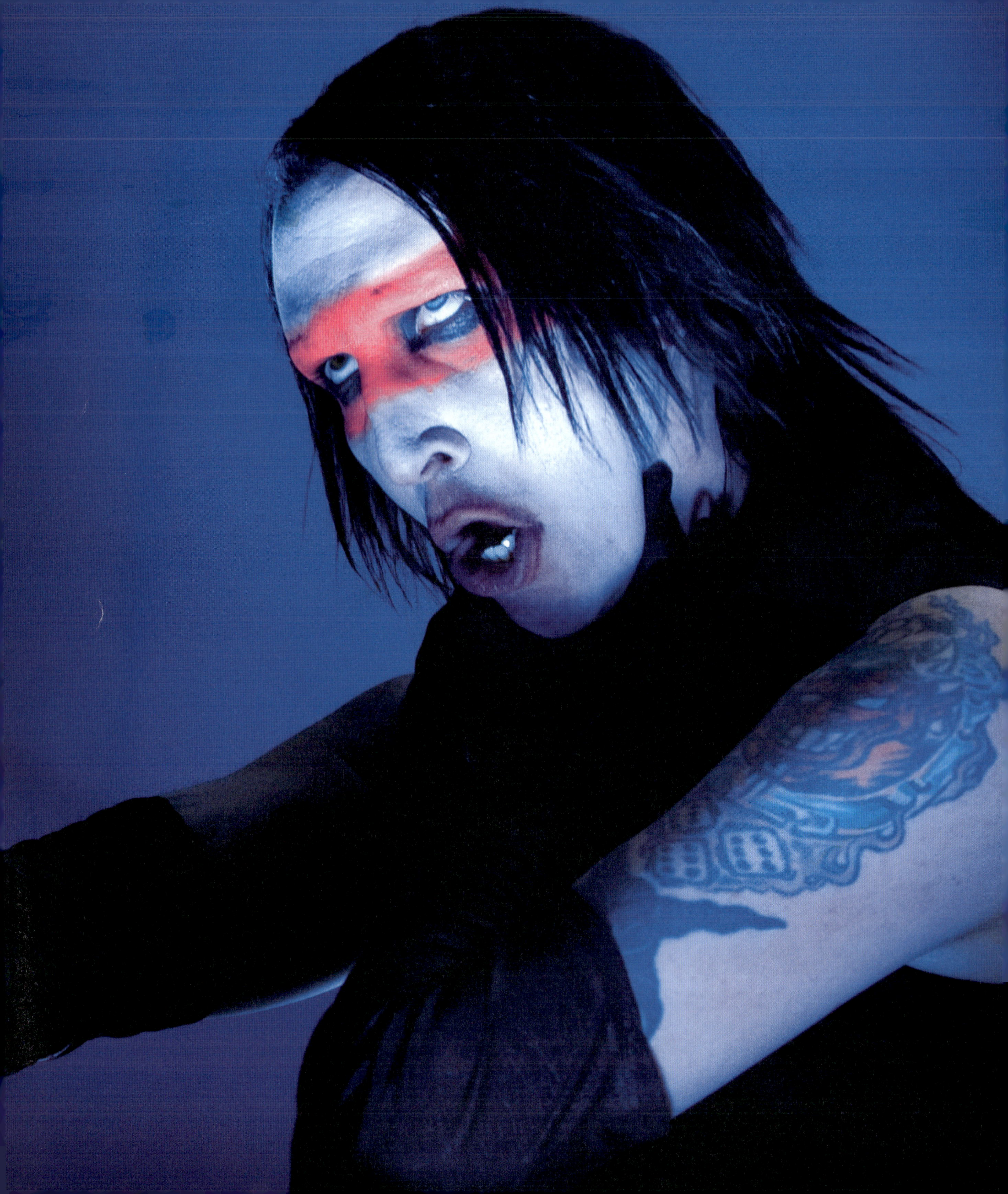

TOOL

Zu einer Zeit, als Grunge Thrash Metal uncool gemacht hatte und Nu Metal für die Jungs von Korn noch nicht geboren war, schufen Tool eine verstörende, künstlerische Lücke im Metal, die absolut einzigartig war. Mit ihrem 1993er-Durchbruchalbum „Undertow" setzten Tool beispiellose neue Metal-Töne, allem voran mit der Lead-Single „Sober". Der basslastige Song enthielt einen extrem rhythmischen Groove und klagende Gitarren anstelle der üblichen Riffs, und Sänger Maynard James Keenan heulte und jaulte mit traurigem Timbre, anstatt zu bellen oder sogar zu singen. Unterstützt von einem gruseligen Stop-Motion-Animations-Musikvideo, das von Gitarrist Adam Jones entworfen wurde, der früher schon mit Spezialeffekten gearbeitet hatte, wurde der Song ein Hit, hauptsächlich wegen seiner seltsamen Art. Sie ließen diesem Erfolg das noch bizarrere „Prison Sex" folgen, mit einem Text über Kindesmissbrauch und einem noch gruseligeren Video, das das Interesse der Fans härterer Musik weckte.

Nach dreijähriger Tournee, einschließlich eines Aufenthaltes in Lollapalooza, wo sie von der Neben- auf die Hauptbühne befördert wurden, kehrten Tool mit einem nach herkömmlichen Maßstäben noch weniger medienfreundlichen Album zurück. Mit „Ænima" bewegte sich die Band mehr mit einem Doom-Hardrock-Groove, obwohl die häufige Verwendung von Audioeffekten und Keenans Vorliebe für den Wechsel von grässlichem Flüstern zu vollhalsigem Schreien sie davon abhielten, sich einem bestimmten Genre anzuschließen. Der Song mit dem köstlichen Titel „Stinkfist" enthielt auch ein einzigartiges Video, das unter anderem einen verschwommenen Mann mit Glatze zeigte, der Nägel aus seinem Bauch zieht. Zu diesem Zeitpunkt war die visuelle Ästhetik von Tool ein entscheidender Teil ihres Sounds und die Band war führend in ihrem eigenen künstlerischen Progressive-Metal-Bereich geworden, wodurch das Album Platz 2 in den Charts der Zeitschrift Billboard erreichte.

Das Folgealbum von „Ænima" wurde noch erfolgreicher. Nach einer langen Pause, in der Keenan mit einem Tool-ähnlichen Nebenprojekt namens A Perfect Circle Erfolg hatte, kehrte die Band 2001 mit „Lateralus" zurück, einem Album, das Platz 1 der Billboard-Charts erklomm. Beeindruckender war jedoch, dass die Lead-Single „Schism", eine aggressive, wackelig-schiefe Schlagzeugsalve mit einigen von Keenans knurrendsten Vocals, tatsächlich in die Hot-100-Single-Charts einstieg. Zu diesem Zeitpunkt veröffentlichten Tool ihre Singles als DVDs, damit die Fans die visuellen Elemente mit der Musik erleben konnten und sowohl „Schism" als auch „Parabola" erreichten als Singles Goldstatus.

Obwohl Tool zwischen den Albumveröffentlichungen viel Zeit verstreichen ließen, haben sie bewiesen, dass es Geduld braucht, um ihre Musik zu schätzen. Ihre nächste Veröffentlichung, „10.000 Days" von 2006, erreichte ebenfalls Platz 1 in den Charts. Angetrieben von einem computergenerierten Video für den rhythmisch vielschichtigen Song „Vicarious", der als Single mit doppelt Platin ausgezeichnet wurde, war das Album bis dahin das progressivste der Band. Tool spielten einige ihrer größten Shows auf dieser Tour, darunter zwei ausverkaufte Konzerte im Madison Square Garden in New York City, in denen Performancekünstler auftraten, da die Band oft im Schatten auftrat. Nach weiteren dreizehn Jahren des Wartens wurde 2019 das fünfte Album der Band, „Fear Inocolum", veröffentlicht, das auf Platz 1 in Amerika debütierte und große Anerkennung fand. Niemand weiß, ob zukünftige Tool-Tourneen zu erwarten sind. Letzten Endes sollte das neue Gesicht von Progressive Metal doch viele Masken haben, oder?

253 ✠ Dank hochkarätiger Videos und Bühnenauftritten für Songs wie „Sober", „Prison Sex" und „Schism" brachten Tool die künstlerische Avantgarde Mitte der 1990er-Jahre zum Heavy Metal.

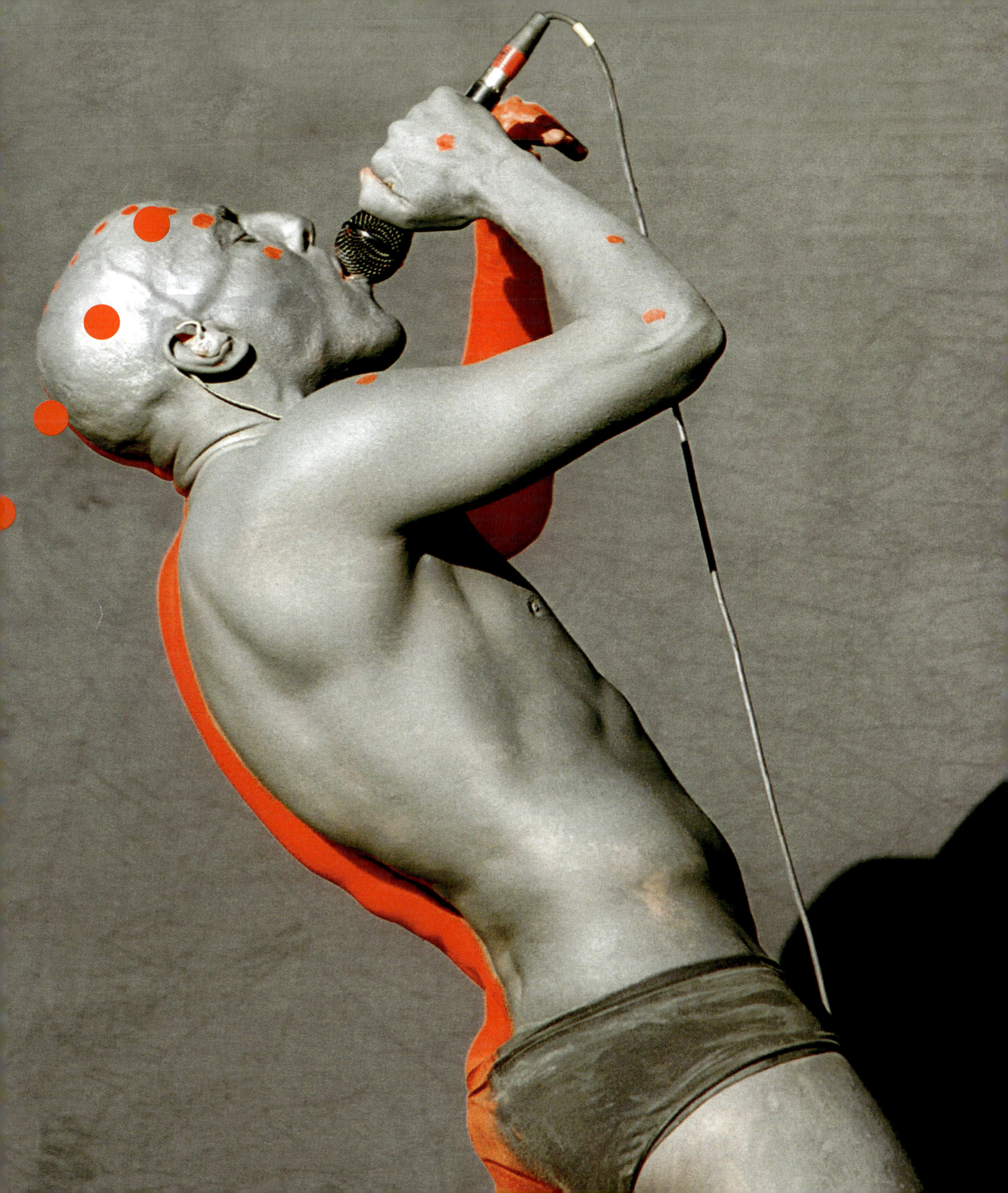

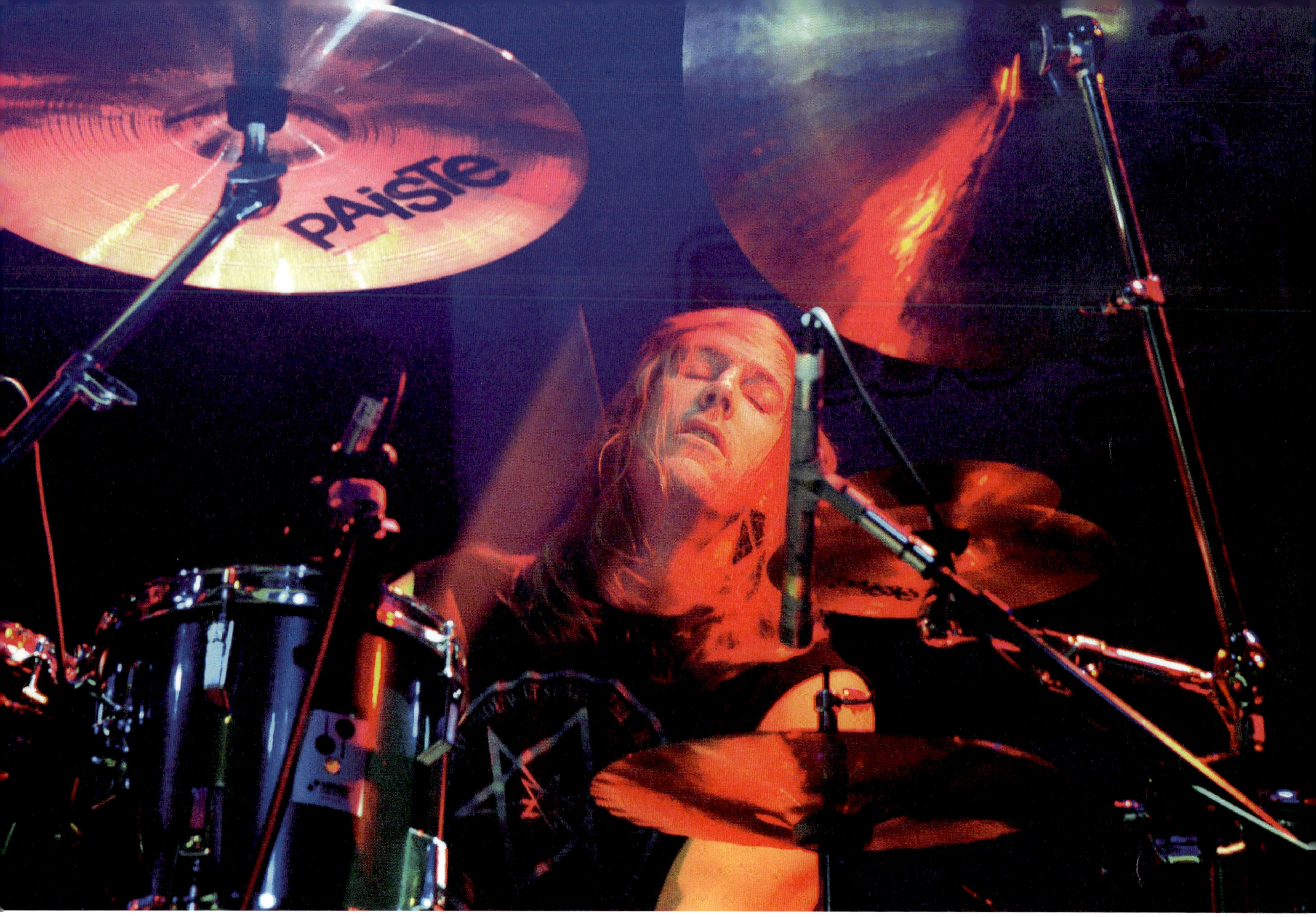

tool

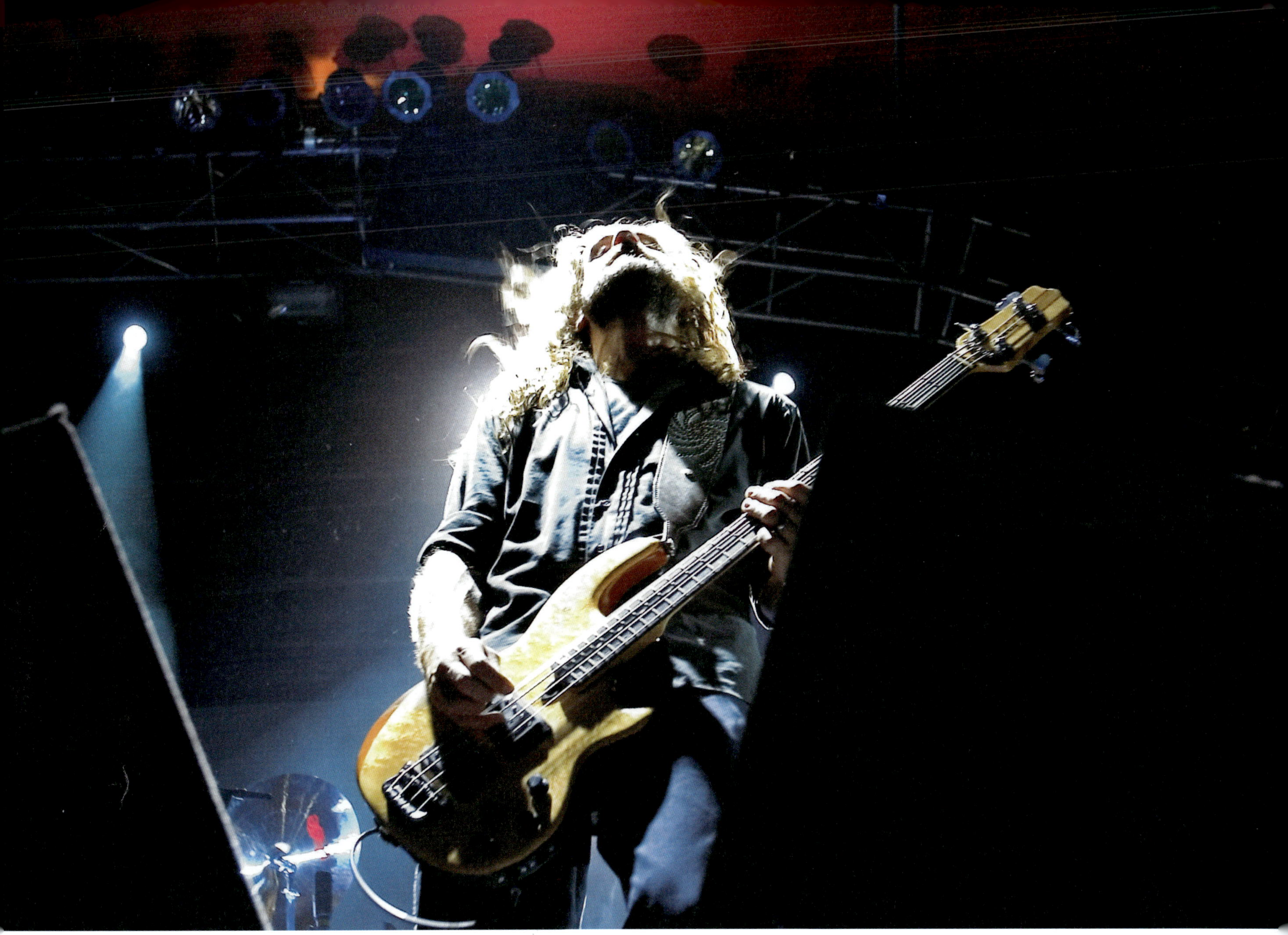

254 ✠ Tool-Schlagzeuger Danny Carey gehört zu den angesehensten Percussionisten des Genres und ist dafür bekannt, seine Instrumente nach mystischen und okkulten Überzeugungen zu arrangieren.

255 ✠ Bassist Justin Chancellor hat sich neben seiner Arbeit bei Tool gelegentlich mit anderen psychedelischen Metal-Bands wie Isis beschäftigt.

KORN

„Are you readddyyyyyy?!?" knurrt Korns Frontmann Jonathan Davis zu Beginn der ersten Single ihres gleichnamigen Debütalbums von 1994. Es war eine Warnung vor dem, was kommen sollte, und obwohl Davis es wahrscheinlich nur als eine krasse Art erachtete, einen der originellsten Metal-Songs der letzten zwei Jahrzehnte zu starten, wurde es zum Schlachtruf dafür, neue Dinge im Metal auszuprobieren, und im Subgenre Nu Metal hallte diese Wirkung über Jahre hinweg wider. Korn waren, sehr zum Leidwesen jeder Band in diesem Buch, Revolutionäre, oder zumindest Revolutionäre in passenden Adidas-Overalls.

Die Band wurde 1993 in Bakersfield, Kalifornien, gegründet. Als sie ihre aggressiven Salven wie „Blind" und den Konzertfavoriten „Faget" verfeinerten, nahmen sie die kunstvolle Filigranität zurück, die Metal in den 1980er-Jahren angehäuft hatte. Die Gitarristen Munky und Head ersetzten die wilden, selbstdarstellerischen Gitarrensoli von Ozzys Gitarrenhelden und die komplizierten, harmonisierten Riffs von Bands wie Iron Maiden und Metallica durch vereinfachte Schlagakkorde, die die Zuhörer wie Stiche aus den Lautsprechern trafen. Anstatt sich auf Skalen und Musiktheorie zu verlassen, um orchestrale Klanggewänder zu weben, verwendeten sie Gitarreneffektpedale, die Klänge erzeugten, die kaum einer Gitarre ähnelten. Und Davis, vielleicht inspiriert von den konfessionellen und emotionalen Texten der Grunge-Bands wie Nirvana und Alice in Chains, schüttete seine Seele aus, inspiriert von seiner traumatischen Kindheit. Mit diesen Innovationen initiierten Korn mit ihrem Debüt einen weitreichenden Wandel im Metal. Die anderen Bands passten sich entweder an, wie es Thrash-beeinflusste Bands wie Sepultura und Machine Head und die Industro-Metaller Fear Factory taten, oder sie wurden von Radio und MTV einfach beiseitegelegt, wie es einige Zeit zuvor den Hair-Metal-Bands durch den Grunge ergangen war.

Korn waren jedoch auf dem Weg, Superstars zu werden. Ihr zweites Album, „Life Is Peachy" aus dem Jahr 1996, zeigte mehr die Faszination der Band für Rap bei Songs wie „A.D.I.D.A.S." (das für „all day I dream about sex" steht, eine Aussage, die Davis durch seine Heirat mit Pornostar Deven Davis noch bekräftigte). Und die Gitarristen experimentierten mehr mit Effekten, um außerirdische Strukturen in Songs wie „No Place to Hide" zu kreieren, was sie in ihrer nächsten CD „Follow the Leader" von 1998, mit „Got the Life" und „Freak on a Leash" weiterführten. Schicke Videos und reichlich Sendezeit führten zu größeren Studio-Budgets, sodass die Band frei experimentieren konnte.

Diese Quelle erschöpfte sich jedoch recht schnell und nach der Veröffentlichung ihres vierten Albums, „Issues" von 1999, das die Hits „Falling Away From Me" und „Somebody Someone" enthielt, wirkten ihre Alben nicht mehr so frisch. Dazu kam, dass Nu Metal immer mehr aus der Mode kam, als Bands wie Limp Bizkit seinen Anreiz reduzierten, um den kleinsten gemeinsamen Nenner (die „frat boys") zu erreichen. Korn veröffentlichte ein mittelmäßiges Album nach dem anderen und erlitt bis weit in die 2000er-Jahre einige schmerzhafte Besetzungswechsel, blieb aber eine starke Tourband. 2011 begann die Band erneut mit Innovationen und arbeitete an einem Dubstep-Album, um Metal mit dem aufkeimenden Electronic-Genre zu verschmelzen. Aber solange es jemanden gibt, der bereit ist, Davis' Frage in „Blind" zu beantworten, werden die Fans bereit sein.

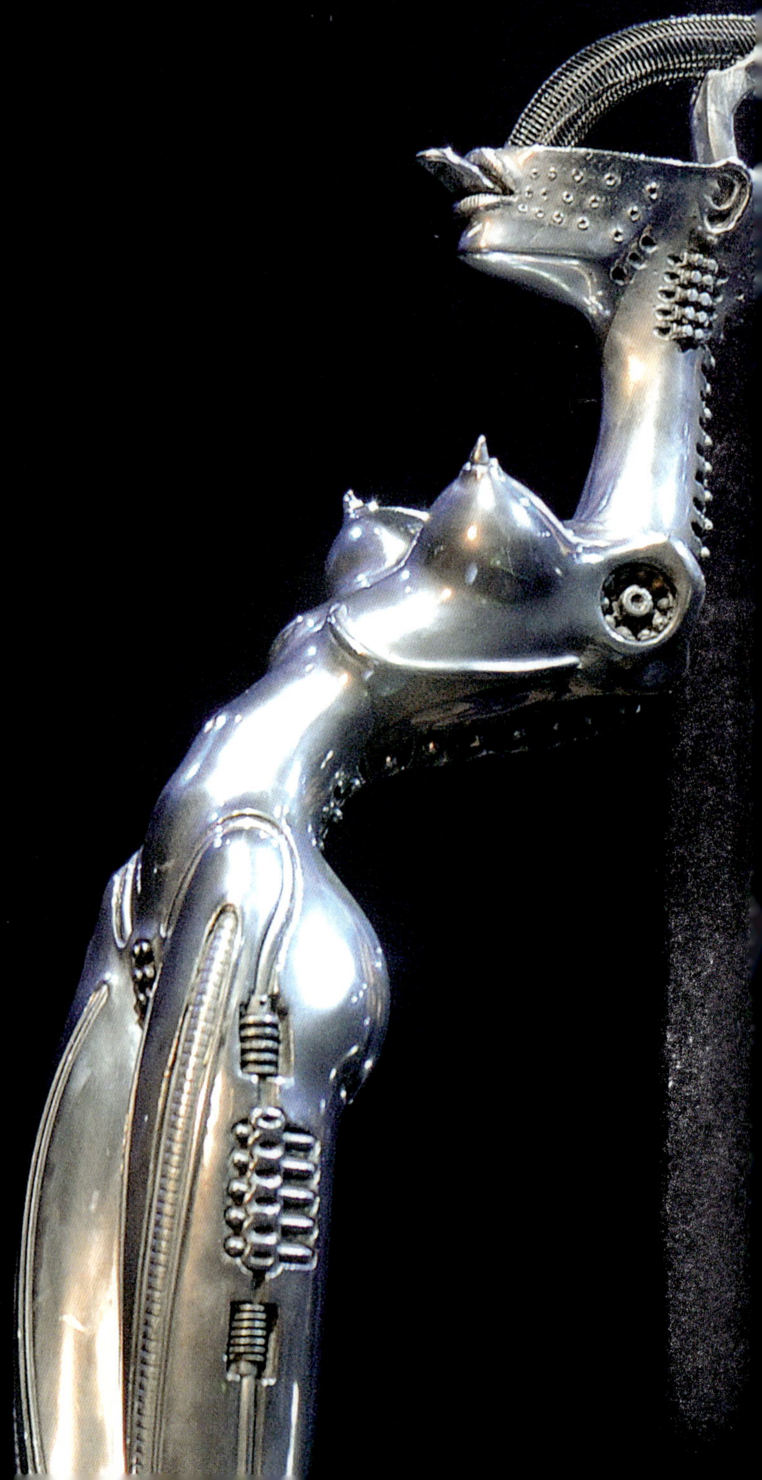

KoЯn

256-257 ✠ Korn belebten Heavy Music neu, indem sie Anfang der 90er-Jahre Elemente des Hip-Hop in ihren Sound einbezogen, wobei Frontmann Jonathan Davis (unten) durch seinen Scat-Gesang das Subgenre Nu Metal kreierte.

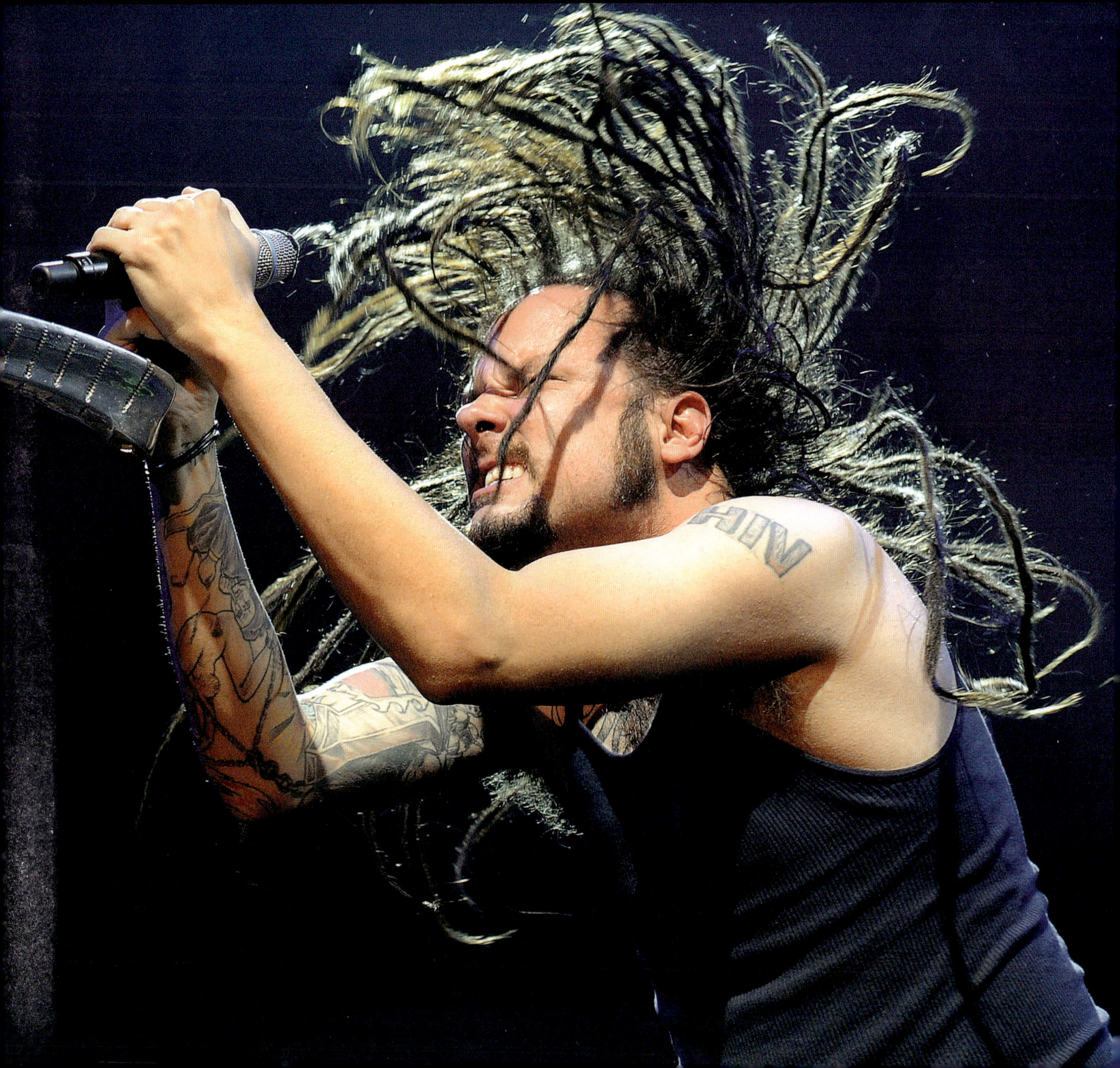

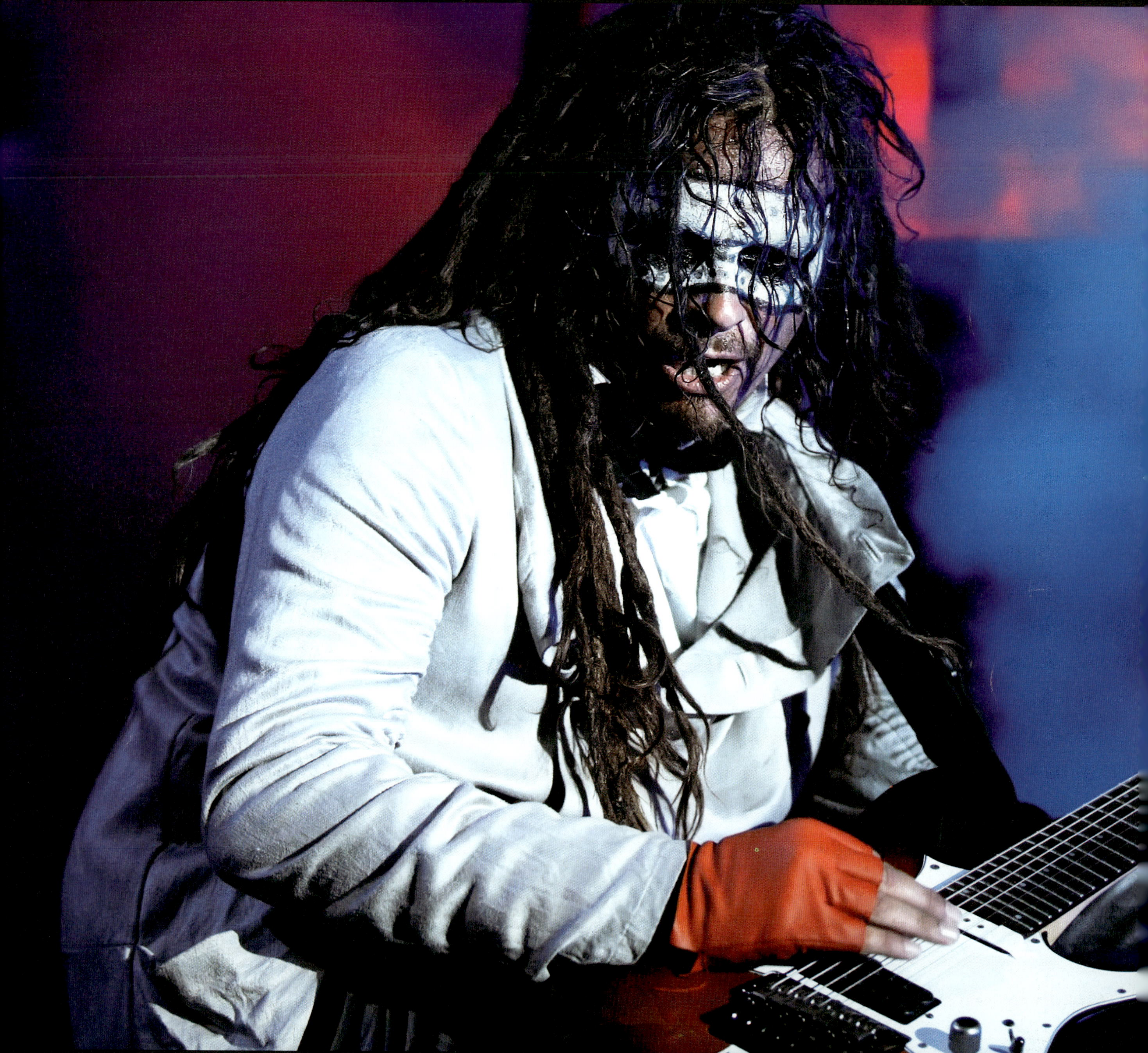

258-259 ✠ Gitarrist James „Munky" Shaffer kreierte zu Beginn von Korns Karriere mit Gitarrenpedalen Sounds, die ganz anders als eine Gitarre klangen.

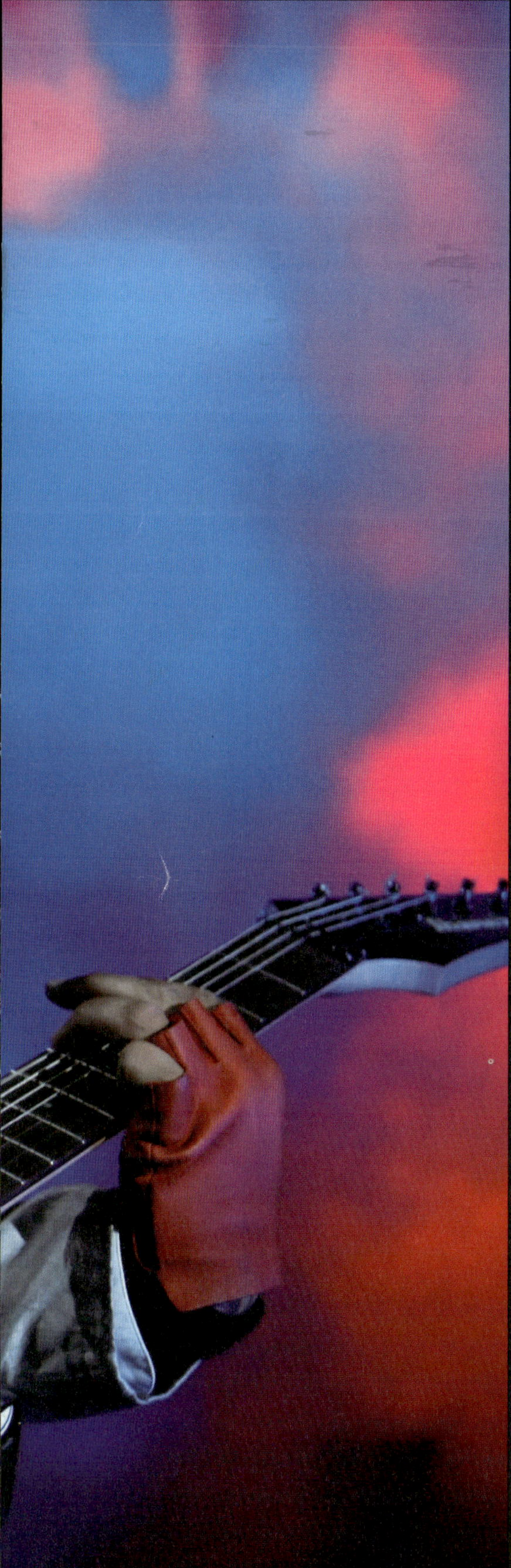

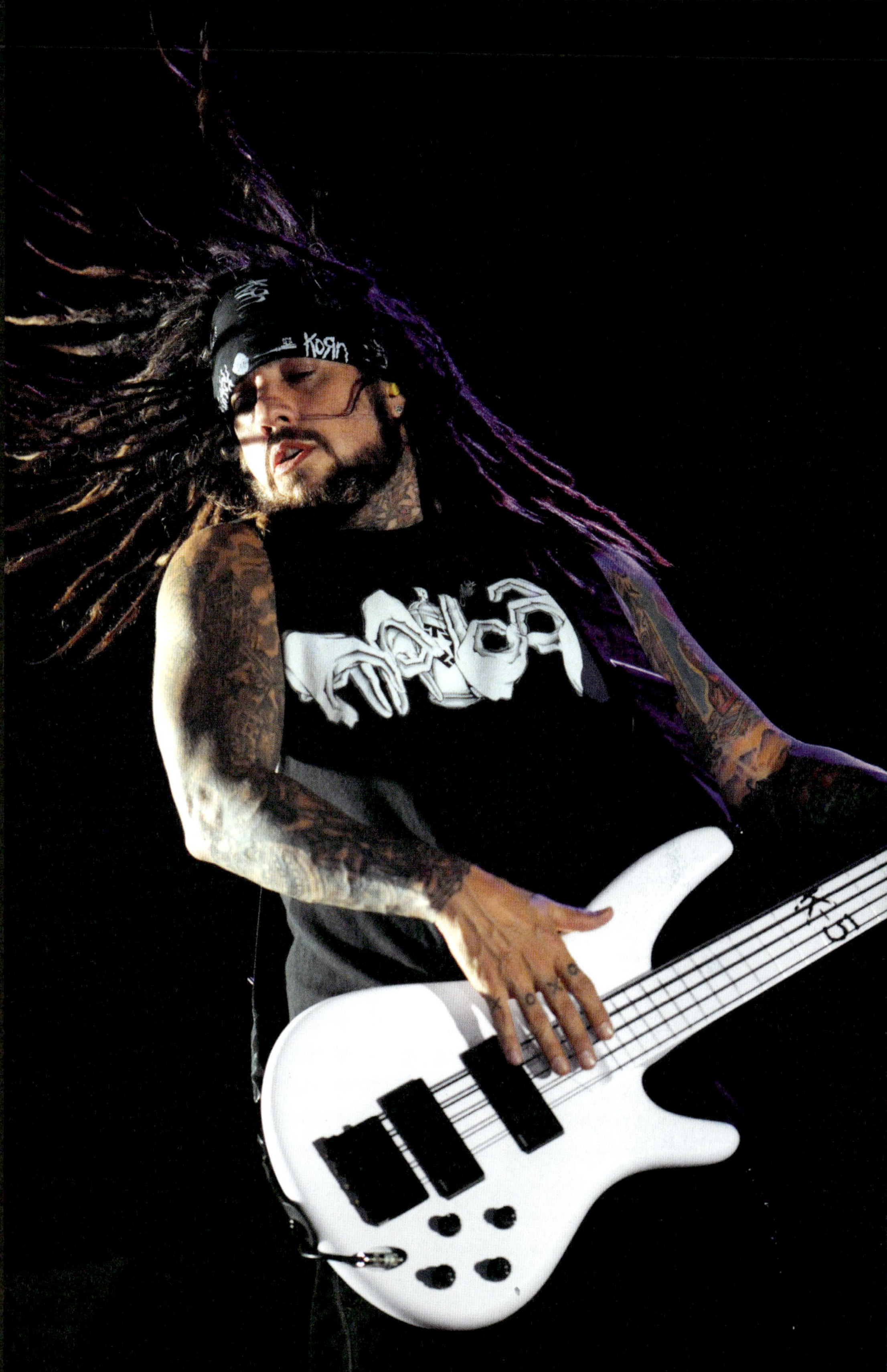

259 ✠ Bassist Reginald „Fieldy" Arvizu ist verantwortlich für Korns tiefe Bass-Grooves.

MASTODON

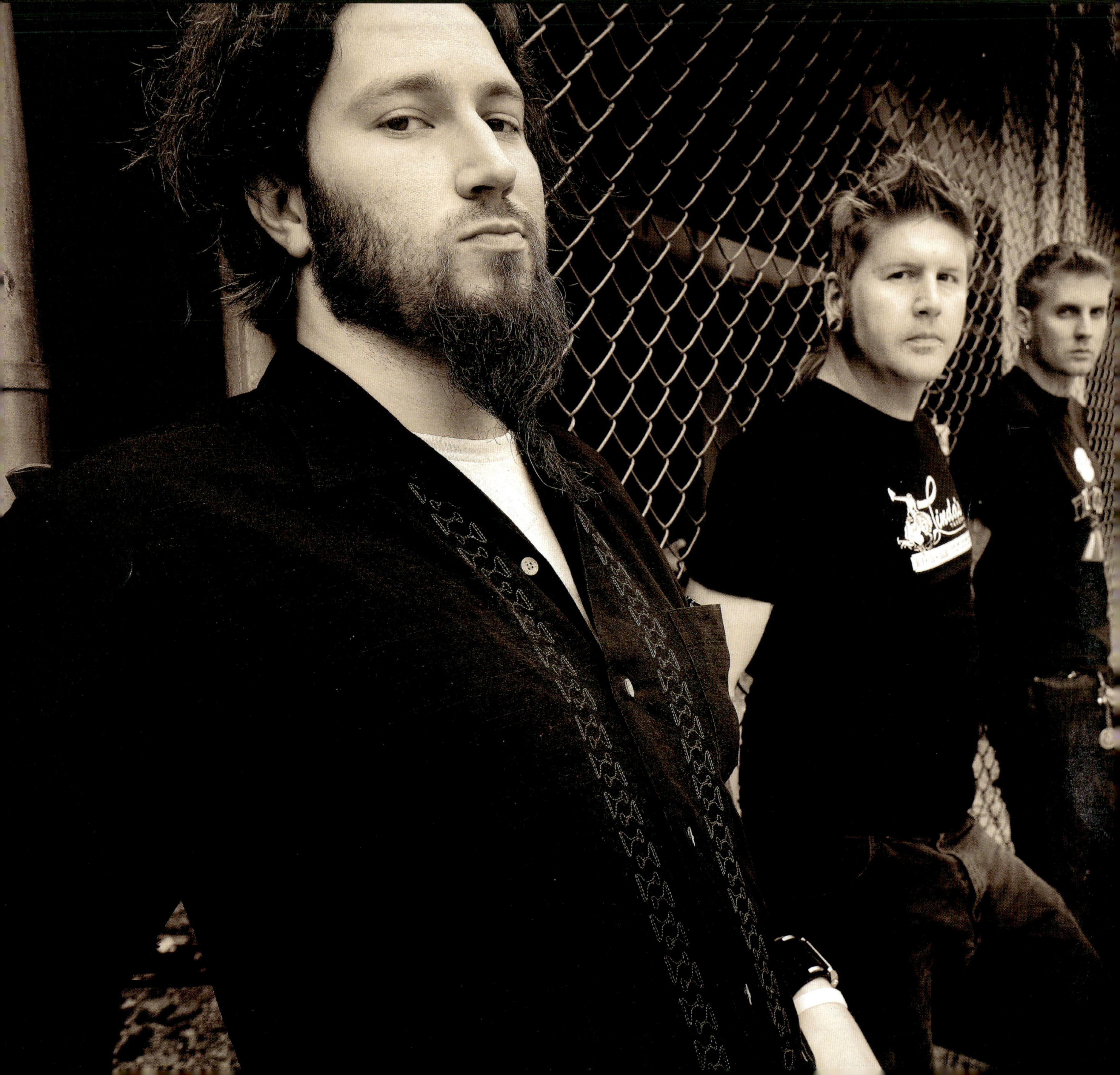

260-261 ✠ Mastodon im Jahr 2006, bereit, die Geschichte des Metal auf die Schultern zu nehmen und für ein paar Jahrzehnte zu tragen, ohne jemals aufzugeben. Von links: Brann Dailor, Brent Hinds, Bill Kelliher und Troy Sanders.

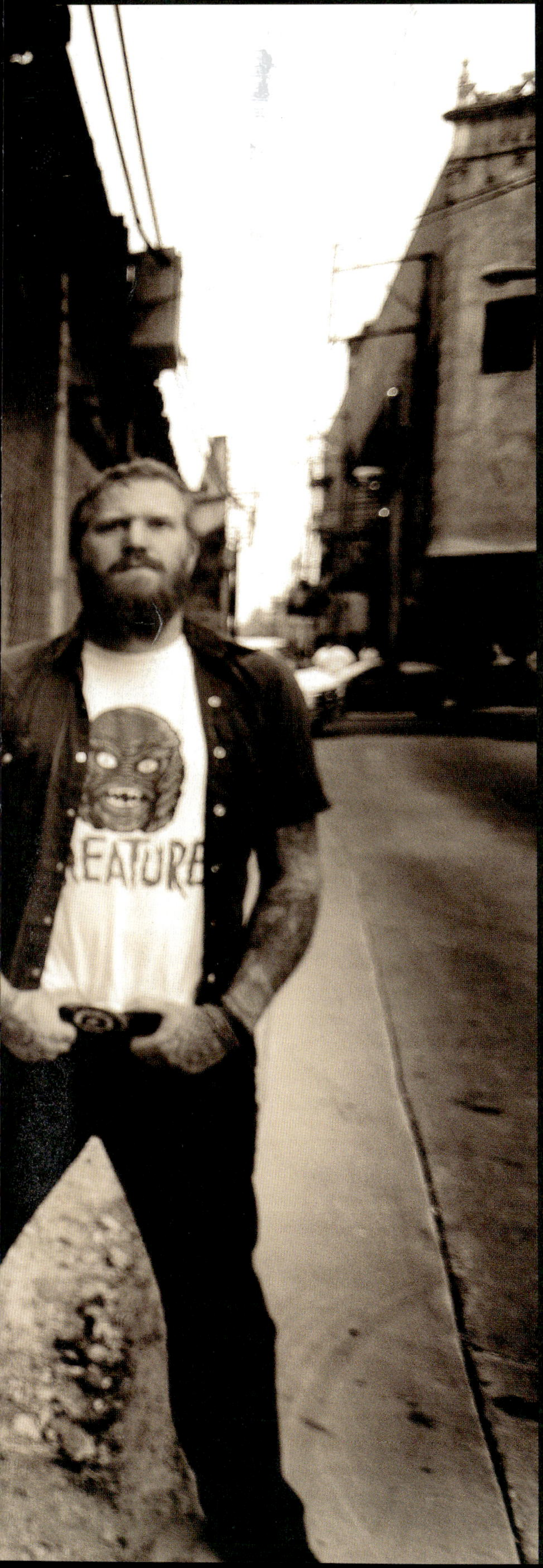

Für diejenigen, die Metal lieben, ist Mastodon seit zwanzig Jahren eine Referenzband. Die Frage, wie man diese Band klassifiziert, bleibt offen, da die vier Titanen von Atlanta sämtliche Einflüsse absorbiert haben. Ihr Sound ähnelt dem der Macher von Sludge Metal, The Melvins (Kurt Cobains Lieblingsband) und Henry Rollins' „Black Flag". Sie spielen granitharte Gitarrenriffs, die an Stoner Rock erinnern, und lange instrumentale Zwischenspiele, die sie dem Progressive Metal nahebringen (tatsächlich engagierte Tool Mastodon als Support-Band für ihre 10.000-Tage-Tour). Sie lieben Hardrock von Led Zeppelin und Thin Lizzy. Sie schreiben Texte, die von der Literatur inspiriert sind, ähnlich wie die von Iron Maiden.

Mastodon machten sich mit ihrem zweiten Album, „Leviathan" von 2004, einen Namen, das das Kerrang!-Magazin als Album des Jahres lobte. „Leviathan" war ein Konzeptalbum, das auf „Moby Dick" basierte, Herman Melvilles Meisterwerk von 1852, einem Eckpfeiler der amerikanischen Literatur.

Mastodon wurden im Jahr 2000 gegründet, als Schlagzeuger Brann Dailor und Gitarrist Bill Kelliher vom Staat New York nach Atlanta zogen und bei einem High-on-Fire-Konzert die Bassisten Troy Sanders und Brent Hinds trafen, Letzterer ein Gitarrist, der perfekt dazu geeignet war, Kelliher bei seinen Riff-Kaskaden zu begleiten. Unter den Mitgliedern der Band herrschte ein sofortiges Verständnis, obwohl Kelliher sagte, dass Hinds bei seinem ersten Vorsprechen „so bekifft war, dass er überhaupt nicht spielen konnte".

Eine weitere typische Eigenschaft von Mastodon ist es, verschiedene Gastsänger zu engagieren, wie Scott Kelly von Neurosis, der auf allen Alben von Mastodon gesungen hat (mit Ausnahme des ersten, „Remission" von 2002), Josh Homme von Queens of the Stone Age und Cedric Bixler-Zavala von Mars Volta, der 2006 auf dem dritten Album der Band, „Blood Mountain", sang. Auf diese Weise schufen Mastodon ein Gemeinschaftsgefühl, fügten sich in eine Geschichte ein, übernahmen ein ganzes Genre und trieben es sprunghaft voran. Die Mitglieder der Band fürchteten nichts und waren nicht diejenigen, die zurückweichen mussten. Troy Sanders hat mal in einem Interview gesagt: „Wir betrachten uns nicht als Metal-Band. Wir erkennen viel Metal in uns wieder, aber wir lassen uns nicht auf kreativer Ebene einschränken."

Basierend auf diesen Prämissen haben Mastodon es unweigerlich geschafft, die Grenzen zwischen verschiedenen Zielgruppen zu überschreiten (nicht viele Bands mit einem so starken Sound wurden zu Jimmy Fallons äußerst beliebter TV-Late-Night-Show eingeladen), die Charts zu erobern und Metal gleichermaßen bei Kritikern wie beim Publikum wieder erfolgreich zu machen, (ähnlich wie es Metallica taten), und das nicht zuletzt dank ihrer kraftvollen Live-Auftritte.

Im Jahr 2011 debütierte Mastodon mit „The Hunter" auf Platz 10 der Charts. Mit dem nächsten Album, „Once More Round the Sun", kletterte die Band auf Platz 6 und war nicht mehr aufzuhalten. 2015 war ihr Song „White Walker" in der Vorschau zur fünften Staffel der Hit-Serie „Game of Thrones" zu hören, in der Hinds und Kelliher in der Rolle von bösen Kriegern mitwirkten. 2017 veröffentlichten Mastodon ihr meistverkauftes Album „Emperor of Sand" (die Geschichte eines Reisenden, der vom Kaiser in die Wüste gejagt wurde, eine Allegorie zum verlorenen Kampf von Sanders' Mutter gegen ihre Krebskrankheit). 2020 wurde die EP „Cold Dark Place" veröffentlicht, die Hinds als „beängstigende, ätherische, melancholische und dunkle Musik" beschrieb, „die auch ein bisschen wie die Bee Gees klingt".

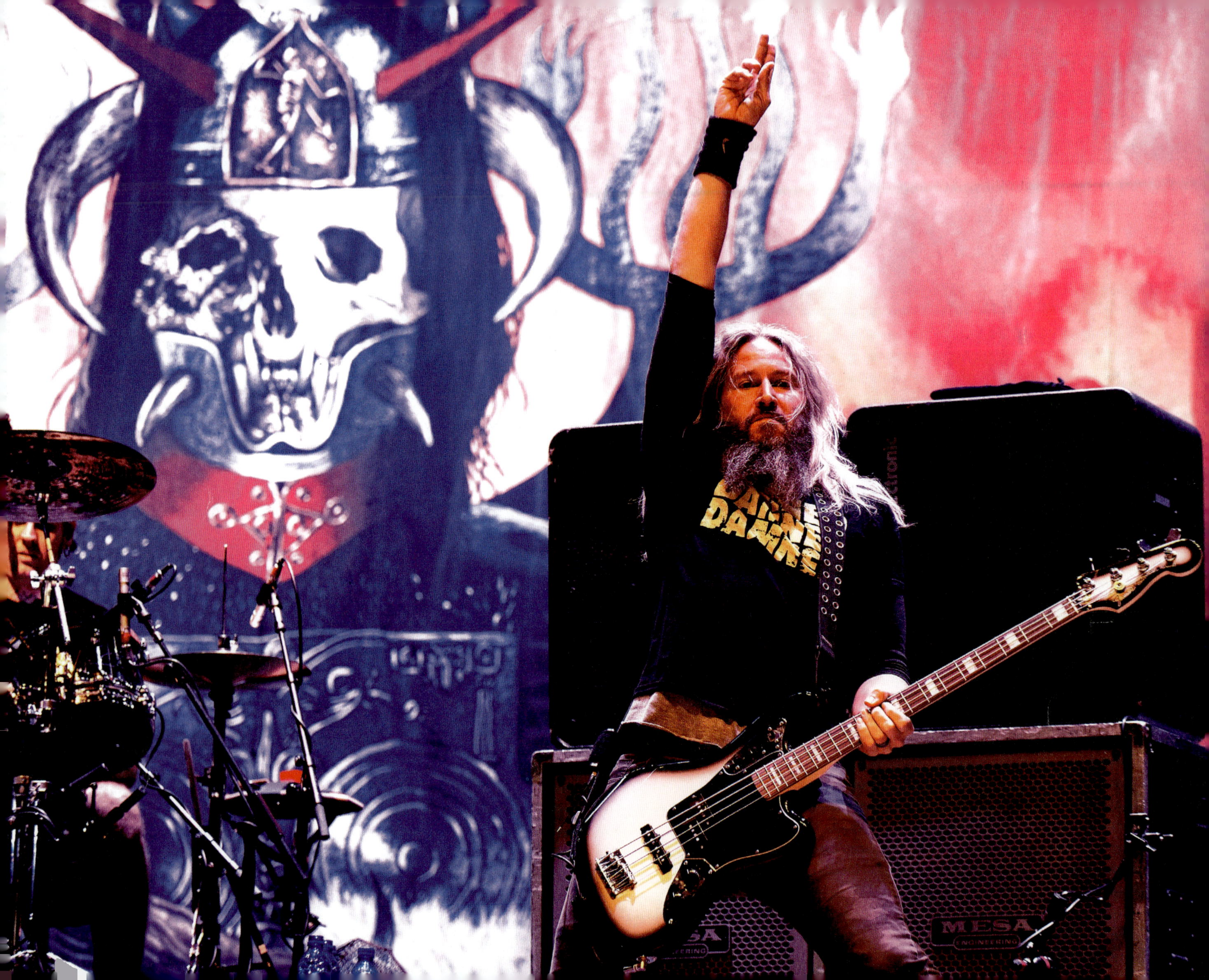
MESA
ENGINEERING

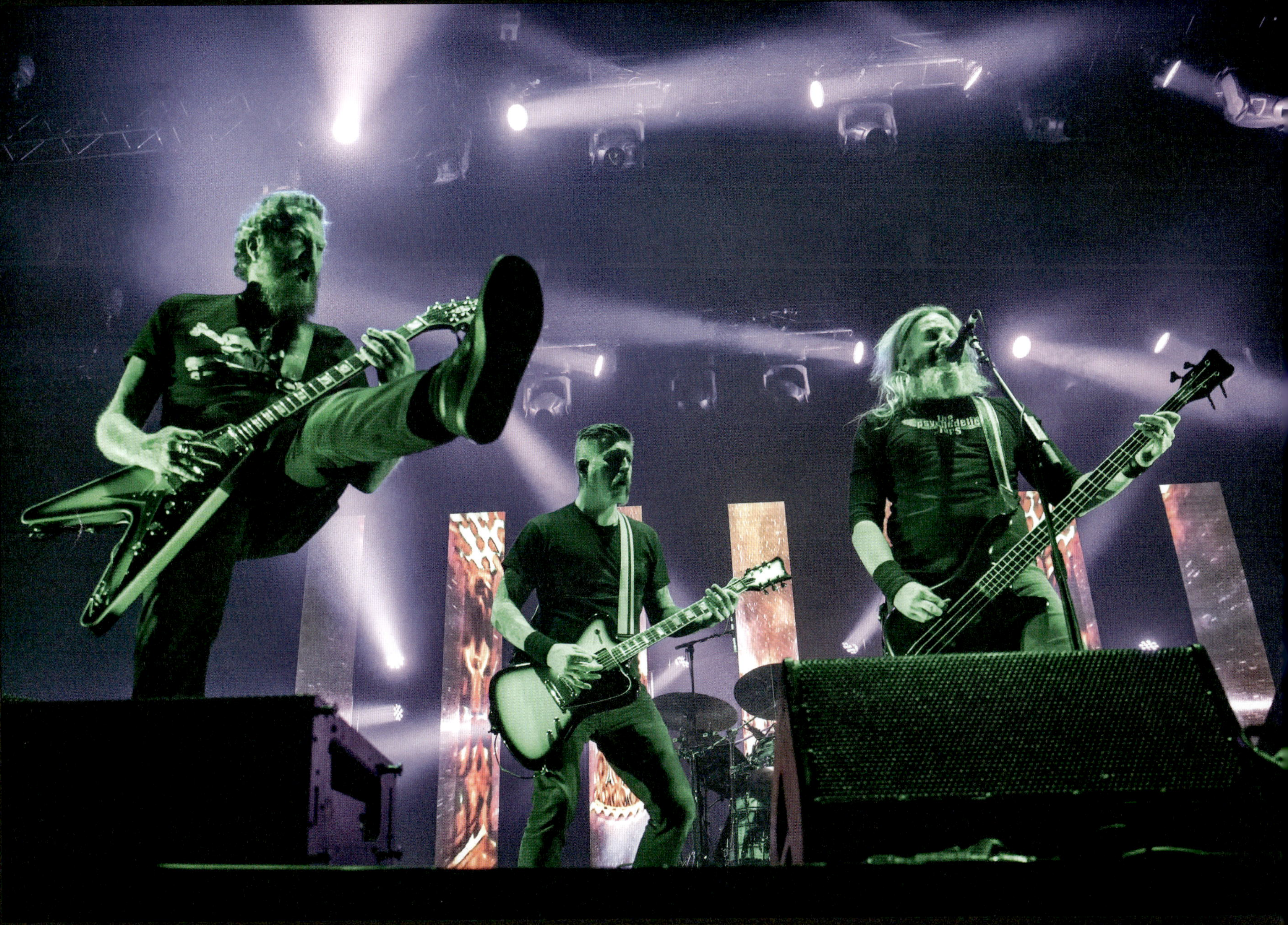

MASTODON

262 ✠ Troy Sanders hat Mastodon mit seinem vielseitigen, kraftvollen Stil zum Erfolg geführt. Troys Bruder Darren arbeitet als Roadie für die Band.

263 ✠ Brent Hinds, Bill Kelliher und Troy Sanders rocken während ihrer Europatournee 2019 ihre Granitriffs auf der Bühne des Spektrum in Oslo, Norwegen.

264-265 ✠ Eine der schaurigsten Bands des Metal, die maskierten Maniacs von Slipknot. Im Uhrzeigersinn von oben links: Bassist Paul Gray, Schlagzeuger Shawn „Clown“ Crahan, DJ Sid Wilson, Gitarrist Jim Root, Schlagzeuger Chris Fehn, Sampler Craig „133“ Jones, Gitarrist Mick Thomson, Schlagzeuger Joey Jordison und Sänger Corey Taylor.

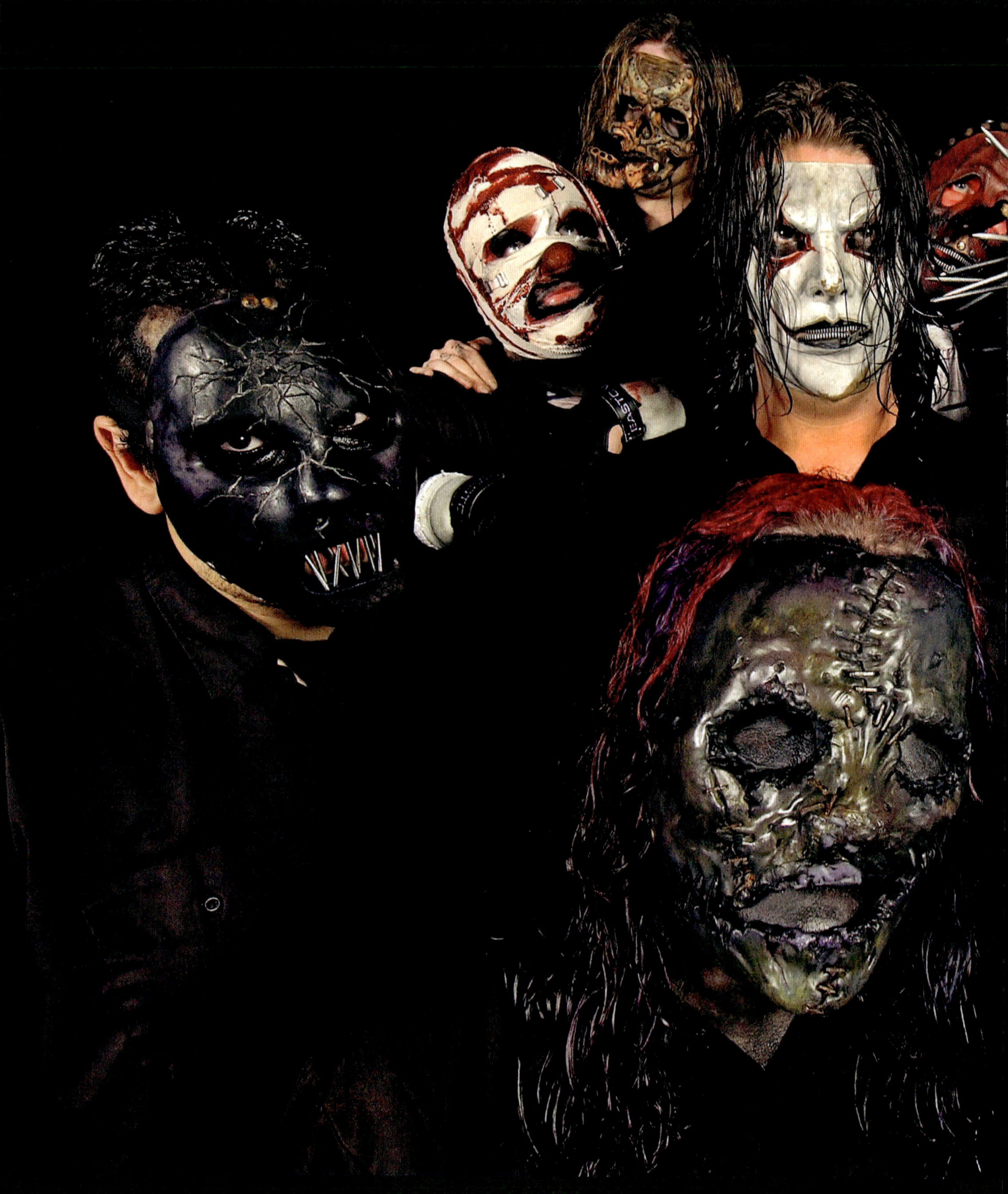

SLIPKNOT

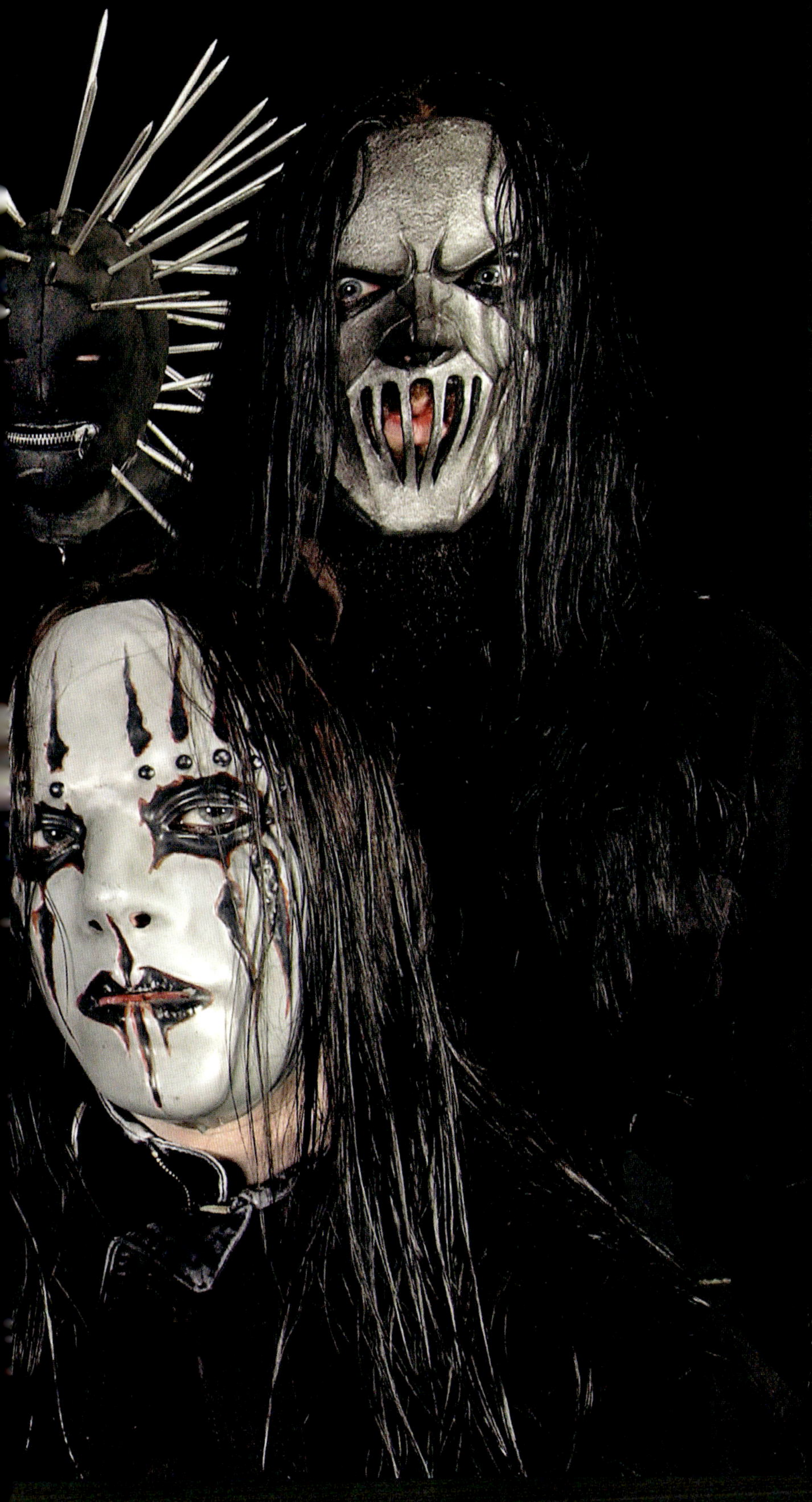

Neun Männer in roten Overalls und schrecklichen Masken, bekannt durch Zahlen statt Namen ... und sie sangen über das Bluten und Spucken. Slipknot waren von Anfang an eine bedrohliche Kraft, als sie mit ihrer Single „Wait and Bleed", einem Track aus ihrem gleichnamigen Debütalbum von 1999, hohe Wellen schlugen. Der Song enthielt Texte über Hass, Isolation und Mord und hinzu kam noch die abwechselnd schreienden Vocals und eindringlichen Melodien von Frontmann Corey Taylor, ein rasselndes Schlagzeugkorps aus perkussiven Elementen, ein paar rudimentäre Gitarrenriffs und das Ganze mit professioneller DJ-Arbeit unterlegt: das war die perfekte Nu-Metal-Single, die auch noch zur perfekten Zeit veröffentlicht wurde.

Im Gegensatz zu fast jeder Band außer Korn, die selbst ein Teil der Nu-Metal-Welle waren, hatte Slipknot jedoch genug Aggression und Savoir-Faire, um das Interesse der Öffentlichkeit aufrechtzuerhalten, selbst nachdem die Popularität des Genres nachgelassen hatte. Vielleicht waren es die Kostüme, die schlagende Musik, die aus dem Death Metal entlehnt wurde, oder die nihilistischen Texte, die schon fast kitschig sind („You are all fucked and overrated / I think I'm gonna be sick and it's your fault" aus „Everything Ends" aus dem Album „Iowa" von 2001), aber sie hatten auf jedem Album etwas, das die „Maggots" ansprach, wie sie ihre Fans nannten.

Tatsache war, dass nur wenige Bands eine Kultur um ihre Musik geschaffen hatten wie es Slipknot tat. Im Mittelpunkt stand eine atemberaubende Bühnenshow, die zum Zeitpunkt der Veröffentlichung von „All Hope Is Gone" 2008 hydraulische Schlagzeugpodeste für die Percussionisten Shawn „Clown" Crahan und Chris Fehn sowie ein von Pyrotechnik umgebenes kippbares Schlagzeug für Joey Jordison umfasste, damit die Band alles ansprechen konnte, was ihr Publikum wollte. (Sie symbolisierten ihre Beziehung zu ihren Fans auf dem Cover ihres Konzertalbums „9.0 Live", auf dem ein „Maggot" über die anderen Fans hinweggreift, um Fehns Hand zu erreichen.) In diesem Sinne wäre Slipknot wahrscheinlich die erfolgreichste Performance-Art-Band der Geschichte, wenn man Metal aus der Gleichung herausnehmen würde.

Es war jedoch Slipknots Musik, die die Fans immer wieder zurückkommen ließ. Jedes der sechs kommerziell veröffentlichten Alben der Band hatte einen anderen Sound, höchstwahrscheinlich, weil neun starke Persönlichkeiten (ein Sänger, zwei Gitarristen, ein Bassist, ein Schlagzeuger, ein Sampler, ein DJ und zwei Percussionisten) bei der Produktion mitreden konnten. Wenn ihr gleichnamiges Album ihr Nu-Metal-Durchbruch war, war „Iowa" eine Ode an Extreme Metal (Bassist Paul Gray, der 2010 an einer Überdosis Drogen starb, war einst sogar Mitglied der Grindcore-Band Anal Blast). Und so wie ihr Album von 2004 „Vol. 3 (The Subliminal Verses)" ihr Gothic-Alt-Metal-Album war, kann man „All Hope Is Gone" von 2008 als ihre Ode an technisches Metal wie Thrash bezeichnen. Nachdem Slipknot ihren Hauptkomponisten Gray verloren hatten, verließen auch die beiden Schlagzeuger Joey Jordison und Chris Fehn die Band. Die Band nimmt jedoch mit ihrem „Nonagramm" und ihren Masken, sowie der Veröffentlichung der Alben „.5: The Grey Chapter" 2014 und „We Are Not Your Kind" 2019 weiterhin einen Platz in der amerikanischen Fantasie ein. Für Slipknot ist anscheinend Unvorhersehbarkeit die Regel. Niemand weiß, was diese Band in Zukunft auf die Bühne bringen könnte.

266 ✠ Slipknot sind dafür bekannt, eigene Bühnenbilder zu kreieren, einschließlich dieser hydraulischen Schlagzeug-Hebebühne.

266-267 ✠ Corey Taylor teilt seine Zeit zwischen dem Schreien bei Slipknot und dem Singen von unkompliziertem Hardrock bei Stone Sour auf.

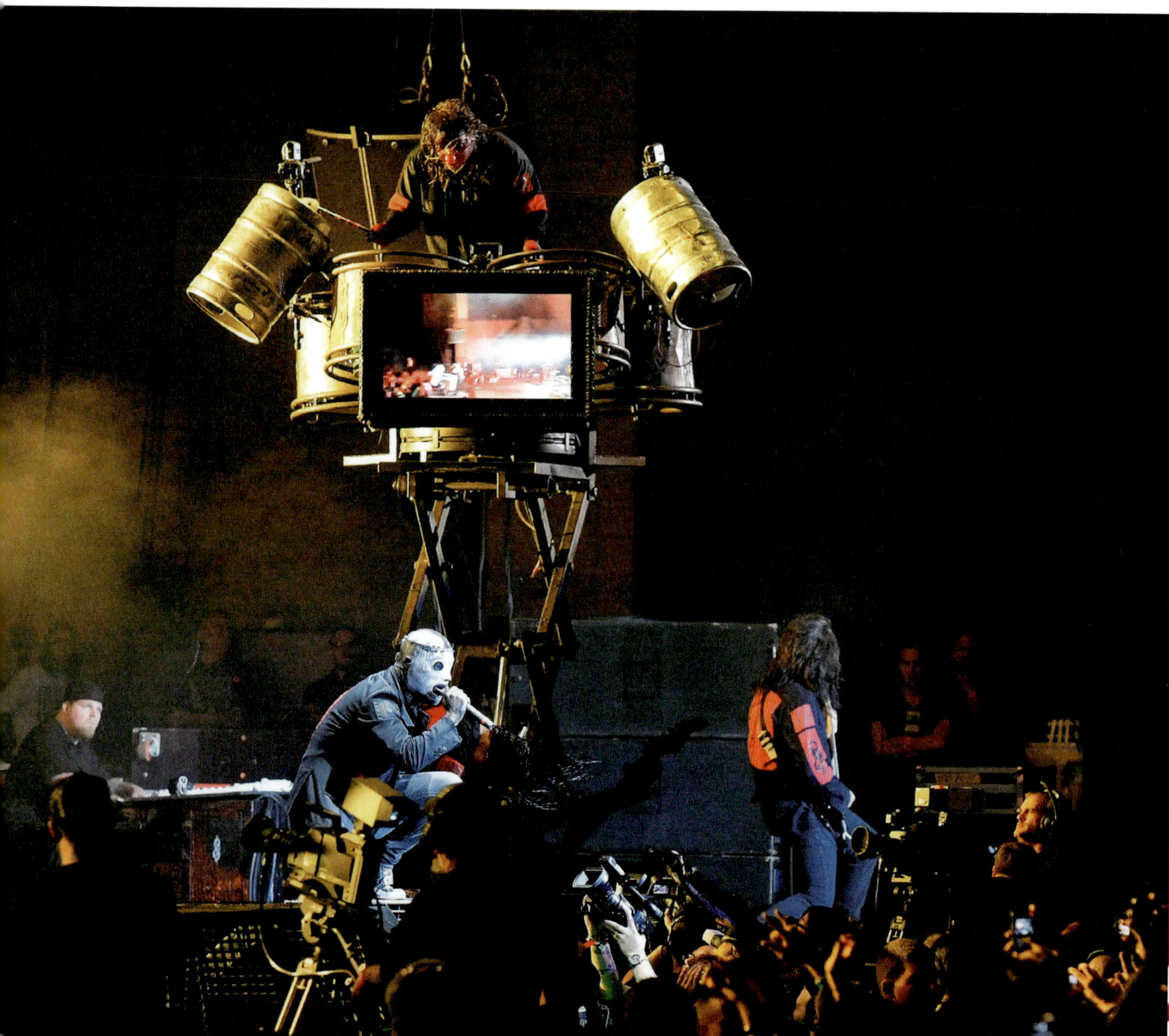

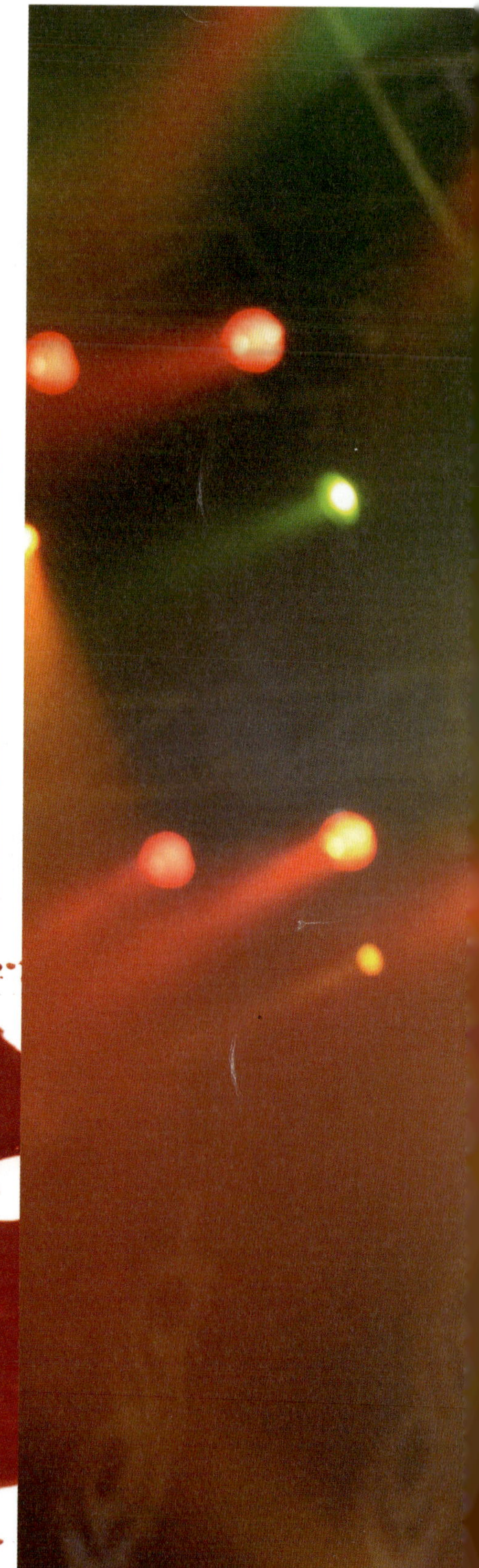

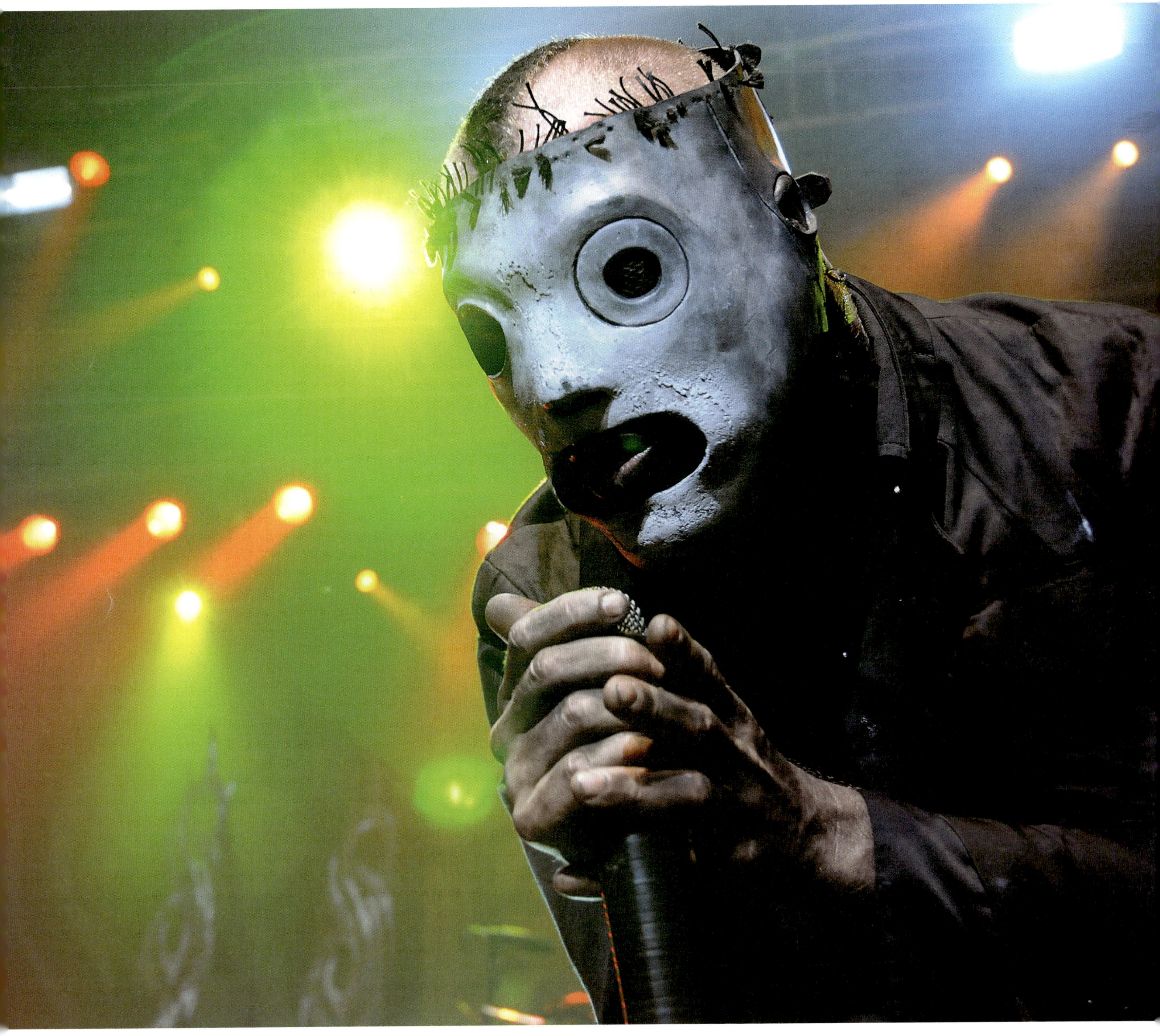

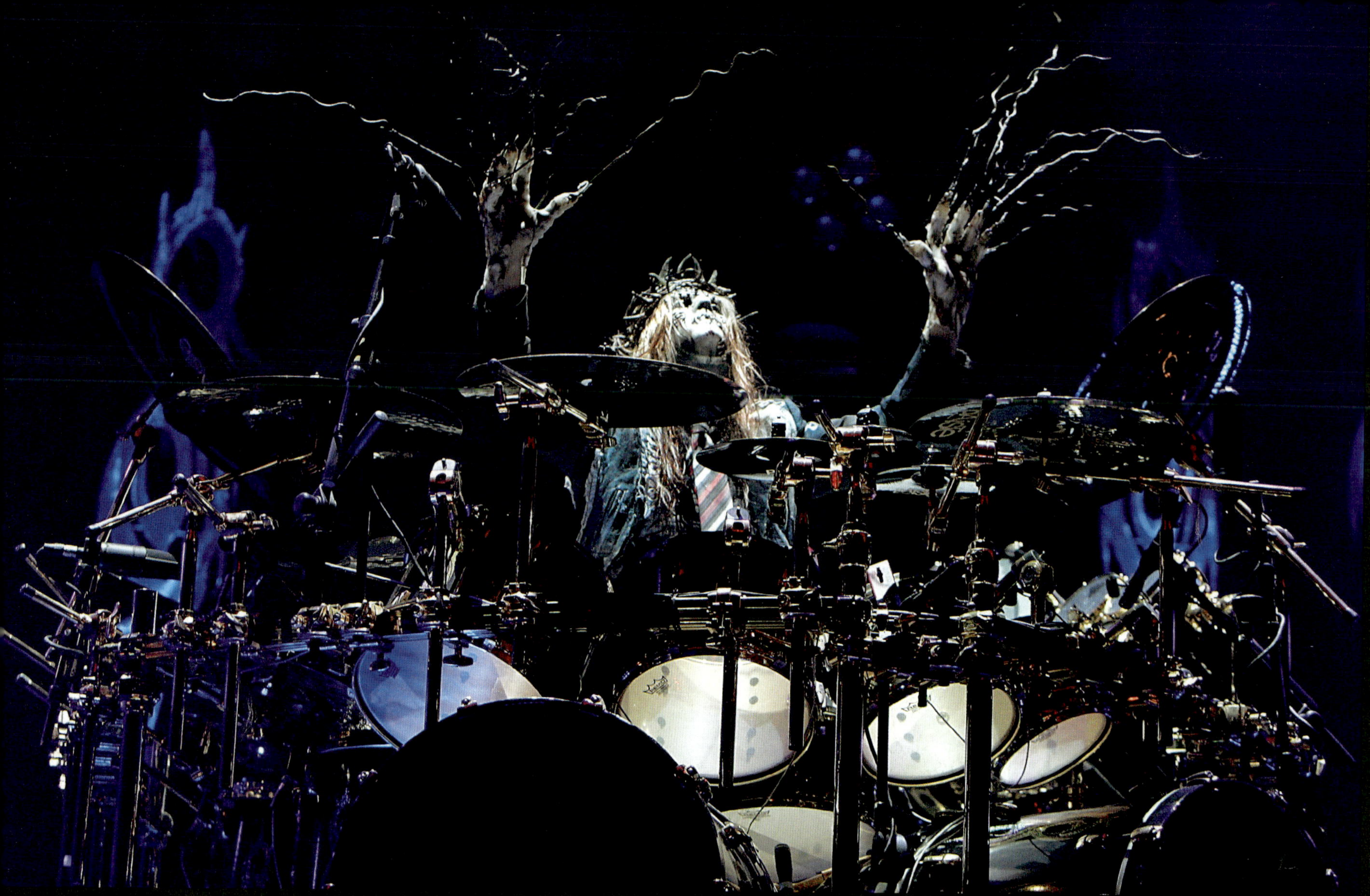

268 ✠ Joey Jordison beschwört Kraft aus dem Äther, als er sich darauf vorbereitet, einen von Slipknots technisch anspruchsvollen Songs zu spielen.

269 ✠ Sänger Corey Taylor und Gitarrist Jim Root spielen auch bei Stone Sour.

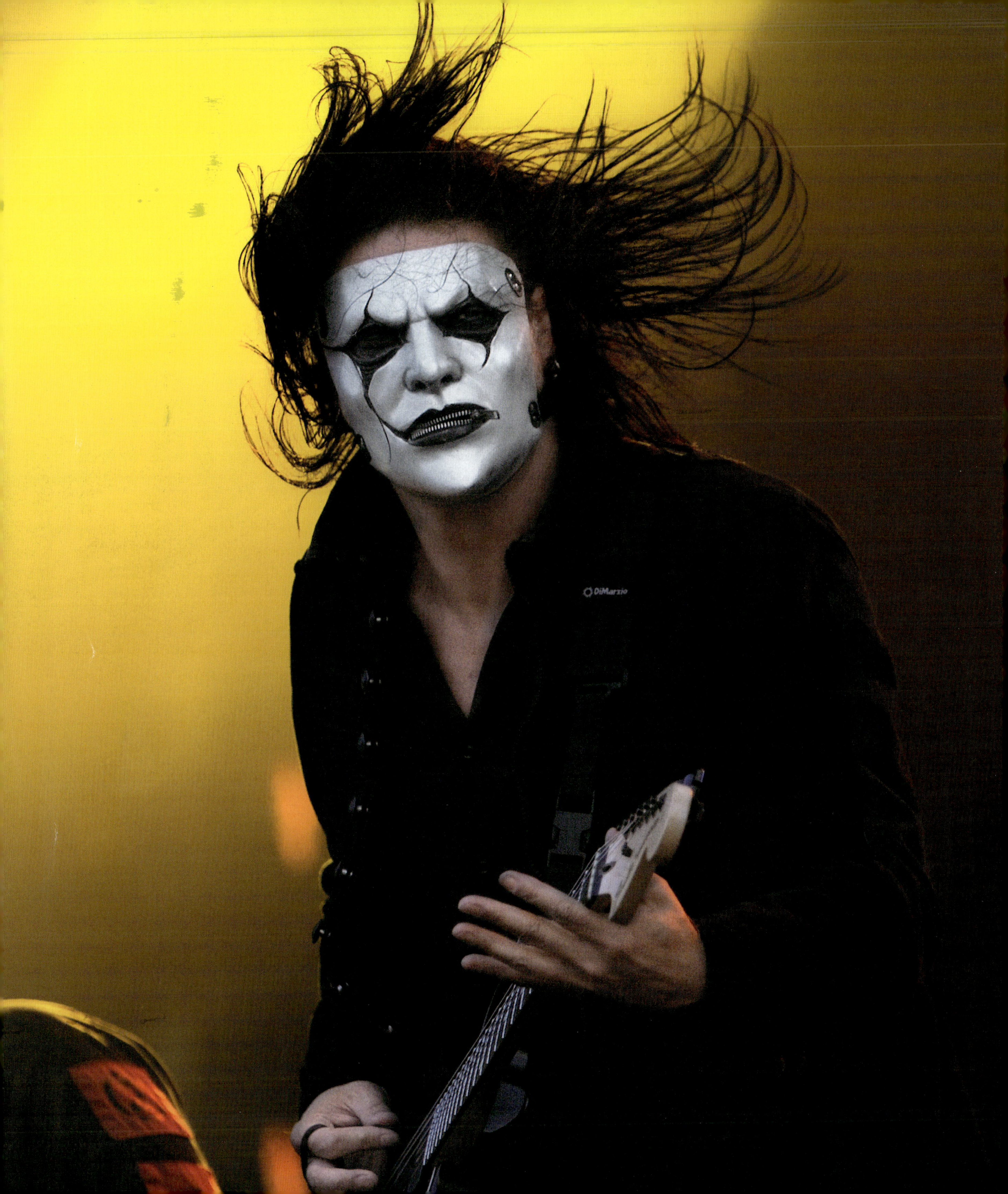
DiMarzio

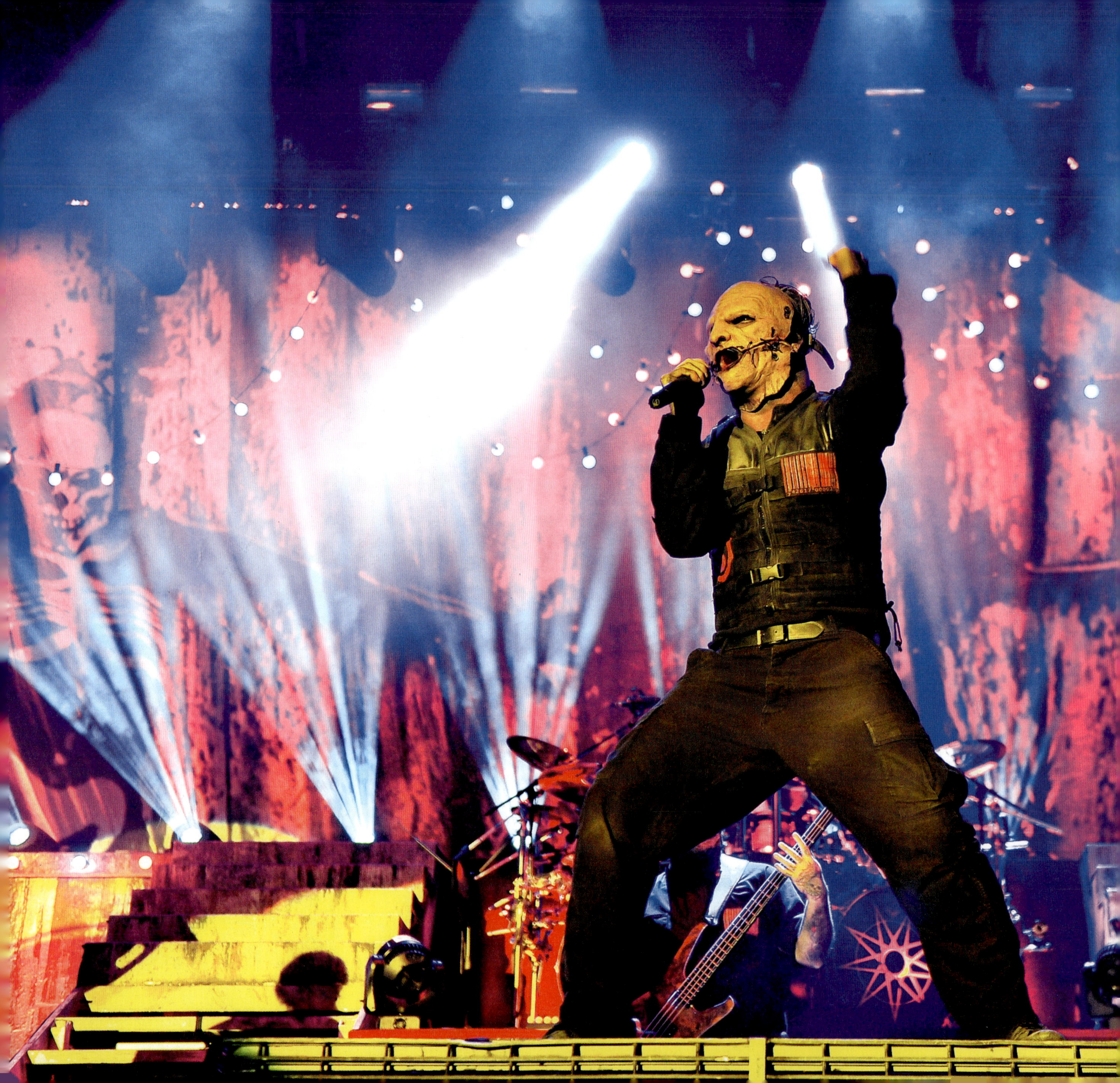

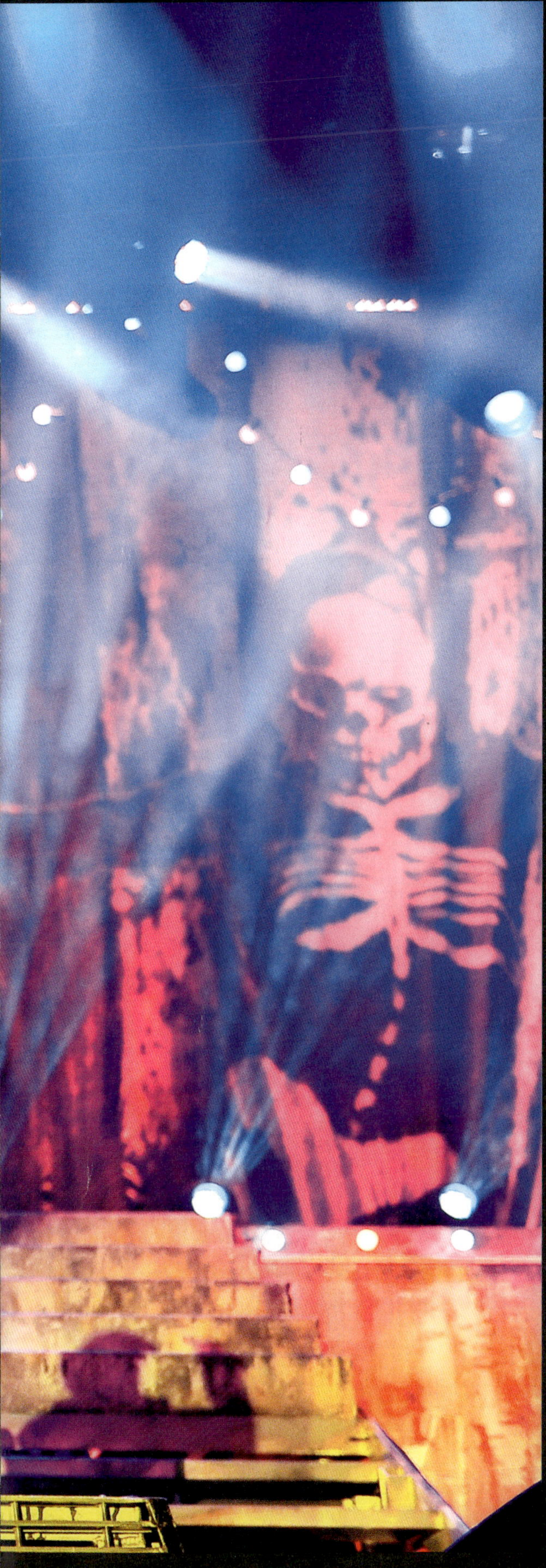

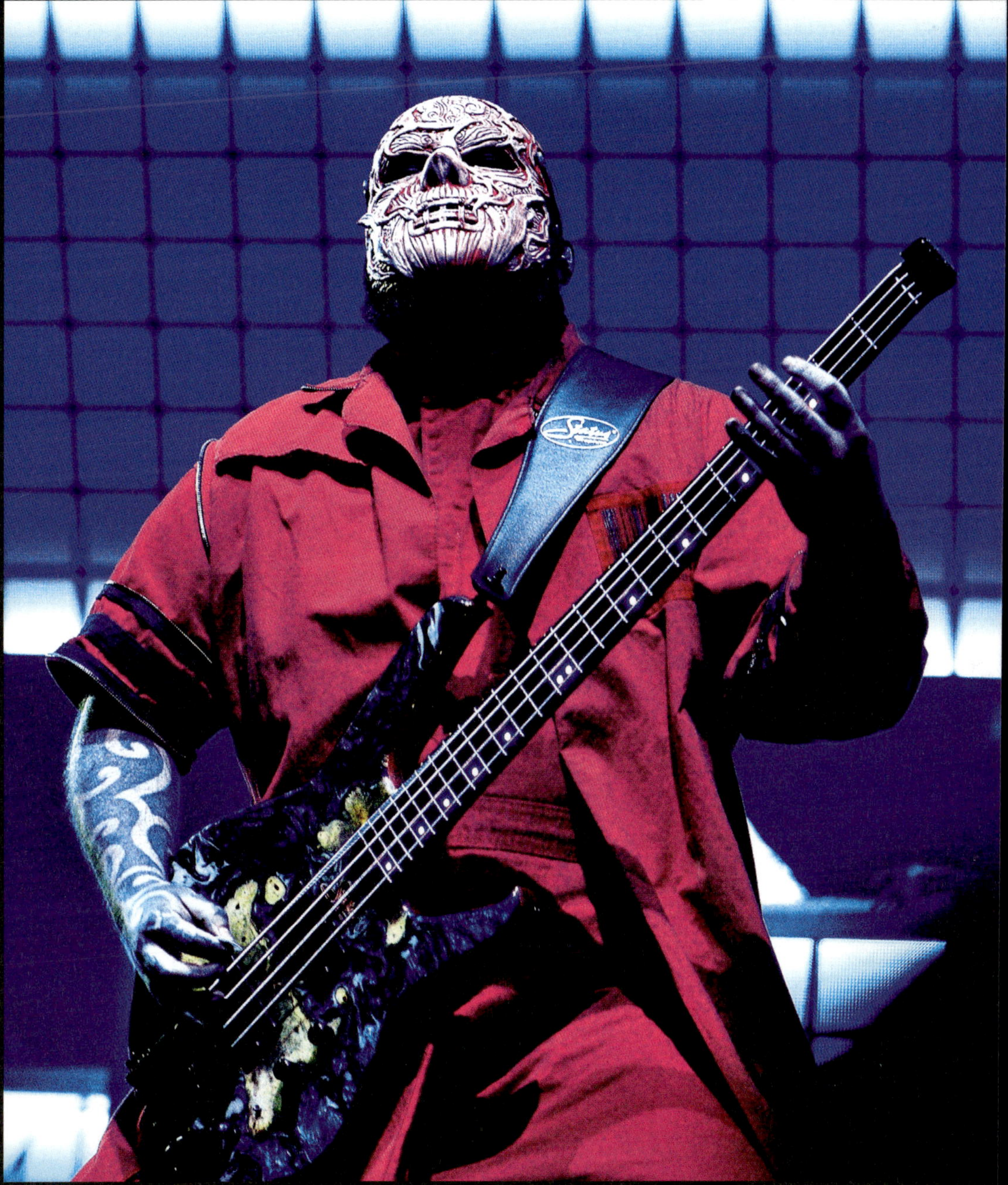

270-271 ✠ Corey Taylor von Slipknot tritt beim Monster Energy Aftershock Festival 2015 in Kalifornien auf.

271 ✠ Ab dem Jahr 2000 wurden Slipknot-Masken vom in Japan geborenen Spezialeffektkünstler Screaming Mad George erstellt. Die Masken ändern sich bei fast jedem Album. Die Band hat erklärt, dass die Masken dazu dienen, die Aufmerksamkeit des Publikums von ihren Gesichtern abzulenken und die Musik zu ihrem alleinigen Fokus zu machen.

FOTONACHWEIS

Richard E. Aaron/Redferns/Getty images: S. 25, 153; Konstantinov Alexei/ITAR-TASS/Corbis: S. 250-251; Gene Ambo/Retna Ltd./Corbis: pag. 261; Jorgen Angel/Redferns/Getty Images: S. 28, 84; Archivio Privato: S. 198-199, 199, 224, 225; Avalon/PYMCA/Gonzales Photo/Nikolaj Bransholm/Universal Images Group/Getty Images: S. 245; Massimo Barbaglia/Marka Collection: S. 139, 168; Paul Bergen/Getty Images: S. 98-99, 240, 253; S. 26-27; Sayre Berman/Corbis: S. 48-49, 72; Christian Bertrand/Alamy Stock Photo: S. 262; Nic Bezzina/Retna Ltd./Corbis: S. 56-57; C. Brandon/Redferns/Getty Images: S. 142-143; Brill/ullstein bild/Getty Images: S. 26 e 27; Marc Broussely/Getty Images: S. 211; Tim Bugbee/Retna LTD/Corbis: S. 222-223; Simone Cecchetti/Corbis: S. 169; Andrea Chirulescu/Fedstivalphoto: S. 208-209; Barron Claiborne/Corbis: S. 121; Robb D. Cohen/Retna Ltd./Corbis: S. 86-87, 178-179, 220-221; Fin Costello/Redferns/Getty Images: S. 30-31, 34, 35, 93, 124-125, 144, 162; Nigel Crane/Redferns/Getty Images: S. 175; Barbara Davidson/Los Angeles Times/Getty Images: S. 244; Annamaria DiSanto/WireImage/Getty Images: S. 176-177; Kristian Dowling/Getty Images: S. 76-77; Renata Drukteinyte/Festivalphoto: S. 192, 204, 206-207; Duffy/Getty Images: S. 21 ; Paul Elledge/Corbis: S. 241; Alberto Estevez/epa/Corbis: S. 80-81; Dave Etheridge-Barnes/Getty Images: S. 126; Joey Foley/Getty Images: S. 129, 180; Shirlaine Forrest/WireImage/Getty Images: S. 182; Joe Giron/Corbis: S. 104-105, 174; Martyn Goddard/Corbis: S. 79; Gonzales Photo - Terje Dokken/Alamy Stock Photo: S. 263; Gonzales Photo - Christian Larsen/Alamy Stock Photo: S. 238 e 238-239; Gonzales Photo - Thomas Rungstrom/Alamy Stock Photo: S. 242-243; Gonzales Photo/Peter Troest/PYMCA/Avalon/Universal Images Group/Getty Images: S. 236-237; Christie Goodwin/Getty Images: S. 88-89, 155, 185, 187; Mikael Greitans/Festivalphoto: S. 217; Scott Gries/Getty Images: S. 177; Judita Grigelyte/Festivalphoto: S. 193; Sysoyev Grigory/ITAR-TASS/Corbis: S. 59, 60; Dimitri Hakke/Redferns/Getty Images: S. 76; Jo Hale/Getty Images: S. 133; Amy Harris/ZUMApress.com/Corbis: S. 52; Scott Harrison /Retna Ltd./Corbis: S. 128, 151, 266-267; Rune Hellestad/Corbis: S. 94-95; Dave Hogan/Hulton Archive/Getty Images: S. 66; Mick Hutson/Redferns/Getty Images: S. 22-23, 24, 57, 61, 80, 110, 132, 134-135, 136, 260-261; Christian Jakubaszek/Getty Images: S. 146, 147, 191; Steve Jennings/WireImage/Getty Images: S. 247; Peter Kalander/Festivalphoto: S. 184; Paul Kane/Getty Images: S. 54-55; Frantzesco Kangaris/Getty Images: S. 269; Bob King/Redferns/Getty Images: S. 111; Attila Kisbenedek/AFP/Getty Images: S. 130, 134; Robert Knight Archive/Redferns/Getty Images: S. 42, 254; Naki Kouyioumtzis/Redferns/Getty Images: S. 226; Scott Legato/Getty Images: S. 156-157; Rasmus Lindgren/Festivalphoto: S. 164, 165, 222; Neil Lupin/Redferns/Getty Images S. 139; Aleksandra Madyda/Festivalphoto: S. 157; Larry Marano/Getty Images: S. 90; Anthony May/Festivalphoto: S. 141, 228; Jeffrey Mayer/WireImage/Getty Images: S. 38; Kevin Mazur/WireImage/Getty Images: S. 90-91, 100, 106; Clay Patrick McBride/Getty Images: S. 173; Jamie McCarthy/WireImage/Getty Images: S. 96; Catherine McGann/Getty Images: S. 216; Gary Miller/FilmMagic/Getty Images: S. 268; Steve C. Mitchell/EPA/Corbis: S. 229; Balazs Mohai/epa/Corbis: S. 196-197; Tim Mosenfelder/Corbis: S. 248; Tim Mosenfelder/Getty Images: S. 50, 102-103, 170-171, 181; Paul Natkin/WireImage/Getty Images: S. 71; Michael Ochs Archives/Getty Images: S. 44-45, 82-83; Denis O'Regan/Corbis: S. 67; Denis O'Regan/Getty Images: S. 62-63, 74-75 ; Herbert P. Oczeret/EPA/Corbis: S. 256-257; Bohdan Panczyszyn/Redferns/Getty Images: S. 48; Martin Philbey/Getty Images: S. 197, 264-265; Steve Jennings/Getty Images: S. 270-271; Gus Stewart/Getty Images: S. 271; Neal Preston/Corbis: S. 33, 36-37, 38-39, 40, 41, 42-43, 65, 68-69, 101, 107; Marco Prosch/Getty Images: S. 46; Michael Putland/Getty Images: S. 32, 54 ; RD/Kabik/Retna Digital/Corbis: S. 97; Ebet Roberts/Redferns/Getty Images: S. 70, 108-109; Ernesto Ruscio/Getty Images: S. 154-155; Chris Ryan/Corbis: S. 166-167; Joe Scarnici/FilmMagic/Getty images: S. 51; Sean Smith/WireImage/Getty Images: S. 255; Peter Still/Redferns/Getty Images, 152; Patrik Stollarz/AFP/Getty Images: S. 7; Andrejs Strokins/epa/Corbis: S. 47; Andew Stuart: S. 5; Marty Temme/WireImage/Getty Images: S. 149, 150; Greetsia Tent/WireImage/Getty Images: S. 119; Steve Thorne/Getty Images: S. 183; Denise Truscello/WireImage/Getty Images: S. 195; Maureen Vana/ZUMA Press/Corbis: S. 235; T. Van Nunnery/Corbis: S. 258-259; Noel Vasquez/Getty Images: S. 266; Rob Verhorst/Redferns/Getty Images: S. 64; Bruno Vincent/Getty Images: S. 249; Chris Walter/WireImage/Getty Images: S. 85; Cornelia Wickel/Festivalphoto: S. 210, 212, 230-231, 231; Louise Wilson/Getty Images: S. 138; Kevin Winter/Getty Images: S. 122-123; David Wolff - Patrick/Redferns/Getty Images: S. 232-233; Gary Wolstenholme/Redferns/Getty Images: S. 188-189, 214, 215, 218-219; Brandon Wu/Retna Ltd./Corbis: S. 234

DIE AUTOREN

KORY GROW hat über Hardrock und Heavy Metal für Revolver, Spin, Guitar World, The Village Voice, Metal Hammer, Dezibel, Alternative Press und mehr geschrieben. Im Laufe der Jahre hat er unter anderem Ozzy Osbourne, Iron Maiden, Metallica, Kiss, Darkthrone und viele andere interviewt. Er feuerte Slayer aus Jeff Hannemans Gitarrengrube in Wacken an, hat mit Mitgliedern von Gorgoroth und Enslaved Modenschauen in Norwegen besucht und Cristal mit den Death-Metal-Jungs von Obituary getrunken (die sagten, sie zögen Budweiser vor). Er lebt mit seiner Frau und seiner Katze in Astoria, New York.

Gitarrist KERRY KING ist Gründungsmitglied der mit dem Grammy ausgezeichneten Thrash-Metal-Band Slayer. Seit ihrem Debütalbum „Show No Mercy" von 1983 hat die Band ein Meisterwerk nach dem anderen veröffentlicht, einschließlich ihres umstrittenen und gefeierten Albums „Reign in Blood" von 1986. Abgesehen von Slayer spielte Kerry King Gitarre bei den frühen Shows von Megadeth und hatte als Gitarrist Gastauftritte bei Künstlern, die von den Beastie Boys über Pantera bis Rob Zombie reichten. In seiner Freizeit züchtet er Schlangen und arbeitet an seiner Modelinie KFK Ministries.

MICHELE PRIMI, der die Aktualisierungen dieses Buches betreute, ist ein Radio- und Fernsehjournalist und Autor, der 1973 in Mailand, Italien, geboren wurde. Er schreibt über Rockmusik und -kultur und arbeitet auch in Barcelona und New York. Als Autor für Virgin Radio schreibt er für Corriere della Seras Lettura, Rolling Stone und The Goodlife und ist Mitarbeiter von Sky Tg24. Primi hat für MTV Italia und für Wired, GQ und Riders gearbeitet und musikalische Monografien und Artikel für die folgenden Verlage geschrieben: Giunti, Skira, Rizzoli und White Star. 2014 veröffentlichte er „Tragedies and Mysteries of Rock 'n' Roll" und 2016 schuf er zusammen mit Ciro Frank Schiappa das Fotobuch „New York Serenade".

Danksagungen

Ich möchte meiner wunderbaren, verständnisvollen und liebevollen Frau Lisa dafür danken, dass sie sich jahrelang mit meinem ständigen Geplapper über Heavy Metal abgefunden hat; meiner Mutter, die mich in jungen Jahren zu Ozzy Osbourne und Megadeth-Konzerten mitgenommen hat; meinem Vater und meiner Stiefmutter, die mich die Schallplatten in ihrem Keller durchwühlen ließen und mich zu Konzerten mitnahmen; Ed, Linda, Lana und Eddie Donnelly, die mich immer unterstützt haben; meiner Katze Lola, die beim Überqueren meiner Tastatur „rrrrrrr" eingegeben hat, als ich Todesknurren beschreiben musste; Kerry King für seine Großzügigkeit und für das Schreiben der verdammt-besten Thrash-Songs aller Zeiten; Brandon Geist, weil ich Slayer, Ozzy Osbourne, Metallica und Iron Maiden für das Revolver-Magazin interviewen durfte; meinem Trauzeugen Christopher R. Weingarten, der mir in seinen Büchern gedankt hat; Heidi Ellen Robinson-Fitzgerald, die alles getan hat, um mir bei diesem Buch zu helfen; Paul Jeffrey, weil er mein Black-Metal-Landsmann ist; Reed Fischer, weil ich alle zwei Wochen über die Death-Metal-Band Cynic schreiben durfte; Gary Graff für den Vorschlag, dieses Buch zu schreiben; und zu guter Letzt meiner Redakteurin bei White Star, Giorgia Raineri, und dem gesamten White-Star-Team, die sich mit meiner Axl Rose-ähnlichen Unpünktlichkeit abgefunden haben. Ich möchte mich bei jedem Redakteur bedanken, der mir jemals einen Artikel zugewiesen hat, bei jedem Publizisten, der mir jemals Musik geschickt oder Interviews für mich arrangiert hat, bei meinen Kollegen in den Magazinen Revolver und Guitar World und bei den Freunden, die meine Karriere als Schriftsteller über die Jahre gefördert haben. Und abschließend möchte ich mich bei allen Heavy-Metal-Bands bedanken, die mich inspiriert haben und weiterhin inspirieren und die mir einen Grund gegeben haben, dieses Buch zu schreiben.

WHITE STAR VERLAG

WS White Star Verlag® ist eine eingetragene Marke von White Star s.r.l.

© 2021 White Star s.r.l.

Piazzale Luigi Cadorna, 6
20123 Mailand, Italien
www.whitestar.it

Übersetzung und Redaktion: Hendrik de Rijke
Korrektorat: Beate Bücheleres-Rieppel

Alle Rechte vorbehalten. Kein Teil des Werkes darf in irgendeiner Form ohne die schriftliche Genehmigung des Verlages reproduziert oder unter Verwendung elektronischer Systeme verarbeitet, vervielfältigt oder verbreitet werden.

ISBN 978-88-6312-495-8
2 3 4 5 6 26 25 24 23 22

Gedruckt in Slowenien